Dr. Gillian Butler ist klinische Psychologin. Sie arbeitet im Warneford Hospital. In der Psychiatrischen Abteilung der University of Oxford ist sie als Forscherin tätig. Sie ist verheiratet und hat zwei Kinder.

Dr. Tony Hope ist Psychiater und lehrt an der University of Oxford. Klinische Arbeit, Forschung und Lehre sind ihm gleichermaßen wichtig. Er ist verheiratet und hat zwei Kinder.

Dieses Buch wurde auf chlor- und säurefreiem Papier gedruckt.

Deutsche Erstausgabe Juli 1997
Copyright © 1997 für die deutschsprachige Ausgabe
Droemersche Verlagsanstalt Th. Knaur Nachf., München
Das Werk einschließlich aller seiner Teile ist urheberrechtlich geschützt.
Jede Verwertung außerhalb der engen Grenzen des Urheberrechtsgesetzes ist ohne
Zustimmung des Verlages unzulässig und strafbar. Das gilt insbesondere für
Vervielfältigungen, Übersetzungen, Mikroverfilmungen und die Einspeicherung
und Verarbeitung in elektronischen Systemen.
Titel der Originalausgabe »Manage Your Mind«
Copyright © 1995 by Gillian Butler and Tony Hope
Originalverlag Oxford University Press, New York
Umschlaggestaltung Angela Dobrick, Hamburg
DTP-Satz und Herstellung Barbara Rabus
Druck und Bindung Elsnerdruck, Berlin
Printed in Germany
ISBN 3-426-82111-7

2   4   5   3   1

Gillian Butler
Tony Hope

So wird Ihre Psyche fit

Selbstvertrauen stärken
Probleme lösen
Ziele erreichen

Aus dem Englischen von Angelika Hummel

Inhaltsverzeichnis

Vorwort

Dieses Buch ist ein Ratgeber, der Ihnen sowohl im Privatleben als auch im Berufsleben helfen will. Es zeigt Ihnen, wie Sie durch gezielte Maßnahmen Ihre geistige Verfassung verändern können, daß es Ihnen leichter fallen wird, Beziehungen nach Ihren Vorstellungen zu gestalten, Ihre Freizeit besser zu genießen und dennoch effektiver arbeiten zu können sowie mit Ihren Stimmungsschwankungen leichter fertig zu werden. Es ist ein Fitneßratgeber für die Psyche.

Zu den falschen Dichotomien des modernen Lebens zählt die strikte Trennung von Beruf und Privatleben. Die meisten Menschen unterscheiden immer noch zwischen beruflichen Fertigkeiten einerseits und Alltagskompetenzen andererseits, auch wenn dies wenig Sinn macht. So sind beispielsweise Problemlösungsstrategien im Privatleben ebenso nützlich, und die Fertigkeit, Streß und Angst zu bewältigen, kann im Berufsleben von entscheidender Bedeutung sein. Wenn Sie sich selbst und anderen gegenüber fair sind, verbessern Sie dadurch Ihre zwischenmenschlichen Beziehungen sowohl im privaten als auch im beruflichen Bereich. Und Stimmungstiefs, die eine der häufigsten Ursachen dafür sind, unglücklich zu sein, setzen gleichzeitig auch die berufliche Leistungsfähigkeit herab.

In diesem Buch möchten wir Sie mit einer Reihe von wirkungsvollen Strategien vertraut machen, zum Beispiel der, sich selbst zu belohnen (Kapitel 7), den Methoden der kognitiven Therapie (Kapitel 9) und anderen einfachen Techniken, wie der Salami-Regel (Kapitel 28), mit deren Hilfe Sie Ihr Leben besser in den Griff bekommen können.

Alle Quellen und Einflüsse anzuführen, die zur Entstehung dieses Buchs beigetragen haben, ist unmöglich. Die größte Rolle spielt dabei sicherlich unsere berufliche Erfahrung, Menschen bei ihren Lebensproblemen zu helfen. Dann sind unsere Lehrerinnen und Lehrer zu nennen, unsere Kolleginnen und Kollegen, von denen wir Techniken gelernt haben, die wir dann weiterentwickeln konnten. Viele Anregungen verdanken wir auch den Werken von anderen Autorinnen und Autoren, auf die wir in unseren

Lektüreempfehlungen größtenteils verweisen. Die Bedeutung, die Bücher sowohl für uns selbst als auch in unserer therapeutischen Arbeit haben, gab den Anstoß dazu, diesen Ratgeber zu schreiben.

Wir danken den vielen Kolleginnen und Kollegen, die uns dabei geholfen haben, unsere eigenen Methoden und Gedanken zu entwickeln, dazu gehören Julie Chalmers, Nigel Eastman, Chris Fairburn, Melanie Fennell, Maria Gilbert, Helen Kennerley, Joan Kirk, Catherine Oppenheimer, John Sadler und Alan Stein sowie die Mitglieder des Oxford Adult Mental Health Department of Clinical Psychology.

Wir danken unserer Agentin, Caroline Dawnay bei Peters Fraser and Dunlop, und Joan Bossert und den Mitarbeitern der Oxford University Press in New York und Oxford nicht nur für ihre harte Arbeit und ihr Geschick bei der Herstellung dieses Buchs, sondern auch für ihre Unterstützung und Ermutigung während des gesamten Schreibprozesses. Donna Dawson und Julie Hurn begleiteten den ganzen Text mit äußerst hilfreichen Kommentaren. Kathleen Mooney beriet uns nicht nur sehr ausführlich, als der erste Entwurf vorlag, sondern war außerdem eine unschätzbare Hilfe bei der Suche nach weiterer Literatur. Für beides vielen Dank. Außerdem möchten wir uns bei Marie-Anne Martin für das geistreiche und einfallsreiche Register bedanken und bei Sandra Cooper für die exakte und rasche Textverarbeitung.

Von besonderer Bedeutung waren die kritischen Anmerkungen zu einzelnen Kapiteln. Hier möchten wir besonders Josephine Butler, Sophie Butler, Kathy Gedling, Chris Lake, Sheena Meredith, Ingrid Skeels, Rachel Turner und Anne Yates erwähnen.

Ohne die kontinuierliche Unterstützung und Ermutigung unserer Familien, insbesondere von Christopher Butler und Sally Hope, hätten wir dieses Buch nicht schreiben können.

Dieser Ratgeber soll praxisbezogen sein. Wir hoffen, daß er seinen Zweck erfüllt, den Leserinnen und Lesern viele verschiedene Strategien und Techniken zur Verfügung zu stellen, mit deren Hilfe sie ihre psychische Konstitution beeinflussen können.

Oxford, England   G. B.
April 1995   T. H.

Einleitung

1. Was Sie von diesem Ratgeber erwarten können

»Die Vergangenheit ist ein fremdes Land, in dem alles anders gemacht wird.«[1] Auch die Zukunft kann ein andersartiges Land sein. Dieses Buch ist sowohl Einladung als auch Reiseführer. Es lädt dazu ein, das Leben zu genießen, und es zeigt Wege, auf denen dieser Genuß möglich ist. Es basiert auf unserer dreißigjährigen Erfahrung, Menschen in schwierigen Lebensabschnitten helfend zu begleiten, und es basiert auf modernen wissenschaftlichen Forschungsergebnissen.

Sie können von diesem Ratgeber erwarten, daß er Ihnen praktische Anleitungen dazu gibt, weite Bereiche Ihres Lebens zufriedenstellender zu gestalten: jene Aspekte Ihres Lebens, die sich auf Ihre zwischenmenschlichen Beziehungen, Ihre Stimmung, Gesundheit und Ihren Beruf auswirken. Diese praktischen Übungen haben wir bei unserer Arbeit mit zwei ganz unterschiedlichen Zielgruppen entwickelt. So konnten wir damit Menschen in ihren täglichen Streßsituationen und Belastungen ebenso helfen wie die Effektivität von Managerinnen und Managern steigern.

Sie können viele Anregungen dazu erwarten, wie Sie Ihr Leben dadurch verbessern können, daß Sie bestimmte Fähigkeiten entwickeln, daß Sie Verständnis aufbauen und Strategien anwenden lernen, die Ihren Lebensumständen und Neigungen entsprechen. Dieser Ratgeber wird Ihnen dabei helfen, Ihr gesamtes seelisch-geistiges Potential auszuschöpfen: Ihre psychologische Fitneß zu steigern. Bestimmte Anregungen werden nach der Schritt-für-Schritt-Methode vorgestellt. Psychologisches Wissen, seelisch-geistige Fertigkeiten werden genau wie körperliche Fertigkeiten in der Regel am besten dadurch erworben, daß sie Schritt für Schritt angegangen werden. Von einem Fitneßratgeber erwarten Sie präzise Anleitungen zu speziellen Übungen. Von einem Kochbuch erwarten Sie genaue Rezepte, damit Sie wissen, was Sie nacheinander zu tun haben. Dieses Buch sollen Sie genauso benutzen, um Tag für Tag praktische Verbesserungen in Ihrem Leben vorzunehmen.

Psychologie und Management: Zwei verschiedene Bücherregale

Schauen Sie sich einmal in einer Buchhandlung in Ihrer Nähe um. Da gibt es ein Bücherregal, in dem Psychologiebücher stehen – zum Beispiel »Wie Sie mit Ihren Ängsten umgehen können« – und ein anderes Bücherregal, in dem Management-Ratgeber stehen – zum Beispiel »Effektives Zeitmanagement«. Diese beiden Arten von Büchern scheinen verschiedenen Welten anzugehören. Die ersteren gehören zum Bereich des Privatlebens, haben mit Gefühlen zu tun, mit der häuslichen Welt. Die anderen haben mit der Berufswelt zu tun: der Welt der Tatmenschen und der Büros. Wir sind davon überzeugt, daß diese beiden Welten gar nicht so verschieden sind und daß wir Gefühle und Taten, Arbeit und Spiel in ihrer Ganzheitlichkeit verstehen müssen. Fertigkeiten und Haltungen, die zu größerer Effektivität im Berufsleben beitragen, verhelfen auch zu einem erfüllten Privatleben. Und ebenso gut können Haltungen und Kompetenzen, die im privaten Bereich von Nutzen sind, auch Ihre Leistungsfähigkeit im Beruf steigern.
Es wird Zeit, daß wir diejenigen Gewohnheiten aufgeben, durch die Gefühle und Taten, Privat- und Berufsleben voneinander getrennt werden. Hinter ihnen stecken veraltete, wenig hilfreiche Klischeevorstellungen. Es wird Zeit, die Techniken der Psychologie und des Managements miteinander zu verbinden, damit wir unsere eigenen Strategien für persönliches Wachstum entwickeln können. Eine der Absichten dieses Buchs ist es, eine solche Verbindung in die Wege zu leiten.

Ein Fitneß-Ratgeber für die Psyche

Der Zusammenhang zwischen körperlicher Fitneß und Gesundheit ist inzwischen wohlbekannt. Die körperliche Gesundheit kann durch einfache Maßnahmen verbessert werden: zum Beispiel durch Bewegung und eine vernünftige Ernährung. Heutzutage denken wir nicht mehr erst dann an unsere Gesundheit, wenn wir schon krank sind; statt dessen tun wir regelmäßig und ganz selbstverständlich Dinge, die dazu beitragen, daß wir fit und gesund bleiben. Ein solches Fitneß-Verständnis ist auch für die Psyche wichtig. Es gibt Methoden, mit denen sowohl die seelisch-geistige als auch die körperliche Gesundheit gefördert werden kann, die unsere Psyche ebenso wie unseren Körper dehnen und kräftigen, die uns ein erfülltes Leben ermöglichen und dazu beitragen, daß Streß und andere Belastungen, die sich nie ganz ausschließen lassen, uns nicht unterkriegen. Eine weitere Absicht dieses Buchs ist also, Ihnen spezielle Methoden und Techniken zugänglich zu machen, die Sie brauchen, um den ganzen Menschen, nicht nur den Körper, in einer guten Verfassung zu halten.

Das Innere Lebensspiel

Seit einigen Jahren ist die Vorstellung von einem »Inneren Spiel«, das in verschiedenen Sportarten abläuft, beim Tennis zum Beispiel, von großem Interesse. Hinter dem Konzept des »Inneren Spiels« steht die Vorstellung, daß es genausosehr von der Psyche wie vom Körper abhängt, wie jemand eine Sportart ausübt. Die Psyche ist dabei sogar wichtiger. Denn die Psyche ist der Sitz der Motivation: sie bestimmt, wie gut und zweckmäßig und häufig wir üben, sie bestimmt, ob wir dieses Spiel spielen wollen und ob wir es gern spielen. Von der psychisch-mentalen Verfassung hängt es ab, ob wir uns wie wirkliche Champions im entscheidenden Moment der Herausforderung gewachsen zeigen oder ob wir versagen, wenn es wirklich darauf ankommt. Kurzum, sogar bei körperlichen Aktivitäten sind innere Faktoren – psychische Faktoren – von ausschlaggebender Bedeutung.

Dieses Buch könnte das *Innere Lebensspiel* heißen. Ganz egal, ob Ihnen die Gestaltung Ihres Berufs- oder Privatlebens oder Ihrer Freizeit Sorgen macht, Erfolg und Zufriedenheit sind von Ihren inneren Gedanken abhängig. Ihre inneren Gedanken tragen dazu bei, wie Ihr Leben äußerlich verläuft (so wie das Innere Spiel darüber entscheidet, ob Sie Tennis mögen).

Dieses Buch wird Ihnen bei diesem »Inneren Spiel« zur Seite stehen, damit Sie sowohl lebensfroher als auch erfolgreicher werden können – wie auch immer *Sie selbst* Erfolg definieren wollen. Und dieser letzte Zusatz ist wichtig. Wir wollen Ihnen mit diesem Buch nicht unseren Lebensstil aufzwingen. Wie Sie leben wollen, ist Ihre Sache. Wir wollen Ihnen aufzeigen, wie Sie Ihre inneren (seelisch-geistigen) Fähigkeiten entwickeln können, damit Sie dann so leben können, wie Sie es sich wünschen.

Unsere klinische Erfahrung

Die wissenschaftliche Beurteilung und Entwicklung von Möglichkeiten, Menschen zu helfen, ist in unserer eigenen therapeutischen und Forschungsarbeit von genauso großer Bedeutung wie bei der Auswahl der in diesem Ratgeber vorgestellten Techniken. Aber die Wissenschaft weiß nicht auf alles eine Antwort, und dieses Buch ist das Ergebnis unserer reichen Erfahrung in klinischer Psychologie. Wir sind davon überzeugt, daß es mehrere Quellen für nützliche Techniken und Anregungen gibt, darauf gehen wir dann im nächsten Kapitel näher ein, in dem der *wissenschaftliche Hintergrund der vorgestellten Techniken* erläutert wird. In unserer eigenen Arbeit nutzen und kombinieren wir verschiedene Ansätze, mit dem Ziel, jedem einzelnen Menschen so gut wie irgend möglich zu helfen.

Beim Schreiben dieses Buchs haben wir uns vorrangig auf unsere eigenen Erfahrungen gestützt und verlassen. Sie gaben bei der Auswahl der vorgestellten Techniken den Ausschlag, und wir versuchen diese Techniken mit den Methoden zu erklären, die unsere Klientinnen und Klienten hilfreich fanden. Wir sind schon lange der Meinung, daß viele dieser Techniken und Anregungen für alle Menschen nützlich sein könnten, denn sie können Teil des Prozesses sein, sich psychisch fit zu halten; wenn Sie sie kennen, ist es leichter, im Bedarfsfall schnell zu handeln. Eine Verzögerung kann Schwierigkeiten perpetuieren oder verschlimmern. Daher besteht eine weitere Absicht dieses Buchs darin, die Anregungen und Techniken, die schon unzähligen Menschen geholfen haben, allgemein zugänglich zu machen.

So benutzen Sie diesen Ratgeber

Dieses Buch ist eine praktische Anleitung dazu, sich fit zu halten – seelisch-geistig, im Gegensatz zu körperlich. Es will Ihnen dabei helfen, Ihr Leben rundum zu genießen. Für die meisten von uns wird die Freude am Leben von Zeit zu Zeit dadurch getrübt, daß Sie sich zu viele Sorgen machen, vorübergehend depressiv sind oder anderen verstörenden Stimmungsschwankungen unterliegen. Die Anforderungen des modernen Lebens erzeugen einen Druck, der unser seelisches Gleichgewicht permanent bedroht. Wenn Sie sich psychisch fit halten, können Sie diesen Anforderungen standhalten und die Flexibilität und das nötige Durchhaltevermögen entwickeln, um sich optimal entfalten zu können.

Sie können dieses Buch so benutzen, wie es für Sie am hilfreichsten ist. Wir empfehlen Ihnen, zuerst einmal die Teile I und II zu lesen. Suchen Sie sich dann aus den Teilen III, IV, V und VI das aus, was Ihnen passend erscheint. Sie können die einzelnen Teile ganz lesen oder aber auch nur überfliegen, falls Ihnen das lieber ist.

– *Teil I* erläutert die beiden Prinzipien, auf denen unsere Anregungen basieren.
– *Teil II* beschreibt allgemeinverständlich die sieben Basis-Strategien oder -Fertigkeiten, mit deren Hilfe Sie Ihr Leben selbst in die Hand nehmen können.
– *Teil III* konzentriert sich auf die drei Aspekte, denen beim Aufbau zufriedenstellender Beziehungen eine Schlüsselrolle zukommt.

– *Teil IV* nennt praktische Hilfen speziell für die Überwindung von Angstzuständen und Depressionen: die beiden Hauptfeinde von Freude und Selbstvertrauen.

– *Teil V* gibt Hinweise, wie Sie sich um die körperlichen Aspekte kümmern können, die am engsten mit der Psyche zusammenhängen.

– *Teil VI* beschäftigt sich mit Maßnahmen, die Ihnen dabei helfen werden, Ihr gesamtes Potential effektiv und kreativ zu entfalten.

Dieser Ratgeber sollte immer griffbereit sein. Um möglichst viel von ihm zu haben, werden Sie ihn immer wieder zu Rate ziehen wollen. Veränderungen brauchen Zeit und Ausdauer. Am Anfang passiert es leicht, daß Sie in alte Gewohnheiten zurückfallen: alte Denkmuster, Gefühlsraster und Verhaltensweisen. Wenn das geschieht, lesen Sie die entsprechenden Abschnitte noch einmal durch. Denken Sie an die folgenden drei Punkte:

1. Stellen Sie sich dieses Buch als ein Buffet vor, von dem Sie sich die Speisen aussuchen, die Ihnen zusagen. Wir präsentieren viele Ideen – alle die, die den Menschen, mit denen wir gearbeitet haben, geholfen haben. Nicht alle Ideen sind für jeden Menschen von Nutzen. Suchen Sie sich die aus, die für Sie relevant sind.

2. Erlernen Sie die von uns beschriebenen Techniken, damit Sie sie auf Ihre spezielle Situation anwenden können. Das Buch ist voller Geschichten von realen Personen, wir wollen Ihnen damit zeigen, wie die vorgestellten Anregungen auf tatsächliche, spezifische Situationen angewendet werden können. In manchen Beispielen werden Sie Teile von sich selbst wiederfinden; andere Beispiele werden Ihnen eher fremd vorkommen. Wenn ein Beispiel Ihnen nicht zutreffend erscheint, legen Sie bitte nicht gleich die ganze Methode ad acta. Im achten Kapitel erklären wir die Technik des Problemlösens anhand eines ganz bestimmten Beispiels. Diese speziellen Lösungsstrategien, die die beschriebene Person angewendet hat, sind für Sie vielleicht ungeeignet; es geht dabei jedoch um die Technik des Problemlösens, und die sollten Sie in Betracht ziehen, um Ihre Schwierigkeiten in den Griff zu bekommen.

3. Verwerfen Sie Anregungen nicht, nur weil sie Sie an Allgemeinplätze erinnern. Sie werden sehen, daß gute Psychologie oft nichts anderes zu sagen scheint, als der gesunde Menschenverstand auch; nur ist Ihnen das vorher wahrscheinlich noch nie aufgefallen. Gesunder Menschenverstand ist zu widersprüchlich, um immer recht zu haben. Außerdem verlieren die meisten von uns ihren gesunden Menschenverstand, sobald sie unsicher werden, zweifeln, wenn es hart auf hart geht oder sie zutiefst verzweifelt sind. In der Stunde der Not läßt er uns oft im Stich. Die in diesem Buch vorgestellten Ideen, Anregungen und Techniken sind danach ausgesucht worden, ob sie sich hilfreich und wirkungsvoll anwenden lassen. Dieses Buch kann auch den Anstoß dazu liefern, eine Technik anzuwenden, die Sie zwar bereits kennen, aber nicht richtig einsetzen. Vielleicht »kennen« Sie die »Ferne-Elefanten-Regel« (S. 59) bereits. Vielleicht handelt es sich dabei um einen Allgemeinplatz, oder Sie haben diese Regel schon einmal gelernt, zum Beispiel in einem Managementseminar. Aber es ist möglich, daß Sie sie dennoch nicht anwenden. Es kann sein, daß Sie immer noch »Ja« sagen, wenn es um etwas geht, was in ferner Zukunft liegt, und Sie sich nicht klarmachen, welche großen Verpflichtungen damit auf Sie zukommen. Betrachten Sie diesen Ratgeber als ein Arbeitsbuch, das Ihnen dabei hilft, neue Techniken zu erlernen und Techniken anzuwenden, die Sie zwar schon kennen, aber bisher nicht nutzen.

Die Zukunft ist ein aufregendes Land. Es muß nicht sein, daß die Vergangenheit Ihre Reise dorthin behindert. Wenn dieses Buch für Sie zum guten Reisebegleiter wird, hat es seinen Zweck erfüllt.

2. Der wissenschaftliche Hintergrund

Die Methoden und Techniken, die wir in diesem Buch vorstellen, sind Forschungsergebnisse aus vielen verschiedenen Bereichen der Psychologie. Sie entstammen sowohl direkt der Grundlagenforschung als auch deren Anwendung im Rahmen der praktischen Arbeit mit Menschen, die Hilfe suchen. Außerdem stützen wir uns auf wissenschaftliche Erkenntnisse im Bereich der Physiologie und der physikalischen Therapie, um das, was über die Psyche bekannt ist, mit dem zu verbinden, was wir über den Körper wissen.

Experimentelle Forschungsarbeit in der Psychologie

Durch die psychologische Grundlagenforschung erfahren wir sehr viel darüber, wie die Psyche arbeitet. Die experimentelle Psychologie, deren Anfänge etwa hundert Jahre zurückliegen, hat in sorgfältigster Arbeit einige der grundlegenden Prozesse erforscht, die beim Lernen, Erinnern und Denken eine Rolle spielen. Sie hat aufgedeckt, welchen Anteil wir selbst daran haben, wie unsere Wahrnehmung unser Verständnis für die uns umgebende Welt gestaltet. Sie hat dazu beigetragen, unsere Entwicklungsgeschichte zu erklären, und sie hat die Phasen aufgeschlüsselt, die wir von der Kindheit bis ins Alter durchlaufen. Sie hat die Zusammenhänge erhellt, die zwischen unseren Gedanken, Gefühlen, Taten und Empfindungen bestehen, und die Art und Weise, wie diese mit der äußeren Welt interagieren: mit dem Kontext der Lebenswelt, in der wir uns befinden. Ihre Erkenntnisse tragen dazu bei, daß wir besser verstehen, in welchem Verhältnis Psyche und Körper zueinander stehen, was uns motiviert und wie wir neue Fähigkeiten erwerben.

Aufgrund der wissenschaftlichen Arbeit von Psychologinnen und Psychologen wissen wir inzwischen mehr darüber, welche Aspekte unserer Persönlichkeit wir ändern können und welche unveränderbar sind, und durch ihre Arbeit haben wir viel über die Prozesse der Persönlichkeitsveränderung erfahren. Angewandte Psychologie hilft uns daher dabei, solche Prozesse zu steuern, sie zu unserem Vorteil zu nutzen und die Beschränkungen zu erkennen, denen wir in diesen Prozessen unterworfen sind, genauso wie angewandte Physiologie uns dabei hilft, unseren Körper in guter Kondition zu halten, ohne ihn zu überlasten. Wir müssen keine Physiologinnen und Physiologen sein, um uns körperlich fit zu halten. Genausowenig müssen wir heutzutage Psychologinnen und Psychologen sein, um uns der wissenschaftlichen Erkenntnisse der Psychologie bedienen zu können, und das gilt, obwohl die Arbeit der experimentellen Psychologie noch nicht abgeschlossen ist: noch sind viele Fragen offen, und ständig tauchen neue Rätsel auf.

Anwendung der psychologischen Wissenschaft auf die Therapie

In den letzten vierzig Jahren haben Therapeutinnen und Therapeuten neue und effektive Möglichkeiten entwickelt, Menschen bei deren Lebensproblemen zu helfen, meist handelt es sich dabei um kurzfristige Interventionen aus dem Bereich der Psychotherapie. Die Psychoanalyse war in den Jahrzehnten nach Freud die Hauptform psychologischer Behandlung, typisch für sie war aber ein langwieriger und intensiver Therapieverlauf, der sich oft über mehrere Jahre erstreckte. Der Schwerpunkt dieses Buchs liegt vorwiegend auf neuen Behandlungsmethoden, wobei wir denen das meiste Gewicht beimessen, die wissenschaftlich überprüft worden sind und auf wissenschaftlichen Erkenntnissen beruhen.

Psychodynamische Therapien, zu denen auch die Psychoanalyse zählt, beruhen auf umfangreichen, differenzierten Theorien zur menschlichen Entwicklung, von Kindheit an. Die kindliche Entwicklung wird dabei im Kontext der zwischenmenschlichen Beziehungen gesehen. Psychodynamische Therapeutinnen und Therapeuten haben Methoden dafür entwickelt, sowohl ihre eigenen Gefühle als auch die Gefühle anderer Menschen bewußter wahrzunehmen, damit sie die therapeutische Beziehung dafür nutzen können, Menschen bei deren Entfaltung zur Seite zu stehen. Als die Theorien, die dieser Therapieform zugrunde liegen, entwickelt wurden, steckte die experimentelle Psychologie noch in den Kinderschuhen, so daß diese Theorien nicht wissenschaftlich überprüft werden konnten. Die Effektivität der aus ihnen abgeleiteten Therapieformen läßt sich ebenfalls nur schwer einschätzen, zum einen, weil es sich um Langzeittherapien handelt, zum anderen, weil die Zielsetzungen sehr komplex sind. Aber sie stellen eine ergiebige und fruchtbare Quelle für die therapeutische Praxis dar, wenn es um emotionale Entwicklung und zwischenmenschliche Beziehungen geht. Die Auseinandersetzung darüber, in welchem Maß frühe Beziehungsmuster später Funktionen determinieren, geht weiter, muß aber inzwischen im Kontext der nachgewiesenen Effektivität anderer Formen der Psychotherapie stattfinden.

Verhaltenstherapien

Den theoretischen Hintergrund für die Verhaltenstherapie, die sich in auffallendem Gegensatz zur Psychoanalyse entwickelte, liefert die Arbeit experimenteller Psychologinnen und Psychologen zum Thema Lernen. Sie basiert auf den sogenannten Lerntheorien, die inzwischen davon ausgehen, daß Lernen auf viele verschiedene Arten stattfindet. Die erste Form des Lernens, die weitreichende Folgen für die therapeutische Arbeit hatte, war das klassische Konditionieren, das erstmals von Pawlow erforscht wurde.

Die Entdeckung der Gesetzmäßigkeiten der verschiedenen Lernformen hat zur Entwicklung von Verhaltenstherapien geführt, zum Beispiel zur Behandlung von Phobien mittels Reizkonfrontation (exposure treatment). Im Fall von Phobien geht die Lerntheorie davon aus, daß sich eine Phobie dadurch auflösen läßt, indem die Assoziationskette von Angstgefühlen mit im Grunde harmlosen Situationen (zum Beispiel dem Anblick einer Spinne oder dem Einkauf im Supermarkt) durchbrochen wird. Aus der Forschung wissen wir inzwischen, daß dies am besten schrittweise geschieht, durch häufiges und regelmäßiges Üben. Ein Mensch mit Höhenangst könnte beispielsweise damit anfangen, eine Treppe hochzusteigen und von einem immer höheren

Standpunkt aus nach unten zu schauen. Der nächste Schritt könnte darin bestehen, aus einem Fenster im dritten Stock zu blicken; dann aus einem im vierten Stock und so weiter. Je nach Stärke der Phobie kann es von einem Schritt zum nächsten Tage oder sogar Wochen dauern. Dieses schrittweise Vorgehen ist eine einfache, aber wirkungsvolle Methode.

Die Verhaltenstherapien sind aus den Lerntheorien entstanden, haben sich aber mittlerweile weiterentwickelt und wenden heutzutage viele verschiedene Methoden an, um in den unterschiedlichsten Fällen Hilfe leisten zu können. Was sie alle gemeinsam haben, ist die Betonung sehr spezifischer Formen der Verhaltensänderung. Methoden der Verhaltenstherapie können zum Beispiel eingesetzt werden, um bei der Veränderung von Eß-, Rauch- oder Trinkgewohnheiten zu helfen, um Selbstvertrauen zu entwickeln und um Zeitmanagement und persönliche Organisation zu verbessern. Verhaltensänderung kann dazu führen, daß sich Gedanken, Gefühle und Empfindungen ändern und daß sich zwischenmenschliche Beziehungen wandeln. Menschen, die eine Phobie überwunden haben, werden sich wahrscheinlich selbstbewußter *fühlen,* besser über sich selbst *denken,* weniger Angst *empfinden* und sich leichter auf andere *beziehen* können.

Zu den wichtigsten Beiträgen der Verhaltenstherapien gehört, daß sie sehr großen Wert auf Effektivität und Praktikabilität legen, da es ihnen um spezifische, klar umrissene und beobachtbare Veränderungen geht. Eine Therapie mit Zielvorstellungen ist in ihrer Wirksamkeit überprüfbar und kann sogar verbessert werden. Jede einzelne dieser Verbesserungen kann dann untersucht werden, um herauszufinden, welche der präzisen Methoden am effektivsten sind. Auf diese Weise sind immer bessere Therapieformen entwickelt worden. Durch die wissenschaftliche Überprüfung und Auswertung von Therapien ist außerdem mehr über die Prozesse aufgedeckt worden, die bei Veränderungen ablaufen, und sie hat zu der Erkenntnis geführt, daß Verhaltensänderung nur eine von mehreren Möglichkeiten ist, den Veränderungsprozeß in Gang zu setzen.

Kognitive Therapie

Die kognitive Therapie entstand zum Teil als Reaktion darauf, daß die Verhaltenstherapie sich ausschließlich auf das Verhalten konzentriert, und zum Teil als Reaktion auf die unwissenschaftlichen Aspekte der Psychoanalyse. Sie basiert auf der Erkenntnis, daß Gedanken und Gefühle eng zusammenhängen. Wenn Sie *denken,* daß etwas schiefgehen wird, haben Sie Angst*gefühle;* wenn Sie *denken,* daß alles gutgehen wird, *fühlen* Sie sich selbstsicherer. Dadurch, daß sich kognitive Therapeutinnen und Therapeuten auf unsere Denkmuster und unsere Überzeugungen konzentriert haben, haben sie zahlreiche Methoden herausgefunden, mit deren Hilfe wir sowohl unsere Gefühle als auch unser Verhalten ändern können.

Die kognitive Therapie wurde zunächst als Behandlungsmethode für Depressionen erprobt und untersucht. Inzwischen hat sie sich auch bei vielen anderen Problemen als Hilfe erwiesen, zum Beispiel bei Ängsten, Panik, gestörtem Eßverhalten und bei Schwierigkeiten in Beziehungen zu anderen Menschen. Kognitive und Verhaltenstherapie haben beide den Vorteil, daß sie eindeutig formulierte Therapieformen sind, das heißt, sie wurden und werden immer wieder umfassend und streng erforscht und verbessert.

Therapien mit dem Schwerpunkt auf zwischenmenschlichen Beziehungen

Zwischenmenschliche Beziehungen nehmen in unserem Leben eine Schlüsselstellung ein und tragen viel zu unserem Selbstverständnis und Selbstwertgefühl bei. Sie stellen einen der Hauptkontexte für unser Denken, Fühlen und Tun dar. Es gibt viele Therapieformen, bei denen die zwischenmenschlichen Beziehungen im Zentrum stehen, leider sind nur wenige dieser Therapien untersucht und ausgewertet worden. Die *Interpersonale Therapie* ist ausgewertet worden und hat sich als effektiv erwiesen, und zwar nicht nur bei der Verbesserung zwischenmenschlicher Beziehungen, sondern auch bei der Überwindung von Depressionen und dem Ablegen gestörter Eßgewohnheiten.

Anwendung der psychologischen Wissenschaft auf das Management

Viele psychologischen Erkenntnisse sind in der Berufswelt, der Welt der Taten und des Managements besonders wertvoll und werden in vielen verschiedenen Zusammenhängen täglich praktisch genutzt. Die meisten dieser Erkenntnisse befassen sich damit, wie die seelisch-geistigen Ressourcen wirksam genutzt werden können. Mit Hilfe von Managementtechniken läßt sich sowohl das Privat- als auch das Berufsleben organisieren, Zeit optimal nutzen, gut kommunizieren und lassen sich Veränderungen aushandeln und Entscheidungen treffen. Die Erforschung des logischen Denkens und der Gedächtnissysteme hat sich für das Management als besonders produktiv erwiesen und wird in diesem Bereich am einfallsreichsten verwertet, aber die entsprechenden Fertigkeiten sind auch von allgemeinem Nutzen, wenn es darum geht, uns selbst und unser Leben außerhalb der Berufswelt zu steuern.

Forschung über Physiologie und physikalische Therapie

Es gibt Wechselwirkungen zwischen Psyche und Körper. Vielleicht haben Sie letzte Nacht wach gelegen und sich Sorgen gemacht. Sie meinen, daß die Sorgen Sie wach gehalten haben; aber es kann auch der Kaffee gewesen sein, den Sie nach dem Abendessen getrunken haben. Wenn Sie Ihren Alkoholkonsum reduzieren wollen oder Beruhigungsmittel absetzen möchten, müssen Sie einige physiologische Fakten kennen, um die besten Strategien anzuwenden. Und manchmal können auch Medikamente bei Depressionen helfen. Wir zeigen Ihnen in diesem Buch, wie Sie sowohl *psychologische* als auch *medizinische* Forschungsergebnisse dafür einsetzen können, Ihr Leben besser zu gestalten.

I. Zwei grundlegende Prinzipien geistiger Fitneß

Für die Erlangung geistiger Fitneß sind zwei Prinzipien ausschlaggebend. Unabhängig davon, wie Sie Erfolg definieren wollen, werden Sie erfolgreich sein, wenn Sie begreifen, wie diese beiden Prinzipien anzuwenden sind. Beim ersten geht es um *Selbstachtung*. Wenn Ihnen die schwerfällt, werden viele Lebensbereiche darunter leiden. Sie können sich dann zum Beispiel schlecht steuern, bekommen Ihre Probleme nicht in den Griff, sind mit Ihren zwischenmenschlichen Beziehungen nicht zufrieden, sind vielleicht ängstlich oder depressiv, schlafen schlecht oder essen zu viel, oder es fällt Ihnen schwer, sich zu konzentrieren und Entscheidungen zu treffen. In diesem Buch finden Sie zahlreiche Strategien, um mehr Selbstachtung zu bekommen.

Beim zweiten Prinzip geht es darum, zu *begreifen, daß Sie sich ändern können*. Es ist sogar unvermeidlich, einen Veränderungsprozeß durchzumachen. Er läßt sich genausowenig aufhalten wie der Lauf der Zeit. Die Anregungen in diesem Buch sollen Ihnen dabei helfen, die Art und Weise, in der Sie sich verändern, zu steuern oder zu kontrollieren, und zu lernen, wie Sie auf Veränderungen, die sich Ihrer Kontrolle entziehen, anders reagieren können. Jeder Mensch reagiert unterschiedlich auf Veränderungen, und jede Reaktionsweise hat ihre Vor- und Nachteile. Indem wir neue Reaktionsweisen dazulernen, erweitern wir unser Repertoire und bekommen mehr Wahlmöglichkeiten. Dies kann uns vor allem dann helfen, wenn wir das Gefühl haben, nicht mehr weiterzukommen. Diese beiden Prinzipien bilden zusammengenommen die Grundlage für seelisch-geistige Fitneß.

3. Sich selbst (hoch-)achten

In den selbstbewußten fünfziger Jahren gab Richard Hamilton einem seiner Bilder den Titel: *Just what is it that makes today's homes so different, so appealing?* (Was macht eigentlich ein heutiges Zuhause so anders, so reizvoll?) Manchmal schauen wir uns um, und alle anderen scheinen die Art von Erfolg auszustrahlen, die Hamilton in seinem Titel eingefangen hat. Nur uns läßt das Gefühl nicht los, daß wir zu nichts nütze sind; daß wir nichts wert sind. Aber da irren wir uns. Viele von denen, die einen so selbstsicheren Eindruck machen, sind innerlich voller Zweifel, genau wie die meisten von uns sich, wenn sie älter werden, noch viel jünger fühlen, als sie aussehen.

Warum denken so viele von uns, daß sie so wenig wert sind – ein Gedanke, der mehr Leid verursacht als alle anderen zusammengenommen?

Die Geschichte vom Chefkoch

Marc war Chefkoch. Er führte ein gutgehendes Restaurant, sein ganzer Ehrgeiz bestand aber darin, mit seinem Restaurant in den *Good Food Guide* zu kommen. Er war davon überzeugt, nicht gut genug zu sein, um darin auch nur beiläufig erwähnt zu werden. Wie so viele Menschen war er von Selbstzweifeln zerfressen. Dann, eines Tages, wurde ihm die große Ehre zuteil, daß seine Kochkunst in einer phantastischen Besprechung anerkannt wurde. Aber das machte ihn nicht glücklich. Er hatte sich nach dieser Auszeichnung gesehnt, solange er in diesem Beruf arbeitete, und in dem Moment, in dem sie ihm zuteil wurde, fühlte er sich elend und unglücklich. Warum? Weil dieser Erfolg nicht dazu führte, daß er sich selbst für besser hielt, sondern dazu, daß er den *Good Food Guide* für schlechter hielt. Seine Argumentation lautete in etwa so: Es kann nicht viel an einer Erwähnung im *Good Food Guide* dran sein, wenn sogar ich hineingekommen bin!

> Wenn Sie sich selbst nicht unabhängig von Ihren Leistungen hoch-
> achten, werden Sie auch Ihre Leistungen nicht hochachten.

Wir bleiben so anfällig dafür, unser Selbstwertgefühl zu verlieren, weil
wir dazu tendieren, uns nach unseren Leistungen zu beurteilen. *Die
Geschichte vom Chefkoch* enthält eine wichtige Lehre. Wenn Sie in
sich selbst ein Selbstwertgefühl entwickeln, das von Ihren Leistungen
ganz unabhängig ist, werden Sie weniger anfällig für quälende Selbstzweifel.

Bedingungsfreie positive Zuwendung

Dieses innere Selbstwertgefühl läßt sich vielleicht am besten in Analogie zur elterlichen Liebe erklären. Ein Kind kann Dinge tun, die die
Eltern entschieden mißbilligen; es kann sogar Zeiten geben, in denen
die Eltern das Kind nicht mögen, aber die Liebe bleibt bestehen – ganz
egal, was das Kind tut. Carl Rogers nannte diese Form der Liebe »*be-
dingungsfreie* positive Zuwendung«. Die positive Zuwendung ist be-
dingungsfrei in dem Sinn, daß Ihr persönlicher, einzigartiger Wert
nicht von Ihrer Herkunft oder Ihren Begabungen abhängig ist, genausowenig wie er davon abhängt, was Sie tun. Sie kann nicht dadurch
verlorengehen, daß Sie etwas »Schlechtes« tun, und genausowenig dadurch gewonnen werden, daß Sie etwas »Gutes« tun. Sie müssen sie
sich in keiner Weise verdienen und können sie durch keine Ihrer Handlungen verscherzen. Verlieren Sie sie aus den Augen, so tut das weh,
haben Sie sie dagegen sehr präsent, ist das eine sichere Grundlage. Wir
müssen alle versuchen, uns selbst gegenüber diese Haltung der beding-
ungsfreien positiven Zuwendung einzunehmen. Es ist weder selbstsüchtig noch egoistisch, das zu tun. Im Gegenteil, es ist die Grundlage
dafür, anderen Menschen gegenüber großzügig und offen sein zu können. Schuldgefühle und das dauernde Bedürfnis nach Bestätigung
durch andere führen zu Egoismus und Selbstsucht – und machen unglücklich.

Diese Vorstellung, daß jeder Mensch einen intrinsischen Wert hat, ist Bestandteil vieler Religionen. »Vor den Augen Gottes sind wir alle gleich« bezieht sich nicht nur auf unseren intrinsischen Wert, sondern bedeutet auch, daß wir alle auf dieser grundlegenden Ebene gleich viel wert sind. Das demokratische Prinzip – daß jeder von uns eine, eine einzige Stimme hat – ist die politische Variante dieser Vorstellung; und wir sind alle den gleichen Gefühlen ausgesetzt – Liebe, Trauer, Furcht, Zweifel und so weiter.

Warum ist es wichtig, sich selbst zu achten?

Selbstachtung trägt dazu bei, daß Sie Ihr Leben auf einem soliden Fundament aufbauen können. Dieses Buch ist ein Ratgeber, der Ihnen dabei hilft, sich selbst zu raten und zu helfen, Ihre eigene Freundin, Ihr eigener Freund, Ihre eigene Therapeutin, Ihr eigener Therapeut zu werden. Es wird Ihnen dann am meisten bringen, wenn Sie sich selbst respektvoll behandeln, als einen Menschen, der einen intrinsischen Wert hat. Selbstachtung ist etwas anderes, als sich selbst zu mögen. Wir können einen Menschen respektieren und sogar bewundern, ohne ihn zu mögen. Und wir können den intrinsischen Wert eines Menschen, den wir nicht mögen, anerkennen. In diesem Sinn ist es nicht notwendig, daß Sie sich mögen, obwohl es natürlich hilft, wenn Sie es tun, und selbstverständlich müssen Sie nicht all Ihre Handlungen gut finden. Aber es ist absolut unerläßlich, daß Sie sich selbst hochachten und wertschätzen, denn wenn Sie das nicht tun, nehmen Sie sich mit der einen Hand das wieder weg, was Sie sich mit der anderen gerade gegeben haben. Wenn Sie zulassen, daß Sie denken, Sie seien nichts wert, oder daß alles, was Sie tun, sowieso sinnlos sei, ziehen Sie sich nur selbst den Boden unter den Füßen weg und vergeuden Ihre Kraft.

Keine zwei Maßstäbe

Wenn Sie dazu tendieren, sich selbst geringzuschätzen, messen Sie wahrscheinlich mit zweierlei Maß: Sie achten sich gering, einfach weil Sie es sind und nicht jemand anderes. Wenn Sie sich selbst weniger achten, als Sie andere Menschen achten, fragen Sie sich einmal: »Warum?« Ist das fair? Wenn Sie sich einmal von außen betrachten, so, als seien Sie jemand anderes, der Sie in Ihrem gegenwärtigen Zustand sieht, würde Ihr Urteil dann anders ausfallen? Machen Sie sich selbst herunter, einfach weil Sie es sind? Legen Sie an andere Menschen einen bestimmten Maßstab an und an sich selbst einen viel höheren? Wenn Sie tatsächlich mit zweierlei Maß messen, schädigen Sie sich permanent selbst. Das ist, als ob Sie versuchen würden, ein Haus in einem Sumpf zu bauen. So ein Haus kann keinen Bestand haben, und seine Grundmauern werden immer wieder unterhöhlt werden.

Drei häufige Gründe für zuwenig Selbstachtung

1. Ich bin keine Mutter Teresa

Sie sagen: »Ich bin nichts wert, weil ich Menschen nicht so helfe, wie Mutter Teresa Menschen hilft. Sie ist ein wirklich wertvoller Mensch, ganz im Gegensatz zu mir.«

Wir entgegnen: Was Mutter Teresa tut, das ist, Menschen zu helfen. Das kann nur deshalb einen Wert haben, weil die Menschen, denen sie hilft, einen Wert haben. Wenn diese Leute nichts wert wären, was hätte sie dann Gutes getan? Warum bewundern wir eine Mutter Teresa? Weil Sie sich selbst für andere aufopfert. Würden Sie sie bewundern, wenn sie sich für etwas Wertloses aufopfern würde? Bestimmt nicht. Unsere Bewunderung für Mutter Teresa hängt ab von unserer Wertschätzung der Menschen, denen sie hilft. Nur wenn wir davon überzeugt sind, daß jeder einzelne Mensch wertvoll ist, können wir behaupten, daß irgendein beliebiger Mensch wertvoll ist.

2. Es wäre arrogant

Arrogant ist es, wenn Sie denken, daß Sie selbst, Ihre Ansichten und Ihr Charakter *mehr* wert sind als andere Menschen und deren Ansichten und Charaktere. Damit sind Sie anderen gegenüber unfair. Wenn Sie sich selbst unterschätzen, machen Sie genau den gleichen Fehler wie ein arroganter Mensch, nur unter umgekehrten Vorzeichen. Sie sind sich selbst gegenüber unfair. Mancher nach außen hin arrogant wirkende Mensch wird dazu getrieben, sich arrogant zu verhalten, weil er einen tiefsitzenden Mangel an Selbstbewußtsein hat. Wenn Sie sich selbst gegenüber fair sind, sich selbst achten, so ist das nicht arrogant, und es wird dazu beitragen, daß Sie sich nicht arrogant benehmen müssen.

3. Ich bin schlecht

Manchmal achten wir uns nicht deshalb gering, weil wir von unseren Leistungen enttäuscht sind, sondern weil wir in moralischer Hinsicht von uns enttäuscht sind. Wir genügen unseren eigenen Verhaltensmaßstäben nicht, und wir geißeln uns dafür erbarmungslos. Wir setzen unseren Kindern Maßstäbe und schimpfen sie aus, wenn sie einigen nicht genügen, weil wir sie lieben. Dabei liegt es in der Natur von Maßstäben, daß wir ihnen nicht immer genügen können: wenn das so wäre, wären sie wahrscheinlich nicht fordernd genug. Wenn Sie einem bestimmten Anspruch nicht genügen, ist das eigentlich ein Grund dafür, sich selbst zu achten, anzuerkennen, daß Sie versuchen können, sich zu ändern und gleich damit anzufangen; es ist überhaupt kein Grund dafür, sich selbst nicht mehr zu achten.

Wie geht es weiter?

Die Grundlage für Selbstachtung haben Sie schon; sonst würden Sie dieses Buch nicht lesen. Sie können auf dieser Grundlage weiter aufbauen und begreifen, daß Sie genausoviel wert sind wie andere Menschen. Ein geringes Selbstwertgefühl nimmt Ihnen jede Freude am Leben. Dieses Buch wird Ihnen dabei zur Seite stehen, die Prinzipien der

Selbstachtung zu befolgen. Es wird Ihnen zeigen, wie Sie Ihre persönlichen Ziele effektiver verfolgen und wie Sie Stimmungsschwankungen unter Kontrolle bekommen können. Im zweiten Teil erläutern wir viele der grundlegenden Fertigkeiten, die Sie brauchen, und im zehnten Kapitel geht es speziell um Selbstbewußtsein. Aber bevor wir uns diesen Fertigkeiten zuwenden, befassen wir uns noch mit dem zweiten Prinzip, auf dem Sie aufbauen können: zu begreifen, daß Sie sich ändern können.

Zusammenfassung dieses Kapitels

Selbstachtung ist Teil des soliden Fundaments, auf dem Sie Ihr Leben aufbauen können: Dieses Buch bringt viele praktische Methoden, die Ihnen dabei helfen, Ihr Selbstwertgefühl zu steigern.

4. Begreifen, daß Sie sich ändern können

Sie haben sich bereits auf ein Abenteuer eingelassen. Sie befinden sich auf einer Reise, die noch nicht zu Ende ist, und sosehr Sie auch in die Dunkelheit spähen, Sie können nicht erkennen, was noch kommt. Sie haben sich diese Reise nicht ausgesucht. Sie haben sich nicht ausgesucht, wann oder wo sie anfängt, auch nicht, wer Sie begleitet, unter welchen Umständen sie stattfindet, und Sie haben sich das Klima nicht ausgesucht, das Sie entweder aufblühen läßt oder Ihr Wachstum hemmt. Das geschah alles, ohne daß Sie gefragt wurden – ja sogar bevor Sie überhaupt eine solche Frage hätten begreifen oder beantworten können.

Es geht nicht um Ändern oder nicht Ändern, Veränderung ist Teil jeder Reise. Es geht darum, ob die Wandlungsprozesse so genutzt und mobilisiert werden können, daß sie für Sie arbeiten und nicht gegen Sie. Mit den unvermeidlichen Veränderungen zu arbeiten statt gegen sie fällt leichter, wenn Sie mehr darüber wissen, wie die Psyche arbeitet. Dieses Buch wird Ihnen zeigen, wie Sie dieses Wissen so einsetzen können, daß Sie die Art und Weise der Veränderungen in Ihrem Sinne steuern können. Wir beziehen uns auf unsere Forschungsarbeit, unsere klinische Erfahrung und unser Verständnis unserer Kultur und Erziehung. Wir können Ihnen nicht sagen, wie Sie sich ändern sollen. Das ist etwas, was Sie immer wieder für sich selbst entscheiden müssen. Wir kennen nicht alle Antworten, aber wir können nützliche Hinweise geben, die Sie dazu benutzen können, das Ruder, mit dem Sie steuern, neu auszurichten, zu stärken oder einer Generalüberholung zu unterziehen. Wir sind davon überzeugt, daß Wissen Ihnen die Kraft geben wird, sich so zu wandeln, wie Sie es für richtig halten. Als klinische Psychologin und klinischer Psychologe beschäftigen wir uns zwingend mit den Kämpfen und Schwierigkeiten anderer Menschen und wissen, daß diese Kraft ihre Grenzen hat und daß sie dann am effektivsten genutzt werden kann, wenn sie sehr genau verstanden wird. Wir wollen also ein besseres Verständnis erreichen, damit mehr Selbstvertrauen und bessere Kontrolle an die Stelle des Gefühls von Hilflosigkeit treten, wenn es um das Abenteuer geht, auf das wir uns alle eingelassen haben.

Das Klima und die Gegend

Ein (Reise-)Führer für einen unbekannten Ort soll uns Informationen liefern, die Entscheidungshilfen sein können. Ein solches Buch fängt mit einer Zusammenfassung zur Geologie, Geographie, Geschichte, Soziologie und zu den wirtschaftlichen Verhältnissen an, beschreibt dann einzelne sehenswerte Plätze und wie wir sie am besten erleben: wie wir am besten reisen, wo wir übernachten können, was für Menschen wir treffen werden und welche typischen Gerichte es zu essen gibt – vorausgesetzt, wir können uns verständlich machen. Es soll Ihnen zu einem angenehmen Aufenthalt verhelfen und geht davon aus, daß das sowohl von äußeren Faktoren abhängt, zum Beispiel der Landschaft, dem Wetter, den Menschen und deren Aktivitäten, als auch von inneren Faktoren, zum Beispiel Ihren Interessen (an Geschichte, gutem Essen oder Sport), Ihrem Bedürfnis nach Entspannung oder Anregung, Ihren Sprachkenntnissen, Ihrem Humor, Ihrem Durchhaltevermögen und Ihrer Anpassungsfähigkeit, wenn einmal nicht alles nach Plan läuft. Aber dieses Handbuch wird Ihnen im Gegensatz zu anderen dabei helfen, innere und äußere Faktoren miteinander zu verbinden, denn beide beeinflussen, wie sehr Sie die Reise genießen können. Ein Handbuch kann allerdings nur eine ungefähre Hilfe sein, denn sowohl innere als auch äußere Faktoren ändern sich, während die Reise unaufhaltsam weitergeht. Da Sie dauernd in Bewegung sind, wechselt auch Ihre Perspektive ständig, es ist also falsch, anzunehmen, daß etwas statisch ist, daß wir feststecken und uns nicht ändern können. Wir ändern uns immerzu, wenn sich uns neue Anforderungen stellen, wenn wir neue Informationen bekommen und neue Menschen kennenlernen. Dieses Buch wird Ihnen dabei helfen, solche Veränderungen positiv zu nutzen.

Innere Kräfte, die verändernd wirken

Sowohl Psyche als auch Körper werden mit jedem Tag älter und reißen uns im Strom eines unvermeidlichen Wandlungsprozesses mit sich fort. Diese Wandlung unterliegt gewissen Gesetzmäßigkeiten. Mit dem Abnehmen der kindlichen Abhängigkeit setzen die Turbulenzen der Jugendjahre ein. Mit ständig wachsender Kompetenz und Unabhängigkeit ergibt sich die Notwendigkeit, eine Identität zu definieren und sich in der Welt zurechtzufinden. Die mittleren Jahre werden oft so beschrieben, als ob sie statisch seien, als würden wir uns nicht mehr verändern, sobald wir uns erst einmal für eine bestimmte Beschäftigung, bestimmte familiäre und sexuelle Beziehungsmuster entschieden haben. Dabei kommt der Veränderungsprozeß gar nicht dadurch zum Stillstand, daß Sie sich selbst besser kennen und Ihre Fähigkeiten besser einschätzen können.

Manchmal werden Sie sich fühlen, als ob Ihnen die Welt zu Füßen läge; ein anderes Mal, als hätten Sie den Boden unter den Füßen verloren. Sie können sich abwechselnd im Fluß des Geschehens befinden und auf dem Abstellgleis. Heute können Sie den Gipfel erklimmen und morgen schon in einen Abgrund aus Verzweiflung stürzen. Sie können sich dessen bewußt sein, daß es immer einen Silberstreifen am Horizont gibt, und optimistisch in die Zukunft schauen, oder Sie können das Licht am Ende des Tunnels völlig aus den Augen verlieren. Vielleicht trotzen Sie selbstbewußt allen Stürmen, vielleicht halten Sie aber auch voller Nervosität nach Gewitterwolken am fernen Horizont Ausschau. Die Sprache, in der wir Lebensmuster und Veränderungen beschreiben, zeigt, daß wir ganz selbstverständlich davon wie von einer Reise sprechen, die uns bei unterschiedlichem Wetter durch verschiedene Gegenden führt.

Äußere Kräfte, die verändernd wirken

Auch die äußere Welt, die den spezifischen Kontext für jedes einzelne Leben darstellt, ändert sich ständig. Einen Teil dieser Veränderungen können wir beeinflussen, aber viele entziehen sich auch unserer Kontrolle. Allzuleicht verleitet uns das dazu, zu denken, daß wir machtlos sind: daß wir, da wir an den äußeren Faktoren an sich wenig ändern können, auch unsere Reaktionen auf sie nicht ändern können. Das stimmt nicht. Die Änderung unserer Reaktionen auf äußere Umstände ist eine der effektivsten Methoden, um unsere Lebenserfahrung zu wandeln.

Fünf Karikaturen

Wir haben dieses Buch geschrieben, weil wir davon überzeugt sind, daß Veränderung möglich ist. Aber jeder Mensch kennt das Gefühl, manchmal absolut nicht mehr weiterzukommen, nicht zu wissen, wie sich die erwünschten Veränderungen herbeiführen lassen. Wenn Sie sich so fühlen, wird Ihnen dieses Buch dabei helfen, Mittel und Wege zu finden, um wieder voranzukommen – es wird Ihnen dabei helfen, sich wieder freizuschwimmen. Es kann auch sein, daß Sie sich voller Energie fühlen, voller Kraft, sich zu verändern und weiterzuentwickeln, daß Sie sich aber nicht sicher sind, welche Richtung Sie einschlagen sollen. Auch dann hoffen wir, daß dieses Handbuch Ihnen eine Hilfe sein wird, indem es Sie dazu befähigt, einen Weg zu finden, auf dem es weitergehen kann.

Jeder Mensch reagiert unterschiedlich auf den Druck, sich zu verändern. Hier sind fünf Karikaturen – es kann sein, daß Sie in der einen oder anderen etwas von sich selbst wiederfinden –, die zweierlei verdeutlichen: erstens, daß die meisten Menschen lernen, mit Veränderungen zurechtzukommen, indem sie eine ganz bestimmte Reaktionsweise entwickeln, und zweitens, daß jede dieser Reaktionsweisen Vor- und Nachteile hat.

1. Der Weise

Der Weise ist auf der Suche nach Wissen: der Mensch, der alles liest. Viele Menschen, die mit Textverarbeitungsprogrammen arbeiten, nutzen nur einen kleinen Prozentsatz der ihnen zur Verfügung stehenden Möglichkeiten. Wenn sie lernen, ein neues Gerät zu benutzen, eignen sie sich die Grundfertigkeiten rasch an und machen sich dann sofort an die Arbeit. Sie setzen die neuerworbenen Kenntnisse in die Praxis um und sind normalerweise zufrieden und beeindruckt, wie schnell sie jetzt bestimmte Dinge erledigen können, seien es Rundschreiben an ihre Kundschaft oder Einladungen an Freundinnen und Freunde zu schicken, und schon hören sie auf, mehr über ihren Computer zu lernen. Solche Menschen nutzen ihr Textverarbeitungsprogramm nicht voll aus, weil sie die Betriebsanweisung nie zu Ende lesen. Der Weise ist sich dagegen dessen bewußt, daß mehr Wissen auch mehr Wahlmöglichkeiten bedeutet, und deswegen liest so ein Mensch die Betriebsanweisung von vorn bis hinten durch. Weise nutzen ihr Textverarbeitungsprogramm voll aus, der Haken an der Sache ist nur, daß sie möglicherweise Zeit damit vergeuden, Dinge zu lernen, die sie nicht brauchen.

Sarah fand heraus, welche Vorteile es hat, eine »Weise« zu werden. In der Schule nahmen sie gerade *Hamlet* durch; als sie aber anfing, das Drama zu lesen, fiel es ihr schwer, die Sprache zu verstehen, und es wurde ihr langweilig. Ihre Eltern nahmen sie zu einer Aufführung des Stückes mit. Das half ihr, die Handlung besser zu begreifen, und es begann ihr Spaß zu machen. Als sie einen Essay schreiben mußte, las sie das Drama noch einmal, und dann ging die Klasse das Stück Szene für Szene durch, Sprache und Aufbau wurden analysiert und die Entwicklung, die die Figuren durchmachen. Sie diskutierten darüber, ob Hamlet depressiv sei, und über sein Verhältnis zu Frauen: zu seiner Mutter und Ophelia. Sie sprachen über verschiedene Themen, zum Beispiel ob Rache gerechtfertigt sein kann, über die Bedeutung von Vergebung und darüber, was einen Menschen in den Wahnsinn treiben kann. Sarah hatte das Gefühl, daß sich ihr eine neue Welt auftat. Ein Buch, das ihr verschlossen gewesen war, wurde nach und nach zugänglich. Je mehr sie lernte, desto mehr hatte sie den Eindruck, auch etwas zu begreifen – sowohl was Shakespeares Drama anging als auch was Menschen und deren Gefühle füreinander betraf. Sie begann, Wissenswertes zu finden, wo sie es nicht vermutet hatte – Wissen, das ihr dabei half, sich zu verändern.

2. Der Reisende

Reisende dehnen die Reise aus und tun so, als sei sie Selbstzweck. Sie gehen davon aus, daß wir, weil wir dauernd in Bewegung sind, irgendwohin gehen müssen, als ob Vollkommenheit, das Nirwana oder das

Ende des Regenbogens eines Tages erreicht werden könnten. Die Suche geht immer weiter, weil kein Haltepunkt sie lange zufriedenstellen kann. Reisende hören niemals auf, nach dem Goldenen Vlies zu suchen, dabei überwinden sie ungeheure Schwierigkeiten, immer in der Hoffnung, daß sie einen Ort finden werden, an dem sie bleiben können, oder daß das Gras anderswo grüner sein wird.

Manche enthusiastischen Sportlerinnen und Sportler sind in ihrer Hingabe geradezu besessen, stets besser zu sein als das letzte Mal, und jeden neuen Rekord, jede persönliche Bestleistung sehen sie nur als neue Hürde, die es zu überwinden gilt. Falls sie nicht zu sehr übertreiben, sondern sich die Freude an ihrem Sport bewahren können, können sie tatsächlich unglaubliche Höchstleistungen erbringen. Wieder andere Menschen gehen ihre engsten Beziehungen auf diese Art an, als würde irgendwo – wenn sie nur lang genug weitersuchen – doch noch der strahlende Held oder die Märchenprinzessin auf sie warten. Sie sind davon überzeugt, daß sie ihr Idol sofort erkennen werden und daß es sofort auf sie ansprechen wird. Daß die Beziehung, wenn der Knoten erst einmal geknüpft ist, auf ewige Zeiten glücklich sein wird. Kein Wunder, daß diese Suche niemals endet.

Viele der Veränderungen, die Teil unserer Lebenserfahrung sind, verlaufen zyklisch. Wir haben Hunger, machen uns auf die Suche nach Essen, essen, bis wir satt sind, und denken dann nicht mehr an Eßbares, bis wir wieder Hunger bekommen. Oder wir suchen nach einer Herausforderung, wählen einen Berg aus, den wir ersteigen wollen, kämpfen uns bis zum Gipfel hoch und fangen dann an, nach einer neuen Herausforderung Ausschau zu halten. Es kann passieren, daß wir einen starken Wissensdrang verspüren, uns auf ein bestimmtes Rätsel oder Problem konzentrieren, damit ringen, bis es gelöst ist, und dann meldet sich der Wissensdurst erneut, und wir suchen uns ein neues Rätsel. Der Prozeß ist nie statisch, und der Zyklus kann sich ohne unser eigenes Zutun vollenden. Unser Hunger, Ehrgeiz oder Wissensdurst scheint wie von selbst wiederzukommen und läßt uns weiterreisen.

David schien nach außen hin ein erfolgreicher Akademiker zu sein. Er war problemlos vom Doktoranden zum Dozenten aufgestiegen, von da zum Assistenten, und jetzt war er Professor. Vor zehn Jahren wäre er damit am Ziel seiner ehrgeizigen Träume gewesen, für die er hart gekämpft und seine Karriere über persönliche Beziehungen gestellt hatte. Aber sogar jetzt als Professor war er mit seinem Erfolg nicht zufrieden: er dachte nur daran, von seinem Berufsverband als Präsident gewählt zu werden. Sein unermüdlicher Ehrgeiz verhalf ihm zum Erfolg, ließ ihn diesen aber nicht genießen.

3. Der Herumtreiber

Herumtreiber ziehen sich aus dem Zentrum des Geschehens zurück, hören auf zu kämpfen und lassen sich von der Strömung treiben. Sie fügen sich ins Unvermeidliche und »schwimmen mit dem Strom«. Sie können stark oder schwach wirken, je nachdem, wie sie beschrieben und wie ihre Handlungen und Entscheidungen in ihrem sozialen Kontext beurteilt werden.

Vier Jahre lang versuchte Tracy, ihren Beruf als Dentalhygienikerin und die Pflege ihrer alten, an der Alzheimer-Krankheit leidenden Mutter unter einen Hut zu bringen. Dann war klar, daß sie sich für eines von beidem entscheiden mußte, und sie beschloß, ihren Job hinzuschmeißen. Sie setzte ihre ganze Energie für die Pflege ihrer Mutter ein und hoffte, daß sie mit der Zeit wieder in ihrem Beruf würde arbeiten können. In der Zwischenzeit würde sie sich darauf beschränken, den Kontakt zu ihren Freundinnen und Freunden zu halten. Aber viele Menschen aus Tracys Freundeskreis fanden, sie sei gegen ihre bessere Überzeugung abgesprungen und dem Druck ausgewichen. Tracy selbst konnte akzeptieren, daß ihr Leben eine Zeitlang durch das eines anderen Menschen geprägt wurde.

4. Vogel Strauß

Der Strauß hat zwei charakteristische Eigenschaften: er steckt seinen Kopf in den Sand, und er kann kräftig zutreten. Wenn jemand nicht akzeptiert, daß Veränderungen unvermeidlich sind, kann das zu diesen beiden Reaktionen führen.

An einem bestimmten Punkt fürchtete Christopher, daß seine Beziehung mit Lisa am Ende sei. Er wagte kaum, darüber nachzudenken, aber die Anzeichen dafür waren nicht zu übersehen. Es erschreckte ihn, als er merkte, wie wenig sie ihm zu sagen hatte und wie wenig Zeit sie sich für gemeinsame Unternehmungen nahm. Er tat so, als ob alles in Ordnung sei, machte weiter wie bisher und plante nach wie vor einen gemeinsamen Sommerurlaub, über den sie früher einmal gesprochen hatten. Vielleicht gelingt es Christopher dadurch, daß er den Kopf in den Sand steckt, mit der Beziehungskrise fertig zu werden, aber vielleicht macht er sich auch nur etwas vor.

Oder nehmen wir Barbara als Beispiel, eine Labortechnikerin. Barbara wurde von ihrem Chef der Ineffizienz beschuldigt und war wütend darüber. Ihrer Meinung nach war sie nicht gut genug ausgebildet worden. Als sie eine Reihe komplexer Verfahren lernen sollte, war sie völlig auf sich gestellt gewesen, und deshalb schob sie die Verantwortung für ihre Fehler eher ihrem Laborleiter als sich selbst zu. Sie war sich dessen bewußt, daß sie nicht alle notwendigen Kenntnisse besaß, dachte aber, es sei Sache ihres Chefs, ihr dazu zu verhelfen. Barbara überließ die Aufgaben, mit denen sie nicht zurechtkam, anderen und war in diesem voll ausgelasteten Betrieb die einzige Person, die regelmäßig schon vor Feierabend mit ihrer Arbeit fertig war. Sie hielt das für effizient. Ihr Chef hielt es für einen Mangel an Initiative beim Erwerb neuer Kenntnisse. Sie setzte sich vehement für ihre Wünsche ein. Sie erklärte, warum sie die gegen sie erhobenen Anschuldigungen nicht gerechtfertigt fand. Ihren Chef überzeugte das nicht, und er drohte mit Kündigung, falls sie nicht versuchen würde, von ihren kompetenteren Kolleginnen und Kollegen zu lernen. Er gab ihr einen Monat Zeit, sich zu ändern.

5. Der Dirigent

Beim Dirigieren geht es darum, viele verschiedene Musikerinnen und Musiker im Zaum zu halten, die, sich selbst überlassen, nur Kakophonie produzieren würden. Menschen, die dirigieren, wissen, was sie erreichen wollen, und übernehmen die entscheidenden Führungsaufgaben. Sie übernehmen die Kontrolle und machen sich ans Werk. Ein Dirigent, der die Kontrolle verliert, bewirkt nichts mehr. Sein Erfolg hängt zum Teil davon ab, daß er erkennen kann, welche Dinge unveränderbar sind und welche nicht. Ein guter Dirigent kann sich eventuell in Veränderungsprozesse einklinken und sie nach seinem Willen gestalten. Ein schlechter setzt seine Energien ineffektiv ein. Eltern sind zu Hause die Dirigenten, Managerinnen und Manager sind es draußen in der Welt.

Mike war ein sehr erfolgreicher Geschäftsmann. Direkt nach seinem Schulabschluß war er Schuhhändler geworden, hatte sich durch alle Bereiche dieses Gewerbes nach oben gearbeitet, bis er mit 56 Jahren eine Ladenkette für Kinderschuhe besaß. Er hatte auf alles, was sein Geschäft anging, ein scharfes Auge, es gab keine wichtige Entscheidung, die ohne ihn getroffen wurde. Seine Kenntnis des Gewerbes war wirklich enzyklopädisch. Sein gesamter Betrieb verließ sich darauf, daß er die Antworten wußte, Probleme löste und die richtige Richtung angab. Dann hatte er einen leichten Schlaganfall. Er erholte sich fast vollständig davon, mußte aber mit Schrecken feststellen, daß weiterhin von ihm erwartet wurde, auf alles eine Antwort zu wissen. Er versuchte, Zeit zu gewinnen, indem er die Fragenden am Reden hielt, bis ihm wieder eingefallen war, was er hatte sagen wollen. Kurz nachdem er wieder angefangen hatte zu arbeiten, vergaß er rasch nacheinander ein paar Kleinigkeiten: einen Telefonanruf zu beantworten und seiner Sekretärin den Zeitpunkt eines Termins mitzuteilen. Nachdem ihm der verwirrte Gesichtsausdruck eines Mitarbeiters aufgefallen war und ihm dadurch klargeworden war, daß er eine Sache zweimal gesagt hatte, bat er seinen Arzt darum, einen offiziellen Gedächtnistest mit ihm zu machen. Der Test ergab, daß sein Gedächtnis durch den Schlaganfall leicht, aber irreparabel geschädigt worden war.

Mikes Gedächtnisschwäche vertrug sich nicht mit seiner Gewohnheit, alles völlig unter Kontrolle zu haben. Aber er war von Natur aus ein Problemlöser und kaufte sich ein Buch über Gedächtnisschulung. Mit Hilfe seiner Sekretärin entwarf er einige effektive Gedächtnishilfen. Seine Gedächtnisschwäche hatte die unerwartete Konsequenz, daß er die Hilfe eines Experten in Anspruch nahm, um alle in seinem Kopf gespeicherten Informationen in den Betriebscomputer einzugeben, wo sie für alle abrufbar waren. Dadurch, daß er die Grenzen erkannte, die ihm durch Prozesse, die er nicht unter Kontrolle hatte, gesetzt wurden, entdeckte Mike, wie er sich ändern mußte.

Jede dieser Karikaturen zeigt einen anderen kognitiven Stil, den Menschen angesichts von Veränderungen annehmen können. Es gibt keine Methode, die immer und für jeden Menschen richtig ist. Wir haben alle die Tendenz, bestimmte gewohnheitsmäßige Verhaltensweisen Veränderungen gegenüber zu entwickeln. Anhand dieser Karikaturen können Sie darüber nachdenken, ob Sie Ihr Verhaltensrepertoire erweitern wollen.

Drei Voraussetzungen für fruchtbare Veränderungen

Dieser Führer wird Ihnen dabei behilflich sein, Veränderungsprozesse zu steuern. Ihre Reise ist noch nicht zu Ende; es liegt noch allerhand vor Ihnen, und niemand von uns weiß, wohin es als nächstes gehen wird oder wie das Wetter unterwegs sein wird. Die Umstände verändern sich andauernd und verlangen von uns, daß wir uns ihnen immer wieder von neuem anpassen. Wir können auf dieser Reise alles, was wir wissen, brauchen, um uns selbst mehr Wahlmöglichkeiten und bessere Chancen zu verschaffen. Es gibt keine Art, mit Veränderungen umzugehen, die unter allen Umständen und für alle Menschen die geeignetste ist, je mehr Sie also über die verschiedenen Methoden wissen, die Ihnen bei Veränderungen helfen, und je besser Sie sich selbst verstehen, desto mehr werden Sie dazu in der Lage sein, sich so zu verändern, wie Sie es möchten.

1. Die Gegenwart verstehen

Nur in der Gegenwart können Sie unter verschiedenen Änderungsmöglichkeiten wählen. Das bedeutet, daß es ganz besonders wichtig ist, daß Sie akzeptieren, wo Sie jetzt gerade stehen. Die erste Voraussetzung für fruchtbare Veränderung ist also, daß Sie klar sehen, wo Sie im Moment sind. Verschließen Sie nicht die Augen vor Ihrer aktuellen Situation. Wenn Sie bestimmte Aspekte der Gegenwart nicht mögen, können Sie anfangen, Veränderungen zu planen: Wenn Sie so tun, als ob diese Aspekte nicht existieren, werden Sie nie etwas daran ändern. Manchmal werden Sie das Bedürfnis haben, energisch und aktiv zu sein, dann müssen Sie wissen, wie Sie Ihren Willen so einsetzen können, daß er die Sie umgebenden Kräfte dirigiert oder kontrolliert. Ein anderes Mal führt vielleicht eine stillere, besonnenere Form von Veränderung zu dem, was Sie brauchen, und hilft Ihnen dabei, aus einem Strudel heraus wieder in ruhigeres Fahrwasser zu kommen. Das Potential, die Zukunft zu verändern, kann nur in der Gegenwart liegen.

2. Sich nicht mit der Vergangenheit belasten

»Wenn das nur anders gelaufen wäre.« »Hätte ich das bloß nicht gesagt.« Es ist verständlich, wenn Sie über die Fehler und Vorkommnisse der Vergangenheit bestürzt sind, aber es ist falsch, wenn Sie zulassen, daß die Vergangenheit zum Gefängnis wird. Die Vergangenheit läßt sich nicht mehr ändern, deswegen ist die zweite Voraussetzung für eine fruchtbare Veränderung die, die Vergangenheit einfach hinter sich zu lassen. Die Vergangenheit ist eine Datenbank, aus der Sie lernen können. Sie ist aber kein Netz, in dem Sie gefangen sind.

3. Akzeptieren, daß die Zukunft ungewiß ist

Wir können nur einen Weg gehen und werden nie wissen, was passiert wäre, wenn wir einen anderen gegangen wären. Es ist, als ob vor uns unendlich viele verschiedene Möglichkeiten liegen würden. Wo wir im Moment stehen, ist von der Vergangenheit bestimmt, sagt aber wenig darüber aus, wie alles in ferner Zukunft aussehen wird. Der Weg, der sich träge einen Berg hinaufzuwinden scheint, kann sich in seinem weiteren Verlauf als unerwartet aussichtsreich erweisen.

Also ist die dritte Voraussetzung für fruchtbare Veränderung die, zu akzeptieren, daß die Zukunft ungewiß ist. Viele Ideen in diesem Buch werden Ihnen helfen, Veränderungen so zu steuern, daß sie auf die Ziele ausgerichtet sind, die Ihnen wichtig sind. Aber wir können die Zukunft nicht vorhersagen; vieles entzieht sich unserer Kontrolle, und jederzeit kann das Unerwartete geschehen. Wenn es uns um fruchtbare Veränderungen geht, müssen wir Raum für Ungewißheit lassen. Eine offene und zuversichtliche Haltung ist sowohl für die Zukunft als auch die Vergangenheit nötig.

Es ist besser, ein Licht anzuzünden, als über die Dunkelheit zu schimpfen

Sie können sich verändern, und wir haben diesen Ratgeber geschrieben, weil wir gesehen haben, wie Menschen davon profitieren können, neue Wege auszuprobieren. Wir hoffen, daß dieses Buch Ihnen helfen wird, die Möglichkeiten zu wählen, die Sie wählen möchten, und daß es Ihre Fähigkeit steigert, die Reise unterwegs zu genießen. Es enthält viele Ideen und Anregungen, so daß Sie sich die aussuchen können, die für Sie am relevantesten sind. Vielleicht denken Sie, daß Sie so viel verändern wollen, daß Sie gar nicht wissen, wo anfangen. Versuchen Sie nicht, zuviel auf einmal zu machen. Entscheiden Sie sich, welche Veränderung Sie als erste vornehmen wollen. Ein einziges Licht anzuzünden ist für den Anfang genug.

Zusammenfassung des Kapitels

Die Zukunft ist eine Reise, und zu allen Reisen gehört Veränderung. Dieser Führer wird Ihnen dabei helfen, die Veränderungsprozesse zu steuern.
Es gibt drei Voraussetzungen für eine fruchtbare Veränderung:

1. *Die Gegenwart verstehen.* Verstecken Sie sich nicht vor der Realität, sondern sehen Sie der Gegenwart ins Gesicht.
2. *Sich nicht mit der Vergangenheit belasten.* Die Vergangenheit läßt sich nicht ändern. Lassen Sie nicht zu, daß sie Sie niederdrückt.
3. *Akzeptieren, daß die Zukunft ungewiß ist.* Die Zukunft entzieht sich zum großen Teil unserer Kontrolle. Wir müssen Ungewißheit akzeptieren und lernen, wie wir zuversichtlich in die Zukunft sehen können.

II. Die sieben Grundfertigkeiten

Um geistig fit zu bleiben, brauchen Sie sieben Grundfertigkeiten. In diesem Teil zeigen wir Ihnen, wie Sie diese Fertigkeiten entwickeln können. Sie werden es Ihnen ermöglichen, sowohl Ihre Stimmungslage als auch Ihre Effektivität zu verbessern.

Wie bei allen Fertigkeiten der Fall, werden Sie mit zunehmender Übung besser werden. Lesen Sie diesen Teil immer wieder, und benutzen Sie ihn als Arbeitsanleitung für seelisch-geistige Fitneß.

Die sieben Grundfertigkeiten sind:

– Richtiger Umgang mit sich selbst und seiner Zeit
– Das Angehen von Problemen
– Sich selbst etwas gönnen
– Problemlösen: eine Strategie, um zu verändern
– Dinge nüchtern und sachlich sehen: Hilfe von der kognitiven Therapie
– Aufbau von Selbstvertrauen und Selbstachtung
– Entspannen lernen

5. Richtiger Umgang mit sich selbst und seiner Zeit

Zeitmanagement ist persönliches Management

Donalds Vollbart war so finster wie seine Stimmung. Es ging ihm schlecht, seit er vor neun Monaten vorzeitig in Pension gegangen war. Er hing zu Hause herum, hatte wenig zu tun, ihm war langweilig, und er fühlte sich zu nichts nütze. Seine Frau konnte es kaum noch aushalten. Sie wollten beide, daß das Problem gelöst würde, und hofften, daß er durch medizinische Behandlung wieder neuen Lebensmut bekäme. Er war erstaunt, als wir über die Prinzipien des Zeitmanagements zu reden begannen. »Ist Zeitmanagement nicht das, was all diese erfolgreichen, jungen Geschäftsleute lernen? Das ist doch was für Leute, die zu viel zu tun haben. Mein Problem ist, daß ich zu viel Zeit habe und nicht genug zu tun.«

Hilary war genau der Typ junge Geschäftsfrau, für die Zeitmanagementkurse gedacht sind. Nach außen hin wirkte sie glücklich und erfolgreich, innerlich war sie ängstlich und hatte das Gefühl, sich nicht mehr in der Gewalt zu haben. Deswegen war sie zu uns in die Klinik gekommen. Beruflich war sie permanent überlastet, aber über Zeitmanagement wußte sie genau Bescheid. Sie holte ihren ›Filofax‹-Kalender heraus, der voller Termine und Projektlisten war, die farbig gekennzeichnet waren als wichtig oder dringend oder beides. Warum sie sich unter Streß fühlte, war offensichtlich: sie hatte so viele dringende Projekte und so viele Termine, daß sie nie zur Ruhe kam. Zum Glück war ihr Termin in der Klinik als sehr wichtig gekennzeichnet, sonst hätte sie überhaupt keine Chance gehabt, zu erkennen, was sie falsch machte. Über einige Techniken des Zeitmanagements wußte sie sehr gut Bescheid, aber sie begriff die Grundlagen nicht. Am Ende des ersten Treffens sagte sie: »Sie reden ja gar nicht von Zeitmanagement, sondern von persönlichem Management.« Da hatte sie recht. Wir müssen nicht die Zeit managen, sondern uns selbst.

Das zentrale Prinzip des Zeitmanagements

Dem Thema Zeitmanagement werden dicke Bücher und lange Seminare gewidmet, dabei ist das zentrale Prinzip ebenso simpel wie tiefgründig: *Verbringen Sie Ihre Zeit damit, die Dinge zu tun, die Sie wertschätzen, oder die Dinge, die Ihnen dabei helfen, Ihre Ziele zu erreichen.* Das ist keine Aufforderung zur Selbstsucht. Es geht nicht darum, auf Kosten anderer das zu tun, was in Ihrem eigenen Interesse liegt. Altruistische Menschen wollen ihre Zeit damit verbringen, anderen Menschen zu helfen: das finden sie wertvoll, und das ist eines ihrer wichtigsten Ziele.

Die meisten von uns werden sicher zugeben, daß wir einen großen Teil unserer Zeit mit Aktivitäten verbringen, denen wir keinen Wert beimessen und die uns auch nicht dabei helfen, unsere Ziele zu erreichen. Warum ist das so? Es bietet sich an, zu denken, daß es an Willensschwäche, Faulheit oder Ineffizienz liegt. Diese Faktoren können eine Rolle spielen, allerdings handelt es sich dabei selten um die Hauptrolle. Der wichtigste und einzige Grund ist, daß wir im unklaren darüber sind, welche Werte und Ziele wir haben. Das war bei Hilary der Fall. Sie war fleißig und arbeitete effizient, aber die meiste Zeit war sie mit Dingen beschäftigt, die sie ihren wichtigsten Zielen nicht näherbrachten. Sie suchte Projekte nicht danach aus, ob sie sich mit ihren Werten und Zielen vertrugen, was daran lag, daß sie keine klare Vorstellung von ihren Werten und Zielen hatte. Das führte dazu, daß sie fast alle Projekte anging, die ihr über den Weg liefen; die meisten von ihnen waren zwar gut und interessant, aber alle zusammen waren es einfach zu viele. Sie hatte keine eindeutige Vision, die es ihr ermöglicht hätte, Prioritäten zu setzen. Dadurch kam es so weit, daß sie immer gerade das tat, was am dringlichsten anstand. Das Ergebnis: Streß und Unzufriedenheit.

Klären Sie Ihre Werte und Ziele ab

Das folgende »Gedankenspiel« kann Ihnen dabei helfen, sich Klarheit über Ihre Werte und langfristigen Ziele zu verschaffen. Stellen Sie sich vor, in drei Jahren sei Ihre Beerdigung. Was wünschen Sie sich, daß

Menschen über Sie sagen? Was möchten Sie, daß eine nahe Freundin, ein Familienmitglied, ein Arbeitskollege über Sie sagt? Bei dieser Übung geht es nicht darum, über Ihren Tod nachzudenken, sondern darüber, was für ein Mensch Sie gerne wären und was Sie erreichen möchten. Drei Jahre sind genug Zeit, um etwas Neues anzufangen, aber andererseits auch wieder keine allzu ferne Zukunft.

Versuchen Sie nicht, zu erraten, was Leute wirklich über Sie sagen würden; diese Übung soll abklären, was Sie sich *wünschen,* daß sie sagen. Hilary hat folgendes aufgeschrieben:

Ergebnisse von Hilarys Gedankenspiel

Das Familienmitglied. Es sagte, daß ich warmherzig, witzig und anregend gewesen bin; daß ich Zeit mit meiner Familie verbrachte und daß die Familie bei mir immer an erster Stelle stand. Außerdem sei ich absolut zuverlässig gewesen.

Die Freundin. Sie bestätigte, daß es Spaß gemacht hatte, mit mir zusammenzusein, und daß sie sich im Notfall immer hätte auf mich verlassen können. Außerdem sei ich durch und durch ehrlich und kultiviert gewesen.

Die Arbeitskollegin. Sie sprach meine Integrität und Produktivität an; ich hätte wertvolle Arbeit geleistet. Außerdem hätte ich bei allen Kolleginnen und Kollegen das Beste zum Vorschein gebracht, so daß alle aufgeblüht seien.

Diese Übung soll Ihnen dabei helfen, zu erkennen, was für Sie wichtig ist. Wenn Sie diese Übung gemacht haben, sind Sie in der Lage, ein Statement über Ihre Werte und Ziele zu schreiben, das für Ihren eigenen Gebrauch bestimmt ist. Solch ein Statement kann der Prüfstein für Ihre Prioritäten sein und der Hintergrund, vor dem Sie entscheiden, wie Sie Ihre Zeit einteilen. Es muß nicht in Erz gegossen sein; es kann sich allmählich ändern, mit zunehmendem Alter oder dadurch, daß Sie sich unter bestimmten Lebensumständen ganz plötzlich verändern. Aber es reflektiert jeweils Ihre Werte und Ziele. Es kann sein, daß Sie es für sich behalten wollen oder daß Sie es Menschen, die Ihnen nahestehen, mitteilen wollen. Es kann kurz oder lang sein. Wir empfehlen Ihnen aber unbedingt, es aufzuschreiben und an einem leicht zugänglichen Platz aufzubewahren, damit Sie es immer wieder lesen können, bis es Ihnen schließlich in Fleisch und Blut übergegangen ist. Nur dann können Sie sichergehen, daß Sie es bei wichtigen Entscheidungen beherzigen. Typisch für Hilary war die Knappheit ihres Statements, aber es erfüllte seinen Zweck sehr gut. Es ist ganz offensichtlich, inwiefern die Beerdigungs-Übung ihr dabei geholfen hat, ihr persönliches Statement zu verfassen.

Hilarys persönliches Statement

- Zentrale Werte sind Integrität und Ehrlichkeit
- Mich um meine Familie kümmern
- Aber nicht starr und auf Regeln fixiert
- Versöhnlich
- Kreativ und phantasievoll
- Hoher Wert meines Hobbys der Malerei
- Anregend und witzig
- Dazu beitragen, daß andere aufblühen (zum Beispiel im Beruf)
- Hauptziel im Beruf für die nächsten drei Jahre: meine Abteilung in der Firma um 20% expandieren

---

Donald hatte noch nie darüber nachgedacht, was nach der Pensionierung seine Wertvorstellungen waren und was er erreichen wollte. Er war völlig in seinem Beruf aufgegangen, und seit das vorbei war, existierte er nur noch, gelangweilt und steuerlos. Er fand die Grabreden-Übung nicht sinnvoll, willigte aber ein, sie trotzdem zu machen. Er fing nicht damit an, sich zu überlegen, welche Aussage er sich von seiner Frau wünschte; statt dessen machte er sich darüber Gedanken, was sie momentan wahrscheinlich von ihm hielt. »Ich wünsche mir, daß er wieder arbeiten geht, damit er mir nicht die ganze Zeit im Weg ist. Es geht ihm so schlecht, daß es besser für ihn wäre, wenn er tot wäre.« Plötzlich erkannte er, wie er aus ihrer Sicht wirkte, und das gefiel ihm ganz und gar nicht. Welche Aussage von ihr wünschte er sich in drei Jahren?

»Das ist ganz einfach. Ich möchte, daß sie denkt, daß meine Pensionierungszeit für uns beide schön war. Daß wir die Zeit, die wir dadurch gemeinsam hatten, genossen und ausnutzten. Daß ich ihr eine Hilfe war, und auch, daß es interessant war, mit mir zusammenzusein.« Donald überlegte sich, was sein Sohn sagen sollte und seine vierjährige Enkelin. Bis zum Ende der Woche hatte er nicht nur ein detailliertes Statement seiner Werte und Ziele verfaßt, sondern auch einen Plan aufgestellt, was er die Woche über mit seiner Zeit anfangen wollte.

Lassen Sie sich von Ihren Zielen und Werten leiten

Ein persönliches Statement zu Ihren Werten und Zielen zu verfassen hilft Ihnen dabei, Ihr Leben um das zu zentrieren, wovon Sie überzeugt sind. Allerdings ist es noch nicht genug, wenn Sie einfach Ihre Werte und Ziele kennen. Sie müssen auch entsprechend handeln. Das Problem ist, daß wir oft handeln, als würden wir von jemand anderem gesteuert und nicht von uns selbst.

»Aber was ist, wenn ich nicht die Kontrolle über mein Leben habe?«

Vielleicht denken Sie, daß das alles für jemanden wie Donald ja schön und gut ist, denn er ist pensioniert und kann so ziemlich tun und lassen, was er will. Aber was ist mit denen, die nicht in dem Maß die Kontrolle über ihr Leben haben? Vielleicht sind Sie sich im klaren darüber, was für Sie von Wert ist, und Sie wissen auch ganz genau, wie Sie Ihre Zeit gern verbringen würden; aber Sie müssen Ihren Lebensunterhalt verdienen, und dazu ist es notwendig, daß Sie viel Zeit auf Dinge verwenden, die Ihnen gar nicht wirklich wichtig sind.

Es wirft ein trauriges Licht auf unsere Gesellschaft, daß an diesem Einspruch viel Wahres dran ist. Es stimmt, daß wir alle sehr viel Zeit damit verbringen müssen, Dinge zu tun, die wir weder gern tun noch wertschätzen. Das Hauptprinzip des Zeitmanagements besagt allerdings, daß der einzige Grund dafür, Zeit auf diese Art zu verbringen, der ist, daß es notwendig ist, um eines unserer langfristigen Ziele zu erreichen. Wenn die Ausübung eines Berufs, den wir weder schätzen noch mögen, im Moment die einzige Möglichkeit ist, unseren Lebensunterhalt zu verdienen, kann es nötig sein, so zu handeln, zumindest vorübergehend. Wir müssen aber sorgfältig sondieren, ob es nicht auch andere Wege gibt, auf denen wir unseren Zielen näherkommen.

Anne arbeitete als Sekretärin. Ihr Vater hatte das immer gewollt, aber sie selbst haßte diesen Beruf. Auf die Frage, warum sie ihn dann ausübe, sagte sie, sie brauche das Geld. Wir fragten sie, in welchem Beruf sie lieber arbeiten würde. Sie hatte eine klare Vorstellung davon: sie würde gern in einem Reisebüro arbeiten. Sie hatte allerdings herausgefunden, daß sie dann ein Jahr lang für ein wesentlich niedrigeres Gehalt arbeiten müßte, und selbst nach einem Jahr würde sie wahrscheinlich noch nicht soviel verdienen wie im Moment. Wir sprachen über ihre Werte und Ziele. Zu den Dingen, die sie wirklich gern tun wollte, gehörte es, zu reisen. Wenn sie für ein Reisebüro arbeiten würde, könnte sie billiger reisen, aber sie hatte noch nicht berechnet, welche Ersparnis sich dadurch für sie ergeben würde. Es stellte sich heraus, daß, wenn sie viel reisen würde – und das wollte sie ja –, die verbilligten Reisekosten ziemlich viel von dem Gehaltsunterschied zwischen den beiden Berufen wettmachten. Sie machten nicht alles wett. Was konnte sie also mit dem Mehr an Gehalt in ihrem momentanen Beruf tun, was sie nicht würde tun können, wenn sie im Reisebüro arbeitete? Im ersten Jahr würde sie sich kein Auto mehr leisten können. Danach würde der Gehaltsunterschied in ihrem täglichen Leben kaum noch ins Gewicht fallen.

Anne hatte gedacht, daß die Vorstellungen, die dem Zeitmanagement zugrunde liegen, für sie selbst kaum einen Wert hätten, da sie nicht über ihre Zeit verfügen könnte. Es stellte sich heraus, daß sie dadurch, daß sie sich ihre Werte klarmachte, doch zu Wahlmöglichkeiten kam. Das Ganze lief darauf hinaus, daß sie entweder in ihrem gegenwärtigen Beruf weiterarbeiten konnte, den sie weder mochte noch wertschätzte, oder tun konnte, was sie wirklich wollte, und ein Jahr lang auf ihr Auto verzichten mußte. So gesehen war sie sicher, daß sie lieber den Beruf wechseln wollte. Allein durch die Anwendung des Hauptprinzips aus dem Zeitmanagement war ihr klargeworden, was sie wollte.

Ein Stück Torte

Donald entdeckte eine Technik, die er nützlich fand und die vielleicht auch für Sie eine Hilfe darstellt. Er zeichnete ein Tortendiagramm dazu, wie er seine Zeit verbringen wollte. Als er das Statement über seine Werte und Ziele verfaßt hatte, hatte er mehrere Aspekte seines Lebens herausgefunden, an denen er arbeiten wollte, und er hatte beschlossen, wieviel Zeit er jedem einzelnen Aspekt in etwa widmen wollte. Sein Tortendiagramm sah so aus wie das in Abbildung 5.1.

Die Designer-Woche

Donald benutzte sein Tortendiagramm dazu, seine Woche so zu gestalten, daß sie die von ihm gewünschten Elemente in den von ihm gewählten Anteilen enthielt. Er hatte den Wunsch, seinem Sohn und seiner Schwiegertochter zu helfen. Er konsultierte sein Tortendiagramm, und dann fragte er sie: »Wenn ihr über vier Stunden meiner Zeit verfügen könntet, was würde euch dann am meisten helfen?« Ihre Antwort war einfach: einen Abend babysitten. Also trug Donald diesen Abend in seinen Wochenplan ein.
Schon seit Jahren hatte er richtig Französisch lernen wollen, aber bei seinem Arbeitspensum hatte er nie die Zeit dazu gefunden. Er ging in die Bibliothek und erkundigte sich nach Sprachkursen für Erwachsene. An einem Nachmittag in der Woche gab es in seinem Ort einen Französischkurs, also trug er ihn in seinen Stundenplan ein und plante außerdem etwas Zeit für Hausaufgaben mit ein. Er beriet sich mit seiner Frau. Wenn er das Saubermachen übernehmen würde, würde sie kochen und Wäsche waschen. Also zeigte sie ihm, wie das Haus sauberzumachen war, und hatte nun selbst mehr freie Zeit. Sie schauten sich

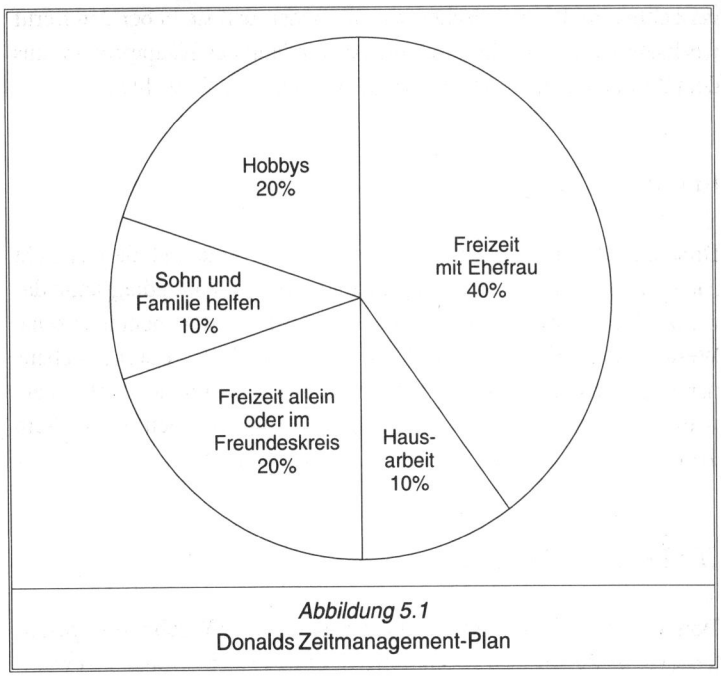

Abbildung 5.1
Donalds Zeitmanagement-Plan

beide gerne Antiquitäten an, folglich beschlossen sie, Ausflüge zu Antiquitätenmessen und zu Haushaltsauflösungen einzuplanen, zudem bei solchen Gelegenheiten auch eine kleine Mahlzeit außer Haus. Donald trug das in seinen Wochenplan ein.

Sein wöchentlicher Stundenplan war keine starre Abfolge von Zwängen, sondern eine hilfreiche Orientierung, um sicherzustellen, daß er nach und nach seine Zeit mit den Dingen verbrachte, mit denen er sie verbringen wollte. Vorher hatte er sich ziellos und elend gefühlt, ohne Aufgabe, jetzt begann er, seine Pensionierung als sinnvollen, nicht als vergeudeten Lebensabschnitt zu betrachten, und er fing an, sich ausgefüllter zu fühlen.

Tortendiagramm und Designer-Woche sind gleichermaßen hilfreich für vielbeschäftigte Menschen, deren Leben nur aus Arbeit zu bestehen scheint, und für solche, deren Leben anscheinend voller Leerlauf ist.

Ein vielbeschäftigter Mensch hat oft das Gefühl dafür verloren, was wirklich wichtig ist. Wenn Sie also sehr viel zu tun haben, nehmen Sie sich die Zeit, und schreiben Sie Ihr Statement der Werte und Ziele, und zeichnen Sie dann ein Tortendiagramm, das angibt, wieviel Zeit Sie den Hauptbereichen Ihres Lebens widmen wollen: Familie, Arbeit, Freundeskreis, Hobbys und Interessen. Wie sieht die Zeitverteilung in Ihrem Idealdiagramm im Vergleich zu Ihrer realen Zeiteinteilung aus? Eines der Hauptprobleme vielbeschäftigter Menschen ist, daß es sein kann, daß ihr Beruf immer mehr und unmäßig viel Zeit in Anspruch nimmt, was auf Kosten der Familie und des Freundeskreises geht. Natürlich sind Menschen oft aus finanziellen Gründen dazu gezwungen, mehr zu arbeiten, als sie im Idealfall wollten. Wenn Ihr Idealdiagramm und Ihr reales Diagramm erheblich voneinander abweichen, denken Sie doch einmal intensiv darüber nach, wie Sie sie besser in Einklang bringen könnten. Müssen Sie wirklich soviel in den Beruf investieren, wie Sie es tun?

Klassifizieren Sie Ihre Aktivitäten

In vielen Büchern und auf vielen Seminaren zum Zeitmanagement wird ein Diagramm vorgestellt, das dem in Abbildung 5.2 ähnelt. Es geht davon aus, daß jede der Aktivitäten, die Sie die Woche über beschäftigen, in zweierlei Hinsicht klassifiziert werden kann: wie wichtig sie ist und wie dringend sie ist. Es gibt Autorinnen und Autoren, die sich ausgefeilte Bewertungssysteme ausdenken, für die meisten Zwecke reicht es aber völlig, jede Aktivität einem der vier Quadranten zuzuordnen.

Wie wichtig eine Aktivität ist, hängt von Ihren Werten und Zielen ab. Dringende Angelegenheiten, zum Beispiel die Beantwortung eines Telefonanrufs oder die Erledigung der Hausarbeit, schießen von selbst aus dem Boden, bis Sie schließlich völlig von ihnen überhäuft sind. Die nicht dringenden, wichtigen Dinge, zum Beispiel die Erschließung neuer Märkte oder die Pflege von Freundschaften, werden nie angegangen, wenn sie nicht dringend werden. Weil es so ermüdend ist, dauernd mit dringenden Angelegenheiten beschäftigt zu sein, flüchten

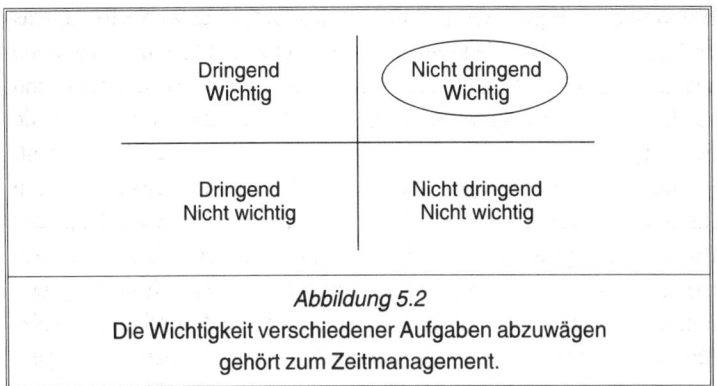

Dringend Wichtig	Nicht dringend Wichtig
Dringend Nicht wichtig	Nicht dringend Nicht wichtig

Abbildung 5.2
Die Wichtigkeit verschiedener Aufgaben abzuwägen
gehört zum Zeitmanagement.

wir uns in den »bequemen« Quadranten der Aufgaben, die weder dringend noch wichtig sind, wir blättern zum Beispiel lustlos in einer Zeitschrift, wann immer sich die Gelegenheit bietet, einfach um irgendwie mal eine Verschnaufpause zu bekommen.

Das zentrale Prinzip des Zeitmanagements besagt: *Verbringen Sie Ihre Zeit damit, die Dinge zu tun, die Sie wertschätzen, oder die Ihnen dabei helfen, Ihre Ziele zu erreichen.* Mit anderen Worten: Verwenden Sie Ihre Zeit dafür, das zu tun, was Ihnen wichtig ist. Das Ziel ist also, keine Zeit auf Aktivitäten zu verwenden, die als *nicht wichtig* klassifiziert sind – egal, ob dringend oder nicht. Darüber hinaus ist es wünschenswert, soviel Zeit wie möglich mit nicht dringenden Aktivitäten zu verbringen, denn es ist nicht nur stressiger, an dringenden Aufgaben zu arbeiten, sondern viele der allerwichtigsten Dinge werden nie dringend. Wenn Sie die meiste Zeit darauf verwenden, Dringendes zu erledigen, werden die sehr wichtigen, aber nicht dringlichen Dinge immer wieder verschoben. Dazu gehört unter anderem, daß Sie Zeit mit Ihrer Familie und in Ihrem Freundeskreis verbringen, daß Sie sich Ihren Interessen und Hobbys widmen und die Langzeitaspekte Ihres Berufs planen. Indem Sie mehr Zeit auf nicht dringende Aktivitäten verwenden, werden Sie allmählich die Zeit reduzieren, die Sie für dringende Aufgaben brauchen, weil Sie sie erledigen werden, bevor sie dringend werden.

Was ist mit meiner Freizeit?

Vielleicht finden Sie, daß sich das zu sehr nach harter Arbeit anhört – die ganze Zeit wichtige Dinge zu tun. Wo bleibt die Zeit, um einfach nur in die Luft zu starren? Wo bleibt die Zeit, um leichtsinnig zu sein? Wann ist Zeit, sich im Zusammensein mit Freundinnen und Freunden zu entspannen? Es ist absolut unerläßlich, daß Sie begreifen, was mit *wichtig* gemeint ist. Es kann auch eine wichtige Aufgabe sein, am Strand in der Sonne zu liegen oder mit befreundeten Menschen einen trinken zu gehen oder die Füße hochzulegen, um ein Fußballspiel im Fernsehen anzuschauen. Mit anderen Worten: entspannende und angenehme Aktivitäten sind sehr wohl wichtig. Ihre Zeit für das verwenden, was Ihnen wichtig ist, heißt nicht, daß wir dafür plädieren, daß Sie immer nur arbeiten und ein Leben lang schuften. Ganz im Gegenteil. Paradoxerweise bedeutet gutes Zeitmanagement oft, daß weniger Zeit mit sogenannter Arbeit verbracht wird.

Wenn die Arbeit nur stumpfsinnige Plackerei ist und für die wichtigsten Ziele irrelevant, dann sollte sie aufgegeben werden. Dann haben Sie mehr Zeit dafür, das zu tun, was Ihnen Freude macht und was Sie wertschätzen.

Wichtig, aber nicht dringend in zwei Schritten

Um in Zukunft soviel Zeit wie möglich für wichtige, nicht dringende Aktivitäten zu verwenden, müssen Sie zwei Schritte unternehmen.

– *Schritt 1:* Weigern Sie sich zunächst einmal, sich unwichtigen Aktivitäten zu widmen; dies setzt voraus, daß Sie Ihre Werte und Ziele ganz klar vor Augen haben. Zeitmanagement läuft immer wieder auf diese grundlegende Vorstellung hinaus. Erwarten Sie nicht, alle unwichtigen Aufgaben, die Sie übernommen haben, über Nacht loszuwerden. Es kann sein, daß Sie sie ausführen müssen, einfach weil Sie sich einmal dazu verpflichtet haben. Aber lassen Sie sich ab sofort nicht mehr auf unwichtige Aktivitäten ein.

– *Schritt 2:* Nutzen Sie die Zeit, die Sie sich durch die Abschaffung unwichtiger Aktivitäten verschaffen, für wichtige, nicht dringende Aktivitäten.

Wenn Sie diesen Zwei-Schritte-Prozeß einige Monate lang durchhalten, werden Sie mit Sicherheit den Großteil Ihrer Zeit mit wichtigen, aber nicht dringenden Aktivitäten verbringen.

Neun Hilfsmittel und Regeln, die zum Handwerkszeug des Zeitmanagements gehören

Wenn Ihnen Ihre Werte und Ziele erst einmal klargeworden sind, können Sie jedes Hilfsmittel, das Ihnen nützlich erscheint, verwenden, um Ihr Leben zu regeln.

Neun Hilfsmittel und Regeln
1. Verwenden Sie Ihren Anlasser
2. Nehmen Sie Routine zu Hilfe
3. Jedes *Ja* ist ein *Nein* zu etwas anderem
4. Ferne Elefanten
5. Salami
6. Der Fluch des Perfektionismus
7. Einmal über den Schreibtisch
8. Verabredungen müssen einen Anfang und auch ein Ende haben
9. Nehmen Sie sich Zeit zum Planen

1. Verwenden Sie Ihren Anlasser

Wenn alte Renaults erst einmal angesprungen waren, liefen sie wie geschmiert, aber sie waren verdammt schwer zu starten, vor allem bei nassem Wetter. Die meisten von uns ähneln diesen Autos. Eine Umfrage unter Studierenden ergab, daß der Hauptunterschied zwischen guten und durchschnittlichen Studierenden darin bestand, wie schnell sie sich jeweils an die Arbeit machen konnten. Das wichtigste Hilfsmittel des Zeitmanagements ist, eine anstehende Aufgabe sogleich anzugehen. Vergeuden Sie Ihre Zeit nicht in einem unentschiedenen Zustand, in dem Sie weder arbeiten noch Ihre Freizeit genießen. Anregungen dazu, wie sich leichter anfangen läßt, finden Sie in Kapitel 28.

2. Nehmen Sie Routine zu Hilfe

Routine kann eine Hilfe sein oder eine Last. Geistlose Routine kann beengend wirken und Kreativität behindern. Aber Routine kann, richtig verstanden, auch Zeit und Energie freisetzen. Donald beschloß, Französisch zu lernen. Er nahm sich vor, zusätzlich zum wöchentlichen Unterricht, täglich eine halbe Stunde Französisch zu lernen. Er merkte, wie leicht es war, sein Tagespensum nicht zu erfüllen, und wenn er es einmal nicht erfüllt hatte, war es beim zweiten Mal sogar noch leichter, es nicht zu tun. Zwei Wochen waren vergangen, und er hatte nur an zwei Tagen seine halbe Stunde gearbeitet. Wir besprachen verschiedene Methoden, die ihm dabei helfen könnten, sich an die Arbeit zu machen. Er beschloß, es mit Routine zu versuchen. Er würde täglich nach dem Frühstück eine halbe Stunde lernen. Er machte es zur Routine. Vorher hatte er die halbe Stunde damit verbracht, sich vor dem Lernen zu drücken – mit Erfolg. Nun stellte er fest, daß er die Arbeit getan hatte, noch bevor er überhaupt die Zeit dazu gefunden hatte, darüber nachzudenken, sie eventuell nicht zu tun. Er machte es sich zur Gewohnheit, seinen Kaffee nach dem Frühstück mit ins Wohnzimmer zu nehmen und dort eine halbe Stunde zu lernen. Es klappte.

3. Jedes Ja ist ein Nein zu etwas anderem

Die besten Dinge im Leben ergeben sich oft durch Zufall, und wenn wir bei einer Gelegenheit *ja* sagen, können sich uns ungeahnte Schätze erschließen. Allerdings machen die meisten von uns den Fehler, zu zu vielen Dingen *ja* zu sagen, bis wir schließlich nicht mehr nach unseren eigenen Prioritäten leben. Wir begreifen nicht, daß das eine zu tun, beinhaltet, etwas anderes nicht zu tun. Jedesmal, wenn Sie sich bereit erklären, etwas zu tun, entscheiden Sie sich gegen etwas anderes, was ebenfalls möglich gewesen wäre. Wenn Sie jemand um etwas bittet, sollten Sie an folgendes denken: »Wenn ich dazu *ja* sage, von welcher anderen Aktivität muß ich dann diese Zeit abziehen?« Das Problem ist, daß es uns fast allen schwerfällt, *nein* zu sagen, wenn andere Leute Forderungen an uns stellen. Für gutes Zeitmanagement brauchen wir die Fähigkeiten der *Selbstbehauptung*, wie sie in Kapitel 13 erläutert werden.

4. Ferne Elefanten

Aus der Ferne sehen sogar Elefanten klein aus; wenn Sie ihnen näher kommen, sind sie aber so groß wie immer. Peter bekam einen Brief, in dem er darum gebeten wurde, einen Vortrag in Edinburgh zu halten. Ihm war klar, daß er zwei Tage zur Vorbereitung brauchen würde und etwas zwei Tage, um nach Edinburgh und zurück zu fahren. Es war kein Vortrag, den er besonders gern halten wollte, und wenn er gebeten worden wäre, ihn in zwei Monaten zu halten, hätte er, ohne zu zögern, abgesagt. Aber er sollte den Vortrag erst in einem Jahr halten. Das war so weit weg, daß er fast ja gesagt hätte, ohne überhaupt nachzudenken, aber dann fielen ihm die fernen Elefanten ein. In einem Jahr hieße das immer noch vier Tage Arbeit, und er würde immer noch andere Prioritäten haben. Dieser Vortrag würde nie von besonderer Bedeutung für ihn sein, und er würde in vier Tagen immer etwas Wichtigeres tun können. *Widmen Sie sich keinen unwichtigen Aktivitäten, ganz egal, wie weit weg sie momentan noch sind.*

5. Salami

Große Aufgaben können so entmutigend sein, daß Sie sie entweder nie angehen oder daß Sie, wenn Sie damit angefangen haben, den Mut verlieren und aufgeben. Das *Salami*-Prinzip besagt, daß große Aufgaben in eine Reihe kleiner Aufgaben eingeteilt werden sollten: genauso, wie Sie wochenlang an einer Salami essen, Scheibe für Scheibe. Dieses Prinzip wird auf Seite 451 genau erklärt.

6. Der Fluch des Perfektionismus

Louise war eine gute Wissenschaftlerin und war völlig am Ende, als sie nicht befördert wurde, was sie ihrer Meinung nach verdient gehabt hätte. Das Problem war, daß kaum jemand viel über ihre Arbeit wußte, da sie so wenig publiziert hatte. Einige ihrer Kolleginnen und Kollegen hatten es schwierig gefunden, mit ihr zusammenzuarbeiten, weil sie so langsam war, wenn es darum ging, Ergebnisse für die Fachzeitschriften zu formulieren. Der Grund für ihre Langsamkeit war ihr Perfektionismus. Sie wägte jedes Wort so gründlich ab, machte sich über jeden Satz so viele Gedanken, daß all ihre Ergebnisse, für die Öffentlichkeit unzugänglich, in halbfertigen, unveröffentlichten Manuskripten untergingen.

Perfektionismus kann berechtigt sein. Der berühmte holländische Maler Vermeer arbeitete mit peinlicher Sorgfalt und hat uns eine Reihe von Meisterwerken hinterlassen. Aber bei den meisten Aktivitäten ist irgendwann eine Stufe erreicht, ab der es sich nicht mehr lohnt, sich noch mehr anzustrengen. Es ist normalerweise möglich, auszumachen, wann diese Stufe erreicht ist. Dann ist es Zeit, ein Ende zu machen und sich auf etwas anderes zu konzentrieren.

7. Einmal über den Schreibtisch

Etwas unangenehme oder heikle Dinge, wie zum Beispiel Briefe, die wir nicht beantworten wollen, scheinen immer wieder aufzutauchen. Typisch ist, daß der Brief ankommt, wir ihn lesen und dann beiseite legen. Später lesen wir ihn noch einmal, denken ein bißchen über ihn nach und legen ihn erneut weg. Es kann sogar sein, daß wir den ganzen Prozeß noch einmal wiederholen und noch mehr Zeit verschwenden. In der Zeit, die wir dafür gebraucht haben, die Beschäftigung mit ihm aufzuschieben, hätten wir die Sache auch ein für allemal erledigen können. Um solche Zeitverschwendung zu vermeiden, wenden Sie die Regel *einmal über den Schreibtisch* an: Erledigen Sie die Aufgabe entweder direkt, oder legen Sie fest, wann Sie sie erledigen werden, und kümmern Sie sich bis dahin nicht mehr darum. Die erfolgreiche Anwendung dieser Technik erfordert eine gewisse Disziplin. Die Disziplin besteht aus vier Schritten, die alle sehr bewußt durchgeführt werden sollten, zumindest bis sie zur Gewohnheit geworden sind. Der erste Schritt besteht darin, daß Sie schnell abschätzen, was Sie zu tun haben, um die Angelegenheit zu erledigen: zum Beispiel den Brief beantworten. Diese Schätzung sollte nur sehr wenig Zeit in Anspruch nehmen. Und verwenden Sie dabei Ihre Wertvorstellungen als Maßstab: übernehmen Sie keine Aufgaben, die Ihnen nicht wichtig sind. Der zweite Schritt besteht darin, zu entscheiden, wann Sie das in Angriff nehmen wollen, was Sie tun müssen. Ein guter Grund dafür, die Erledigung einer Sache aufzuschieben, ist, daß Sie Zeit brauchen, um sie sich noch einmal durch den Kopf gehen zu lassen. Auch diese Entscheidung sollte wieder rasch gefällt werden. Der dritte Schritt besteht darin, die Angelegenheit bis zum festgesetzten Zeitpunkt beiseite zu legen. Als vierten Schritt führen Sie die Handlung zur festgesetzten Zeit aus. Diese vier Schritte können oft in rascher Folge ausgeführt werden – wenn Sie beschließen, sich sofort mit der Sache zu beschäftigen. Kommen Sie aber nicht immer wieder auf die Aufgabe zurück, ohne sie auszuführen. Beschäftigen Sie sich mit dem, was auf Ihrem Schreibtisch liegt, ganz gleich, ob im wahren Sinn des Wortes oder im übertragenen Sinn, nur das eine Mal.

8. Verabredungen müssen einen Anfang und auch ein Ende haben

Achten Sie genausosehr darauf, wann Verabredungen zu Ende sein sollten, wie Sie darauf achten, wann Sie beginnen. Nehmen wir zum Beispiel an, daß Sie einen Termin mit einer Kollegin vereinbaren, um über ein berufliches Problem zu sprechen, oder daß Sie sich mit einem Freund zum Kaffee verabreden. Wenn Sie verabreden, wann sie sich treffen, sollten Sie auch vereinbaren, wann das Treffen zu Ende ist. Dazu müssen Sie in etwa abschätzen, wieviel Zeit sie füreinander brauchen, die Fähigkeit, das einzuschätzen, wird mit zunehmender Übung immer besser werden. Es gibt zwei Gründe dafür, das Ende von Verabredungen festzulegen. Zum einen wissen Sie dann, wann Sie wieder Zeit für andere Aktivitäten und Verabredungen haben. Der zweite Grund ist, daß, wenn jeder weiß, wann das Treffen zu Ende ist, alle die gemeinsame Zeit besser nutzen werden.

9. Nehmen Sie sich Zeit zum Planen

Als letztes gehört zum Handwerkszeug des Zeitmanagements noch, daß Sie eine bestimmte Zeit dafür festlegen, Ihre Aktivitäten zu planen. Manche Menschen finden es hilfreich, morgens als erstes ihre Tagesplanung zu machen. Für andere kann es besser sein, eine Woche im voraus zu planen. Die paar Minuten, die Sie für die Planung brauchen, sparen Sie oft genug wieder ein. Es ist auch gut, Ihre Prioritäten von Zeit zu Zeit zu überprüfen. Ferien eignen sich dafür sehr gut, weil Sie in dieser Zeit von den Anforderungen des Alltags befreit sind.

Zusammenfassung des Kapitels

1. Das zentrale Prinzip des Zeitmanagements lautet: *Verbringen Sie Ihre Zeit damit, die Dinge zu tun, die Sie wertschätzen oder die Ihnen helfen, Ihre Ziele zu erreichen.*

2. Deshalb ist es wichtig, zu wissen, welche Werte und Ziele Sie haben.

3. Sie könnten das abklären, indem Sie sich vorstellen, was ein naher Verwandter, jemand aus Ihrem engeren Freundeskreis oder aus Ihrem Kollegium über Sie sagen würde.

4. Schreiben Sie Ihr persönliches Statement der Werte und Ziele auf, damit Sie sie immer vor Augen haben.

5. Nachdem Sie *Ihre* Werte und Ziele abgeklärt haben, überprüfen Sie, ob Sie sich von ihnen leiten lassen. Lassen Sie sich nicht von den Zielen eines anderen Menschen leiten.

6. Klassifizieren Sie die Aktivitäten, die Ihre Woche ausfüllen, nach ihrer *Wichtigkeit* und *Dringlichkeit.* Viele Freizeitaktivitäten und die Zeit mit der Familie und im Freundeskreis werden als wichtig bewertet werden.

7. Ihr Ziel ist es, soviel Zeit wie möglich für die Dinge zu verwenden, die wichtig sind, aber nicht dringend. Das ist ein Prozeß in zwei Schritten:

   – *Schritt 1:* Widmen Sie sich ab sofort keinen Dingen mehr, die nicht wichtig sind.

   – *Schritt 2:* Verwenden Sie die gewonnene Zeit dafür, die *nicht dringenden* Dinge zu tun. Mit der Zeit werden immer weniger Dinge dringend sein, weil Sie sie erledigt haben werden, bevor sie dringend wurden.

8. Verwenden Sie von den *neun Hilfsmitteln und Regeln, die zum Handwerkszeug des Zeitmanagements gehören,* die, die für Sie hilfreich sind.

6. Das Angehen von Problemen

Die Versuchung ist groß, so zu tun, als ob unsere Ängste und Probleme nicht immer gegenwärtig seien. Es ist verführerisch, die Augen vor ihnen zu verschließen, in der vagen Hoffnung, daß sie sich von selbst auflösen werden. Aber das Heikle an Problemen ist, daß sie selten stillschweigend verschwinden. In der Regel müssen wir uns ihnen stellen und eine Lösung dafür finden. Wenn wir so tun, als existierten sie nicht, wenn wir ihre Präsenz ignorieren, dann wachsen sie im Dunkel unserer Verdrängung. Je umfassender die Verdrängung, desto größer und tiefergehend sind diese Probleme wahrscheinlich. Je früher Sie deshalb ein Problem erkennen, desto besser.

In diesem Buch geht es zum großen Teil um die Methoden und Ideen, die entwickelt wurden, um die Probleme des täglichen Lebens in den Griff zu bekommen. Diese Methoden können nur dann helfen, wenn die Probleme ans Licht gebracht werden.

Falls sich das hart anhört, ist es wichtig, sich die ermutigende Tatsache zu vergegenwärtigen, daß die meisten Probleme bei Licht besehen nur ein Bruchteil dessen sind, was sie mit halbem Blick und bei düsterer Stimmung betrachtet sind. Die meisten Probleme schrumpfen noch mehr zusammen, wenn Sie sich ihnen stellen.

Stachel im Fleisch

Paul hatte einen anstrengenden Beruf, er war als untergeordneter Mitarbeiter des Grünflächenamts dafür verantwortlich, die Stadtgärtnerei sowohl mit Pflanzen als auch Ausrüstung zu versorgen. Außerdem lernte Paul gerade ein neues Computerprogramm zur Überprüfung des von ihm zur Verfügung gestellten Materials. Er arbeitete erst seit zwei Jahren in diesem Beruf, und seine Pflichten nahmen ständig zu. Er hatte fast genug gespart, um sich ein Auto zu kaufen, und er wußte, daß seine beruflichen Aussichten gut waren – trotzdem war er nicht glücklich. Er quälte sich aus dem Bett, um zur Arbeit zu gehen, vergaß immer wieder Einzelheiten des neuen Computerprogramms und war nie mit sich zufrieden. Es fiel ihm immer schwerer, sich auf den Beruf zu konzentrieren, und er mußte sich täglich mehr anstrengen, um durchzuhalten. Seiner Freundin fiel auf, daß er deprimiert wirkte, und sie fragte ihn, wie er sich fühle, aber er sagte nur, daß alle durch die Veränderungen im Betrieb überlastet seien, und schlug einen Spaziergang vor, weil er hoffte, daß er sich danach besser fühlen würde.

Mandy war schon immer ehrgeizig gewesen. Sie arbeitete als Personalchefin, war mit einem Lehrer verheiratet und hatte kurz nach der Geburt des ersten Kindes wieder zu arbeiten begonnen. Lizzie war inzwischen zwei Jahre alt. Mandy hatte eine ausgezeichnete Tagesbetreuung für Lizzie gefunden und der Gedanke, wie glänzend sie mit allem, sei es zu Hause oder im Beruf, zurechtkam, erfüllte sie mit Stolz. Trotzdem war sie beunruhigt. Seit einiger Zeit machte sie sich über »blöde« Sorgen, zum Beispiel darüber, ob Lizzie in der Schule Freundinnen und Freunde finden würde und ob Lizzie wirklich so glücklich und zufrieden sei, wie es den Anschein hatte. Obwohl sie wußte, daß es Lizzie gutging, blieben die Sorgen bestehen, und ihre Stimmung wurde immer getrübter, sowohl zu Hause als auch im Beruf. Sie ärgerte sich, wenn sie gefragt wurde, was denn los sei, denn dann fühlte sie sich nur noch schlechter. Sie nahm es übel, wenn andere nicht begriffen, wie viele Anforderungen sie zu erfüllen hatte, und ihr das nicht zugute hielten.

Schwierigkeiten anstauen

Sowohl Paul als auch Mary wußten, daß es ihnen nicht gutging, aber beiden fiel es schwer, sich ihren Schwierigkeiten zu stellen. Wie die meisten von uns erlagen sie der Versuchung, so zu tun, als sei alles in Ordnung. Dieses Vermeidungsverhalten schien kurzfristig eine Lösung zu sein, weil sie sich damit besser fühlten und sie es nicht schafften, mit jemandem über ihre Schwierigkeiten zu reden. In Wirklichkeit stauten sie dadurch, daß sie sich ihren Problemen nicht stellten, Schwierigkeiten für die Zukunft an, und zwar aus drei Gründen:

1. *Vermeidungsverhalten kann das Problem verschlimmern.* Je mehr Paul und Mandy ihre Schwierigkeiten mieden, desto unüberwindlicher schienen diese Probleme zu sein und desto deprimierter und gereizter fühlten sie sich.
2. *Vermeidungsverhalten schafft neue Probleme.* Mandys Verärgerung und Gereiztheit verkomplizierten ihre beruflichen Beziehungen, und Pauls Selbstvertrauen wurde allmählich unterminiert. Er hatte sich inzwischen eingeredet, daß er zu nichts anderem tauge, daß er trotz seiner offensichtlich guten Arbeitsleistungen ein schlechtes Zeugnis bekäme und daß kein Mensch verstünde, wie es möglich sei, einen Beruf nicht zu mögen, in dem er so offensichtlich gute Arbeit leistete.
3. *Vermeidungsverhalten wirkt sich auf Ihr gesamtes Leben aus.* Weder Paul noch Mandy hatten das Gefühl, tun zu können, was sie wollten, oder das, was sie taten, genießen zu können. Die Probleme, die sie nicht angingen, verschwanden nicht von selbst, sondern blieben und stauten sich auf.

Den Schwierigkeiten ins Auge sehen

Anerkennen, daß es eine Schwierigkeit gibt

Aus den genannten Gründen ist es am besten, sich mit den Schwierigkeiten zu konfrontieren, statt sie zu meiden: die Schwierigkeit anzuerkennen, statt ihre Existenz zu leugnen; zu akzeptieren, was geschieht, statt zu versuchen, es abzulehnen; die Tatsachen so zu sehen, wie sie sind, ohne sie zu verdrehen oder zu verzerren. Diese verschiedenen Arten, auszudrücken, was wir meinen, weisen leichte Bedeutungsunterschiede auf, haben aber eines gemeinsam: es ist hilfreich, Schwierigkeiten ins Auge zu sehen, auch wenn es zunächst etwas Beunruhigendes haben kann. Um das zu tun, müssen Sie sich als erstes eingestehen, daß die Schwierigkeiten existieren, oder aber, daß Sie sie vermeiden, und das ist nicht immer leicht.

Pauls Freundin gab nicht auf, als er vorschlug, spazierenzugehen. Sie machte es ihm leicht, mehr über seinen Beruf zu erzählen, und schließlich gestand er ihr, wie sehr er ihn haßte. Er hatte sich für diese Stelle beworben, weil er sich für Gärten interessierte, und jetzt war er den ganzen Tag im Büro eingesperrt, mit Papierkram beschäftigt und schlug sich mit dem Computer herum. Daß er es vermied, sich mit der Schwierigkeit zu konfrontieren, hatte viele Gründe: er befürchtete, daß eine berufliche Veränderung seine Eltern enttäuschen würde oder ein geringeres Einkommen bedeuten könnte, und er war sich nicht sicher, ob er eine andere Stelle finden würde, die ihm dann auch wirklich besser gefiele. Außerdem hatte er furchtbare Angst vor Vorstellungsgesprächen, was er sich selbst aber kaum eingestand.

Mandys Situation lag ein bißchen anders. Ihre Gefühle verwirrten sie, und es war ihr peinlich, wenn ihre Gereiztheit bei der Arbeit hochkam. Sie war jedesmal froh, wenn das Wochenende kam, stürzte sich ins Familienleben und genoß die freien Tage, bis ihr am Sonntagabend »plötzlich« einfiel, daß sie noch eine Aktentasche voller Arbeit hatte, die sie nicht aufzumachen wagte. Zuerst dachte sie, das sei nur eine vorübergehende Phase, aber an einem Sonntag, als ihr Ehemann anbot, Lizzie zu Bett zu bringen, damit sie ihre Arbeit aufholen könne, verlor sie die Beherrschung. Die Stärke ihrer Gefühle schockierte und verstörte sie. Sie brauchte lange, um sich zu beruhigen, und als sie sich wieder gefangen hatte, sagte sie sich: »Ich muß etwas unternehmen.« Als an diesem Abend alle anderen im Bett waren, fing sie zum ersten Mal an, darüber nachzudenken, was los war.

Abklären, worum es bei der Vermeidung wirklich geht

Manchmal, wenn wir Schwierigkeiten aus dem Weg gehen, ist es klar, um welche Schwierigkeiten es dabei geht, manchmal ist es aber auch nicht klar. Paul vermied es, mit seiner Freundin über sein Dilemma zu sprechen, und Mandy vermied es, an das Problem auch nur zu denken. Als Paul anfing, darüber zu sprechen, wie er sich fühlte, erkannte er, daß er noch viele andere Dinge vermied: seine Eltern aufzuregen, sein Unglücklichsein zuzugeben, etwas zu verändern, etwas zu riskieren und vielleicht, zu einem Vorstellungsgespräch zu gehen.

Für Mandy war es leichter, sich zunächst allein ihren Ängsten zu stellen. Als sie sich selbst erst einmal eingestanden hatte, daß sie sich nicht einfach von selbst wieder besser fühlen würde, begann sie darüber nachzudenken, warum sie so angespannt und gereizt war. Allmählich bekam sie gedanklich eine immer klarere Vorstellung davon, was los war. Sie war davon überrascht gewesen, daß ihr Ehrgeiz seit Lizzies Geburt verschwunden war. Als überzeugte Karrierefrau hatte sie so bald wie möglich wieder angefangen zu arbeiten; jetzt war es sowohl verwirrend als auch peinlich für sie, sich selbst einzugestehen, daß sie nicht mehr berufstätig sein wollte, damit sie sich mehr um Lizzie kümmern konnte. Sie hatte die vage Hoffnung gehegt, das sei nur eine vorübergehende Anwandlung, und wenn sie gefragt wurde, was sie bedrücke, empfand sie das als Kritik und wurde wütend. Tief im Innersten hatte sie Angst davor, was ihr Freundeskreis von ihrem Gesinnungswandel halten würde, und hatte noch nicht einmal gewagt, darüber nachzudenken, wie die Familie ohne ihr hohes Gehalt zurechtkommen würde.

Die ungeschriebene Botschaft

Jedesmal, wenn wir etwas vermeiden, übermitteln wir uns selbst eine ungeschriebene Botschaft: »Das ist alarmierend und beängstigend.« Wir bauen eine bestimmte Erwartungshaltung auf, die schwer zu widerlegen ist, da unser Vermeidungsverhalten verhindert, daß wir herausfinden können, ob unsere Ängste berechtigt sind. Stellen Sie sich zum Beispiel vor, daß Sie sich im Beruf so gestreßt fühlen, daß Sie denken, Sie müssen dagegen etwas unternehmen. Sie wissen nicht, was zu tun ist, und Sie vermeiden es, mit irgend jemandem darüber zu sprechen, aus Angst davor, was diese Person dann über Sie denken könnte. Es ist sogar so, daß Sie versuchen, noch mehr zu arbeiten, damit niemand merkt, daß etwas nicht stimmt. Wegen Ihres Vermeidungsverhaltens können Sie keine Lösungen für das Problem finden, denn Sie haben nie Zeit, einmal innezuhalten und nachzudenken, und Sie können auch niemanden um Rat fragen oder um Unterstützung bitten.

Um uns unseren Schwierigkeiten zu stellen, ist es daher unerläßlich, auf ungute Gefühle zu achten und sie als Anstoß zu benutzen, uns genauer anzusehen, was los ist, genau abzuklären, um welche Schwierigkeiten es sich handelt. Das kann, wie in Pauls Fall, dadurch geschehen, daß wir mit jemandem sprechen, dem wir vertrauen, oder es kann, wie in Mandys Fall, so sein, daß wir alleine ganz genau nachdenken. Aber solange die Schwierigkeiten nicht abgeklärt sind, können sie auch nicht wirkungsvoll angegangen werden.

Gehen Sie Schwierigkeiten aus dem Weg?

Manchmal ist es schwer, festzustellen, ob Sie wirklich etwas vermeiden oder nicht. Deshalb ist es nützlich, bestimmte Alarmsignale zu beachten, die auf Vermeidung hinweisen.

1. *Befragen Sie Ihre Gefühle.* Ihr Vermeidungsverhalten kann sich ganz subtil äußern. Wenn der Grund dafür, daß Sie etwas nicht tun, ist, daß es Ihnen Angst oder Sorgen macht, ist es sehr wahrscheinlich, daß Sie es vermeiden. Wenn Sie darauf bestehen, etwas zu tun, was schwierig für Sie ist, Sie sich aber dann nicht besser fühlen, vermeiden Sie wahrscheinlich irgendwelche subtilen Aspekte dieser Situation. Stellen Sie sich die folgende Frage: »Was müßte ich tun, um mich zuversichtlicher zu fühlen?«

2. *Beobachten Sie Ihr Verhalten.* Wenn Sie merken, daß Sie zwischen zwei Vorgehensweisen unentschieden hin und her schwanken oder steckenbleiben, überlegen Sie sich, ob Sie etwas vermeiden; wenn das so ist, versuchen Sie herauszufinden, wie Sie statt dessen vorgehen könnten.

3. *Hören Sie sich beim Denken zu.* Befürchten Sie das Schlimmste? Rechnen Sie mit einer Katastrophe? Denken Sie, daß etwas schiefgehen wird oder daß Sie etwas nicht schaffen werden? Solche übertriebenen, ängstlichen Gedanken können den ersten Schritt unmöglich machen, der nötig ist, um ein Problem anzugehen.

Fangen Sie Probleme frühzeitig ab

Vermeidungsverhalten verhindert nicht nur, daß Probleme gelöst werden, es kann sie auch verschlimmern und es schwieriger machen, sich ihnen zu stellen. Je eher das Problem identifiziert wird, desto eher können Sie damit anfangen, es zu bewältigen, und desto effektiver wird dieses Unterfangen wahrscheinlich sein. Die Probleme, wegen denen es Ihnen schlechtgeht, sind keine plötzlich aufziehenden Wolken, die von selbst wieder verschwinden; sie sind eher wie Stachel im Fleisch, die so lange stören, bis sie entfernt sind.

Machen Sie es zu Ihrer Einstellung,
Probleme anzugehen

Von Konrad Lorenz gibt es eine Geschichte über einen Hund in seiner Nachbarschaft, der aggressiv bellte, solange er sicher hinter seinem Zaun war.[1] Er schien ein furchterregendes und gefährliches Tier zu sein, bis eines Tages ein Teil des Zauns wegen einer Reparatur entfernt wurde. Als Lorenz und sein Hund den Weg am Zaun entlanggingen, bellte das Untier wie üblich wütend hinter dem sicheren Zaun hervor. Aber dann kamen sie an die Stelle, wo der Zaun entfernt worden war. Plötzlich stand das wutschnaubende Tier Lorenz und dessen Hund ohne abgrenzendes Hindernis gegenüber. Seine Aggression verschwand. Die Vermeidung unserer Probleme ist wie der Zaun. Aus der Sicherheit unserer Vernachlässigung bellen uns die Probleme mit aller Macht an. Wenn wir aber den Zaun wegnehmen und uns ihnen direkt stellen, verschwindet ihre Furchtbarkeit normalerweise. Genauere Anregungen dazu, wie Vermeidungsverhalten überwunden werden kann, werden in den Kapiteln 16 und 17 gegeben.

Schwierigkeiten in den Griff bekommen

Schwierigkeiten und Problemen ins Auge zu sehen ist der notwendige Auftakt, um sie in den Griff zu bekommen. Es ist der erste – und oft der schwierigste Schritt. Wenn Sie die Schwierigkeit erst einmal ganz klar sehen, brauchen Sie eine Strategie, damit es Ihnen wieder bessergeht. Dieses Buch hat zum großen Teil den Zweck, die Vielzahl der zur Verfügung stehenden Strategien zu erläutern, damit Sie sich dann aussuchen können, welche für Sie am geeignetsten ist.

Verwandte Kapitel in diesem Buch

– *Kapitel 8:* Problemlösen: Eine Strategie, um zu verändern
– *Kapitel 16:* Angst und Sorge in den Griff bekommen
– *Kapitel 17:* Ängste und Phobien überwinden

Zusammenfassung dieses Kapitels

Sich Schwierigkeiten zu stellen ist in der Praxis selten so schrecklich wie in der Phantasie, und wenn wir ihnen aus dem Weg gehen, perpetuieren wir die Schwierigkeiten nur.

Vermeidungsverhalten ist aus mindestens drei Gründen unproduktiv:

– Es kann die Probleme verschlimmern.
– Es schafft neue Probleme.
– Es beeinflußt Ihr ganzes Leben.

Schwierigkeiten ins Gesicht zu sehen beinhaltet, anzuerkennen, daß sie *da* sind. Erst dann können Sie herausarbeiten, worin die Schwierigkeit besteht, und darüber nachdenken, was als nächstes zu tun ist. Probleme frühzeitig anzugehen bedeutet, daß sie weniger Gelegenheit haben, sich zu vermeintlichen Monstern aufzublähen. Die meisten Probleme werden kleiner, wenn Sie ihnen direkt ins Auge sehen.

7. Sich selbst etwas gönnen

Die meisten Kinder können selbst in den kleinsten Freuden aufgehen und sich dem Glück des Augenblicks auf eine Art und Weise hingeben, die leider mit dem Erwachsenwerden nur allzu leicht versteckt wird und aus unserem Gesichtsfeld und unserem seelischen Erleben verbannt wird. Wir tun so, als seien erfreuliche Dinge so wertvoll, daß wir sie für spezielle Gelegenheiten aufsparen müssen, als bestünde die Gefahr, daß sie bei Gebrauch kaputtgehen.

Zwei Gründe dafür, sich selbst zu belohnen

Sollten wir, wenn wir älter werden, alles aufgeben, was kindlich ist? Manches vielleicht, aber nicht die Bereitschaft, einfache Freuden zu genießen und sich ihnen hinzugeben. Die Fähigkeit, sich selbst etwas zu gönnen und sich selbst zu belohnen, ist eine der grundlegenden Strategien zur Verbesserung unserer seelisch-geistigen Verfassung, und es gibt dafür mindestens zwei Gründe. Erstens werden wir dadurch froh und vergnügt, was auch dazu beiträgt, daß wir uns gut, zuversichtlich und selbstbewußt fühlen. Zweitens schaffen Verwöhnungen und Belohnungen die besten Voraussetzungen dafür, die erwünschten Veränderungen herbeizuführen. Eine freudlose Zeit, die nur mit Aufgaben ausgefüllt ist, die Sie aus Pflicht- oder Schuldgefühl übernehmen, behindert Ihre Wandlungs- und Entwicklungsfähigkeit und macht den Eindruck, als würden Sie sich auf das Leben vorbereiten, statt es wirklich zu leben. Dabei besteht die Gefahr, daß aus dem Bemühen eine Plackerei wird – aus Zweckdienlichkeit Sinnlosigkeit.

Für die meisten von uns gibt es ziemlich einfache Dinge, die uns eine große Freude machen – Dinge, die nicht teuer sein müssen. Eine Oberschwester einer psychiatrischen Klinik ging einmal in der Woche zum Friseur. Es war für sie sehr entspannend, ihr Haar waschen und frisieren zu lassen, und es verschaffte ihr einen absolut notwendigen Genuß.

Alle beruflichen Belastungen fielen von ihr ab, sobald sie sich mit Leib und Seele auf das sinnliche Vergnügen einließ, die Haare gewaschen zu bekommen. Sie kannte und mochte ihre Friseurin, und nachdem sie so oft die Schwierigkeiten anderer Menschen angehört hatte, tat es ihr wirklich gut, nach ihrem eigenen Befinden gefragt zu werden. Die Zeit und das Geld, das sie auf ihr Aussehen verwendete, machten sie für den Rest der Woche froh und zuversichtlich.

Verwöhnungen: Eine effektive Methode, um Ihrem Leben mehr Freude zu geben

Erlaubnis, sich selbst etwas zu gönnen

Das Schöne daran, sich selbst etwas zu gönnen, ist, daß es mehr Freude bereiten kann, als Sie für möglich gehalten hätten. Es kommt nur darauf an, daß Sie sich das spendieren, was für Sie das Richtige ist. Sobald wir erwachsen sind, kann das Leben so mit Pflichten ausgefüllt sein, sowohl zu Hause als auch im Beruf, daß es ein leichtes ist, in Routine zu versinken und die Freude, den Genuß zu vergessen. Das kann sogar so weit gehen, daß wir das Gefühl haben, es sei leichtsinnig, sich etwas zu gönnen, weil es doch immer so viel zu tun gibt. Oder wenn unsere Probleme sehr groß zu sein scheinen, unterschätzen wir leicht die kleinen Freuden des Lebens und gönnen uns aus diesem Grunde überhaupt nichts mehr. Gerade dann, wenn die Schwierigkeiten in Ihrem Leben überhandnehmen, wird es besonders wichtig, daß Sie sich belohnen.

Ihr Leben genußreicher zu gestalten kann sehr schwierig sein, wenn Sie nicht daran gewöhnt sind, und vielleicht müssen Sie daher mit kleinen Schritten anfangen. Möglicherweise müssen Sie damit beginnen, sich wenigstens einmal in der Woche etwas zu gönnen, und dann arbeiten Sie sich bis zu einmal am Tag vor.

Sich selbst zu verwöhnen ist eine Fähigkeit, die erst entwickelt werden muß. Der erste Schritt ist, *sich die Erlaubnis zu geben, sich selbst etwas zu gönnen*. Genuß macht Freude, und Freude ist deshalb eine gute Sache, weil Sie sich dann besser fühlen. Wenn Sie sich selbst etwas gönnen, können Sie aber auch mehr erreichen und sich so verändern, wie es für Sie richtig ist. *Sich selbst etwas zu gönnen heißt, sich selbst richtig zu behandeln.*

Falsche Verwöhnungen

Wir haben schon vielen Menschen mit den unterschiedlichsten Lebensgeschichten Hilfe angeboten, und es ist verblüffend, wie wenige sich die kleinen Belohnungen geben, die wir Verwöhnungen nennen. Gibt es falsche Verwöhnungen? Ja, solche, die entweder wichtige zwischenmenschliche Beziehungen zerstören oder ein Problem noch verschlimmern. Ein Beispiel, in dem ersteres der Fall ist, könnte so aussehen, daß jemand es sich gönnt, mit Freundinnen und Freunden in die Kneipe zu gehen, auch wenn dieses Verhalten schon öfter zu Eheproblemen geführt hat. Ein Beispiel für den zweiten Fall wäre, daß jemand sich eine Schachtel Pralinen spendiert, aber bereits Probleme damit hat, zuviel zu essen. Achten Sie bei der Wahl von Verwöhnungen darauf, daß sich dadurch keine bereits bestehenden Probleme verschärfen. Gönnen Sie sich harmlose Freuden.

Gelegentliche große Verwöhnungen

Lucy und Jeff haben zwei Söhne, sieben und drei Jahre alt. Jeff arbeitet ganztags, Lucy halbtags, hauptsächlich von zu Hause aus. Wegen der beiden kleinen Kinder besteht ihr Leben aus einer unendlichen Zahl erdrückender Pflichten. Was sie immer genießen können, sind Ferien, aber obwohl sie die Zeit für zwei kurze Urlaube pro Jahr hätten, machen sie nur einen. Warum, wenn Ferien ihnen doch so viel Freude machen? Als Grund geben sie die Kosten an.

Jeffs Vater ist Witwer und lebt 400 Meilen von ihnen entfernt, wenn sie Ferien machen, nehmen sie ihn mit. Dieses Arrangement klappt gut, weil es ihnen allen die Möglichkeit gibt, zusammenzusein; Jeffs Vater kann Zeit mit seinen einzigen Enkelkindern verbringen, und Lucy und Jeff können zusammen ausgehen und wissen, daß die Kinder gut aufgehoben sind. Aber es macht die Ferien teuer, denn sie zahlen für Jeffs Vater mit. Eigentlich könnte Jeffs Vater es sich leisten, selbst zu zahlen, aber er spart das Geld für seine Enkelkinder. Jeff und Lucy zahlen also für ihn

mit, um die Erbschaft ihrer Kinder nicht anzutasten. Ist das das bestmögliche Arrangement? Jeff und Lucy hatten sich das noch nie gefragt,
weil sie irgendwie das Gefühl hatten, es sei übertrieben, zweimal im
Jahr Urlaub zu machen. Erst als sie erkannten, was sie taten, konnten
sie anfangen, darüber nachzudenken, ob es denn so am besten sei.

In unserer Kultur besteht die große Gefahr, daß wir unbewußt Genuß-
möglichkeiten ausklammern, weil wir aus irgendwelchen Gründen
meinen, daß wir uns nicht freuen dürfen. Wir neigen dazu, andere Dinge als wichtiger zu erachten oder zu denken, daß wir uns gehenlassen,
wenn wir etwas für unser Vergnügen tun; aber es ist eher das Gegenteil
der Fall. Wenn wir Spaß haben, uns etwas gönnen, ist es wahrscheinlicher, daß wir die anderen ernsten und wichtigen Aufgaben schaffen,
weil wir dann mehr Energie, Kraft und Widerstandsfähigkeit haben.

Lucy und Jeff überdachten die Situation noch einmal. Sie entschieden,
daß Ferien sie so erfrischten, daß sie dann die notwendige Kraft hatten,
um mit den großen Anforderungen ihres Lebens zurechtzukommen. Sie
fanden heraus, daß sie sich zwei Urlaube leisten konnten, wenn Jeffs
Vater für sich selbst aufkam. Sie sprachen zu dritt über die Situation und
kamen übereinstimmend zu dem Ergebnis, daß es für alle das beste wäre,
wenn sie zweimal im Jahr zusammen Urlaub machten und Jeffs Vater für
sich selbst zahlte. Dieser zweite Urlaub war eine große Verwöhnung, und
er war teuer, aber er machte nicht nur Lucys und Jeffs Leben viel freudvoller, sondern auch das von Jeffs Vater und das der Enkelkinder, zu
deren Wohl dieser zweite Urlaub angeblich ausgespart worden war.

Verwöhnungen einsetzen, um unangenehme Aufgaben
zu versüßen

Nur wenige von uns haben das Glück, unangenehme Aufgaben ganz
vermeiden zu können – sei es im Berufs- oder Privatleben. Unangenehme
Aufgaben können aber abgemildert werden. Für Jonathan, einen praktischen Arzt, gehörten die Nächte, in denen er Bereitschaftsdienst hatte, zu
den unangenehmsten Aufgaben seines Berufs. In solchen Nächten konnte er jederzeit geweckt werden und hatte sich dann effektiv und mitfühlend um einen medizinischen Notfall zu kümmern. Wenn das Telefon in
den frühen Morgenstunden klingelte, wurde er aus dem Tiefschlaf geris-

sen und fühlte sich sofort hundeelend, weil er seinen Geist nun mühsam aus den Annehmlichkeiten des Schlafes quälen mußte, um über das medizinische Problem nachzudenken, und meistens mußte er sogar aufstehen, um einen Hausbesuch zu machen. Er formulierte das Problem, das es zu lösen galt, so: Wie könnte er das schlechte Gefühl, das er hatte, wenn das Telefon nachts während seines Bereitschaftsdienstes klingelte, abschwächen? Jonathan liebte es, Musik zu hören, und er hatte sich erst vor kurzem einen CD-Player gegönnt. Ihm kam deshalb die Idee, daß er sich für jeden nächtlichen Hausbesuch einen CD-Gutschein »schenken« könnte. Für drei Gutscheine dürfte er sich dann eine CD seiner Wahl kaufen. Dieses System machte aus den nächtlichen Hausbesuchen zwar immer noch kein reines Vergnügen, aber wenn jetzt das Telefon klingelte, sagte eine innere Stimme »wieder ein CD-Gutschein – prima«. Es fällt ihm zwar immer noch schwer aufzustehen, aber während er zu seinem Hausbesuch fährt, kann er darüber nachdenken, welche CD er mit dem verdienten Gutschein kaufen wird.

So ein Verfahren kann, je nach Ihren eigenen Vorlieben, ganz unterschiedlich eingesetzt werden, um die Belastung durch unangenehme Aufgaben abzuschwächen. Wenn es etwas gibt, was Sie tun müssen, aber fürchten, oder wenn Sie merken, daß Sie eine Sache schleifen lassen, denken Sie sich eine Verwöhnung für die Erfüllung der gefürchteten Aufgabe aus. Sehen Sie beides im Zusammenhang: die Verwöhnung ist das Ergebnis davon, daß Sie den Mut aufbrachten, die unangenehme Aufgabe anzugehen.

Verwöhnungen einsetzen, um Barrieren zu überwinden

Eine Verwöhnung zu planen hilft dabei, die Barriere niederzureißen, die der Erledigung der Aufgabe im Weg steht. Es fällt viel leichter, eine schwierige Aufgabe anzugehen, wenn wir uns eine Teepause für ein paar Stunden später versprechen. Verwöhnungen sollten als Belohnungen begriffen werden, nicht als Strafen. Dies bedeutet jedoch keinesfalls, daß wir uns nicht mehr verwöhnen dürfen, sofern wir nicht eine bestimmte Zeit einer gefürchteten Aufgabe gewidmet haben. Derartige Abmachungen sind aber deshalb so problematisch, weil sie so leicht zu brechen sind; wir gewähren uns die Verwöhnung, selbst wenn wir das, was wir mit uns selbst vereinbart hatten, nicht erfüllt haben. Daher ist die Verwöhnung genaugenommen keine *Belohnung;* sondern die Verwöhnung hilft uns dabei, hinter der Barriere die dort verborgenen Freuden zu sehen. Verwöhnungen, die auf diese Art geplant werden, sind noch genußvoller, weil sie auf die Erledigung der gefürchteten, langweiligen oder schwierigen Aufgabe folgen, genau wie ein Bier nach dem Tennisspielen um so besser schmeckt.

Die richtigen Voraussetzungen für Veränderung schaffen: Zuckerbrot statt Peitsche

Es ist überhaupt nicht so schwer, sich zu verändern, wie es oft scheint; was im Weg steht, ist die verbohrte, aber tief verwurzelte Überzeugung, daß Strafe das beste Mittel sei, um Veränderung herbeizuführen. Achten Sie auf Ihre innere Stimme, wenn Sie versuchen, sich zu ändern oder etwas Neues zu lernen. Hören Sie sich selbst etwas Ähnliches sagen wie »Das ist idiotisch«; »Sei doch nicht so blöd«; »Das solltest du inzwischen aber wirklich wissen«; »Wirst du dich nie bessern?« Es ist seltsam, wie gut wir darin sind, uns selbst zu bestrafen – vielleicht weil wir ganz genau wissen, wo wir am leichtesten zu treffen sind. Selbstkritik und Selbstanklage sind zwei mächtige und extrem entmutigende Formen der Bestrafung, die vielleicht als Anreiz zum Handeln gedacht sind, die es aber in den allermeisten Fällen schwerer machen, sich zu verändern und dazuzulernen. All diese bissigen und sarkastischen Bemerkungen führen nur dazu, daß Sie sich schließlich selbst satt haben, sich elend, niedergeschlagen und desillusioniert fühlen, weil Sie den Grundsatz außer acht gelassen haben, daß *Veränderungen leichter fallen, wenn Sie freundlicher zu sich sind.*

Eine unserer Patientinnen sagte: »Ich würde einen Wurm nicht so schlecht behandeln, wie ich mich behandle.« Diese Einsicht markierte den Beginn einer wichtigen Einstellungsänderung. Zu merken, daß sie sich bestrafte, war die eine Sache, doch etwas daran zu ändern eine ganz andere. Kulturelle Einstellungen und Haltungen, religiöse eingeschlossen, lassen es anscheinend schlecht erscheinen, sich selbst zu belohnen, als sei es eingebildet, prahlerisch oder gefährlich maßlos, etwas für sich zu tun oder die eigenen guten Seiten anzuerkennen. Anscheinend sind wir darauf konditioniert, uns selbst herunterzumachen. Wir können nicht all die Jahre der Konditionierung mit einem Schlag hinter uns lassen. Aber indem wir die Gewohnheit entwickeln, uns selbst zu belohnen, können wir nach und nach den automatischen Reflex zur Selbsterniedrigung durch den zur Selbstachtung ersetzen.

Ein persönliches Belohnungssystem aufbauen

Ein effektives System, sich selbst zu belohnen, hat drei Komponenten: picken Sie die für Sie geeigneten Verwöhnungen heraus; setzen Sie Ihr System für sich vorteilhaft ein; und gehen Sie nicht in die Bestrafungsfalle.

Finden Sie die für Sie geeigneten Verwöhnungen heraus
Denken Sie über Dinge nach, die Sie genießen, die Ihnen Freude machen, die Sie zum Lachen bringen oder zusätzlich Entspannung verschaffen. Denken Sie an kleine Dinge, zum Beispiel ein paar Minuten länger zu frühstücken, und große Dinge, zum Beispiel sich einen Tag frei zu nehmen. Denken Sie an Dinge, die Sie sofort kaufen könnten, und an solche, für deren Kauf Sie sparen könnten; etwas, was Sie für sich tun könnten, und etwas, was Sie zu sich sagen könnten; Dinge, die andere mit einbeziehen, und Dinge für Sie allein. Versuchen Sie eine Liste mit 20 Dingen zu machen. Je länger die Liste, desto besser. Im Kasten auf der nächsten Seite werden einige Vorschläge für mögliche Anwendungskategorien gemacht und ein paar Beispiele für mögliche Verwöhnungen gegeben.

Setzen Sie Ihr Verwöhnsystem für sich vorteilhaft ein
1. *Beachten Sie das richtige Timing.* Verwöhnungen wirken am besten, wenn sie schnell nach dem speziellen Aufgabenziel kommen. Gönnen Sie sich sofort etwas, nachdem Sie sich dazu gezwungen haben, die unbezahlten Rechnungen herauszusuchen. Wenn Sie sich vorher

etwas gönnen, werden die Rechnungen noch schwerer anzugehen sein, und wenn Sie die Verwöhnung aufschieben, bis Sie die Rechnungen bezahlt haben, geht der Zusammenhang zwischen beidem verloren.

2. *Verwöhnen Sie sich oft.* Jedem Menschen täte es gut, sich täglich etwas zu gönnen: kleine Freuden machen das Leben leichter und angenehmer. Wenn Belohnungen wie einkaufen gehen, eine zweite Zigarette rauchen, noch einen Drink oder Doughnut nehmen, die Suche nach Vergnügen nur perpetuieren oder Sie sich dann nur kurz besser oder weniger einsam fühlen, können das die falschen Verwöhnungen für Sie sein.

3. *Sparen und einlösen.* Vielleicht möchten Sie für eine große Verwöhnung sparen, zum Beispiel ein neues Teil für Ihre Sportausrüstung oder ein Kleidungsstück oder einen Tagesausflug. Wenn das so ist, geben Sie sich Gutscheine für das, was Sie möchten. Entscheiden Sie, wieviel es wert ist (zum Beispiel könnten Sie essen gehen, wenn Sie 20 »Gutscheine« zusammenhaben), und machen Sie einen Haken in Ihrem Terminkalender oder Tagebuch, als Zeichen dafür, wenn Sie einen Gutschein verdient haben. Durch die wachsende Zahl der Häkchen können Sie sehen, wie gut Sie vorankommen.

4. *Gönnen Sie sich Abwechslung.* Immer die gleiche Verwöhnung kann, wie alles andere auch, langweilig werden, und dann verliert sie ihre ermutigende Kraft. Sie kann genauso reizlos werden wie eine Ernährung, die nur aus Schokolade besteht. Bringen Sie also Ihr Verwöhnsystem von Zeit zu Zeit auf den neuesten Stand, und denken Sie daran, daß Sie zu verschiedenen Zeiten unterschiedliche Dinge als verwöhnend empfinden. Vielleicht macht es Ihnen im Sommer Spaß, lange spazierenzugehen, aber im Winter möchten Sie dann vielleicht doch lieber fernsehen. Mit 25 (wenn Alleinsein eher als Strafe denn als Belohnung empfunden wird) legen Sie vielleicht keinen solchen Wert auf Ruhe und Frieden wie mit 35, wenn der Gedanke an ein paar Augenblicke für sich ganz alleine Ihnen wie reiner Luxus vorkommen kann. Oder die Herausforderung, die Sie mit 50 vielleicht genießen können (alleine zu reisen), kann mit 19 noch zu hoch sein.

Einige Ideen für Verwöhnungen und Belohnungen

Etwas zum Essen oder Trinken, zum Beispiel:
Einen Schokoladenkeks, ein Glas Wein, Ihr Lieblingsessen, eine Tasse Tee

Aktivitäten, zum Beispiel:
Spazierengehen, fernsehen oder ein Video anschauen, einen Ausflug planen, sich einem Hobby widmen, puzzeln oder ein Kreuzworträtsel lösen, im Freundeskreis Ihr liebstes Kartenspiel spielen, gärtnern, essen gehen

Entspannungen, zum Beispiel:
Musik hören, ein langes Bad nehmen, eine Freundin/einen Freund anrufen, einen Roman oder eine Zeitschrift lesen, am Kamin sitzen

Verwöhnungen, zum Beispiel:
Einen Strauß Blumen oder eine parfümierte Seife kaufen, einen Theaterbesuch planen, etwas Neues zum Anziehen kaufen, spät aufstehen

Zeit, zum Beispiel:
10 Minuten für sich allein, eine morgendliche Pause, ein ausgedehntes Mittagessen, Zeit zum Denken, ein freies Wochenende, Urlaub

Körperliche Betätigung, zum Beispiel:
Sich dem örtlichen Sportverein anschließen, einen Gymnastikkurs besuchen, schwimmen gehen, den Hund ausführen

Selbstgespräch, zum Beispiel:
»Das mache ich gut«, »Ich bin wirklich zufrieden mit ...«, »Gut gemacht«, »Das schaffst du«, »Du hast eine Pause verdient«

Grenzen setzen, zum Beispiel:
Anzahl der Pflichten, Schlafenszeit, Arbeitsschluß, Forderungen, die andere stellen

Andere Menschen, zum Beispiel:
Am Telefon mit Freundinnen/Freunden oder Verwandten plaudern oder sie besuchen, lange mit einer alten Freundin/einem alten Freund zu Mittag essen

5. *Gönnen Sie sich eine Pause.* Es kann ein gutes Gefühl sein, eine Ihrer Pflichten nicht zu erfüllen, wenn Sie sich erschöpft fühlen, selbst wenn Sie wissen, daß Sie sie später nachholen müssen. Erlauben Sie sich solche Pausen, und denken Sie daran, daß eine Veränderung genauso gut sein kann wie eine Pause, wenn Sie dringend eine brauchen. Vielleicht wäre es gut, mit jemand anderem die Pflichten von Zeit zu Zeit zu tauschen.

6. *Machen Sie Routine-Vergnügen zu effektiven Belohnungen.* Wenn Sie sich alle verhaßten Arbeiten bis zuletzt aufsparen, erzeugen Sie damit einen Sumpf, durch den Sie sich später durchkämpfen müssen – wahrscheinlich dann, wenn Ihre Energie und Ihr Enthusiasmus auf dem Tiefpunkt sind. Wenn Sie zum Beispiel jeden Morgen eine Kaffeepause machen, werden Sie sie mehr genießen können, und sie wird besser als Belohnung funktionieren, wenn Sie eine der verhaßten Aufgaben vorher erledigen statt hinterher.

Gehen Sie nicht in die Bestrafungsfalle

Machen Sie keine Tugend daraus, eine Märtyrerin oder ein Märtyrer zu sein. Gehen Sie nicht in die Falle, die Bedürfnisse anderer Menschen so sehr auf Kosten Ihrer eigenen zu erfüllen, daß Sie das Opfer zu weit treiben. Wenn Sie sich selbst überlasten »zum Wohle anderer«, wenn Sie sich unfair behandeln, bekommen die anderen Schuldgefühle, und es kann zum heimlichen Mittel werden, diese zu bestrafen. Wenn Sie sagen »Mach dir keine Sorgen, ich komme schon zurecht«, in Wirklichkeit aber das Gegenteil meinen, bestrafen Sie sowohl sich als auch andere. Auf lange Sicht leiden alle Beteiligten darunter, und es kann sein, daß Sie in sich Ärger aufstauen, der schließlich in einem Wutanfall zutage kommen wird oder sich als Depression gegen Sie wendet. Mit dem Kopf durch die Wand zu wollen ist eine weitere Facette des gleichen Sachverhalts. Es ist schön, wenn der Schmerz nachläßt, wenn darin aber das einzig Lohnenswerte liegt, dann macht es keinen Sinn, sich weiterhin zu quälen.

Schlußgedanken

In unserer Gesellschaft neigen Menschen schon immer dazu, Selbstbestrafung statt Selbsterfüllung zu wählen, mit dem Ergebnis, daß sie sich oft nicht das ermutigende Umfeld schaffen, das konstruktive Veränderungen und Entwicklungen fördert. Vielleicht liegt das an unserem »puritanischen« Erbe, daß wir so leicht denken, daß es falsch sei, uns zu verwöhnen. Belohnungen und Verwöhnungen wirken besser als Selbstkritik. Sie sind eine wichtige Quelle der Freude und helfen dabei, Probleme zu lösen und Schwierigkeiten zu überwinden. Außerdem machen sie es leichter, neue Kenntnisse und Fertigkeiten zu erlernen.

Zusammenfassung dieses Kapitels

1. Gestatten Sie sich, Verwöhnungen zu genießen; sie machen das Leben freudvoller und helfen Ihnen dabei, die Veränderungen vorzunehmen, die Sie vornehmen wollen.
2. Ersetzen Sie die Gewohnheit, sich selbst zu kritisieren, durch die Gewohnheit, sich selbst zu belohnen.
3. Ein effektives Belohnungssystem hat drei Komponenten:
   – Finden Sie die für Sie geeigneten Verwöhnungen heraus.
   – Setzen Sie Ihr System für sich vorteilhaft ein.
   – Gehen Sie nicht in die Bestrafungsfalle.

8. Problemlösen:
Eine Strategie, um zu verändern

Susan

Als Susan zu uns in die Klinik kam, war sie völlig verzweifelt, unfähig, länger zurechtzukommen. Nach außen hin schien sie eine beruflich sehr erfolgreiche Frau zu sein, die Beruf und Privatleben mit beneidenswertem Geschick vereinbarte; innerlich fühlte sie sich aber überhaupt nicht so.

Susan arbeitete halbtags als Rechtsanwältin. Sie war verheiratet, hatte zwei kleine Kinder, und ihr Mann arbeitete ganztags als Ingenieur. Wenn Susan arbeitete, wurden die Kinder von einem vertrauenswürdigen Babysitter versorgt. Was war also das Problem? Das Problem war, daß sie das Gefühl hatte, nichts anständig zu machen. »Ich habe keine Zeit, Fachzeitschriften zu lesen, um mich in meinem Beruf auf dem laufenden zu halten; und das Haus ist immer ein einziges Durcheinander. Mir reicht's.« Susan fühlte sich schlecht, was ihr Leben anging, und schlecht, was sie selbst anging. »Dummerweise bin ich nie ein ordentlicher Mensch gewesen, aber das Haus schafft mich. Ich fühle mich da ganz hoffnungslos.«

Susan hatte sich in einer sich abwärts windenden Spirale verfangen und war auf ihre Schwäche fixiert. Sie empfand sich als schlecht und war so hoffnungslos, was eine mögliche Veränderung betraf, daß es ihr nicht gelang, etwas gegen ihre Probleme zu unternehmen.

Die meisten Stärken sind Schwächen,
und die meisten Schwächen sind Stärken

Wir tendieren zu Schwarzweißmalerei und dazu, etwas nur aus einer einzigen Perspektive zu sehen. Vor vierzig Jahren ging es in Abenteuerfilmen oft um Cowboys und Indianer: die Cowboys waren die Guten und die Indianer die Unruhestifter. Dann kam James Bond; der Westen war gut und die UdSSR schlecht. Abenteuerfilmen lag und liegt zu allen Zeiten das gleiche vereinfachte Muster zugrunde. Das ist für

Abenteuerfilme ganz in Ordnung, aber als Modell für uns selbst ist es ziemlich ungeeignet. *Ob ein Charakterzug gut oder schlecht ist, hängt von der jeweiligen Situation ab und von der Art und Weise, wie wir die Situation betrachten.* Nehmen wir zum Beispiel Susans »Schwäche« der Unordentlichkeit. Wäre sie ein sehr ordentlicher Mensch gewesen, hätte sie vielleicht überhaupt nicht arbeiten gehen können, weil sie dann das Bedürfnis gehabt hätte, sehr viel Zeit auf die Sauberhaltung des Hauses zu verwenden. Daß sie ein gewisses Maß an Unordentlichkeit tolerieren konnte, befähigte sie, ihre Energien dem Beruf zu widmen. Es ist zu vereinfachend, ihre Gewohnheiten als gut oder schlecht zu etikettieren, und das zu tun hieße, sie nur aus einer einzigen Perspektive zu betrachten. Die Kategorien für gut und schlecht sind zu ausschließlich; das Leben ist unordentlich, durcheinander.

Bevor wir Susan mit der Technik des Problemlösens vertraut machten, sprachen wir darüber, wie sehr sie die Unordnung zu Hause haßte und wünschte, daß sie ein ordentlicherer Mensch wäre. Ordentlichkeit scheint vielleicht ein triviales Problem zu sein, aber oft sind es gerade die vergleichsweise trivialen Dinge, die uns schaffen und zu einer Belastung werden, die in keinem Verhältnis mehr zum Problem steht. Sie beschloß, daß sie nicht zu den Menschen gehören wollte, für die Ordnung sehr wichtig ist – sie wollte nicht ihre *Persönlichkeit* verändern; aber ein paar Veränderungen wollte sie vornehmen. Die Frage war, welche Veränderungen vorzunehmen seien und wie sie durchzuführen seien. An diesem Punkt kam die *Technik des Problemlösens* ins Spiel.

Die Technik des Problemlösens

Problemlösen ist eine so einfache und effektive Technik, daß sie leicht als zu einfach abgetan werden kann. Tatsache ist, daß die meisten Menschen sie kaum anwenden, obwohl mit ihrer Hilfe viele verschiedene Probleme gelöst werden können. Das ist, als würden wir versuchen, Schrauben mit den Fingernägeln anzuziehen und zu lösen, statt einen Schraubenzieher zu benutzen. Wenn Sie die Technik erst einmal meistern, werden Sie sich fragen, wie Sie ohne sie zurechtgekommen sind. Der Schlüssel zum Erfolg ist, die verschiedenen Stadien methodisch durchzugehen, Schritt für Schritt.

1. Stadium: Identifizieren Sie das Problem

Das wichtigste Stadium von allen ist das erste Stadium. Das Problem muß eindeutig identifiziert und sogar benannt werden. Ein vages Gefühl des Unbehagens, der Angst oder der Depression ist schwer anzugehen, ein konkretes Problem dagegen viel leichter. Zunächst konnte Susan ihre Probleme nicht benennen. Sie hatte einfach das Gefühl, daß alles zuviel war.

»Das Leben schafft mich, und ich kann überhaupt nichts«, klagte sie.
»Sie sagten, daß Sie nicht genug Zeit haben, um die aktuellen Fachzeitschriften lesen zu können. Ist es das, was Sie in Ihrem Beruf zur Zeit am meisten frustriert?«
Susan dachte einen Moment nach. »Ja.«
»Wenn Sie die Zeit zur Lektüre hätten und sich auf dem neuesten Stand halten könnten, würden Sie sich dann besser fühlen, was Ihren Beruf angeht, oder gibt es da noch andere frustrierende Dinge?«
»In meinem Beruf, meinen Sie?«
»Ja, in Ihrem Beruf.«
»Es ist hauptsächlich das Gefühl, nicht auf dem laufenden zu sein. Anderes kann auch frustrierend sein, aber damit kann ich umgehen. Ich denke, ich könnte in meinem Beruf gut sein, aber nur, wenn ich weiterlerne und weiterlese.«
»Gut. Damit haben Sie das Hauptproblem, was Ihren Beruf angeht, identifiziert. Wie sollen wir es nennen?«
»Einen Namen, meinen Sie?«
»Einen Namen oder einen Satz, der es beschreibt.«
»Nennen wir es einfach: *Unfähigkeit, auf dem neuesten Stand zu sein.*«
»*Unfähigkeit* hört sich an, als ob das Problem nicht gelöst werden könnte. Wie wär's, wenn wir es nennen: *Wie auf dem neusten Stand bleiben?* Jetzt zu den häuslichen Problemen. Was macht Ihnen da am meisten zu schaffen?«

»Auf jeden Fall das Durcheinander.«

»Was ist das für ein Durcheinander.«

»Ganz verschieden. Überall liegen Spielsachen herum und halb durchgesehene und sortierte Wäschestapel. Die Küche scheint aus allen Nähten zu platzen, und nirgendwo kann ich etwas hinlegen, ohne zuvor einen Haufen anderer Dinge wegräumen zu müssen, dadurch geht alles mögliche verloren ...«

»Haben Sie eine Hilfe beim Putzen und Aufräumen?«

»Ja. An zwei Morgen pro Woche kommt jemand, um zu putzen. Aber sie kann nicht aufräumen, weil sie nicht weiß, wo die Sachen hingehören.«

»Könnten Sie ihr das zeigen?«

Susan dachte einen Moment nach. Dann antwortete sie: »Das Problem ist, daß wir nicht genug Platz haben. Nehmen wir zum Beispiel die Küche. Ich kaufe Dinge wie neue Küchentücher und Müslis in großen Mengen und muß diese Dinge lagern, wo ich gerade Platz finde, zum Beispiel oben auf den Küchenschränken, und dadurch sieht alles unordentlich aus ...« Sie unterbrach sich und verstummte.

»Welchen Namen würden Sie diesem Problem geben?«

»Dem Problem mit dem Durcheinander?«

»Ja.«

»Hauptsächlich geht es darum, daß wir nicht für alles Platz haben. Wenn wir die Sachen wegräumen könnten, dann würde nicht alles so unordentlich durcheinanderliegen.«

»Okay. Also wie wollen Sie das Problem dann nennen?«

»Ich vermute, daß es um das *Fehlen von Stauraum* geht.«

Wir haben den Dialog zwischen Susan und der Therapeutin etwas ausführlicher zitiert, um Ihnen den gedanklichen Prozeß zu verdeutlichen, der zur Identifikation einiger Probleme führte. Geben Sie sich nicht zufrieden, bevor das gelungen ist. Sprechen Sie, wenn Sie können, die Probleme mit jemand anderem durch, und bitten Sie diese Person/diese Personen, Ihnen dabei zu helfen, das Problem genau auf den Punkt zu bringen. Schreiben Sie dann eine Liste der Probleme, gegen die Sie etwas unternehmen wollen.

Wenn es Ihnen schwerfällt, zu spezifizieren, worin Ihre Probleme be-stehen. Dieses erste Stadium hört sich leicht an, und manchmal ist es das auch, aber oft ist es schwer, genau abzuklären, worin die Probleme bestehen. Die folgenden Tips könnten eine Hilfe sein.

– *1. Tip:* Sprechen Sie mit jemandem, dem Sie vertrauen und der Sie gut kennt.
– *2. Tip:* Machen Sie eine Pause – eine kurze, wenn nur das möglich ist, oder einen entspannenden Urlaub, wenn Sie sich das leisten kön-nen. Denken Sie ab und zu über die Probleme nach, solange Sie weg von ihnen sind. Schwierigkeiten lassen sich oft aus der Entfernung klarer erkennen, wenn Sie nicht mittendrin stecken.
– *3. Tip:* Vertrauen Sie Ihrer Intuition. Denken Sie darüber nach, was Sie am meisten irritiert – wo die Unruheherde sind. Das ist vor allem dann eine Hilfe, wenn Sie sich allgemein unzufrieden fühlen, aber nicht den Finger darauf legen können, wo in Ihrem Leben die Haupt-probleme sind. Ist es im Beruf oder zu Hause? Sind die Wochen-enden oder die Tage unter der Woche das Problem? Wenn Sie große Schwierigkeiten haben, das Problem auf den Punkt zu bringen, *kann es auch daran liegen, daß Sie zu große Angst davor haben, es vor sich selbst einzugestehen.* Haben Sie keine Angst. Wenn Sie das Problem anerkennen, sind Sie zwei Drittel des Wegs, den Sie zu seiner Lösung gehen müssen, schon gegangen. Wenn Sie vor ihm davonlaufen, wird es die nächsten Jahre hinter Ihnen herschleichen. (Vgl. Kapitel 6).

2. Stadium: Denken Sie sich so viele Lösungen wie möglich aus

Wählen Sie eines der Probleme aus, die Sie im ersten Stadium schon klar spezifiziert haben, und machen Sie ein Brainstorming (vgl. Kasten gegenüber), um sich so viele Lösungsmöglichkeiten auszudenken, wie Sie können. Bitten Sie eine Freundin oder einen Freund, Ihnen zu hel-fen, wenn Sie das können, und schreiben Sie jeden Lösungsvorschlag auf. Wichtig ist: *Lehnen Sie in diesem Stadium keine Lösung ab, ganz gleich, wie absurd sie klingt; schreiben Sie sie einfach auf, und denken Sie dann über weitere Lösungsmöglichkeiten nach.*

Brainstorming

Brainstorming ist eine nützliche Methode, um mögliche Lösungen für ein Problem zu finden. Am besten machen Sie es mit einem Freund/einer Freundin zusammen, es geht aber auch alleine.

1. Beschreiben Sie mit kurzen Worten das Problem, das Sie lösen wollen.
2. Verwenden Sie diese Beschreibung, um sich gedanklich darüber klarzuwerden, was das Problem ist.
3. Schlagen Sie eine Lösung des Problems vor – irgendeine, die Ihnen gerade einfällt.
4. »Zensieren« Sie die Lösung nicht – ganz egal, wie dumm sie sich anhört.
5. Notieren Sie die Lösung kurz.
6. Schlagen Sie eine weitere Lösung vor, und wiederholen Sie die Schritte 4 und 5.

Wenn Sie zu zweit oder mehr sind, lassen Sie sich durch die Vorschläge der anderen anregen.

Beim Brainstorming gestatten Sie Ihren Gedanken, jede beliebige Richtung einzuschlagen – aber immer im Hinblick auf das Problem.

So ging Susan ihr zweites Problem an: den fehlenden Stauraum bei sich zu Hause.

»Nun ja, ich meine, ich könnte weniger einkaufen, das Problem dabei ist, daß ...«

»Halt. In diesem Stadium geht es darum, so viele Lösungen wie möglich zu finden, ohne sie zu werten. Schreiben Sie auf: Lösung 1: Weniger einkaufen. Denken Sie jetzt über weitere Lösungsmöglichkeiten nach.«

»Okay. Wir könnten mehr Stauraum schaffen, aber ich weiß nicht genau, ob ...«

»Stop! Schreiben Sie auf: Stauraum im Haus vergrößern. Weiter.«

»Wir könnten, nehme ich an, in ein größeres Haus ziehen, aber. Tut mir leid. Ich schreibe auf: In ein größeres Haus ziehen.«

»Wir könnten so weitermachen wie bisher und uns nicht mehr darüber aufregen.«

»Wir könnten eine Hütte im Garten bauen und einfach alles hineinwerfen! Oder wir könnten einen Keller bauen. Wir könnten das Auto draußen auf der Straße stehenlassen und die Garage als Lagerraum nutzen.« Am Ende der Brainstorming-Sitzung sah Susans Liste folgendermaßen aus:

Problem: Das Fehlen von Stauraum im Haus

Mögliche Lösungen:
1. Weniger einkaufen.
2. Stauraum im Haus vergrößern.
3. In ein größeres Haus ziehen.
4. Alles durcheinander stapeln.
5. Lagerhütte im Garten bauen.
6. Vorratskeller bauen.
7. Garage als Lagerraum nutzen, Auto auf der Straße parken.

---

3. Stadium: Schritte unternehmen – S.T.E.P.s

Suchen Sie eine Lösung aus. Testen Sie diese. Versuchen Sie, einzuschätzen, was geschieht. Probieren Sie beharrlich weiter, bis Sie sich besser fühlen.

Suchen Sie eine Lösung aus. Gehen Sie Ihre Liste mit Lösungsmöglichkeiten noch einmal durch, und entscheiden Sie, welche am vielversprechendsten aussieht. Vielleicht hilft es Ihnen, wenn Sie mit einer Person Ihres Vertrauens darüber sprechen.

Susan verwarf zunächst die dritte Möglichkeit. Außerdem hatte sie viel Freude an ihrem Garten und wollte ihn nicht durch den Bau einer Lagerhütte verkleinern. Die Kosten für einen Vorratskeller waren zu hoch, und sie war nicht besonders begeistert davon, das Auto auf der Straße zu parken, weil es in ihrer Gegend ziemlich viele Autodiebstähle gegeben hatte. Sie lebte jetzt zwar schon einige Jahre in einem unordentlichen Haus, war sich aber sicher, das Problem jetzt nicht länger ignorieren zu können. Also blieben ihr zwei Lösungsmöglichkeiten zum Ausprobieren. Sie war der Meinung, daß sie weniger einkaufen und auch ein paar Dinge loswerden könnte, die sie besaß. Das würde zwar helfen, aber sie meinte, daß das allein nicht ausreichen würde. Sie würde immer noch zusätzlichen Stauraum brauchen. Sie beschloß, sich auf den zweiten Lösungsvorschlag zu konzentrieren: den Stauraum im Haus zu vergrößern. Es gab einen Platz im Haus, der ganz eindeutig als zusätzlicher Vorratsraum benutzbar war: den Speicher. Susan beschloß, den Speicher mit Holz verkleiden und eine Leiter in die Falltür einbauen zu lassen, um den Zugang zu erleichtern. Die Kosten waren absehbar, und es würde dadurch erheblich mehr Stauraum geschaffen.

Testen Sie diese. Wenn Sie eine bevorzugte Lösung gefunden haben, testen Sie sie. Finden Sie genau heraus, was in dem Zusammenhang zu tun ist, und leiten Sie die nötigen Schritte ein.

Versuchen Sie, einzuschätzen, was geschieht. Die Lösung, die Sie ausgesucht haben, kann genau die richtige sein, oder sie kann sich als nicht effektiv erweisen. Wenn sie funktioniert, müssen Sie das wissen, um sie, falls nötig, wiederholen zu können oder um weiter zu probieren, wenn es so aussieht, als seien Sie jetzt auf der richtigen Spur. Wenn sie nicht funktioniert, ist es sogar noch wichtiger, daß Sie das wissen, damit Sie auf Ihre Liste zurückgreifen und etwas anderes ausprobieren können. Viele Lösungen sind zwar hilfreich, aber nicht das Gelbe vom Ei. Auch das müssen Sie erkennen, um herauszufinden, ob Sie die gewählte Lösung weiter probieren wollen oder ob Sie sie mit weiteren Lösungsmöglichkeiten ergänzen müssen. Ganz egal, wie das Ergebnis ausfällt, Sie müssen es einschätzen.

Zwei Monate nach dem Speicherumbau schätzte Susan den Effekt ein. Sie hatte beschlossen, alles, für das kein Platz zu sein schien, in den Speicher zu tun. Das war einfach und wirkungsvoll gewesen. Sie war dadurch viele der Stapel losgeworden, die vorher das Haus vollgepfropft hatten: ihre großen Koffer, die Schlafsäcke der Kinder, den Weihnachtsschmuck. Den zusätzlichen Raum, der dadurch im Haus frei wurde, konnte sie folglich nutzen, um Platz für andere Dinge zu schaffen. Ihre Einschätzung zeigte, daß es immer noch einen Teil des Hauses gab, der sie störte: die Küche. Die war immer noch unordentlich. Sie mußte noch den letzten Schritt des Problemlösens lernen.

Probieren Sie beharrlich weiter, bis Sie sich besser fühlen. Möglicherweise ergibt die Einschätzung, daß Sie auf dem richtigen Weg sind, aber noch nicht weit genug gegangen sind. Probleme werden selten über Nacht gelöst. Normalerweise ist etwas Ausdauer nötig. Susans Einschätzung hatte bewirkt, daß sie sich gut fühlte, weil sie große Fortschritte gemacht hatte. Aber die Küche war immer noch ein Problem, und sie mußte weitersuchen. Sie schaute sich das eigentliche Problem noch einmal näher an. Ihre Küche war nicht groß, aber für die Dinge des täglichen Bedarfs war darin genug Platz. Sie und ihr Ehemann standen in der Küche, schauten sich um und sprachen darüber, wieviel Platz von Dingen eingenommen wurde, die sie nur selten benutzten. Zusammen trafen sie die Entscheidung, eine große Anzahl Gegenstände auf den Speicher zu schaffen: Geschenke, die sie nie benutzt hatten, den Grill, das Set zum Tortenverzieren, um für die Dinge Platz zu machen, die sie täglich brauchten.

Der Prozeß des Einschätzens und Weiterprobierens, bis das Problem wirklich gelöst ist, ist dauernd in Gang. Zwei Monate später hatte Susan das Gefühl, etwas besser zurechtzukommen, und die Therapeutin bat sie, noch einmal über das Problem mit dem »Durcheinander« und dem fehlenden Stauraum in der Küche nachzudenken. Dieses Problem hatte sie erfolgreich gelöst, aber was war mit dem sonstigen Durcheinander? War das Haus jetzt normalerweise aufgeräumt? Machte das Durcheinander ihr noch zu schaffen? Sie antwortete, daß sie das Problem nur zum Teil gelöst habe. Sie fühlte sich weniger überfordert, und die Küche war nicht mehr so vollgepfropft, aber das Haus *war* tatsächlich immer noch unordentlich. Überall lagen Spielsachen verstreut, und die meisten Flächen – zum Beispiel die Oberfläche von Kommoden und Fensterbretter – waren voll mit allem möglichen Kram. Es gab auf jeden Fall immer noch Probleme.

Susan wurde daraufhin dazu ermutigt, die gesamte Problemlösungsstrategie noch einmal anzuwenden, vom ersten Stadium an, und sie fand zwei neue Probleme heraus: die Tatsache, daß viele der herumliegenden Dinge keinen Platz hatten, an den sie gehörten, und die Tatsache, daß niemand in der Familie die Gewohnheit hatte, Dinge wegzuräumen. Diese beiden Probleme hatten miteinander zu tun: die Tatsache, daß so vieles keinen »Platz« hatte, führte dazu, daß niemand es als sinnvoll empfand, aufzuräumen.

Susan begann, Lösungsmöglichkeiten für die neuen Probleme zu entwerfen, und zwei Monate später war das Haus zwar immer noch nicht so aufgeräumt, wie es ihrem Ideal entsprach, aber doch wesentlich mehr als zuvor. Inzwischen befaßte sie sich auch mit ihrem anderen Problem – ihrer Unfähigkeit, auf dem neuesten Stand zu bleiben. Ihre Liste mit Lösungsvorschlägen sah folgendermaßen aus:

Problem: Wie auf dem neuesten Stand bleiben?

Mögliche Lösungen:

1. Fachzeitschriften samstags morgens lesen, während der Ehemann auf die Kinder aufpaßt.
2. Mit dem Babysitter verhandeln, ob er die Kinder zwei Stunden länger hütet, und diese Zeit zum Lesen nutzen.
3. Mit einer Freundin einen »Tauschhandel« fürs Kinderhüten arrangieren – so daß sie an einem Nachmittag die Kinder der Freundin hütet, und die Freundin an einem anderen Nachmittag Susans Kinder (dadurch mehr Zeit zum Lesen).
4. Im Anwaltsbüro über eine um drei Stunden verkürzte Arbeitszeit verhandeln und die gewonnene Zeit zur Weiterbildung nutzen.
5. Einen Tag in der Woche einplanen, an dem sie sich mit einer ihrer Partnerinnen/einem ihrer Partner zu einem »Auf-dem-laufenden-bleiben-Treffen« zusammensetzt, bei dem jede Person eineinhalb Stunden jeweils unterschiedliche Fachzeitschriften liest und danach eine halbstündige Zusammenfassung des Gelesenen gibt.

Zuerst entschied sie sich für die dritte Lösungsmöglichkeit, die sich aber bei der Einschätzung als nicht besonders erfolgreich herausstellte. In der Praxis wurde die gewonnene Zeit für Arbeit verwendet, die mit ihren Mandantinnen und Mandanten zu tun hatte, und nicht dafür, auf dem neuesten Stand zu sein. Sie ging die Problemliste noch einmal durch und suchte Lösung fünf heraus. Diese erwies sich als viel erfolgreicher. Das gemeinsame »Auf-dem-laufenden-bleiben-Treffen« machte mehr Spaß, und die Teilnehmenden spornten sich gegenseitig zur Arbeit an.

Die Anwendbarkeit des Problemlösens

Wie haben die Methode des Problemlösens an einem relativ eindeutigen Fall erläutert, um sie klar und eindeutig darstellen zu können. Es geht darum, die Technik zu lernen, es geht nicht um Susans spezielle Probleme oder ihre Lösungen, diese können für Sie völlig unangemessen sein. Die Technik kann eine Hilfe sein, wenn es um kompliziertere Probleme geht: wenn Ihre zwischenmenschlichen Beziehungen betroffen sind; oder wenn sie emotionalerer Natur sind. Wenn Sie sich zum Beispiel durch jemanden gestört fühlen, mit dem Sie zusammenleben, kann die Methode des Problemlösens dabei helfen, das Problem abzuklären und nützliche Lösungsmöglichkeiten in Gang zu setzen.

Vier Richtlinien zum Problemlösen

Vier Richtlinien zum Problemlösen: Zusammenfassung

1. Verschwenden Sie keine Zeit mit Problemen, die nicht gelöst werden können: verschieben Sie Ihren Schwerpunkt.
2. Gehen Sie jeweils nur ein Problem an.
3. Arbeiten Sie daran, sich selbst zu verändern, nicht daran, andere zu verändern.
4. Ziehen Sie in Betracht, nichts zu tun, zumindest zum gegenwärtigen Zeitpunkt.

---

1. Rennen Sie nicht mit dem Kopf gegen die Wand. Es hat keinen Sinn, zu versuchen, ein Problem zu lösen, für das es keine Lösung gibt. Für eine unserer Patientinnen war es schwer, damit zurechtzukommen, daß ihre Mutter an der Alzheimer-Krankheit litt. Wir schlugen die Technik des Problemlösens vor. Es konnte nicht darum gehen, die Krankheit zu heilen; das war unmöglich. Statt dessen halfen wir ihr dabei, sich auf die Aspekte der Pflege zu konzentrieren, die für sie am schwierigsten waren, zum Beispiel die Tatsache, daß sie keinen Abend frei hatte, um sich um ihr Privatleben zu kümmern.

2. Gehen Sie jeweils nur ein Problem an, und gehen Sie das ernsthaft an.

Wenn Sie versuchen, zu viele anzugehen, werden Sie letzten Endes keines effektiv lösen. Wenn es so scheint, als seien Ihre Probleme so zahlreich und erdrückend, daß Sie eine Ewigkeit bräuchten, um sie alle zu lösen, fassen Sie sich trotzdem ein Herz. Denken Sie an die *80:20-Regel: 80% aller Schwierigkeiten sind auf 20% Probleme zurückzuführen.* Wenn Sie nacheinander die wenigen wichtigsten Probleme angehen, werden Sie unverhältnismäßig viele Schwierigkeiten überwinden. *Es lohnt sich immer, ein Problem anzugehen, ganz egal, wie viele weitere Probleme es noch zu geben scheint.*

3. Arbeiten Sie daran, sich selbst zu verändern. Falls die von Ihnen ausgesuchten Lösungsmöglichkeiten anderen Menschen Veränderungen aufzwingen, sind sie wahrscheinlich zum Scheitern verurteilt. Der Mensch, den Sie ändern *können,* sind Sie selbst: Übernehmen Sie für Ihren Anteil an einem Problem die Verantwortung. Vielleicht ist es wichtig, daran zu arbeiten, Haltungen und Einstellungen zu verändern (vgl. Kapitel 9), oder zu lernen, sich selbst und anderen gegenüber fair zu sein (Kapitel 13), oder daran, besser verhandeln zu lernen (Kapitel 15).

4. Sie könnten in Erwägung ziehen, zum gegenwärtigen Zeitpunkt nichts zu unternehmen. Manchmal genügt es, ein Problem zu akzeptieren und zu beschließen, damit umgehen zu können. Zum Beispiel hätte Susan beschließen können, mit dem Durcheinander bei sich zu Hause zu leben, bis ihre Kinder älter sind, obwohl das nicht ihrem Ideal entsprochen hätte. Manchmal ist ein Problem die Energie, die zu seiner Lösung erforderlich ist, nicht wert.

Wann Sie Hilfe brauchen

Die Technik des Problemlösens ist wirkungsvoll und doch einfach. Aber es gibt Zeiten, in denen Sie vielleicht zusätzliche Hilfe von anderen Menschen brauchen – zum Beispiel, wenn Sie so deprimiert sind, daß Sie die Probleme nicht effektiv lösen können. Wenn das der Fall zu sein scheint, lesen Sie die Kapitel über *Depression* (Kapitel 20 bis 22). Ein weiteres Zeichen dafür, daß Sie vielleicht zusätzliche Hilfe brauchen, ist, wenn Ihre Probleme Sie selbst oder Menschen Ihrer Umgebung in ernsthafte Schwierigkeiten bringen. *Süchtig machende Drogen,* vor allem *Alkokol,* können diese Wirkung haben (vgl. Kapitel 23, 26 und 27). Wenn Sucht im Spiel ist, kann es sein, daß Sie zunächst einmal professionelle Hilfe brauchen, bevor Sie Ihre Probleme alleine lösen können. Manchmal sind Ängste und Phobien ohne Hilfe schwer in den Griff zu bekommen. Lesen Sie die Kapitel über *Angst* (Kapitel 16 bis 19), falls Sie davon betroffen sind. Auch *Eßstörungen* (Anorexie und Bulimie) lassen sich unter Umständen am besten mit etwas professioneller Hilfe angehen (Kapitel 25).

Zusammenfassung dieses Kapitels

Stören Sie sich nicht an der Einfachheit der Technik des Problemlösens. Freuen Sie sich, daß sie so einfach ist und dennoch so effektiv. Spezifizieren Sie die Probleme zunächst eindeutig. Dann wählen Sie das Problem aus, mit dem Sie anfangen wollen. Auf der Suche nach Lösungen beginnen Sie mit Brainstorming und unternehmen dann Schritte (STEPs): *Suchen* Sie eine Lösung aus. *Testen* Sie diese. Versuchen Sie, *Einzuschätzen,* was geschah; und *Probieren* Sie ausdauernd weiter, bis es Ihnen bessergeht.

Problemlösen ist eine einfache, aber wirkungsvolle Technik. Verwenden Sie den folgenden Kasten als Zusammenfassung und Gedächtnisstütze.

Drei Stadien des Problemlösens

1. Identifizieren Sie das Problem eindeutig.
2. Denken Sie sich so viele Lösungen wie möglich aus: lehnen Sie in diesem Stadium keine Lösung ab, ganz egal, wie dumm sie sich anhört.
3. Unternehmen Sie Schritte (STEPs), um das Problem zu lösen:
   – **S**uchen Sie eine Lösung aus.
   – **T**esten Sie diese.
   – Versuchen Sie, **e**inzuschätzen, was geschieht.
   – **P**robieren Sie beharrlich weiter, bis Sie sich besser fühlen.

---

9. Dinge nüchtern und sachlich sehen: Hilfen aus der kognitiven Therapie

Menschen werden nicht durch die Dinge verwirrt, sondern durch ihre Sicht der Dinge.   Epiktet, 55–135 n. Chr.

Vor ungefähr 1900 Jahren sprach Epiktet eine tiefe Wahrheit aus. Aber erst in den letzten 25 Jahren ist Epiktets Einsicht in eine Form der Therapie verwandelt worden, die sogenannte *kognitive Therapie* – eine der bedeutendsten neuen Errungenschaften im Bereich der praktischen Psychologie. Diese Therapie wurde ursprünglich von Albert Ellis und Aaron Beck entwickelt.[1] Dieses Kapitel erläutert, wie Sie die Methoden der kognitiven Therapie einsetzen können, um Sichtweisen zu verändern, die Ihre Gefühle und Handlungen negativ beeinflussen. Diese Methoden werden Ihnen dabei helfen, viele verschiedene Probleme und Schwierigkeiten anzugehen: solche, die sich auf Ihre Stimmung auswirken, so daß Sie sich zum Beispiel deprimiert, ängstlich oder wütend fühlen; und solche, die Ihr Verhalten beeinflussen, so daß Sie zum Beispiel dauernd nach Erfolg streben, zu viel oder zu wenig essen oder gesellschaftliche Zusammenkünfte meiden. Sie ist eines der wichtigsten Hilfsmittel von Psychotherapeutinnen und Psychotherapeuten und von Ihnen.

Die drei Grundlagen der kognitiven Therapie

Die kognitive Therapie basiert auf drei Grundlagen. Die erste ist, zu begreifen, daß der Blickwinkel, den Sie »wählen«, für Ihre Stimmung entscheidend ist. Wir verwenden das Wort »wählen«, weil Ihr Blickwinkel zum großen Teil eine Sache der Wahl ist. Darum geht es Epiktet. Die zweite Grundlage beinhaltet, zu begreifen, wie Stimmung und Denken zusammenhängen: wenn Sie das eine ändern, ändern Sie auch das andere. Die dritte Grundlage besteht daraus, zu lernen, wie Sie an Ihren Gedanken und Überzeugungen arbeiten können. Die Methoden der kognitiven Therapie verbessern die Stimmungslage, aber sie bewirken das nicht dadurch, daß sie direkt Ihre Stimmung beeinflussen – sie nehmen direkten Einfluß auf Ihre *Gedanken*. Durch die Veränderung Ihres Denkens können Sie Ihre Stimmungslage verbessern. Die erste Frage, die Sie sich stellen müssen, lautet: *Gibt es eine Möglichkeit, die Dinge anders zu sehen?*

Die entscheidende Bedeutung des Blickwinkels

Wenn Sie einen neuen Ort besuchen oder ein fremdes Land bereisen, sammeln Sie schnell viele Eindrücke des Gesehenen und entwickeln Ihre eigene Sichtweise. Sie ziehen Schlüsse: »Die Menschen sind hier wirklich freundlich.« Und Sie bilden sich Meinungen: »Das Leben ist hier weniger stressig als zu Hause.« Es gehört auch tatsächlich mit zu den Freuden des Reisens, eigene Vorstellungen eines Ortes zu entwickeln und diese dann mit denen zu vergleichen, die andere Menschen entwickelt haben. Jeder von uns entwickelt eine eigene Sicht, die durch die jeweils besondere, begrenzte Erfahrung geprägt ist, und diese Erfahrung wird auf unsere eigene, besondere Art und Weise gefiltert und interpretiert. Wir alle benutzen unsere eigene Sichtweise, unsere jeweilige Perspektive als Ausgangsbasis für unsere Schlußfolgerungen und unsere Meinungen.

Wenn wir erst einmal wieder in heimatlichen Gefilden sind, läßt sich diese Tatsache leicht wieder aus den Augen verlieren. Unsere spezifische Art und Weise, Dinge zu sehen, wird zur Gewohnheit und wird zwingend, so daß wir leicht vergessen, daß es sich dabei nur um eine Sichtweise handelt. Stellen Sie sich vor, daß Sie erfrischt aus dem Urlaub zurückkommen und sich in den Alltag stürzen, vielleicht mit ein oder zwei Seufzern, aber ganz bestimmt mit der festen Absicht, Ihr Bestes zu tun. Alles läuft gut für Sie. Sie schaffen viel mehr als früher und bekommen eine Gehaltserhöhung und verantwortungsvollere Aufgaben. Sie freuen sich über Ihren Erfolg, und die daraus resultierende gute Laune beeinflußt Ihr gesamtes Leben. Sie wissen, daß Sie gut ankommen.

Jetzt stellen Sie sich einmal eine andere Abfolge der Ereignisse vor. Sie stürzen sich mit Energie und Enthusiasmus wieder in den Kampf, aber Ereignisse, auf die Sie keinerlei Einfluß haben, führen dazu, daß alles schiefgeht. Vielleicht wird jemand krank oder Stellen werden gekürzt, und Sie verlieren Ihren Arbeitsplatz. Sie hätten überhaupt nichts tun können, um das zu verhindern, trotzdem machen Sie sich Vorwürfe, fühlen sich hilflos und denken, daß Sie eine Niete sind. Viele verschiedene Gefühle – Traurigkeit, Ärger, Enttäuschung und andere Emotionen – durchziehen Ihr Leben.

Im einen Fall sehen Sie sich als erfolgreich, im anderen als gescheitert an. In beiden scheint die jeweilige Sichtweise die einzig wahre zu sein. Aber das ist nicht der Fall. Wenn Sie an einen neuen Ort kommen, gibt es nicht nur eine mögliche Sichtweise, sondern mehrere. Manche Perspektiven passen vielleicht besser zu den Tatsachen als andere oder können für Sie mehr oder weniger hilfreich sein, aber die Perspektive jedes Menschen unterliegt seinen eigenen Einschränkungen und Unklarheiten. Der Mensch, der im Berufsleben erfolgreich ist, ist das vielleicht auf Kosten seiner zwischenmenschlichen Beziehungen. Der Mensch, der den Arbeitsplatz verloren hat, ist vielleicht ein guter Elternteil, eine gute Freundin oder ein guter Freund und musiziert ausgezeichnet. Kein Mensch ist etwas so Eindimensionales wie ein »Erfolgsmensch« oder eine »Niete«, und beide könnten die Dinge aus einer anderen Perspektive auch völlig anders sehen. Es geht um folgendes: *Es gibt immer mehr als eine Möglichkeit, die Dinge zu sehen.* Nicht nur manchmal, sondern immer. Es kann sein, daß es Ihnen manchmal so vorkommt, als hätten Sie keine Wahl, das ist aber eine Illusion. Lernen Sie also zu fragen, wenn Ihre gute Stimmung Sie verläßt: Wie könnte ich noch anders darüber denken? Wie würde jemand anderes das sehen? Welche anderen Sichtweisen gibt es? Die Beantwortung dieser Fragen ist eine geistige Übung, die Sie ab und zu machen sollten. Sie dehnt Ihre emotionalen Muskeln und fordert von Ihnen eine Ausweitung Ihrer Perspektive, Flexibilität im Denken und die Suche nach einem Blickwinkel, der Ihnen dazu verhilft, sich wohler zu fühlen.

Aufgeschlossen bleiben

Wenn es stimmt, daß *es immer mehr als eine Sichtweise der Dinge gibt,* dann besteht die Schwierigkeit darin, andere Sichtweisen zu finden, aus denen dann ausgewählt werden kann. Die eigene Sichtweise kommt einem notwendigerweise immer am überzeugendsten vor, vor allem im Eifer des Gefechts. Die Methoden, die im Rest dieses Kapitels beschrieben werden, helfen Ihnen dabei, von Ihrem Blickwinkel Abstand zu gewinnen und die Fakten klar zu sehen, so daß Sie in die Lage kommen, unter verschiedenen Perspektiven wählen zu können. Sie werden feststellen, daß eine Verschiebung der Perspektive auch eine Verschiebung der Stimmungslage bewirkt. Die Suche nach neuen, erweiterten Perspektiven bewahrt Sie davor, sich in einer einseitigen Sichtweise zu verfangen, und ermöglicht Ihnen eine größere Kontrolle Ihrer Gefühlslagen. Die Brille, durch die Sie die Welt sehen, ist Ihnen so vertraut, daß Sie sie kaum noch wahrnehmen. Wenn Sie sie einmal absetzen und andere Modelle ausprobieren, können Sie entdecken, welche Dinge unscharf geworden waren und ob Sie durch trübe oder gefärbte Gläser geschaut haben.

Wir empfehlen damit nicht eine Art von »widersinnigem Optimismus«. Wir meinen nicht, daß Sie unter allen Umständen nur das Positive sehen sollen. Worauf wir abzielen, das formuliert Viktor Frankl in seinem sehr bewegenden Buch über das Leben als Gefangener in einem Konzentrationslager, wenn er »die letzte der menschlichen Freiheiten« beschreibt – »die Fähigkeit, die eigene Haltung zu bestimmen, egal unter welchen Umständen auch immer«.[2] Wenn wir unter unseren einfacheren Lebensbedingungen die Gewohnheit ausbilden, nach anderen und erweiterten Perspektiven zu suchen, trägt das dazu bei, realistischer und flexibler mit auftretenden Schwierigkeiten umzugehen. Es eröffnet Ihnen mehr Wahlmöglichkeiten.

Die Methoden der kognitiven Therapie sind relativ neu, aber die Ideen, die ihnen zugrunde liegen, sind alt und vertraut. Mr. Thornton, ein erfolgreicher Industrieller in Mrs. Gaskells Roman *North and South,* den sie 1855 schrieb, beschloß, mit seiner Mutter nicht über eine Unterredung zu sprechen, die diese mit der von ihm geliebten Frau gehabt hatte, weil »er ziemlich sicher war, daß … es ihn nur verärgern würde, wie seine Mutter den Verlauf der Unterredung darstellen würde, obwohl er sich die ganze Zeit dessen bewußt wäre, welche Färbung sie dadurch bekäme, daß sie den Geist seiner Mutter durchlief«.

Die Verbindung zwischen Gefühlen und Gedanken

Gefühle beeinflussen, wie Sie denken, und Gedanken beeinflussen, wie Sie fühlen. Diese Beziehungen sind recht dramatisch. In einem Versuch wurden verschiedenen Menschen verschiedene Arten von Musik vorgespielt.[3] Einige hörten fröhliche, heitere Musik (einen Auszug aus *Coppélia* von Delibes), um sie in gute Stimmung zu versetzen. Andere hörten sehr traurige Musik. Es handelte sich dabei um einen Auszug aus der Filmmusik zu *Alexander Newskij, Rußland unter dem mongolischen Joch* betitelt, von Prokofjew. Sie lief mit halber Geschwindigkeit, damit sie noch schwermütiger klang. Die Menschen, die die heitere Musik hörten, fühlten sich glücklich. Die Menschen, die die traurige Musik hörten, fühlten sich elend. Das ist nicht verwunderlich. Interessant war, daß diejenigen, die sich nach dem Anhören der traurigen Musik elend fühlten, andere *Gedanken* hatten als die, die der fröhlichen Musik gelauscht hatten. Sie erinnerten sich an mehr negative Ereignisse aus ihrem Leben und dachten, daß sie eine relativ einfache Aufgabe wahrscheinlich nicht bewältigen könnten.

Andere Untersuchungen haben diese Ergebnisse bestätigt und gezeigt, *wie* Gedanken Gefühle beeinflussen. Bei einem der dramatischsten Beispiele für diesen Zusammenhang ging es einfach nur darum, eine Liste von paarweise zusammengestellten Worten vorzulesen. Diese Untersuchung wurde in einem Raum für therapeutische Beratungsgespräche im Rahmen einer Behandlung wegen Panikgefühlen durchgeführt.[4] Wenn die Versuchspersonen ziemlich ruhig und entspannt waren, lasen Menschen, die Panikattacken hatten, eine Liste von Wortpaaren vor. Falls ihre Wortlisten Paare wie zum Beispiel »atemlos–erstickend« oder »Herzklopfen–sterbend« enthielten, erlebten sie plötzliche, intensive Wellen von Angst und gerieten in Panik. Diese Reaktion zeigte, daß intensive Angsterlebnisse allein durch Gedanken ausgelöst werden können.

Diese Zusammenhänge zwischen Gefühlen und Gedanken bestehen in unserem alltäglichen Leben die ganze Zeit über. Zum Beispiel fühlen Sie sich schlecht und denken an die Dinge, die in Ihrem Leben schiefgelaufen sind, oder Sie fühlen sich sorgenvoll und denken, daß Sie etwas vermasseln werden. Sie denken, daß jemand, den Sie gerne mögen, krank sein könnte, und fühlen sich beunruhigt, oder Sie denken, daß jemand Sie beleidigt, und fühlen sich wütend. Gefühle und Gedanken beeinflussen einander die ganze Zeit – und sie liefern sich ein Kopf-an-Kopf-Rennen. Wenn Sie denken, daß Sie versagt haben, werden Sie sich enttäuscht fühlen, oder traurig, aber Sie werden keinen Neid fühlen, weil diese Emotion nicht zu diesem Gedankenstrom paßt. Wenn Sie Neidgefühle hätten, würden Sie andere Gedanken haben, zum Beispiel würden Sie an das große Glück von Menschen denken, die erfolgreicher sind als Sie.

Allein schon unser Denkprozeß – woran wir uns gern erinnern, worüber wir nachdenken, wie wir etwas sehen – wird durch unsere Stimmung verändert. Das Problem ist, daß eine schlechte Stimmung wiederum mehr negative Gedanken bewirkt, so daß die Gefühle sich wie in einem Teufelskreis immer weiter verschlimmern:

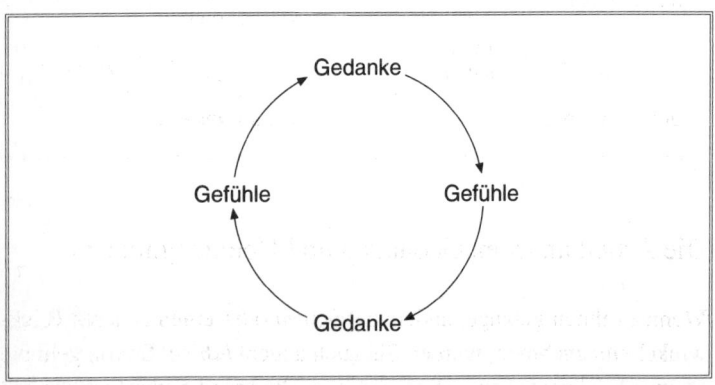

Auf der folgenden Seite finden Sie als Beispiele zwei gängige Zyklen, einen »depressiven« und einen »ängstlichen« Zyklus. Bei beiden können Sie erkennen, wie die Gedanken die Gefühle beeinflussen und wie die Gefühle weitere Gedanken auslösen.

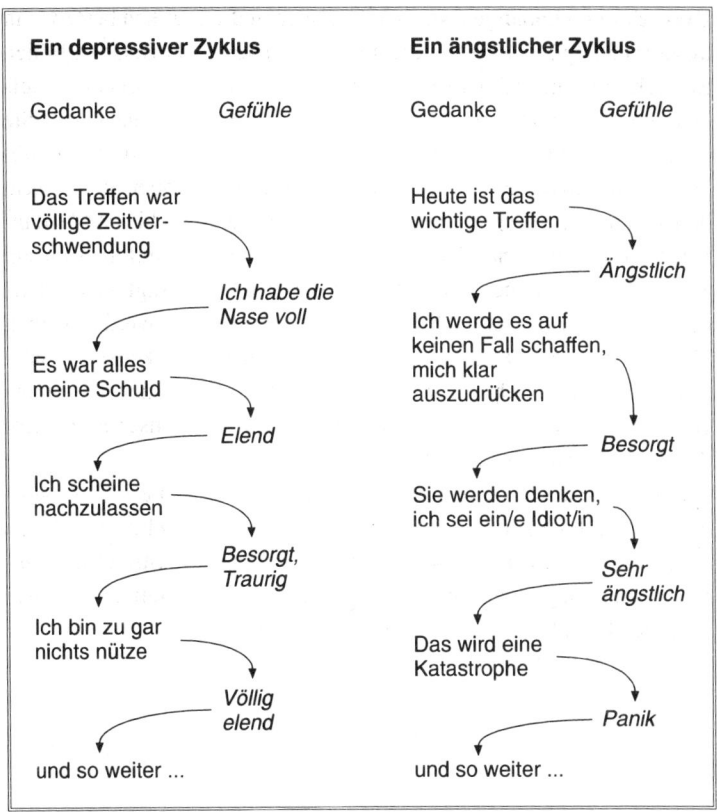

Ein depressiver Zyklus		Ein ängstlicher Zyklus	
Gedanke	*Gefühle*	Gedanke	*Gefühle*

Das Treffen war völlige Zeitverschwendung

Ich habe die Nase voll

Es war alles meine Schuld

Elend

Ich scheine nachzulassen

Besorgt, Traurig

Ich bin zu gar nichts nütze

Völlig elend

und so weiter ...

Heute ist das wichtige Treffen

Ängstlich

Ich werde es auf keinen Fall schaffen, mich klar auszudrücken

Besorgt

Sie werden denken, ich sei ein/e Idiot/in

Sehr ängstlich

Das wird eine Katastrophe

Panik

und so weiter ...

Die Arbeit an Ihren Gedanken und Überzeugungen

Wenn es Ihnen gelänge, anders zu *denken* oder einen anderen Blickwinkel einzunehmen, würden Sie auch anders *fühlen.* Davon geht die kognitive Therapie aus. Die kognitive Therapie beschäftigt sich mit Gedanken, um Stimmungen zu beeinflussen. Wenn Sie nicht denken, Sie hätten versagt, sondern statt dessen erkennen, daß jeder Mensch Fehler macht, haben Sie nicht mehr das Gefühl, der Ihnen gerade unterlaufene Fehler sei ein Zeichen für Versagen, sondern Sie halten ihn eher für belanglos. Es geht um die Fähigkeit, nach Möglichkeiten zu suchen, anders zu denken, und der erste Schritt besteht darin, Ihren gegenwärtigen Blickwinkel zu erkennen. Als erstes müssen Sie die speziellen Gedanken herausfinden, die Sie konkret in den Situationen belasten, in denen Sie sich unwohl fühlen.

1. Schritt:
Wie sich problematische Gedanken identifizieren lassen – das Gedankenprotokoll

Ashley bat uns um Hilfe, weil sie sich oft elend und sorgenvoll fühlte. Sie hatte eine ihr angebotene neue Stelle angenommen, war umgezogen und hatte ihren Freund, Ben, zurückgelassen, und sie fühlte sich einsam und deprimiert. In den letzten Wochen hatten sich ihre Gefühle weiter verschlechtert, bis sie schließlich völlig außer Kontrolle geraten waren. Sie war völlig in einem Teufelskreis gefangen und konnte nur noch daran denken, wie schlecht es ihr ging. Bei unserem ersten Treffen erklärten wir den Zusammenhang zwischen Gedanken und Gefühlen und baten sie, ein »Gedankenprotokoll« zu führen: eine besondere Form von Tagebuch, um ihr dabei zu helfen, ihre Gedanken und Gefühle genau zu bestimmen. Die Gefühle kannte sie schon sehr gut, die damit verbundenen Gedanken beachtete sie dagegen sehr viel weniger. Jede Seite des Tagebuchs war in drei Spalten unterteilt, wie aus dem Auszug aus Ashleys Tagebuch ersichtlich (siehe Seite gegenüber).

Wir baten sie, mindestens einmal pro Tag einen Eintrag ins Tagebuch zu machen. Sie mußte sich auf eine bestimmte Situation konzentrieren, die in dieser Situation empfundenen Gefühle aufschreiben und sich dann fragen: »Was ging mir zu dem Zeitpunkt durch den Kopf?« Die Antworten auf diese Frage zeigten die Gedanken, die mit ihren speziellen Gefühlen verbunden waren. Obwohl Ashley sehr litt, gab es doch immer noch Zeiten, in denen sie sich relativ wohl fühlte, aber wir konnten unschwer erkennen, daß sie das leicht aus den Augen verlor. Deshalb baten wir sie, in das Tagebuch nicht nur die Situationen einzutragen, in denen sie sich elend oder sorgenvoll fühlte, sondern auch solche, in denen sie relativ glücklich war. Sie beschloß, dreimal am Tag Einträge ins Tagebuch zu machen: sie wollte dazu 10 Minuten beim

Gedankenprotokoll		
Situation *Seien Sie* *genau*	Gefühle *Es können* *mehrere sein*	Gedanken *Trennen Sie verschiedene* *Gedanken*
Fahrt zur Arbeit	Traurig	1. Es war eine falsche Entscheidung von mir, diese Stelle anzunehmen. 2. Ich kann nichts tun, um das zu verändern.
Nach der Arbeit, zu Hause sitzend	Deprimiert Einsam	1. Ich bin ganz allein. 2. Ich habe keine Freundinnen/ Freunde.
Nachdem ich im Gespräch mit dem Chef nervös geworden bin.	Elend Ängstlich	1. Ich sollte besser damit umgehen können. 2. Ich bin nutzlos und schwach.
Ben hat angerufen, als ich weg war.	Besorgt Angespannt Aufgeregt Verwirrt	1. Ich verliere den Kontakt zu ihm. 2. Ich bin nicht sicher, ob ich mit ihm zusammenbleiben will.
Einkaufen	Fröhlich	1. Ben kommt am Wochenende. 2. Kein Schlangestehen im Supermarkt. 3. Vielleicht ist doch alles in Ordnung.
Aufwachen	Miserabel	Keine Gedanken – aber ich weiß, daß Montagmorgen ist.

Mittagessen über den Morgen nachdenken, 10 Minuten beim Nachhausekommen von der Arbeit über den Nachmittag und 10 Minuten vor dem Zubettgehen über den Abend.

Es ist wichtig, daß Sie an die spezielle Situation denken, in der Sie sich befanden, als Sie merkten, daß es Ihnen schlechtging, Sie dürfen nicht einfach nur den Gefühlen an sich nachhängen. Nur so wird die Aufgabe, spezielle Gedanken herauszufinden, einfacher, weil Sie so wissen, wo Sie in Ihrem Gedächtnis damit anfangen müssen, nach ihnen zu suchen. Wenn Sie diese Übung machen, ist das, wie wenn Sie ein sachverständiger Automechaniker würden, der sich den Klang des Motors anhört, beobachtet, wie sich das Auto fährt, und danach mögliche Störungsursachen angeben kann. Ein paar Einträge aus Ashleys Tagebuch sind auf S. 103 aufgeführt.

Es ist oft schwer, sich auf die eigenen Gedanken einzustellen. Manchmal lassen sich die Gedanken nicht so einfach in Worte fassen. Oder sie können so vertraut sein, daß sie »selbstverständlich« sind, zum Beispiel die Annahme, daß andere Menschen denken, daß Sie dumm sind, oder daß sie zu beschäftigt sind, um sich mit Ihnen abgeben zu können. Wenn die kognitive Therapie von »Gedanken« spricht, ist das eine verkürzte Redeweise, um sich auf Gedanken, Überzeugungen, Haltungen, Ideen, Vorstellungen und alle anderen seelisch-geistigen Aspekte zu beziehen – sogar Träume sind darin eingeschlossen. Es kann also sein, daß Ihre Gedanken noch nie zuvor in Worte gefaßt worden sind, und sie lassen sich möglicherweise nur schwer in richtigen Sätzen ausdrücken. Hier sind ein paar Schlüsselfragen, die Ihnen dabei helfen können, Ihre Gedanken herauszufinden:

Schlüsselfragen zum 1. Schritt:
Problematische Gedanken identifizieren

– Was ging mir zu der Zeit durch den Kopf?
– Wie sehe ich die Dinge jetzt?
– Was macht mir daran etwas aus?
– Was bedeutet dieses Ereignis oder diese Situation für mich?
– Oder was bedeutet es in bezug auf mich?

Suchen Sie nach Gedanken, die zu dem passen, was Sie fühlen. Manchmal paßt beides gut zusammen: wenn Sie denken, daß Sie etwas falsch gemacht haben, oder wenn Sie an etwas Dummes denken, das Sie getan haben, passen diese Gedanken ganz offensichtlich dazu, wie Sie sich fühlen – beschämt oder verlegen. Manchmal ist es viel schwerer: Sie fühlen sich entmutigt, obwohl heute gar nichts Besonderes passiert zu sein scheint, was dieses Gefühl ausgelöst haben könnte. Die Führung eines Gedankenprotokolls kann Ihnen dabei helfen, dieses Problem zu lösen. Stellen Sie sich immer wieder die Schlüsselfragen, und versuchen Sie, sich weit genug von dem Problem zu distanzieren, um Ihre persönliche Perspektive zu identifizieren. Vielleicht reflektiert das Gefühl, entmutigt zu sein, eine weitgehendere Haltung – zum Beispiel mangelndes Selbstvertrauen oder Unzufriedenheit. Die Zusammenhänge scheinen ganz naheliegend zu sein, wenn es Ihnen erst einmal gelungen ist, diese herauszufinden; da uns unsere persönlichen Sichtweisen allzuoft blind machen, sind sie zunächst jedoch nur schwer zu erkennen. Je öfter Sie ein Gedankenprotokoll machen, desto einfacher wird es.

Dreizehn Arten von verquerem Denken

Wie der Blick durch ein Prisma oder durch trübe Brillengläser, so führen auch manche Denkweisen zu einer einseitigen Weltsicht und haben in der Regel damit zu tun, daß jemand sich schlecht fühlt. Wenn Sie sich von der Voreingenommenheit befreien und wieder nüchtern und sachlich denken, werden Sie sich besser fühlen, aber zuerst müssen Sie einmal erkennen, daß diese Voreingenommenheit existiert. Wir nennen Ihnen nachfolgend die dreizehn am weitesten verbreiteten Arten voreingenommenen Denkens, die dazu führen, daß sich jemand schlecht fühlt. *Welche davon trägt zu Ihren Problemen bei?* Die meisten Menschen favorisieren bestimmte Arten und verfallen leicht in gewohnheitsmäßige Denkmuster. Wenn Sie die Voreingenommenheiten in Ihrem Denken erst einmal identifiziert und benannt haben, sind Sie auf dem besten Weg, Ihre gedrückte Stimmung zu besiegen.

1. *Katastrophieren.* Das Schlimmste befürchten. Wenn etwas schiefgeht, ist das eine Katastrophe. Jedes Stechen ist Anzeichen einer

ernsthaften Erkrankung, jedes Stirnrunzeln ein Zeichen der Ablehnung. »Wenn ich einen Fehler mache, verliere ich meinen Job.« »Ich werde völlig die Kontrolle verlieren.« »Mein Herz schlägt so schnell, daß ich sterben könnte.«

2. *Zu sehr verallgemeinern.* Annehmen, daß etwas immer geschehen wird, weil es einmal geschah. »Du vergißt immer, das zu tun, worum ich dich bitte.« »Ich scheine nie das Richtige zu sagen.« »In der Politik wird nur gelogen.« »Es geht immer nach deinem Kopf.« »Ich bin so ein Idiot. In der letzten Sekunde vermassele ich immer alles.«

3. *Übertreiben.* Negativen Ereignissen mehr Bedeutung beimessen, als sie verdienen, positive Ereignisse geringschätzen. »Da komme ich nie drüber weg.« »Jeder Dummkopf kann den Führerschein bestehen.« »Ich halte es nicht aus.« »So wie ich aussehe, kann mich niemand ernst nehmen.« »Niemand ist gern mit mir zusammen, weil ich so schüchtern bin.« »Daß ich diesen Vertrag bekommen habe, heißt überhaupt nichts.«

4. *Positives herabsetzen.* Gutes ablehnen, als ob es nicht zählen würde (oder einen negativen Filter verwenden). »Das hat sie nur gesagt, damit es mir bessergeht.« »Alleine hätte ich das nie geschafft.« »Das war reine Glückssache.« »Ich war einfach nur zufällig zur richtigen Zeit am richtigen Ort.« »Was, dieses alte Ding? Das habe ich auf dem Flohmarkt gekauft.«

5. *Gedankenlesen.* Davon überzeugt sein, daß Sie wissen, was andere Menschen denken. »Sie weiß, daß ich Mist gebaut habe.« »Alle haben gedacht, daß ich blöd bin.« »Er mag mich nicht.« »Das sagst du nur, um an mir herumzunörgeln.« »Sie haben mich nur deswegen gefragt, weil sie niemand anderen gefunden haben.«

6. *Die Zukunft vorhersagen oder wahrsagen.* »Alles wird schiefgehen.« »Ich werde alleine nicht zurechtkommen.« »Wenn etwas Schreckliches passieren würde, könnte ich das nicht ertragen.« »Das Gespräch ist so schlecht gelaufen, ich weiß, daß sie mir die Stelle nicht geben werden.« »Es hat keinen Sinn. Das schaffe ich nie.« »So etwas werde ich nie können.«

7. *Schwarzweißmalerei.* Vom einen Extrem ins andere verfallen. »Wenn ich das nicht schaffe, kann ich alles aufgeben.« »Wenn du

so etwas sagst, ist unsere Beziehung am Ende.« »Ein Fehler hat alles verdorben.« »Eine falsche Bewegung, und das Geschäft bricht zusammen.«

8. *Alles persönlich nehmen.* »Sie haben mich nicht gefragt, weil sie mich nicht mögen.« »Du meckerst an mir herum« (wenn jemand Sie bittet, etwas anders zu machen). »Der Kellner ignoriert mich.« »Wenn sie den Weg nicht finden, liegt das daran, daß ich ihn so schlecht beschrieben habe.«

9. *Die Schuld auf sich nehmen.* Die Verantwortung übernehmen, wenn Sie nicht verantwortlich sind. »Das ist alles meine Schuld.« »Tut mir leid.« »Wenn ich eine bessere Mutter gewesen wäre, ginge es ihnen besser.« »Hätte ich nur mehr für … getan.« »Er ist durchgefallen, weil ich gestern abend so garstig zu ihm war.«

10. *Emotional argumentieren.* Gefühle mit Tatsachen verwechseln. »Ich mach' mir solche Sorgen, ich weiß, daß etwas schiefgehen wird.« »Ich bin sicher, daß sie einen Unfall hatten.« »Ich liebe sie so sehr, daß sie meine Liebe einfach erwidern muß.« »Es ist mir egal, was du sagst, ich empfinde das eben anders.«

11. *Beschimpfen.* »Ich bin ein/e Idiot/in.« »Du bist absolut herzlos.« »Wer so etwas tun kann, muß völlig schwachsinnig sein.« »Ich bin blöd.« »Ich bin schlecht.«

12. *Panikmachen.* »Vielleicht ist sie wirklich krank.« »Und wenn das Auto nicht mehr fährt?« »Angenommen, sie können nichts machen?« »Manchmal fallen Leute plötzlich tot um – das steht immer wieder in den Zeitungen.« »Vielleicht falle ich durch.« »Das würde ich nicht schaffen, wenn …«

13. *Wunschdenken.* Davon ausgehen, daß alles besser wäre, wenn es anders wäre. »Wenn ich nur jünger … dünner … klüger … anders wäre.«

Auf Worte achten, die unter Druck setzen. Diese Worte werden oft verwendet, wenn Menschen sich dazu bringen wollen, etwas besser zu machen oder sich mehr anzustrengen, aber statt dessen setzen solche Worte eher unter Druck und machen ärgerlich, so daß die Motivation verlorengeht.

- *Sollen:* »Ich hätte das besser machen *sollen.*« »Das hättest du mir sagen *sollen.*«
- *Müssen:* »Ich *muß* das richtig machen.« »Ich *muß* fehlerlos arbeiten.« »Ich *muß* pünktlich dasein.« »Ich *muß* diese Beziehung aufrechterhalten.«
- *Sollte:* »Ich *sollte* eigentlich nie die Beherrschung verlieren.« »Ich *sollte* eigentlich pünktlich kommen.«

Auf Worte achten, die extremistisch sind. Zugespitzte Behauptungen sind (definitionsgemäß) sehr selten wahr. Natürlich kann es passieren, daß Sie jemanden treffen, der über zwei Meter groß ist, aber das wäre schon etwas ganz Besonderes.

- *Immer:* »*Immer* muß ich dann alles wieder in Ordnung bringen.« »*Immer* muß ich hinter dir herräumen.«
- *Nie:* »*Nie* kann ich das tun, was ich wirklich möchte.« »Ich werde *nie* bekommen, was ich will.« »Ich werde mich *nie* ändern.« »Du hörst mir *nie* zu.«
- *Niemand:* »*Niemand* von ihnen merkt, was ich alles für sie tue.« »*Niemand* lacht über meine Witze.«

2. Schritt:
So suchen Sie nach anderen Perspektiven – das alternative Tagebuch

Ganz gleich, wie zwingend Ihre Gedanken und Überzeugungen zu sein scheinen, es gibt auch andere Sichtweisen: andere Blickwinkel, nach denen Tatsachen beurteilt werden können. Nach dem sie einige Wochen hart an ihrem Gedankenprotokoll gearbeitet hatte, fiel es Ashley viel leichter, ihre Gedanken zu benennen. Dann machten wir sie mit dem »Alternativen Tagebuch« bekannt. Sie nahm sich jeweils einen Gedanken vor und begann, nach alternativen Sichtweisen zu suchen: nach anderen Denkweisen, bei denen sie sich besser fühlte.

Das alternative Tagebuch hat nur zwei Spalten: eine für die Gedanken und eine für alternative Sichtweisen. Wir baten Ashley, jeweils einen Gedanken zu nehmen, diesen in die erste Spalte zu schreiben und dann folgende Frage zu stellen: *»Läßt sich das auch anders sehen?«* In die zweite Spalte schrieb sie alle Alternativen, die ihr einfielen, unabhängig von deren Wahrscheinlichkeit. Auf der folgende Seite finden Sie einen Auszug aus Ashleys *Alternativem Tagebuch*.

Am besten machen Sie diese Übung zunächst schriftlich. Wenn Sie sie gut beherrschen, können Sie sie auch im Kopf machen. Wenn Sie sie nur im Kopf machen und nie etwas aufschreiben, kann es sein, daß Sie später einmal vergessen, wie es ging. Wenn Sie von bedrückenden Gefühlen überschwemmt werden, passiert es leicht, daß Sie die Landschaft als Ganzes aus den Augen verlieren und sich im Nebel verirren.

Die Fähigkeit, nach anderen Perspektiven zu suchen, gründet sich auf einige weitere Schlüsselfragen, die Sie sich stellen:

Schlüsselfragen zu Schritt 2:
Andere Perspektiven suchen

Fragen zu Gedanken
Welche anderen Sichtweisen gibt es? Wie würde jemand anderes darüber denken? Wie könnte ich noch darüber denken? Wie würde ich darüber denken, wenn es mir besserginge?

Fragen zur Realität
Was sind in diesem Fall die Fakten? Wie kann ich herausfinden, welches Denken am besten zu den Fakten paßt? Welches Beweismaterial gibt es?

Fragen zu verquerem Denken
Könnte etwas an der Art, wie ich denke, falsch sein? Denke ich geradlinig? Benutze ich eine der dreizehn Arten verqueren Denkens? Setze ich mich unter Druck? Oder verfalle ich in extremistischen Sprachgebrauch?

Fragen zum Zurechtkommen
Was ist das Schlimmste, was passieren könnte? Wie schlimm wird das werden? Was kann ich dann tun? Wie kann ich Hilfe bekommen?

Suchen Sie nach Antworten, die zu den Fakten passen und dazu beitragen, daß es Ihnen bessergeht. Wenn die Antworten nicht zu den Fakten passen, helfen sie nicht, weil Sie sie dann nicht glauben. *Eine War-*

nung: Sie suchen nicht nach »den richtigen« Antworten. Sie suchen nach einer Sichtweise der Dinge, bei der Sie sich wohler fühlen. Es gibt keine allein richtige Möglichkeit, sondern viele Optionen (oder Perspektiven). Das Problem besteht darin, bei der Möglichkeit, bei der Sie sich schlecht fühlen, steckenzubleiben und zu vergessen, daß es sich lohnt, nach anderen zu suchen.

Alternatives Tagebuch	
Worum es geht: *Suchen Sie nach Alternativen, mit denen Sie sich besser fühlen.*	
Gedanken *Jeweils nur einen*	Alternative Sichtweisen *Es kann mehrere geben*
1. Ich habe die falsche Entscheidung getroffen.	Damals schien es die richtige zu sein. Das läßt sich jetzt noch nicht sagen. Wahrscheinlich denke ich das, weil es mir so schlechtgeht.
2. Ich kann nichts daran ändern.	Achtung, extremistisches Vokabular! Was ich tun könnte: den Job weitermachen und überlegen, wie ich darin Erfolg haben könnte. Ihn hinschmeißen! Mit Sandra (Freundin) und Alvin (Bruder) darüber reden. Mehr rausgehen. Jemanden zum Squashspielen finden.
3. Ich bin ganz allein.	Das stimmt. Im Moment sitze ich wirklich alleine hier. Aber ich bin nicht allein auf der Welt. Ben ist da, selbst wenn ich mir über unsere Beziehung im unklaren bin. Ich habe Kolleginnen, Kollegen, sogar einen Freundeskreis. Ich habe früher Freunde, Freundinnen gefunden, also kann ich wahrscheinlich wieder welche finden – es ist lächerlich, zu denken, ich würde immer allein sein, und übertrieben, daraus zu schließen, daß mich niemand mag.

4. Ich sollte besser damit zurecht- kommen.	Das »sollte« setzt mich voll unter Druck. Vielleicht würde sich jeder in meiner momentanen Situation durcheinander fühlen. Vielleicht ist es nur die Eingewöhnungsphase. In gewissem Sinn komme ich *doch* zurecht. Die Fakten: Wohnung gefunden; es klappt mit Ben; ich lerne Neues im Beruf.
5. Ich bin nutzlos und schwach.	Wenn jemand anderes das über mich sagen würde, hielte ich es für völlige Übertreibung – und eine echte Herabsetzung. Ich weiß, daß das nicht stimmt, und wenn ich das sage, geht es mir nur noch schlechter.

Wie funktioniert es in der Praxis?

Nach Beweismaterial suchen. Mary wurde mit der kognitiven Therapie geholfen. Sie arbeitete als untergeordnete Verwaltungsangestellte in der Buchführungsabteilung eines Krankenhauses und dachte, daß ihr zu viele undankbare Aufgaben zugeschoben würden. Sie hatte das Gefühl, als Mädchen für alles benutzt zu werden. Vor kurzem war sie gebeten worden, drei wichtige Aufgaben zu übernehmen: das Informationsmaterial für Leute, die neu in die Abteilung kommen, auf den neuesten Stand zu bringen; die Akten der Gemeinde zu sortieren; und mit anderen Abteilungen gemeinsame Projekte zu koordinieren. Sie hatte das Gefühl, den Rahmen zu bauen, in dem andere dann arbeiten konnten, statt selbst zu arbeiten. Sie versuchte, sich nichts anmerken zu lassen, vermutete aber trotzdem, nicht für besonders fähig gehalten zu werden. Sie träumte davon, irgendwohin zu ziehen, wo sie mehr geschätzt würde.

All das waren Vermutungen von Mary, sie hatte nicht überprüft, ob sie den Tatsachen entsprachen oder ihrer Phantasie entsprangen. Ihr Therapeut fragte sie: »Wie könnten Sie herausfinden, ob diese Vermutungen stimmen?« Zusammen sprachen sie über die bestehenden Möglichkeiten, und Mary beschloß, zuerst mit einer Kollegin zu reden und dann mit ihrem unmittelbaren Vorgesetzten. Es fiel ihr zwar schwer, das zu tun, aber nach reiflicher Erwägung fand sie es wichtig genug, um den Versuch zu wagen. Sie war überrascht, zu hören, daß niemand bemerkt hatte, wie sie sich fühlte beziehungsweise daß ihr diese Aufgaben etwas ausmachten. Aus der Perspektive der anderen stellte es sich so dar, daß alle viel von Marys Fähigkeiten hielten und ihre Gutmütigkeit ausnutzten. Alle fanden diese Aufgaben langweilig, und alle waren froh, daß jemand sie übernommen hatte, der so effizient wie Mary arbeitete. Ganz im Gegensatz zu Marys Vermutungen sprach das Beweismaterial dafür, daß ihre Kolleginnen und Kollegen ihre Fähigkeiten bewunderten. Nachdem sie ihre Gefühle geäußert hatte, teilte ihr Vorgesetzter ihr interessantere Aufgaben zu.

In Marys Fall führte die Identifizierung der Gedanken zu einem Aktionsplan, den sie durchführte. Das Ergebnis war, daß es ihr viel besserging. Manchmal wird es unangenehm sein, die Fakten zu hören, und nicht so ermutigend wie in Marys Fall. Darauf gehen wir weiter unten ein. Trotzdem ist es unabdingbar, die Fakten abzuklären, obwohl es oft eine gehörige Portion Mut erfordert, sie herauszufinden.

Nach anderen Sichtweisen suchen. Nachdem sie sich gestritten hatten, ging Nancy aus dem Haus und ließ Jerry wütend zurück. Er dachte: »In Ordnung. Das war's. Sie verläßt mich für immer. Ich kann jetzt einfach weggehen.« Er war sowohl verärgert als auch traurig. Er wollte keinen Bruch. Welche anderen Sichtweisen gibt es?

Hier sind ein paar Möglichkeiten aus Nancys Sicht: Es ist ihre Art, sich abzukühlen. Es ist ihr nicht bewußt, wie Jerry ihr Verhalten interpretieren wird. Sie mußte sowieso weg und hat das nicht gesagt, weil sie wütend war. Sie bereut, was sie gesagt hat, und macht sich Vorwürfe. Es fällt ihr schwer, sich zu beherrschen, und sie hat als Kind gelernt, davor wegzulaufen. Sie schämt sich. Sie denkt, daß er die unangenehmen Sachen, die er im Streit über sie gesagt hat, ernst meint. Sie will ihm das heimzahlen.

Wahrscheinlich fallen Ihnen weitere ein – und die Lage ist vermutlich äußerst komplex und zugleich explosiv. Es geht darum, zu erkennen, daß vor allem im Eifer des Gefechts die eigene Sichtweise ganz offensichtlich und ausschließlich zu sein scheint, während die der anderen fast überhaupt nicht mehr wahrnehmbar ist.

Fragen: »Was ist das Schlimmste, was passieren könnte?« Was wäre, wenn Mary und Jerry beide recht hätten und ihre schlimmsten Befürchtungen sich bewahrheiten würden? Mary stellt fest, daß niemand findet, daß sie gute Arbeit leistet, und Jerry entdeckt, daß er Nancy verlieren wird.

Wenn das geschieht, werden Mary und Jerry wahrscheinlich betrübt sein. Aber es ist wichtig, daß sie aus ihren Schwierigkeiten keine Katastrophen machen. Wenn Mary denkt, daß sie *niemals* in *irgendeinem* Beruf etwas Gutes leisten wird, und Jerry vorhersagt, daß er *niemals* eine neue Beziehung eingehen wird, streuen sie damit nur Salz auf ihre Wunden, und je schlechter es ihnen geht, desto schwerer wird es, mit den realen Schwierigkeiten umzugehen, in denen sie stecken. Wenn es ihnen so vorkommt, als ob wirklich das Schlimmste passieren würde oder passiert wäre, dann besteht der nächste Schritt darin, sich zu fragen, wie Sie damit umgehen können: wie Sie mit dieser speziellen, schwierigen Situation zurechtkommen können.

Wenn Probleme unüberwindbar scheinen, oder wenn sie wirklich unlösbar sind, ist die Versuchung groß, aufzugeben – oder nachzugeben. Es kann sein, daß weder Mary noch Jerry das finden können, was sie sich wünschen, insofern es um den »richtigen« Job oder eine neue Beziehung geht. *Müssen* sie sich dann weiterhin schlecht fühlen? Ist das unvermeidlich? Welche Alternativen bestehen für sie?

Es wäre keine Hilfe, so zu tun, als seien die Schwierigkeiten nicht der Rede wert. Aber es kann sein, daß Mary und Jerry über die Mittel verfügen, ihre Verzweiflung in erträglichen Grenzen zu halten. Beide haben Charaktereigenschaften und Fähigkeiten, die helfen könnten: Humor; die Fähigkeit, zu akzeptieren, was sich nicht ändern läßt; Ausdauer, Flexibilität und so weiter. Beide sind in der Vergangenheit mit Schwierigkeiten fertig geworden und könnten darüber nachdenken, was sie damals gemacht haben – ob sie Freundinnen, Freunde oder Verwandte um Hilfe baten oder um Unterstützung. Vielleicht brauchen sie Informationen über Möglichkeiten für weiteres Training oder dazu, wo sie Menschen mit ähnlichen Interessen treffen könnten. Vielleicht gibt es mehr Arten, nach einer neuen Stelle zu suchen und nach anderen Beziehungen, als die, die sie schon ausprobiert haben.

Wichtig ist, daß solche Mittel ganz verschieden geartet sein können: es können Charaktereigenschaften sein, Fertigkeiten und Fähigkeiten, andere Menschen, es kann Allgemeinbildung und Information sein. Wenn Sie sie alle einsetzen, hilft das dabei, die Probleme, mit denen Sie konfrontiert sind, nüchtern und sachlich zu sehen. Wenn Sie sie nicht einsetzen, sobald Sie sich schlecht fühlen, verstärkt dies ein Gefühl der Hilflosigkeit, und sie sind anfällig für Selbstvorwürfe. Dann haben Sie Gedanken im Kopf wie »ich bin nutzlos«, »ich kann nichts machen«, »ich sollte besser damit zurechtkommen«, die nur dazu führen, daß es Ihnen noch schlechter geht und Sie die Realität noch weniger als das sehen können, was sie ist: oft nicht so angenehm, wie wir uns das wünschen, aber sowohl aus leichten als auch aus harten Wegstrecken bestehend.

Die Bedeutung der Situation

In Nancys Familie gab es oft sehr heftige Auseinandersetzungen: Menschen wurden sowohl körperlich als auch seelisch verletzt. Sie »weiß«, daß es besser ist, bei einem gefühlsgeladenen Streit hinauszugehen, solange das noch möglich ist, und sie rannte aus Furcht vor Jerry weg, obwohl sie sich sicher sein konnte, daß er nicht gewalttätig werden würde. Sie dachte einfach: »Ich muß hier raus«, und handelte aufgrund dieses Gedankens so rasch, wie sie es auch als Kind getan hätte. Dies ist ein Beispiel dafür, wie jemand durch die eigenen Gedanken irregeführt werden kann. Nancys Gedanken ergaben einen Sinn, was ihre Vergangenheit anging, aber in der Gegenwart würden andere Denkweisen den Tatsachen viel eher entsprechen.

Viele Situationen sind von der Vergangenheit her enorm mit Bedeutung befrachtet, das wird oft »Gefühlsballast« genannt. Wenn zum Beispiel jemand eine Wut auf uns hat, uns kritisiert, oder wenn wir nicht unseren Willen kriegen, dann fühlen und benehmen sich viele von uns wie damals, als wir Kinder waren. Wenn wir uns damals durch solches Verhalten abgelehnt fühlten und davonlaufen wollten, um uns zu verstecken, dann kann es sein, daß wir heute genauso fühlen und das gleiche tun wollen. Die alte Reaktion ist verständlich, aber nicht mehr aktuell. Gegenwärtige Bedeutungen können von alten abweichen, und was damals als Ablehnung empfunden wurde, kann heute nichts weiter sein als schlechte Laune oder eine vorübergehende Reaktion auf einen Fehler. Das ist ein weiterer Grund dafür, warum es so wichtig ist, sich stets der aktuellen Situation bewußt zu sein und nicht davon auszugehen, daß jedes neue Land, das Sie besuchen, so ist wie das vorige.

Alle möglichen Aktivitäten sind mit Bedeutungen beladen, die Denkmuster auslösen, welche mit starken und oft unverhältnismäßigen Gefühlen zusammenhängen. Wenn kleine Kinder sich weigern, etwas zu essen, was extra für sie gekocht worden ist, sind Eltern oft verblüffend betroffen und aufgeregt, als ob das Wohlergehen des Kindes von dieser speziellen Mahlzeit abhinge oder als ob die Essensverweigerung eine persönliche Ablehnung sei. Ein Kartenspiel zu verlieren oder bei einem geschäftlichen Wettbewerb zu unterliegen kann als demütigende Niederlage empfunden werden statt als momentaner Rückschlag. Vielleicht ist das »Gewinnen« zum Mittel geworden, etwas Wichtiges zu erlangen, zum Beispiel Bestätigung durch andere oder mehr Selbstvertrauen. Oder »Verlieren« wird mit Meckereien unter Geschwistern in Zusammenhang gebracht, die als Kind als grausame Zurückweisung erlebt wurden. Wenn relativ unbedeutende Vorkommnisse viel stärkere Gefühle hervorrufen, als Ihnen angemessen scheinen, ist es wahrscheinlich, daß diese Vorkommnisse für Sie eine besondere Bedeutung haben. *Dann ist es nützlich, wieder zum Ausgangspunkt zurückzukehren und sich die Schlüsselfragen zur Bedeutung zu stellen: »Was bedeutet das für mich? Oder was bedeutet das in bezug auf mich?«* In gewisser Weise scheinen diese Vorkommnisse aufgrund ihres Zusammenhangs völlig unangemessene Bedeutung zu erlangen. Die kognitive Therapie hilft Ihnen, sich wieder besser zu fühlen, indem sie Ihnen zeigt, wie Sie Ihre Probleme sachlicher sehen und Ihre Überzeugungen und Vermutungen an den Fakten messen können.

Regeln zur Perspektive

Ein Problem zu haben kann Ihr ganzes Leben beherrschen. Ganz egal, wohin Sie sich wenden, immer droht ein Steilhang oder Sie stehen am Rand der Klippen, immer haben Sie einen entmutigenden oder bedrohlichen Ausblick. Die folgenden Regeln können Ihnen bei dem Versuch helfen, die aussichtsreichste Perspektive zu finden.

1. *Die 100-Jahre-Regel* (S. 228). Ist das in 100 Jahren noch wichtig? Erinnert sich dann überhaupt noch jemand daran, um was für ein Problem es ging? Natürlich ist das ein bißchen übertrieben, weil in 100 Jahren niemand von uns mehr hiersein wird. Es soll einfach daran erinnern, daß Dinge, die heute enorm wichtig zu sein scheinen, mit großem Abstand betrachtet unwichtig sein können. Wenn Sie neben einem Elefanten stehen, ist es extrem schwierig, noch etwas anderes wahrzunehmen. Wenn Sie etwas beiseite treten, bekommen Sie auch wieder einen Blick für das übrige Tierreich, die anderen Menschen im Zoo und die Umgebung.

2. *Die Maßstabsregel* (S. 228). Ist das, was Sie stört oder verärgert, wirklich das, was in Ihrem Leben momentan am wichtigsten ist? Stellen Sie sich vor, daß Sie heute eine wichtige Aufgabe zu erledigen haben. Sie fühlen sich deswegen angespannt und besorgt, und der Verkehrsstau auf dem Weg zur Arbeit genügt, um Sie auf all die wütend zu machen, die da so miserabel Auto fahren. Natürlich hat der Verkehrsstau für Sie eine Bedeutung, aber nur die, daß er hinderlich ist. Nur die, daß er bei etwas in die Quere kommt, was auf lange Sicht viel wichtiger ist.

3. *Die Mitten-in-der-Nacht-Regel.* In den frühen Morgenstunden, wenn Sie wach liegen, nehmen Probleme und Sorgen ungeheure Ausmaße an. Bei Tageslicht besehen, stellen sie sich als das heraus, was sie wirklich sind – Maulwurfshügel und keine Berge. Die Regel lautet: Denken Sie am nächsten Morgen oder tagsüber über sie nach. Wenn Sie nachts wach liegen und sich Sorgen machen, ist es immer schwer, Dinge nüchtern und sachlich zu betrachten. Sagen Sie sich: »Jetzt nicht.« (Vgl. Kapitel 16 und 24).

4. *Die Seitdem-ist-viel-Wasser-den-Bach-hinuntergeflossen-Regel, oder Alles hat seine Grenzen.* Sie bedrückt etwas, was Sie getan haben oder nicht getan haben. Sie sind deswegen länger als angemessen verstört. Lassen Sie es statt dessen an sich vorüberfließen, und schauen Sie darauf zurück, als handelte es sich um die Fehler und Sorgen einer anderen Person. Es kann sein, daß Sie sich unnötig belasten und mit Sorgen beladen, die ihr Verfallsdatum längst überschritten haben. Irgendwann muß die Selbstbestrafung einmal ein Ende haben.

Zusammenfassung dieses Kapitels und Gedächtnisstützen

> Es gibt immer mehr als eine Art, etwas zu sehen.

Das heißt, daß Sie zwar nicht unbedingt in der Lage sind, die Fakten zu bestimmen, aber vielleicht sind Sie in der Lage zu bestimmen, wie Sie auf diese reagieren, und sich wohler zu fühlen und effektiver zu handeln, indem Sie sie anders betrachten. Mit den hier beschriebenen Methoden läßt sich aufdecken, wie Ihre Gefühle und Gedanken zusammenhängen und wie diese Gefühle und Gedanken Ihre Stimmungslage einfärben. Wenn Sie üben, sie zu benutzen, werden Sie die Denkweise entdecken, die Ihnen dazu verhilft, sich gut zu fühlen. Es ist ratsam, sich beim Üben Fragen zu stellen. Die erste lautet: »Läßt sich das auch anders sehen?«

1. Schritt:
Erkennen Sie Ihre Gedanken und wie Ihre Gedanken und Stimmungen zusammenhängen.

Schlüsselfragen zum 1. Schritt:
– Was ging mir damals durch den Kopf?
– Wie sehe ich die Dinge jetzt?
– Was macht mir daran etwas aus?
– Was bedeutet dieses Ereignis oder diese Situation für mich?
– Oder was bedeutet es in bezug auf mich?

2. Schritt:

Überprüfen Sie Ihre Gedanken. Sie werden feststellen, daß sich eine Situation aus vielen verschiedenen Perspektiven betrachten läßt. Das Finden neuer Perspektiven erweitert Ihre Wahlmöglichkeiten und trägt dazu bei, daß Sie sich besser fühlen.

Schlüsselfragen zum 2. Schritt:

– *Fragen zu Gedanken:* Welche anderen Sichtweisen gibt es? Wie würde jemand anderes darüber denken? Wie könnte ich noch anders darüber denken? Wie würde ich darüber denken, wenn es mir besserginge?

– *Fragen zur Realität:* Was sind in diesem Fall die Fakten? Wie kann ich herausfinden, welches Denken am besten zu den Fakten paßt? Welches Beweismaterial gibt es?

– *Fragen zu verquerem Denken:* Könnte etwas an meiner Art zu denken falsch sein? Denke ich geradlinig? Benutze ich eine der dreizehn Arten verqueren Denkens? Setze ich mich unter Druck? Oder verfalle ich in extremistischen Sprachgebrauch?

– *Fragen zum Zurechtkommen:* Was ist das Schlimmste, was passieren könnte? Wie schlimm wird das werden? Was kann ich dann tun? Wie kann ich Hilfe bekommen?

10. Aufbau von Selbstvertrauen und Selbstachtung

Mangelndes Selbstvertrauen

Rachel war davon überzeugt, niemals selbstbewußt sein zu können. Sie war der festen Meinung, daß Menschen mit Selbstvertrauen etwas hätten, was sie nicht hatte, so etwas wie blonde Haare oder lange Beine. Sie war sich nicht sicher, woran es lag, daß die Unterschiede zwischen ihr und den anderen dazu führten, daß jene ihr Selbstvertrauen auch in schwierigen Zeiten behielten, während Rachels Selbstbewußtsein selbst in guten Tagen leicht angreifbar und flüchtig blieb. Sie vermutete, Selbstvertrauen sei unveränderlich, weil es in den Sternen stehe oder vom Zufall bestimmt werde. Selbstbewußtsein bedeutete für sie, eine starke Persönlichkeit zu haben, die entweder angeboren war oder durch Ermutigung im Elternhaus und in der Schule aufgebaut wurde. Jetzt, als Erwachsene von 32 Jahren, schienen ihr diese Möglichkeiten, selbstbewußt zu werden, für immer vorbei zu sein. Mangelndes Selbstbewußtsein war ihr Kreuz, das sie zu tragen hatte – ganz egal, was sie tat, es gehörte einfach zu ihr und machte ihr einen Strich durch die Rechnung, genauso wie ihr krauses Haar, das sich nicht bändigen ließ. Sie konnte auf einen Glücksfall warten (die perfekte Haarlotion oder daß Korkenzieherlocken modern werden), aber im Grunde ihres Herzens war sie davon überzeugt, daß sie keine andere Wahl hatte, als immer und ewig ohne Selbstvertrauen zu leben.

Im Kasten auf der nächsten Seite können Sie sehen, inwiefern mangelndes Selbstbewußtsein die vier Aspekte Ihres Lebens beeinflussen kann: Ihr Denken, Ihre Gefühle, Ihr Verhalten und Ihren Körper. Mangelndes Selbstbewußtsein hat verblüffend weitreichende Folgen – es schleicht sich in die verborgensten Winkel ein und wirkt sich auch dann störend aus, wenn Sie es am wenigsten erwarten. Schauen Sie sich den Kasten an, und denken Sie über das Maß Ihres eigenen Selbstbewußtseins nach. Passen Sie die Liste, falls es nötig ist, Ihren eigenen Erfahrungen an.

Auswirkungen von mangelndem Selbstvertrauen

Denken
Ich kann nicht.
Das ist zu schwer.
Ich weiß nicht, wie.
Vielleicht kriege ich das nicht hin.
Das wird nicht gut genug sein; jemand anderes könnte das besser
   machen.
Ich weiß einfach nicht, was ich machen soll.

Gefühle
Besorgnis
Angst im voraus
Sorgen, vor allem zukünftige Schwierigkeiten betreffend
Enttäuschung und Verärgerung über sich selbst
Furcht vor Unbekanntem oder Neuem
Ärger – für andere scheint alles so leicht zu sein
Mutlosigkeit und ein Gefühl von Demoralisierung

Verhalten
Mehr passiv als aktiv; sich im Hintergrund halten
Schwierigkeiten, Vorschläge zu machen oder sich einzubringen
Ausflüchte machen; schlecht in Gang kommen
Vermeiden, etwas Neues anzufangen oder etwas zu verändern
Rat und Hilfe suchen, selbst wenn Sie die Antwort kennen
Zögern – und immer wieder Ermutigung brauchen
Sich zurückhalten oder heraushalten
Bestätigung brauchen

Körperliche Anzeichen für mangelndes Selbstvertrauen
Haltung: Gebeugtheit oder Rückzug in sich selbst
Menschen nicht in die Augen sehen
Umhertasten oder zappeln
Sich angespannt und nervös fühlen
Trägheit, Schwerfälligkeit und Lethargie

Selbstbewußter werden: Vier grundlegende Einsichten

In dem Moment, in dem wir sie zum ersten Mal trafen, begann Rachel damit, an ihrem Selbstbewußtsein zu arbeiten. Da Selbstbewußtsein von *innen* kommt, hatte es keinen Sinn, ihr Antworten zu geben, die sie vielleicht nicht überzeugen würden oder die sie leicht als unwahr abtun könnte. Sie hatte ihren liebsten Einspruch immer parat: »Ihnen fällt das leicht, aber ich bin eben einfach nicht so.« Also übernahm sie statt dessen die folgende Aufgabe: mehr über Selbstbewußtsein herauszufinden, und zwar aus der Sicht anderer Menschen. Rachel fand diese Aufgabe sinnvoll, weil sie dadurch mehr über diesen für sie schwer faßbaren Begriff herausfinden konnte und nichts weiter tun mußte, als mit Menschen zu reden, die sie kannte. Sie sprach mit ihrem Bruder; mit einer Frau, die gerade eine Ausbildung als Krankenschwester anfing; mit einer Tante; einer Kollegin; und einigen Freundinnen und Freunden. Nachdem sie erst einmal Möglichkeiten gefunden hatte, das Gespräch auf dieses Thema zu bringen, war sie davon überrascht, wie viele Menschen dazu etwas zu sagen hatten und wie leicht es für sie war, dabeizusitzen und zuzuhören. Hier einige der von ihr gestellten Fragen: »Was ist deiner Meinung nach Selbstvertrauen?« »Woher kommt Selbstvertrauen?« »Kennst du jemanden, der absolut selbstbewußt ist?« »Woran merkst du, ob jemand Selbstvertrauen hat oder nicht?« »Wie fühlst du dich, wenn du mit einem Menschen sprichst, der kein Selbstvertrauen hat?« »Ist ein Mensch mit Selbstvertrauen immer voller Selbstvertrauen?«

Rachel behielt die Antworten im Kopf und schrieb sie zum Teil auch auf, so daß wir später darüber sprechen konnten. Die folgenden vier Punkte fand sie am hilfreichsten – und sie passen zu dem, was wir über Selbstvertrauen wissen.

1. Selbstvertrauen besteht nicht nur aus einem einzigen Aspekt

Selbstvertrauen besteht nicht nur aus einem einzigen Aspekt, sondern weist viele verschiedene Facetten auf. Rachel hatte kein Selbstvertrauen, wenn es darum ging, über ein Video zu diskutieren, das sie im Freundeskreis gesehen hatte, aber es war kein Problem für sie, durch das halbe Land zu reisen, um ihre Tante zu besuchen. Sie hatte, als sie sich verirrt hatte, angehalten und nach dem Weg gefragt und hatte sich nicht dafür gescholten, daß sie sich verirrt hatte. Die meisten der Menschen, mit denen sie sprach, machten ähnliche Aussagen. Eine von ihnen dachte, sie würde nie im Leben mit ihrer Steuererklärung zurechtkommen und hatte solche Schwierigkeiten beim Erlernen der Rechtschreibung gehabt, daß sie jede Hoffnung aufgegeben hatte, und trotzdem leitete sie ihre Gymnastikkurse weiterhin voller Energie und Enthusiasmus. Der selbstbewußteste Mensch, mit dem Rachel sprach, war ihr Cousin, ein Einkäufer für ein Bekleidungsgeschäft – aber sogar der gestand ihr, daß es ihm ab und zu an Selbstvertrauen fehle, vor allem bei der Ausbildung des Nachwuchses, ungeachtet seines offensichtlichen Erfolgs. Er wußte, daß er in seinem Beruf gut war, aber er hatte es anfangs schwer gehabt, weil es ein Sprung ins kalte Wasser gewesen war und er sich damit hatte zurechtfinden müssen. Die Nachwuchskräfte für seine Abteilung stellten sich nun mit einem universitären Theorievokabular vor, sie sprachen eine Sprache, die er zwar als »Jargon« bezeichnete, aber die ihn im Innersten doch verunsicherte, weil er sich nicht für ebenso intelligent hielt. Er kam vor allem dann ins Schwimmen, wenn der »gesunde Menschenverstand«, den er kaum je in Worte fassen mußte, Lehrbuchbezeichnungen erhielt, die ihn von der Realität, mit der er vertraut war, entfernten. Rachel schloß daraus, daß es von der Tätigkeit abhängt, ob ein Mensch Selbstvertrauen hat oder nicht. Sich selbst absolut unwiderruflich als jemand zu bezeichnen, der kein Selbstvertrauen besitzt, bedeutet, nicht zwischen all den verschiedenen Situationen zu unterscheiden, in denen ein Mensch selbstbewußt sein kann oder nicht.

2. Der Schein kann trügen

Viele Menschen scheinen auch dann Selbstvertrauen zu haben, wenn das nicht der Fall ist. Es ist, als wüßten sie, daß sie vielleicht einen Fehler machen, sich vertun oder etwas Dummes sagen, trotzdem tun sie so, als werde schon noch alles in Ordnung kommen. Rachels Freundin, die eine Ausbildung zur Krankenschwester macht, sagte, daß sie, als sie zum ersten Mal eine Spritze geben sollte, an das dachte, was sie gelernt hatte, und an die erfahreneren Kolleginnen, an die sie sich im Notfall wenden könnte. Sie verbarg ihre Unsicherheit, um die Patientinnen und Patienten nicht zu beunruhigen. Sie machte die Erfahrung, daß kaum Raum für Zweifel blieb, wenn sie sich voll auf das konzentrierte, was sie gerade tat. Für jeden Menschen, mit dem Rachel sprach, gab es etwas, was ihn unsicher oder nervös werden ließ. Rachel lernte, daß die meisten Menschen weniger Selbstvertrauen hatten, als es den Anschein hatte.

3. Selbstvertrauen kommt davon, etwas zu tun

Alle, mit denen Rachel sprach, stimmten darin überein, daß Selbstvertrauen davon kommt, etwas zu tun. Bevor Sie Fahrrad oder Auto fahren können, müssen Sie es lernen – das Selbstvertrauen kommt mit der Praxis, weil Sie dann leichter erkennen und akzeptieren können, daß Sie wirklich etwas zuwege bringen. Am Anfang sind Fehler unvermeidlich. Sie sind sogar ein wichtiger Bestandteil des Lernprozesses. Jeder Mensch macht Fehler, und sie werden nur dann hinderlich, wenn Sie zulassen, daß sie Ihr Selbstvertrauen untergraben. Lernen Sie, sie mit einem Schulterzucken abzutun, oder lachen Sie mit anderen darüber, die die gleichen Schwierigkeiten haben (daß der Videorecorder nie am Anfang des Programms startet, daß die Nudeln sich immer in einen klebrigen Klumpen aus glibberigem Seetang verwandeln). Wenn Sie versuchen, gar keine Fehler zu machen, laufen Sie Gefahr, daß Sie aufhören zu lernen.

4. Ihre Selbsteinschätzung wird von anderen übernommen

Als Rachel den Rasenmäher eines Freundes benutzte, ging etwas kaputt. Ihr war das sehr peinlich. »Tut mir leid«, sagte sie, »ich weiß nicht, was ich da angestellt habe.« Sie ging davon aus, daß sie etwas kaputtgemacht hatte, und ihr Freund übernahm diese Vermutung, fast ohne das zu merken. Später stellte sich heraus, daß das Kabel durchgebrannt war, was jederzeit hätte passieren können. Rachels Entschuldigungen und daß sie sich sofort als inkompetent eingeschätzt hatte, hatten beide irregeführt: sie hatte sich eines Mißgeschicks überführt, bevor sie es begangen hatte. Er nahm an, daß ein Bedienungsfehler vorlag, ohne überhaupt über die Ursache dafür nachzudenken, warum der Rasenmäher nicht mehr lief. Rachel überdachte ihre Angewohnheit, sich zu entschuldigen, noch einmal – ihre Vermutung, für alles verantwortlich zu sein, was in ihrer Umgebung nicht in Ordnung war. Diese vier Einsichten bilden zusammen mit den nun folgenden sechs richtungsweisenden Strategien die Grundlage, auf der Sie anfangen können, Selbstvertrauen zu entwickeln.

Sechs Strategien zur Entwicklung von Selbstvertrauen

Sechs Strategien zur Entwicklung von Selbstvertrauen

Setzen Sie diese sechs Strategien häufig ein, damit sich Ihr Selbstvertrauen entwickeln kann:
1. Üben
2. So tun »als ob«.
3. Im Zickzack gehen.
4. Machen Sie das Beste aus Ihren Fehlern, und ignorieren Sie sie dann.
5. Selbstvorwürfen Grenzen setzen.
6. Nett zu sich sein.

---

1. Üben

Beim ersten Mal fallen die Pfannkuchen, wenn Sie sie hochwerfen, vielleicht auseinander – oder auf den Boden. Aber irgendwann wird es Ihnen leichtfallen, sie zu wenden. Machen Sie es sich zur Gewohnheit, Ihr Selbstvertrauen zu entwickeln – was beinhaltet, daß Sie die anderen fünf Strategien einüben, wann immer Sie können. Denken Sie nicht nur dann an die Entwicklung Ihres Selbstvertrauens, wenn Sie besonders verletzlich sind. Denken Sie auch dann daran, wenn Sie sich gut fühlen. Je mehr es zur Gewohnheit wird, zur eingeübten Fertigkeit, desto sicherer wird Ihr inneres Selbstvertrauen dann sein, wenn Sie es wirklich brauchen.

2. So tun »als ob«

Als sie sechzehn war, flog Cathy zusammen mit ihrer Familie nach Kuala Lumpur. Kurz vor der Landung gerieten sie in einen schweren tropischen Sturm. Der Treibstoff reichte nicht, um einen anderen Flughafen anzufliegen. Der Pilot war zur Landung gezwungen, obwohl die

Landebahn überflutet und für den restlichen Flugverkehr gesperrt worden war. Rund um das Flugzeug wetterleuchtete es, und entlang der Landebahn standen Feuerwehrautos aufgereiht. Das Licht ging aus. Jemand schrie, als das Flugzeug plötzlich an Höhe verlor. Cathy krallte sich an der Lehne ihres Sitzes fest. Ihr Vater las ruhig in seinem Buch weiter. Wenn er etwas sehen konnte, blätterte er eine Seite weiter; er schaute nicht auf. Das Selbstvertrauen, das von ihm ausging, war fast greifbar und half vielen, nicht nur seiner Familie, mit dem Schrecken des Augenblicks zurechtzukommen. Ihm half es auch. Er selbst hatte ebenfalls Angst, aber dadurch, daß er so zuversichtlich tat, verhalf er sich selbst und anderen dazu, Vertrauen zu schöpfen.

Fragen Sie sich in einem Moment, in dem Sie kein Selbstvertrauen haben (vor einem Bewerbungsgespräch oder einem Gespräch mit Ihrer/Ihrem Vorgesetzten): »Wie würde ich mich verhalten, wenn ich wirklich Selbstvertrauen hätte?« »Wie würde Soundso das angehen?« (Soundso wäre dann eine Person mit Selbstvertrauen, die Sie kennen.) Indem Sie selbstbewußtes Verhalten annehmen – in Haltung, Tun und Denken –, bringen Sie sich in eine spiralförmige Aufwärtsbewegung von wachsendem Selbstvertrauen.

3. Im Zickzack gehen

Selbstbewußtes Verhalten kann Ihnen, vor allem wenn es eine neue Errungenschaft ist, manchmal zu Kopf steigen. Das ging Maggie so, die über Selbstbehauptung und die Entwicklung von Selbstvertrauen gelesen hatte. Drei Wochen lang trieb sie sich dazu an, neue Schritte zu unternehmen, und vergewisserte sich, daß andere das auch bemerkten. Nach drei Wochen hatte sie allerdings völlig das Gefühl dafür verloren, wie es anderen Menschen ging. Da sie sich ausschließlich auf sich selbst konzentrierte, konnte sie anderen Menschen keine Aufmerksamkeit mehr widmen. Ihre Kolleginnen und Kollegen begannen, sie zu meiden – wenn sie Maggie von weitem sahen, dachten sie: »O nein, nicht schon wieder Maggie!« Und Maggie wußte, daß sie so empfanden. Selbstverständlich war sie durcheinander und verwirrt, was ihr weiteres Verhalten betraf. Sie hatte das Gefühl, daß die Gefahr bestand, sich selbst mehr zu schaden, als Gutes zu tun.

Deswegen ist es wichtig, darauf zu achten, was funktioniert und welche Rückmeldungen von anderen kommen. Flexibilität und Selbstvertrauen gehen Hand in Hand. Starrheit, selbst wenn sie ein Gefühl von Sicherheit vermittelt, ist hinderlich, weil keine zwei Situationen genau gleich sind. Machen Sie sich keine Sorgen, wenn Sie auf dem Weg zum Ziel im Zickzack gehen müssen. Menschen mit fehlendem Selbstvertrauen haben oft das Gefühl, als müßten sie eine sorgfältig ausgearbeitete Reiseroute haben, damit es keine angstmachenden Zwischenfälle geben kann. Aber die Zwischenfälle existieren fast ausschließlich in der Phantasie, und die Furcht davor, einen falschen Schritt zu tun, hemmt und wirkt destruktiv.

4. Machen Sie das Beste aus Ihren Fehlern, und ignorieren Sie sie dann

Menschen mit wenig Selbstvertrauen machen oft den Fehler, zu denken, daß Fehler etwas ausmachen. Wenn Sie ein Jahr lang jeden Tag versuchen würden, einen Fehler zu machen, den noch nie jemand vor Ihnen gemacht hat, würde Ihnen das höchstwahrscheinlich nicht gelingen. Es macht nichts, wenn Sie etwas »falsch« oder »schlecht« machen, es kommt nur darauf an, ob Sie den Fehler erkennen können und daraus lernen, die Sache das nächste Mal besser anzugehen. Samuel Beckett hat das ausgedrückt, worum es uns geht: »Macht nichts. Noch einmal versuchen. Wieder scheitern. Besser scheitern.«

Fehler sind dazu da, um aus ihnen zu lernen. Nur die, die aufgehört haben, sich weiterzuentwickeln, machen niemals einen falschen Schritt. Fehler sind eine Informationsquelle. Es war ein gefundenes Fressen für die Zeitungen, als ein amerikanischer Präsident den Balkan mit dem Baltikum verwechselte. Immerzu droschen sie auf den politischen Implikationen dieses Fehlers herum. Aber nach ein paar Tagen hatte sich der Sturm gelegt und schien die Amtsgeschäfte des Präsidenten kaum gestört zu haben, seine im normalen Maß selbstbewußten Reden, Entscheidungen und Aktionen. Er lernte aus seinem Fehler und ignorierte ihn dann und machte mit dem weiter, was anstand. Könnte irgendeiner Ihrer Fehler peinlicher sein?

5. Selbstvorwürfen Grenzen setzen?

Wenden Sie die Seitdem-ist-viel-Wasser-den-Bach-hinuntergeflossen-Regel an, und denken Sie daran, daß alles seine Grenzen hat. Wenn Sie sich für vergangene Unzulänglichkeiten, Verwirrungen und Fehlschläge in den Hintern treten, geben Sie damit nur Ihrer inneren Unsicherheit Nahrung – verordnen Sie ihr statt dessen eine strenge Diät, und sprechen Sie sich Mut zu. Stellen Sie sich vor, Sie hätten einen Meister, dessen Aufgabe es wäre, Ihr Bestes ans Licht zu bringen. Was würde er Ihnen an Ermutigungen ins Ohr flüstern? Verstärken Sie diese Botschaften, bis Sie sie laut und deutlich hören.

6. Nett zu sich sein

Zu sich selbst nett zu sein ist eine äußerst wichtige Strategie, die in unserer Gesellschaft so unterschätzt wird, daß wir ihr ein ganzes Kapitel gewidmet haben (Kapitel 7). Ihr kommt bei der Entwicklung von Selbstvertrauen eine Schlüsselstellung zu. Probleme mit dem Selbstvertrauen wurzeln oft in der schlechten Gewohnheit, uns zu bestrafen, und in der fehlenden Suche nach Belohnungen und Vergnügen. Wenn die Gewohnheit zur Selbstbestrafung aufgegeben wird und Sie lernen, sich etwas zu gönnen, kann Ihr Selbstvertrauen wachsen.

Selbstvertrauen und Selbstachtung

Rachel wußte, daß es mit ihrem Selbstvertrauen aufwärts ging, nachdem sie zusammen mit Freundinnen und Freunden eine Ferienreise mit Wassersport gebucht hatte. Sie war keine gute Schwimmerin und hatte, als sie 14 war, nur deshalb schwimmen gelernt, weil sie sich vor ihren Schulfreundinnen und -freunden geschämt hatte. Aber sie war bereit, es zu versuchen. Sie war sogar bereit dazu, nur das zu tun, was sie sich zutraute, und ansonsten zuzuschauen. Sie hatte nicht mehr das Gefühl, daß es darauf ankomme, wie gut oder schlecht sie bei dem neuen Wagnis abschnitt. Sie hatte angefangen, daran zu glauben, mit Erfolg oder Mißerfolg umgehen zu können, je nachdem, was sich gerade einstellte. So entdeckte sie, daß Selbstvertrauen Kreise zieht – von den Dingen, die wir können, bis zu dem allumfassenden Gefühl, daß wir lernen können, etwas zu können. Deswegen bietet eine gute Schule so viele verschiedene Möglichkeiten. Der Ausflug, bei dem ein unterirdisches Höhlensystem erforscht wird, ist sowohl eine wichtige Lektion in Sachen Geschicklichkeit als auch in Geographie. Sich um Neuzugänge zu kümmern, Kulissen zu bauen oder die Posaune im Schulorchester zu spielen gibt Kindern die Gelegenheit, Fehler zu machen wie alle anderen auch und zu lernen, wie sie korrigiert werden. Diejenigen, die auf die Nase fallen, lernen zwei wichtige Lektionen: erstens, wie sie wieder aufstehen können; und zweitens, daß es nicht *wirklich* eine Katastrophe ist, auf die Nase zu fallen. Kinder davor zu bewahren, ihre eigenen Fehler zu machen, hilft ihnen *nicht* dabei, Selbstvertrauen zu entwickeln: es ist viel effektiver, ihnen ein geschütztes Umfeld zu bieten, in dem sie Fehler machen können – und in dem sie lernen können. Manchmal fällt es gerade Menschen, die in ihrem frühen Leben wenig Kämpfe auszufechten hatten, schwerer, mit später auftretenden Schwierigkeiten und Rückschlägen zurechtzukommen, weil sie viel weniger Gelegenheit hatten, das zu üben.

Bei Selbstvertrauen geht es darum, welches Gefühl wir bezüglich unserer Fähigkeiten haben. Aber auch Menschen mit sehr viel Selbstvertrauen können das Gefühl haben, zu nichts nütze zu sein, nicht gut genug oder unwichtig zu sein. Wenn Sie in etwas gut sind und meinen, daß Sie mit den meisten Problemen, die Ihnen über den Weg laufen, zurechtkommen können, kann es trotzdem sein, daß Sie das Gefühl haben, nicht der Rede wert zu sein. Die Entwicklung von Selbstvertrauen ist also nur die eine Seite der Medaille. Die Selbstachtung muß noch gesondert betrachtet werden. Bei Selbstachtung geht es um Ihre Werte und darum, ob Sie deren Anforderungen genügen; es geht um Ihr Gespür dafür, ob andere Menschen Sie unabhängig von Ihren Erfolgen schätzen und respektieren; und es geht darum, ob Sie sich selbst wertschätzen.

Alice Walker begann ihr Buch *Die Farbe Lila*[1] mit einer lebendigen und bewegenden Darstellung von geringer Selbstachtung. Celie wußte, was die anderen über sie dachten: »Sie ist häßlich.« »Sie hat keinen Grips.« Niemand nahm Rücksicht auf ihre Gefühle. Ihre Kinder wurden ihr weggenommen. Sie wurde mißbraucht und in eine durch Unterordnung und Geringschätzung geprägte Beziehung gezwungen, die nicht einmal als real genug anerkannt wurde, um als Ehe zu gelten. Sie ist nur noch fähig zu sagen: »Ich weiß nicht, wie Kämpfen geht. Ich weiß nur, wie es geht, am Leben zu bleiben.« »Ich kämpf' nicht, ich bleib' da, wo ich bleiben soll.« Das Buch erzählt davon, wie Celie sich selbst entdeckt (oder wiederentdeckt) und ihre Fähigkeit, sich wertzuschätzen. Das ist es, worum es bei Selbstachtung geht.

Der Wert der Selbstachtung

Selbstachtung ist ein schwieriger Begriff. Wenn wir viel davon haben, fühlen wir uns gut, wenn wir wenig haben, fühlen wir uns schlecht. Soweit ist es noch ganz einfach. Je höher unsere Selbstachtung ist, desto wahrscheinlicher ist es auch, daß wir all unsere Möglichkeiten ausschöpfen, und je weniger Selbstachtung wir haben, desto gehemmter sind wir. Es gibt nichts Hinderlicheres als das Gefühl, wertlos zu sein. Menschen, die das Gefühl haben, »wertlos« zu sein oder »nicht zu zählen«, haben auch das Gefühl, nichts beisteuern zu können. Sie halten sich zurück, und die Prophezeiung bewahrheitet sich selbst.

Untersuchungen haben gezeigt, daß Kinder mit wenig Selbstachtung sich nicht so sehr anstrengen und geringere Erfolgserwartungen haben als andere Kinder. Ein starkes, positives Selbstwertgefühl wird bei Erwachsenen in Zusammenhang gebracht mit besserer Selbstbehauptung, besserer körperlicher Gesundheit, zufriedenstellenderen zwischenmenschlichen Beziehungen und der Fähigkeit, toleranter zu sein und Andersartigkeit zu akzeptieren. Menschen mit geringerem Selbstwertgefühl neigen dazu, andere zu verunglimpfen, auch ihre Freundinnen und Freunde, und bleiben dadurch in ihrem »Minderwertigkeitskomplex« gefangen: »Alle, die ich mag, mögen mich nicht; deswegen sind alle, die mich mögen, nichts wert.«

Ursachen der Selbstachtung. William James schrieb in den neunziger Jahren des letzten Jahrhunderts, daß Selbstachtung von Werturteilen abhängt, die über das Selbst gefällt werden, nicht einfach nur von einer Reihe von Qualitäten und Erfolgen – ein guter Freund, Mathematiker oder Schwimmer zu sein. Bei Marc, dem Chefkoch, stellte sich das als wahr heraus. William James erkannte, daß Werturteile über einen selbst eng damit zusammenhängen, wie andere uns beurteilen, und Werturteile hängen mit den zugehörigen Gefühlen zusammen. Sie führen dazu, daß Sie sich entweder gut oder schlecht fühlen.

Selbstachtung läßt sich so schwer fassen, weil sie für unsere Gefühle eine so zentrale Rolle spielt. Es ist, als sei sie das Medium, durch das wir alles andere erleben, als würden wir die Welt durch einen farbigen oder Selbstzweifel hervorrufenden Filter sehen. Es ist daher vielleicht nicht weiter erstaunlich, daß unser Maß an Selbstvertrauen aus der Kindheit stammt. Warme, enge und verläßliche Beziehungen in der Kindheit sind die Art von »emotionalem Gepäck«, die uns dabei hilft, Selbstvertrauen zu entwickeln. Solche Beziehungen können *adäquate* (nicht *perfekte*) Erwachsene bieten, und zwar nicht nur die Eltern. Aber nicht nur unsere Kindheit ist wichtig. Auch Erfahrungen, die wir als Erwachsene machen, vor allem in warmen Beziehungen zu anderen Menschen, sind eine wichtige Quelle für Selbstachtung. Menschen, die das Erwachsenenalter mit wenig Selbstachtung beginnen, befinden sich folglich nicht in einer Sackgasse, sondern können viel tun, um sich nach und nach besser zu fühlen – so wie Celie in *Die Farbe Lila*.

Fünf Strategien zur Entwicklung von Selbstachtung

Sie können Ihre Kindheit nicht mehr verändern, aber Sie können die automatisierten Gedanken angehen – das Erbe Ihrer Kindheit –, die Ihre Selbstachtung, Ihr Selbstwertgefühl untergraben. Hier sind fünf Strategien, um solchen automatisierten Gedanken entgegenzuwirken. Sie machen sich die in Kapitel 9 beschriebenen Strategien der kognitiven Therapie zunutze.

1. Greifen Sie das Vorurteil an

»Die meisten Frauen haben überhaupt keinen Charakter«, jedenfalls laut Alexander Pope, der damit ein Vorurteil in Worte faßte, gegen das moderne Frauen hart gekämpft haben. Wie alle Vorurteile reflektiert es eher die Voreingenommenheit des Menschen, der es in die Welt setzte, als daß es irgend etwas über den angesprochenen Personenkreis aussagt. Wenn sich die Welt erst einmal mit so einem Vorurteil gewappnet hat, scheint sie damit konform zu gehen, als würde das Vorurteil eine einseitige Sichtweise erzeugen. Charaktervolle Frauen werden als Ausnahmen deklariert, oder es wird in Erwägung gezogen, daß sie von außergewöhnlichen Umständen angespornt worden sein müssen. Oder ihre Existenz wird einfach generell vertuscht – sie werden bis zur Unsichtbarkeit ignoriert. Informationen, die eine andere Sichtweise angemessener erscheinen lassen, können nur schwer die Schranken durchbrechen, die ein fest verwurzeltes Vorurteil errichtet hat: statt dessen werden sie *herabgesetzt, verfälscht* oder *verzerrt.*

Wenig Selbstachtung ist wie ein Vorurteil über einen selbst – ich selbst bin nichts wert oder nicht akzeptabel. Die Selbstwahrnehmung ist einseitig oder falsch, aber ein Mensch, der dieses Vorurteil hat, ist kaum dazu in der Lage, die Dinge anders zu sehen. Wenn Sie lernen, die Einseitigkeit und Voreingenommenheit zu bekämpfen, gehört dazu auch, daß Sie Ihre Qualitäten und Talente anerkennen, statt sie *herabzusetzen:* »Ich zeichne gern. Das habe ich schon in der Schule gut gekonnt«, »ich kann schon immer gut zuhören«; daß Sie Komplimente und Zeichen der Anerkennung annehmen, statt sie zu *verfälschen:* »Danke, es freut mich, daß Sie meine Arbeit/mein Essen/meine Freundinnen und Freunde mögen«; daß Sie begreifen, daß es auf Sie ankommt, statt die Tatsachen zu *verzerren:* »Er hat sich anscheinend wirklich für das interessiert, was ich gesagt habe.«

Vorurteile können geändert werden, sie neigen aber dazu, in Streßzeiten wieder aufzutauchen. Alte Gewohnheiten sind nicht totzukriegen, aber wenn Sie sie gut kennen und wissen, welchen zerstörerischen Einfluß sie auf Ihr Denken und Fühlen in bezug auf sich selbst haben, haben Sie bessere Aussichten, sie zu bekämpfen, sobald sie auftauchen.

2. Ersticken Sie Kritik

Sie waren müde und haben die Kinder angeschrien – Sie haben sogar nicht nur geschrien, sondern gebrüllt, weil diese durch das Haus tobten, als Sie Ruhe und Frieden haben wollten. Dann stürzte sich die innere

Kritikerin/der innere Kritiker auf Sie: »Niemand sollte Kinder so behandeln. Du bist eine schlechte Mutter/ein schlechter Vater. Sie werden nie lernen, sich zu benehmen. Kein Wunder, daß die Großeltern nicht gern herkommen ... es ist alles meine Schuld.«

Die Stimme der inneren Kritik ist sehr einfallsreich; schlagen Sie sie also mit ihren eigenen Waffen. Denken Sie darüber nach, was wirklich passiert ist, und klären Sie die Fakten ab. Geben Sie zu, was schiefgelaufen ist, aber widersprechen Sie der kritischen Stimme, um die »Schlechtigkeit« sachlich zu sehen. Erklären Sie, daß Sie müde waren. Vielleicht hatten Sie Grund genug, das zu sein! Fragen Sie, wie Kinder lernen, auf andere Menschen Rücksicht zu nehmen. Können sie das lernen, wenn sie die Bedürfnisse der anderen nicht kennen? Erinnern Sie die kritische Stimme an Momente, in denen Sie eine gute Mutter/ein guter Vater waren, an die Zeiten, in denen Sie Ihren Kindern auf andere Art beibringen, was Rücksichtnahme ist. Entschuldigen Sie sich, stecken Sie die Kritikerin/den Kritiker wieder in die Schachtel, sie übertreiben ja nur, und machen Sie den Deckel zu.

3. Begraben Sie die Richterin/den Richter

Die Richterin/der Richter ist der Teil in Ihnen, der sagt: »Ich bin nicht erwünscht«, »ich bin im Weg«, »auf mich kommt es nicht an«, »verglichen mit allen anderen bin ich nur ein Krümel – ein Sandkorn, ein Wurm«, »ich bin nicht wichtig«. Wenn Sie diesen Teil begraben, lernen Sie, Urteile durch Fakten zu ersetzen.

Es kann ja sein, daß man Sie als Kind immer zuletzt ausgesucht hat, wenn für irgendein Spiel oder einen Wettbewerb Mannschaften gebildet wurden. Diese Tatsache hat aber nichts mit Ihren Aussichten zu tun, die Stelle, für die Sie sich gerade bewerben, zu bekommen. Überprüfen Sie die Fakten der neuen Situation sorgfältig. Vielleicht haben Sie gute Chancen, die Stelle zu bekommen, vielleicht auch nicht. Versuchen Sie, selbst abzuwägen. So können Sie lernen, realistisch zu urteilen und Ihrem Urteil zu trauen.

Die Richterin/der Richter ist außerdem der Teil von Ihnen, der zu einem Bekannten sagt: »Das hast du gut gemacht, daß du die Stelle bekommen hast.« Aber wenn Sie eine Stelle bekommen, sagt er zu Ihnen:

»Das war reine Glückssache. Du mußt aufpassen, sonst schmeißen sie dich raus, sobald sie merken, wie nutzlos du in Wirklichkeit bist.« Die richtende Stimme verkündet himmelschreiende Ungerechtigkeiten, weil sie an verschiedene Menschen unterschiedliche Standards anlegt. Sie muß lernen, die Standards, die für andere gelten, auch auf Sie selbst anzuwenden.

Auch in anderer Hinsicht ist die Richterin/der Richter ungerecht. Sie/er macht negative Voraussagen, färbt Ihre Erwartungen einseitig negativ ein und fällt kurzschlußartig Urteile, die auf unzulänglichen Informationen beruhen. Ihre Richterin/Ihr Richter kann Sie so weit bringen, zu erwarten, daß Sie versagen. Bis Sie schließlich alle Versuche aufgeben und völlig niedergeschlagen sind. Sie/er läßt Sie Erfolge gar nicht mehr anerkennen, diese werden dem Zufall zugeschrieben oder gelten als Glückstreffer, und gleichzeitig lassen Sie sich leicht durch Mißerfolge beeindrucken, mit denen ja stets gerechnet werden muß. Sie/er entdeckt immerzu »erfolgreichere« Menschen, mit denen Sie dann verglichen werden. Denken Sie an das Kind, das stolz von der Schule nach Hause gerannt kommt und ruft: »Ich bin in meiner Klasse Zweitbeste.« »Wer ist die Beste?« fragt die Mutter oder der Vater, und das Kind zieht sich am Boden zerstört zurück. »Die Richterin/der Richter des geringen Selbstwertgefühls« entspricht so einem Elternteil. Solche Richterinnen/Richter können Sie getrost zu der Kritikerin/dem Kritiker in die Schachtel packen, vorausgesetzt Sie halten den Deckel dann fest verschlossen.

4. Machen Sie es, so gut Sie können

Ray sagte immer, daß er »in jeder Hinsicht sein Bestes geben müsse«. Dann fragte ihn sein Therapeut, welches Ziel er mit dieser Regel verfolge. Er antwortete, sein Bestes zu geben. Alles so gut zu machen, wie er könne. Das Beste aus sich herauszuholen. Zusammen untersuchten sie seine Regel, um herauszufinden, ob sie ihm tatsächlich dabei half, sein Ziel zu erreichen – was ja durchaus sein könnte. Der Haken war aber, daß sie ihn dauernd unter Druck setzte. Er steckte sich seine Ziele so hoch, daß es ihm fast nie gelang, sie zu erreichen. Wenn es ihm gelang, hatte er ein gutes Gefühl, aber diese Momente waren selten. Im

Grunde war er davon überzeugt, zu nichts zu taugen. Es war einfach unmöglich, seiner Regel zu genügen.

Es besteht ein gewaltiger Unterschied zwischen einer Idealvorstellung und der grundsätzlichen Lebenseinstellung. Ein Ideal kann perfekt sein, ohne Fehl und Tadel, ein Standard, den zu erreichen wir stolz wären. Ein solches Ideal ist eine Richtschnur, aber es sollte nicht den alltäglichen Standard darstellen. Aus einem Ideal eine Regel zu machen, ist, wie wenn Sie sich selbst eine Elefantenfalle bauen würden. Wenn Sie dauernd in die Falle gehen, fühlen Sie sich so schlecht, daß es immer schwerer wird, weiterzumachen. Eine Regel muß eindeutig sein und Sie dem Ideal näherbringen, falls Sie das wünschen, aber sie muß außerdem auch realistisch sein, um Ihr Selbstwertgefühl nicht zu untergraben. Deshalb ist es sinnvoller, *es so gut zu machen, wie Sie können* – statt Perfektion anzustreben. In diesem Leben Perfektion anzustreben ist ein Rezept für eine Katastrophe. Wenn Sie dagegen nach mehr Selbstachtung streben, hilft Ihnen das dabei, besser voranzukommen und sich außerdem wohler zu fühlen.

Einige der Regeln, die sich Menschen mit wenig Selbstachtung oft (halb unbewußt) setzen, sind im Kasten auf der gegenüberliegenden Seite aufgelistet. Sie können erkennen, inwiefern solche Regeln hinderlich sein können. Revidieren Sie solche Regeln oder weisen Sie sie zurück, damit sie eher für als gegen Sie arbeiten.

5. Bauen Sie Freundschaften auf, in denen Sie sich wohl fühlen

Andere Menschen beeinflussen Gefühle, die wir uns selbst gegenüber haben, ganz entscheidend. Wenn Sie Schwierigkeiten mit zuwenig Selbstachtung haben, denken Sie einmal über Ihre momentanen zwischenmenschlichen Beziehungen nach. Wer hilft Ihnen dabei, sich gut zu fühlen? Wer untergräbt Ihr Selbstvertrauen? Machen Sie eine Liste und schätzen Sie, wieviel Zeit Sie mit Menschen, die der einen oder der anderen Gruppe zugehören, verbringen. Welche Möglichkeiten gibt es, mehr Zeit mit denen zu verbringen, die dazu beitragen, daß Sie sich gut fühlen; und weniger Zeit mit denen, die dazu beitragen, daß Sie sich schlecht fühlen? Veränderungen in Ihrem Bekanntenkreis vorzunehmen kann eine der effektivsten Möglichkeiten sein, Ihre Selbstachtung zu stei-

gern – allerdings sind solche Veränderungen selten einfach. In Teil III
beschreiben wir eine Anzahl von Fertigkeiten, die Ihnen dabei helfen
können, fruchtbare zwischenmenschliche Beziehungen aufzubauen.

Die Regeln, die geringe Selbstachtung verstärken

- Ein Mensch muß perfekt sein.
- Menschen sollten sich immer gegenseitig helfen.
- Die anderen haben immer recht.
- Ich bin nicht gut genug (oder geschickt genug oder klug genug usw.).
- Eine Frau sollte hilfsbereit sein.
- Ein Mann weint nicht.
- Wenn ich nicht außergewöhnlich gut bin, bin ich überhaupt nicht gut.
- Wenn ich einen Fehler mache, werde ich mir das nie verzeihen.
- Wenn sie merken, wie schlecht ich bin, werden sie mich ablehnen.
- Andere Menschen sollten nie mit den eigenen Problemen belastet werden.
- Da kannst du gar nichts machen – du bist nun mal so.

Ein Trugschluß oder das Erbe der Vergangenheit

Selbstachtung ist keine Konstante. Sie ist nicht unangreifbar oder unveränderlich. Sogar Menschen mit sehr robuster Konstitution denken
manchmal besser und manchmal schlechter über sich selbst. Aber ein
ganz spezieller Trugschluß ist besonders schwer auszurotten. Die meisten Menschen wurden in ihrer Kindheit oder Jugend auf die eine oder
andere Art bestraft, sei es zu Hause oder in der Schule, und sie haben
ihre Lektion gelernt. Wenn ein Mensch etwas falsch macht, gehört er
bestraft. Wenn ein Mensch etwas falsch macht, war er schlecht oder ist
immer noch schlecht.

Manchen Menschen kann es sehr schwerfallen, schlecht behandelt zu
werden, ohne sich deshalb selbst für schlecht zu halten – das gilt vor
allem für Menschen, die sich in ihrer Vergangenheit an sehr schmerzliche Erlebnisse erinnern, für Menschen, die unter Depression leiden
und für die, die sich solche Sorgen um Gewicht und Aussehen machen,

daß sie Eßstörungen haben. Wenn das Leben schlecht zu Ihnen ist, geraten Sie leicht in Versuchung, zu denken, Sie selbst seien schlecht – Sie hätten »Strafe« verdient. Dem ist nicht so. Das Leben ist kein Gerichtssaal. Unsere Erfahrungen sind nicht die gerechte Belohnung für unseren Charakter. Wenn andere Menschen Sie schlecht behandelt haben oder wenn Sie Pech gehabt haben, dann verschlimmern Sie Ihre Probleme nicht dadurch, daß Sie die Schuld auf sich nehmen – daß Sie Ihr Leiden als Beweis für Ihre Wertlosigkeit sehen. Achten Sie sich, das wird Ihnen die Kraft geben, Ihrem Leiden ins Auge zu sehen.

Verwandte Kapitel in diesem Buch

Unser Gefühl von Selbstachtung und Selbstvertrauen hat großen Einfluß auf unsere Lebensfreude und unseren Erfolg. Deshalb ist, sich selbst zu schätzen, eines der beiden grundlegenden Prinzipien, die bereits in Teil I (Kapitel 3) erläutert wurden. Es gibt kaum ein Kapitel in diesem Buch, das Ihnen nicht dabei helfen wird, Ihre Selbstachtung und Ihr Selbstvertrauen zu steigern. Fünf Kapitel sind möglicherweise besonders relevant:

– *Kapitel 3:* Sich selbst (hoch-)achten
– *Kapitel 7:* Sich selbst etwas gönnen
– *Kapitel 21:* Sich aus einer Depression selbst hocharbeiten
– *Kapitel 13:* Sich selbst und anderen gegenüber fair sein
– *Kapitel 25:* Gute Eßgewohnheiten

Zusammenfassung des Kapitels

Sie können Selbstvertrauen entwickeln, selbst wenn es Ihnen seit Ihrer Kindheit fehlt.

Die *vier* grundlegenden Einsichten lauten:

1. Es gibt kein ungeteiltes Selbstvertrauen. Jedem von uns mangelt es in bestimmten Lebensbereichen an Selbstvertrauen, während wir es in anderen Bereichen haben.

2. Offensichtlich selbstbewußte Menschen Ihrer Umgebung haben nicht so viel Selbstvertrauen, wie Sie denken.

3. Wir bekommen dadurch Selbstvertrauen, daß wir etwas tun.

4. Wenn Sie anderen erzählen, daß Sie nichts taugen, kann es sein, daß sie Ihnen das glauben!

Diese *sechs* richtungsweisenden Strategien werden Ihnen dabei helfen, Ihr Selbstvertrauen zu entwickeln:

1. Üben.

2. So tun, als ob Sie mehr Selbstvertrauen hätten, als Sie tatsächlich haben.

3. Seien Sie in Ihrem Verhalten flexibel.

4. Lernen Sie aus Ihren Fehlern. Stagnation ist die einzige Möglichkeit, Fehler zu vermeiden.

5. Bringen Sie die Selbstanklagen zum Schweigen, und sprechen Sie sich Mut zu.

6. Seien Sie nett zu sich.

Bei Selbstvertrauen geht es darum, welche Gefühle wir bezüglich unserer Fähigkeiten haben. Selbstachtung ist ein bißchen etwas anderes: sie reflektiert das Maß, in dem Sie sich selbst wertschätzen.

Diese *fünf* Strategien werden Ihnen dabei helfen, Selbstachtung zu entwickeln:

1. Kämpfen Sie gegen die Vorurteile an, die dazu führen, daß Sie sich unterschätzen.

2. Ersticken Sie innere Kritik.

3. Begraben Sie die Richterin/den Richter in sich selbst, die/der zwei verschiedene Maßstäbe anlegt: einen unfair hohen Maßstab an Sie selbst und einen großzügigen an andere Menschen.

4. Machen Sie alles, so gut Sie können, aber schelten Sie sich nicht dafür, daß Sie nicht perfekt sind.

5. Verbringen Sie Zeit mit Menschen, die dazu beitragen, daß Sie sich gut fühlen.

11. Entspannen lernen

Das letzte, was Jess hören wollte, wenn sie aufgeregt war, war, daß sie sich beruhigen solle. Allein die Forderung war schon destruktiv und barg das Risiko in sich, sie noch mehr aufzuregen. Zu dem jeweiligen Zeitpunkt schien es ihr sowohl unmöglich als auch falsch zu sein, das zu tun. Sie gab zu, daß sie normalerweise dann angespannt und nervös wurde, wenn sie sich unter Druck gesetzt fühlte und sich Sorgen machte, daß sie etwas nicht schaffen oder daß sie etwas Wichtiges vergessen würde. Was sie wirklich wollte, das war, so schnell wie möglich weiterzumachen. Im Eifer des Gefechts verwarf sie jeden hilfreichen Vorschlag, den andere machten, als eine unsensible Einmischung in ihre persönlichen Angelegenheiten, oder sie reagierte darauf, als handle es sich um eine grundlegende Kritik an ihr selbst. Aber zuletzt mußte sie für gewöhnlich zugeben, daß der Vorschlag gut gewesen war. Sie mußte sich beruhigen, und zwar schon früher. Wenn sie zu lange weitermachte, war sie übermüdet, noch angespannter und überanstrengt, bekam Schlafstörungen und fragte sich, ob sie nun den »Knopf zum Abschalten« nicht mehr fand, nachdem es ihr lange vorher gelungen war, sich auf allen Zylindern gleichzeitig zum Laufen zu bringen. Es fiel ihr extrem schwer, abzuschalten – aber es half ihr sehr, als sie lernte, sich zu entspannen.

Entspannen lernen hat viele Aspekte. Es ist eine *Einstellungssache:* Dinge ruhig und im eigenen Tempo anzugehen oder die Ruhe zu bewahren. Es ist eine *körperliche Fähigkeit:* zu lernen, wie Spannung erkannt und gelöst werden kann, sowohl körperliche als auch psychische. Es ist eine *Gewohnheit:* routinemäßige Angewohnheiten zu entwickeln, die für und nicht gegen Sie arbeiten. Es ist ein *Stärkungsmittel:* eine Möglichkeit, sich Ruhe und Erholung zu verschaffen und die Systeme wieder aufzuladen, die sonst dauernd erschöpft werden. Wir werden all diese Aspekte von Entspannung in diesem Kapitel streifen. Falls Sie lernen möchten, leichter mit etwas zurechtzukommen, lesen Sie dieses Kapitel sorgfältig, überprüfen Sie aber auch, ob es ansonsten in diesem Buch Kapitel gibt, die sich auf die Dinge beziehen, die es Ihnen besonders schwer machen, sich zu entspannen.

Entspannung ist eine der umfassendsten Möglichkeiten, um sich besser zu fühlen. Wenn Sie erst einmal gelernt haben, sich zu entspannen, werden Sie feststellen, daß es sich dabei um eine spürbare und lohnende Erweiterung Ihrer Stimmungslagen und Energien handelt, und zwar nicht nur dann, wenn Sie sich angespannt und aufgeregt fühlen, sondern auch sonst. Entspannte Haltungen und Gewohnheiten zu entwickeln hat auch eine vorbeugende und schützende Wirkung, deshalb gehört Entspannung zu den wichtigsten Bausteinen seelisch-geistiger Fitneß.

Warum entspannen lernen?

Spannung ist schmerzhaft und unangenehm

Sie sollten lernen, sich zu entspannen, weil Anspannung, das Gegenteil von Entspannung, so viele schmerzhafte Auswirkungen hat. Sie führt zu Beschwerden und Schmerzen, von denen die im Nacken- und Rückenbereich wohl am verbreitetsten sind. Bei manchen Menschen ist die Schultermuskulatur eine Art inneres Thermometer für ihr Spannungsniveau. Lernen Sie während Entspannungsübungen, ihre Schultern loszulassen, und Sie werden verblüfft feststellen, wie oft, wenn Sie sich regelmäßig sagen »Schultern loslassen«, wirklich etwas loszulassen ist. Beschwerden und Schmerzen vergrößern Ihre Schwierigkeiten und sind etwas, worüber Sie sich zusätzlich Sorgen machen werden.

Außerdem macht, angespannt zu sein, Menschen reizbar, und es ist ermüdend. Alles, was Sie im Zustand des Angespanntseins tun, braucht mehr Energie als im entspannten Zustand, was natürlich Energieverschwendung ist. Meistens treibt Anspannung Menschen an, so wie ein Aufziehmechanismus Spielzeug antreibt: je mehr die Feder gespannt ist, desto schneller läuft der Mechanismus. Wenn Sie lernen, sich zu entspannen, werden Sie wieder langsamer, und das hilft Ihnen dabei, mit den Anforderungen des Alltags besser zurechtzukommen. Auf diese Weise beruhigen Entspannungsmethoden sowohl die Psyche als auch den Körper.

Entspannen ist eine Fertigkeit

Ein weiterer Grund, warum Sie entspannen lernen sollten, ist, daß Entspannung bei vielen Menschen nicht von selbst kommt. Es hat keinen Sinn, sich selbst oder jemand anderem einfach zu sagen »Beruhige dich« oder »Entspanne dich«, weil Entspannung eine Fertigkeit ist, die erst einmal erlernt werden muß, bevor sie angewendet werden kann. Es ist unwahrscheinlich, daß Sie sich wirklich entspannen können, bevor Sie etwas Zeit darauf verwendet haben, die Fertigkeit zu erlernen, und dann üben, sie zunächst einmal in einfachen Situationen anzuwenden. Diese Prinzipien gelten für das Erlernen aller körperlichen Fertigkeiten, zum Beispiel auch fürs Fahrradfahren.

Wie entspannen?

Sind Sie nachts schon einmal müde, angespannt und sorgenvoll wach gelegen und haben auf jede erdenkliche Art versucht, abzuschalten und zu entspannen, und je mehr Sie sich anstrengten, desto unerreichbarer schien so ein friedlicher Geisteszustand zu werden? Entspannen zu lernen hat auf jeden Fall etwas Paradoxes: es ist eine Bemühung, sich nicht zu bemühen; es ist ein hartes Arbeiten daran, nicht zu arbeiten oder sich nicht anzustrengen und die Kontrolle zu übernehmen, sondern loszulassen. Vielleicht ist das der Grund dafür, daß für viele Menschen dieser Zustand so unerreichbar ist: je mehr wir uns anstrengen, desto frustrierter sind wir, wenn es nicht zu funktionieren scheint.

Das erste, was Sie sich einprägen müssen, ist, daß Sie sich darauf verlassen können, daß Ihre Psyche und Ihr Körper das alles für Sie erledigen werden. Wenn Sie mit den körperlichen und seelisch-geistigen Spannungen umgehen können, die Ihre Fähigkeit zur Entspannung beeinträchtigen, dann läuft der ganze Prozeß von selbst ab. Ihre Aufgabe ist es, sich mit den Dingen zu beschäftigen, die verhindern, daß Sie loslassen.

Die vier Schritte, die zu gehen sind, werden anschließend beschrieben, danach folgt ein Beispiel, das verdeutlicht, wie diese einzelnen Schritte zusammengehören.

1. Schritt: Vorbereitung

Sich darauf vorbereiten, zu entspannen
– Suchen Sie sich die Methode aus, die Ihnen gefällt, und bleiben Sie bei ihr.
– Planen Sie die Zeit ein, zu der Sie jeden Tag eine halbe Stunde lang ungestört üben können.
– Finden Sie einen bequemen, angenehmen Platz für Ihr tägliches Üben.

Es gibt viele Entspannungsmethoden und nur wenige Untersuchungen dazu, welche am besten funktionieren. Aber es gibt Untersuchungsergebnisse, die zeigen, daß Entspannungsübungen Menschen dabei helfen, ruhiger, weniger angespannt und weniger ängstlich zu werden, so daß es vielleicht gar nicht darauf ankommt, für welche Methode Sie sich entscheiden. Es kommt allerdings darauf an, daß Sie *sich für eine Methode entscheiden und diese beibehalten, bis Sie sie richtig gelernt haben.* Wenn Sie noch andere Methoden ausprobieren wollen, dann verschieben Sie das auf später. Zu den wichtigsten Auswahlmöglichkeiten gehören tiefe Muskelentspannung, Yoga, verschiedene Meditationsformen und die Alexander-Technik. Sie können vielleicht Kurse, Videos oder Kassetten ausfindig machen, die diese Methoden vermitteln. Wir erläutern hier, wie Sie tiefe Muskelentspannung erlernen können.

Entspannen lernen braucht seine Zeit – in den ersten paar Wochen zumindest eine halbe Stunde täglich. Wenn Sie sich allerdings angespannt fühlen, sollte es absolute Priorität haben, zu lernen, wie Sie sich entspannen können. *Entscheiden Sie zuerst, welche Tageszeit für Sie am besten ist.* Sie müssen eine Zeit finden, zu der Sie es sich warm und behaglich machen können und zu der Sie nicht von anderen Menschen oder vom Telefon gestört werden. Wenn es Ihnen Schwierigkeiten bereitet, in Ihrem Tagesplan Zeit für Entspannungsübungen unterzubringen, dann fragen Sie sich, was Sie aufgeben könnten, um Zeit zu gewinnen, oder inwiefern andere Ihnen dabei helfen könnten, den notwendigen Raum und die benötigte Zeit zu schützen. Wenn Sie aus der

Entspannung eine Routine machen und jeden Tag zur gleichen Zeit üben, kann Ihnen das die Notwendigkeit abnehmen, jeden Tag entscheiden zu müssen, wann Sie üben wollen, außerdem fällt es dann leichter, daran zu denken. Es ist normalerweise besser, es nicht erst nachts vor dem Zubettgehen zu machen, wenn Sie fast dabei einschlafen. Das liegt daran, daß Sie die Übungszeit dafür nutzen müssen, um zu lernen, wie Sie Ihre persönlichen Anzeichen für Spannungen erkennen können, und dazu müssen Sie aufmerksam auf das achten, was Sie tun. Außerdem müssen Sie sich, wenn Sie beim Üben einschlafen, nachher noch einmal stören, um ins Bett zu gehen. Wenn Sie erst einmal wissen, wie Sie entspannen können, können Sie, wenn Sie möchten, die Methode dann auch dafür einsetzen, besser zu schlafen.

Lernen Sie Entspannung in dem Ihnen gemäßen Tempo. Das Lerntempo von Menschen ist, genau wie bei allem anderen auch, auch beim Erlernen einer Methode unterschiedlich. Allerdings ist es, wenn Sie lernen, sich zu entspannen, absolut destruktiv, sich zu beeilen. Je mehr Sie das Tempo forcieren, desto schwerer wird das Ganze.

Die tiefe Muskelentspannung funktioniert ähnlich wie ein Pendel – wenn ein Pendel in die entgegengesetzte Richtung ausschlagen soll, muß es erst einmal zurückgezogen werden. Daher wird auch geübt, Muskelpartien anzuspannen und dann loszulassen. Ziel ist es, den Körper systematisch durchzuarbeiten, wobei im allgemeinen mit den Händen begonnen und zu den Schultern hinaufgearbeitet wird, dann zurück zu den Füßen und wieder zu den Schultern hinauf, Gesicht und Nacken kommen erst ganz zuletzt an die Reihe. Wir haben keinen Grund zu der Annahme, daß es etwas ausmacht, wenn Sie den Körper in einer anderen Reihenfolge durcharbeiten, aber vielleicht ist es schwierig, mit den Bereichen anzufangen, in denen körperliche und emotionale Spannungen konzentriert zu sein scheinen, wie zum Beispiel in den Schultern, im Nacken und im Gesicht, und es ist vielleicht auch eine Hilfe, die Übung am Schluß für die Körperteile zu wiederholen, die loszulassen Ihnen besonders schwerfällt.

Lassen Sie sich an Ihrem warmen und behaglichen Platz nieder. Legen Sie alle Kleidungsstücke ab, die einengen, vor allem im Taillen- und Nackenbereich. Wir empfehlen, sich auf den Rücken zu legen und die

Augen zu schließen. Falls Ihnen das schwerfällt, tun Sie das, was für Sie am bequemsten ist, setzen Sie sich also zum Beispiel in einen Sessel und lassen Sie die Augen zunächst einmal geöffnet. Geben Sie sich einen Moment Zeit, vielleicht auch zwei, um zur Ruhe zu kommen, und beginnen Sie dann, auf Ihre Atmung zu achten. Wenn Sie entspannt atmen, bewegt sich Ihre Bauchdecke beim Ein- und Ausatmen leicht auf und ab. Wenn die gesamte Bewegung auf den Brustraum konzentriert ist, ist Ihre Atmung weniger entspannt. Um Ihre Atmung zu entspannen, sagen Sie sich beim Ausatmen, daß Sie »loslassen« sollen, denn dadurch wird der natürliche Körperrhythmus verstärkt. Wenn Sie sich beim Einatmen sagen, daß Sie »loslassen« sollen, ist das wider die Natur und deswegen schwerer durchzuführen. Sie können sich selbst kontrollieren, indem Sie eine Hand auf den Brustkorb und die andere auf den Bauch legen und die Bewegung spüren. Streben Sie die entspannte Zwerchfellatmung an, bei der die Hand auf dem Bauch sich am meisten bewegt, nehmen Sie aber auch alles andere, was gerade geschieht, gelassen hin. Wenn Sie sich nach und nach mehr entspannen, ergibt sich die richtige Atmung ganz von selbst.

Wenn Sie es sich bequem gemacht haben, beginnen Sie damit, die Muskeln nacheinander durchzuarbeiten. Sie können vorher ausarbeiten, in welcher Reihenfolge Sie vorgehen wollen, oder Sie können sich die folgenden Anweisungen auf Kassette aufnehmen.

2. Schritt: Übung

Die Grundübung. Konzentrieren Sie sich auf die Hände. Wenn Sie bereit sind, spannen Sie alle Muskeln in beiden Händen an. Ballen Sie die Fäuste, und halten Sie die Spannung, während Sie langsam bis drei zählen (Zurückziehen des Pendels), lassen Sie dann los. Spüren Sie, wie die Spannung aus den Fingern abfließt, und lassen Sie sie dann von selbst zur Ruhe kommen. Lassen Sie die Hände mit jedem Ausatmen schwerer werden. Lassen Sie das Blut frei bis in die Fingerspitzen zirkulieren, während Sie sich immer entspannter fühlen. Gönnen Sie sich soviel Zeit, wie Sie wollen, um sich auf die Hände zu konzentrieren, bevor Sie diese Übung mit der nächsten Muskelpartie wiederholen.

Die Muskelpartien. Hier ist die Reihenfolge, die wir vorschlagen, außerdem geben wir noch ein paar Anregungen, um Ihnen dabei zu helfen, die richtigen Muskeln anzuspannen. Arbeiten Sie von den Händen zu den Schultern hinauf und dann von ganz unten nach ganz oben. Es macht nichts, wenn Sie einen Fehler machen oder einen Muskel auslassen. Wichtiger ist es, daß Sie lernen, wie Sie Spannung erkennen können und wie Sie sie abbauen können, um einen Zustand tiefer Muskelentspannung zu erreichen.

Zum Schluß achten Sie noch einmal auf Ihre Atmung. Stellen Sie sich bei jedem Ausatmen vor, daß Sie einen noch entspannteren Zustand erreichen. Genießen Sie es ein paar Momente lang, daß Sie sich nun entspannter fühlen, bevor Sie sich wieder bewegen, und stehen Sie dann langsam auf. Wenn Sie nach dem Üben schnell aufspringen, kann es Ihnen etwas schwindlig werden, außerdem machen Sie damit einen Teil der wohltuenden Wirkung wieder zunichte. Die gesamte Übung sollte etwa 20 bis 30 Minuten in Anspruch nehmen. Im weiteren Verlauf des Kapitels erläutern wir Ihnen dann noch, wie Sie die benötigte Zeit verkürzen können.

Sowohl mental als auch körperlich entspannen. Manchen Menschen fällt körperliche Entspannung leichter als mentale. Sie denken auch dann noch über Dinge nach, die ihnen Sorgen machen oder sie aufregen, wenn alle Muskeln vollkommen entspannt sind. In so einem Fall können entspannende bildliche Vorstellungen helfen (vgl. Kapitel 24, S. 386–390). Machen Sie sich eine Liste der Orte und Situationen, die für Sie beruhigend oder entspannend sind, und wenn Sie nach dem Üben entspannen, stellen Sie sich vor, Sie seien wirklich dort. Stören Sie sich nicht daran, wenn sich die Bilder verändern – bildliche Vorstellungen sind selten statisch. Steuern Sie mit diesen Bildern einfach ruhige Wasser an, weg von den Quellen der Schwierigkeiten. Sie können sich zum Beispiel an einen ruhigen Fleck am Flußufer erinnern, wo Sie einmal in der Sonne eingeschlafen sind. Vielleicht läßt Ihre Konzentration nach, und Sie merken plötzlich, daß Sie schon wieder über die Probleme von morgen nachgrübeln. Lenken Sie Ihre Aufmerksamkeit sachte zurück ans Flußufer.

Tiefe Muskelentspannung

Um Ihnen dabei zu helfen, keine Muskelpartien zu vergessen, haben wir hier eine Reihenfolge aufgestellt, die unserer Meinung nach leicht zu behalten ist. Denken Sie daran, nachdem Sie jede Muskelpartie angespannt haben, langsam loszulassen und zu spüren, wie die Spannung nachläßt und das Blut frei fließt. Vergessen Sie nicht, zu atmen.

- *Hände:* Ballen Sie die Fäuste. Dann loslassen.
- *Arme:* Spannen Sie Bizepse und Unterarme zusammen an, ohne die Hände.
- *Schultern:* Heben Sie die Schultern, als könnten sie die Ohren berühren.
- *Füße:* Ziehen Sie die Zehen an.
- *Vorderseite der Beine:* Strecken Sie den Fuß so weit von sich weg, daß er in einer Ebene mit dem Bein verläuft.
- *Rückseite der Beine:* Biegen Sie die Füße nach oben, wobei Sie die Fersen nach unten drücken.
- *Oberschenkel:* Spannen Sie sie an, und drücken Sie dabei die Knie nach unten in den Boden.
- *Po:* Kneifen Sie die Pobacken zusammen.
- *Bauch:* Ziehen Sie die Bauchmuskeln stark ein.
- *Unterer Rückenbereich:* Drücken Sie das Kreuz in den Boden.
- *Brust:* Atmen Sie ein, halten Sie die Luft an, und straffen Sie die gesamte Brustmuskulatur.
- *Schultern:* Atmen Sie ein, halten Sie die Luft an, und ziehen Sie die Schultern hoch, als ob sie die Ohren berühren könnten.
- *Nacken:*
  1. Strecken Sie den Kopf hoch, als ob das Kinn die Decke berühren sollte.
  2. Beugen Sie den Kopf nach unten, bis das Kinn den Brustkorb berührt.
- *Mund und Kiefer:* Pressen Sie die Lippen aufeinander, und beißen Sie die Zähne zusammen.
- *Augen:* Kneifen Sie fest die Augen zu.
- *Stirn und Kopfhaut:* Ziehen Sie die Augenbrauen so hoch, als ob sie verschwinden könnten.
- *Gesicht:* Ziehen Sie alle Muskeln gleichzeitig an.

Eine eigene Entspannungskassette aufnehmen. Schreiben Sie vor der Aufnahme einen Rohentwurf oder Spickzettel, für den Sie die vorausgegangenen Anweisungen verwenden. Erinnern Sie sich zunächst daran, wie Sie es sich bequem machen sollen. Sprechen Sie dann die gesamte Übung auf Band, inklusive aller Anweisungen, die sich darauf beziehen, auf die Atmung zu achten. Sagen Sie sich, welche Muskeln anzuspannen sind und wie, geben Sie sich dann die Anweisung, loszulassen. Sagen Sie sich während des Loslassens, was Sie damit zu erreichen versuchen. Geben Sie sich immer wieder Hinweise wie etwa: »Laß alle Spannung abklingen. Laß deine Muskeln warm und schwer werden, wobei du immer entspannter und entspannter wirst. Laß mit jedem Ausatmen ein bißchen mehr los. Stell dir vor, deine Gliedmaßen sind so schwer, daß du sie nicht mehr bewegen kannst, und stell dir vor, daß dein gesamter Körper sicher getragen wird« … und so weiter. Sie sollten langsam, ruhig und besänftigend zu sich sprechen, und natürlich können Sie auch eigene Variationen hinzufügen, zum Beispiel Übungen wiederholen, die Ihnen schwerfallen, oder entspannende Musik vor und nach den Übungen einspielen.

Gelegentlich auftretende Probleme bei körperlicher Entspannung. Menschen, die unter Gelenkschmerzen leiden, wie sie zum Beispiel durch Arthritis hervorgerufen werden, können die Pendel-Methode unter Umständen nicht anwenden, da für sie das Anspannen vor dem Loslassen zu schmerzhaft sein kann. Sollte das für Sie zutreffen, können Sie entspannen lernen, indem Sie sich einfach abwechselnd auf die einzelnen Muskelpartien konzentrieren oder eine Form der Entspannung wählen, die eher meditativ ist.

Manche Menschen erschrecken auch vor den Empfindungen, die sie haben, wenn sie zu entspannen beginnen, als würden sie die Kontrolle verlieren, statt in einen Zustand der Ruhe und des Friedens zu versinken. Normalerweise werden Sie schnell merken, daß nichts Beängstigendes geschieht, wenn Sie entspannen, schon gar nicht, wenn Sie das Ihnen gemäße Tempo einhalten und die Übungen, wie sie hier und im 4. Schritt beschrieben werden, durchführen.

3. Schritt: Anwendung

Wenn Sie erst einmal in der Lage sind, mit Hilfe der kompletten Übung tiefe Muskelentspannung zu erreichen, müssen Sie lernen, wie Sie diese neuerworbene Fähigkeit so einsetzen können, daß Sie sich besser fühlen. Im alltäglichen Leben ist es unmöglich, völlig entspannt zu bleiben, also nützen Ihnen der 1. und 2. Schritt alleine vielleicht noch nicht viel. Wie können Sie Auto fahren, mit jemandem sprechen oder die Kinder ins Bett bringen, wenn Sie völlig entspannt sind? Als nächstes geht es darum, zu lernen, wie Sie schon minimale Spannungen frühzeitig erkennen und abbauen können, bevor sie stärker werden. Dazu wird die Übung verkürzt, damit Sie schnell entspannen können, und es wird unter zunehmend schwierigeren Bedingungen geübt. Wie das genau geht, wird im folgenden erläutert.

Die Entspannungsübung verkürzen. Verkürzen Sie die Übung allmählich innerhalb eines Zeitraums von drei bis sechs Wochen. Sie können zum Beispiel versuchen, einige Muskelpartien zusammenzufassen, bis Sie schließlich nur noch an Armen, Beinen, Unterleib, Brustkorb und Gesicht arbeiten. Oder Sie könnten es sich bequem machen und probieren, wie gut Sie sich entspannen können, indem Sie sich nur auf Ihre Atmung konzentrieren und dann an den Muskelpartien arbeiten, die noch angespannt sind. Sie könnten die Übung auch nur zur Hälfte durcharbeiten und dann probieren, ob Sie den Rest dadurch schaffen, daß Sie sich einfach nur alle Körperteile nacheinander bewußtmachen. Sie könnten die Anspannung weglassen und nur an der Entspannung arbeiten. Schließlich wollen Sie ja erreichen, daß Sie sich schnell entspannen können, sobald es nötig wird – etwas, was anfangs noch unmöglich schien. Benutzen Sie Ihre Phantasie, um irgendeine Möglichkeit zur Verkürzung der Übung zu finden, die für Sie funktioniert. Sie merken jetzt, warum Sie erst einmal die komplette Körperübung machen müssen, um Anzeichen für Spannungen zu bemerken und loszulassen, ganz egal, wie minimal sie sind.

Üben Sie weiterhin täglich, suchen Sie aber mit abnehmender Dauer der Übung nach Möglichkeiten, häufiger zu üben.

Schnelle, routinemäßige Entspannung – Das Kurzprogramm

1. Achten Sie auf Ihre Atmung. Atmen Sie einmal tief ein, halten Sie die Luft an, geben Sie sich dann beim Ausatmen die Anweisung, loszulassen. Atmen Sie eine Weile ganz normal, und wiederholen Sie die Anweisung, loszulassen, bei jedem Ausatmen. Suchen Sie sich eine Anweisung, die zu Ihnen paßt: »Bleib ruhig«, »Bleib dran«, »Langsam«, »Laß los«, etc.
2. Spannen und entspannen Sie eine einzige Muskelpartie, zum Beispiel die Hand, den Fuß oder den Bauch. Versuchen Sie, beim Loslassen alle überflüssige Spannung abfließen zu lassen.
3. Lassen Sie die Schultern hängen.

Wenn Sie mit der kompletten Entspannungsübung beginnen, verkürzen Sie, bis sie rasch und routinemäßig durchführbar ist, und wenden Sie Ihre Fähigkeit, zu entspannen, in zunehmend fordernderen Situationen an; Sie werden bald spüren, daß es Ihnen hilft. Wiederholen Sie gelegentlich, einfach zur Erinnerung, die komplette Übung.

In zunehmend schwierigeren Situationen üben. Sobald Sie die Grundentspannung einigermaßen gut erzielen können, versuchen Sie, für die Übungen eine andere Position einzunehmen, zum Beispiel zu sitzen, statt zu liegen. Versuchen Sie, sich im Sessel sitzend zu entspannen, dann während Sie am Tisch sitzen oder durch den Garten gehen. Probieren Sie es beim Lesen, Fernsehen oder Abwaschen. Versuchen Sie, nur die Muskeln einzusetzen, die für die Arbeit, die Sie gerade verrichten, nötig sind. Wenn es sonst irgendwo Spannungen gibt, zum Beispiel im Bauch beim Autofahren oder beim Musikhören in den Schultern, probieren Sie, diese loszulassen. Spannen Sie die Muskeln zunächst noch mehr an, um den Pendeleffekt zu nutzen, und lassen Sie die Spannung dann abklingen. Haben Sie erst einmal gelernt, bei den normalen, alltäglichen Verrichtungen zu entspannen, versuchen Sie, in den Situationen zu entspannen, in denen Sie sich anspannen – in solchen Situationen, die Ihnen Schwierigkeiten machen. Entspannung in den schwierigsten Situationen werden Sie erst mit sehr viel Übung erzielen können, erwarten Sie also nicht, daß es gleich beim ersten Mal klappt. Arbeiten Sie sich zu den schwierigsten Situationen vor, indem Sie zunächst in den einfacheren entspannen, und vergessen Sie nicht, daß es immer dann leichter ist, zu entspannen, wenn Sie Spannungen frühzeitig registrieren. Überprüfen Sie Ihr Spannungsniveau anfangs regelmäßig, und geben Sie sich bei jeder Überprüfung die Anweisung, zu entspannen. Sie werden überrascht sein, wie oft unnötige Spannungen loszulassen sind.

4. Schritt: Das Erweiterungsprogramm: Sechs Möglichkeiten, eine entspannte Lebenshaltung zu entwickeln

Entspanntheit ist genausosehr eine Haltung, eine Gewohnheit und ein Stärkungsmittel wie eine Fertigkeit. Machen Sie sie in jeder Hinsicht zu einem Bestandteil Ihres Lebens.

1. *Nehmen Sie eine entspannte Körperhaltung ein.* Erwischen Sie sich dabei, daß Sie auf der Stuhlkante sitzen? Daß Sie herumzappeln und mit etwas herumspielen? Anspannung kann so viel Energie vergeuden, gestatten Sie Ihrem Körper daher, sich auszuruhen, wenn die Möglichkeit dazu besteht.
2. *Hören Sie auf, herumzuhetzen.* Das dreht Sie nur auf. Die meisten Menschen stellen fest, daß sie, wenn sie langsam machen, genausoviel erledigt bekommen, wie wenn sie herumhetzen, außerdem halten sie dann länger durch. Etwas ruhig zu erledigen ermüdet erheblich weniger.
3. *Gewöhnen Sie sich an, das zu tun, was Sie entspannend finden.* Ganz egal, ob es sich um ruhige und friedliche Dinge handelt (zum Beispiel Lesen oder Nichtstun) oder um anstrengende (zum Beispiel Squashspielen oder auf Partys gehen), tun Sie das, was Sie entspannt.
4. *Finden Sie Vergnügen und Belohnungen heraus.* Je mehr Sie sich freuen, desto entspannter fühlen Sie sich.
5. *Verteilen Sie das Risiko.* Wenn Sie alles auf eine Karte setzen, werden Sie furchtbar angespannt und nervös, falls sich diese Karte als schlecht erweist.
6. *Gönnen Sie sich Pausen.* Machen Sie kurze Pausen, reden Sie zum Beispiel eine halbe Stunde mit einem Freund/einer Freundin, aber auch lange, zum Beispiel regelmäßige Ferien.

Wie Entspannung in der Praxis funktionieren kann

Graham war der Handelsvertreter eines kleinen Unternehmens für Lichttechnik. Er arbeitete auf Provisionsbasis, das heißt, je mehr er verkaufte, desto mehr verdiente er. Er war immer von wirtschaftlichen Entwicklungen abhängig: lief das Geschäft gut, verdiente er viel, lief es schlechter, sank sein Gehalt. Als er zu uns in die Klinik kam, hatte er kurz zuvor geheiratet und seine erste Hypothek aufgenommen. Mit fortschreitender Rezession hatte er sich immer angespannter und mehr unter Druck gefühlt. Zu dem Zeitpunkt, als wir uns trafen, klang er völlig verzweifelt. Er hatte extrem viel gearbeitet, war zu potentiellen Kundinnen und Kunden gereist, so daß wenig Zeit für die Büroarbeit übriggeblieben war; zudem hatte er aufgrund einer alten Verletzung, die er sich beim Rugbyspielen zugezogen hatte, erhebliche Schmerzen im Nacken, den er sich verrenkt hatte, als er die Aktentasche aus dem Auto geholt hatte. Grahams Problem schien sehr vielschichtig zu sein. Seine Anspannung war jedenfalls offensichtlich, und an den seltenen Tagen, an denen er nicht arbeitete, konnte er sich überhaupt nicht mehr entspannen. Er wollte lernen, sich zu entspannen, also fingen wir damit an. Er durchlief die folgenden Stadien.

1. *Vorbereitung.* Zuerst einmal schlug er sich mit seinem Zeitplan herum und sprach mit seiner Frau, um eine regelmäßige Übungszeit einzurichten. Er beschloß, an Arbeitstagen sofort nach dem Nachhausekommen zu üben, unabhängig davon, ob er schon etwas gegessen hatte, an freien Tagen wollte er direkt nach dem Frühstück anfangen. Die Entspannungsübung sollte ihm dabei helfen, den Unterschied zwischen »Arbeitszeit« und »Freizeit« zu betonen. Dann bat er seine Frau, ihm dabei zu helfen, eine Entspannungskassette aufzunehmen. Ihm war klar, daß er vergessen könnte zu üben oder daß er an hektischen Tagen vielleicht versuchen würde, sich herauszureden, also befestigte er an seinem Rasierspiegel einen kleinen Zettel, auf den er die Tage schrieb und abhakte, wenn er geübt hatte (in der ersten Woche an fünf von sieben Tagen; in der zweiten an jedem Tag). Zunächst hatte er wenig von der Übung, denn je mehr er den übrigen

Körper entspannte, desto spürbarer wurden Schmerz und Spannung im Nacken. Er merkte, wie er gegen den Schmerz ankämpfte und frustriert war, weil er die Spannung nicht loslassen konnte. Er hatte vergessen, wie wichtig es ist, Empfindungen so zu akzeptieren, wie sie sind, und daran zu arbeiten, die Blockaden zu beseitigen, die verhindern, daß der Körper sich um sich selbst kümmert. Wir schlugen ihm vor, vor Beginn der Übung besonders darauf zu achten, daß Kopf und Nacken bequem lagen, indem er sie zusätzlich stützte, und außerdem ein Experiment durchzuführen, um herauszufinden, welche Entspannungsmethode ihm am meisten half: die Nackenübungen zu verdoppeln, um mehr daran zu arbeiten, oder ohne den Pendeleffekt an seinem Nacken zu arbeiten – das heißt, den Nacken zu entspannen, indem er sich die vorhandene Spannung bewußtmachte und diese abfließen ließ, ohne vorher anzuspannen.

Bis zum Ende der folgenden Woche hatte Graham angefangen, erkennbare Fortschritte zu machen. Es hatte ihm am meisten geholfen, die Nackenübungen zu verdoppeln, und er war überrascht, in welchem Ausmaß sein allgemeines Spannungsniveau zu den Beschwerden beigetragen hatte, die durch die frühere Verletzung verursacht wurden. Außerdem fand er heraus, daß er für das Abklingenlassen der Verspannung im Nacken etwa doppelt soviel Zeit ansetzen mußte, wie es sonst im Schnitt erforderlich war. Da er wußte, daß es im nächsten Schritt darum gehen würde, die Übung zu verkürzen und in schwierigeren Situationen anzuwenden, wiederholte er die Spannungs- und Entspannungsübung für den Nacken zu anderen Tageszeiten, sobald er merkte, daß sich die Spannung aufzubauen begann.

2. *Übung.* Die Verkürzung der Übung war für Graham kein Problem, da er so viel zu tun hatte; er war froh, wenn er zusätzliche Verpflichtungen einschränken konnte, diese gehörte dazu. In gewissem Sinne bestand die Gefahr, daß er versuchen würde, zu rennen, bevor er gehen konnte, und schnell wieder in seine alten Gewohnheiten verfallen würde. Er mußte die Entspannung so schnell wie möglich zu einem Bestandteil seines Alltags machen. Als er gelernt hatte, die Spannung loszulassen, wenn er am Schreibtisch saß, sah er ein, daß es sich lohnte, der Entspannung jeden Tag eine halbe Stunde zu widmen,

aber er beschloß, diese Zeit über den ganzen Tag zu verteilen. Er arbeitete ein eigenes routinemäßiges »Kurzprogramm« aus, das er jedesmal anwendete, wenn er sich hinsetzte. Hinsetzen wurde bald gleichbedeutend mit Üben, ganz egal, ob er sich zum Essen hinsetzte, zum Arbeiten oder zum Autofahren. Sogar wenn er in der Kneipe saß oder vor dem Fernseher, ging er sein Kurzprogramm durch (das für seine Umgebung überhaupt nicht wahrnehmbar war), sobald er nicht mehr auf den Beinen stand. Alles in allem übte er zu diesem Zeitpunkt wahrscheinlich viel länger als eine halbe Stunde pro Tag.

3. *Anwendung.* In den ersten vier Wochen hatte Graham vor allem an der Vorbereitung und Übung gearbeitet. Danach ging er dazu über, die neuerworbenen Fertigkeiten in schwierigeren Situationen anzuwenden, die mit seiner Arbeit zusammenhingen. Wir erinnerten ihn daran, wie wichtig es ist, die Verspannung so früh wie irgend möglich zu registrieren, und entwarfen gemeinsam mit ihm ein Überwachungssystem. Für Graham war es nötig, sich im Lauf des Tages sehr häufig daran zu erinnern, sein Spannungsniveau zu überprüfen, aber er stand so sehr unter Druck, daß er es immer wieder vergaß. Er kaufte sich einen Bogen mit farbigen Klebepunkten, die er als Erinnerungshilfe verwenden wollte. Er klebte sie überall dort hin, wo er sie sehen konnte: auf das Zifferblatt seiner Armbanduhr, seinen Terminkalender, das Telefon, den Rückspiegel im Auto, seine Nachttischlampe, das Küchenfenster und so weiter – insgesamt an etwa dreißig Stellen. Er sagte sich damit folgendes: »Sobald ich einen Kleber sehe, überprüfe ich mein Spannungsniveau und lasse die Spannung abfließen.« Er stellte fest, daß der Kleber auf dem Telefon im Büro am meisten nützte, und erkannte, daß er oft so angespannt war, wenn er ins Büro kam, daß er es vermied, zu telefonieren, weil er Angst hatte, noch mehr Probleme zu entdecken und damit seine Schwierigkeiten noch zu vergrößern. Dadurch, daß er sich beim Telefonieren entspannte, konnte er mehr Arbeit besser erledigen.

4. *Das Erweiterungsprogramm.* Inzwischen hatte Graham sich angewöhnt, sein Spannungsniveau häufig zu überprüfen und schnell zu entspannen, falls das nötig war. Wenn er seine Entspannungsübungen zu lange hinausschob, fiel es ihm schwerer, loszulassen, daher ermu-

tigten wir ihn dazu, beständig weiterzuüben. Zu diesem Zeitpunkt begann er, die Entspannung in anderer Hinsicht zu erweitern. Wenn sein Arbeitstag zur Hälfte vorbei war, trieb er sich normalerweise immer noch auf Hochtouren an. Wir überredeten ihn dazu, eine richtige Mittagspause einzulegen, und zwar nicht an seinem Arbeitsplatz – um so eine Möglichkeit zu schaffen, alle Probleme für kurze Zeit hinter sich zu lassen. Also nahm er sich vor, ihnen nach Möglichkeit – im wahrsten Sinne des Wortes – aus dem Weg zu gehen. Egal, wo er war, ob es regnete oder ob die Sonne schien, er machte einen kurzen Spaziergang. Wenn eine Verabredung dazwischenkam, ging er vorher oder nachher spazieren. Er gönnte sich eine Verschnaufpause, Abstand von all dem Druck. Und er begann, zu Hause und an Sonntagen ähnlich vorzugehen. Er fing an, Reparaturen am Haus zu machen. Das hört sich zwar nicht nach Entspannung an, aber ihm gefiel diese körperliche und relativ anspruchslose Arbeit, er hörte dabei auf, über andere Dinge nachzudenken, und es kam sowohl ihm als auch seiner Frau konstruktiver vor. Beide hielten es für eine gute Idee, mehr körperliche Bewegung einzuplanen, also nahmen sie sich lange Wanderungen vor. Die körperliche Betätigung tat zwar gut, aber sie merkten schnell, daß Wandern ihnen nicht besonders lag. Sie unternahmen lieber etwas mit anderen Menschen zusammen, fuhren zum Beispiel mit Freundinnen und Freunden Fahrrad oder gingen in der Stadt tanzen. Je mehr entspannenden Betätigungen sie nachgingen, selbst wenn diese ermüdend und anstrengend waren, desto weniger wurde Graham von Spannungen geplagt und desto besser kam er mit seiner Arbeit zurecht – was ihn überraschte. Sogar die Nackenschmerzen verschwanden. Er hatte wieder mehr Interessen, was ihm dabei half, den Druck im Berufsleben entspannter anzugehen.

Entspannung als Hilfe bei Schmerzen

Es ist bekannt, daß lange körperliche Anspannung schmerzhaft ist, selbst wenn es sich dabei nur um eine minimale Anspannung handelt. Es ist auch bekannt, daß Schmerzen die Spannung wiederum verschlimmern. Wenn Sie körperliche Schmerzen haben, sind diese Schmerzen um so schlimmer, je angespannter Sie sind. Diese Information hat schon vielen Frauen beim Gebären geholfen, wenn sie die in der Schwangerschaftsgymnastik geübten Entspannungsmethoden anwenden.

Andere Kapitel, die bei Anspannung relevant sind

– *Kapitel 18:* Streß: Wie sich mit einer angemessenen Portion leben läßt
– *Kapitel 24:* Schlafstörungen überwinden
– *Kapitel 16:* Angst und Sorge in den Griff bekommen
– *Kapitel 7:* Sich selbst etwas gönnen
– *Kapitel 9:* Dinge nüchtern und sachlich sehen

Zusammenfassung dieses Kapitels

1. Die Techniken der Entspannung sind erlernbar.
2. Durch Entspannungstraining bekommen Sie mehr Energie; Sie verringern Angst und Irritierbarkeit; und Sie lindern Schmerzen, die mit Muskelverspannungen zusammenhängen, dazu gehören Nackenschmerzen, Rückenschmerzen und Kopfweh.
3. Entspannen lernen ist: eine *Einstellungssache;* eine *körperliche* Fähigkeit; eine *Gewohnheit;* und ein *Stärkungsmittel.*
4. Entspannen lernen geht in *vier Schritten* vor sich:
   – *Vorbereitung:* Sie brauchen jeden Tag eine bestimmte Zeit, zu der Sie an einem bestimmten Platz üben, so lange, bis Sie es beherrschen.
   – *Übung:* Die Methode geht davon aus, daß die Muskeln zuerst angespannt und dann losgelassen werden.
   – *Anwendung:* Wenn Sie die Ausgangsmethode erst einmal beherrschen, können Sie die tägliche Entspannungsübung verkürzen; Sie können dann Mini-Entspannungen über den Tag verteilen.
   – *Erweiterung:* Machen Sie Entspannung zu einem Bestandteil Ihres Lebens, indem Sie entspannende und erholsame Aktivitäten darunter verstehen.

III. Wie Sie zwischenmenschliche Beziehungen zufriedenstellender gestalten können

Zufriedenstellende zwischenmenschliche Beziehungen machen glücklich, aber es kann schwer sein, sie herzustellen. Wenn Beziehungen scheitern, kann uns dies das Gefühl vermitteln, als würde unser ganzes Leben zunichte gemacht, und eine Reaktion auf problematische Beziehungen in der Vergangenheit ist, es zu vermeiden, jemals wieder jemandem nahezukommen.

Wir sind in fast allen Aspekten unseres Lebens auf andere Menschen bezogen. Enge persönliche Beziehungen können ein Quell der Stärkung und beständigen Erneuerung sein. Aber nicht nur solche engen Bindungen sind wichtig. Sowohl im Berufsleben als auch bei unseren alltäglichen Verrichtungen beziehen wir uns ständig auf andere Menschen. Unsere Effektivität und unsere Lebensfreude hängen davon ab, wie wir das tun.

Teil III wird Ihnen dabei helfen, Fähigkeiten zu entwickeln, die zu guten zwischenmenschlichen Beziehungen führen. Wir haben festgestellt, daß die folgenden drei Punkte für die Entwicklung zufriedenstellender zwischenmenschlicher Beziehungen eine zentrale Rolle spielen:

1. Entwickeln Sie die Fähigkeit der *Selbstbehauptung,* damit Sie *sich selbst und anderen gegenüber fair sein können.*
2. Lernen Sie, die *Stimmen der Vergangenheit* zu erkennen und zu verstehen, so daß Sie sie konstruktiv einsetzen können.
3. Begreifen Sie, daß es sich *bei zwischenmenschlichen Beziehungen um Systeme handelt* und daß sie durch Einsatz von *Techniken der Verhandlungsführung* die Art und Weise beeinflussen können, wie Sie und andere miteinander umgehen.

12. Die Wichtigkeit zwischenmenschlicher Beziehungen

Wir sind weitgehend soziale Wesen. Unser Glücklichsein, unsere Selbstachtung, unsere Stimmungen, unsere Fähigkeit, erfolgreich zu sein, werden alle durch unsere zwischenmenschlichen Beziehungen sehr stark beeinflußt. Beziehungen sind für unser Funktionieren so entscheidend, daß sich eine Form der psychologischen Therapie – die Interpersonale Psychotherapie – ausschließlich auf Möglichkeiten konzentriert, mit anderen Menschen in Beziehung zu treten. Es ist verführerisch, anzunehmen, daß wir andere Menschen ändern müssen, um unsere Beziehungen zu verbessern. Es scheint doch ganz klar zu sein, daß das Problem bei den anderen liegt. Aber in genau diesem Punkt täuschen sich viele Menschen. Wenn wir unsere Beziehungen zufriedenstellender gestalten wollen, können wir dazu nur an uns selbst arbeiten, dann werden andere Menschen die Art und Weise ändern, in der sie sich auf uns beziehen. Deswegen geht es in diesem Teil des Buchs zwar um zwischenmenschliche Beziehungen, aber genausosehr wie im übrigen Buch auch darum, wie Sie sich selbst verändern können. Es geht darum, zu verändern, wie Sie sich selbst auf andere beziehen.

Wir stellen diesem Teil eine Geschichte voran, die die folgenden Punkte illustrieren soll:

1. Ihre Beziehungen funktionieren am besten, wenn Sie darin Sie selbst sein können. Beziehungen, die Ihnen gestatten, Sie selbst zu sein, sind höchstwahrscheinlich angenehmer und machen Sie glücklicher. Was nicht heißen soll, daß Sie immer, wenn Ihnen danach zumute ist, einen Wutanfall bekommen sollen und daß Sie so grob zu Menschen sein sollen, wie es Ihnen paßt. Es soll auch nicht der Eindruck erweckt werden, alle Beziehungen müßten angenehm sein. Beziehungen, die provokativ und herausfordernd sind, können auch sehr produktiv sein. Es geht vielmehr darum, daß Beziehungen eher unzuverlässig und weniger zufriedenstellend werden, wenn Sie darin nicht Sie

selbst sind. Woraus folgt, daß es hilft, wenn Sie, was Ihre Beziehungen angeht, neugierig sind und versuchen, sie zu verstehen.

2. Eine Beziehung zu verändern kann als ein Prozeß in vier Schritten begriffen werden:
   – *1. Schritt:* Suchen Sie nach den Mustern.
   – *2. Schritt:* Konzentrieren Sie sich auf bestimmte schwierige Bereiche.
   – *3. Schritt:* Lernen Sie, Ihren eigenen Kurs zu fahren.
   – *4. Schritt:* Registrieren Sie, wie andere Menschen sich als Reaktion darauf verändern.

Die nun folgende Geschichte zeigt, wie Sie mit Hilfe dieser Schritte Ihre Beziehungen verändern können. Diese Schritte ziehen sich als roter Faden auch durch die anderen Kapitel dieses Buchs.

Die Geschichte von Debbie

Debbies Schwierigkeiten

Debbie hatte ein blaues Auge verpaßt bekommen. Sie war 22 Jahre alt und arbeitete als Empfangsdame und Sekretärin in einer kleinen Anwaltskanzlei. Sie lebte zusammen mit ihrer jüngeren Schwester bei den Eltern, die Familie hielt Debbie für ziemlich still und nicht besonders kommunikativ. Sie fühlte sich oft schlecht. Sie kam sich ekelhaft übergewichtig vor und verbarg sich in mehreren Schichten unförmiger, dunkler Kleidungsstücke, immer gerade dabei, eine neue Diät anzufangen, um diese wenige Tage später dann wieder abzubrechen. Sie beschloß, nach der Arbeit zum Turnen zu gehen, und machte sich fertig, sooft sie es nicht schaffte. Sie hatte das Gefühl, in einer Sackgasse zu stecken, ohne Hoffnung, sich verändern zu können, und war überzeugt davon, daß nichts besser werden würde, solange es ihr nicht gelänge, ihr Aussehen zu verändern. Ihre Selbstachtung und ihr Selbstvertrauen schienen auf dem absoluten Tiefpunkt angekommen zu sein, und sie hatte in den letzten Monaten angefangen, viel mehr zu trinken, als gut für sie war. Als sie mit ihrem Freund Nigel ausgegangen war, hatte sie fast zwei Flaschen Wein getrunken, danach hatten sie Streit bekommen. Sie hatten vereinbart, sich Samstag abend zu treffen, doch statt dessen war er mit Freunden zu einem Fußballspiel gegangen und anschließend noch zu einer Party, wo sich alle betrunken hatten. Als sie ihn am nächsten Tag getroffen hatte, hatte sie ihm einen gläsernen Aschenbecher auf den Kopf geschlagen, woraufhin er ihr das blaue Auge verpaßt hatte. Der Schreck über den Streit mit Nigel brachte Debbie dazu, innezuhalten und nachzudenken. Ihre Ärztin überwies sie an einen Therapeuten, der nach der interpersonalen Therapie arbeitete, und zusammen mit ihm arbeitete sie die folgenden Schritte durch.

1. Schritt: Nach Mustern suchen

Debbie erkannte, daß ihre abgebrochenen Diäten und ihr Vorsatz zu turnen ihr nichts brachten, also konzentrierte sie sich statt dessen auf den Versuch, zu verstehen, was ablief. Jedesmal, wenn sie ihre guten Vorsätze nicht durchhielt, machte sie sich Vorwürfe und hatte Schuldgefühle, aber tief im Inneren wußte sie, daß das nicht die ganze Wahrheit war. Sie stellte sich zu diesem Zweck Fragen wie diese: *»Wann geht es mir am schlechtesten? Was geschieht dann?«* und *»Wann geht es mir am besten?«* Sie fragte: *»Passiert mir immer wieder das gleiche? Scheine ich mich nur im Kreis zu bewegen?«* Das erste Muster, das ihr auffiel, war folgendes: Es ging ihr dann besonders schlecht, wenn sie übergangen wurde, von Freundinnen und Freunden ignoriert wurde und wenn sie jemand zu Hause oder bei der Arbeit kritisierte, aber am allerschlechtesten fühlte sie sich nach einer Auseinandersetzung oder einem Streit. Diese Dinge schienen immer dann zu passieren, wenn eine Diät mal wieder über den Haufen geworfen wurde.

Sie fühlte sich – unabhängig von ihrem Gewicht – wohler in ihrer Haut, wenn andere Menschen netter und freundlicher mit ihr umgingen. Das wichtigste Muster schien zu sein, daß ihre Beziehungen die Musik machten, und sie vermutete, daß alle wichtigen Schalthebel und -knöpfe, die den Mechanismus ihrer Beziehungen steuerten, von anderen Menschen kontrolliert wurden. Allerdings war sie inzwischen neugierig darauf, herauszubekommen, wie das funktionierte. Statt sich auf ihr Gewicht zu konzentrieren und darauf, wie viel sie aß oder turnte, begann sie, intensiv über die Grundmuster ihrer Beziehungen nachzudenken.

2. Schritt: Sich auf bestimmte schwierige Bereiche konzentrieren

Die interpersonale Therapie kennt drei verschiedene Typen von Beziehungsproblemen. Es ist nützlich, diese zu kennen, weil das dabei hilft, die Probleme voneinander zu trennen, so daß Sie sie jeweils einzeln anschauen können. Konzentrieren Sie sich zunächst auf bestimmte schwierige Bereiche, und bezeichnen Sie dann jeden als einem bestimmten Problemtyp zugehörig. Die drei Typen sind:

1. *Auseinandersetzungen* – zum Beispiel häufiger Streit zwischen Ehemann und Ehefrau oder Eltern und Teenager.
2. *Rollenwechsel* – zum Beispiel Erwachsenwerden und von zu Hause ausziehen oder Pensionierung
3. *Einsamkeit* – oder das Fehlen naher Freundschaften

Debbie konzentrierte sich auf drei besonders schwierige Bereiche.

1. *Das Problem Einsamkeit.* Debbie merkte, daß ihre Freundschaften, sowohl mit Männern als auch mit Frauen, dazu tendierten, nur von kurzer Dauer zu sein (ein weiteres Muster). Sie verbrachte zunächst immer viel Zeit mit neuen Bekannten und zerstritt sich dann mit ihnen, oft nach einer Reihe von Auseinandersetzungen und Disputen, und sie hatte überhaupt keine langjährigen, engen Freundschaften. Es war, als stünde sie unbeweglich mitten in einer stetig bewegten Menge Menschen, von denen alle wußten, wohin sie gingen, und nur kurz in ihrer Reichweite anhielten, bevor sie weitergingen. Ihr war diese Einsamkeit vorher nicht aufgefallen, weil sie oft ausging, aber eben nicht mit ihr nahestehenden Menschen. Das Problem bestand schon so lange, daß sie, sobald sie Menschen kennengelernt hatte, beinahe schon erwartete, daß sie sich mit ihnen zerstreiten würde. Sie war passiv geworden und neigte dazu, allem zuzustimmen, was andere wollten, um den Streit nicht zu beschleunigen.
2. *Das Problem mit Auseinandersetzungen.* Debbies Beziehungen waren auf jeden Fall stürmisch; das blaue Auge war dafür nur ein sichtbares Zeichen – und es war klar, daß ihre Neigung, sich zu streiten, zu ihrer Einsamkeit führte.

3. *Das Problem mit dem Rollenwechsel.* Debbies dritter schwieriger Bereich betraf Unterschiede in ihren Beziehungen zu Männern und zu Frauen. Sie fühlte sich nicht in der Lage, die richtige Balance zu finden, als habe sie diesen Teil des Mechanismus überhaupt nicht unter Kontrolle. Wenn sie einen neuen Freund hatte, ging sie jeden Abend mit ihm aus und kümmerte sich überhaupt nicht mehr um ihre Freundinnen (ein weiteres Muster). Ging die Beziehung dann auseinander, mußte sie feststellen, daß ihre Freundinnen nicht die ganze Zeit auf sie gewartet hatten, sondern ihre eigenen Wege gegangen waren, ohne Debbie, so daß sie sich jetzt unerwünscht und einsam vorkam.

Die Konzentration auf bestimmte schwierige Bereiche zeigte Debbie, daß es noch mehr Muster gab, als sie angenommen hatte. Sie erkannte zum Beispiel, daß sie sich, obwohl sie ständig Streit hatte, dabei eigentlich hilflos fühlte und dauernd versuchte, anderen zu gefallen. Die Auseinandersetzungen führten nur dazu, daß es ihr noch schlechter ging – sie waren für sie ein weiterer Beweis ihres Versagens, nur daß es diesmal um Beziehungen ging und nicht um Diäten und Turnvorhaben.

Sie versuchte, anderen dadurch zu gefallen, daß sie allem zustimmte, was diese wollten, als käme es gar nicht auf ihre eigenen Wünsche an oder als sei sie nicht wirklich wichtig. Das hieß, daß sie Einladungen zum Ausgehen annahm und dann alles tat, was die anderen vorschlugen, und daß sie sich immer gleich verhielt, unabhängig davon, ob sie die anderen mochte oder nicht. Sie ging völlig unbeteiligt mit jedem, der sie fragte, weil sie sich so unattraktiv und unförmig vorkam und so wenig von sich hielt, daß es ihr nie in den Sinn kam, daß sie eine Wahl haben könnte. Sie ging davon aus, daß Menschen sie schließlich und endlich ablehnen würden. Der Versuch, anderen alles recht zu machen, war eine Methode, um die unvermeidliche Einsamkeit und Isolation hinauszuschieben. Streit gab es immer dann, wenn sie sich eingesperrt fühlte oder wenn die anderen ihre Passivität satt hatten und eine Konfrontation provozierten. Debbie fragte sich sogar, ob sie manche Auseinandersetzungen mit Männern nicht einfädelte, um aus einer Situation herauszukommen, die ihr angst machte, oder um sicherzustellen, daß sie die anderen abwies, bevor diese die Möglichkeit hatten, sie abzuweisen. Debbie fand etwas Wahres über sich heraus, das fast allgemein gültig ist: wenn wir unsere eigenen Wünsche zu lange unterdrücken, kommt es zu einer Explosion.

3. Schritt: Lernen, seinen eigenen Kurs zu fahren

Debbie fiel es nicht leicht, zu akzeptieren, daß sie selbst in gewissem Maß kontrollieren konnte, was in ihren Beziehungen passierte. Ihr kam es so vor, als könnten nur die anderen wählen. Sie hatte das Gefühl, gesellschaftlich mit allem zufrieden sein zu müssen, was ihr über den Weg lief, und für kleine Freuden dankbar sein zu müssen. Aber jetzt, wo Debbie mehr über ihre Schwierigkeiten nachdachte, begriff sie, daß ihre Passivität und ihre Tendenz, zu allem ja zu sagen, ohne an sich selbst zu denken, vielleicht dazu beitrugen, was in ihren Beziehungen geschah. Ein Teil der Verantwortung für das, was geschah, lag vielleicht bei ihr. Zum ersten Mal fragte Debbie sich, was sie von Beziehungen erwartete. Statt sich auf ihre äußere Erscheinung zu konzentrieren, begann sie über ihren inneren Menschen nachzudenken – über die Debbie, die sie gern sein wollte. Statt ihr Fähnchen nach dem Wind zu hängen, begann sie, in kleinen Schritten, die Kontrolle zu übernehmen. Sie verabredete sich zum Beispiel mit ein paar Freundinnen und schloß sich ihnen bei regelmäßigen, wöchentlichen Ausflügen an. Statt sich beim Ausgehen Sorgen darüber zu machen, jemandem zu mißfallen, dachte sie darüber nach, was sie selbst machen wollte, und fing an, ihre Meinung zu äußern. Wenn sie feststellte, daß eine Beziehung ihr nicht gefiel, hatte sie den Mut, diese abzubrechen. Sie lernte, ein besseres Gleichgewicht zwischen ihren Beziehungen zu Männern und zu Frauen zu finden.

4. Schritt: Registrieren, wie sich die anderen als Reaktion verändern

Debbie hatte große Angst davor, daß es zu einem Streit kommen würde, wenn sie anderer Meinung wäre als andere Menschen. Jetzt mußte sie allerdings feststellen, daß, je mehr sie die Kontrolle übernahm und sich gestattete, sie selbst zu sein, andere Menschen sie desto mehr respektierten, und sie weniger Streit bekam. Sie begann, sich zum Mittagessen mit Freundinnen zu treffen, und stellte überrascht fest, daß diese den Kontakt hielten und zeigten, daß sie Debbie wiedersehen wollten. Zu Hause war es etwas schwerer, einen eigenen Kurs zu fahren, weil Debbies Mutter befürchtete, daß die jüngere Schwester ein schlechtes Beispiel bekäme. Nach der Sache mit dem blauen Auge verlangte sie, daß Debbie ihr sagte, wo sie abends hinging, und sie versuchte, sie zum Zuhausebleiben zu bewegen, aus Angst, sie würde sich wieder betrinken oder verletzt werden. Debbie befand sich in einem Konflikt: sie wollte ihre Mutter zufriedenstellen, aber sie wollte auch ihr eigenes Leben leben. Sie stand vor einem neuen *Rollenwechsel*problem. Aber nun verstand sie sich selbst und ihre Beziehungen besser. Sie ging weiterhin so oft aus, wie sie wollte, aber sie sprach mit ihrer Mutter darüber, mit wem sie zusammen war und was sie unternahm. Sie pflegte ihre Unabhängigkeit, aber diesmal öffnete sie sich, statt sich zu verstecken. Als ihre Mutter begriff, daß sie Debbie vertrauen konnte, begann sie, damit aufzuhören, sie einzuengen.

Die Veränderungen, die Debbie vornahm

Debbie hatte sich zwar auf die vier Schritte zur Veränderung ihrer Beziehungen konzentriert, aber sie hatte das Gefühl, in viel größerem Ausmaß davon zu profitieren. Je besser es ihr gelang, sich in Beziehungen ganz einzubringen, desto besser ging es ihr. Je besser es ihr ging, desto weniger wollte sie sich unter mehreren Lagen unförmiger Kleidungsstücke verstecken. Andere schienen sich zu freuen, sie zu sehen, sie fand neue Freundinnen und Freunde, und also hörte sie auf, sich über ihr Gewicht so viele Sorgen zu machen. Die Veränderungen, die Debbie in ihren Beziehungen vornahm, lösten eine Kettenreaktion aus, die ihr dabei half, noch viel mehr zu verändern. Als sie erst einmal sich selbst akzeptiert hatte, wurde es auch für andere leichter, sie zu akzeptieren.

Einsamkeit

Wenn wir den Wert guter zwischenmenschlicher Beziehungen betonen, möchten wir damit nicht die Bedeutung von Einsamkeit schmälern – die Fähigkeit, unsere eigene Gesellschaft zu genießen und darin schöpferische Kraft zu finden. Sich im Alleinsein wohl zu fühlen kann erfrischend und kraftspendend sein. Es ist eine notwendige Komponente vieler schöpferischer Aktivitäten, die erfordern, daß wir aus unseren eigenen Tiefen schöpfen. Einsamkeit ist nicht das Gegenteil guter zwischenmenschlicher Beziehungen. Im Gegenteil, wenn wir dauernd Gesellschaft suchen, weil wir uns allein nicht wohl fühlen, wird das unseren Beziehungen eher schaden. Wenn wir gut mit uns allein sein können, können wir auch gut mit anderen zusammen sein.

Drei Richtlinien, um Ihre Beziehungen zu verbessern

Wir neigen dazu, dann am unrealistischsten zu sein, wenn es darum geht, zu klären, was in unseren Beziehungen schiefgelaufen ist. Vielleicht liegt das daran, daß sie so wichtig für uns sind, oder daran, daß wir so viel in sie investiert haben. Wenn Sie sich verändern oder neue Möglichkeiten für Beziehungen finden wollen, müssen Sie mit einer tüchtigen Portion Realitätssinn anfangen. Drei Richtlinien werden Ihnen dabei helfen, sich auf das zu konzentrieren, was realistisch ist.

1. Arbeiten Sie daran, sich selbst zu verändern, nicht daran, andere zu verändern

Vor allem in stürmischen Beziehungen ist die Versuchung groß, sich selbst und anderen gegenüber darauf zu beharren, daß nicht Sie selbst sich verändern müssen, sondern die andere Person. Nun kann es zwar ganz richtig sein, daß die andere Person sich verändern müßte, aber da Sie andere Menschen nicht ändern können, brauchen Sie es gar nicht erst zu versuchen. Oder vielleicht ist es genauer, zu sagen, daß Sie andere Menschen nur dadurch ändern können, daß Sie sich selbst ändern – daß Sie die Art und Weise ändern, in der Sie sich auf sie beziehen. Es ist immer schwer, daran zu arbeiten, sich selbst zu ändern. Daran zu arbeiten, Beziehungen zu verändern, ist doppelt schwierig, weil es so verführerisch ist, zu denken, die anderen seien an allem schuld, und also sollten auch die anderen sich Mühe geben und nicht Sie selbst. Lassen Sie sich nicht dazu verleiten, andere ändern zu wollen: Ändern Sie sich selbst, und ändern Sie die Art und Weise, in der Sie sich auf andere beziehen.

Die Veränderungen, die Sie machen, werden in anderen auch Veränderungen bewirken. Überlassen Sie den anderen diese Veränderungen, und die Beziehung wird für beide Parteien zufriedenstellender sein.

2. Veränderungen brauchen Zeit

Wenn Sie die Art und Weise verändern, in der Sie sich auf andere beziehen, können sich die anderen eventuell dieser Veränderung widersetzen und etwas tun, was Sie dazu bringen soll, die Veränderung zurückzunehmen. Deswegen können Veränderungen in Beziehungen länger brauchen als Veränderungen, die nur Sie alleine betreffen, und sie erfordern auf jeden Fall Durchhaltevermögen.

3. Nehmen Sie Menschen erst einmal so, wie sie sind

Gebieten Sie sich Einhalt, und erinnern Sie sich daran, realistisch zu bleiben, wenn Sie merken, daß Sie sagen: »Wenn er mir doch bloß sagen würde, was er denkt« oder »Wenn sie bloß nicht so viel kritisieren würde«. Wenn Sie solche Beziehungen verändern wollen, sollten Sie mit diesen »wenn bloß« aufhören und Menschen erst einmal so akzeptieren, wie sie sind. Sobald Sie anfangen, sich selbst zu verändern, wird wahrscheinlich auch die andere Person sich verändern. Dann können Sie herausfinden, ob Sie sich aufeinander einstellen und weiterkommen können. Wenn Sie, nachdem Sie versucht haben, sich zu ändern, feststellen, daß die Beziehung sich nicht gebessert hat, und Sie sich immer noch wünschen, daß die andere Person sich ändert, dann ist es vielleicht besser, die Beziehung abzubrechen.

Die drei Voraussetzungen für gute Beziehungen

Jede Menge Bücher und Artikel haben untersucht, welche Möglichkeiten es gibt, Beziehungen zu verbessern. Wenn Sie alle diese Werke durchkämmen würden, würden drei Themen oder Voraussetzungen immer wieder auftauchen.

Die erste Voraussetzung ist, *sich selbst und anderen gegenüber fair zu sein*. Die entscheidende Fähigkeit, um sicherzustellen, daß Sie in Beziehungen fair sind, ist *Bestimmtheit.* Die zweite Voraussetzung heißt: *die Stimmen der Vergangenheit verstehen.* Es gehört zu den zentralen Einsichten der Psychoanalyse, daß uns unsere Vergangenheit immer begleitet. Wenn wir erkennen, daß solche Stimmen aus der Vergangenheit präsent sind, und lernen, was von ihnen zu halten ist, können wir uns dazu entscheiden, sie zu ignorieren, oder statt dessen auf andere Stimmen zu hören. Wenn wir sie nicht erkennen, können sie verheerende Folgen für unsere Beziehungen haben. Die dritte Voraussetzung lautet: *begreifen, daß Beziehungen Systeme sind.* Wir haben bereits erkannt, daß, wenn wir die Art und Weise verändern, in der wir uns auf andere beziehen, diese anderen dazu neigen, auf diese Veränderungen zu reagieren und sich ihnen zu widersetzen. Innerhalb eines Systems bedingt eine Änderung eine weitere, und die Fertigkeiten der *Kommunikation* und *Verhandlung* tragen dazu bei, zu gewährleisten, daß die von uns erwünschten Veränderungen und die von anderen gewünschten Änderungen zusammenpassen – so daß sich das Beziehungssystem korrigieren und angleichen läßt.

Zusammenfassung dieses Kapitels

Unser Glück, unsere Selbstachtung und unser Wohlergehen werden sehr stark von unseren zwischenmenschlichen Beziehungen beeinflußt.

Um unsere Beziehungen zu verbessern, können wir:
1. Daran arbeiten, uns selbst zu verändern, statt andere zu verändern.
2. Erwarten, daß Veränderungen Zeit brauchen.
3. Andere Menschen so akzeptieren, wie sie sind.

Die drei Voraussetzungen für gute Beziehungen sind:
1. Sich selbst und anderen gegenüber fair zu sein.
2. Die Stimmen aus der Vergangenheit erkennen.
3. Begreifen, daß Beziehungen Systeme sind.

Die nun folgenden drei Kapitel beschäftigen sich jeweils mit einer dieser Voraussetzungen.

13. Die erste Voraussetzung für gute zwischenmenschliche Beziehungen: Sich selbst und anderen gegenüber fair zu sein

Fair zu sein erfordert, bestimmt zu sein

Mit 48 Jahren wurde Rita zum ersten Mal Großmutter. Sie war ganz verrückt darauf, das neue Enkelkind zu sehen, und war schon seit Monaten am Planen, um bei ihrem vollen Terminplan die nötige Zeit dafür zu finden. Sie war im Elternbeirat der Schule ihres Orts und daran beteiligt, die Mittel für eine künstliche Niere über Spenden zusammenzubekommen. Ihr Ehemann, Daniel, vergrub sich völlig in seine Arbeit.

Rita rief ihre Schwiegertochter, Karen, an und hoffte, eingeladen zu werden. Karen plauderte fröhlich über die lustigen Angewohnheiten des Babys, seine schlaflosen Nächte und die Essenszeiten. Rita begann sich Sorgen zu machen, daß die ersehnte Einladung nie kommen würde. Sie hörte zu und wartete darauf, gefragt zu werden, ob sie kommen wolle. Dann sagte sie: »Du mußt furchtbar viel zu tun haben«, und »Ich weiß, daß bei einem neuen Baby für alles andere keine Zeit mehr ist«. Sie redete darüber, wie beschäftigt ihr Mann war, und sagte: »Manchmal behauptet er, ohne mich käme er überhaupt nicht zurecht.« Damit wollte sie vermitteln, was für eine große Hilfe sie sein konnte. Karen verstand, daß Rita keine Zeit übrig hatte. Deshalb fragte Karen zweifelnd: »Ich nehme an, du könntest Daniel nicht alleine lassen?« Rita antwortete: »Ich denke oft, daß er gar nicht merkt, daß ich da bin.« Rita und Karen wollten ein und dasselbe – und sie bekamen es nicht, weil sie beide damit hinter dem Berg hielten. Keine von beiden war fähig, klar zu formulieren, was sie wollte. Keine war sich selbst gegenüber fair.

Ritas Ehemann Daniel war da ganz anders. Er war Facharzt an einem Krankenhaus. Er sagte anderen Menschen ganz genau, was er wollte, ohne sich darum zu bemühen, deren Perspektive zu verstehen. Er hatte einen jungen Assistenzarzt, Richard, von dem er sehr viel hielt. Daniel war ziemlich häufig wegen Konferenzen unterwegs, dann beauftragte er Richard damit, auf die Patientinnen und Patienten zu achten, um die er am meisten besorgt war. In solchen Fällen stürmte Daniel, ohne anzuklopfen, in Richards Büro, in der Hand hielt er einen Stapel mit den Krankengeschichten der betreffenden Patientinnen und Patienten. »Nächsten Donnerstag kümmerst du dich um diese Leute im Krankenhaus«, mit diesen Worten warf er die Akten auf Richards Schreibtisch, machte auf dem Absatz kehrt und ging hinaus. Richard hatte das Gefühl, wie ein Dienstbote behandelt zu werden und nicht wie ein kompetenter Arzt, was er ja war. Die Sache spitzte sich zu, als Richard seinen Skiurlaub für Februar buchte. Er hatte diesen Termin mit seinen Kolleginnen und Kollegen – den anderen Assistenzärztinnen und -ärzten – abgestimmt, so daß sein Urlaub nicht mit ihrem kollidierte, das alles entsprach der normalen Vorgehensweise. Als Daniel von Richards Urlaubsplänen hörte, wurde er wütend. Sie überschnitten sich mit seinem eigenen Urlaub, und er verließ sich inzwischen fest darauf, daß Richard sich um seine schwierigen Fälle kümmerte. Er marschierte in Richards Büro und sagte ihm unumwunden, daß er seinen Urlaub nicht im Februar nehmen könne. Er duldete keinerlei Diskussion. Richard merkte, daß er keine Wahl hatte, und er änderte seine Urlaubspläne. Sechs Monate später hatte er einen anderen Job gefunden, und Daniel verlor den Assistenzarzt, den er am meisten geschätzt hatte.

Die meisten von uns werden sich entweder in Rita oder in Daniel teilweise wiedererkennen – vielleicht sogar in beiden. Ihre Geschichten verdeutlichen, wie verschiedene Formen der Ungerechtigkeit verhinderten, daß sie die Beziehungen aufbauen konnten, die für alle Beteiligten fruchtbar sind. Es ist leicht, sich selbst oder anderen gegenüber unfair zu sein, und es ist erstaunlich schwer, einen Mittelweg zu finden, auf dem wir für uns selbst einstehen können, ohne andere herabzusetzen. Meistens ist es so, daß wir es in manchen Situationen besser schaffen als in anderen: wir sind vielleicht im Beruf entschlossen, aufgeschlossen und bestimmt, zu Hause dagegen passiv. Wir können nur dann fair sein, wenn wir fähig sind, bestimmt zu sein.

Was ist Bestimmtheit?

Bestimmtheit ist eine Fertigkeit, die auf der Vorstellung beruht, daß Ihre eigenen Bedürfnisse, Wünsche und Gefühle weder wichtiger noch unwichtiger sind als die anderer Menschen: sie sind genauso wichtig. Deswegen sollten Sie Ihre eigenen Ansprüche angemessen, klar und ehrlich formulieren. Das zu lernen hilft sicherzustellen, daß Sie aus bestimmten Situationen nicht mit einem schlechten Gefühl weggehen beziehungsweise andere Menschen mit einem solchen zurücklassen.

Die Alternativen zur Bestimmtheit sind entweder Passivität oder Aggressivität. Bei der passiven Variante bekommen Sie entweder nicht, was Ihnen zusteht, oder Sie werden manipulativ: »Ich bin technisch so unbegabt, ich würde nur alles verderben«, »Du würdest das bestimmt besser machen als ich«, »Ich kann einfach nicht weitermachen, ich habe solche Kopfschmerzen«. Um ihren Willen zu bekommen, können passive Menschen aus Frustration heraus überreden, schmollen oder weinen. Die aggressive Variante wird arrogant: »Das muß sofort erledigt werden«, »Meine Eltern kommen zum Abendessen, ob es dir paßt oder nicht«, »Das ist deine Sache. Das hat nichts mit mir zu tun«. Aggressive Menschen hören anderen oft nicht zu oder tun deren Ansichten als irrelevant ab. Letzten Endes sind weder Passivität noch Aggressivität zufriedenstellend, weil sie zum einen Verstimmungen hervorrufen und zum anderen unfair sind: und auf lange Sicht bringen Sie Ihnen normalerweise nicht das, was Sie wollen. Michelle, die mit einer Gruppe indisch essen ging, obwohl sie Curry verabscheut, fühlte sich nachher verärgert und fehl am Platz. Brian, der wütend forderte, daß ein bestimmtes Projekt abgebrochen und noch einmal ganz neu aufgezogen werden sollte, war am Schluß gestreßt und vor den Kopf gestoßen. Es geht nicht darum, daß Michelle etwas über Bestimmtheit lernen sollte und Brian etwas über etwas anderes, sondern darum, daß Bestimmtheit in beiden Fällen eine effektivere Lösung möglich macht. Bei Bestimmtheit geht es darum, sich selbst und anderen gegenüber fair zu sein.

Bestimmtheit beinhaltet,
seine Rechte in Anspruch zu nehmen

Sie haben ein Recht auf eigene Gefühle und Ansichten. Vielleicht wollen andere Menschen, daß Sie anders fühlen und denken, aber dann ist das deren Problem, nicht Ihres. Wenn Sie sich selbst achten und Ihren Gefühlen trauen, werden Sie sich anderen gegenüber deutlich artikulieren. Das Seltsame ist, daß andere Sie dann mehr schätzen und Ihnen mehr vertrauen werden, als wenn Sie sich ein Bein ausrenken, um ihnen zu gefallen. Passive Menschen wollen, ebenso wie eine überraschend große Zahl aggressiver Menschen, von allen gemocht werden. Das ist kaum möglich, und normalerweise ist es destruktiv, zu versuchen, von allen Menschen, die Sie treffen, gemocht zu werden. *Konzentrieren Sie sich darauf, fair zu sein, statt darauf, gemocht zu werden.*

Befassen Sie sich mit dem »Recht auf Bestimmtheit«, wie es im folgenden Kasten formuliert ist. Es drückt Ihre Freiheit aus, Sie selbst zu sein. Sind Sie damit einverstanden?

Das Recht auf Bestimmtheit

Ich habe das Recht:
– Zu sagen: »Ich weiß nicht.«
– Zu sagen: »Nein.«
– Eine Meinung zu haben und diese zu äußern.
– Gefühle zu haben und diese zu äußern.
– Meine eigenen Entscheidungen zu treffen und die Konsequenzen zu tragen.
– Meine Meinung zu ändern.
– Mir auszusuchen, womit ich meine Zeit verbringe.
– Fehler zu machen.

Bestimmtheit als Balanceakt

Bestimmtheit kann in drei Fällen in Betracht gezogen werden, um einen goldenen Mittelweg zu finden:

1. Den goldenen Mittelweg zwischen Aggression und Passivität.
2. Den goldenen Mittelweg zwischen sich selbst und anderen.
3. Den goldenen Mittelweg zwischen Nachdenken und Reagieren.

Der goldene Mittelweg zwischen Aggression und Passivität. Aggressivität und Passivität sind zwei Extreme, keines von beiden eignet sich zum Aufbau guter Beziehungen. Bestimmtheit ist eine bessere Möglichkeit, weil Menschen mit ihrer Hilfe die eigene Meinung kundtun können, ohne die Meinungen der anderen zu mißachten oder zu mißbilligen. Es ist sehr wichtig, den Unterschied zwischen Passivität, Aggressivität und Bestimmtheit zu begreifen. In den folgenden drei klischeehaften Menschentypen kristallisieren sich die Hauptunterschiede heraus.

Roger war ein passiver Typ. Er versuchte, anderen zu gefallen und Konflikte zu vermeiden; es fiel ihm schwer, Entscheidungen zu treffen, und er war dauernd mit Selbstkritik und Selbstvorwürfen beschäftigt. Anerkennung akzeptierte er nie, und es passierte oft, daß andere ihm gegenüber Schuldgefühle hatten und enttäuscht waren, viele hielten ihn für sehr leicht beeinflußbar. Die Leute mochten ihn, aber sie respektierten ihn kaum, weil sie wußten, daß er sich herumkommandieren ließ, und er schien sich ja auch selbst nicht zu respektieren. Er tat, was seine Umgebung von ihm erwartete, seine eigenen Interessen kamen immer zuletzt. Wenn er mit anderen redete, schlug er die Augen nieder und hatte einen bittenden Tonfall in der Stimme. Er verwendete viele Floskeln im Stil von: »Würde es dir etwas ausmachen ...« und »Könntest du vielleicht ...« und »Tut mir leid«.

Bruce war aggressiv und extrem konkurrenzbetont. Er mochte Konfrontationen, sprach laut und bestimmt und neigte dazu, andere Menschen herabzusetzen, indem er auf ihrem Denken, ihren Taten oder persönlichen Qualitäten herumhackte. Er beleidigte Menschen oft und wurde meistens gemieden. Es gab nur wenige, die ihn mochten, weil er einfach zu aggressiv war, immer darauf aus, zu gewinnen und die Beiträge anderer zu schmälern, als verdiene nur er allein Anerkennung. Er würzte seine Sprache mit Floskeln wie: »Es wäre besser, wenn man ...«, »Das ist dämlich ...«, »Typisch!« und »sonst ...«.

Caroline war bestimmt. Sie formulierte eindeutig, was sie wollte, und machte die Ansprüche geltend, die sie geltend machen wollte, hörte anderen aber trotzdem zu und erkannte auch deren Ansprüche an. Wenn sie wollte, konnte sie ihre Gefühle klar ausdrücken und konnte auch ruhig mit Meinungsverschiedenheiten umgehen. Mit Caroline ließ sich gut auskommen, gleichgültig, ob jemand sie mochte oder nicht. Menschen hatten das Gefühl, ihr vertrauen und gut mit ihr reden zu können, selbst wenn sie verwirrt oder verärgert waren. Mit Caroline gab es viel zu lachen. Im Gespräch verwendete sie Sätze wie: »Ich meine …«, »Ich bin davon überzeugt, daß …«, »Was halten Sie davon?« und »Wie könnten wir dieses Problem lösen?« *Ein selbstbestimmter Mensch benutzt das Wort »ich«. Die anderen verwenden hauptsächlich »man«.* Die Betonung von »man« richtet Schaden an, weil sie nur sehr selten etwas ändert – wir haben wenig Kontrolle über andere – und weil dadurch Ärger aufgestaut wird. Mit »man« wird den anderen die Schuld in die Schuhe geschoben, und diese anderen werden wahrscheinlich auf die eine oder andere Weise zurückschlagen. Wenn Sie das »ich« betonen, übernehmen Sie die Verantwortung für sich selbst und überlassen es den anderen, Verantwortung für sich zu übernehmen.

Kein Mensch verhält sich immer genau gleich. Aggressivität kommt fast von selbst, wenn jemand wütend ist oder erschreckt wurde – zum Beispiel dadurch, daß ihm jemand vors Auto lief. Gedrückte Stimmung und wenig Selbstvertrauen macht Menschen zurückgezogen und passiv. Niemand kann die ganze Zeit bestimmt auftreten, aber wir können versuchen, es immer häufiger zu tun. Bestimmtheit ist eine Fertigkeit oder eine Reihe von Fertigkeiten. Aber diesen liegt eine bestimmte Einstellung sich selbst gegenüber zugrunde.

Wenn Sie wenig Selbstvertrauen haben und schlecht von sich denken, ist es außerordentlich schwer, fair zu sein. Wie können Sie fair sein, solange Sie denken, daß Sie »nicht zählen« oder »nichts wert sind«, oder solange Sie Angst davor haben, daß Ihre Schwäche nur allzu offensichtlich wird, wenn Sie nicht immer weiter versuchen, zu gewinnen? Oder wenn Sie davon überzeugt sind, daß ein Mißerfolg immer unmittelbar bevorsteht? Die Fähigkeit, angemessen für sich selbst einzustehen – und sicherzustellen, daß Ihre Beziehungen, wie ungleich sie in gesellschaftlicher oder sonstiger Hinsicht auch sein mögen, Ihr Recht auf Bestimmtheit widerspiegeln –, hängt von einem gesunden, gut funktionierenden Selbstvertrauen als Grundlage ab. Kapitel 10 konzentriert sich auf Methoden, Selbstvertrauen und Selbstachtung aufzubauen. Dieses Kapitel beschäftigt sich mit Fairneß und Bestimmtheit. Beide passen gut zusammen.

Der goldene Mittelweg zwischen sich selbst und anderen. Wenn es um Ihr Recht geht, Gefühle und Ansichten zu haben, sind Sie genauso wichtig wie andere Menschen. Das ist eine der zentralen Lektionen dieses Buchs (Kapitel 3). Interessant ist, daß diese Lektion zwei Seiten hat. Die eine Seite ist, daß Sie nicht weniger wert sind als andere Menschen; die andere Seite ist, daß andere Menschen nicht weniger wert sind als Sie. Passive Menschen halten sich normalerweise für weniger wert als andere Menschen, was sich oft in ihren Äußerungen zeigt: »Sie haben bestimmt recht«; »Das überlasse ich Ihnen«; und so weiter. Bei aggressiven Menschen ist das oft nicht so eindeutig. Manche sind aggressiv, weil sie andere unterschätzen. Sie gehen rücksichtslos über die Meinungen anderer hinweg und tun so, als komme es nicht auf sie an. Sie sagen zum Beispiel: »Das ist völlig irrelevant«; »Hör auf zu jammern und mach weiter«; oder »Ganz, wie Sie wollen«. Aggressives Verhalten kann aber auch aus einem eigenen Minderwertigkeitsgefühl resultieren, das gilt vor allem für Menschen, die gelernt haben »zuzuschlagen, bevor sie selbst geschlagen werden«. Diejenigen, die drangsaliert oder immer wieder schlecht behandelt worden sind, können leicht verletzbar sein und schlagen bereitwillig zu, sei es nun verbal oder physisch, um sich zu schützen. Bei Bestimmtheit geht es darum, die Symmetrie zwischen sich und anderen zu erkennen und alle Menschen zu achten – sogar dann, wenn Sie nicht mit ihnen übereinstimmen und völlig andere Empfindungen haben. Es geht nicht darum, alle zu *mögen* (wir alle haben unsere Vorlieben und Abneigungen), sondern darum, fair mit ihnen zu verhandeln. Bestimmtheit macht es überflüssig, Ausflüchte zu erfinden oder sich übermäßig zu wappnen, um sich zu schützen. Sie hilft sowohl Ihnen selbst als auch anderen dabei, die wechselseitigen Rechte zu erkennen und zu respektieren.

Der goldene Mittelweg zwischen Nachdenken und Reagieren. Bestimmtheit hört sich vielleicht nach einer gedankenschweren, anstrengenden und ziemlich unnatürlichen Aktivität an. Dabei geht es nicht so sehr darum, nachzudenken *statt* zu reagieren, sondern es geht darum, das richtige Verhältnis zwischen beidem zu finden. Wenn jemand Sie verärgert – zum Beispiel dadurch, daß sie oder er etwas ausleiht, was

Ihnen wichtig ist, und es beschädigt –, können Sie eine Tirade von Flüchen loslassen und schließlich allerhand sagen, was mit diesem Vorfall wenig zu tun hat: »Du bist ein *verdammt* unachtsamer Idiot. Ich will nichts mehr mit dir zu tun haben – nie mehr.« Beim anderen Extrem würden Sie eventuell bedenken, wie unglücklich die anderen über den Vorfall sind, Sie würden eine Szene vermeiden und Ihr Gefühl der Verärgerung hinter einer freundlichen Maske verbergen. Vielleicht würden Sie sogar einen Teil der Schuld auf sich nehmen: »Ich hätte dir das niemals leihen dürfen.« Eine ausgewogene, bestimmte Reaktion würde beinhalten, daß Sie Ihre Verärgerung klar und angemessen formulieren, wobei Sie sich in Ihrer Verärgerung auf das Verhalten der Person beziehen, nicht auf die Person selbst. »Das war wirklich unachtsam« anstelle von »Du bist völlig verantwortungslos«. Im folgenden können Sie dann herauszufinden versuchen, was die andere Person empfindet (Peinlichkeit? Reue? Gleichgültigkeit?), um danach zu entscheiden, wie die Schwierigkeit gelöst werden kann, wobei Sie in Betracht ziehen würden, wie Sie diese Beziehung nach dem Zwischenfall gestalten wollen.

Bestimmtheit macht stark

Die Fertigkeiten der Bestimmtheit helfen Ihnen dabei, das Durchhaltevermögen und die Stärke aufzubauen, die nötig sind, um für sich selbst einzustehen, außerdem festigen Sie Ihre Beziehungen, da Sie sie auf eine gleichberechtigte und stabile Grundlage stellen. Linda war Lehrerin an einer High-School, hatte selbst zwei Kinder im Teenageralter und mußte feststellen, daß ihre Familie sie mit Forderungen zu überhäufen begann, sobald sie von der Arbeit nach Hause kam. Da sie müde war, pflaumte sie sie oft an und wurde nervös, und dann eskalierten die Spannungen schnell. Sie beschloß, die Fertigkeiten der Bestimmtheit einzusetzen. Sie erklärte, daß sie müde war, wenn sie nach Hause kam, und ein paar Minuten Ruhe und Frieden brauchte. Sie sagte, sie würde sich eine Tasse Tee machen und diese mit ins Wohnzimmer nehmen, um sie dort langsam alleine zu trinken, bevor sie sich wieder ins Getümmel stürzte. Zuerst stellte ihre Familie weiterhin die üblichen Forderungen, unterbrach sie wie gewohnt, in der Annahme, daß sie schnell wieder zu ihrem gewohnten, nervösen Selbst zurückkehren würde. Aber sie hielt durch, jagte die Familie notfalls aus dem Wohnzimmer, bis die neuen Sitten zur zweiten Natur wurden, sowohl für sie als auch für ihre Familie.

Selbst kleine Veränderungen zu riskieren erfordert Mut – für einen aggressiven Menschen genausosehr wie für einen passiven. Es wird nur allzu gern als Zeichen für Schwäche ausgelegt, wenn jemand »den Gefühlen nachgibt« und wenn »das Herz über den Verstand geht«. Aber wenn Menschen dieses Risiko auf sich nehmen, hilft es ihnen dabei, Selbstvertrauen und Selbstachtung zu entwickeln und sich ihrer neuen Stärke zu erfreuen. Wenn Sie in dieser Weise fair zu sich sind, zeigen Sie damit auch Ihren Wert an – sich selbst und anderen. Sie zeigen damit, daß Sie, genau wie andere auch, es wert sind, daß auf Sie Rücksicht genommen wird und daß für Sie gesorgt wird. Wenn Sie Ihre eigenen Bedürfnisse klarmachen, sind Sie weniger leicht zu irritieren und haben viel eher die Stärke, auf die Forderungen zu reagieren, die andere an Sie stellen. Gelingt es Ihnen nicht, Ihre Bedürfnisse klarzustellen, stauen Sie sie statt dessen auf, sitzen sie aus oder verbergen sie hinter einem bescheidenen Lächeln, dann verschwinden sie nicht, sondern nagen inwendig an Ihnen und machen Sie anderen gegenüber wütend. Eine solche Wut kann sich irgendwann als Aggression entladen. In der Tat schaffen es viele unbestimmte Menschen nicht, ihren Wünschen Ausdruck zu verleihen, weil sie Angst haben, daß sich der angestaute Ärger dann entladen würde. Wenn Sie sich bestimmt ausdrücken, werden Ärger und Wut entschärft und umgangen, und sie verschwinden rasch im klaren Licht des Fair play.

Bestimmtheit führt zu Flexibilität

Die Starrheit sowohl passiver als auch aggressiver Reaktionen bedeutet, daß sie bei anderen nur eine bestimmte Form des Verhaltens hervorrufen und nur eine Lösungsmöglichkeit für ein Problem zulassen. Sowohl bei Tyrannen als auch bei »Fußabtretern« dreht sich alles um Kontrolle: die einen müssen alles unter Kontrolle haben, die anderen brauchen Kontrolle. Bestimmtheit führt zu Flexibilität. Sie trägt dazu bei, daß Menschen einander verstehen und darüber nachdenken, wie beide Teile bekommen können, was sie wollen. Sie trägt dazu bei, daß sich Menschen aufeinander einstellen, und verhindert, daß sie sich in starre Positionen verrennen. Werden anfängliche Konflikte mit Bestimmtheit angegangen, kommen kreative Lösungen heraus. Sowohl Aggressivität als auch Passivität begünstigen die jeweils entgegengesetzte Reaktion und schließen andere Wahlmöglichkeiten aus. Bestimmtheit eröffnet neue gangbare Wege und führt zu einer zufriedenstellenderen Art, aufeinander einzugehen. Bestimmtheit ist eine sichere Ausgangsbasis für effektive Verhandlungen (vgl. Kapitel 15).

Schritte auf dem Weg zur Fairneß

Neun Wege, um sich selbst gegenüber fair zu werden

Den Rahmen bauen:
1. Bauen Sie Selbstvertrauen und Selbstachtung auf.
2. Klären Sie ab, was Sie wollen.
3. Erheben Sie Anspruch auf Ihre Rechte.

Sechs spezielle Fertigkeiten erlernen:
1. Hören Sie anderen Menschen zu.
2. Benutzen Sie das »uneigennützige Ich«.
3. Bleiben Sie bei den wichtigen Punkten.
4. Gehen Sie mit Kritik und Beschwerden richtig um.
5. Setzen Sie Ihren Körper als Stütze ein.
6. Sagen Sie entschieden »nein«.

Sich selbst und andere fair zu behandeln beinhaltet, eine *Haltung* der Fairneß mit den Fertigkeiten der Bestimmtheit zu kombinieren. Die Haltungen bilden den Rahmen für diese Fertigkeiten, die, wie alle Fertigkeiten, eingeübt werden müssen. Die Analogie zum Sport ist hier ganz hilfreich. Um eine bestimmte Sportart gut zu beherrschen, müssen Sie sowohl regelmäßig trainieren als auch sich auf ein besonders wichtiges Ereignis vorbereiten. Das ist bei der Bestimmtheit ganz genauso. Zunächst werden drei Schritte beschrieben, um den Rahmen zu bauen, dann folgen sechs spezielle Fertigkeiten. Außerdem schlagen wir Übungen vor, die sich jederzeit durchführen lassen und die wiederholbar sind, um darin immer geschickter zu werden. Suchen Sie sich die Übungen heraus, die Sie ansprechen, und kombinieren Sie sie so, wie es Ihnen eine Hilfe ist.

Drei Schritte, um den Rahmen zu bauen

1. Schritt: Bauen Sie Selbstvertrauen und Selbstachtung auf
Wenn Sie wenig Selbstachtung haben, untergräbt das leicht jeden Ihrer Schritte, als würde Ihre innere Stimme eine Reihe unfairer Kommentare äußern, die Sie auf Ihren Platz verweisen sollen: »Ich bin schwach – dumm – eine Null – ich mache mich zum Narren – werfe alles über den Haufen.« »Die Leute werden – mich für schlecht halten – mich nicht mögen – mich ignorieren«, und so weiter. Diesem wichtigen Thema ist ein ganzes Kapitel gewidmet (Kapitel 10), hier empfehlen wir drei Übungen.

– *Übung 1:* Listen Sie Ihre Pluspunkte auf. Denken Sie dabei auch an Ihr Äußeres, eine erlernte Fertigkeit, Ihre Persönlichkeit und an mindestens eine Sache, auf die Sie stolz sind, daß Sie sie erreicht haben. Denken Sie daran, daß nur Sie selbst wissen können, wie hart es für Sie war, das zu erreichen, geben Sie sich dafür genauso einen Punkt wie für etwas, wovon Sie denken, daß andere Leute Ihnen dafür einen geben würden.
– *Übung 2:* Führen Sie eine Woche lang ein Tagebuch, in das Sie nur Positives eintragen – Ihre Leistungen; überwundene Schwierigkeiten; wenn Menschen freundlich, hilfreich oder nett zu Ihnen waren; worüber Sie sich gefreut haben. Blicken Sie auf das Tagebuch zurück. Machen Sie Zusätze, wenn es Ihnen gutgeht; lesen Sie es, wenn es Ihnen schlechtgeht.
– *Übung 3:* Üben Sie, klar zu formulieren, was Sie wirklich denken, indem Sie jeden Tag jemanden loben. Ihr Lob muß auf jeden Fall ehrlich und angemessen sein: Sie lernen hier nicht zu schmeicheln, Sie lernen keine Lobhudelei, sondern fair zu geben und anzunehmen, was angemessen ist. Achten Sie darauf, wie verschieden Lob entge-

gengenommen wird. Wenn Sie eines entgegennehmen, werten Sie es nicht ab, lachen Sie nicht darüber oder sagen Sie: »Oh, da hab' ich eben Glück gehabt.« Akzeptieren Sie es als aufrichtige Äußerung der Empfindung eines anderen Menschen – als absolut fair, nehmen Sie es nicht als Anlaß für Verlegenheit oder Unbehagen.

2. Schritt: Klären Sie ab, was Sie wollen

Bei Bestimmtheit geht es darum, klar zu formulieren, was Sie wollen, ohne daß Sie sich in Ihr Schneckenhaus zurückziehen oder andere vor den Kopf stoßen. Passive Menschen können wissen, was sie wollen, sind aber nicht fähig, darum zu bitten. Aggressive Menschen toben oft aggressiv herum, weil sie nicht genau wissen, was sie wollen, sie sind wie Kundschaft, die sich lautstark über den schlechten Service beklagt, der angeblich geboten wird. Sie werden auf die falsche Person wütend und sind dann so grob, daß sich alle aufregen und niemand zufrieden ist. Das Problem entsteht dadurch, daß sie nicht über den Ärger hinaus an das denken, was sie wirklich wollen: die Transaktion abbrechen? Einen Preisnachlaß? Ersatz? Eine Entschuldigung? Bestimmtheit beinhaltet, daß Sie auf das hören, was Sie wollen (Sie finden das mit ein wenig Übung bald schneller heraus), und dann darum bitten, ohne das Ganze unnötig emotional aufzuladen. Dieses Vorgehen ist wesentlich effektiver als nicht zielgerichteter Ärger. *Fragen Sie sich immer wieder: Was will ich wirklich?*

3. Schritt: Erheben Sie Anspruch auf Ihre Rechte

Bestimmtheit erfordert, daß Sie wirklich davon überzeugt sind, daß Sie genau wie andere das Recht haben, daß Ihre Interessen und Ansichten respektiert werden.

– *Übung 1:* Lesen Sie noch einmal das Recht auf Bestimmtheit (S. 169) und denken Sie darüber nach, ob Sie dazu stehen oder nicht. Streichen Sie alle Punkte, die Ihrer Meinung nach nicht dazugehören, und ergänzen Sie die, die Ihrer Meinung nach fehlen. Wichtige Bereiche, über die Sie nachdenken sollten, könnten mit Ihrer Unabhängigkeit zu tun haben; mit Ihren Bedürfnissen; damit, um Hilfe zu bitten; mit

Zeit zum Ausruhen, Entspannen oder Alleinsein; mit Ihrem Recht, zu genießen; oder Ihrem Recht darauf, sich zu verändern. Denken Sie über die folgenden Fragen nach: Welche Rechte haben Sie in einer Auseinandersetzung? Oder wenn Sie eine Beziehung abbrechen wollen? Oder eine neue eingehen wollen? Ihre Rechte und die der anderen sollten gleich sein.

– *Übung 2:* Reden Sie mit anderen darüber, ob sie die gleichen Rechte haben wie Sie; fragen Sie sie, welche Rechte ihnen wichtig sind. Wenn Sie meinen, daß andere Menschen Rechte haben, die Sie nicht haben, sind Sie sich selbst gegenüber möglicherweise nicht fair. Wenn es Ihnen schwerfällt, anderen die Rechte zuzugestehen, die Sie für sich selbst in Anspruch nehmen, sind Sie möglicherweise anderen gegenüber nicht fair.

Sechs spezielle Fertigkeiten

Grundhaltungen und Fertigkeiten gehen Hand in Hand. Manchmal hilft die Arbeit an Fertigkeiten dabei, bestimmte Haltungen zu entwickeln, manchmal funktioniert es aber auch andersherum und ist leichter, aus bestimmten Haltungen heraus Fertigkeiten zu entwickeln. Wenn Sie französische Menschen mögen, ermutigt Sie das dazu, deren Sprache zu lernen, genauso wie das Lernen der Sprache Ihnen dabei hilft, Menschen aus Frankreich kennenzulernen und zu mögen. Bestimmtheit ist tatsächlich so etwas wie eine Sprache oder ein Hilfsmittel, sie erleichtert Kommunikation und Verständnis. Wie eine Sprache hat sie viele verschiedene Facetten und Anwendungsbereiche und umfaßt viele verschiedene Kompetenzen. Es folgen sechs Fertigkeiten, die zu Bestimmtheit führen können.

1. Anderen Menschen zuhören

Denken sie noch einmal an das Verhalten aggressiver Menschen, die lautstark Forderungen stellen, ohne die geringste Ahnung zu haben, was andere denken. Statt daß ihr Versuch gelingt, andere zu beherrschen, bringen solche Menschen sich oft in eine schwächere und an-

Richtlinien für gutes Zuhören

– Zeigen Sie, daß Sie zuhören, indem Sie die Person, die spricht, anschauen, indem Sie nicken oder »Mmmh« sagen.

– Denken Sie mit, oder wiederholen Sie ein paar Wörter: »Sie waren müde«, »Nein, das haben Sie nicht getan?«

– Fassen Sie zusammen, was Sie verstanden haben: »Sie wurden gebeten, sich anzuschließen.«

– Sagen Sie es, wenn Sie zustimmen. Vor allem in hitzigen Diskussionen passiert es sehr leicht, daß Sie sich auf das konzentrieren, was Sie sagen wollen, und davon ausgehen, daß die anderen wissen, wann Sie mit ihnen übereinstimmen. Sie haben dann das Gefühl, daß ihre Aussage nicht rübergekommen ist, wiederholen sich oder werden ärgerlich.

– Hören Sie auf das, was Menschen mit dem, was sie sagen, meinen oder was unausgesprochen bleibt, und überprüfen Sie, ob Sie richtig liegen. »Sie sind spät dran« könnte ein Vorwurf sein oder ein Seufzer der Erleichterung; eine einsilbige Antwort könnte ein Zeichen von Unkonzentriertheit sein, von Traurigkeit, Desinteresse, Langeweile oder völliger Übereinstimmung.

– Hören Sie bis zum Schluß zu. Manchmal enthält das Ende einer Mitteilung eine unerwartete Wende.

– Nehmen Sie Ihre Scheuklappen ab: die Vermutungen, die Sie dazu verleiten, falsche Schlüsse zu ziehen, daß Sie zum Beispiel annehmen, daß jemand, der »Bitte hilf mir« sagt, will, daß Sie Probleme stellvertretend lösen, statt daß Sie unterstützen und ermutigen. Oder daß Sie davon ausgehen, daß jemand, der sagt, er habe einen schrecklichen Tag gehabt, seinen Frust auf Ihnen abladen will oder überfordert und deprimiert ist. Vielleicht will dieser Mensch nur gehört und verstanden werden. Vielleicht hilft ihm das Reden dabei, darüber hinwegzukommen.

greifbarere Position und versäumen es, zuzuhören. Jemand anderem genau zuzuhören bedeutet, diesem Menschen die ungeteilte Aufmerksamkeit zu widmen. Ein Mensch, der gut zuhören kann, versteht die Worte, die gesagt werden, hört aber auch heraus, wie sich das Gegenüber fühlt. Es kann sein, daß Sie verifizieren müssen, ob Ihre Vermutung stimmt: »Das scheint Ihnen große Sorgen zu machen« oder »Das hört sich für mich sehr verwirrend an«.

2. Benutzen Sie das »uneigennützige Ich«

Wenn Sie sagen: »Ich will heute abend um fünf heimgehen«, sind Sie sich selbst gegenüber fair, wenn dies das ist, was Sie wollen; das ist nicht eigennützig. Es ist ganz in Ordnung, wenn Sie sich klar ausdrücken, besonders, wenn Sie etwas wollen. Es ist nicht nötig, wie die Katze um den heißen Brei herumzuschleichen, ungenau, verschämt oder verlegen zu sein. Wenn andere das Recht haben, für sich selbst einzutreten und erwarten zu können, daß ihre Ansicht respektiert wird, dann haben Sie das auch.

Stellen Sie sich vor, daß Sie mit jemandem über etwas sprechen wollen, was Ihnen Schwierigkeiten macht. Vielleicht ist es ganz einfach, die erwünschte Hilfe zu bekommen, oft ist es allerdings viel schwieriger, als es zu sein scheint, wenn es Ihnen nicht gelingt, zu formulieren, was Sie brauchen: »Ich brauche Hilfe, um diese Entscheidung zu treffen«, »Ich muß Dampf ablassen«, »Ich brauche eine Umarmung«, »Ich brauche Raum zum Atmen – ein Gespräch über das Wochenende – Rat – die Möglichkeit, mich zu beschweren«.

Akzeptieren Sie Ihre Gefühle so, wie sie sind, und tun Sie nicht so, als sei es eigennützig, sie in Betracht zu ziehen. Wenn Sie sich verärgert fühlen, dann fühlen Sie sich eben so. Es hat wenig Sinn, sich zu sagen, Sie *sollten* nicht ärgerlich sein. Erkennen Sie das Gefühl an, damit Sie es ausdrücken oder in anderer Form angemessen damit umgehen können. Das gleiche gilt für andere Menschen. Sie haben die Gefühle, die sie haben, und ein Recht darauf, diese zu haben, sie anzuerkennen und zu akzeptieren – aber sie haben nicht das Recht, Sie damit gegen Ihren Willen zu bombardieren. Kurzum, ein Gefühl muß anerkannt werden. Aber bringen Sie das Gefühl nicht mit der Überzeugung durcheinander, die eventuell damit einhergeht. Wenn Sie sich dumm vorkommen, ist dieses Gefühl *real*, aber daraus folgt nicht, daß Sie dumm *sind*. Mehr über die Beziehung zwischen Gedanken und Gefühlen finden Sie in Kapitel 9.

3. Bleiben Sie bei den wichtigen Punkten

Der Philosoph Anthony Flew pflegte vom »Zehn-undichte-Eimer-Argument« zu sprechen. Es bedeutet, daß viele schwache Argumente in der Hoffnung vorgebracht werden, daß sie alle zusammen ein starkes

Argument ergeben – was sie natürlich niemals tun. Schließlich wollen Sie einen wasserdichten Eimer und keine zehn undichten. In Wirklichkeit ist es sogar so, daß viele schwache Argumente einer guten Sache schaden. Schwache Argumente wirken eher wie Ausflüchte und Entschuldigungen als wie Argumente.

Stellen Sie sich vor, daß jemand Sie fürs kommende Wochenende zu einer Party einlädt. Nehmen wir an, Sie sind ab morgen für zwei Wochen in Urlaub. Sie sagen einfach, daß Sie die Einladung nicht annehmen können, weil Sie weg sind. Das ist ein völlig überzeugender Grund dafür, nicht auf die Party zu können.

Jetzt stellen Sie sich einmal vor, daß Sie zu einer Party eingeladen sind, aber nicht hingehen wollen, weil Sie an diesem Wochenende schon zu viel vorhaben. Sie könnten eigentlich hingehen, wollen aber lieber nicht. Sie fangen an, sich zu entschuldigen: Sie wissen noch nicht, was Sie machen wollen; Sie haben tagsüber einen Termin und wissen nicht, ob Sie rechtzeitig zurück sein werden; Sie müssen am nächsten Tag früh aufstehen und wollen nicht spät ins Bett; Sie haben das Gefühl, daß Sie eine Erkältung bekommen, und wollen niemanden anstecken. Keine dieser Ausflüchte ist wirklich überzeugend, alle lassen sich anzweifeln. Wenn Sie noch nicht wissen, was Sie machen wollen, warum nehmen Sie dann nicht die Einladung an? Dann wüßten Sie es. Sie könnten auch später kommen oder schon früh wieder gehen.

Die überzeugendste Antwort ist immer geradeheraus und einfach: »Danke, aber ich hab' schon so viel vor.« Daran gibt es nichts zu rütteln. Sie haben Ihre Entscheidung kundgetan und eine einzige, klare Begründung für sie gegeben. Wird Ihre Antwort nicht akzeptiert, wiederholen Sie die Äußerung entweder wortwörtlich oder mit etwas anderen Worten, die das gleiche aussagen. »Nein, tut mir leid, ich kann nicht«, »Tut mir leid, ich habe zu viel zu tun«, »Ich würde gerne kommen, aber ich kann nicht«.

Es braucht Übung, bis Sie gelernt haben, nicht nachzugeben, Ihrer Linie treu zu bleiben und wasserdichte Argumente zu benutzen. In der Übung im folgenden Kasten werden drei Schritte beschrieben, die zu gehen sind, und beispielhafte Situationen angegeben, in denen Sie diese Schritte einüben könnten.

Sie könnten eigene Vorstellungen aufschreiben oder sie mit einer Freundin oder einem Freund durchsprechen oder jemanden um eine Generalprobe bitten. Das könnte eine Hilfe für besonders schwierige Situationen sein, wenn Sie zum Beispiel jemandem sagen müssen, daß seine Arbeit nicht gut genug ist, oder wenn Sie auf einer Gehaltsaufbesserung bestehen wollen.

4. Gehen Sie mit Kritik und Beschwerden richtig um

Kritik und Vorwürfe lassen immer die Wellen hochschlagen, ob sie nun aggressiv formuliert werden – »Das ist typisch für Leute wie Sie«, »Sie sind zu nichts zu gebrauchen …«, »Dazu haben Sie noch nie getaugt …« – oder eher passiv auf unterirdischen Kanälen aus Groll, Ärger und Tadel daherkommen. Zu explodieren oder nur innerlich vor unterdrückter Wut zu schäumen, das sind die beiden destruktiven Extreme, Skylla und Charybdis, zwischen denen Sie sich hindurchnavigieren können, wenn Sie sich selbst und anderen gegenüber fair sind.

Zunächst einmal ist es wichtig, zwischen Kritik und Rufmord zu unterscheiden. Jeder Mensch macht mal einen Fehler, beleidigt, ist gedankenlos oder grob, aber diese speziellen Verhaltensweisen werden jeweils durch spezielle Situationen ausgelöst. Aus ihnen allgemeingültige Schlüsse zu ziehen (und die Person, die sich so verhält, als »böse«

zu bezeichnen), macht genausowenig Sinn, wie aus hilfsbereitem oder rücksichtsvollem Verhalten allgemeingültige Schlüsse zu ziehen. Falschen Anschuldigungen entgegenzutreten ist leichter, wenn Sie schwache Punkte *präzise* eingestehen können, ohne deren Bedeutung zu übertreiben und ohne sie als irrelevant abzutun. Im folgenden werden drei Strategien vorgestellt, die bei der Reaktion auf Kritik helfen.

– *Lassen Sie keine Pauschalurteile zu.* Die Kritik lautet: »Du bist immer so unlogisch. Du kannst keine 10 Sekunden klar denken«, und Sie erwidern: »Manchmal sage ich etwas Unlogisches. Meistens bin ich aber ganz vernünftig.«
– *Akzeptieren Sie die Kritik, und entschuldigen Sie sich in angemessener Form.* Die Kritik lautet: »Sie kommen schon wieder zu spät«, und Sie antworten: »Ja, es tut mir leid, ich verspäte mich schon den ganzen Tag immer wieder.«
– *Bitten Sie um Klarstellung.* Die Kritik lautet: »Sie sind verworren und schlecht organisiert«, und Sie erwidern: »Was veranlaßt Sie, das zu sagen?« oder »Stört Sie etwas?« oder »Was soll ich in Ordnung bringen?«

Wenn der Fall umgekehrt liegt und Sie sich beschweren wollen, hilft ein Vorgehen in drei Schritten.

– *1. Schritt:* Benennen Sie das Problem. »Wegen Ihrer Musik habe ich gestern nacht wach gelegen«; »Ich habe dieses Jahr noch keine Gehaltserhöhung bekommen«; »Diese Anordnung ist unvollständig«; »Sie haben mir die falschen Karten geschickt«. *Faustregel:* Drücken Sie sich knapp, exakt und klar aus, und rätseln Sie nicht an den Einstellungen oder Motiven anderer Menschen herum. Halten Sie sich an die Fakten.
– *2. Schritt:* Formulieren Sie Ihre Gefühle oder Ansichten. »Es war wirklich ärgerlich«; »Ich bin sehr enttäuscht«; »Ich denke, da muß irgendwo ein Irrtum vorliegen«. *Faustregel:* Formulieren Sie nur Ihre eigenen Gefühle und Ansichten, und hüten Sie sich vor Übertreibungen. Bleiben Sie gelassen, so daß Sie andere nicht beschuldigen oder beschämen. Denken Sie daran, »ich« statt »man« zu sagen.
– *3. Schritt:* Spezifizieren Sie Ihre Wünsche. »Könnten Sie die Musik

bitte nach Mitternacht leiser drehen?«; »Können Sie mir sagen, woran das liegt?«, »Ich brauche bis Mittwoch Ersatz.« *Faustregel:* Bitten Sie um eindeutig spezifizierte Änderungen, eine nach der anderen, von denen angenommen werden kann, daß andere sie bewältigen können.

Sowohl beim Entgegennehmen als auch beim Anbringen von Beschwerden und Kritik ist es hilfreich, ruhig zu bleiben. Wenn wir sehr gefühlsgeladen sind, trübt sich unser Blick für andere Menschen, und unsere Vorstellungen von Fairneß gehen baden. Konflikte werden höchstwahrscheinlich eskalieren, wenn Sie einfach loswettern und dabei Dinge sagen, die Ihnen nachher leid tun. Wenn Ihre Bitten ignoriert worden sind, wenn jemand ohne ersichtlichen Grund unfreundlich oder kritisch ist und Sie aufgrund des Verhaltens einer anderen Person frustriert, angegriffen oder verärgert sind, müssen Sie sich vielleicht zuerst beruhigen, bevor Sie nachdenken und auch reagieren können. In Kapitel 15 finden Sie Anregungen dazu, wie Sie mit Konflikten und Streitigkeiten umgehen können.

5. Setzen Sie Ihren Körper ein

Bestimmtes Verhalten hat auch einen körperlichen Aspekt. Wie bestimmt Sie sind, zeigt sich in Ihrer Haltung, im Blickkontakt, in der Stimmlage, in Gesten und Bewegungen, im Gesichtsausdruck und der Distanz, die Sie anderen gegenüber einhalten. Die folgenden Übungen helfen, sich dieser Faktoren bewußter zu werden. Es gibt keine allein richtige Art und Weise, bestimmt zu sein. Die Übungen sollen Ihnen dabei helfen, über die Signale nachzudenken, die Sie bei anderen wahrnehmen und die Sie selbst aussenden. Im allgemeinen beinhaltet eine gewisse Bestimmtheit im Verhalten, daß Sie sich gerade halten, Menschen direkt ansehen und weder einen weiten Bogen um sie machen noch sie bedrängen.

– *Übung 1:* Denken Sie an jemanden, den Sie kennen, der bestimmt auftritt (nicht aggressiv!). Stehen Sie auf und gehen Sie so durch den Raum, wie die betreffende Person gehen würde. Beobachten Sie, falls sich die Gelegenheit ergibt, wie Bestimmtheit im Verhalten sich äußert. Was fällt Ihnen auf?

– *Übung 2:* Wiederholen Sie diese Übungen, indem Sie dabei an aggressives und passives Verhalten denken. Übertreiben Sie die Unterschiede. Passive Menschen vermeiden zum Beispiel häufig Blickkontakt; aggressive starren oft. Testen Sie diese verschiedenen Verhaltensweisen in einem Gespräch mit Menschen, die Sie gut kennen, und beobachten Sie die Reaktionen. Fragen Sie Ihre Gegenüber, ob sie oder er die Unterschiede bemerkt. Probieren Sie dann, ob Sie einen »Bestimmtheitskompromiß« finden – den für Sie richtigen Mittelweg. Können Sie Ihre eigene Körpersprache wahrnehmen und einordnen? Würden Sie gern etwas an der Art und Weise ändern, wie Sie Ihren Körper einsetzen? Wenn ja, dann spezifizieren Sie genau, was Sie wollen, und üben Sie das neue Verhalten so oft wie möglich ein.

6. Sagen Sie entschieden »nein«

Wenn andere Menschen uns um etwas bitten, fühlen wir uns normalerweise verpflichtet, *ja* zu sagen – und meistens beugen wir uns diesem Druck wider besseren Wissens. Warum ist das so? Wahrscheinlich hat es vor allem drei Gründe. Erstens sind wir uns über unsere eigenen Prioritäten nicht im klaren. Zweitens befürchten wir, die andere Person könnte unzufrieden sein oder schlecht von uns denken, wenn wir ablehnen. Und drittens wollen wir die andere Person, wenn wir mit ihr befreundet sind, glücklich machen.

– *Prioritäten abklären.* Jedesmal, wenn Sie zu etwas ja sagen, müssen Sie zu etwas anderem nein sagen. Das gilt auch dann, wenn bei Ihnen nicht immer etwas los ist. Sagen Sie also nur dann ja, wenn Sie es wirklich wollen. Sagen Sie nicht aus den falschen Gründen ja: nur, um der Person, die Sie gefragt hat, zu gefallen; oder um sie loszuwerden; oder weil es Ihrem Eigendünkel schmeichelt. Wenn Sie ja sagen, sollten Sie damit etwas zustimmen, dem Sie unter Berücksichtigung all Ihrer Prioritäten wirklich zustimmen wollen. Die Sache, der Sie zustimmen, sollte Ihnen wichtiger sein als das, was Sie aufgeben müssen (vgl. Kapitel 5). Sie könnten ablehnen, eine Zusatzaufgabe zu übernehmen, weil Sie nicht bereit sind, andere Verpflichtungen aufzugeben, die Ihnen wichtiger sind – oder die Sie lieber erledigen.

Sie könnten es ablehnen, einem Nachbarn am Sonntag zu helfen, weil Sie es sich mit der Sonntagszeitung gemütlich machen wollen. Seien Sie sich selbst gegenüber fair, wägen Sie Ihre eigenen Bedürfnisse und Wünsche gegen die anderer Menschen ab. »Nein« zu sagen ist nicht herzlos und lieblos, es bedeutet nur, daß Sie Ihre eigenen Bedürfnisse und Wünsche genauso wichtig nehmen wie die von anderen.

– *Auf nette Art nein sagen.* Wenn jemand Sie bittet, etwas zu tun, was Sie nicht tun wollen, dann müssen Sie einfach nur nein sagen. Sie sind nicht dazu verpflichtet, Erklärungen abzugeben. Sie haben genau wie jeder andere Mensch das Recht, nein zu sagen und es dabei zu belassen. Allerdings fällt es den meisten Menschen leichter, nein zu sagen, wenn sie eine Möglichkeit kennen, das zu tun, ohne Druck, Überredungsversuche, Streit oder Bestürzung befürchten zu müssen. Manche Menschen machen es uns schwer, weil sie sich weigern, ein Nein als Antwort zu akzeptieren. Strategien, um auf nette Art nein zu sagen, können daher Ihren Sinn für Fair play unterstützen.

Hier sind einige Möglichkeiten, wie Sie sich selbst und anderen eine Ablehnung leichter machen können.

– Machen Sie klar, daß Sie es würdigen, gefragt worden zu sein: »Danke, daß Sie mich fragen«; »Das ist nett von Ihnen«; »Das freut mich wirklich, daß Sie mich einladen«.
– Erkennen Sie die Prioritäten und Wünsche der anderen Person an: »Ich weiß, daß es wichtig ist«; »Ich verstehe die Schwierigkeit, aber ...«
– Nennen Sie einen eindeutigen Grund für Ihre Ablehnung: »Ich bin schon verpflichtet, ... zu machen«, »So viel Zeit habe ich nicht«; »Ich wüßte nicht, wie«.
– Helfen Sie der anderen Person dabei, ihr Problem selbst zu lösen. Sie können zum Beispiel einen Vorschlag machen – jemanden nennen, der an Ihrer Stelle gefragt werden könnte oder etwas Ähnliches. Ziel ist es, einen Mittelweg zu finden zwischen »Das ist nicht mein Problem« (gesagt oder gedacht) und der Übernahme fremder Probleme, als ob sie die eigenen seien.

Die Etwas-überschlafen-Regel. Machen Sie es sich zur Regel, frühestens am nächsten Tag auf weitreichende Verpflichtungen einzugehen. Dadurch gewinnen Sie Zeit, um zu überdenken, ob Sie in Anbetracht all Ihrer Prioritäten wirklich ja oder nein sagen wollen. Diese eine Regel erspart Ihnen viele spätere Entschuldigungen. Etwas eine Nacht zu überschlafen ist sehr effektiv, um Perspektiven zurechtzurücken.

Zusammenfassung dieses Kapitels

Bestimmtheit ist grundlegend, wenn es darum geht, sich selbst und anderen gegenüber fair zu sein. Bestimmtheit ist etwas anderes als Aggressivität.

Bestimmtheit ermöglicht einen Mittelweg zwischen:
1. Aggression und Passivität
2. Sich selbst und anderen Menschen
3. Nachdenken und Reagieren

Jetzt folgen drei Schritte, um der Bestimmtheit einen Rahmen zu geben:
1. Arbeiten Sie an Ihrem Selbstvertrauen und Ihrer Selbstachtung.
2. Klären Sie ab, was Sie wollen.
3. Erheben Sie Anspruch auf Ihre Rechte.

Und hier sind sechs spezielle Fähigkeiten der Bestimmtheit:
1. Hören Sie anderen Menschen zu.
2. Benutzen Sie das uneigennützige »Ich« – formulieren Sie Ihre Wünsche klar und einfach.
3. Bleiben Sie bei den wichtigen Punkten.
4. Wenn Sie andere Menschen kritisieren, so kritisieren Sie deren Handlungen, nicht den Charakter.
5. Verstärken Sie Ihre Mitteilungen durch Körpersprache.
6. Sagen Sie entschieden »nein«. Verpflichten Sie sich nicht zu etwas Wichtigem oder Zeitaufwendigem, ohne die »Sache zu überschlafen«.

14. Die zweite Voraussetzung für gute zwischenmenschliche Beziehungen: Stimmen aus der Vergangenheit erkennen

Die Vergangenheit ist unsere ständige Begleiterin. Sie ist die Grundlage, auf der wir aufbauen, und der Rahmen, durch den wir die Welt wahrnehmen. Sie kann eine Quelle der Kreativität sein, aber auch eine Quelle der Verwirrung und des Schmerzes, vor allem, wenn wir nicht verstehen, inwiefern sie uns beeinflußt und wie wir uns von den Einschränkungen freimachen können, die sie uns auferlegt. In unseren augenblicklichen Beziehungen oder darin, daß solche Beziehungen fehlen, äußern sich Stimmen aus unserer Vergangenheit. Solche Stimmen können Probleme verursachen, und diese Probleme können nur dann bewältigt werden, wenn wir lernen, diese Stimmen aus der Vergangenheit zu erkennen – zu hören.

Unsere Vergangenheit besteht aus verschiedenen Schichten. Wir sind wie die Erde, deren Schichten erkennbar sind, wenn wir die Steilwand einer Klippe betrachten. Wenn wir die Gesteinsschichten durch die Zeiten hindurch verfolgen, können wir die Schicht erkennen, die einst der Grund eines Sees war, über den sich kleine Lebewesen treiben ließen; die Schicht, in der der Wald wuchs, ist inzwischen wegen des Gewichts des Gesteins nur noch ein schmaler, schwarzer Streifen; und an manchen Stellen sind aufgrund von Erdverschiebungen ältere Schichten an die Oberfläche gedrückt worden.

Auch wir bestehen aus Schichten, und wie bei der Erde können alte Schichten allmählich an die Oberfläche kommen, oder sie können unerwartet durchbrechen und uns in Form von verwirrenden, beunruhigenden Bildern und Gefühlen heimsuchen. Die Dinge, die in unseren Beziehungen geschehen oder nicht geschehen, lösen leicht dieses Pendeln zwischen Gegenwart und Vergangenheit aus und machen es offenbar.

Unsere alten Schichten sind natürlich komplex, vereinfachte Modelle können uns aber dabei helfen, sie besser zu verstehen, und können uns auch in unseren Beziehungen eine Hilfe sein. Eine Methode, die Transaktionsanalyse, bietet ein Modell von uns selbst, das entwickelt wurde, um beim Verstehen der Stimmen aus der Vergangenheit eine praktische Hilfe zu sein.

Hilfe durch die Transaktionsanalyse

Wir können uns vorstellen, daß unsere komplexe, vielschichtige Persönlichkeit drei *Stimmen* hat, eine *Eltern-, Erwachsenen-* und *Kinder-* stimme, als würden wir aus drei Teilen bestehen: einem Eltern-Teil, einem Erwachsenen-Teil und einem Kind-Teil. Der Eltern-Teil meint nicht Sie als Elternteil Ihrer Kinder, sondern er setzt sich zusammen aus den Stimmen Ihrer eigenen Eltern und elternähnlicher Personen der Vergangenheit. Wenn Sie sich auf andere beziehen, können alle drei Anteile eine Rolle spielen. Alle drei sind wichtig, keiner sollte abgeblockt werden. Allerdings können diese »Stimmen aus der Vergangenheit« in bestimmten Situationen auch Schwierigkeiten machen.

Zunächst einmal möchten wir Ihnen helfen, sich darauf zu konzentrieren, diese Stimmen aus der Vergangenheit zu hören und zu verstehen. Hören Sie sich selbst zu. Wann können Sie die Stimme des Kindes vernehmen? Zum Beispiel dann, wenn Sie einen Wutanfall bekommen? (»Nie im Leben mach' ich das, was du willst!«) Wann hören Sie der Stimme des Eltern-Anteils zu? (»Reiß dich zusammen und hör auf zu jammern!«) In schwierigen Beziehungen hilft es, Stimme und Verhalten von Kind- und Eltern-Anteil durch die des Erwachsenen zu ersetzen. Das soll nicht heißen, daß das Kind und der Eltern-Anteil keinen Platz haben; das Kind in uns ist oft eine Quelle der Freude und der Kreativität, und oft gelingt es ihm, uns vor Gefahren zu warnen. Der Eltern-Anteil kann in Sachen Disziplin von Nutzen sein oder uns Ziele und Ideale nennen, auf die wir hinarbeiten können. Allerdings nützen uns Eltern- und Kind-Anteil mehr und stören unsere Beziehungen weniger, wenn sie vom Erwachsenen kontrolliert werden. Übernehmen das Kind oder der Eltern-Anteil die Kontrolle, tauchen Probleme auf, die in Beziehungen große Schwierigkeiten verursachen.

Die Erwachsenen-Stimme

Der Erwachsene artikuliert die reifen Anteile unserer Persönlichkeit – die Anteile, die sich aufgrund unserer eigenen Welterfahrung entwickelt haben. Es ist der Teil, der über Ihre Erfahrungen nachdenken und argumentieren kann und lernen kann, Vorhersagen über die Zukunft zu machen. Er kann Entscheidungen treffen, die von der Realität ausgehen. Hat der Erwachsene die Oberhand, kann er die Stimmen des Kindes und des Eltern-Anteils konstruktiv einsetzen. Es ist nicht notwendig, die Stimmen des Kindes und des Eltern-Anteils zu ersticken; aber Sie können verhindern, daß sie sich auf destruktive und unerwünschte Weise äußern, wenn Sie sich ihrer Äußerungen immer bewußter werden. Die Erwachsenen-Stimme kann Ihnen dabei helfen, sie mit Abstand zu betrachten oder konstruktiv einzusetzen, statt sich von ihnen mitreißen zu lassen.

Die Stimme des Kindes

Das Kind artikuliert jene Gefühle und Reaktionen, die im wesentlichen in unseren ersten Lebensjahren angelegt wurden. Die Stimme des Kindes kann alle Gefühle äußern, so wie Kinder intensive und komplexe Gefühle haben, lange bevor sie darüber sprechen können. Sie kann auch viele kindliche, positive Aspekte unserer Persönlichkeit repräsentieren, zum Beispiel unsere Neugier, die Fähigkeit, uns mit ganzem Herzen einer Sache zu widmen, und unsere Fähigkeit, uns ganz einfach zu freuen. Menschen, die diese Art der Freude nicht mehr kennen, haben möglicherweise das Kind in sich unterdrückt. Kindliche Stimmen können aber auch schwierig sein, vor allem in zwischenmenschlichen Beziehungen. Wenn Sie Kindern zuhören, werden Sie bestimmte Redemuster wahrnehmen, die allgemein üblich sind: »Laß mich in Ruhe«; »Du läßt mich nie das machen, was ich will«; »Ich werde nicht das tun, was du verlangst«. Möglicherweise meinen wir, daß solche Klagen von uns als Erwachsene nicht mehr geäußert werden. Das stimmt aber wahrscheinlich nicht. Stimme und Verhalten des Kindes lassen sich immer noch wahrnehmen, nur nicht mehr so unverstellt.

Was die Stimme des Kindes oft sagt

Meins ist besser als deins. Kinder vergleichen ihre Besitztümer oft mit denen anderer Kinder und wollen unbedingt, daß sie selbst besser dastehen – »Ich hab' das größte« –, und übertreiben die Vorzüge des eigenen Besitzes: »Wenn du um das Auto von meinem Papa herumgehen willst, brauchst du 10 Minuten«. Diese Stimme ist vernehmbar, wenn Erwachsene sich miteinander vergleichen und betonen, wieviel besser die eigene Leistung oder Ausrüstung ist. Solche Vergleiche kaschieren oft tiefsitzende Ängste, und sie fungieren, wie bei Kindern, als eine recht ineffektive Form der Selbstbestätigung: »Auf meinem Schreibtisch ist auf jeden Fall kein solches Durcheinander wie auf Ihrem.« Diese Ängste scheinen von der Annahme auszugehen, daß, wenn ich nicht das Sagen habe, du es hast, wodurch ich Gefahr laufe, schikaniert zu werden oder keine Kontrolle ausüben zu können. Die Angst bewirkt außerdem Unsensibilität anderen Menschen gegenüber: »Ich kann mich in schwierigen Zeiten absolut auf Dan verlassen. Es muß schrecklich für dich sein, niemanden wie ihn zu haben, an den du dich wenden kannst.«
Wenn diese Stimme dominiert, hinterläßt sie in uns irgendwie ein schlechtes Gefühl, sie ist deswegen ziemlich ähnlich wie Neid.

Ich will deins. Kinder sind oft neidisch auf die besseren Besitztümer anderer Kinder und werden schnell unzufrieden. Eine der Aufgaben von Eltern besteht darin, Kindern dabei zu helfen, daß sie lernen, mit dem zufrieden zu sein, was sie haben, statt die Besitztümer anderer zu verlangen. Das ist eine schwierige Aufgabe, und bei den meisten von uns macht sich diese kindliche Stimme auch noch im Erwachsenenalter bemerkbar. Sie hören, daß eine Freundin oder ein Freund Erfolg gehabt hat, und statt sich mitzufreuen, »kommt es Sie hart an«. Ist das etwa Ihr inneres Kind, das »Ich will deines« spielt? Vielleicht haben Sie an sich selbst oder an anderen schon einmal das Bedürfnis beobachtet, *alles* zu haben, was andere haben, das geht vom neumodischen Kartoffelschäler über den Flaschenöffner bis zum neuen Auto; von Kinkerlitzchen bis zu Statussymbolen aller Art. Genauso wie, wenn wir unsere Kinder mit in den Spielzeugladen nehmen, fast alles ungeheuer begehrenswert zu sein scheint.

Das ist nicht fair. Diese Variante ist in besonders scharfer Form zwischen Geschwistern zu beobachten. »Du hast ihr ein neues Malbuch gekauft und mir nichts.« Wir können zwar annehmen, daß diese Art der Rivalität mit unseren Brüdern und Schwestern mit zunehmendem Alter verschwindet, in Wirklichkeit kann sie sich aber in subtiler und verborgener Weise äußern. »Ich bin an der Reihe, eine Party zu geben, bei diesem Treffen den Vorsitz zu haben, beim Wohnungsausschuß mitzumachen.« »Du bist an der Reihe, die Wäsche zu sortieren, die Getränke zu bezahlen, mit meinen Freunden wegzugehen.«

Das Gefühl, ungerecht behandelt zu werden, kann noch stärker sein, wenn es um *Zeit* geht statt um *Besitz.*

Und ich? Dieser Vorwurf kann Eltern mit zwei oder mehr Kindern besonders ungerecht vorkommen! Sie lesen einem Kind eine Stunde lang vor, ohne sich um die anderen zu kümmern; dann malen Sie ein paar Minuten mit einem anderen, und das erste sagt: »Und ich?« Alle Kinder brauchen Aufmerksamkeit, aber nicht alle im selben Maß, und es gibt Zeiten, in denen Kinder ein fast unstillbares Verlangen nach der Aufmerksamkeit ihrer Eltern haben können. Dieses Verlangen kann auch, wenn wir schon erwachsen sind, durchbrechen, vor allem in Beziehungen zu Menschen, die in unserem Leben eine wichtige Rolle spielen. In den meisten engen Beziehungen unter Erwachsenen gibt es Zeiten, in denen die Stimme unseres inneren Kindes Aufmerksamkeit verlangt und vom Erwachsenen-Anteil unserer Partnerin oder unseres Partners Zeit oder Beachtung verlangt. Solange die Beziehung davon nicht beherrscht wird, ist das nicht schlimm, aber es kann auch zu Eifersucht, Neid und Reibungen führen, wenn es nicht als das erkannt wird, was es ist, und vor allem dann, wenn die Rollen zwischen den beiden Parteien sehr unterschiedlich verteilt sind.

Wie sich Beschwerden äußern: Wutanfälle und langes Schmollen. Die meisten Kinder reagieren auf Frustration, indem sie von Zeit zu Zeit entweder einen Wutanfall bekommen oder ausdauernd schmollen – sie fordern die Eltern damit auf, ihnen gut zuzureden, sind aber gleichzeitig wild entschlossen, sich nicht besänftigen zu lassen.

Gängige Beispiele für die Stimme des Kindes	
Kindliche Version	*Erwachsene Version*
Das sag' ich meinem Lehrer …	Ich muß mich an die zuständige Stelle wenden.
Wenn du das nicht tust, dann werde ich …	Falls das nicht der Fall ist, muß ich eventuell …
Ich werde schreien und schreien und schreien, bis mir schlecht wird.	Ich werde weiterhin Krach schlagen, selbst wenn es mir eher schadet.
Alle anderen haben … Rennschuhe.	Die Konkurrenz benutzt …
Heulsuse!	Softie! Miesepeter! Weichling!
Ich bin größer als du!	Natürlich muß ich aufgrund meiner Sachkenntnis anmerken, daß …
Ich bin der King …	Ich bin hier die/der Verantwortliche …

Einige nützliche Fragen an sich selbst

– Was fühle ich in diesen schwierigen Situationen?
  (Zum Beispiel unmittelbar vor einer Auseinandersetzung.)
– Wann habe ich mich schon einmal so gefühlt?
– Wann habe ich mich zum ersten Mal so gefühlt?
– Was ist damals passiert?
– Was will ich in dieser Situation?
– Wer hat sich, als ich Kind war, auch so benommen
  (mache ich meine Schwester nach …)?

Bei Erwachsenen tritt der Wutanfall in Form von fast unkontrollierbaren Zornausbrüchen auf oder der Art von wütendem Herumschreien, das sich wie eine Mischung aus Ärger und Bitten anhört. Das Schmollen kann bei manchen Ehepaaren tagelang andauern und durch offensichtliche Trivialitäten ausgelöst werden, zum Beispiel dadurch, daß der letzte Rest Brot aufgegessen worden ist oder eine Nachricht nicht weitergegeben wurde. Wichtig ist oft die unbewußte Botschaft, die sich hinter solchen Vorfällen verbirgt: »Du hast nicht an mich gedacht«; »Ich bin nicht wichtig für dich«. Die Atmosphäre, die durch solche tiefverwurzelten Reaktionen geschaffen wird, läßt sich oft wie mit Händen greifen: »Du hättest die Luft mit einem Messer schneiden können.«

Die elterliche Stimme

Die elterlichen Stimmen reflektieren die Stimmen, die wir als Kinder internalisiert haben, sie beruhen auf den Botschaften, die wir als Kinder von den eigenen Eltern, von anderen Erwachsenen und über Fernsehen und Radio erhielten. Es sind die Stimmen der Autorität. Wenn wir Glück haben, war das meiste, was diese Erwachsenen gesagt haben, vernünftig und hilfreich. Aber über unsere innere elterliche Stimme erreichen uns auch Botschaften, die nicht hilfreich, sondern veraltet oder schmerzhaft sind. Amy und Thomas Harris, die die Vorstellungen der Transaktionsanalyse einem breiten Publikum zugänglich gemacht haben, schrieben:

»Am nachhaltigsten tritt das Eltern-Ich in der Gegenwart in Form des inneren Dialogs in unser Leben, in dem wir den gleichen Beifall hören, die gleichen Warnungen, Anschuldigungen und Strafen wie damals, als wir noch Kleinkinder waren. Dialogpartner ist in diesem Fall das Kind-Ich, das Vorschulkind in unseren Köpfen. Wir können uns heute genauso schlecht wie damals fühlen, sobald negative Äußerungen vom Eltern- oder Kind-Ich aktiviert werden, und wir die niemals verstummenden Stimmen der Reue oder Anklage vernehmen.«[1]

Was die elterliche Stimme oft sagt
Das kannst du noch besser machen. Obwohl das als Ermutigung gemeint ist, versteht das Kind oft: »Das ist nicht gut genug.« Wenn keine Tat oder Leistung zu genügen scheint, fungiert die elterliche Stimme vielleicht als Ansporn und Mahnung. Wenn es Sie sehr mitnimmt, sobald eine Kleinigkeit schiefgeht oder jemand Sie auf einen Fehler aufmerksam macht, kann es sein, daß Sie gerade diese Stimme aus der Vergangenheit vernehmen.

Stell dich nicht so an. Eltern wollen normalerweise ihren Kindern dabei helfen, die nötige Selbstdisziplin und Widerstandsfähigkeit zu entwickeln, um den Schlägen und Rückschritten des Lebens standhalten zu können. Es kann auch sein, daß sie wenig Zeit oder Energie dafür übrig haben, ihren Kindern zu helfen, wenn etwas schiefgeht und diese bekümmert sind. Oder sie sind zu unruhig und mit anderen Dingen beschäftigt, um sich um ihre Kinder zu kümmern. Vielleicht sind die Kinder ihnen sogar gar nicht so wichtig. Aus einigen oder all diesen Gründen wollen sie ihre Kinder möglicherweise davon abhalten, ihren Kummer zu äußern.

Die elterliche Stimme, die befiehlt, sich nicht so anzustellen, kann sich sehr verschieden äußern – zum Beispiel in der Form, daß Sie sich immer schuldig oder verlegen fühlen, wenn Sie einmal etwas für sich verlangen, oder daß Sie dazu neigen, sich selbst zu entschuldigen und Ihre Gefühle zu verbergen, wenn jemand eine Verabredung mit Ihnen vergißt.

Reg dich nicht auf. Diese Botschaft wird oft von Handlungen oder Drohungen begleitet, zum Beispiel werden Kinder des Zimmers verwiesen, wenn sie wütend sind, oder es wird erst wieder mit ihnen gesprochen, wenn sie sich beruhigt haben. Ein Kind, das mit dieser Stimme groß geworden ist, kann später vor starken Wutgefühlen Angst haben oder erschrecken und zu der Überzeugung gelangt sein, daß es falsch ist, verärgert zu sein und das zu äußern. Es fällt ihm vielleicht schwer, erwachsene Möglichkeiten zu finden, um Verärgerung zu äußern, die es ihm erlauben, diesem Gefühl Raum zu geben, ohne wichtige Beziehungen dadurch zu gefährden.

Die elterliche Stimme in uns erkennen wir vor allem daran, daß wir starre Regeln aufstellen und klischeehafte Aussagen machen, oder dann, wenn wir andere oder uns selbst heruntermachen. Wenn eine bestimmte Person Sie besonders leicht verletzen kann oder Sie unerklärlicherweise große Anstrengungen unternehmen, um jemandem zu gefallen, liegt das wahrscheinlich daran, daß diese Person zu Ihrem inneren Kind mit der Autorität eines Elternteils spricht. Wenn Sie sich dessen bewußt werden, was diese Stimmen Ihnen sagen, hilft Ihnen das dabei, Ihr Erwachsenen-Ich zu mobilisieren und diese Stimmen entweder der gegenwärtigen Situation anzugleichen oder sie zurückzuweisen, je nachdem, was Sie bei näherer Überlegung tun wollen.

Wie Stimmen aus der Vergangenheit gegenwärtige Beziehungen beeinflussen können

Auseinandersetzungen mit einem Elternteil
Arthur war 36 Jahre alt, verheiratet, hatte zwei Söhne. Seine Eltern lebten weit weg in demselben Dorf wie ihr anderer Sohn, Arthurs älterer Bruder. Arthur konnte seine Eltern nur etwa zweimal im Jahr besuchen, und obwohl er seine Eltern sehr gerne mochte und normalerweise gut mit ihnen auskam, kam es in irgendeiner Phase des Aufenthalts regelmäßig zu einer Auseinandersetzung mit seiner Mutter. Die Gründe für den Streit waren verschieden, aber der Verlauf war immer gleich. Es war, als ob er und seine Mutter an diesem Streit nicht vorbeikommen könnten, beide waren unglücklich darüber. Arthur sah seine Eltern so selten, daß es ihm außerordentlich leid tat, die wenige Zeit, die er mit ihnen zusammen verbringen konnte, durch diese Auseinandersetzungen zu verderben.
Arthur bediente sich der Vorstellungen der Transaktionsanalyse und erwarb dadurch die nötige Einsicht.
Er erkannte, daß sein inneres Kind in den Auseinandersetzungen mit seiner Mutter am lautesten zu hören war. Was all diesen Auseinandersetzungen zugrunde lag, ganz egal, welch vermeintlichen Anlaß sie hatten, war eine starke, kindliche Stimme, der es um die *Rivalität unter den Geschwistern* ging: er war eifersüchtig, weil sein Bruder mehr Aufmerksamkeit von seinen Eltern bekam als er selbst. Sein Bruder sah seine Eltern täglich, und sie halfen ihm beim Babysitten, brachten die Kinder zur Schule, kümmerten sich um den Garten und taten vieles mehr. Arthur fühlte sich übergangen, wie das Kind, das schreit: »Und ich?« »Warum verbringt ihr all eure Zeit mit meinem Bruder und ignoriert *mich?*« Er war ziemlich beunruhigt, daß er immer noch wie ein Fünfjähriger empfand. Die Tatsache, daß er inzwischen gar keine Hilfe von seinen Eltern mehr brauchte, war irrelevant. Die Tatsache, daß

**Beispiele für elterliche Stimmen,
die für Erwachsene hinderlich sein können**
(sie können auch im Freundeskreis, von Lehrerinnen,
Lehrern oder anderen geäußert werden)

– Hör auf zu jammern und zu klagen und mach weiter.
– Beeil dich, oder du bleibst da.
– Sei vorsichtig. Paß auf, daß du gut zurückkommst.
– Unterbrich nicht.
– Du kannst nicht alles haben, was du willst.
– Sei nicht egoistisch.
– Keine Widerrede.
– Du mußt jetzt alleine zurechtkommen.
– Warte, bis du dran bist.
– Nie untätig sein.
– Was man angefangen hat, muß man auch fertig machen.
– Du bist ungeschickt, eine Heulsuse, verantwortungslos, schlecht, böse.
– Du bist im Weg.

Es gibt ebenso viele hilfreiche wie hinderliche Elternstimmen
– Das wird schon werden.
– Das schaffst du bestimmt.
– Du schaffst es, wenn du willst.
– Versuch es weiter – ich helfe dir, wenn du nicht weiterkommst.
– Jeder kann nur sein Bestes versuchen. Mehr nicht.
– Du bist wunderbar, wichtig, liebenswert, witzig, etc.

Können Sie die Stimmen einordnen, die zu Ihnen sprechen?
1. Denken Sie an die Erwachsenen, die als Kind um Sie waren: Eltern, Verwandte, Freundinnen und Freunde, Lehrerinnen und Lehrer.
2. Welche Botschaften wurden Ihnen von diesen vorwiegend vermittelt? Wenn sie Ihnen gegenüber eine einzige Äußerung machen könnten, wie würde die lauten?

diese Auseinandersetzungen einen Teil der kostbaren Zeit, die er mit seinen Eltern verbrachte, verdarben, war irrelevant. Das Kind in ihm war einfach eifersüchtig auf seinen Bruder (»Er kriegt mehr als ich«), und es trieb ihn zu diesen Auseinandersetzungen mit der Mutter.

Als er erst einmal begriffen hatte, was ablief, konnte er aufhören zu streiten. Sein Erwachsenen-Anteil konnte übernehmen und das eifersüchtige Kind registrieren. Der Erwachsenen-Anteil konnte verstehen, daß die Eifersucht des Kindes fehl am Platz war, dadurch konnte er sich als Erwachsener auf seine Mutter beziehen statt als Kind.

Ein Wutanfall

Sandra war normalerweise eine ausgeglichene und geduldige Person. Aber gelegentlich bekam sie einen Wutanfall. Normalerweise geschah das dann, wenn sie besonders müde war. Ihr kam es vor, als würde sie plötzlich »ausrasten«, und wenn sie den Wutanfall bekam, schrie sie ihren Lebensgefährten an, eigentlich brüllte sie fast schon. Das schien überhaupt nicht zu ihr zu passen, und es beunruhigte sie, weil sie es nicht mochte und überhaupt keine Kontrolle darüber zu haben schien. Es war, als ergriffe bei solchen Wutanfällen jemand anderes von ihr Besitz.

Ein Freund gab ihr einen Tip, der ihr weiterhalf, als er sagte, daß sie sich während solcher Wutanfälle wie ihre ältere Schwester anhörte. Sandra fragte sich, wie sie sich fühlte, wenn sie einen Wutanfall bekam. Entsprach diese Empfindung irgendwelchen Empfindungen ihrer Kindheit? Sie dachte darüber nach. Wenn sie einen Wutanfall bekam, fühlte sie sich innerlich völlig hilflos, genau so, wie sie sich damals gefühlt hatte, wenn ihre Schwester auf sie wütend geworden war. Als Kind hatte Sandra damals Angst gehabt und sich machtlos gefühlt – hilflos. Ähnlich hilflos fühlte sie sich jetzt gelegentlich, wenn ihr Lebensgefährte seinen Willen durchsetzte, ohne auf *sie* Rücksicht zu nehmen. Sie fühlte sich so hilflos, daß sie schreien wollte, so wie ihre Schwester früher sie angeschrien hatte.

Als sie diese ihr so fremd vorkommende Stimme als die ihrer Schwester erkannt und begriffen hatte, inwiefern ihre früheren Gefühle der Schwester gegenüber denen gleichen konnten, die sie gelegentlich ihrem Partner gegenüber empfand, gewann sie neue Sicherheit und lernte, mit ihren unkontrollierbaren Zornausbrüchen zurechtzukommen. Das Erkennen der Ursache hatte weitreichende Folgen, weil es sie befähigte, ihre Stimme des Erwachsenen-Anteils einzuschalten, um sich von dem alten Muster zu befreien. Hier sind ein paar Beispiele für das, was sie sich sagte: »Ich weiß, wo das herkommt«; »Es ist nicht nötig, genauso weiterzumachen«; »Wenn ich mich hilflos oder ohnmächtig fühle, kann ich darüber nachdenken, wie ich meinen eigenen Kurs steuern kann«. Ihre Wutanfälle wurden bald weniger dramatisch und kamen weniger häufig vor.

Ein Eheproblem

Andrea und ihr Ehemann Rick hatten eine gute Beziehung, aber jedesmal, wenn sie Ricks Eltern besuchten, wurde sie aus unersichtlichen Gründen immer verärgerter über ihn, bis sie schließlich fast nur noch stritten. Er zog sich in sein Schneckenhaus zurück, und sie machte sich Sorgen, was ihre Schwiegermutter wohl denken mochte. Sie konnte das Problem nicht benennen. Es hatte keinen offenen Streit gegeben, und ihr fiel ehrlich gesagt auch nichts ein, womit er sie verärgert hatte. Im Gegenteil, er schien sie genau wie sonst auch zu behandeln. Die Schwierigkeit schien bei ihr zu liegen, aber worin bestand sie denn? Warum fühlte sie sich jedesmal so schlecht und reizbar, wenn sie die Schwiegereltern besuchten?

Dann machte sie eine interessante Beobachtung. Sobald Rick bei seinen Eltern war, schien sich sein Verhalten zu verändern. Er fiel in Kindheitsmuster zurück, und sein Verhalten wurde von seinem inneren Kind dominiert. Sein Erwachsenen-Anteil wurde unterdrückt. Das war es, was für Andrea so schwierig war. Wenn sie bei den Schwiegereltern waren, saß ihr Mann im Wohnzimmer und wartete darauf, daß sich jemand um ihn kümmerte. Er ließ es zu, daß seine Mutter ihn von vorne und hinten bediente. Sie verhätschelte ihn, und er ließ sie einfach gewähren. Sie wiederholte sogar einige der Elternäußerungen, die er aus seiner Kindheit kennen mußte: »Du bist im Weg, Lieber. Raus aus meiner Küche. Bleib nur sitzen, ich bring' dir eine Tasse Tee.« Es war dieses kindliche Verhalten, was Andrea an ihm so ärgerte, und bevor sie mit ihm darüber sprach, hatte Rick es überhaupt nicht bemerkt. Er war einfach automatisch wieder in alte Gewohnheiten verfallen. Als sie das Muster erst einmal entdeckt hatten, war das Problem schnell gelöst.

Beziehungsmuster erkennen

Ergeben die Stimmen und Botschaften aus der Vergangenheit bestimmte Muster? Und sind diese Muster in Beziehungen hilfreich oder hinderlich? Zunächst einmal ist es ganz einfach so, daß, wenn Sie in der Überzeugung aufwachsen, liebenswert zu sein, Ihre Freundschaften wahrscheinlich einen befriedigenderen Verlauf nehmen, als wenn Sie in der Überzeugung aufwachsen, nicht liebenswert zu sein (vgl. Kapitel 10). Um zu lernen, wie Sie sich von destruktiven Stimmen aus der Vergangenheit freimachen können, müssen Sie lernen, wie Sie bestimmte Muster erkennen können. Wenn Ihre Geschwister sich immer über Ihre Ansichten lustig gemacht haben, werden Sie eventuell das Muster entwickelt haben, sie für sich zu behalten, und Sie werden dieses Muster möglicherweise erst dann bemerken, wenn die Meinungen einmal in einer Sache aufeinanderprallen, die Ihnen wirklich wichtig ist. Meistens sind die Umstände allerdings komplexer.

Am Anfang ihrer Beziehung hatten Steven und Denise sich sehr viel zu sagen und gingen viel mit ihren Freundinnen und Freunden zusammen aus. Dann zog Steven in die Wohnung von Denise, und ihre Beziehung wurde anstrengend. Denise dachte, Steven würde sie nicht mehr mögen. Er blieb abends meistens zu Hause, sie kochten zusammen, sie teilten sich die Ausgaben, aber er fing fast nie eine Unterhaltung an. Ihr kam es vor, als habe er nichts mehr von sich zu erzählen und als interessiere es ihn auch nicht mehr, was mit ihr los war.

Aber da irrte Denise sich. Auf seine Art zeigte Steven, daß er sie mochte. Für Steven war es ein Zeichen von Zuneigung, etwas zusammen zu erledigen und gemeinsam für etwas die Verantwortung zu übernehmen. Für Denise gab es andere Zeichen der Zuneigung. Sie wollte wissen, was Steven fühlte, und wollte mit ihm über ihre Gefühle reden können. Für sie war Kommunikation – Reden – ein Zeichen von Zuneigung. Diese Unterschiede reflektierten die verschiedenartigen Botschaften, die sie als Kinder empfangen hatten. Eltern können ihre Zuneigung sehr verschieden äußern: zum Beispiel durch Reden, Aufpassen, Umarmungen, gemeinsame Unternehmungen, Übernahme der Kosten für Campingurlaube und Musikstunden, Gewährung von Freiheiten und dadurch, daß sie einfach da sind. Auch in ihrem Freundeskreis schnappen Kinder verschiedene Beziehungsmuster auf, und die Unterschiede zwischen Steven und Denise entsprechen auch den unterschiedlichen Verhaltensweisen von Männern und Frauen in unserer Gesellschaft im allgemeinen. Es ist üblich, daß Frauen mehr über ihre Gefühle reden als Männer. Wichtig ist, daß Denise und Steven ihre eigenen Muster bemerken und verstehen müssen, wenn ihre Beziehung nicht fortan emotional belastet sein soll. Sonst wird Denise weiterhin denken, daß Steven sie nicht mehr mag, was in Wirklichkeit gar nicht stimmt.

Ausgehend davon, daß die Muster erkannt worden sind, kann sich ein Verständnis entwickeln, das nach und nach die Belastung verringert. Als Denise erst einmal begriffen hatte, in welcher Form Steven Zuneigung äußert, fühlte sie sich durch sein Schweigen weniger angegriffen und gewöhnte sich an, ihn direkt um das zu bitten, was sie brauchte.

Einige gängige Muster	
Jemand ist über Sie verärgert.	Sie empfinden das als Ablehnung Ihrer selbst.
Sie werden kritisiert.	Sie denken, daß Sie nichts wert sind oder nicht akzeptabel.
Jemand ignoriert Sie.	Sie haben das Gefühl, daß niemand Sie mag.
Jemand beschwert sich bei Ihnen.	Sie fühlen sich inkompetent oder machen sich Vorwürfe.
Jemand sagt, Sie sollen sich ändern.	Sie fühlen sich verunsichert oder erschreckt.
Jemand erzählt Ihnen, daß es ihr/ihm schlechtgeht.	Sie fühlen sich dafür verantwortlich, daß es ihr/ihm wieder bessergeht.
Jemand bemerkt Ihren Fehler.	Sie empfinden sich als Niete oder geben auf.

Anmerkung: Hierbei handelt es sich nur um eine Auswahl der vielen Muster, die Beziehungen belasten und gefährden können. In gewissem Maß sind sie in uns allen präsent. Erst wenn sie dominierend werden – wenn sie in extremer Form präsent sind –, können sie ernsthafte Schwierigkeiten verursachen.

Die Muster verändern

Es kann ziemlich leicht und einfach sein, die Denk- und Verhaltensmuster zu ändern, die von Ihrem inneren Kind- oder Eltern-Anteil herrühren. Es kann sein, daß Sie sich von deren problematischen Aspekten allein dadurch freimachen können, daß Sie sie bemerken und erkennen, welch unnötiger Ballast sie sind, den Sie gerne abwerfen. Angesichts Ihres neu erworbenen Verständnisses können sie ihre Macht verlieren. Oft lassen sich alte Gewohnheiten jedoch nur schwer ausrotten. Muster können durchbrochen werden, manchmal ist dazu allerdings strategische Planung und konstruktive Arbeit nötig. In diesem Buch werden viele verschiedene Techniken beschrieben, die Ihnen bei dieser Arbeit helfen können. Es ist unwahrscheinlich, daß Sie sie alle brauchen werden, wählen Sie also aus, und benutzen Sie das Register, um Hinweise zu erhalten. So sehen die wichtigsten Schritte aus:

– *1. Schritt:* Verstehen ist der erste Schritt. Verwenden Sie zu diesem Zweck die Anregungen in den Kästchen dieses Kapitels als Hilfe. Der Erwachsenen-Anteil Ihrer Persönlichkeit kann anfangen, zurechtzurücken und mit der Schwierigkeit umzugehen, sobald Sie verstehen, inwiefern die Probleme und Schwierigkeiten einen Sinn ergeben, wenn Sie sie im Zusammenhang mit Ihrer Vergangenheit sehen, mit den damals erhaltenen Botschaften und den Stimmen, die Sie immer noch vernehmen.
– *2. Schritt:* Wenn Sie etwas an Ihren Beziehungen ändern wollen, denken Sie darüber nach, was *Sie* ändern können, nicht darüber, welche Veränderung Sie an jemand anderem gerne sehen würden. Ihre Beziehungen bekommen eine breitere und solidere Grundlage, wenn Sie sich verändern können und flexibler werden, zum Beispiel in der Art, Ihre Zuneigung zu äußern.
– *3. Schritt:* Akzeptieren Sie, daß andere Menschen in ihrer Vergangenheit andere Botschaften empfangen haben. Es hat genausowenig Sinn, anderen aus diesen Botschaften einen Vorwurf zu machen, wie es einen Sinn hat, sich selbst einen Vorwurf daraus zu machen, was die eigenen Botschaften waren.

– *4. Schritt:* Entdecken Sie Ihre »Auslöser«. Stellen Sie sich vor, daß irgendein unbedeutender Anlaß unerwartet starke Gefühle auslöst: jemand bittet Sie, etwas noch einmal zu machen, und Sie empfinden das als harte Kritik; Freunde gehen ohne Sie einen trinken, und Sie empfinden das als völlige Ablehnung; jemand tut nicht das, was Sie verlangen, und Sie sind wütend. Solche Auslöser geben wichtige Hinweise. Andere beschuldigen Sie in solchen Fällen vielleicht der Überreaktion, aber Sie können mit Hilfe dieser Auslöser herausbekommen, was los ist. Wir gehen davon aus, daß Ihre starken Gefühlsreaktionen in diesen Situationen darauf beruhen, was diese Situation für Sie *bedeutet.* Sie können sich zum Beispiel die folgenden Fragen stellen:

Fragen, um die Bedeutung zu entschlüsseln

– Was bedeutet das in bezug auf mich?
– Was bedeutet das in Hinblick darauf, wie andere mich sehen?
– Was kann mir das über mich selbst sagen?
– Was bedeutet mir das?
– Wie könnte das mit der Vergangenheit zusammenhängen?
– Wer hat so etwas früher schon einmal zu mir gesagt?
– Was ist mir daran wichtig?
Anmerkung: Im 9. Kapitel finden Sie weitere nützliche Fragen.

Bei Situationen, in denen Menschen überreagieren, muß es sich nicht immer um solche handeln, die mit negativen Gefühlen zusammenhängen. Es gibt Menschen, die bei bestimmten Komplimenten eine ziemlich lächerliche Genugtuung empfinden – das liegt oft daran, was das Kompliment oder Lob für sie bedeutet. »Das ist wirklich eine gute Leistung, daß Sie das so schnell geschafft haben« – Sie strahlen vor Freude, weil Sie so effizient und kompetent sind. »Ich bin so dankbar für Ihre Hilfe« das Gefühl, gebraucht zu werden, verläßt Sie den ganzen Tag nicht mehr. »Sie sehen wundervoll aus« – und Sie tun den Rest des Tages so, als ob jeder Sie lieben würde. Jemand, den Sie achten, sagt »Gut gemacht«, und Sie sonnen sich in dem Vergnügen, daß Sie ein prima Mensch sind. An diesen Reaktionen ist nichts falsch. Aber

Sie können sie auch als Hinweise verstehen. Sie können Ihnen sagen, welches die wichtigen Themen sind, und welche Bereiche und Muster bei Ihnen wahrscheinlich am schwersten wiegen. Sie decken sich mit denen, bei denen Sie sich, wenn sie in negativer Form angesprochen werden, am schlechtesten fühlen werden.

Verwandte Kapitel in diesem Buch

Es wird nötig sein, daß Sie über sich selbst reflektieren und nachdenken, damit Sie die Muster identifizieren können. Im 12. Kapitel, Die Wichtigkeit zwischenmenschlicher Beziehungen, wird eine andere Möglichkeit beschrieben, das zu tun.

Es hilft, wenn Sie sich selbst und anderen gegenüber fair sind. Fähigkeiten, die dabei eine Hilfe sind, werden im vorhergehenden Kapitel beschrieben.

Wenn Sie in der Vergangenheit wie in einem Spinnennetz festhängen, passiert es leicht, daß Sie die Dinge nicht mehr nüchtern und sachlich sehen. Kapitel 9, Dinge nüchtern und sachlich sehen: Hilfen aus der kognitiven Therapie, erläutert, wie etwas unter einem neuen Blickwinkel gesehen werden kann (S. 95ff.).

Kommunikative Fertigkeiten aller Art (Zuhören, S. 179; die Fähigkeiten der Bestimmtheit, S. 177f.; Verhandlungsführung, S. 210) werden zu Ihren wichtigsten Hilfsmitteln gehören.

Wenn Sie das Gefühl haben, in eine Sackgasse geraten zu sein, sind Problemlösungsstrategien eventuell eine Hilfe. Sie werden im 8. Kapitel, Problemlösen: Eine Strategie, um zu verändern, besprochen.

Zusammenfassung dieses Kapitels

Die Vergangenheit ist unsere ständige Begleiterin.
Es kann helfen, sich vorzustellen, daß wir aus drei Teilen zusammengesetzt sind:

– Eltern-Ich
– Erwachsenen-Ich
– Kind-Ich

Die »elterliche Stimme« in uns reflektiert die Botschaften, die wir als Kinder von unseren Eltern und anderen Autoritätspersonen verinnerlicht haben.
Das »Kind« artikuliert die Gefühle und Reaktionen, die wir als Kleinkinder hatten.
Der »Erwachsenen-Anteil« formuliert den reifen Teil unserer Persönlichkeit.
Die »Stimmen aus der Vergangenheit« – die des Erwachsenen-Anteils und des »Kindes« – können ein Quell der Stärke und Kreativität sein.
Wenn sie allerdings nicht als das erkannt werden, was sie sind, können sie in unseren gegenwärtigen Beziehungen zu Problemen führen.
Dadurch, daß wir die Stimmen der Vergangenheit erkennen, können wir den Schaden, den sie anrichten, vermeiden oder in Grenzen halten, und wir können ihre konstruktiven Möglichkeiten nutzen.

Die wichtigste Botschaft lautet folgendermaßen: Obwohl Sie an der Vergangenheit nichts ändern können, können Sie sehr wohl die Art und Weise ändern, in der Sie sie sehen, und Sie können die Kontrolle darüber übernehmen, wie sie Ihre zwischenmenschlichen Beziehungen in der Gegenwart beeinflußt und prägt.

---

15. Die dritte Voraussetzung für gute zwischenmenschliche Beziehungen: Beziehungen als Systeme

Marjorie hatte mit 18 Jahren geheiratet und hatte mit 34 drei Kinder im Alter zwischen 14 und 11 Jahren. Nach der Geburt des ersten Kindes hatte sie aufgehört, berufstätig zu sein, weil sie viel zu tun hatte und weil ihr Ehemann weder erwartete noch wünschte, daß sie einen Beruf ausübte. Er war Elektriker und bei einer kleinen Baufirma angestellt. Marjorie sorgte dafür, daß der Haushalt gut funktionierte, und war das Zentrum, um das sich ihre Familie drehte. Sie sorgte für saubere Wäsche, die Mahlzeiten, eine sichere Ausgangsbasis, zu der alle übrigen Familienmitglieder jeden Tag heimkehren konnten, für Freundschaft und lieferte den größten Teil der organisatorischen Energie, damit die Familie funktionierte.

Marjorie liebte ihren Mann und die Kinder, und diese liebten sie, aber jetzt, wo die Kinder älter wurden, hatte sie das Bedürfnis nach einer Veränderung. Sie hatte sogar das Gefühl, Veränderungen viel zu lange hinausgeschoben zu haben, und zwar hauptsächlich deswegen, weil ihr Mann *nein* sagte. Er verdiente gut und sagte zu ihr, daß sie zu Hause gebraucht werde. Er war der Meinung, die Familie müsse für sie an erster Stelle stehen, zumindest solange die Kinder noch zur Schule gingen. Die Kinder bliesen ins selbe Horn und sagten: »Und was ist mit uns?« und »Wer ist da, wenn ich nach Hause komme?« Marjorie merkte, daß sie das Thema nicht zur Diskussion stellen konnte, ja daß mit ihnen nicht einmal darüber zu sprechen war, was sie an Stelle von Hausarbeit tun könnte, da das Thema, sobald es auf den Tisch kam, abgeschmettert wurde. Sie fühlte sich hilflos, enttäuscht und deprimiert; sie hatte das Gefühl, in eine Sackgasse geraten zu sein und daß alle sich gegen sie verschworen hatten.

Marjorie war in einem System gefangen: dem Beziehungssystem innerhalb ihrer Familie. Und es handelte sich dabei ganz eindeutig um ein System, das keine Veränderung wünschte.

Was ist damit gemeint,
wenn Beziehungen als Systeme verstanden werden?

Die Vorstellung ist die, daß, was wir sind, wie wir Beziehungen gestalten und uns verhalten, teilweise durch die Rolle determiniert wird, die wir in einem System erfüllen. Außerhalb des Systems verändert sich unsere Gestalt, so daß wir, wenn wir wieder in das alte System integriert werden sollen, nicht mehr hineinpassen. Der Platz innerhalb des Systems, der unserer alten Gestalt entsprach, verändert sich ebenfalls, so daß er nicht mehr so bequem paßt wie vorher. Wenn sich ein Teil eines Systems verändert, können die anderen Teile gar nicht anders, als sich mit zu verändern.

Wenn Beziehungen als Systeme verstanden werden, ergeben sich daraus drei praktische Konsequenzen.

1. Das Prinzip der gemeinsamen Verantwortung

Für Probleme innerhalb eines Systems ist nie eine Person allein verantwortlich: die Verantwortung für Beziehungen verteilt sich. Unsere Sprichwörter und Redewendungen tragen dem Rechnung – »Alleine kann man nicht tanzen«; »Zu einem Streit gehören immer zwei« –, und auch die modernen Methoden der Familientherapie erkennen das an. Die folgenden Skizzen zeigen in aller Kürze, wie dieses Prinzip funktioniert. Mit 16 Jahren war Ned laut, unordentlich und gesellig. Er hörte spät nachts noch laute Musik; war ohne Erlaubnis bis in die frühen Morgenstunden mit seinen Freunden und Freundinnen unterwegs; schlief an Wochenenden fast den ganzen Tag; und seine Eltern befürchteten, daß er nie in die Schule gehen würde, wenn sie ihn nicht wachrütteln würden. Die ganze übrige Familie hatte es satt, mit unzivilisierter Musik vollgedröhnt zu werden und über das Zeug zu stolpern, das er herumliegen ließ. Die konkrete Verantwortung für bestimmte Dinge hängt von den jeweils betroffenen Personen ab und von deren momentaner Situation. Klar ist, daß sie alle zusammen für ihre Interaktionen verantwortlich sind. Jede Person trägt ihren Teil dazu bei, diese Situation zu schaffen und zu verändern: ob ein Problem gelöst werden kann, hängt davon ab, ob die Beteiligten sich aufeinander neu einstellen können.

Wir werden später noch erläutern, wie solche Änderungen bewerkstelligt werden können.

Ruth war verzweifelt, als Jake seinen Job verlor. Die Aussichten, daß er einen neuen finden würde, schienen schlecht zu sein. Sein anfänglicher Optimismus ließ rasch nach, und er lief im Haus herum, hatte nichts zu tun, war deprimiert, kam sich unerwünscht vor und fühlte sich elend. Die gewohnten Beziehungsmuster zwischen ihnen beiden schienen wie weggeblasen zu sein. Ruth war von nun an die Hauptverdienerin, und Jake führte den Haushalt, aber sie hatten ständig Streit, weil jeder fand, der andere würde etwas schlecht machen, was er/sie besser könnte.

Der zwölfjährige Wayne wurde von seinen Eltern in die Klinik gebracht, weil sein Verhalten außer Kontrolle geraten war. Er bekritzelte zu Hause die Tapeten, beschädigte die Möbel und hatte, sieben Jahre nachdem er trocken geworden war, wieder angefangen, ins Bett zu nässen. Er wurde in die Klinik gebracht, weil er ein Problem hatte, das seine Eltern gelöst haben wollten. Nach sorgsamer Arbeit wurden weitere Probleme erkennbar: Schwierigkeiten, die durch die Nachtschichten seines Vaters ausgelöst wurden; Auseinandersetzungen zwischen seinen Eltern wegen des Geldes, das sein Vater für alte Autos ausgab; andere Kinder, die den Löwenanteil an Zuwendung erhielten und anderes mehr. Waynes Probleme lösten sich, sobald die anderen Familienmitglieder diese Schwierigkeiten bearbeiteten und die Spannung zu Hause nachließ.

Alex lebte mit drei anderen Personen in einem Haus zusammen. Als eine Person auszog, lud sie eine Freundin ein, sich ihnen anzuschließen, aber diese Freundin zahlte ihren Anteil an den anfallenden Kosten nicht. Sie hatte zwar einen ziemlich guten Job, gab ihr Geld aber für neue Kleider und Reisen aus, ohne sich um ihre Pflichten zu scheren. Alle anderen ärgerten sich und gaben Alex die Schuld an diesem Problem. Obwohl Alex das Ganze peinlich war, hielt sie es nicht für ihre Schuld.

Zwischenmenschliche Beziehungen aller Art können als Systeme verstanden werden, weil das Verhalten einer Person das der anderen beeinflußt. Alle Beziehungen innerhalb eines Systems können durch Veränderungen, die außerhalb des Systems in Gang gesetzt wurden (zum Beispiel Verlust des Arbeitsplatzes), beeinflußt werden oder durch das Verhalten einer einzigen Person (zum Beispiel die Freundin von Alex, die nicht zahlte). Und das Verhalten einer Einzelperson (zum Beispiel das von Wayne) kann das Ergebnis vieler zusammenwirkender Systemeigenschaften sein.

Daher muß in jedem Falle vermieden werden, »Sündenböcke« zu suchen und sich selbst oder andere als die einzige Ursache von Problemen zu sehen, die es in Beziehungen gibt. Bei Schwierigkeiten müssen die folgenden Punkte in Erwägung gezogen werden:

1. Vielleicht werden Sie von irgendwoher unter Druck gesetzt, sich zu ändern – anders zu sein.
   – Wo könnte das herkommen?
2. Um das Problem zu lösen, werden Sie Ihren Teil dazu beitragen müssen, indem Sie sich neuen Lösungen anpassen.
   – Wie können Sie sich anpassen?
3. Wenn Sie sich verändern, wird sich das Sie umgebende System unweigerlich ebenfalls verändern.
   – Welche Veränderungen würden Sie gerne herbeiführen?
   – Welche Veränderungen können Sie in die Wege leiten?
   – Wie werden andere reagieren?

2. Das Prinzip der Homöostase

Unser Körper kennt eine bemerkenswert effiziente Methode, um die Körpertemperatur konstant zu halten – innerhalb recht enger Grenzen. Ob wir in der Sonne liegen oder uns im Schnee wälzen, ob wir ins Turnen gehen oder vor einem Video sitzen, unsere Körpertemperatur bleibt fast konstant. Das System paßt sich immer wieder neu an, schwitzt oder fröstelt je nach Bedarf, um die richtige Temperatur zu halten.

Ein Beziehungssystem funktioniert ähnlich. Wenn sich eine Person innerhalb des Systems ändert, reagieren die anderen, indem sie sich der Veränderung widersetzen, damit das System wie vorher weiterfunktioniert. Sie sagen zum Beispiel: »Das sieht dir aber gar nicht ähnlich ...« und »Schön, daß du wieder die/der alte bist.« Natürlich hat auch dieses

System, genau wie der zentrale Wärmehaushalt des Körpers, seine Grenzen – jemand kann eiskalt hinausgeekelt werden oder ein zu heißes Eisen sein, als daß das betroffene System damit umgehen könnte. Im allgemeinen ist es aber so, daß einseitige Veränderungen den Anstoß für entsprechende Veränderungen der Gegenseite liefern, so daß das System wieder zu seinem vorherigen Zustand zurückkehrt.

Dieses Prinzip hat zwei wichtige Implikationen. Es warnt Sie davor, daß einseitige Veränderungen in Ihren Beziehungen auf den Widerstand anderer Personen stoßen werden, und es betont den Wert wechselseitiger, miteinander zu vereinbarender Veränderungen, wobei Ihre eigenen Veränderungen durch die anderer ergänzt werden. Dann »passen« Ihre Veränderungen zu denen der anderen Personen, so daß das System weiterhin funktioniert, aber auf eine neue Art und Weise. Das ist auch der Grund dafür, daß das Erlernen von Verhandlungsstrategien sowohl dazu beiträgt, daß ein System funktioniert, als auch daß es sich verändert.

3. Die Prinzipien der Verhandlungsführung

Der Begriff »*Verhandlungen*« wird normalerweise im Zusammenhang mit Busineß und Management verwendet. Aber auch in unserem Privatleben führen wir die ganze Zeit Verhandlungen. Es kann sein, daß wir dafür die Begriffe »*Diskussion*« oder »*Argumentation*« verwenden, oft handelt es sich dabei aber um nichts anderes, als um mehr oder weniger geschickt geführte Verhandlungen. Gute Verhandlungsführung wird oft so verstanden, als ginge es dabei darum, jemanden unterzukriegen, und als ginge es dabei darum, (mehr oder weniger unerwünschte) Kompromisse zu schließen. Was uns dabei in den Sinn kommt, ist die Aufteilung eines Kuchens – je mehr eine bestimmte Person bekommt, desto weniger bleibt für die anderen übrig.

Dabei geht es bei guter Verhandlungsführung nicht darum, einen Kuchen aufzuteilen, sondern darum, einen neuen zu backen. Die Grundsätze der Verhandlungsführung gehen von Überfluß und Vielfalt aus, davon, daß die Größe des Kuchens nicht schon am Anfang von Beziehungen feststeht. Angesichts der Tatsache, daß Sie möglicherweise etwas völlig anderes wollen, als ich will, besteht also eine Möglichkeit darin, ein bißchen zu backen. Die Beute zu verteilen oder um gewisse Vorteile zu kämpfen ist letzten Endes destruktiv, weil es die Aufmerksamkeit auf die Kosten lenkt und nicht auf die Vorteile, darauf, was die Beteiligten womöglich zu verlieren oder aufzugeben haben, statt auf das, was alle durch kreative gemeinsame Überlegungen gewinnen könnten.

Es geht also darum, daß Verhandlungsführung niemanden unterkriegen und übervorteilen will, daß der Kerngedanke dabei nicht ist, was alle beteiligten Parteien zu verlieren Gefahr laufen. Das Ziel ist, um in der Sprache des Wettbewerbs zu sprechen, daß alle Beteiligten am Ende gewonnen haben. Das ist nicht so verrückt, wie es sich vielleicht anhört. Genau diese Einstellung wird im Studium der Betriebswirtschaft an der Harvard Business School gelehrt, und nicht nur dort, sondern auch in vielen anderen, fortschrittlichen betriebswirtschaftlichen Studiengängen. Diese Einstellung bietet eine solide Basis für Langzeitbeziehungen, vor allem dann, wenn sie in der Praxis geschickt umgesetzt wird.

Geschickte Verhandlungsführung

Wenn Sie die Kunst der Verhandlungsführung beherrschen, ist das für den Aufbau von Beziehungen von allergrößtem Wert. Sie spielt bei allen Arten von Beziehungen, egal in welchem Rahmen, eine Rolle. Wir führen immerzu Verhandlungen – immer dann, wenn zwei sich nicht einig sind, in welchen Film sie gehen wollen, welches Fernsehprogramm sie einschalten wollen oder wer die Küche so unordentlich hinterlassen hat. Kinder sind die geborenen Unterhändler: »Noch eine Praline, dann mußt du die Packung zumachen.« »Nein, noch zwei«, lautet die prompte Antwort.

Beziehungen sind selten statisch, deshalb müssen die Beteiligten wissen, wie sie Veränderungen aushandeln können. Geschickte Verhandlungsführung trägt dazu bei, daß Beziehungen sich problemlos verändern, und sie hilft, Untiefen zu umschiffen. Sie ermöglicht uns, Schwierigkeiten in Beziehungen so anzugehen, daß es allen Beteiligten gegenüber fair ist, weil sie darauf abzielt, allen dabei zu helfen, das zu bekommen, was er oder sie will.

Das Kooperationsspiel

Hier ist ein Spiel, das mit zwei Parteien gespielt wird. Das wichtigste Ziel ist, Pluspunkte zu sammeln; ein weiteres Ziel ist, mehr Punkte zu haben als die Gegenseite. Beide Seiten machen gleichzeitig einen Zug, indem sie entweder eine runde oder eckige Münze spielen. Bei jedem Zug steckt jede Seite eine Münze in ihren Beutel. Nach jeder Runde werden die beiden Beutel geöffnet und die Punkte wie folgt verteilt:

– Wenn beide Münzen rund sind, zählen beide Seiten – 2.
– Wenn beide Münzen eckig sind, zählen beide Seiten + 2.
– Sind die beiden Münzen verschieden, werden die Münzen umgekehrt gewertet, und dieser Wert verdoppelt. Das heißt, daß die Seite, die eine runde Münze setzte, + 4 bekommt, und die Seite, die eine eckige setzte, bekommt – 4. Beide Seiten kennen dieses Bewertungssystem von Anfang an.
– Nach den ersten paar Runden verhandeln die beiden Seiten über ihre nächsten Züge.

Das Interessante an diesem Spiel ist, daß beide Seiten gewinnen können, wenn beide auf eckig setzen, aber dazu müssen sie kooperieren. Sich darauf zu konzentrieren, daß die andere Seite verliert, führt dazu, daß beide Seiten verlieren, weil dann beide die höchstmögliche Punktzahl erreichen wollen (eine einzige runde Münze, die +4 zählt), und beide die ganze Zeit rund spielen, also immer -2 bekommen. Es geht darum, daß *fehlendes Vertrauen* und *der Wunsch, besser zu sein,* zur beidseitigen Niederlage führen. Spielen Sie selbst, und probieren Sie es aus. Nur Gruppen, die bereit sind, anderen zu trauen und von vornherein in Kauf nehmen, nicht so gut zu sein wie die Gegenseite, können Pluspunkte sammeln.

Dieses Spiel illustriert ganz kraß, wie wir wertvolle Beziehungen zerstören können. Wenn wir Beziehungen eingehen, um zu konkurrieren – um mehr herauszuholen, als wir einbringen, oder um auf Kosten der anderen Person zu gewinnen –, dann werden wir ein Beziehungsgefüge aufbauen, in dem alle Beteiligten verlieren. Zufriedenstellende Beziehungen basieren auf der Vorstellung, daß alle Beteiligten etwas davon haben, und sie erfordern Kooperationsbereitschaft.

Vier Beziehungsmuster

1. *Es ist genug für alle da.* In einer Beziehung können alle gewinnen, und diese Haltung von Reichtum und Fülle ist auf lange Sicht die befriedigendste Art und Weise des Zusammenseins. Sie beruht auf der Erkenntnis, daß in der Zusammenarbeit mit anderen Menschen Dinge möglich werden, die sonst nicht möglich wären. Darüber nachzudenken, wie alle gewinnen können, ist für alle Beteiligten eine Herausforderung, und daraus ergeben sich mehrere Möglichkeiten und Problemlösungen. Das führt im Endeffekt zu mehr *Kreativität* als die anderen Muster, was wiederum befriedigender sein kann.

2. *Ich gewinne: du verlierst.* Das ist nicht nur in sich unfair, sondern auf lange Sicht auch nicht zu Ihrem Vorteil. Entweder werden die

Menschen, die verlieren, wenn Sie gewinnen, Sie meiden, oder die, die in der Nähe bleiben, ergänzen Sie, da sie ein drittes Muster zeigen.

3. *Du gewinnst: ich verliere.* Diese Einstellung führt zu Groll und Verärgerung und ist daher für keine Seite zufriedenstellend: »Wenn du dich wie ein Fußabtreter benimmst, mußt du dich nicht wundern, wenn die Leute auf dir herumtrampeln.«

4. *Verlieren: verlieren.* Dabei handelt es sich um ein absolut destruktives Muster, das kaum zu dauerhaften Beziehungen führen wird.

Es besteht immer die Möglichkeit, keinen Handel abzuschließen

Alle Verhandlungen gehen von dem Grundsatz aus, daß Sie das Recht haben, keinen Handel abzuschließen, sondern wegzugehen. Alle Beziehungen müssen davon ausgehen, daß, wenn die für eine Veränderung der Beziehung nötigen Schritte nicht von beiden Seiten gegangen werden können, um beiden das zuzusichern, was sie möchten, die Beziehung am Ende ist. Beziehungen abzubrechen erfordert Mut, aber die Möglichkeit dazu muß gegeben sein. Die Alternative ist, daß Sie unkluge Geschäfte machen oder einen Handel abschließen, der destruktive Beziehungen aufrechterhält.

Vorbereitung für geschickte Verhandlungsführung: Das Terrain sondieren

– *1. Schritt:* Herausfinden, was die Beteiligten wollen. Beziehungen sind Systeme, das heißt, wenn Sie nur an das denken, was Sie wollen, sehen Sie nur die Hälfte. Sie müssen sowohl Ihre eigene Perspektive als auch die der anderen im Blick behalten. Wenn Sie sehr spezielle Bedürfnisse haben, können Verhandlungen härter sein. Wenn Sie zum Beispiel Hilfe beim Saubermachen wollen, den anderen die Unordnung aber nichts ausmacht, werden Verhandlungen möglicherweise schnell im Sand verlaufen. Was stört Sie an der Unordnung? Würde es Ihnen genügen, wenn sie auf bestimmte Plätze beschränkt bliebe? Oder wenn nur bei bestimmten Gelegenheiten aufgeräumt würde? Oder geht es Ihnen vor allem darum, das Gefühl vermittelt zu bekommen, nicht alle Arbeit alleine machen zu müssen? Die drei wichtigsten Möglichkeiten, eine Antwort auf solche Fragen zu bekommen, heißen *nachdenken, fragen* und *zuhören.* Sie müssen sie alle zusammen ausschöpfen, nicht nur eine davon.

- *2. Schritt:* Nach einem gemeinsamen Nenner suchen. Ein gemeinsamer Nenner hilft dabei, festzulegen, worüber *nicht* verhandelt wird – wir wollen beide ausgehen, können uns aber nicht einigen, wohin; wir wollen beide hier leben, können uns aber nicht darauf einigen, wer die Regeln festlegt.

- *3. Schritt:* Eine breitere Verhandlungsbasis schaffen. Verhandlungen scheitern oft daran, daß alles von einer einzigen Sache abhängig gemacht wird, zum Beispiel wer für die Wartung des Autos verantwortlich ist, oder ob das, was für den einen ein Bedürfnis ist, von einem anderen als Luxus empfunden wird. In Wirklichkeit hat eine Sache oft viele verhandlungsfähige Aspekte. Im kaufmännischen Bereich kann sich eine Verhandlung zum Beispiel völlig auf die Festsetzung des Preises konzentrieren, dabei hat der Abschluß noch viele andere Aspekte, zum Beispiel den Zeitpunkt der Lieferung, die Zahlungsfrist, den Kundendienst, weitere Bestellungen und die Vermarktung des Produkts. In Beziehungen ist das oft genauso. Eine Schmalspurverhandlung über die Heizkosten kann sich darauf konzentrieren, daß die Tür beim Verlassen eines Raums geschlossen wird. Ein breiterer Verhandlungsspielraum für alle Beteiligten könnte auch in Erwägung ziehen, daß Zeitschaltuhr oder Thermostat anders eingestellt werden, daß die Heizkosten anders aufgeteilt werden, daß das Haus besser isoliert oder daß ein warmer Pullover gekauft wird.

- *4. Schritt:* Nach Möglichkeiten suchen, zu feilschen. Finden Sie heraus, worauf es den Beteiligten ankommt. Es kommt selten vor, daß zwei Menschen einer bestimmten Sache genau den gleichen Wert beimessen, das heißt, Sie können eventuell das, was Ihnen am wichtigsten ist, bekommen, indem Sie in dem Punkt einlenken, der der anderen Person am wichtigsten ist. »Ich stelle die Musik nach 23 Uhr leiser, wenn du dich nicht mehr über das Durcheinander in meinem Zimmer aufregst.« Je breiter die Verhandlungsbasis ist, desto mehr Gelegenheiten gibt es, zu feilschen.

Fünf Strategien, um Verhandlungstechniken
in der Praxis anzuwenden

1. *Abklären.* Klären Sie auf jeden Fall ab, was die andere Person meint und was Sie meinen. »Bist du böse auf mich, oder hast du dich über etwas anderes geärgert?« Äußern Sie sich klar und deutlich: »Ich ärgere mich, weil du mich nicht angerufen hast.« Nicht: »Du hängst mir zum Hals raus. Du machst dir nie die Mühe, mir zu sagen, wo du bist.«

2. *Auf dem aufbauen, was die andere Person sagt.* Statt auf das zu reagieren, was Sie daran nicht mögen, und sofort nein zu sagen, sollten Sie nach etwas suchen, was Sie akzeptieren können, und mit einem »Ja« anfangen. Damit umgehen Sie den Streitpunkt und treten direkt in Verhandlungen ein.

3. *Machen Sie keine Vorwürfe.* Denken Sie daran, daß es verschiedene Sichtweisen gibt, keine allein richtige. Teilen Sie Verantwortung auf, statt »Schuld« zuzuweisen. Es kann sein, daß sich das zu optimistisch anhört: manchmal hat eine Person unrecht. Aber ein Wust von Anschuldigungen, beleidigenden Schimpfworten oder Herabsetzungen heizt die ganze Sache nur an und macht es schwerer, Unrecht zuzugeben. Machen Sie keine Vorwürfe, sondern versuchen Sie, sich entgegenzukommen. Denken Sie daran, daß immer die Möglichkeit besteht, *keinen Handel abzuschließen,* aber *nicht ins Geschäft zu kommen* bedeutet, daß Sie Ihren Teil Verantwortung übernehmen, nicht, daß Sie die ganze Schuld jemand anderem aufbürden.

4. *Hüten Sie sich vor Eskalationen.* Ärger eskaliert schnell, vor allem dann, wenn Menschen durch gerade gemachte verärgerte Äußerungen verletzt wurden. Durch Verärgerung geraten Sie in einen Teufelskreis, der alle vernünftige Argumentation zunichte macht und eine Einigung verhindert. Das führt normalerweise zu dem Muster »verlieren: verlieren«.

Manchmal nützt es, der anderen Person zu sagen, daß deren Äußerungen Sie verärgern, und es hilft auch, zu schauen, was hinter dem Ärger steckt. Menschen reagieren oft dann verärgert, wenn sie verletzt sind (durch Unmutsäußerungen gekränkt) oder erschreckt wurden (durch die Folgen für die Beziehung oder die Androhung von Verletzung). Vielleicht müssen die Verletztheit und die Angst angesprochen werden, und nicht die Wut.

5. *Beleidigungen für sich behalten.* Beleidigende Kommentare behindern Verhandlungen, solange die Wellen hochschlagen. Beispiele für solche Kommentare sind: »Mit jemandem, der so unlogisch ist, kann ich nicht reden«, »Sie sind so arrogant/stur/ungeschickt«, »Du bist genauso schlimm wie deine Mutter/dein Vater/deine Schwester«, oder Herabsetzungen wie »Das weiß doch jeder ...«, »Sie werden schon sehen ...«, »Jeder vernünftige Mensch würde ...«, »Ich will großzügig darüber hinwegsehen, daß .../zu Ihren Gunsten annehmen, daß ...«. Am besten vermeiden Sie solche beleidigenden oder verärgernden Kommentare und versuchen, sie zu ignorieren, wenn sie gegen Sie gerichtet sind.

Regeln für faire Auseinandersetzungen

1. *Beim momentanen Streitpunkt bleiben.* Versuchen Sie nicht, alle »alten Geschichten« in einem Aufwasch zu erledigen.
2. *Nicht zu sehr verallgemeinern.* »Du beschwerst dich *immerzu ...* oder hörst mir *nie* zu.«
3. *Nicht beschimpfen.* »Du bist blöd ... völlig herzlos ... dominant ... kindisch ...«
4. *Sich abkühlen.* Machen Sie eine Pause beim Streiten. Zählen Sie auf zehn, bevor Sie antworten. Gehen Sie wohin, wo Sie sich beruhigen können. Erklären Sie, was Sie vorhaben – stürmen Sie nicht einfach hinaus.
5. *Fragen: Was ist mein Anteil?* Fangen Sie Ihre Sätze mit »ich« an: »Ich bin wütend«, statt »Du machst mich rasend«.
6. *Nicht aufs Ganze gehen.* Wenn Sie jemanden an seiner empfindlichsten Stelle treffen, vergrößert das nur den Schmerz, die Verletztheit und die Verärgerung. Es macht es schwerer, zu vergeben und zu vergessen.
7. *Nicht verbal oder körperlich drohen.* Das führt zu Eskalationen, nicht zu Lösungen.

Wenn Sie um Ihre Meinung gebeten werden

Die meisten Menschen reden gelegentlich mit anderen über ihre Beziehungen, am ehesten dann, wenn es Schwierigkeiten gibt.

Im folgenden Kasten geben wir Ihnen ein paar Hinweise für die Gelegenheiten, bei denen andere mit Ihnen über ihre Beziehungen sprechen wollen.

Versuchen Sie, nicht Partei zu ergreifen, weil das möglicherweise nur dazu führt, daß jemand sich noch isolierter, unerwünschter und verletzter fühlt. Ihre Aufgabe besteht statt dessen darin, der anderen Person dabei zu helfen, seine oder ihre Probleme zu klären und zu lösen. Wenn Sie Ihre Lösung auf das persönliche Problem eines anderen Menschen anwenden wollen, funktioniert das meistens nicht. Wenn Sie eine Person mehr unterstützen als eine andere, kann es helfen, das zu formulieren, aber es ist selten hilfreich, wenn Sie auch noch anfangen, harte Kritik zu üben. Alles hat seine zwei Seiten, und nie hat jemand allein die volle Verantwortung.

Mit anderen über ihre Beziehungen sprechen

– Zuhören.
– Fragen stellen.
– Abklären, was los ist.
– Nicht urteilen, sondern Verständnis zeigen.
– Denken Sie daran, daß Sie nur sich selbst ändern können: die anderen können sich auch nur selbst ändern.
– Fragen Sie, wie sich der Mensch, mit dem Sie reden, fühlt.
– Fragen Sie, wie sich die anderen Beteiligten fühlen.
– Verstehen Sie sich selbst als unterstützend, nicht Partei ergreifend.
– Helfen Sie den anderen, ihre Möglichkeiten zu mobilisieren, selbst mit der Sache fertig zu werden.
– Helfen Sie dabei, den Prozeß des Problemlösens in Gang zu setzen.
– Vermeiden Sie es, Ratschläge zu geben.

Manchmal sind die Probleme eines anderen Menschen zuviel für uns. Denken Sie daran, daß Sie das uneingeschränkte Recht haben, »nein« zu sagen, wenn Sie nicht hineingezogen werden wollen.

Falsche Vorstellungen von Beziehungen

Es gibt zwei weitverbreitete falsche Vorstellungen, die verhindern können, daß Menschen konstruktiv an den Aufbau von Beziehungen herangehen.

»Eine Beziehung, an der gearbeitet werden muß,
ist nichts wert.«
»Ich sollte eigentlich nicht daran arbeiten müssen« ist ein Vorbehalt, der die Lösung von Beziehungsproblemen verhindert. Dieser Vorbehalt kann viele Formen annehmen: die Überzeugung, daß Arbeit an einer Beziehung die Spontaneität zunichte macht und sie dann falsch, künstlich oder »gemacht« wirkt; oder daß die Arbeit daran ihr etwas Krankhaftes verleiht, als hätten die beteiligten Personen eine Behandlung nötig; oder daß eine einzige Mißstimmung schon anzeigt, daß die Beziehung sowieso zum Scheitern verurteilt ist.

All diese Versionen sind falsch. Beziehungen brauchen nämlich, ganz im Gegenteil dazu, Arbeit; zufriedenstellende Beziehungen werden sich höchstwahrscheinlich nur dann entwickeln können, wenn alle Betroffenen bereit sind, sich zu engagieren und anzustrengen. Vielleicht ist einfach nur die Begrifflichkeit schwierig: die Verwendung des Wortes »Arbeit«. Wenn Beziehungen Systeme sind, und zwar Systeme mit gemeinsamer Verantwortung, dann können wir statt an Arbeit auch einfach an Anpassung und Umstellung denken. Es ist wichtig, anzuerkennen, daß eine solche Anpassung eine Anstrengung erfordert, aber die Anstrengung wird sehr wahrscheinlich reich belohnt werden.

»Du solltest eigentlich wissen, was ich fühle.«
Dieser Vorbehalt geht davon aus, daß Gefühle zwischen sich nahestehenden Menschen leicht zu identifizieren sind und daß Nähe bedeutet, daß Menschen ihre Gefühle wie durch Telepathie erkennen sollten. Beziehungen kommen in der Tat oft dadurch zustande, daß Menschen sich gut verstehen, später stellen sich dann Enttäuschung und Traurigkeit ein, weil dieses Verständnis verlorenzugehen scheint. Aber wir können nun einmal nicht die Gedanken eines anderen Menschen lesen, und Sie kön-

nen anderen noch so nahe sein, sie werden nie genau wissen können, was Sie empfinden, wenn Sie es sie nicht wissen lassen. Es ist leicht, Fehler zu machen und Dinge persönlich zu nehmen: Depression mit Gereiztheit zu verwechseln, Beschäftigtsein mit Gleichgültigkeit, Enttäuschung über die äußere Welt mit Feindseligkeit und so weiter. Nicht Telepathie ist ein wichtiges Merkmal enger Beziehungen, sondern die Fähigkeit, einander offen und ehrlich zu sagen, was wir empfinden, wie es uns geht.

Zusammenfassung dieses Kapitels

Beziehungen sind Systeme. Daraus ergeben sich drei Konsequenzen:
1. Das Prinzip der gemeinsamen Verantwortung
   – Innerhalb eines Systems sind alle Beteiligten für die Beziehungen verantwortlich.
2. Das Prinzip der Homöostase
   – Wenn Sie versuchen, die Art und Weise zu verändern, in der Sie sich auf andere beziehen, werden Sie auf Widerstand stoßen.
3. Die Prinzipien der Verhandlungsführung
   – Veränderungen innerhalb von Beziehungssystemen lassen sich am besten durch Verhandlungen erreichen.

Guter Verhandlungsführung geht es nicht darum, den Kuchen aufzuteilen; es geht darum, einen neuen zu backen. Geschickte Verhandlungen bedürfen einer Vorbereitung, die aus *vier* Schritten besteht:
– *1. Schritt:* Herausfinden, was die Beteiligten wollen.
– *2. Schritt:* Einen gemeinsamen Nenner suchen.
– *3. Schritt:* Eine breitere Verhandlungsbasis schaffen.
– *4. Schritt:* Nach Möglichkeiten suchen, zu feilschen.

Die fünf Strategien für geschickte Verhandlungsführung sind:
1. Abklären.
2. Auf dem aufbauen, was die andere Person sagt.
3. Keine Vorwürfe machen.
4. Sich vor Eskalationen hüten.
5. Beleidigende Äußerungen hinunterschlucken.

IV. Die beiden Feinde guter Stimmung

Angst und Depression

Angst und Depression sind die beiden Feinde von Glück und Erfülltheit, die am weitesten verbreitet sind. Wir werden alle von ihnen beeinflußt, allerdings in unterschiedlichem Ausmaß. Falsch ist es, anzunehmen, daß nichts gegen sie unternommen werden kann, weil sie nun einmal zum menschlichen Leben dazugehören. Dieser Teil informiert über Angst und Depression und beschreibt viele Möglichkeiten, mit ihnen umzugehen. Er zeigt, wie Sie sich selbst helfen und andere unterstützen können. Er wendet sich an Menschen, die gelegentlich Probleme mit Angst oder Depression haben, und an Menschen, die sehr darunter leiden.

Sie werden hier, wie überall, nicht reibungslos vorankommen, sondern es wird Höhen und Tiefen geben. Lassen Sie sich nicht entmutigen, wenn es manchmal so aussieht, als würde alles schlechter statt besser werden.

Um Angst oder Depression zu überwinden, müssen Sie Schritte (»STEPs«) unternehmen:

S: Suchen Sie sich einen Vorschlag aus, und wenden Sie ihn auf sich an.

T: Testen Sie ihn in der Praxis.

E: Versuchen Sie, einzuschätzen, wie es funktioniert hat (machen Sie sich Notizen).

P: Probieren Sie beharrlich weiter, bis es Ihnen bessergeht.

Die Kapitel zum Thema Angst befassen sich in Einzelkapiteln mit Anspannung und Sorge (Kapitel 16), Ängsten und Phobien (Kapitel 17), Streß (Kapitel 18) und Panikreaktionen (Kapitel 19). Um der größeren

Klarheit willen haben wir jedem dieser Aspekte der Angst ein eigenes Kapitel gewidmet, obwohl sie sich manchmal überschneiden. Wir empfehlen, alle vier Kapitel zu lesen, fangen Sie am besten mit dem an, das Sie am meisten zu betreffen scheint.

Depression ist so weit verbreitet und erschreckend, daß wir ihrem Verständnis ein ganzes Kapitel gewidmet haben (Kapitel 20). Die Strategien, um damit umzugehen, sind unterteilt in solche, die sofort Erleichterung verschaffen können (Kapitel 21), und solche, die eine Wiederholung verhindern können (Kapitel 22). Sie werden am meisten davon haben, wenn Sie alle drei Kapitel lesen.

16. Angst und Sorge in den Griff bekommen oder: der Schwarzseherei ein Ende machen

> *Der Wind kam ihnen jetzt entgegen, und Ferkels Ohren flatterten wie Fahnen hinter ihm her, als es gegen den Sturm ankämpfte. Es schien Stunden zu dauern, bis sie den Hundert-Morgen-Wald erreichten. Dort konnten sie sich zwar wieder aufrecht halten, aber sie hörten nicht ohne Angst, wie der Wind in den Baumwipfeln brauste.*
> *»Pu, stell dir vor, ein Baum fällt um, wenn wir gerade darunterstehen!«*
> *Pu dachte lange angestrengt nach und meinte dann: »Stell dir aber vor, er fällt nicht um!«*[1]

Angst und Sorge

Viele von uns haben mehr von Piglet an sich als von Pu. Uns fallen, offenbar ganz spontan, jede Menge beängstigender Möglichkeiten ein, eine Sorge bringt die nächste mit sich, bis wir, wie Piglet, nur noch an die Risiken und Gefahren denken können, die möglicherweise auf uns lauern. Je mehr Sorgen wir uns machen, desto schlechter geht es uns; und je schlechter es uns geht, desto ängstlicher und sorgenvoller werden unsere Gedanken. Kein Wunder, daß Dale Carnegie seinem zum Klassiker gewordenen Buch den Titel gab *»Sorge dich nicht – lebe«*. Sorgen sind der Feind jeder guten Gestimmtheit, wobei sich meistens herausstellt, daß sie unnötig waren. Wir hindern uns selbst am Leben, indem wir uns wegen Dingen sorgen, die nie eintreffen werden oder sich als nicht so schlimm erweisen, wie wir sie uns vorgestellt haben, oder die eigentlich überhaupt nicht so wichtig waren. Selbst in den seltenen Fällen, in denen unsere Befürchtungen wahr werden, werden die Sorgen wohl kaum geholfen haben. Oder wie der französische Philosoph Montaigne es einmal formulierte: »Mein Leben bestand aus lauter Katastrophen, von denen die meisten nie eingetroffen sind«.

Es tut Ihnen nicht gut, sich Sorgen zu machen

Sorgen sind nicht nur schlecht für Sie, sondern stellen auch eine Zeit- und Energieverschwendung dar. Im folgenden Kasten zählen wir einige Beispiele dafür auf, wie Sorgenmachen sich auf Ihr *Denken, Verhalten, Fühlen* und auf Ihren *Körper* auswirken kann. Überlegen Sie, wie sich Sorgen bei Ihnen persönlich auswirken, und ergänzen Sie die Auflistung nötigenfalls. Das hilft Ihnen dabei, die negativen Auswirkungen des Sorgenmachens auf Sie selbst zu erkennen und sich auf die Aspekte zu konzentrieren, die am störendsten sind. Nicht jeder Mensch ist von all diesen Aspekten betroffen.

Was nützt es, sich Sorgen zu machen?

Sich Sorgen zu machen ist so weit verbreitet, daß sich die Frage aufdrängt, ob sie eine nützliche Funktion erfüllen. Ein Grund dafür, daß es so schwerfällt, sich keine Sorgen mehr zu machen, ist, daß wir den leisen Verdacht hegen, daß etwas Gutes dabei herauskommen wird, und dieser leise Verdacht läßt sich nur schwer beseitigen. Es kann ja sein, daß wir zu uns selbst oder zu anderen sagen – »Mach dir keine Sorgen. Das hat keinen Sinn. Es führt zu nichts.« Oder »Sorgenmachen bringt dich nicht weiter« – der Prozeß hat dennoch etwas Zwingendes, was es schwer macht, ihn abzubrechen.

– *Sorgen: Das Warnsignal.* Sorgen könnten Sie auf etwas aufmerksam machen, was nicht in Ordnung ist: »Du hast diesen Husten jetzt schon viel zu lange.« »Die Lenkung dieses Autos ist irgendwie seltsam.« Es könnte unklug sein, diese Dinge zu ignorieren. Sorgen nützen dann etwas, wenn sie Sie aufrütteln und aufmerksam machen. Es nützt nichts, vor Furcht wie gelähmt zu sein, was passieren kann, wenn Sie Ihre Phantasie mit sich durchgehen lassen. Es ist nützlich, ein rotes Warnblinklicht zu haben, aber nur dann, wenn Sie etwas unternehmen, um es wieder abzustellen.

– *Sorgen: Der Handlungsauslöser.* Sorgen können Sie zu Taten anstacheln. Es geht Ihnen so lange schlecht, bis Sie etwas dagegen unternehmen, zum Beispiel anfangen, vor einer Prüfung zu lernen, oder den Husten oder die Lenkung überprüfen lassen. Sind diese Dinge

Beispiele dafür, wie Sorgen sich auf Sie auswirken können

Wie Sorgen sich auf Ihr Denken auswirken: Was Sie beschäftigt
- Sie halten ständig Ausschau nach Problemen, Schwierigkeiten oder Katastrophen (Hypervigilanz).
- Die Konzentration ist gestört, die Fähigkeit, etwas seine uneingeschränkte Aufmerksamkeit zu widmen, beeinträchtigt.
- Ihre Aufmerksamkeit ist auf Sie selbst und Ihre eigenen Anliegen konzentriert.
- Die Entscheidungsfindung ist erschwert.
- Ihre Fähigkeit, Dinge wahrzunehmen, nimmt zu, gleichzeitig die Fähigkeit, sich über diese mehr Sorgen zu machen als über andere Dinge (selektive Wahrnehmung).
- Sie werden pessimistischer und neigen dazu, das Schlimmste zu erwarten.
- Sie versteifen sich auf Probleme, so daß Sie von einer Sorge zur nächsten springen.

Wie Sorgen sich auf Ihr Verhalten auswirken: Was Sie tun
- Ihre Leistungsfähigkeit nimmt ab (Sie werden entweder übervorsichtig oder unbewußt nachlässig).
- Ihr Benehmen verändert sich.
- Sie beginnen, sich mehr auf andere und weniger auf sich selbst zu verlassen.
- Sie gehen weniger zuversichtlich an Dinge heran.

Wie Sorgen sich auf Ihre Gefühle auswirken: Ihre Emotionen
- Sie fühlen sich durcheinander und verwirrt.
- Sie fühlen sich ängstlich und furchtsam.
- Sie haben das Gefühl, außer Kontrolle geraten zu sein.
- Sie fühlen sich überrannt oder überfordert.

Wie Sorgen sich auf Ihren Körper auswirken
- Sie können weniger gut entspannen und schlafen.
- Sie werden müde und lustlos.
- Sie sind angespannt.
- Sie bekommen Kopfschmerzen.

getan, geht es Ihnen besser. Noch einmal, Sorgen nützen etwas, wenn Sie sie als Handlungsstrategie einsetzen.

– *Sorgen: Die Probe für den Ernstfall.* Sorgen können Ihren Mechanismus, um mit Dingen fertig zu werden, ölen. Sie können Sie dazu bringen, darüber nachzudenken, »Was ich tun könnte, wenn …« oder »Was würde passieren, wenn …«, und können Sie auf diesem Weg auf angemessene Aktionen oder Anpassungen vorbereiten. Vielleicht bringen Sorgen Sie ja dazu, besser zu arbeiten oder die nötigen Abmachungen zu treffen, damit Ihr Auto regelmäßig gewartet wird.

– *Sorgen: Das kleinere Übel.* Sich Sorgen zu machen ist oft ein vergleichsweise vager und ungerichteter Prozeß, im Unterschied dazu, lebhafte und erschreckende Vorstellungen zu haben. Es ist so, als würden Sie sich fragen: »Und wenn sie einen Unfall gehabt haben?«, wenn jemand zu spät kommt, statt sich die Schrecken des befürchteten Unfalls auszumalen. Das, was wir vor unserem geistigen Auge sehen können, kann uns im wahrsten Sinn des Wortes zum Zittern und Beben bringen. Wenn wir uns Sorgen machen, können solche Vorstellungen zurückgedrängt werden, so daß das vielleicht vorzuziehen ist, obwohl die schlimmsten Schrecken nur auf Kosten dauernder Ängstlichkeit im Zaum gehalten werden.

Deshalb hilft es *manchmal,* sich Sorgen zu machen; *manchmal* geht es Ihnen dann besser, oder Sie werden dazu *veranlaßt,* darüber nachzudenken, wie Sie zurechtkommen könnten. Vielleicht ist es das, was den abergläubischen Aspekt des Sorgens ausmacht: das Gefühl, »wenn ich mir keine Sorgen mache, geschieht etwas Schlimmes« oder »wenn ich mir Sorgen mache, wird schon nichts schiefgehen«. Das Fünkchen Wahrheit in all dem Aberglauben liegt im potentiellen Wert oder im Nutzen eines *gewissen Maßes* an Sorgen, wenn sie Anstoß für Taten sind. *Nützliche Sorgen drängen zum Handeln. Alle anderen Sorgen haben keinen Sinn.*

Sorgen: Der sich selbst in Gang haltende Prozeß

Angela beschrieb sich selbst als »die geborene Pessimistin«. In der Schule hatte sie sich wegen Prüfungen Sorgen gemacht, sie sorgte sich darum, was andere Leute von ihr hielten und wie ihr Berufsstart in einem kleinen Verlagshaus verlaufen würde. Sie war sich sicher, daß andere merkten, wie ängstlich oder nervös sie war, und daß es niemanden sonst gab, der ähnliche Sorgen hatte. Selbst als sie begriff, daß jeder Mensch sich ab und zu Sorgen macht, half ihr das nichts. Ihre eigenen Sorgen beherrschten ihr Leben so sehr, daß sie niemals ganz sorgenfrei war.

Sie sorgte sich, ob sie ihren Job richtig mache, ob sie befördert werden würde, ob andere ihre Fähigkeiten erkennen würden oder nicht, ob sie gut schlafen würde und ob sie zu müde sein würde, um am nächsten Tag richtig zu arbeiten. Sie machte sich wegen Wehwehchen und Schmerzen Sorgen, wegen ihrer Gesundheit, und sie sorgte sich, ob sie sich durch ihr Sorgenmachen ernsthaften Schaden zufügen könnte. Sie sorgte sich, ob ihr Partner Andrew sie satt hatte, ob sie eines Tages würde umziehen müssen und ob jemand in ihrer Familie krank werden könnte. Kaum hatte sich eine Sorge gelegt, tauchte schon die nächste auf, und gelegentlich – zum Beispiel wenn sie mitten in der Nacht aufwachte – stürzten alle Sorgen gleichzeitig auf sie ein. Angela war von ihren Sorgen erschöpft.

Wodurch wurde das Sorgenmachen in Gang gehalten? War Angela einfach dazu geboren? Forschungen haben zu der Annahme geführt, daß unsere Anfälligkeit für Sorgen eine genetische Komponente hat. Expertinnen und Experten auf diesem Gebiet gehen außerdem im allgemeinen davon aus, daß Kindheitserfahrungen die Tendenz, sich Sorgen zu machen, beeinflussen, wofür es allerdings keine sicheren Beweise gibt. Wir wissen, daß viele Menschen, denen in ihrer Kindheit beängstigende oder schreckliche Dinge passierten, als Erwachsene ausgezeichnet zurechtkommen, aber wir hören von solchen Menschen natürlich weniger als von denen, die später weiterhin Schwierigkeiten haben, deshalb wissen wir nicht genau, wie viele es sind. Es kann also sein, daß Angela in gewissem Sinn eine »geborene Pessimistin« ist, was aber nicht heißt, daß sie sich nicht ändern kann. Im Gegenteil, Angela konnte sich ändern, obwohl das Sorgenmachen ihr Hauptproblem war. Wenn Sie sich auch nur in einigen ihrer Sorgen wiedererkannt haben, können auch Sie von den Methoden profitieren, die ihr geholfen haben.

Wie Sie 90% Ihrer Sorgen loswerden

Es gibt dreierlei, was es nicht wert ist, sich darum Sorgen zu machen, was aber den Großteil aller Sorgen verursacht: *Unwichtiges, Unwahrscheinliches* und *Ungelöstes.* Verbannen Sie das aus Ihrem Leben, und Sie werden kaum noch Zeit darauf verschwenden, sich Sorgen zu machen.

Unwichtiges

Es ist leicht, sich ein Leben lang über völlig triviale Dinge Sorgen zu machen, und selbst wenn eine Sorge nicht trivial ist, ist sie oft doch absolut unwichtig. Wenn Sie sich dabei ertappen, wie Sie sich Sorgen machen, können Sie sich statt dessen in Zukunft Fragen stellen. Fragen Sie sofort: *»Wie wichtig ist das, worüber ich mir Sorgen mache?«* Hier sind drei Strategien, die Ihnen bei der Beantwortung dieser Frage helfen.

1. *Die 100-Jahre-Regel.* Fragen Sie sich das, was Samuel Johnson seinen Biographen James Boswell fragte: »Ist das denn in 100 Jahren noch wichtig?« Das ist eine Methode, um Ihre Probleme auf längere Sicht zu sehen. Vielleicht kommt Ihnen der Zeitraum von 100 Jahren zu lang vor – aus einer Distanz von 100 Jahren gesehen, ist sehr wenig es wert, sich darum Sorgen zu machen. Aber gerade das ist der springende Punkt. Wir tendieren dazu, so kurzfristige Perspektiven zu haben, daß Maulwurfshügel uns wie Berge vorkommen. Einhundert Jahre verschaffen uns eine Distanz zum Leben, von der aus die meisten Sorgen trivial erscheinen. Natürlich müssen es nicht unbedingt 100 Jahre sein. Betrachten Sie Ihre Sorgen aus verschiedenen Perspektiven: eine Woche, ein Jahr, ein Jahrzehnt. Fragen Sie sich, wie wichtig das ist, worum Sie sich sorgen – und wann, von jetzt an gerechnet, es bedeutungslos geworden sein wird.

   Angela fand heraus, daß es ihr besonders half, wenn Sie sich, sobald Sie bei der Arbeit unter Zeitdruck kam, fragte: »Wird das in fünf Jahren noch irgendwie von Belang sein?« Sie konnte dann ruhiger arbeiten und außerdem Wichtiges von Unwichtigem unterscheiden.

2. *Die Maßstabsregel.* Fragen Sie sich: Wo auf der Skala schlechter Erfahrungen liegt das, was ich befürchte? Im Jahr 1926 war Philip

Wakeham Jungmatrose an Bord der *Snapdragon*.[2] Vierzig Jahre später berichtete er höchst anschaulich von einer entsetzlichen Nacht. Bei Marinemanövern nach dem Ersten Weltkrieg setzte die *Snapdragon* die Übungszielscheiben für die nächtlichen Schießübungen der großen Kriegsschiffe. Das Ziel bestand »einfach aus einer schwimmenden Basis, auf der in kurzen Abständen dreißig Fuß hohe Masten oder Stangen angebracht waren. Über diese Stangen liefen, auf der gesamten Länge der Zielscheibe, hölzerne Leisten, das Ganze sah also aus wie ein riesiges Gitter. An diesem Gitterwerk waren zwei Streifen Leinwand befestigt, jeder zehn Fuß breit.« Bevor die Schießübungen anfingen, mußten diese Leinwandstreifen wie Segel gehißt werden, das war Aufgabe der Seeleute von der *Snapdragon,* also auch von Philip Wakeham. Er war als letzter fertig. Er ging das Deck der Zielbasis entlang, wobei er sich an den Stagen und Leisten festhielt. Plötzlich blieb er abrupt stehen. Das kleine Beiboot, das ihn und die anderen Seeleute auf die Zielbasis gebracht hatte, war weg. Es war stockdunkel; er saß allein auf der Zielbasis fest, und vier britische Kriegsschiffe warteten nur noch darauf, mit ihren nächtlichen Schießübungen zu beginnen.

»Jetzt schon bewegten sich da draußen im Finstern vier graue Schatten langsam auf mich zu, die Mannschaft bereitete sich darauf vor, plötzlich über das Ziel herzufallen, und es aus dem Wasser zu blasen … In jedem Moment … konnte der Befehl, zu feuern, erteilt werden, und eine Menge Metall würde brüllend auf mich zuschießen. Meine Arme waren taub vor Kälte, trotzdem band ich mein schwarzes Seidentuch und mein Taljereep los und verknotete sie. Dann schlang ich sie mir um die Hüfte und um einen der Pfosten – zumindest würde ich so nicht ins Meer fallen, wenn ich mich nicht mehr halten konnte … Ich durfte nicht in Panik geraten … Ich dachte an meine Mutter … Ich fühlte mich elend, leer und mir war sehr, sehr kalt … Die Furcht hatte von meinem gesamten Körper Besitz ergriffen … Ich erinnere mich kaum an das, was dann geschah. Eine große orangefarbene Flamme, die so nah schien, daß sie mir warm vorkam; weitere Leuchtkugeln über mir; und der Lärm … vier Eintonner-Granaten rasten, wie tausend Furien brüllend, über mich hinweg und fielen hinter mir ins Meer.«

Kurz danach verlor Philip Wakeham das Bewußtsein, nicht weil eine Granate explodierte, sondern aus reinem Entsetzen. Zum Glück hatte die britische Marine noch Übung nötig. In jener Nacht wurde das Ziel von keiner einzigen Granate getroffen, und am nächsten Morgen wurde Philip Wakeham entdeckt, lebend und unverletzt.

Diese schreckliche Erfahrung läßt uns die alltäglichen Sorgen noch einmal anders betrachten. Neben ihr verblassen sie. Zum Glück ist es nicht nötig, eine Erfahrung wie die von Philip Wakeham zu machen, um das zu lernen, was sie uns lehrt. Benutzen Sie seine Erfahrung oder eine eigene, schreckliche Erfahrung als Maßstab, um sich bei jeder Sorge zu fragen: In welchem Verhältnis steht das dazu? *Wie schrecklich ist das, worüber Sie sich Sorgen machen, wirklich?* Als Angela eine Meinungsverschiedenheit mit Andrew hatte, folgerte sie sofort, daß sie sich trennen würden, und sah eine weitere, größere Katastrophe bevorstehen. Natürlich kann sie das Gefühl haben, daß sie den Boden unter den Füßen verlieren wird, wenn die Beziehung in die Brüche geht, aber es würde sich dabei nicht um eine lebensbedrohende Katastrophe handeln. Als sie das Problem etwas distanzierter betrachtete, erkannte sie, daß die Auseinandersetzung, deretwegen sie eine Trennung befürchtete, eher ein Maulwurfshügel als ein Berg war.

3. *Die Rechnung.* Fragen Sie sich: »Wieviel Sorgen ist das eigentlich wert?« Unsere Ressourcen sind begrenzt. Wir haben nur ein begrenztes Maß an Zeit, Energie und Leben. Es passiert allerdings sehr leicht, daß wir zu viele dieser begrenzten Ressourcen in die falschen Dinge stecken. William hatte einen Autounfall. Ein Auto war von vorne in seinen parkenden Wagen gefahren. Es war nur ein kleiner Unfall, und der Schaden an seinem Fahrzeug war relativ gering. Die Fahrerin des anderen Wagens entschuldigte sich vielmals und sagte, sie würde zahlen, aber es gab keine Zeuginnen oder Zeugen, und ihre Versicherung weigerte sich, für den Schaden aufzukommen. William war wütend. Er holte juristischen Rat ein. Er war wochenlang schlechter Laune und beschloß, die Fahrerin des anderen Wagens zu verklagen. Der ganze Prozeß drohte, sich monatelang hinzuschleppen und immer teurer zu werden. Zweifellos war William

Unrecht geschehen; die Unfallverursacherin hätte zahlen müssen. Aber so, wie er damit umging, kostete das Ganze mehr als der ursprüngliche Schaden am Auto, der Ausgang war ungewiß, und er wurde ganz krank vor Ärger und Sorgen.

Fragen Sie sich, wann immer Sie sich Sorgen machen: »*Wieviel Sorgen ist das eigentlich wert?*« – Und vergewissern Sie sich, daß Sie sich nicht mehr Sorgen machen, als es wert ist. Sie brauchen Ihre Energie für wichtigere Dinge.

Unwahrscheinliches

Piglet litt am Inbegriff aller Sorgenmacherei. Er dachte nur noch an alle möglichen Schrecken und Katastrophen. »Stell dir vor …«, »Was wäre, wenn …« und andere Varianten sind kennzeichnend für Sorgen und Angst. »Pu, stell dir vor, ein Baum fällt um, wenn wir gerade darunterstehen!« Natürlich ist das möglich. Alle möglichen schrecklichen Dinge könnten heute oder morgen passieren. Aber die meisten sind sehr unwahrscheinlich. Wenn Sie erst einmal zulassen, daß Sie sich über Unwahrscheinliches Sorgen machen, nehmen die Sorgen kein Ende mehr. Stellen Sie sich vor, daß Sie auf ein Leben zurückschauen, das voller Sorgen über Unwahrscheinliches ist. Das wäre ein Leben, das durch die Angst vor Dingen verdorben ist, von denen die meisten nie passiert sind. Antworten Sie Ihrem inneren Piglet mit Pus Worten, sobald Sie sich dabei ertappen, daß Sie sich Sorgen machen, was Schreckliches passieren könnte: »*Stell dir aber vor, es passiert nicht.*« Mit real existierenden Problemen zurechtzukommen ist schon genug Arbeit; verschwenden Sie keine Energie auf Probleme, die nicht existieren, und setzen Sie dafür nicht Ihr Glück aufs Spiel.

Ungelöstes

Madame de Sévigné überliefert in einem ihrer Briefe, in denen sie das Leben am französischen Hof im 17. Jahrhundert beschreibt,[3] die traurige Geschichte von Vatel, dem Chefkoch des Prinzen. Eines Tages bewirteten der Prinz und sein großes Gefolge den König. Vatel tischte abends ein üppiges Festmahl auf und mußte sich dann um das Morgenmahl kümmern.

»Um vier Uhr morgens war Vatel schon überall unterwegs und fand alles noch in tiefem Schlaf versunken vor. Er machte einen kleinen Lieferanten ausfindig, der nur zwei Ladungen Fische hatte. ›Ist das alles?‹ fragte er. ›Ja, mein Herr.‹ Der Lieferant wußte nicht, daß Vatel zu allen Seehäfen hatte schicken lassen. Vatel wartete kurze Zeit, die anderen Lieferanten erschienen nicht, er verlor den Kopf und dachte, daß es keinen weiteren Fisch geben werde. Er ging und suchte Gourville (den Kammerherrn des Prinzen) auf, zu dem er sagte: ›Sir, ich werde diese Schmach nicht überleben, meine Ehre und mein Ruf stehen auf dem Spiel.‹ Gourville machte sich über ihn lustig. Vatel ging in sein Zimmer, pflanzte sein Schwert an der Tür auf und rammte es sich ins Herz … Inzwischen wurde von überall her Fisch geliefert. Vatel wurde gesucht, um den Fisch zu verteilen, die Tür zu seinem Zimmer wurde aufgebrochen, und da lag er in seinem Blut … Gourville versuchte, den Verlust Vatels auszugleichen. Das gelang ihm auch, und es gab ein sehr gutes Mittagessen, danach leichte Erfrischungen, dann Abendessen, einen Spaziergang, Kartenspiele, Jagd, alles roch nach Narzissen, alles war zauberhaft.«

Diese tragische Geschichte illustriert in etwas drastischer Form, wie gefährlich es ist, sich vorzeitig Sorgen zu machen. Selbst wenn es sehr wahrscheinlich ist, daß das, was Sie befürchten, eintreffen wird, in Angelas Fall zum Beispiel, daß ein Familienmitglied krank wird, hat es keinen Sinn, sich vorher schon deswegen Sorgen zu machen.

Über den Umgang mit hartnäckigen Sorgen

Wenn es Ihnen gelänge, sich von Sorgen um Unwichtiges, Unwahrscheinliches und Ungelöstes zu befreien, würden 90% Ihrer Sorgen verschwinden. Aber natürlich ist das leichter gesagt als getan. Es gibt Sorgen, die bemerkenswert resistent gegen logisches Denken sind und Ihnen weiterhin auf der Seele liegen. Und ein paar Sorgen sind wirklich wichtig und realistisch. Es gibt zwei Formen von Strategien für den Umgang mit hartnäckigen und bedeutungsvollen Sorgen: Strategien, um sie loszulassen, und Strategien, um sich mit ihnen auseinanderzusetzen.

1. Strategien, um Sorgen loszulassen

Machen Sie Sorgen zu Taten. Es gibt zwei Arten von Dingen, die es nicht wert sind, sich darüber Sorgen zu machen: die, die Sie ändern können; und die, die sich nicht ändern lassen. So läßt sich eine einfache, aber sehr wirkungsvolle Methode, um hartnäckige Sorgen anzugehen, zusammenfassen. Sorgen sind dann von Nutzen, wenn Sie sie dazu bringen, Probleme anzugehen und zu lösen, die der Lösung bedürfen. Allerdings können Sie Probleme auch angehen und lösen, ohne den unangenehmen Nebeneffekt, den Sorgen haben, in Kauf zu nehmen. Der erste Schritt besteht also darin, Ihre Sorgen zu Problemen zu machen und dann Strategien zu entwickeln, um sie zu lösen (vgl. auch Kapitel 8). Wenn nichts getan werden kann, dann müssen Sie, in Dale Carnegies Worten, *mit dem Unvermeidlichen kooperieren.*

Der Sorgen-Entscheidungs-Baum. Der Sorgen-Entscheidungs-Baum stellt eine strukturierte Methode dar, um das Problem mit dem Sorgenmachen zu lösen. Es handelt sich um eine Methode, bei der Sie sich eine Reihe von sich verzweigenden Fragen stellen, die dazu beitragen, Sorgen loszulassen. Sie ist in Abbildung 16.1 zusammenfassend dargestellt. Sie müssen sich drei Fragen stellen. Die erste – *»Worüber mache ich mir Sorgen?«* – hilft Ihnen dabei, Ihre Sorgen genau auf den Punkt zu bringen. Wenn Sie Ihre Sorge eindeutig identifiziert haben, stellen Sie die zweite Frage – *»kann ich irgend etwas dagegen unternehmen?«* Möglicherweise lautet die ehrliche Antwort: »Nein«. Wenn dem so ist, können Sie sicher sein, daß es nichts bringt, sich weiter Sorgen zu machen. Kooperieren Sie mit dem Unvermeidlichen. Lenken Sie sich ab, indem Sie etwas finden, in das Sie sich statt dessen vertiefen können. Wenn Sie allerdings etwas gegen die Sorge unternehmen können, denken Sie über die entsprechenden Möglichkeiten nach. Schreiben Sie sich nötigenfalls alles auf. Danach stellen Sie sich die dritte Frage – *»Kann ich jetzt sofort etwas tun?«* Wenn Sie auf der Stelle etwas tun können, dann tun Sie das auch, statt sich mit einer interessanten Aktivität davon abzulenken, sich weiter Sorgen zu machen. Sollten Sie jetzt nichts tun können, dann nehmen Sie sich vor, wann Sie angemessene Schritte unternehmen können; falls es Ihnen hilft, können Sie sich eine Gedächtnisstütze notieren, und

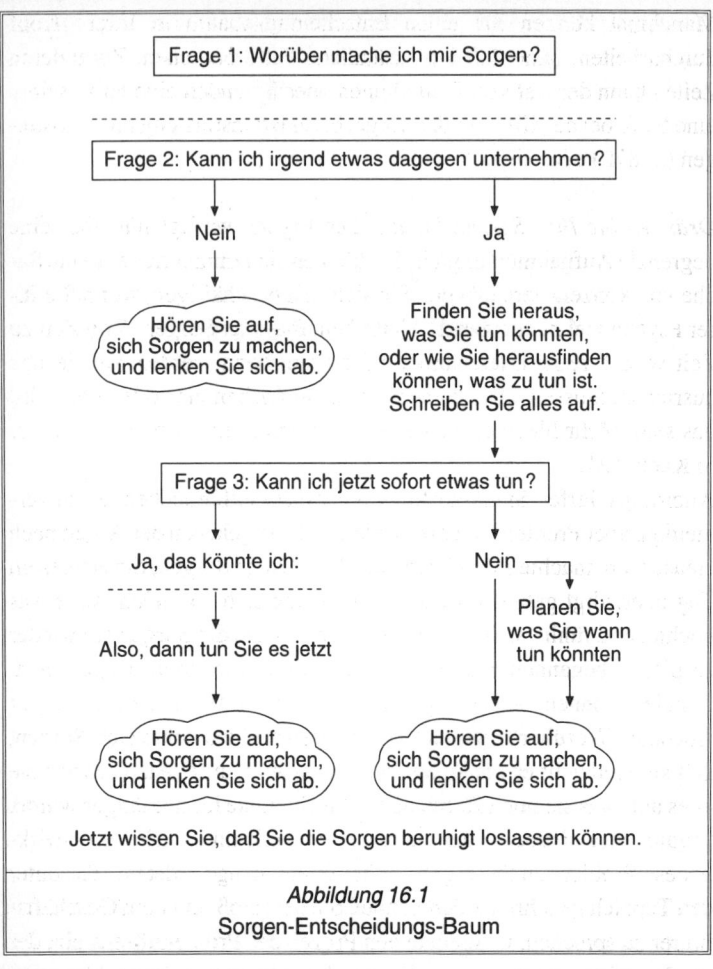

Frage 1: Worüber mache ich mir Sorgen?

Frage 2: Kann ich irgend etwas dagegen unternehmen?

Nein

Ja

Hören Sie auf, sich Sorgen zu machen, und lenken Sie sich ab.

Finden Sie heraus, was Sie tun könnten, oder wie Sie herausfinden können, was zu tun ist. Schreiben Sie alles auf.

Frage 3: Kann ich jetzt sofort etwas tun?

Ja, das könnte ich:

Nein

Also, dann tun Sie es jetzt

Planen Sie, was Sie wann tun könnten

Hören Sie auf, sich Sorgen zu machen, und lenken Sie sich ab.

Hören Sie auf, sich Sorgen zu machen, und lenken Sie sich ab.

Jetzt wissen Sie, daß Sie die Sorgen beruhigt loslassen können.

Abbildung 16.1
Sorgen-Entscheidungs-Baum

dann geben Sie sich die Erlaubnis, sich keine weiteren Sorgen mehr zu machen – das wäre ja schließlich zu überhaupt nichts nütze. Wenn Sie ganz klar feststellen, daß es unproduktiv ist, sich weiterhin Sorgen zu machen, wird es Ihnen leichter fallen, es zu unterlassen. Jedesmal, wenn Sie einen Schritt vollendet haben, lenken Sie sich ab, indem Sie sich einer interessanten Tätigkeit zuwenden.

Manchmal können Sie einen Entscheidungsbaum in Ihrem Kopf durcharbeiten, ohne daß Sie zusätzliche Hilfe brauchen. Zu anderen Zeiten kann der Rat von Freundinnen oder Freunden eine Hilfe sein – eine Hilfe bei der Klärung der Sorge, beim Brainstorming nach Lösungen (S. 87f.) oder einfach als Unterstützung.

Drängen Sie Ihre Sorgen hinaus. Die Psyche verfügt nur über eine begrenzte Aufnahmefähigkeit: Sie können sich immer nur auf eine Sache voll konzentrieren. Wenn Sie sich voll beschäftigen, wenn Sie Ihrer Psyche viel zu tun geben, bleibt kein Platz für Sorgen. Von Zeit zu Zeit wird Ihre Aufmerksamkeit abdriften, dann werden Sie sie neu ausrichten müssen, aber je mehr Sie zu tun haben, desto leichter wird das sein. Mehr Ideen dazu, wie Sie sich ablenken können, finden Sie in Kapitel 21.

Allerdings dürfen Sie Ablenkung nicht dazu mißbrauchen, es zu vermeiden, über Probleme nachzudenken. Als Angela von der Arbeit nach Hause kam, machte sie sich wegen all der Dinge Sorgen, die an diesem Tag unerledigt geblieben waren. Sie lenkte sich ab, indem sie etwas kochte, und fühlte sich eine Zeitlang besser, bis die Sorgen sie wieder zu plagen begannen und es so aussah, als würde sie deswegen nicht schlafen können. Also fragte sie sich im weiteren Verlauf dieses Abends: »Worüber mache ich mir Sorgen?« Sie machte sich Sorgen, daß sie vielleicht etwas Wichtiges vergessen würde. Also schrieb sie alles auf, was sie noch zu tun hatte. Als die Liste immer länger wurde, begann sie, sich überfordert zu fühlen, und erkannte, daß es ein »wirkliches« Problem zu lösen galt, nicht nur ein »eingebildetes«, das unter den Teppich gekehrt werden konnte. Sie beschloß, mit dem Geschäftsführer zu sprechen, und leitete den Prozeß des Problemlösens ein, der im Endeffekt viel mehr bewirkte, als Ablenkung es gekonnt hätte.

Verbieten Sie sich nächtliche Sorgen. Sorgen haben die Tendenz, dann über Sie herzufallen, wenn Sie am hilflosesten sind, vor allem mitten in der Nacht. Wenn es eine Zeit gibt, die nicht fürs Sorgenmachen da ist, dann ist das die Nacht, in der Sorgen über jedes vernünftige Maß hinaus anwachsen und völlig außer Kontrolle geraten. Sobald sich nachts eine Sorge in Ihr Denken einschleicht, sagen Sie: »*Jetzt ist nicht die Zeit*«. Sorgen gehen gern mit Ihnen zu Bett und piesacken Sie dann so, daß Sie nicht schlafen können. Nehmen Sie sie nicht mit. Sie können ihnen angewöhnen, aus dem Schlafzimmer draußen zu bleiben, aber dazu müssen Sie streng und konsequent sein, wie wenn Sie einen Hund dazu erziehen wollen, daß er nichts in der Küche verloren hat. Vielleicht hilft es Ihnen, sich etwas Angenehmes vorzustellen – zum Beispiel einen Ort, an dem Sie besonders glücklich waren –, um die Sorgen zu vertreiben. Die Technik der mentalen Entspannung wird auf den Seiten 145 und 387f. beschrieben.

Sorgen in eine Kiste packen. Stellen Sie sich vor, daß Sie alle Ihre Sorgen, eine nach der anderen, in eine Kiste stecken und den Deckel zumachen; oder hängen Sie sie an einen Baum, und lassen Sie sie vom Wind wegwehen. Werfen Sie sie büschelweise in einen Fluß und beobachten Sie, wie sie davontreiben, oder machen Sie mit ihnen ein Feuer und schauen Sie zu, wie sie sich in Rauch auflösen. Wenn Sie sich Sorgen machen, kann es passieren, daß Sie etwas Wichtiges vergessen, schreiben Sie Ihre Sorgen auf. So bekommen Sie sie aus dem Kopf aufs Papier, wo sie nicht verlorengehen und später in angemessener Form angegangen werden können. Es kann verführerisch sein, sich weiter Sorgen zu machen, weil wir im Hinterkopf das Gefühl haben, daß dabei doch etwas Gutes herauskommen wird, und natürlich können Sie ab und an beim Sorgenmachen auch mal eine gute Idee haben. Aber das liegt dann nicht daran, daß der Prozeß des sich Sorgens nützlich ist, außer als Auslöser für effizientere Formen des Problemlösens. Gelegentliche Lösungen, die sich beim Sorgen finden lassen, sind nur ein Nebeneffekt, der sich höchstwahrscheinlich zu selten einstellen wird, um die ganzen unguten Gefühle, die damit einhergehen, wert zu sein.

Mauern Sie Ihre Sorgen ein. Setzen Sie täglich eine halbe Stunde zum Sorgenmachen an, wenn Sorgen Sie bedrängen. Verschieben Sie, wenn sich die Sorgen zu einer anderen Zeit melden, sie auf diese »Sorgenzeit«, und konzentrieren Sie sich auf das, was Sie gerade tun oder was um Sie herum geschieht. Wenn die »Sorgenzeit« gekommen ist, behandeln Sie jede Sorge wie ein zu lösendes Problem. Mit dieser Strategie versetzen Sie der Sorge in zweierlei Hinsicht einen Schlag: Sie bauen eine Mauer um den Prozeß, so daß er sich nicht weiter ausbreiten kann, und Sie verwandeln die Sorgen in etwas Konstruktives. Manche Menschen stellen sogar fest, daß sie sich nicht auf Bestellung Sorgen machen können, so daß die »Sorgenzeit« sich als störungsfrei herausstellt. In diesem Fall hat die Sorge ihre eigene Grenze erreicht, und Sie müssen sich keine Sorge machen, daß sie zu tief sinken wird: Im Notfall wird die Alarmglocke automatisch läuten.

2. Strategien, um nebulöse Ängste zu untersuchen

Wenn Ängste und Sorgen namenlos bleiben, scheint es unmöglich zu sein, eine Möglichkeit zu finden, mit ihnen umzugehen. Auf einer fast unbewußten Ebene fürchten wir uns vielleicht zu sehr davor, der Sorge direkt ins Gesicht zu sehen. Im Endeffekt werden dadurch mehr Probleme geschaffen als gelöst. Die tiefe Furcht wird immer wieder als hartnäckige Sorge auftauchen. Wenn wir ihr direkt ins Auge sehen, kann die zugrundeliegende Furcht angegangen werden; wird sie verdrängt, kann sie groteske Ausmaße annehmen und die Grundlage unseres Glücklichseins zerstören.

Die Furcht auspacken. Ein Kind, das Angst hatte, daß sich ein Bösewicht unter seinem Bett verstecke, sprang mit Anlauf zu den Stofftieren neben seinem Kopfkissen, wo es sich sicher fühlte, legte sich dann hin, um eine Gutenachtgeschichte zu hören, und schlief ganz beruhigt ein. Mit fremder Hilfe konnte es seine Angst überwinden.

Eine ältere Frau, die alleine lebte, hatte immer eine Orange am Bett liegen. Jede Nacht vor dem Zubettgehen rollte sie die Orange unter das Bett, und wenn diese auf der anderen Seite wieder herauskullerte, konnte sie sich beruhigt schlafen legen.

Manche Ängste sind nicht zu benennen, und wir lassen uns dann gern von anderen Menschen beruhigen oder dadurch, daß wir ziemlich irrationale Dinge tun. Das Problem ist, daß, wenn Sie *immer* mit Anlauf über die Furcht wegspringen oder etwas Irrationales tun, damit es Ihnen bessergeht, die Sorgen nicht ad acta gelegt werden können und Sie zu überwältigen drohen, wenn einmal kein Trost zur Verfügung steht.

Für Angela gab es zwei Befürchtungen, denen sie sich besonders schwer stellen konnte: Sorgen wegen Kopfschmerzen, die sie zu ignorieren versuchte, indem sie rundweg erklärte, daß Kopfschmerzen kein Grund zur Klage seien; und Sorgen wegen der Zeiten, in denen Andrew es satt zu haben schien, sich ihre Probleme anzuhören, und sie sich in eine Flut von Entschuldigungen stürzte. Beides führte zu schlimmen Sorgenanfällen, die immer weitere Kreise zogen und ihr den Schlaf raubten. Die zugrundeliegenden Ängste, denen sie sich so schwer stellen konnte, betrafen die Möglichkeit, daß die Kopfschmerzen Anzeichen einer ernsthaften Erkrankung sein könnten und daß ihre Sorgenmacherei der Beziehung zu Andrew schaden könnte. Sie lernte, sich ihren Ängsten mit Hilfe dreier Fragen zu stellen:

1. Wann haben die Sorgen angefangen? Was hat sie dieses Mal ausgelöst?
2. Was ist daran so schlimm? Was bedeuten sie für mich?
3. Was könnte schlimmstenfalls passieren?

Angela hat gelernt, die Ängste unterm Bett hervorzuholen und ihnen ins Gesicht zu sehen. Dabei fiel ihr zweierlei auf: es war unwahrscheinlich, daß die Katastrophen, die sie befürchtete, eintreten würden; und selbst wenn es passieren würde, verfügte sie über Mittel, die ihr dabei helfen würden, damit fertig zu werden. Sich exzessiv Sorgen zu machen half ihr nicht dabei, solche Möglichkeiten zu entwickeln: im Gegenteil, dann konnte sie nicht einmal feststellen, weswegen sie sich eigentlich Sorgen machte.

Was kann schlimmstenfalls passieren? Stellen Sie sich ein Kind vor, das am Strand unterhalb einer Klippe spielt. Es entdeckt eine Höhle und geht ganz aufgeregt hinein. Plötzlich bekommt es Angst. In der großen, dunklen Höhle kann es den Weg, der vor ihm liegt, nicht erkennen. Was erschreckend ist, das ist das Gefühl des Unbekannten, das diese große, dunkle Ferne birgt. Sorgen können ähnlich gelagert sein.

Wir haben nicht vor etwas Bestimmtem Angst, sondern eher das Gefühl, daß irgendwo in der Ferne unsichtbare, unbekannte und ungewisse Möglichkeiten existieren könnten. Wir können solche Sorgen eingrenzen. Eine starke Taschenlampe hätte die Höhle für das Kind ausleuchten können. Wir können unseren Sorgen Grenzen setzen, indem wir fragen: »Was könnte schlimmstenfalls passieren?« Meistens ist das Schlimmste, was wir befürchten, viel weniger schrecklich, als unsere vagen, nicht artikulierten Ängste es sind. Wenn wir das Schlimmste erst einmal kennen, können wir ihm direkt ins Gesicht sehen und vernünftiger herausbekommen, was zu tun ist.

Klären Sie Ihre Zweifel ab, die Ihre Zukunft betreffen
Bei Sorgen und Ängsten geht es um die Zukunft – um etwas, was noch nicht geschehen ist, also etwas Unbegreifliches und Ungewisses hat. Bevor Sie den Berg erreicht haben, können Sie nicht darum herumlaufen und feststellen, daß es nur ein Maulwurfshügel ist. Manchmal scheint es so, als beträfen Sorgen die Vergangenheit, aber das ist zum großen Teil Illusion.

Es kommt zwar vor, daß Menschen sagen: »Ich mache mir Sorgen wegen der Sachen, die ich vielleicht gesagt habe« oder »Es bedrückt mich, daß ich meinen Paß verloren habe«, aber sie machen sich dann Sorgen, welche Auswirkungen die Vergangenheit auf die Zukunft haben könnte. Habe ich etwas Beleidigendes gesagt, werde ich selbstverständlich abgelehnt oder nicht gemocht werden. Wenn ich meinen Paß verloren habe, ist es natürlich ein ziemliches Theater, einen neuen zu bekommen. Die Sorgen kreisen in diesen Fällen um »Unerledigtes«; andernfalls würde das Ganze entweder vergessen werden oder zu Gefühlen Anlaß geben, die mit der Vergangenheit zusammenhängen (zum Beispiel Reue oder Trauer) statt mit der Zukunft (zum Beispiel Angst und Sorgen).

Daraus folgt, daß Sorgen versteckte Vorhersagen sind: zum Beispiel hinsichtlich der schrecklichen Dinge, die passieren könnten, oder hinsichtlich der eigenen Unfähigkeit, damit zurechtzukommen, oder beides. Deswegen ist es nützlich, festzustellen, welche Vorhersagen gemacht werden, und dann über sie nachzudenken. Sie sind oft übertrieben oder hängen mit versteckten Annahmen darüber zusammen, was andere denken, sind also eine Variante des Gedankenlesens (Kapitel 9 sagt mehr darüber). Stellen Sie sich ein paar Fragen:

– Was sage ich voraus? Oder erwarte ich? Oder nehme ich an, daß geschehen wird?
– Wie kann ich herausfinden, ob meine Vorhersage stimmt?

Angela machte sich Sorgen, ob sie einen Bericht zu einem bestimmten festgesetzten Termin fertigbekommen würde. Sie sagte voraus, daß sie es nicht fristgerecht schaffen würde und außerdem nicht mit der sich daraus ergebenden Kontroverse würde umgehen können. Ihre erste Vorhersage erwies sich als richtig. Daß sie dieser Tatsache ins Gesicht sah, half ihr dabei, ernsthaft nachzudenken, was zu tun sei. Sie entwarf den größten Teil des Berichts und kennzeichnete die Abschnitte, die später noch ausgearbeitet werden mußten. Notizen darüber nahm sie zu dem Treffen mit. Sie erläuterte, warum es länger dauerte, als vorgesehen war. Sie schätzte so realistisch wie möglich ab, wann der Abschlußbericht vorliegen würde. Sie war selbst überrascht, wieviel sie tun konnte, um das Problem zu entschärfen, und ihre zweite Vorhersage, daß sie nicht mit einer Auseinandersetzung würde umgehen können, erwies sich als völlig irrelevant, da es überhaupt nicht zu einer kam. Nachdem sie die spezifischen Voraussagen vorher formuliert hatte, als sie mitten in Ängsten und Sorgen steckte, konnte Angela ihre Befürchtungen schließlich an Hand der Fakten, die sie aus dem Effeff kannte, überdenken. Sie war zu dem Schluß gezwungen, daß sie einfallsreicher war, als sie gedacht hatte.

Wenn Sie Ihre Vorhersagen aufschreiben, können Sie später überprüfen, ob Sie recht hatten, und können besser über eventuell auftauchende Probleme nachdenken. Nächstes Mal können Sie Ihre Vorhersagen dann wirkungsvoller anfechten. Mit zunehmendem Selbstvertrauen werden Ihre Ängste und Sorgen sich davonmachen.

Stellen Sie Ihre Vermutungen in Frage. Manchmal ist es unmöglich, genau den Finger auf das zu legen, wovor Sie Angst haben oder weswegen Sie sich Sorgen machen. Die Befürchtungen scheinen völlig vage zu bleiben: »Was haben sie von mir gedacht?« »Was ist, wenn ich konfus werde?« »Und wenn etwas schiefgeht?« »Es könnte ja etwas Schreckliches passieren.« In diesem Fall können Überzeugungen oder Anschauungen zugrunde liegen, die sich ziemlich schlecht in Worte fassen lassen. Angela drückte ihr Gefühl von Verletzbarkeit mit den Worten aus, daß sie nicht sicher sei, ob sie »überhaupt dazu tauge, allein zurechtzukommen«. Tief im Inneren war sie davon überzeugt, daß es, wenn sie schlecht mit sich selbst zurechtkam, bedeutete, daß sie niemals zuversichtlich und selbstsicher sein würde. Ihr Gefühl, unzulänglich zu sein, ließ sie sich selbst auch als sehr gefährdet und verletzbar empfinden. In ihrem Fall handelte es sich dabei um eine schon lange bestehende Grundhaltung. Sie vermutete, ohne sich dessen auch nur im geringsten bewußt zu sein, daß sie nicht zurechtkommen würde, und nahm die daraus resultierende Angst und Sorge als normal und unvermeidlich hin. Als sie mit ihren Angstgefühlen und Befürchtungen besser umzugehen lernte, stellte sie fest, daß ihre Vermutung sie daran gehindert hatte, Selbstvertrauen aufzubauen und die Ressourcen, über die sie zweifellos verfügte, effektiver einzusetzen.

Mit Ungewißheit leben

Unsicherheit in bezug auf etwas Wichtiges ist eine der Hauptursachen für Angstgefühle und Sorgen. Es gibt viele verschiedene Situationen, die Ungewißheit mit sich bringen: die Androhung einer Kündigung, wenn Sie einen Knoten in Ihrer Leistengegend spüren, wenn Sie gesagt bekommen, daß jemand, der Ihnen nahesteht, vielleicht ernsthaft erkrankt ist, wenn Sie auf die Bewilligung einer Hypothek warten, wenn Sie Ihr Haus verkaufen und so weiter. Mit Ungewißheit läßt sich besonders schwer umgehen, wenn:

– Die Situation *unkontrollierbar* ist
– Sie nicht *vorhersagen* können, was geschehen wird

Das ist, als wären Sie mit einem unlösbaren Problem konfrontiert.

Zuerst tun Sie, was Sie können

Versuchen Sie, sich nicht von der Ungewißheit lähmen zu lassen. Wenn Sie etwas Nützliches tun können, dann tun Sie es. Nachdem Sie getan haben, was Sie konnten – zum Beispiel die richtigen Formulare ausgefüllt haben, oder mit einer befreundeten Person oder einer Ärztin/einem Arzt gesprochen haben –, sollten Sie der Versuchung widerstehen, weiterzusuchen, was sich noch tun ließe. Versuchen Sie zu akzeptieren, daß Sie getan haben, was Sie konnten, und beginnen Sie statt dessen über sich selbst und Ihre Reaktionen auf Ungewißheit nachzudenken. Halten Sie inne, und denken Sie jetzt: *Habe ich getan, was von Nutzen sein könnte?*

Dann befassen Sie sich damit,
wie Sie mit Ungewißheit umgehen

Zu den häufigsten Reaktionen gehören unter anderem Sorgen, Angstgefühle, Schlafstörungen, Aufgeregtheit und Gedankenverlorenheit, Konzentrationsschwierigkeiten und die Suche nach Bestätigung und Beruhigung. Jeder Mensch reagiert anders, Ihre Reaktionen hängen also sowohl von Ihnen selbst als auch von der betreffenden Situation ab.

Erkennen Sie Ungewißheit als das an, was sie ist. Ungewißheit ist ein unangenehmes und erschreckendes Gefühl, das sich störend auf Ihr tägliches Leben auswirken kann. Die Schwierigkeit ist es wert, darüber nachzudenken.

Grenzen Sie das Problem ein. Finden Sie irgend etwas, was Ihnen eine gewisse Sicherheit vermittelt. Die Routine des täglichen Berufslebens oder das normale Einnehmen der Mahlzeiten können die Ecksteine sein, auf denen Sie eine grundlegende Sicherheit aufbauen. Oder Sie wenden sich Ihren verläßlichsten Stützen zu, das kann zum Beispiel Musik sein oder Ihr Freundeskreis.

Normalisieren Sie Ihr Leben. Tun Sie soweit als möglich das, was Sie normalerweise tun, so, wie Sie es normalerweise tun. Das ist dann besonders wichtig, wenn Ihre Gedanken ständig um eine andere Person kreisen oder Sie ihretwegen in Sorge sind. Wenn Sie nichts Sauberes mehr anzuziehen haben, weil Sie sich so viele Sorgen gemacht haben, daß Sie nicht bemerkt haben, wie die Berge schmutziger Wäsche immer größer wurden, wird es Ihnen zum Beispiel nur noch schlechter gehen.

Gestatten Sie sich einen gewissen Egoismus. Gönnen Sie sich etwas Nettes. Kümmern Sie sich gut um sich, wenn Sie eine schwere Zeit durchmachen – genauso gut, wie Sie sich um jemand anderen kümmern würden.

Ziehen Sie sich nicht von Aktivitäten zurück, die Ihnen sonst Freude gemacht haben. Vergnügungen, erholende Tätigkeiten oder Hobbys kommen uns oft anstrengend vor, wenn wir zu sehr mit einer ungewissen Situation beschäftigt sind. Es kann sein, daß Sie sich zu müde oder bedrückt fühlen, um sich darum zu kümmern. Wenn Sie sich aber von diesen Aktivitäten zurückziehen, die Ihnen sonst Freude gemacht haben, kann es sein, daß Sie nur noch unproduktiv über Ihren Sorgen brüten. Aktivitäten, die Spaß machen, sind eine wertvolle Ablenkung, auch dann, wenn Sie sie weniger genießen können als normalerweise.

Sprechen Sie mit jemand anderem über das Problem. Den meisten Menschen geht es schlechter, wenn sie sich mit ihren Sorgen isolieren. Versuchen Sie, das rechte Maß zu finden zwischen Zeiten, in denen Sie sich still in sich selbst zurückziehen, und Zeiten, in denen Sie immer wieder Trost suchen oder über nichts anderes sprechen als Ihre Probleme. Wenn Sie sich gestatten, Ihre Gefühle zu zeigen, hilft das Ihnen und anderen dabei, diese zu verstehen und Wege und Mittel zu finden, damit zurechtzukommen.

Lassen Sie die Probleme auf sich zukommen – gehen Sie ein Problem nüchtern und sachlich an. Nur allzuleicht wird vorschnell der Schluß gezogen, daß das Schlimmstmögliche passieren wird. Je mehr über die schlimmen Dinge, die passieren könnten, nachgedacht wird, desto wahrscheinlicher erscheinen sie, und desto schwerer ist zu erkennen, wie mit ihnen umgegangen werden könnte. Erkennen Sie also, daß der

243

schlimmste Fall noch gar nicht eingetreten ist. Sie entdecken einen Knoten in Ihrer Brust oder Leistengegend und denken sofort, daß Sie an Krebs sterben werden. Sie haben gedanklich zu viele Sprünge gemacht. Die meisten Knoten sind kein Krebs; viele Formen von Krebs sind heilbar. Gehen Sie ein Problem nach dem anderen an, und konzentrieren Sie sich auf die Gegenwart.

Denken Sie an etwas anderes. Ablenkung ist eine sehr nützliche Strategie, solange sie nicht die einzige ist, die Sie anwenden. Wenn Sie sich immer beschäftigen, statt sich Ihren Schwierigkeiten zu stellen, fällt es Ihnen möglicherweise später einmal schwer, es doch zu tun. Haben Sie aber zuerst sorgfältig darüber nachgedacht, welche konstruktiven Schritte sie unternehmen können, ist es anschließend eine große Hilfe, sich zu beschäftigen, vor allem, wenn dadurch verhindert wird, daß Sie in Gedanken immer nur das betreffende Problem wälzen. Methoden, um sich abzulenken, werden auf S. 327 erläutert.

Bauen Sie Druck ab. Mit Ungewißheit zu leben ist ermüdend. Es kann Ihre Ressourcen erschöpfen. In solchen Zeiten sollten Sie also, wenn Sie es vermeiden können, keine zusätzlichen Verpflichtungen übernehmen. Ganz im Gegenteil. Achten Sie darauf, daß Sie gut essen, möglichst viel schlafen (vgl. Kapitel 24) und genug Ausgleichssport treiben, um Ihre Kraft und Ausdauer zu erhalten.

Fragen Sie: »Was könnte das letzten Endes Gutes haben?« Ungewißheit wirft aus dem Gleichgewicht und verunsichert, aber es kann ja sein, daß alte Lebensmuster inzwischen steril geworden oder überholt sind. Wenn Menschen vom Strom des Lebens mitgerissen werden, kann ihnen das dabei helfen, sich auf kreative Art und Weise anzupassen, neue Fertigkeiten zu entwickeln oder alte Ängste zu überwinden. Es muß nicht immer schlecht sein, wenn die eigenen Grundfeste durch Ungewißheit erschüttert werden, obwohl die Anpassungsphase schmerzhaft und schwierig sein kann.

Andere Menschen um Hilfe bitten

Die Resonanz anderer Menschen kann von enormem Nutzen sein, wenn Sie sich ängstlich oder bedrückt fühlen. Sie können die Fragen stellen, die Ihnen dabei helfen, herauszufinden, weswegen Sie sich Sorgen machen, und sie können Sie auf den Boden der Tatsachen zurückholen, wenn die Ängste auszuufern drohen. Sie können, genau wie Pu, Fragen stellen, die Sie dazu bringen, die Situation unter einem anderen Aspekt zu sehen. Pu nahm Piglets Furcht ernst und half ihm dabei, wieder selbst nachzudenken.

Es kann allerdings zur schlechten Angewohnheit werden, um Trost oder Bestätigung zu bitten, genau wie »auf einen Trip zu gehen«. Sie fühlen sich dann zwar besser, aber dieses Gefühl hält nicht lange an, und je mehr Sie davon bekommen, desto mehr wollen Sie. Trost und Bestätigung sind dann keine Hilfe, wenn sie dem Selbstvertrauen schaden. Wenn Sie feststellen, daß Sie andere dauernd oder immer wieder um Bestätigung bitten, sollten Sie statt dessen eine *»Frage-Strategie«* anwenden: Stellen Sie sich selbst die Frage, die Sie jemand anderem stellen wollen, und versuchen Sie dann, sie selbst zu beantworten. Finden Sie heraus, ob es ein Problem gibt, das Sie eventuell anders lösen könnten. Angela wollte Andrew (wiederholt) fragen: »Denkst du, daß ich wirklich krank bin?« »Gehe ich dir auf die Nerven?« Sie können sich vorstellen, wie er sich fühlte, als sie ihn das an einem Abend zum dritten Mal fragte. Wenn jemand Sie wiederholt um Bestätigung bittet, nehmen Sie ihre oder seine Ängste und Sorgen ernst, und versuchen Sie diesem Menschen zu helfen, eigene Antworten auf die gestellten Fragen zu finden. Es ist keine Hilfe, wenn Sie jemanden immer wieder bestätigen. Andrew bestätigte Angela immer wieder, sowohl in Taten als auch in Worten, dieser Versuch zu helfen erwies sich als destruktiv. Er lernte, das zu unterlassen, als Angela ihm erklärte, was er statt dessen tun konnte.

Verwandte Kapitel in diesem Buch

Angstgefühle und Sorgen gehen oft Hand in Hand mit einem Gefühl der Verletzbarkeit oder mit einem Mangel an Selbstvertrauen, als sei das Gleichgewicht zwischen der Fähigkeit, zurechtzukommen, und dem Gefühl, was alles schiefgehen könnte und was für Schwierigkeiten dann entstünden, sehr gefährdet. Die speziellen Strategien, die in diesem Kapitel beschrieben wurden, haben schon vielen Menschen dabei geholfen, mit ihren Sorgen umzugehen, aber es gibt noch andere. Die folgenden Kapitel enthalten ebenfalls hilfreiche Strategien.

– *Kapitel 10: Aufbau von Selbstvertrauen und Selbstachtung.* Die darin beschriebenen Fähigkeiten und Strategien passen gut zu den in diesem Kapitel erläuterten.

– *Kapitel 8: Problemlösen.* Dieses Kapitel hilft Ihnen, Probleme zu fassen zu bekommen, über Lösungen nachzudenken und diese auszuprobieren, um herauszufinden, welche für Sie am geeignetsten sind.

– *Kapitel 11: Entspannen lernen.* Körperliche Anspannung ist schmerzhaft und anstrengend. Körperliche Entspannung geschieht nicht automatisch, sondern Sie können sie lernen. Sich entspannter zu fühlen kann Ihnen in vielerlei Hinsicht helfen: Angstgefühle werden reduziert, Sie haben mehr Energie, werden ruhiger und so weiter. Auch Meditation (eine mentale Entspannungsmethode) hilft, da dadurch Ihre Aufmerksamkeit auf den Augenblick konzentriert wird und Sie die Ängste und Sorgen zwar wahrzunehmen lernen, sie aber dann ruhig vorbeiziehen lassen.

– *Kapitel 25 und 23: Sich um Ihren Körper kümmern.* Je besser Sie sich fühlen, desto selbstbewußter werden Sie. Denken Sie an Ihre Ernährung, genügend Ausgleichssport und daran, wieviel Sie rauchen oder trinken (vor allem Alkohol und Koffein).

– *Kapitel 7: Sich selbst etwas gönnen.* Wenn Sie ein Problem haben und sich deswegen Sorgen machen, kann es leicht Ihr gesamtes Fühlen beherrschen und dazu führen, daß Sie sich müde fühlen. Es bleibt weniger Zeit oder Energie für das übrig, was Sie sonst gerne tun oder worin Sie gut sind. Wenn Sie lernen, wie Sie sich in schwierigen

Zeiten etwas gönnen können, hilft das dabei, das Problem sachlich zu sehen.

- *Kapitel 18: Streß: Wie sich mit einer angemessenen Portion davon leben läßt.* Angst, Streß und Sorgen gehen oft Hand in Hand. Die jeweiligen Kapitel ergänzen sich.
- *Kapitel 24: Schlafstörungen überwinden.* Sorgen sind anstrengend und stören oft die Schlafgewohnheiten. Gönnen Sie sich einen ordentlichen Schlaf, und Sie werden sich weniger ängstlich und sorgenvoll fühlen.

Zusammenfassung dieses Kapitels

Wenn Sie sich Sorgen machen, geht es Ihnen schlecht; aber das ist zum größten Teil unnötig. Sorgenmachen ist dann nützlich, wenn es Sie dazu bringt, zu handeln, daher besteht der erste Schritt darin, herauszufinden, in welcher Form Sie handeln sollten.

Sie können 90% Ihrer Sorgen loswerden, indem Sie folgendes aussortieren:
1. Unwichtiges
2. Unwahrscheinliches
3. Ungelöstes

Hartnäckigere Sorgen können Sie angehen, indem Sie
1. *Lernen, loszulassen.* Wenn Sie an den Sorgen festhalten, fühlen Sie sich verletzbar. Das Leben wird ruhiger, wenn Sie sie vorüberfließen lassen.
2. *Lernen, sich ihnen zu stellen.* Wenn Sie die Sorgen erforschen und untersuchen, sehen Sie sie so, wie sie sind.

Besonders bedrückend ist es, mit Ungewißheit leben zu müssen, aber Sie können viel tun, um den Druck abzubauen.
Andere Menschen können bei Sorgen eine große Hilfe sein. Zögern Sie nicht, sich an sie zu wenden, aber versuchen Sie, nicht in die Gewohnheit zu verfallen, immer wieder um Bestätigung zu bitten.

17. Ängste und Phobien überwinden

Über Phobien

Es ist nicht bekannt, warum manche Menschen Ängste haben, die sogar Ihnen selbst irrational vorkommen. Solche irrationalen Ängste werden in der Fachsprache als *Phobien* bezeichnet. Gelegentlich entspringt eine Phobie einer bestimmten Erfahrung: wer als Kind von einem Terrier gebissen wurde, kann eventuell eine ausgeprägte Angst vor Hunden entwickeln, oft existiert aber keine Erinnerung an solche Vorfälle. Viele Menschen haben eine Spinnenphobie, und das sogar in Ländern wie Großbritannien, in denen es keine Giftspinnen gibt. Vielleicht handelt es sich dabei um eine atavistische Angst, die auf eine Zeit in unserer Entwicklung zurückgeht, in der es so viele Giftspinnen gab, daß Menschen mit Angst vor ihnen eher überlebten als solche, die keine Angst hatten.

Das wäre alles nicht so wichtig, wenn Phobien nicht unsere Freude am Leben schmälern würden. Elaine hatte Angst vor Spinnen. Das Problem bestand nicht darin, daß ihr besonders oft welche über den Weg liefen, sondern daß sie immer in der Angst schwebte, daß es passieren könnte. Sie putzte das Haus obsessiv, um sicherzustellen, daß es sich keine Spinne darin gemütlich machen konnte. Sie verzichtete auf Besuche im Freundeskreis, weil sie befürchtete, daß die anderen nicht so pingelig seien, die Angst beeinträchtigte ihre Vergnügungen, ihre Beziehungen und ihre Stimmung.

Robert hatte schreckliche Angst vor Hunden. Er fuhr überall mit dem Auto hin, vermied das Spazierengehen in Parks und auf dem Land und hatte das Fußballspielen aufgegeben. Er war davon überzeugt, daß Hunde seine Angst spüren konnten und auf ihn selbst dann losgehen würden, wenn sie anderen Menschen gegenüber friedlich waren.

Pauline haßte Supermärkte. Menschenansammlungen jeder Art ließen sie in Schweiß ausbrechen. Sie hatte sogar Angst davor, den Kiosk um die Ecke aufzusuchen, und vermied es, überhaupt einkaufen zu gehen. Allmählich war sie fast völlig ans Haus gefesselt.

Manche dieser Ängste haben einen realen Hintergrund: Hunde *können* gefährlich sein. Aber alle Menschen, die unter den in den Beispielen beschriebenen Ängsten litten, hatten das Gefühl, daß ihre Ängste übertrieben waren. Sie waren ihnen peinlich, und sie kamen sich dumm vor, weil das Ausmaß ihrer Ängste und die damit verbundenen Einschränkungen jede reale Gefahr in den Schatten stellte. Die Haltung ihrer Familien und der Freundinnen und Freunde war keine Hilfe. Paulines Ehemann war so besorgt, daß er es ihr leichtmachte, sich selbst unter Hausarrest zu stellen, indem er alle Einkäufe erledigte. Der Ehemann von Elaine war nicht davon zu überzeugen, daß ihre Ängste real waren, er zog sie entweder damit auf oder war genervt. Roberts Freundeskreis ließ ihn zunehmend allein.

Phobien sind das Gegenteil von Horrorfilmen oder Suspensethrillern. Thriller versetzen Sie in Angst und Schrecken, im tiefsten Inneren wissen Sie aber sehr wohl, daß Sie in Sicherheit sind. Wenn eine Phobie Sie in Angst und Schrecken versetzt, fühlen Sie sich tief im Inneren bedroht, selbst wenn Sie noch so gut wissen, wie irrational sie ist.

Die Angst ist real: Die Gefahr ist es nicht

Die Angst von Elaine, Robert und Pauline war real. Sie war so bestürzend und erschreckend wie eine wirkliche Gefahr. Sie zog ihre Körper, Gefühle, Gedanken und ihr Verhalten in Mitleidenschaft, wie das jede Gefahr tut. Sobald Robert einen Hund sah, bekam er Angst und Herzklopfen. Seine Gedanken kreisten nur noch um die Angst – er dachte zum Beispiel darüber nach, ob der Hund sich plötzlich von der Leine losreißen und ihm an die Kehle springen würde. Normalerweise machte er sich in so einem Fall schnell aus dem Staub, verschwand wenn nötig in eine Seitenstraße, um so weit wie möglich von dem betreffenden Hund wegzukommen.

So gefährlich sind Hunde gar nicht. Robert muß die Angst ernst nehmen, nicht die Hunde. Statt sich selbst auszuzanken und sich zu schämen, muß er akzeptieren, daß *das Angst ist* und daß es *strategische Planung* erfordert, sie zu überwinden. Jeder Mensch, der versucht, Angst zu überwinden, tut etwas Mutiges, weil es bedeutet, sich einer echten Angst zu stellen. Es ist genauso beängstigend, wie es für die

Die häufigsten Phobien

Angst vor kleinen Tieren
– Spinnen, Schlangen, Mäuse, Vögel, Motten, Hunde

Angst, nicht an einem sicheren Platz zu sein
– Auto fahren
– Aus dem Haus gehen oder alleine ausgehen
– In überfüllte Läden oder auf überfüllte Plätze im Freien gehen (Super-
  märkte)
– Mit dem Bus, Auto, Flugzeug, Zug oder der U-Bahn unterwegs sein
Diese und die nächste Form von Phobie treten oft zusammen auf

Angst, gefangen oder eingeengt zu sein
– Zusammenkünfte, Kino oder Theater, Schlangestehen, Fahrstühle,
  Rolltreppen, Partys

Soziale Ängste
– Neue Leute treffen, gesellschaftlicher Verkehr
– Etwas vor anderen tun, zum Beispiel schreiben, sprechen, essen oder
  telefonieren

Ängste vor Krankheit oder Verletzung
– Blut, Spritzen, Erbrechen und Krankenhäuser sehen

Ängste vor Naturphänomenen
– Donner, Blitz oder Stürme, Wasser, Höhen, Dunkelheit

meisten von uns wäre, wenn sie gebeten würden, über ein Seil zu gehen, das unter einer Zirkuskuppel hängt. Sich einer Phobie zu stellen
oder über das Seil zu gehen unterscheidet sich dabei nicht in dem Ausmaß der Angst, sondern in dem Ausmaß der Gefahr. Glücklicherweise
können Sie mit Hilfe strategischer Planung und vernünftiger Übungen
lernen, Ihre irrationalen Ängste zu bewältigen und zu verhindern, daß
sie weiterhin Ihr Leben beeinträchtigen.

Arten von Phobien

Das Erstaunliche an Phobien ist, daß es nur relativ wenige Arten gibt. Die Art, unter der Pauline litt, ist vielleicht die bekannteste: die Angst, nicht an einem sicheren Platz zu sein. Sie wird *Agoraphobie* genannt. Die griechische *Agora* war der Marktplatz, Supermärkte scheinen die moderne Entsprechung zu sein.

Teufelskreise perpetuieren das Problem

Ängste vergehen normalerweise von selbst, wie wenn sie eine natürliche Lebenserwartung hätten. Wenn sie nicht vergehen, liegt das normalerweise daran, daß ein Teufelskreis besteht. Robert vermied es, in der Nähe von Parks spazierenzugehen und seine Freunde zu besuchen, für den Fall, daß sie Hunde haben könnten. Je mehr er Hunde mied, desto mehr Angst bekam er. Jede geglückte Expedition sah er als knappes oder glückliches Entkommen, und er beschäftigte sich zunehmend damit, wie er sich vor potentiellen Gefahren schützen könnte. Hier sind einige der Teufelskreise, die sein Problem am Laufen hielten:

- *Roberts erster Kreis.* Die Angst vor Hunden ließ Robert zittern und beben. Seine prompte Reaktion war, sie zu meiden. Je mehr er sie mied, desto größer wurde seine Angst. Vermeidung verschlimmerte seine Angst.
- *Roberts zweiter Kreis.* Wenn es Robert gelang, einem Hund aus dem Weg zu gehen, fühlte er sich sofort erleichtert. Er lernte, daß er die Angst zum Verschwinden bringen konnte, indem er seine Aktivitäten einschränkte, und sowohl die Vermeidung als auch die Angst nahmen zu.
- *Roberts dritter Kreis.* Mit dem Fortbestehen seiner Angst und zunehmender Einschränkung seiner Aktivitäten wurde ihm das Ganze immer peinlicher, und er schämte sich, so ängstlich und »feige« zu sein, folglich nahm sein Selbstvertrauen ab. Je weniger selbstbewußt er wurde, desto anfälliger wurde er für größere Ängste und so weiter, immer im Kreis herum.

In Abbildung 17.1 können Sie erkennen, daß Roberts Reaktionen auf seine Ängste wiederum den Teufelskreis nährten und damit seine Phobie am Laufen hielten. *Sollten Sie selbst unter einer Phobie leiden, so versuchen Sie, Ihren eigenen Teufelskreis zu zeichnen.*

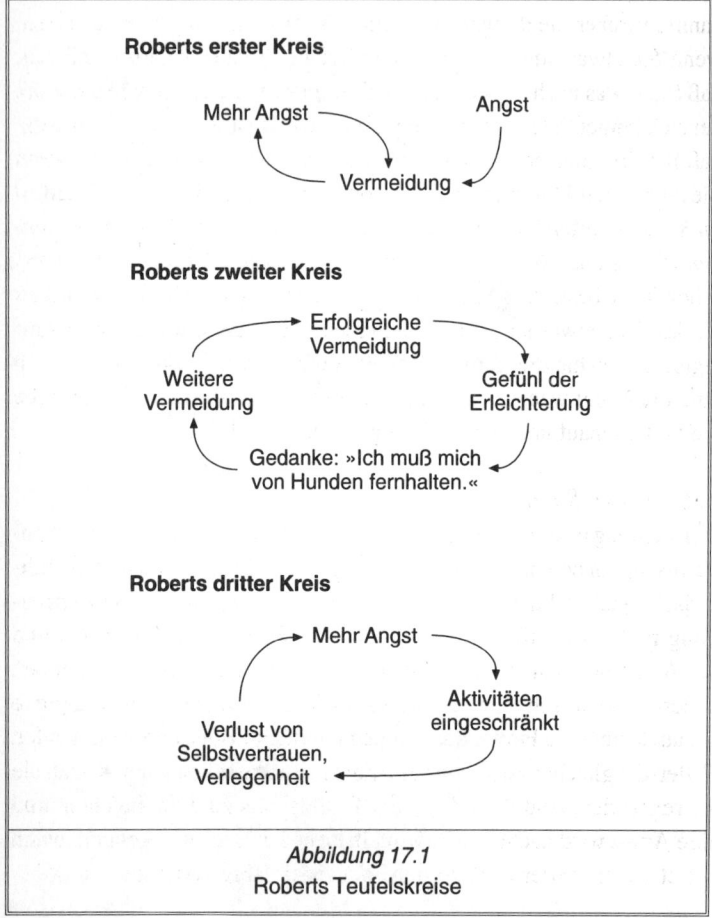

Abbildung 17.1
Roberts Teufelskreise

Die Angst überwinden:
Das Vorgehen strategisch planen

Um die Teufelskreise zu durchbrechen, die das Problem in Gang halten, ist strategische Planung nötig, damit die Angst von selbst schwinden kann. Je früher Sie die Angst angehen, desto einfacher ist es. Jedesmal, wenn Sie etwas umgehen, was Sie fürchten, wird es wahrscheinlicher, daß Sie es das nächste Mal auch wieder umgehen werden, wie ein Fluß, der sich immer tiefer in sein Bett gräbt. Die beste Zeit, um zu verhindern, daß Ihre irrationalen Ängste zu festen Gewohnheiten werden, ist, wenn Sie zum ersten Mal merken, daß es ein Problem gibt. *Wenn Sie die Angst im Keim ersticken können, wächst sie sich vielleicht nie zu einer blühenden Phobie aus.* Doch selbst wenn die Phobie, die Sie angehen wollen, schon lange besteht, kann sie immer noch überwunden werden, nur dauert das dann etwas länger und kann mehr Ausdauer erfordern. Der strategische Plan hat drei Stufen: (1) Ihre Vermeidungen erkennen; (2) sich eine Leiter mit wachsendem Schwierigkeitsgrad bauen; (3) klettern Sie die Leiter hinauf und vor Ihren Ängsten auf und davon.

1. Erkennen Sie Ihre Formen der Vermeidung

Vermeidung ist eine natürliche Reaktion auf Angst und das größte Hindernis, das in den meisten Phobien zu überwinden ist. Sie ist so verführerisch, weil es Ihnen damit auf kurze Sicht bessergeht. Die Vermeidung muß aber aufhören, wenn Sie Teufelskreise durchbrechen und der Angst ins Gesicht sehen wollen. Der erste Schritt ist, sie erkennen zu lernen – was schwierig sein kann, da Vermeidung sowohl komplexe als auch einfache Formen annehmen kann. Die Botschaft ist in beiden Fällen die gleiche: wenn Sie der Angst ins Auge sehen können, statt sie zu vermeiden, sind Sie fähig, den Teufelskreis zu durchbrechen, und Ihre Angst wird nachlassen. Deshalb ist es wichtig, zu erkennen, wann Sie etwas entweder gelegentlich oder regelmäßig vermeiden.

1. *Einfache Vermeidung.* Einfache Vermeidung ist offensichtlich: Überfüllte Plätze, das Zusammentreffen mit Unbekannten, Spaziergänge auf den Klippen oder Kontakte mit Hunden werden vermieden. Es

ist zweifelsfrei klar, was Sie umgehen, und relativ einfach, die Möglichkeit auszuschließen, daß Sie versehentlich in eine solche Situation geraten.

2. *Subtile Vermeidung.* Bei der einfachen Vermeidung werden Sie wohl kaum daran zweifeln, daß Sie die Situationen, die Ihnen angst machen, umgehen. Aber Ihr Vermeidungsverhalten kann auch subtilere Formen annehmen, und auf diese müssen Sie achten; sonst perpetuieren Sie Ihre Ängste, ohne daß Sie es merken. Die subtile Vermeidung kann in vielen Formen auftreten.

– *Dinge aufschieben.* Robert schob es immer wieder hinaus, seinen Sommerurlaub zu planen. Irgendwie war er immer zu beschäftigt, um darüber nachzudenken. Er wollte nicht zugeben, wie sehr die Phobie sein Leben beherrschte.

– *Sich keiner Herausforderung stellen, die ein wenig beunruhigend sein könnte.* Elaine wußte, daß ihre Küche makellos sauber war, trotzdem wartete sie, bis ihr Mann nach Hause kam, um den Schrank unter der Spüle zu öffnen, für den Fall, daß sie eine Spinne finden würde.

– *Nicht über Ihre Gefühle sprechen.* Robert gab sich so viel Mühe, seine Angst vor seinen Freunden zu verbergen, daß sie nicht begreifen konnten, was vor sich ging, und allmählich annahmen, daß er sie mied.

– *Sich beschäftigen, um nicht über das Problem nachdenken zu müssen.* Pauline beschäftigte sich mit Hausarbeit, Kochen und damit, für die ganze Familie zu stricken. Sie lud so oft Freundinnen und Nachbarinnen ein, daß sie keine Zeit hatte, auszugehen.

– *Andere als eine Art Requisiten benutzen oder um sich hinter ihnen zu verstecken.* Sowohl Pauline als auch Elaine verließen sich darauf, daß ihre Ehemänner das taten, was sie selbst nervös machte.

– *Etwas tun, um sich sicher zu fühlen.* Pauline kaufte sich eine Einkaufstasche auf Rädern, um sich aufstützen zu können, wenn sie sich unsicher fühlte, und Robert fuhr überall mit dem Auto hin.

Auf diese subtile Art konnten sie mehr tun, als sie sonst gekonnt hätten. Sie verließen sich zu ihrer Sicherheit aber auf ihre Requisiten. Requisiten können nützlich sein, wenn Sie beginnen, schwierige und erschreckende Situationen anzugehen, es ist aber nicht sinnvoll, von ihnen abhängig zu werden. Die Angst, sie zu verlieren oder irgendwo ohne sie hingehen zu müssen, macht die Phobie noch restriktiver.

Alle Arten von Vermeidung halten die Phobie in Gang: sowohl subtile als auch einfache Arten, sowohl das, was Sie denken, als auch das, was Sie tun.

---

2. Bauen Sie sich eine Leiter
mit wachsendem Schwierigkeitsgrad

Zur Kernstrategie, um Ihre Phobie zu überwinden, gehört es, eine Leiter zu bauen. Diese Leiter ermöglicht Ihnen, das, was Sie fürchten, anzugehen, ohne zu viel Angst zu bekommen. Die wichtigste Voraussetzung ist: *Dringen Sie allmählich in das gefürchtete Territorium ein, indem Sie zunächst die leichteren Dinge angehen, bevor Sie sich den schwereren stellen.* Da mit Hilfe dieser Methode Ihr Selbstvertrauen stetig wächst, mildert sie die Teufelskreise immer mehr ab. Wenn Sie sofort mit dem Schwierigsten anfangen, kann das ins Auge gehen, und Sie fühlen sich danach sowohl verzweifelt als auch erschöpft. Mit Hilfe einer Leiter können Sie eine Höhe erreichen, die mit einem einzigen Schritt unerreichbar wäre. Mit einer Leiter ist kein Schritt unmöglich. Wenn Sie auf der fünften Sprosse stehen, können Sie auf die sechste klettern. Mit einem Sprung von der ersten Sprosse auf die sechste zu kommen wäre unmöglich.

Genau dieses Prinzip liegt der Schritt-für-Schritt-Methode zur Überwindung Ihrer Ängste zugrunde. Jeder einzelne Schritt ist klein, alle zusammen führen Sie aber in bisher unerreichte Höhen.

Erstellen Sie eine Liste der Situationen, die Sie meiden und die Ihnen angst machen, auch wenn die Angst sehr gering ist. Ordnen Sie sie dann mit steigendem Schwierigkeitsgrad an.

Pauline hatte inzwischen solche Angst, aus dem Haus zu gehen, daß sie es nur noch in Begleitung ihres Mannes oder einer Person aus dem engeren Freundeskreis tat. Sogar der Gedanke, ihre Straße entlang zu gehen, machte ihr angst. Zusammen mit ihrem Mann konnte sie fast überall hingehen, außer in den Supermarkt oder ins Kino. Ihre Leiter von Situationen mit zunehmendem Schwierigkeitsgrad sah folgendermaßen aus:

Paulines Leiter mit zunehmendem Schwierigkeitsgrad	
Schritt	*Situation*
1	Alleine zum Gartentor gehen.
2	Alleine die Straße entlang bis zur ersten Laterne gehen.
3	Alleine die Straße entlanggehen und vor dem Laden an der Ecke stehen.
4	Mit Ehemann ins Kino gehen.
5	Alleine herumlaufen und zum Kiosk gehen, ohne etwas zu kaufen.
6	Mit Ehemann in den Supermarkt gehen.
7	Alleine zum Laden an der Ecke gehen und etwas kaufen.
8	Alleine in zwei Läden am Ort gehen und etwas kaufen.
9	Mit Ehemann zum Eingang des Supermarkts gehen, alleine hineingehen.
10	Alleine zum Supermarkt gehen und dort etwas kaufen.

Roberts Leiter sah ganz anders aus. Vielleicht erweckt sie den Eindruck, daß er wohl sehr langsam vorangekommen sei, dabei konnte er dadurch, daß er *ganz von vorne* anfing, sein Vertrauen schneller aufbauen.

Sowohl bei Pauline als auch bei Robert waren die Vermeidungsmuster tief verwurzelt, deshalb mußten ihre Leitern viele Sprossen haben. Wenn Sie versuchen, eine weniger schwere Phobie früher in den Griff zu bekommen, brauchen Sie möglicherweise nur wenige Sprossen, vielleicht sogar nur eine einzige, wenn Sie direkt die Situation angehen können, die Sie am meisten fürchten. Aber ganz egal, wie harmlos Ihre Phobie ist, wenn Sie sie überwinden wollen, müssen Sie sich gedanklich darüber klarwerden, welche Schritte Sie unternehmen müssen.

Roberts Leiter mit zunehmendem Schwierigkeitsgrad	
Schritt	*Situation*
1	Abbildungen von Hunden in Büchern, Zeitschriften etc. anschauen.
2	Mit Leuten über Hunde sprechen; sie im Fernsehen oder auf Video beobachten.
3	Echte Hunde aus dem Fenster oder dem Auto beobachten.
4	In eine Zoohandlung gehen, in der es Welpen gibt.
5	Am Park vorbeigehen; kleine Ausflüge ohne das Auto machen.
6	Einen Freund besuchen, der einen »sicheren« Hund hat; dem Freund von der Phobie erzählen.
7	Mit dem Hund des Freundes in den Garten gehen.
8	Mit diesem Hund an der Leine Gassi gehen.
9	Im Park joggen, statt den Heimtrainer zu benutzen.
10	Mit dem Hund des Freundes in den Park gehen und ihn frei laufen lassen.
11	Ein Hundeheim am Ort besuchen.
12	In die Kneipe gehen, in der sie einen deutschen Schäferhund haben.
13	Wieder Fußball spielen (und einen Ausflug aufs Land planen).

3. Klettern Sie Ihre Leiter hinauf und vor Ihren Ängsten auf und davon

Nachdem Sie die einzelnen Sprossenstufen der Leiter klar definiert haben, können Sie sie hinaufklettern, wobei Sie sich erst auf die nächste stellen, wenn Sie die, auf der Sie gerade noch stehen, gemeistert haben. Hier sind sieben Voraussetzungen für einen erfolgreichen Aufstieg:

1. Die erste Stufe sollte so beschaffen sein, daß sie Ihnen zwar etwas angst macht, aber nicht so viel, daß Sie sie kaum noch angehen können.
2. Wenn es Menschen gibt, die Sie unterstützen würden, bitten Sie sie darum. Bitten Sie sie, dieses Kapitel zu lesen. Wenn Sie ihnen Ihre Fortschritte mitteilen können, hilft Ihnen das dabei, am Ball zu bleiben.

3. Planen Sie Belohnungen für sich ein, damit Sie sich jedesmal, wenn Sie wieder eine Stufe weitergekommen sind, auf etwas freuen können (vgl. Kapitel 7).

4. Bestimmen Sie jedesmal, wenn Sie etwas Neues versuchen, genau, was Sie erreichen wollen (Pauline beschloß zum Beispiel, daß sie die Straßenlaterne berühren mußte, als diese ihr Ziel war).

5. Bleiben Sie in der Situation, die schwierig ist, bis Sie sich besser fühlen, ohne in die Versuchung zu geraten, subtile Formen der Vermeidung anzuwenden.

6. Üben Sie regelmäßig und häufig; möglichst jeden Tag.

7. Gehen Sie zur nächsten Stufe über, wenn Ihre Angst so weit abgenommen hat, daß Sie sich dazu bereit fühlen.

Der Verlauf des Fortschritts

Der optimale Fortschrittsverlauf ist von Mensch zu Mensch verschieden. Robert brauchte einen Monat, um sich selbstsicherer zu fühlen, und sechs Wochen, bevor er den Hund eines Freundes zu einem Spaziergang mitnehmen konnte. Pauline arbeitete sich ihre Leiter langsamer hinauf und mußte fast einen ganzen Monat dafür verwenden, alleine einkaufen zu üben, wobei ihr Ehemann noch in der Nähe wartete, bevor sie sich stark genug fühlte, um ganz alleine in einem Supermarkt einzukaufen.

Es kommt nicht darauf an, wie lange Sie brauchen. Solange Sie üben, machen Sie auch Fortschritte und werden Ihr Ziel letztendlich erreichen. Konzentrieren Sie sich auf die Stufe, an der Sie gerade arbeiten, statt sich dadurch in Angst und Schrecken zu versetzen, daß Sie an die oberste Sprosse der Leiter denken. Ihre Phobie zu überwinden kann mehr Zeit in Anspruch nehmen, als Sie gedacht haben, vor allem wenn Sie sie schon lange haben und deren Vermeidung ein Teil Ihres Lebens geworden ist. Langsam, aber sicher werden Sie weiterkommen.

Rückschritte sind Teil des Fortschritts. Alle Menschen haben gute und schlechte Tage, ob sie nun Phobien haben oder nicht. Das bedeutet, daß es manchmal schwer ist, heute das zu tun, was gestern ganz einfach gewesen war. Ihr Selbstvertrauen ist einem ständigen Wechsel unterworfen, deshalb sind offensichtliche Rückschläge ein normaler Bestandteil des Fortschreitens. Sie sind enttäuschend und frustrierend, aber sie stellen kein Versagen dar. Lassen Sie sich also durch sie nicht entmutigen, sondern passen Sie Ihr Üben dem an, wie Sie sich zu einer bestimmten Zeit fühlen. Stellen Sie weniger Anforderungen an sich, wenn Sie nicht in Bestform sind, und mehr, wenn es Ihnen bessergeht. Manchmal lassen sich die richtigen Schritte nur schwer herausfinden, oder Sie bleiben an einer bestimmten Stufe der Leiter hängen, und die nächste scheint zu weit weg zu sein. Denken Sie darüber nach, wie Sie sich den Schritt erleichtern könnten. Robert merkte, daß er die Spaziergänge im Park immer wieder hinausschob, und erleichterte sich die Sache, indem er zunächst sehr früh am Morgen ging, wenn es fast wie ausgestorben war. Er fand außerdem einen Freund, der mit ihm joggte, und zusammen liefen sie »abenteuerlichere« Strecken, als er alleine gekonnt hätte. Paulines Angst im Supermarkt schien immer irgendwie präsent zu sein. Sie lernte, sich zu entspannen (vgl. Kapitel 11), und merkte, daß ihr das dabei half, die Angstsymptome zu meistern.

Die Angst überwinden: Gedankenkontrolle strategisch planen

Angst weckt in uns Horrorvorstellungen. Robert war davon überzeugt, daß Hunde auf ihn losgehen würden, »sobald sie seine Angst riechen« würden; und die schrecklichen Vorhersagen, die er machte, verschlimmerten seine Angst vor Hunden. Zusätzlich zu einem strategischen Aktionsplan half ihm eine Strategie zur Gedankenerforschung. Diese Strategie ist Teil der »kognitiven Therapie«, die wir im neunten Kapitel ausführlicher beschrieben haben. In diesem Kapitel werden wir zeigen, wie sich diese Strategie anwenden läßt, um Robert dabei zu helfen, seine ängstlichen und destruktiven Gedanken zu erforschen.

Der erste Schritt besteht darin, die Voraussage zu identifizieren; der zweite Schritt ist dann, Beweise dafür oder dagegen zu suchen, wobei Sie sich streng an die Realität halten müssen. Robert stellte Nachforschungen an. Greifen Hunde Menschen spontan an? Natürlich las er über Pitbull Terrier und von Gelegenheiten, bei denen Menschen schlimm gebissen worden waren. Er wußte, daß Polizeihunde darauf abgerichtet werden können, anzugreifen, und daß Briefträgerinnen und Briefträger manchmal das Gefühl haben, die Höhle des Löwen zu betreten, wenn sie eine Gartentür aufmachen, um zur Haustür zu gehen. Allerdings fand er heraus, daß es sich dabei um Ausnahme- oder Sonderfälle handelt. Die meisten Hunde, die als Haustiere gehalten werden, werden entweder vernünftig im Zaum gehalten oder sind harmlos. Die *Wahrscheinlichkeit,* gebissen zu werden, war viel geringer, als seine Ängste ihm vorgegaukelt hatten. Zur Überprüfung fragte er in seinem Freundeskreis herum, ob schon einmal jemand gebissen worden war, und wollte außerdem wissen, ob jemand dabei war, der Angst vor Hunden hatte. Es ging ihm darum, herauszufinden, ob Hunde wirklich Menschen beißen, die Angst vor ihnen haben. Die meisten seiner Freundinnen und Freunde waren zwar nicht gebissen worden, einige aber schon. Niemand aus seinem Bekanntenkreis war allerdings überraschend angefallen oder übel zugerichtet worden, auch unter denen, die selbst Angst vor Hunden hatten, gab es keine Ausnahme. Ein paar Menschen aus seinem Freundeskreis waren gebissen worden, das heißt, eher gezwickt, als sie mit einem Hund spielten oder über einen stolperten. Robert meinte, daß er wohl kaum gegen seinen Willen in eine solche Situation geraten würde.

Robert hatte das getan, was viele Menschen mit Phobien tun: *die Wahrscheinlichkeit überschätzen,* daß seine Ängste bemerkt werden, und *überschätzen, wie schlimm es wäre,* wenn das geschähe. Gleichzeitig *unterschätzte* er seine Fähigkeit, damit umzugehen, Maßnahmen zur Verbesserung der Situation durchzuführen und seine Phobie loszuwerden. Die Untersuchung seiner Vorhersagen brachte ihn wieder auf den Boden der Tatsachen zurück und half ihm, wieder mehr das Gefühl zu bekommen, daß er die Sache in der Hand hatte.

Die »Allzeit bereit«-Haltung

Die ungeschriebene Botschaft, die Sie sich selbst vermitteln, wenn Sie etwas umgehen, ob das nun offen oder subtil vor sich geht, ist: »Das ist gefährlich.« Ihre Einstellung führt zu einer Erwartungshaltung, die schwer zu entkräften ist, weil Ihre Vermeidung vereitelt, daß Sie herausfinden können, daß es nicht wirklich gefährlich ist. Die Haltung der »Annäherung« durchbricht diesen Kreis. Die neue Botschaft lautet: »Wenn Sie das Gefühl haben, etwas zu vermeiden, dann versuchen Sie herauszufinden, wie Sie sich statt dessen annähern könnten.« Sagen Sie sich nicht: »Ich kann nicht«; fragen Sie sich statt dessen: »Wie könnte ich …?« Diese Haltung trägt sowohl dazu bei, daß Sie Ängste im Keim ersticken können, als auch dazu, daß Sie die strategische Planung beginnen, mit deren Hilfe es Ihnen bessergehen wird.

Die Strategien verschiedenen Formen von Phobien anpassen

Ängste, bei denen das Üben schwierig ist. Es ist schwierig, praktikable Möglichkeiten zu finden, sich jeden Tag mit Ängsten wie Flugangst, Angst vor Schlangen oder Gewittern auseinanderzusetzen. Sie können aber statt in der Realität auch in der Phantasie üben, was als sehr wirkungsvoll bekannt ist. Schreiben Sie die Situationen, mit denen Sie Schwierigkeiten haben, genau so auf, wie wir es vorher in diesem Kapitel beschrieben haben; versuchen Sie, einen ruhigen und entspannenden Platz zum Üben zu finden; stellen Sie sich dann selbst in der Situation vor, die Sie fürchten, inklusive aller denkbaren realistischen Details, die Ihnen angst machen. Erlauben Sie sich, sich an jede dieser Phantasiesituationen zu gewöhnen und sich durch sie nicht mehr beunruhigen zu lassen, dann ruhen Sie sich aus. Gehen Sie Ihre Liste langsam durch, so wie es Ihrem eigenen Tempo entspricht.

Ängste, die zu Ohnmachten führen. Manche Menschen werden beim Anblick von Blut ohnmächtig, oder wenn Sie mit Dingen konfrontiert werden, die mit Krankheit oder Verletzung zu tun haben. Falls Sie so ein Problem haben, sollten Sie damit beginnen, die Methode der »angewandten Spannung« zu erlernen, um das Problem des Ohnmächtigwerdens aus der Welt zu schaffen. Ohnmächtigwerden hängt mit einem plötzlichen Sinken des Blutdrucks zusammen, dieses Absinken des Drucks können Sie verhindern, indem Sie Ihre Muskeln anspannen, statt sie zu entspannen. Üben Sie das zunächst zu Hause. Ziel ist es, alle Hauptmuskeln in den Armen, Beinen und im Rumpf gleichzeitig anzuspannen und diese Spannung etwa fünf Sekunden zu halten. Lassen Sie dann kurz los, bevor Sie erneut anspannen. Sie sollten das zweimal täglich jeweils zehn Minuten lang üben, und zwar zu Hause an einem Platz, wo Sie sich behaglich fühlen, bevor Sie dann versuchen, dies in schwierigen Situationen anzuwenden. Versuchen Sie zunächst, im Sitzen anzuspannen, dann erst im Stehen. Sobald Sie es können, setzen Sie diese Methode ein, wenn Sie die Leiter mit zunehmendem Schwierigkeitsgrad hinaufklettern – zum Beispiel wenn Sie sich Abbildungen von etwas anschauen, bei dem Sie leicht ohnmächtig werden, oder wenn Sie eine Blutprobe abgenommen bekommen. Viele Menschen, die diese Methode trainiert haben, können regelmäßig Blut spenden, und dieses Engagement scheint ihnen dabei zu helfen, ihr neuerworbenes Selbstvertrauen zu behalten.

Soziale Ängste. Eine der verbreitetsten Phobien ist die soziale Phobie – Angst vor Situationen wie neue Leute zu treffen, auf eine Party oder eine Konferenz zu gehen und zu einer Gruppe von Menschen zu sprechen. Da Sie nicht kontrollieren können, was andere Menschen tun, kann es schwierig sein, Handlungsstrategien anzuwenden; die tatsächliche Situation kann sich Ihrer Kontrolle entziehen. Darüber hinaus lassen sich viele Dinge, die Sie vielleicht üben wollen, nicht so leicht ständig wiederholen, ohne daß Sie sich dumm vorkommen, zum Beispiel guten Morgen zu sagen oder ein Gespräch anzufangen. Aufgrund dieser Schwierigkeiten lassen sich soziale Phobien oft am besten dadurch angehen, daß Sie sich auf einen strategischen Plan zur Gedankenkontrolle konzentrieren. Einer der Kerngedanken, der für viele Menschen, die unter sozialen Phobien leiden, immer wiederkehrt, ist die Vorstellung, daß ihr Verhalten von anderen ständig beurteilt und als unangemessen oder unpassend eingestuft wird. Dieser Gedanke kann mit den Methoden der kognitiven Therapie untersucht und überprüft werden, genau wie jeder andere problematische Gedanke auch. Wenn Sie unter sozialer Phobie leiden, lesen Sie Kapitel 9, um Ihre problematischen Gedanken herauszubekommen und anzugehen. *Konzentrieren* Sie sich zusätzlich dazu auf Ihre Gedanken, und denken Sie darüber nach, wie Sie den Umfang der von Ihnen geplanten Handlungsstrategien erweitern können. Wenn Sie zum Beispiel Angst davor haben, allein neue Menschen zu treffen, können Sie zuerst mit einer Freundin oder einem Freund gehen. Beobachten Sie, was andere Menschen tun, und hören Sie zu, was sie sagen. Versuchen Sie mit jemandem zu sprechen, der oder die Ihnen keine Angst macht, und arbeiten Sie sich allmählich zu den Menschen vor, vor denen Sie etwas Angst haben.

Im Teil III, dessen Schwerpunkt zwischenmenschliche Beziehungen sind, werden Sie weitere nützliche Ideen finden, vor allem im 13. Kapitel. Es kann außerdem sehr, sehr hilfreich sein, ein oder zwei verständnisvollen Personen aus Ihrem Freundeskreis von Ihren Ängsten zu erzählen, lassen Sie diese wissen, was Sie vorhaben, und versichern Sie sich ihrer Unterstützung: Bitten Sie sie zum Beispiel, dieses Kapitel zu lesen, damit sie Ihre Situation besser verstehen können.

Wie Sie jemandem dabei helfen können, eine Phobie zu überwinden

Um eine Phobie zu überwinden, kann die Unterstützung des Ehemanns, der Ehefrau oder anderer guter Freunde und Freundinnen eine große Hilfe sein. Dieser Abschnitt des Kapitels will Ihnen eine Stütze sein, falls Sie einem Menschen dabei helfen wollen, eine Phobie zu überwinden. Das beste wäre es, wenn Sie beide das ganze Kapitel lesen würden, und es ist unbedingt notwendig, daß der Mensch mit der Phobie Ihre Hilfe wünscht.

Die Angst ist real. Wenn Sie selbst noch keine irrationale Angst erfahren haben, fällt es Ihnen vielleicht schwer, die Phobie Ihrer Partnerin/Ihres Partners oder Ihrer Freundin/Ihres Freundes zu verstehen. Es ist wichtig, daß Sie begreifen, daß die Angst real ist, selbst wenn es die Gefahr nicht ist. Verharmlosen Sie diese Angst nicht, und machen Sie sich nicht darüber lustig. Wenn es Ihnen schwerfällt, nachzuvollziehen, wie diese sich fühlen, dann erinnern Sie sich an Zeiten, zu denen Sie Angst hatten.

Vor vielen Jahren im Sommer war Josh mit zwei Freunden in Urlaub. An der Nordküste von Devon aßen sie im Schatten eines Sonnenschirms in einem Pub zu Mittag. Bald kam eine Wespe, um ihr Essen zu inspizieren. Sie flog wieder weg, vielleicht um ihren Kumpanen Mitteilung zu machen, denn ein paar Minuten später war ein halbes Dutzend Wespen damit beschäftigt, am Bier zu nippen und Kartoffeln zu probieren. Josh hatten Wespen noch nie viel ausgemacht, aber seine beiden Freunde hatten große Angst. Um die Wespen zu verjagen, fuchtelten sie vergeblich in der Luft herum. Josh lachte über ihre sinnlosen Bemühungen und ihre Angst und sonnte sich selbstgefällig in seiner eigenen Gleichgültigkeit. Nach diesem Mittagessen gingen die drei Freunde weiter auf dem Klippenpfad entlang. Der Weg wurde immer enger, der Abhang immer steiler. Wespen waren Josh zwar egal, aber er litt eindeutig unter Höhenangst. Er kam an eine Stelle des Weges, an der er einfach erstarrte: vor ihm verlief der Weg ganz nah an einem Steilabfall ins Meer, und all sein Mut war dahin, er konnte auch nicht in Betracht ziehen, den schwindelerregenden Weg allein zurückzugehen, da er ihm ja zunehmend Schwierigkeiten bereitet hatte. Seine Begleiter lachten ihn nicht aus. Sie merkten, daß er wirklich Angst hatte, und halfen ihm weiter, bis er an eine Stelle kam, wo er sich wieder sicher fühlte. Für sie war die Angst vor den Wespen, die um das Essen versammelt waren, so wie für Josh die Angst vor der Steilküste; er verharmloste ihre Angst vor Wespen nie mehr.

Unterstützen Sie, vermeiden Sie aber übertriebene Fürsorge. Zunächst einmal können Sie Menschen, die unter einer Phobie leiden, dadurch helfen, daß Sie sie unterstützen; daß Sie zeigen, daß Sie ihre Angst akzeptieren und ihnen dabei helfen wollen, sie zu überwinden. Aber der einzige Weg, um diese Angst zu überwinden, ist, sich ihr *allmählich* zu stellen: sich auf die Leiter mit zunehmendem Schwierigkeitsgrad zu begeben. Dazu werden sie Mut brauchen, und Sie können ihnen dabei helfen, diesen Mut zu fassen, aber Sie dürfen sie nicht davor beschützen, sich den damit verbundenen Schwierigkeiten zu stellen. Ein solches Beschützen wäre übertriebene Fürsorge, weil es davon abhält, das zu tun, was unbedingt notwendig ist, um die Phobie zu überwinden. Paulines Ehemann tat das. Er beschützte seine Frau zu sehr, indem er alles einkaufte, so daß sie, bevor er besser begriff, wie ihr zu helfen war, nie ohne ihn aus dem Haus mußte und folglich nie mit ihrer Angst konfrontiert wurde.

Klären Sie ab, welche Rolle Sie übernehmen werden. Sie müssen sich darüber im klaren sein, welche Rolle Ihnen zukommen wird, und Ihre Freundin oder Ihr Freund muß mit Ihnen darin übereinstimmen: sonst könnte Ihnen Ihre Hilfe übelgenommen werden. Ihre Hilfestellung kann zu Reibungen zwischen Ihnen beiden führen, wenn Sie sich nicht vorher darüber geeinigt haben, was genau Ihre Aufgabe sein wird.

Helfen Sie dabei, die Handlungsstrategie zu planen. Eine weitere Möglichkeit, wie Sie vielleicht helfen können, ist, die Handlungsstrategie mitzuplanen: die Leiter mit zunehmendem Schwierigkeitsgrad zu bauen. Viele Menschen begehen den Fehler, daß sie »Sprossen« wählen, die zu weit auseinander liegen. Mit anderen Worten: Menschen neigen dazu, die Größe der einzelnen Schritte, die sie bewältigen können, zu überschätzen. Paulines und Roberts Leitern werden als Beispiele gegeben, um zu zeigen, wie hilfreiche Schritte beschaffen sein können. Ein weiterer Fehler ist, die Schritte zu beliebig zu gestalten, so daß ein weiter Interpretationsspielraum bleibt, was genau zu tun ist. Sie können sowohl bei der Wahl der Sprossen als auch bei der Definition der Handlungen helfen. Eine dritte Möglichkeit zu helfen ist, Ihre Unterstützung auf bestimmten Stufen der Leiter anzubieten. Bei vielen Phobien ist es ungeheuer hilfreich, wenn jemand aus dem engen Freundeskreis Rückhalt gibt, vor allem wenn es um die am meisten gefürchteten Situationen geht. Oft ist das unerläßlich, damit diese Situationen dann auch alleine angegangen werden können. Eine Sprosse von Paulines Leiter war zum Beispiel, zusammen mit ihrem Ehemann ins Kino zu gehen. Wenn Sie anbieten, auf diese Weise zu helfen, verpflichten Sie sich dazu, ein gewisses Maß an Zeit für Hilfe zur Verfügung zu stellen, und Sie müssen sich sicher sein, daß Sie diese Zeit opfern wollen. Es wäre keine Hilfe, wenn Sie anbieten, mit Ihrer Freundin/Ihrem Freund im Rahmen des Handlungsplans bei verschiedenen Gelegenheiten in den Supermarkt zu gehen, dann aber die nötige Zeit nicht aufbringen können. Es wäre auch keine Hilfe, wenn Ihre Freundin/Ihr Freund merkt, daß kein Verlaß darauf ist, daß Sie auch tun werden, was Sie versprochen haben. Dann wäre es besser, Sie hätten das Angebot gar nicht erst gemacht und wären an der Leiter mit zunehmendem Schwierigkeitsgrad unbeteiligt. Denken Sie also sorgfältig darüber nach, ob es realistisch ist, daß Sie sich engagieren.

Dabei helfen, die Handlungsstrategie durchzuführen. Mit Hilfe Ihrer Unterstützung könnte Ihre Freundin/Ihr Freund die Handlungsstrategie durchführen: zum Beispiel können Sie der Mensch sein, dem über den Verlauf berichtet wird. Ihre Aufgabe besteht darin, den Bericht über den Fortschritt entgegenzunehmen und gleichzeitig zu verstehen, wieviel Mut es erfordert, zu versuchen, sich mit Dingen zu konfrontieren, die Angst auslösen.

Dabei helfen, Belohnungen zu planen. Schließlich und endlich können Sie Ihrer Freundin/Ihrem Freund bei der Planung von Belohnungen helfen. Menschen mit Phobien haben oft in erster Linie das Gefühl, daß sie die Phobie nicht haben sollten, und empfinden es daher nicht als belohnenswert, wenn sie auf ihrer Leiter mit zunehmendem Schwierigkeitsgrad Fortschritte machen. Das ist ganz falsch. Es erfordert eine gehörige Portion Mut, eine Phobie anzugehen, und jede neue Sprosse auf der Leiter ist eine Leistung. Diese Leistungen müssen anerkannt und durch den Genuß von Belohnungen markiert werden (Kapitel 7).

Zusammenfassung dieses Kapitels

Phobien sind irrationale Ängste, die Ihr Leben ernsthaft beeinträchtigen können. Die Angst, die ein Mensch mit einer Phobie verspürt, ist real, selbst wenn die Gefahr entweder phantasiert oder stark übertrieben ist.

Um Phobien zu überwinden, müssen *Handlungsstrategien* entwickelt werden.

1. Lernen Sie zu erkennen, auf welche Art und Weise Sie die Dinge, vor denen Sie Angst haben, umgehen.
2. Bauen Sie sich eine Leiter mit zunehmendem Schwierigkeitsgrad. Das bedeutet, daß Sie für sich ausarbeiten, welche Schritte Sie tun müssen.
3. Klettern Sie die Leiter hinauf und vor Ihren Schwierigkeiten auf und davon, setzen Sie dazu die sieben Schlüssel zum Erfolg ein (S. 257f.).

Um Phobien zu überwinden, müssen Sie außerdem *strategisch planen, Ihre Gedanken zu kontrollieren.* Menschen mit Phobien neigen dazu, bestehende Risiken zu überschätzen und ihre Fähigkeit, damit umgehen zu können, zu unterschätzen. Wenn Sie lernen, diese verqueren Denkweisen zu erkennen und dann zu ändern, werden Sie Ihre Angst überwinden.

In Ihrem Vorwärtskommen wird es Höhen und Tiefen geben: Finden Sie Ihr eigenes Tempo, und lassen Sie sich durch gelegentliche Rückschläge nicht entmutigen.

18. Streß: Wie sich mit einer angemessenen Portion leben läßt

Einige Fakten zum Thema Streß

Über Streß wissen wir alle sehr gut Bescheid. Wir sind alle schon einmal unter Streß gestanden, und nur wenige Menschen können ihn die ganze Zeit unter Kontrolle halten. Das Problem ist so verbreitet, daß der Umgang mit Streß in die staatlichen Lehrpläne aufgenommen werden sollte! Dieses Kapitel beschäftigt sich zunächst unter verschiedenen Aspekten mit Streß und macht dann Vorschläge, wie er bewältigt werden kann.

Die Vor- und Nachteile

Das Schwierige an Streß ist unter anderem, daß er für oder gegen Sie arbeiten kann, genau wie ein Autoreifen. Stimmt der Reifendruck, können Sie weich fahren; ist er zu gering, spüren Sie alle Unebenheiten der Straße, und die Lenkung reagiert schwerfällig. Ist er zu hoch, springen Sie über die Schlaglöcher und geraten leicht ins Schleudern.

Abbildung 18.1 verdeutlicht die Auswirkungen von Streß. Sie zeigt, welche Auswirkungen unterschiedliche Streßniveaus auf die Leistungsfähigkeit haben – wie sie zum Beispiel die Konzentrationsfähigkeit oder die Fähigkeit, Anweisungen zu verstehen, beeinflussen. Bei einem geringen Streßniveau, wie beispielsweise an Punkt A, kann eine Zunahme von Streß die Leistungsfähigkeit verbessern. Ein hohes Streßniveau behindert dagegen die Leistungsfähigkeit. Die Streßempfindlichkeit variiert von Mensch zu Mensch, und auch bei ein und demselben Menschen kann sie zeitweise verschieden sein. Im allgemeinen nimmt die Leistungsfähigkeit ab, wenn das Streßniveau den Punkt B überschreitet. Ist erst einmal Punkt C erreicht, sinkt das Leistungsniveau mit zunehmendem Streß rapide. Die Schwierigkeit besteht darin, daß die meisten Menschen, sobald sie die Spannung bemerken, ihre Anstrengungen verdoppeln. Das führt jedoch meist dazu, daß es zu genau dem Zeitpunkt mehr Streß gibt, an dem dieser Zuwachs zu ver-

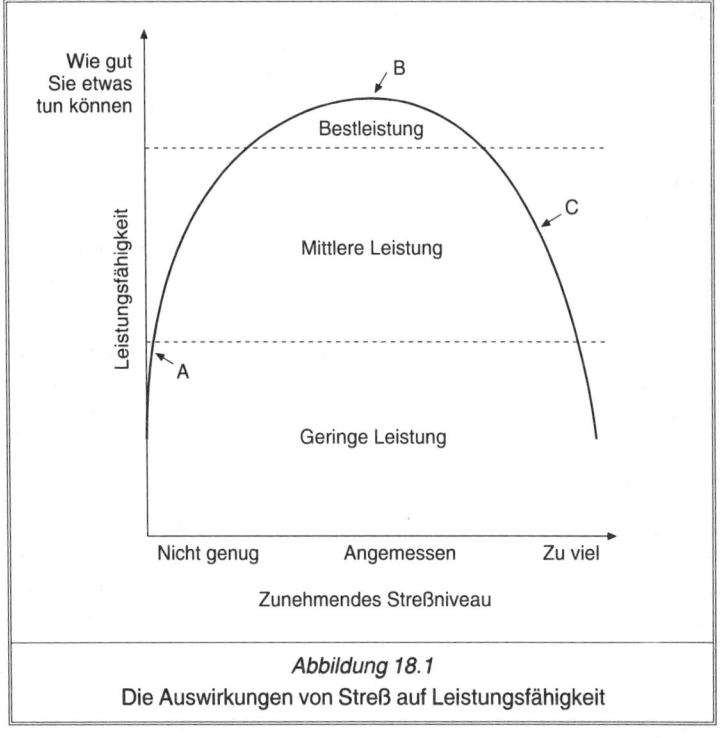

Abbildung 18.1
Die Auswirkungen von Streß auf Leistungsfähigkeit

minderter Leistungsfähigkeit führt. Dann jagt ein Problem das andere; es wird schwerer, vorausschauend zu denken, und verführerisch, die erste Lösungsmöglichkeit zu akzeptieren, die einem in den Sinn kommt: nach der Flasche zu greifen, um Schlaftabletten zu bitten oder den Kopf in den Sand zu stecken.

Das Außen und das Innen

Streß kommt sowohl von außen als auch von innen. Äußere Streßfaktoren reflektieren den Druck, unter dem Sie stehen, oder die Last, die Sie tragen: Ihr Beruf, die Anforderungen, die Ihre Kinder oder Eltern an Sie stellen, Ihre Hypothek und unendlich viele andere Dinge. Bei den inneren Streßfaktoren handelt es sich um Ihre Reaktionen auf diese

Dinge. Wenn Ihnen die Anforderungen sehr hoch und Ihre Ressourcen minimal vorkommen, dann fühlen Sie sich im Streß: »Es gibt viel zu viel zu tun.« »Ich komme damit überhaupt nicht zurecht.« Zu den inneren Streßfaktoren gehören auch Bedürfnisse und Wünsche, Gefühle und Einstellungen. Sie setzen sich unter Druck, wenn Sie Ihren Job gut machen wollen, erfolgreich sein und gemocht werden wollen oder wenn Sie andere Menschen glücklich machen wollen. Bedrückt, verärgert oder eifersüchtig zu sein raubt Ihnen Energie. Wenn Sie die Einstellung haben, daß alles immer schnell und effizient erledigt werden sollte, haben Sie zum Beispiel mehr Streß als ein Mensch, der eine »entspanntere« Haltung einnehmen kann. Schätzen Sie das Gefühl, angeregt, interessiert und nützlich zu sein, so ist für Sie Langeweile ein Streßfaktor. An sich ist keine dieser Einstellungen besser oder schlechter als die andere. Aber manchmal führen solche inneren Faktoren in Verbindung mit äußeren zu zuviel Streß. Wenn das der Fall ist, kann Streß entweder durch Verminderung der äußeren Faktoren abgebaut werden oder durch Verminderung der inneren (zum Beispiel dadurch, daß Sie Ihre Einstellung ändern), oder durch beides.

Annie kam mit drei Kindern klar, einem Halbtagsjob, erledigte fast die gesamte Hausarbeit und versorgte ihre alte Mutter. Eines Tages brach sie zusammen, als die Waschmaschine kaputtging. Martin machte sich selbständig, war mit der sich verschlechternden konjunkturellen Lage konfrontiert, half freiwillig im örtlichen Jugendclub aus und hatte eine turbulente Beziehung. Er ging in die Luft, als sein Mitarbeiter zu spät zur Arbeit kam.

Die körperlichen Auswirkungen von Streß

Die Ergebnisse wissenschaftlicher Untersuchungen legen den Schluß nahe, daß Streß der Gesundheit schaden kann: Zwei verschiedene Arten von Studien liefern dafür Beweise: zuerst einmal die Untersuchung der physiologischen Reaktionen auf Streß bei Menschen und Tieren; die zweite Studie beschäftigt sich mit dem Zusammenhang zwischen psychischen Faktoren und körperlichen Erkrankungen. Die allerwichtigste Auswirkung von Streß ist, daß er mit an Sicherheit grenzender Wahrscheinlichkeit die Aussicht, einen Herzinfarkt zu bekommen, erhöht. Es gibt außerdem Beweise dafür, daß psychologische Techniken bei Menschen, die einen Herzinfarkt hatten, die Aussicht auf einen weiteren Herzinfarkt verringern.

Streß kann auch zu Verdauungsproblemen wie Durchfall und Bauchschmerzen führen, und er kann Kopfweh verursachen; wahrscheinlich erhöht er die Anfälligkeit für Asthma und verschlimmert es bei Menschen, die bereits darunter leiden. Viele Menschen mit chronischen Erkrankungen von Hautausschlägen über Arthritis bis zur Epilepsie berichten, daß ihre Probleme sich in Streßzeiten stark verschlimmern. Physiologische Forschungen haben ergeben, daß Streß den Hormonhaushalt und das Immunsystem beeinflussen kann (das System, das dabei hilft, Infektionen und bestimmte Krebsarten zu bekämpfen), ob das zum Ausbruch einer Krankheit führt, ist nicht bekannt.

Sind Sie zu sehr im Streß?

Eine der Voraussetzungen dafür, Streß in den Griff zu bekommen, ist, frühzeitig zu erkennen, wann Sie zu gestreßt werden. Gehen Sie die folgenden vier Schritte durch, sie helfen Ihnen dabei, zu entscheiden, ob das bei Ihnen der Fall ist.

1. Schritt: Lernen Sie, Ihre eigenen Anzeichen zu erkennen
Jeder Mensch reagiert auf die Zunahme von Streß anders. Manche Menschen werden immer fiebriger und ungestümer, andere lassen alles schleifen und vermeiden es, Entscheidungen zu treffen. Allen ist gemeinsam, daß Streß sie weniger leistungsfähig macht. Wichtig ist, daß Sie wissen, wie *Sie selbst* reagieren. Je besser Sie Ihre eigenen Anzeichen kennen, desto besser kommen Sie mit der Schwierigkeit zurecht. Finden Sie etwas über sich heraus, indem Sie sich auf Situationen und Zeiten in der Vergangenheit konzentrieren, in denen Sie unter Streß standen. Daraus können Sie lernen, Ihre Anzeichen früh zu erkennen, um in Zukunft zu handeln, bevor der Streß außer Kontrolle gerät. Die folgenden Fragen werden Ihnen dabei helfen, Ihre Reaktionen herauszubekommen.

1. Was ist das für ein Gefühl, wenn Sie unter Streß stehen?
2. Wie äußert es sich?
3. Welche Gedanken gehen Ihnen durch den Kopf?
4. Was tun Sie?
5. Wie wirkt es sich auf Ihre Umgebung aus?
6. Welchen Einfluß haben die Reaktionen Ihrer Umgebung auf Sie?

Um Ihnen bei der Aufspürung von Streßfaktoren zu helfen, haben wir im folgenden Kasten einige häufig vorkommende Veränderungen aufgelistet. Lesen Sie die Liste sorgfältig, und markieren Sie die Symptome, die für Sie zutreffen, wenn Sie unter Streß stehen, fügen Sie gegebenenfalls weitere hinzu. Suchen Sie nach Ihren persönlichen Streßsymptomen und denken Sie daran, daß die auf der Liste angegebenen normalerweise im Fluß sind, da Sie jeden Tag Höhen und Tiefen neu zu bewältigen haben.

Veränderungen, die Zeichen für Streß sein können

Gefühle
- Reizbarkeit; Sie werden unbeherrscht oder brausen leicht auf
- Angst oder Panikgefühle
- Angst – zum Beispiel, die Kontrolle verloren zu haben
- Besorgt sein – zum Beispiel wegen Ihrer Gesundheit oder etwas anderem
- Sich elend oder den Tränen nahe fühlen
- Apathie oder Aufgewühltsein
- Gesunkenes Selbstwertgefühl

Gedanken
- Dinge vergessen; Fehler machen
- Schlechte Konzentrationsfähigkeit
- Unentschlossen werden
- Konfus oder verwirrt werden
- Zögern, Hinausschieben
- Unfähigkeit, weit voraus zu denken
- Sich Sorgen machen oder grübeln, statt Probleme zu lösen
- Starr und unflexibel werden, um die Kontrolle zu behalten
- Das Schlimmste vorhersagen

Verhalten
- Schlechteres Zeitmanagement
- Schlechtere Eigenorganisation und Organisation anderer
- Herumhetzen
- Es schwer finden, zu delegieren
- Immer länger arbeiten
- Arbeit mit nach Hause nehmen; an Wochenenden arbeiten
- Es vermeiden, Probleme anzugehen oder Dinge zu tun, die Sie nicht mögen
- Die Dinge reduzieren, die Sie zum Vergnügen tun
- Den Kontakt zu Ihren Freundinnen und Freunden verlieren
- Andere für die Schwierigkeit verantwortlich machen
- Es an anderen auslassen (»einen Dummen finden«)
- Feststellen, daß Sie keine Zeit mehr haben, sich zu amüsieren
- Alkohol brauchen; Drogen nehmen
- Beruhigungsmittel oder Schlaftabletten brauchen

Empfindungen
- Beschwerden und Schmerzen, vor allem Kopf- oder Magenschmerzen
- Spannung – zum Beispiel im Nacken oder in den Schultern
- Häufig leichtere Beschwerden
- Schlafstörungen
- Gesteigerter oder herabgesetzter Appetit auf Essen
- Gesteigerter oder herabgesetzter Appetit auf Sex
- Magengeschwüre
- Ausbruch streßbedingter Erkrankungen, zum Beispiel Asthma oder Schuppenflechte

---

Die Liste ist in vier Abschnitte unterteilt. Die meisten Menschen, die unter Streß leiden, stellen fest, daß alle vier Bereiche beeinflußt werden; wenn Sie also in einem Abschnitt gar nichts kennzeichnen, sollten Sie vielleicht noch einmal überlegen.

2. Schritt: Schätzen Sie das Ausmaß der Belastung ab

Betrachten Sie die Streßfaktoren, denen Sie ausgesetzt sind, objektiv, und schreiben Sie sie auf, wenn Sie können. Streß ist kumulativ, die kleinen Dinge (die Hausarbeit) zählen genauso wie die großen (Ihr

Beruf, Ihre finanzielle Lage, Ihr Freundeskreis). Hüten Sie sich davor, das Ausmaß der Belastung zu verharmlosen, wie das viele Menschen tun, indem Sie zum Beispiel denken: *»Alle anderen* kommen mit mindestens genausoviel zurecht« oder »Das *müßte* ich schaffen. Letztes Jahr habe ich es doch auch gekonnt«. Eine Überlastung, die lange Zeit besteht, macht Sie letzten Endes fix und fertig, und verschiedene Menschen empfinden unterschiedliche Dinge als stressig. Wenn Sie die Belastung verharmlosen, fügen Sie dem äußeren Streß nur noch inneren hinzu und setzen sich noch mehr unter Druck.

3. Schritt: Denken Sie über neuere Veränderungen in Ihrem Leben nach

Veränderungen erfordern, daß Sie sich anpassen, deswegen tragen sie alle zu Ihrem Streßniveau bei, auch wenn sie zum Besseren sind. Die Anforderung ist offensichtlich, wenn der Streßfaktor eine Erkrankung wie Arthritis ist oder wenn Sie Ihre Stelle verlieren, und nicht so offenkundig, wenn Sie befördert werden oder heiraten. Auch Veränderungen, die Ihre Belastung verringern können, wie Pensionierung oder Neuorientierung, nachdem die Kinder aus dem Haus sind, können stressig sein. Veränderungen aller Art verbrauchen Energie, so daß Sie weniger übrig haben, bis Sie sich mit den Veränderungen zurechtgefunden haben. Umziehen ist eine der am meisten unterschätzten größeren Veränderungen, es kann Monate dauern, bis Sie sich vollkommen angepaßt haben. Vervollständigen Sie die Liste mit allen Veränderungen, die Sie im letzten Jahr durchgemacht haben. Sie finden im Kasten auf der gegenüberliegenden Seite einige Beispiele für Veränderungen, die Untersuchungen zufolge häufig zu Streß führen.

4. Schritt: Denken Sie über neuere Veränderungen an sich selbst nach

Sind Sie zu dem Schluß gekommen, daß Sie momentan zu viel Streß haben, nachdem Sie über Ihre Reaktion auf Streß nachgedacht haben, über Druck, dem Sie ausgesetzt sind, und über jüngste Ereignisse in Ihrem Leben? Schauen Sie sich den Kasten auf Seite 272f., »Veränderungen, die Zeichen für Streß sein können«, noch einmal an. Haben Sie in letzter Zeit Veränderungen an sich selbst festgestellt, die auf zu viel Streß zurückzuführen sein könnten?

Beispiele für stressige Ereignisse
Größere Veränderungen – Stellenwechsel – Heirat, Trennung oder Scheidung – Geschäftliche Veränderungen – Schwangerschaft – Umzug – Schulabgang oder Schulwechsel – Außergewöhnliche Leistung – Eine Hypothek aufnehmen oder abbezahlt haben – Pensionierung
Verluste – Eine befreundete oder verwandte Person stirbt – Menschen, die Ihnen nahestehen, ziehen weg – Kinder gehen aus dem Haus – Sie hören auf, berufstätig zu sein – Sie geben Ihren Beruf auf, um Kinder zu bekommen
Abweichungen von der Routine – Ferien, Weihnachten, Feiertage – Jemand Neues zu Hause (z. B. eine Freundin, ein Freund, ein Baby) – Mit dem Rauchen oder Trinken aufhören – Eine Diät machen – Keine Gelegenheit für Ausgleichssport
Ärger und Streit – Auseinandersetzungen, vor allem in der Partnerschaft – Mit dem Gesetz in Konflikt geraten – Krankheit – Verletzung – Finanzielle Probleme
Anmerkung: Dies ist keine Anordnung nach Härtegrad. Der hängt allein von Ihnen ab.

Mit Streß zurechtkommen

Die meisten Menschen, die unter Streß stehen, bekommen das Problem selbst vernünftig in den Griff. Wenn Sie das Problem im Anfangsstadium angehen, greifen Ihre eigenen Methoden, damit umzugehen, wahrscheinlich, weil Sie vielleicht in all den Jahren effektive Strategien entwickelt haben, um zurechtzukommen. Zwei Vorsichtsmaßnahmen sollten Sie allerdings beachten.

Zwei Vorsichtsmaßnahmen

1. *Vergewissern Sie sich, daß die von Ihnen angewendeten Lösungen auf lange Sicht genauso eine Hilfe sind wie kurzzeitig.* Als die Anforderungen immer größer wurden, begann Martin, mehr zu trinken. Es half ihm zu entspannen, die Energie für seine zusätzlichen Verpflichtungen aufzubringen und mit seiner schwierigen Partnerschaft ruhiger umzugehen. Der Streß bestand allerdings weiterhin, und Martin merkte, daß er immer häufiger zur Flasche griff. Wenn er mehr trank, wurde er streitsüchtiger und schlief schlechter. Je mehr Streß er hatte, desto mehr wollte er trinken. Diese scheinbare Lösung wurde zu einem weiteren Problem.

2. *Hüten Sie sich vor Koffein.* Koffein putscht Sie auf und könnte die gute Arbeit, die Sie ansonsten leisten, wieder zunichte machen. Annies Bemühungen, all ihren Verpflichtungen nachzukommen, ließen ihr wenig Zeit für sich selbst. Sie zwang sich zu Pausen, indem sie sich einen Tee oder Kaffee machte und indem sie mit einer Freundin bei einer Tasse Kaffee plauderte, während die Kinder beim Schwimmen waren. Sie begann unter Spannungskopfschmerzen zu leiden, fühlte sich noch überdreher und bekam Einschlafschwierigkeiten. Nachdem sie die Zahl der koffeinhaltigen Getränke, die sie an einem Tag einnahm, auf etwa vier eingeschränkt hatte (inklusive Tee und Cola) und sie nach 18 Uhr überhaupt strich, bekam sie das Gefühl, sich wieder in der Hand zu haben.

Wenn es Ihnen nicht gelingt, den Streß unter Kontrolle zu bekommen, probieren Sie doch einmal die folgenden fünf Schritte aus:

1. Schritt: Machen Sie sich ein Bild von der Lage

Je mehr Sie sich in Streßzeiten anstrengen, desto weniger erreichen Sie, weil Anstrengung den Druck vergrößert – und die Ineffizienz. Auch die Bemühung, sich nicht zu bemühen, kann destruktiv sein und die Spannung verschlimmern.

Deshalb ist der erste Schritt der schwerste: Finden Sie einen Moment, um innezuhalten und nachzudenken. Wenn Streß ein sehr großes Ausmaß erreicht, brauchen Sie eine Atempause. Geben Sie sich Zeit, um sich ein Bild der Lage zu machen, ganz egal, wie sehr Sie sich unter Druck fühlen. Diese Zeit ist gut eingesetzt, weil sie Ihnen hilft, die Dinge nüchtern und sachlich zu sehen und den nächsten Schritt zu planen. Wenn Sie können, dann gönnen Sie sich eine kurze Pause, und schätzen Sie Ihr Streßniveau wie bereits beschrieben ab. Denken Sie über die vier Hauptaspekte Ihres Lebens nach: Beruf, Freizeit, Gesundheit und Beziehungen (sowohl Familie als auch Freundeskreis). Sind Sie Ihnen gleich wichtig? Welche sind wichtiger?

Fragen Sie sich: Wofür setze ich die meiste Zeit und Energie ein? Füllen Sie Ihre Zeit mit den Dingen aus, die Ihnen am wichtigsten sind? Wenn Sie alle Zeit einem einzigen Lebensbereich widmen – dem Beruf oder der Familie zum Beispiel –, führt das zu Streß, falls Ihnen auch die anderen Bereiche wichtig sind. Außerdem können Sie, wenn etwas wirklich schiefgeht, auf nichts zurückgreifen, wenn Sie alles auf eine Karte setzen.

2. Schritt: Denken Sie am Anfang schon an das Ende

Unter Streß fällt es schwer, den allerwichtigsten Dingen Priorität einzuräumen. Was als nächstes zu tun ist, wird so willkürlich ausgesucht, daß Sie oft einfach gedankenlos das Erstbeste tun, was Ihnen über den Weg läuft, und sich Sorgen machen, daß für alles andere keine Zeit bleibt. Wenn Sie sich über Ihre Prioritäten im klaren sind, fällt es Ihnen leichter, diesen Prozeß zu unterbrechen und Entscheidungen zu treffen, die zu einem ausgeglicheneren und weniger stressigen Leben führen. Martin lernte, die Arbeit rechtzeitig zu unterbrechen, um mit Freunden Squash zu spielen; Annie lernte, die Haushaltspflichten gerechter zu verteilen, und belegte einen Abendkurs, in der Absicht, eine interessantere Stelle zu finden.

Lassen Sie sich bei kleinen Entscheidungen von Ihren Prioritäten leiten, zum Beispiel wenn es darum geht, wie Sie den Abend verbringen wollen, und bei schwerwiegenden auch, wenn Sie zum Beispiel den Beruf oder die Stelle wechseln wollen. Wenn Sie wissen, was für Sie lebensnotwendig ist, fällt es leichter, »weniger Verlust zu machen«, wenn das Streßniveau sehr hoch wird. Dann können Sie zum Beispiel überlegen, ob jemand anderes vielleicht gern eine Aufgabe übernehmen würde, die Sie abgeben könnten. Von welch entscheidender Bedeutung es ist, daß Sie sich von Ihren Prioritäten leiten lassen, wird in Kapitel 5 erläutert.

Ihre Prioritäten in die Praxis umsetzen. Die bis jetzt besprochenen Ideen sind leicht zu verstehen, aber schwer in die Praxis umzusetzen. Wenn Sie über die grundlegenden Dinge und Ihre Prioritäten nachgedacht haben, dann fangen Sie an, sich mit den Auswirkungen von Streß zu beschäftigen. Hier sind einige Anregungen, wie Sie das tun können.

1. *Streß wirkt sich auf Ihr Gedächtnis und Ihre Konzentration aus.* Befreien Sie sich von dieser zusätzlichen Belastung, indem Sie Dinge aufschreiben – zum Beispiel in Terminkalender, auf Zettel, die Sie an die Wand hängen, oder auf Listen.
2. *Streß macht Planung und Entscheidungsfindung schwierig.* Räumen Sie sich täglich Zeit zum Planen ein (vielleicht am besten als erstes am Morgen).
3. *Streß macht müde.* Gönnen Sie sich angemessene Pausen – für Mahlzeiten, Erfrischungen, Ausgleichssport und an Wochenenden.
4. *Streß verlangsamt die Genesung und setzt die Widerstandsfähigkeit gegenüber Krankheiten herab.* Lernen Sie, aufzuhören, bevor Sie total erschöpft sind. Treiben Sie regelmäßig Ausgleichssport, und achten Sie auf eine ausgewogene Ernährung.
5. *Bei Streß fühlen Sie sich unter Druck.* Denken Sie darüber nach, wie Sie den Druck aus Ihrem Leben nehmen können (vgl. Kapitel 5).
6. *Unter Streß neigen Sie dazu, Schwierigkeiten zu umgehen oder die Beschäftigung damit hinauszuschieben, so daß sie nicht gelöst werden.* Versuchen Sie statt dessen, sich mit ihnen zu konfrontieren. Oft

ist es am besten, das, was Ihnen am unangenehmsten ist oder am schwersten fällt, zuerst zu erledigen (vgl. Kapitel 6).

7. *Streß setzt Ihre Leistungsfähigkeit herab.* Überprüfen Sie, was Sie mit Ihrer Zeit machen – zum Beispiel, indem Sie sich erinnern oder ein Tagebuch führen. Stimmt das, womit Sie Ihre Zeit verbringen, mit Ihren Werten und Zielen überein?

Wenn Sie Ihre Werte und Prioritäten immer ganz klar vor Augen haben, ist das alles leichter.

3. Schritt: Verringern Sie die »äußere« Belastung: Die Lehre vom Tropfen, der das Faß zum Überlaufen bringt

Streß ist kumulativ. Beschäftigen Sie sich deshalb mit den kleinen Problemen (dem Durcheinander in Ihrem Zimmer, der Beantwortung von Briefen), vor allem, wenn Sie an den großen anscheinend nicht viel ändern können (der Erkrankung von jemandem, der Verkehrsüberlastung auf den Straßen). Finden Sie alle für Sie bestehenden Streßfaktoren heraus; keiner ist zu unbedeutend, um darüber nachzudenken. Welche Streßfaktoren können Sie reduzieren? Strategien zum Problemlösen werden in Kapitel 8 ausführlich erläutert.

4. Schritt: Verringern Sie die »innere« Belastung: Einstellung ändern

Streß kommt sowohl von innen als auch von außen. Für jeden von uns ist er teilweise durch unsere Weltsicht oder durch unsere Einstellungen determiniert. Viele unserer Einstellungen entstanden in unserer Kindheit. Manche wurden zweifelsohne von Autoritätspersonen übernommen, vor allem von den Eltern oder deren Stellvertreterinnen und -vertretern und von Lehrerinnen und Lehrern; andere sind Erfahrungssache, wenn wir zum Beispiel mit einem konkurrenzbetonten Bruder oder einer konkurrenzbetonten Schwester aufwuchsen. Solche frühen Erfahrungen legen wahrscheinlich in hohem Maße fest, ob wir von einem Bedürfnis zu gefallen angetrieben werden oder vom Wunsch zu gewinnen oder von was auch immer. Und diese unterschiedlichen Antriebe und Wünsche beeinflussen, was für uns mit Streß verbunden ist (vgl. auch Kapitel 14). Männer, die davon überzeugt sind, daß sich der Erfolg im Leben am beruflichen Erfolg mißt, geraten besonders durch Arbeitslosigkeit unter Streß. Frauen, die in der Überzeugung aufwuchsen, daß Sie den größten Teil Ihrer Kraft Ihren Kindern widmen sollten, geraten vor allem durch die Notwendigkeit, Karriere und Familie zu vereinbaren, unter Streß. *Solche Einstellungen sind nicht an sich richtig oder falsch, können aber mehr oder weniger hilfreich sein.* Nicht hilfreiche Einstellungen jeder Art führen zu Schwierigkeiten und belasten Sie noch mehr, während hilfreichere den Druck nehmen, deswegen lohnt es sich, Ihre Einstellungen zu überprüfen und nach Alternativen zu suchen, die den Druck verringern. Einige Methoden, das zu tun, sind in Kapitel 9 erläutert, und im folgenden werden beispielhaft ein paar weitverbreitete Einstellungen aufgezählt, die zu Streß beitragen können, außerdem werden hilfreichere Alternativen genannt.

Druck machen	*Den Druck vermindern*
Ich muß das erledigen.	Ich werde in der zur Verfügung stehenden Zeit, soviel ich kann, erledigen.
Ich sollte nicht um Hilfe bitten.	Jeder Mensch braucht manchmal Hilfe. Ich selbst würde jemandem gerne helfen.
Das ist sehr wichtig.	In fünf Jahren kräht kein Hahn danach. Auf meinem Totenbett werde ich nicht sagen: »Hätte ich doch bloß mehr Zeit im Büro verbracht.«
Ich muß alles gut machen.	Ich kann nur mein Bestes tun.
Andere kommen viel besser zurecht als ich.	Jeder Mensch ist streßanfällig. Ich stehe damit nicht alleine da.
Ich kann nichts machen.	Zuerst versuchen, die kleinen Probleme zu lösen.
Das macht mich völlig fertig.	Ich brauche eine Pause, also mache ich eine Pause.
Ich kann niemandem zeigen, wie ich mich fühle.	Ich habe nichts dabei zu verlieren, wenn ich mit jemandem über meine Gefühle spreche.

5. Schritt: Schaffen Sie die richtige Grundlage

Sich gestreßt zu fühlen ist ein Alarmsignal: ein Zeichen dafür, daß Sie an die Grenzen Ihrer Belastbarkeit kommen. Streß ist schlecht für Ihre körperliche Gesundheit, macht außerdem zunehmend leistungsunfähig und verschlechtert die Beziehungsfähigkeit. Es besteht die Gefahr, daß Sie, wenn Sie unter Streß stehen, nicht auf Ihre Gesundheit achten und daß Ihre zwischenmenschlichen Beziehungen zunehmend Belastungen ausgesetzt sind. Das führt zu einem Teufelskreis, weil schlechte Gesundheit und nicht zufriedenstellende soziale Kontakte wiederum den Streß verstärken. Deswegen ist es wichtig, sich nicht ausschließlich auf die Streßfaktoren zu konzentrieren, sondern auch auf Ihre Gesundheit zu achten und Ihre sozialen Kontakte zu pflegen.

Ernährung und Bewegung. Das Schlüsselwort heißt Regelmäßigkeit. Sie brauchen geregelte Mahlzeiten und regelmäßige Bewegung – immer, nicht nur solange Sie jung sind und am Heranwachsen. Wenn Sie das Gefühl haben, unter Streß zu stehen, dann ist jetzt die Zeit dafür reif, Ihr Durchhaltevermögen zu stärken, indem Sie sich fit halten.

Martin hetzte in der Regel ohne Frühstück aus dem Haus, ließ das Mittagessen ausfallen oder aß auf dem Weg von einem Termin zum nächsten in aller Eile ein belegtes Brot und stopfte sich mit Keksen, Schokolade und Kaffee voll, wenn er merkte, daß er müde wurde. Annie versuchte, regelmäßig zu essen und auf eine vielseitige und ausgewogene Ernährung ihrer Familie zu achten, bei den Mahlzeiten lief sie aber dauernd hin und her, um ihre Kinder von hinten und vorn zu bedienen. Da sie ihre eigenen Bedürfnisse immer hintenan stellte, lernten ihre Kinder, von ihr zu erwarten, daß sie sie dauernd bediente. Sie wußte kaum, was es heißt, bei einer Mahlzeit gemütlich dazusitzen. »Richtig« essen bedeutet nicht nur, die richtigen Dinge zu essen, sondern sie auf die richtige Art und Weise zu essen. Sowohl Annie als auch Martin würde es dabei helfen, mit ihrem Streß besser zurechtzukommen, wenn sie richtig essen würden, und für Annie wäre es darüber hinaus eine echte Hilfe, wenn die Kinder dazu angehalten würden, sich selbst um sich zu kümmern oder bei den Mahlzeiten zu helfen.

Mit regelmäßiger Bewegung ist es genauso. Schon 10 Minuten Ausgleichssport pro Tag machen einen Unterschied. Genau wie mehr zu gehen und das Auto öfter mal stehenzulassen. Im Idealfall sollten Sie zweimal in der Woche mindestens eine Stunde Ausgleichssport treiben und dabei den Schwierigkeitsgrad allmählich steigern. Das ist sinnvoll verbrachte Zeit, selbst wenn Sie zunächst das Gefühl haben, zu müde zu sein, um sich umzuziehen. Es wird Sie vielleicht überraschen, daß Ausgleichssport in Streßzeiten eher belebend als anstrengend wirkt und Sie danach oft mehr Energie haben als zuvor. Natürlich wird Ihr Gesundheitszustand verbessert, außerdem zeigt sich darin aber auch eine wichtige Veränderung Ihrer Einstellung, weg von der Vernachlässigung und hin zu einem sorgsamen Umgang mit sich selbst.

Die drei »A«s: Atempausen, Auftanken und Austausch in Beziehungen. Streß erzeugt von selbst immer mehr Druck. Damit Sie sich nicht in einem Teufelskreis aus Streß verfangen, der zu immer mehr Streß führt, brauchen Sie: *Atempausen,* um wieder neue Energie zu schöpfen; die Möglichkeit, *aufzutanken,* um Freude und Erfüllung zu finden; und den *Austausch* in Beziehungen als Quelle der Unterstützung und als Perspektive.

1. *Atempause.* Streß geht mit Spannung und schlechtem Schlafen einher. Es fällt schwer, abzuschalten und Atempausen zu nutzen, vor allem wenn sie kurz sind. Gute Pausen versetzen Sie wieder in gute Stimmung und machen Sie wieder leistungsfähig. Planen Sie daher regelmäßige Ruhezeiten ein, sowohl kurze als auch ausführlichere. Beispiele für kurze Ruhephasen sind: in der Badewanne liegen; eine Tee- oder Kaffeepause im Freundeskreis; 30 Minuten offizielle Entspannung. Beispiele für längere Atempausen sind: eine Woche Urlaub; ein Tagesausflug mit der Familie (außer wenn die Familie ein Streßfaktor ist); ein freies Wochenende. Falls Sie schlecht schlafen, können Sie Kapitel 24 lesen. Falls Sie nicht entspannen können, lesen Sie Kapitel 11. Sollten Sie keine Ruhe finden, weil Sie sich Sorgen machen, dann lesen Sie Kapitel 16.
   Eine Atempause bedeutet, daß Sie nicht arbeiten. Es bedeutet *nicht,*

daß Sie auf dem Sofa sitzen, Musik hören und dabei arbeiten. Es bedeutet auch nicht unbedingt, daß Sie nichts tun. Fast allen Menschen fällt es schwer, nichts zu tun, außer wenn solche Phasen sehr kurz sind, wenn sie zum Beispiel in der Wanne liegen. Unter Streß ist Nichtstun noch schwerer, weil die Sorgen nur darauf warten, daß Ihre Aufmerksamkeit durch nichts abgelenkt ist.

2. *Auftanken.* Wenn Sie aufgetankt haben, geht es Ihnen wieder besser – Sie fühlen sich erfüllter, zufriedener, interessierter und beschäftigen sich mehr mit der äußeren Welt als mit eigenen Belangen. Es gibt unendlich viele Möglichkeiten, aufzutanken. Sie sind oft nicht geruhsam, weil sie ziemlich fordernd und sogar anstrengend sein können (Fußball oder Squash spielen; für Freundinnen und Freunde kochen), aber sie machen froh und zufrieden und sind eine Möglichkeit, zusätzliche Fertigkeiten zu erwerben. Wenn sie wirklich eine Erholung sein sollen, müssen sie sich stark von der beruflichen Routine oder Ihren Streßfaktoren absetzen. Wenn Sie hauptsächlich im Büro Streß haben, kann es erholsam sein, am Wochenende zu kochen, wenn die beständige Sorge für die Familie ein Streßfaktor ist, dann wäre das keine Möglichkeit, aufzutanken.

Hobbys sind normalerweise eine Erholung. Sie bekommen dadurch neue Interessen, und sie bringen Sie in Kontakt mit Gleichgesinnten (Menschen, die Hunde züchten, gärtnern, Bridge spielen), und wenn sie ihren Sinn erfüllen sollen, sollten sie von Ärger und Streit freigehalten werden. Jeder Mensch hat Möglichkeiten zum Aufladen nötig, sie können kreativ oder kontemplativ, gemeinschaftlich oder einzelgängerisch sein.

3. *Austausch in Beziehungen.* Zwischenmenschliche Beziehungen sind häufig ein Streßfaktor. Sie können Schwierigkeiten mit Familienangehörigen, Kolleginnen und Kollegen, Freundinnen und Freunden oder mit dem Menschen haben, den Sie lieben. Menschen, die unter Streß stehen, können gereizt und streitsüchtig gegenüber den Menschen sein, die ihnen am nächsten stehen und die sie gern um Unterstützung und Trost bitten würden. Streß wirkt sich sehr leicht auf soziale Kontakte aus: Enttäuschung, Traurigkeit oder Verärgerung über eine Beziehung können eine zusätzliche Belastung sein, wenn

Sie dadurch aber isoliert werden, verlieren Sie eine wichtige Möglichkeit der »Regeneration«. Im folgenden Kasten werden Vorschläge gemacht, auf welche Weise Beziehungen Ihnen eine Stütze werden können.

Andere Menschen können helfen, wenn Sie im Streß sind

– Isolieren Sie sich nicht von anderen Menschen.
– Sprechen Sie mit jemandem sowohl über Ihre Schwierigkeiten als auch über Ihre Gefühle.
– Suchen Sie die Art von Umgang, die Ihnen normalerweise Freude macht.
– Halten Sie den Kontakt zu Freundinnen und Freunden.
– Erklären Sie, wenn Sie gereizt sind, was los ist – andere könnten es persönlich nehmen, selbst wenn Sie es gar nicht beabsichtigt haben.
– Sagen Sie es, wenn Sie Zeit für sich alleine brauchen.
– Denken Sie darüber nach, wie Sie anderen helfen können, wenn die einmal im Streß sind.

Wenn Sie mit anderen darüber sprechen, wie Sie mit Ihrem Streß zurechtkommen sollen, haben Sie mehr zu gewinnen als zu verlieren, da der Prozeß normal ist, selbst wenn jeder Mensch anders darauf reagiert. Jeder Mensch würde letztendlich darunter leiden, wenn die Belastung immer weiter anstiege. Sowohl Annie als auch Martin fanden heraus, daß zwei Köpfe besser sind als einer, sobald es darum geht, Lösungen zu finden, selbst wenn es Martin, vielleicht weil er ein Mann ist, besonders schwerfiel, über seine Gefühle zu sprechen. Annie sprach mit ihren Freundinnen und Nachbarinnen und hörte von einer Gruppe von Freiwilligen, die ins Haus kommen und bei der Betreuung ihrer Mutter helfen konnten. Martins Wutanfall seinem Mitarbeiter gegenüber, als dieser zu spät gekommen war, führte, nachdem von beiden einige harte Worte gesagt worden waren, zu einer Diskussion, die Martin überraschte. Er fand heraus, daß sein Mitarbeiter gelangweilt und frustriert war, weil er nicht mehr Verantwortung hatte. Mit einer Mischung aus banger Erwartung und Erleichterung gab Martin etwas von der Belastung ab, die auf ihm lastete. Zu den Möglichkeiten, eine Last zu teilen, gehört es, daß Sie mehr Aufgaben delegieren; einer nahen Freundin oder einem engen Freund Ihr Herz ausschütten oder jemanden bitten, Ihnen aus der Patsche zu helfen. Zwischenmenschliche Beziehungen sind eine Quelle der Freude. Sie sind ein Ausweg, wenn Sie sich im Streß fühlen, der oft zu wenig genutzt wird: was daran liegt, daß manche Beziehungen Teil des Problems sind, daß Streß jeden Funken unserer Energie verzehrt und daß es eine natürliche, nicht hilfreiche Zurückhaltung und Abneigung gibt, über Schwierigkeiten zu reden. Außerdem können wir, wenn wir unter Streß stehen, unfreiwillig auch unsere Beziehungen einer Belastung aussetzen, da wir »es an anderen auslassen« oder »den schwarzen Peter weitergeben«. Um Ihre engen Beziehungen konstruktiv zu nutzen, müssen Sie sich gut überlegen, von wem es wahrscheinlich ist, daß er oder sie Ihnen unterstützend zur Seite stehen kann. Vielleicht ist das nur eine einzige Person, eventuell der Mensch, mit dem Sie zusammenleben, oder es sind mehrere. Denken Sie dann darüber nach, ob Sie diesem Menschen oder diesen Menschen deutlich erklärt haben, wie es Ihnen geht und unter wieviel Streß Sie stehen. Haben Sie erwartet, daß die anderen den ersten Schritt machen? Und hat der Streß dazu geführt, daß Sie den Ihnen nahestehenden Menschen gegenüber besonders gereizt waren? Wenn das der Fall ist, kann es helfen, sich zu entschuldigen und zu erklären, daß Ihre Gereiztheit nichts mit ihnen zu tun hat, sondern mit dem Streß zusammenhängt, unter dem Sie stehen.

Wenn die Spannung sehr hoch ist, brauchen die meisten Menschen ihre Beziehungen mehr, nicht weniger, daher liegt es in ihrem ureigensten Interesse, darüber nachzudenken, wie sie diese pflegen können. Es kann wichtig sein, Dampf abzulassen, ohne das Risiko einzugehen, andere zu verwirren und Beziehungen zu schaden – zum Beispiel, indem Sie joggen, ein Kissen schlagen oder Ihre Frustration und Ihren Ärger vehement auf Papier ausdrücken. Achten Sie darauf, daß Sie die Dinge, die Ihnen Freude machen, weiterhin mit den Menschen Ihrer Umgebung tun, das wird Ihnen einerseits dabei helfen, Streß abzubauen, und andererseits halten Sie damit Ihre Beziehungen am Laufen. In Teil III dieses Buchs finden Sie viele weitere Ideen dazu, wie Sie gute Beziehungen fördern können.

Zusammenfassung dieses Kapitels

1. Jeder Mensch gerät von Zeit zu Zeit unter Streß.
2. Eine angemessene Portion Streß kann eine Hilfe sein und dazu führen, daß Sie effizienter arbeiten. Viel Streß ist nicht nur unangenehm, sondern sogar destruktiv.
3. Versuchen Sie, die Anzeichen für Streß so früh wie möglich zu erkennen, indem Sie die folgenden vier Schritte beachten:
   - Hören Sie auf frühe Anzeichen von Streß.
   - Betrachten Sie den Druck, dem Sie unterliegen, objektiv.
   - Stellen Sie fest, ob sich in letzter Zeit Ihre berufliche oder häusliche Belastung verändert hat.
   - Stellen Sie fest, ob sich Ihre Gefühlslage in letzter Zeit verändert hat.
4. Die meisten Probleme, die mit Streß zusammenhängen, können systematisch angegangen werden.
   - Nehmen Sie sich etwas Zeit, um sich ein Bild der Lage zu machen.
   - Überprüfen Sie Ihre Werte und Ziele: denken Sie am Anfang schon an das Ende.
   - Der Tropfen, der das Faß zum Überlaufen bringt: werfen Sie etwas Ballast ab.
   - Strukturieren Sie Ihre Einstellungen neu: viele Zwänge sind nur deshalb stressig, weil wir sie dazu machen.
   - Kümmern Sie sich um die Grundlagen: Ernährung, Bewegung und die drei »A«s (Atempausen, Auftanken und Austausch).

19. Mit Panikattacken umgehen:
Die Alarmanlage unter Kontrolle haben

Wenn die Alarmglocke läutet

Liz saß an ihrem Schreibtisch und starrte aus dem Fenster. Sie hatte eine leere Kaffeetasse und ein unbeschriebenes Blatt Papier vor sich. Der Bericht mußte nicht vor nächster Woche fertig sein, und es fiel ihr schwer, sich zu konzentrieren. Sie ließ ihre Gedanken zwischen der gewohnten Mischung aus Gefühlen, Sorgen und Ideen umherschweifen und wurde immer verärgerter und frustrierter, weil sie sich nicht konzentrieren konnte. Die Sonne schien jetzt direkt auf ihren Schreibtisch, und da es ihr heiß war, stand sie auf und öffnete das Fenster. Plötzlich wurde ihr schwindlig, und sie fühlte sich benommen. Sie hatte Angst, es war, als hätte ihre innere Alarmglocke angefangen zu läuten. Danach geschahen verwirrend viele Dinge rasch nacheinander. Sie klammerte sich am Stuhl fest, weil sie Angst hatte zu fallen, fing an zu zittern und zu schwitzen, merkte, daß das Herz wie wild pochte, und fragte sich, ob das etwas Schlimmes bedeutete. Sie hatte das schreckliche Gefühl, keine Luft mehr zu bekommen, und rang nach Atem. Die Papiere auf dem Schreibtisch schienen plötzlich weit weg zu sein, und als sie die Hand ausstreckte, um sie zu berühren, kribbelten ihre Finger, obwohl sie sich taub anfühlten. Inzwischen hatte sie ganz schreckliche Angst und war davon überzeugt, daß etwas Furchtbares mit ihr geschah. Sie stürzte ins Badezimmer, klammerte sich am Waschbecken fest und spritzte sich Wasser ins Gesicht. Dann setzte sie sich hin und verbarg den Kopf in den Händen. Langsam fand ihr Körper wieder zu seinem Normalzustand zurück. Als die Benommenheit und das Herzklopfen allmählich nachließen, schien das Schlimmste überstanden zu sein. Eine halbe Stunde lang saß sie noch verängstigt und zittrig in einem bequemen Stuhl, bevor sie versuchte, sich wieder an die Arbeit zu machen. Als sie wieder am Schreibtisch saß, rief sie als erstes ihren Hausarzt an, um so bald wie möglich einen Termin zu vereinbaren. Sie dachte, sie sei vielleicht krank, obwohl sie sich völlig im unklaren darüber war, um was für eine Krankheit es sich dabei handeln könnte, und sie fürchtete sich davor, als eine von den neurotischen Frauen abgestempelt zu werden, die es nicht schaffen, Beruf und Familie unter einen Hut zu bringen. Aber unabhängig davon, was die Ursache sein mochte, kam es ihr vor, als sei diese schreckliche Erfahrung ohne jegliche Vorwarnung über sie hereingebrochen: völlig aus dem Nichts. Sie fühlte sich beunruhigt, sobald sie am Schreibtisch saß.

Bei der schrecklichen Erfahrung von Liz handelte es sich um eine Panikattacke – oder, wie sie es nannte, um einen »satanischen Anfall«. Panikattacken sind weit verbreitet. Über 10% aller Menschen, Männer und Frauen, haben mindestens einmal in ihrem Leben eine Panikattacke, wobei diese oft im frühen Erwachsenenalter erstmalig auftritt. Panikattacken kommen in Streßzeiten oder Zeiten außergewöhnlicher Belastung häufiger vor, ebenso nach unangenehmen oder traumatischen Erfahrungen, sie können aber genausogut auch zu anderen Zeiten auftreten.

Eine Panikattacke zu haben ist eine schreckliche Erfahrung. Die körperlichen Angstreaktionen eskalieren mit atemberaubender Geschwindigkeit, bis Sie das Gefühl haben, kurz vor einer Katastrophe zu stehen, also zum Beispiel zusammenzubrechen, völlig die Kontrolle über sich selbst zu verlieren, einen Herzanfall zu bekommen oder zu sterben. Die Panik erreicht ihren Höhepunkt normalerweise innerhalb der ersten paar Minuten, und die Empfindungen lassen danach allmählich nach, langsamer, als sie gekommen sind. Da Panikattacken so entsetzlich sein können, ist es nicht weiter überraschend, daß das Selbstvertrauen durch eine solche Erfahrung stark erschüttert werden kann. Es gibt Menschen, die in ständiger Angst vor weiteren Attacken leben und nach Möglichkeiten suchen, Wiederholungen auszuschalten. Eine Panikattacke ist eine Variante der normalen Alarmreaktion, nur daß in diesem Fall keine reale Gefahr vorhanden ist. Wenn Sie von einem Straßenräuber bedroht würden oder beim Überqueren der Straße vor ein Auto liefen, würden Sie wahrscheinlich ähnlich reagieren, und die Alarmreaktion würde abklingen, kurz nachdem Sie wieder in Sicherheit wären. Mit Panikattacken läßt es sich schwerer abfinden, und ihre

Auswirkungen können weiterbestehen, was zum Teil daran liegt, daß schwer zu verstehen ist, was sie ausgelöst hat. Sogar Menschen, die die Situationen erkennen können, in denen sie für Panik anfällig sind, zum Beispiel Schlangestehen in überfüllten Läden oder vor vielen Menschen sprechen, können oft nicht angeben, wodurch eine bestimmte Attacke ausgelöst wurde – sie schien aus dem Nichts zu kommen –, und es läßt sich kaum glauben, daß ein so dramatisches Geschehen keinen greifbar ernsthaften Hintergrund haben soll.

Mit Panik umzugehen erfordert, daß Sie verstehen, was während der Panikanfälle vor sich geht, daß Sie lernen, sie unter Kontrolle zu halten und mit den Konsequenzen zurechtzukommen. Wiederholte Panikattacken können inzwischen mit Hilfe psychologischer Methoden erfolgreich behandelt werden, und in der Mehrzahl der Fälle lernen die Menschen recht schnell, was zu tun ist, und gewinnen ihr Selbstvertrauen rasch zurück.

Panik verstehen

Panik wirkt sich auf alle Systeme aus: Empfindungen, Taten, Gefühle und Gedanken. Die häufigsten Paniksymptome sind im Kasten auf der nächsten Seite aufgezählt. Lesen Sie die Liste aufmerksam durch. Selbst wenn Sie nur eine einzige Panikattacke hatten, können Sie schon viele dieser Symptome erfahren haben, vielleicht wollen Sie auch selbst noch welche hinzufügen. Nicht jeder Mensch reagiert genau gleich.

Manche Menschen wird vielleicht schon allein das Lesen dieser Liste in Panik versetzen. Wenn das bei Ihnen der Fall ist, fassen Sie es einfach als Beweis für die Kraft der Psyche auf. Es kann schon genügen, an die Symptome zu denken, um sie auszulösen. Umgehen Sie es nicht, diese Liste zu lesen, lesen Sie sie aber eventuell erst ganz am Ende des Kapitels, falls sie Ihnen besondere Schwierigkeiten bereitet.

Die körperlichen Symptome bei Panik gehören allesamt zu den normalen Angstreaktionen. Bei einem Notfall handelt es sich dabei um nützliche und angemessene Reaktionen. Sie zeigen, daß Ihr Körper sich darauf vorbereitet, zu handeln, indem er zum Beispiel schneller Blut pumpt oder den Sauerstoffvorrat der Muskulatur erhöht, für den Fall, daß Sie rasch die Flucht ergreifen müssen. Bei Gefahr sind diese Reaktionen ein Schutz. Sie sind normal und unschädlich. Selbst wenn, wie bei einem Panikanfall, keine reale Gefahr vorhanden ist, können die Symptome an sich Ihnen nicht schaden. Sie werden Ihrem Körper nichts anhaben, und sie werden auch nicht dazu führen, daß Sie die Kontrolle über sich völlig verlieren oder wahnsinnig werden. Sobald die Gefahr vorbei ist, werden sie von selbst wieder verschwinden. Beim Sport schlägt das Herz schneller (beim Tennis, bei Aerobic, beim Bergsteigen) als während einer Panikattacke, Sie sind also nicht in Gefahr, einen Herzanfall zu bekommen.

Viele Menschen, die Panikanfälle hatten, beunruhigt vor allem die Geschwindigkeit, mit der die Symptome sich verschlimmern. Sie nehmen an, daß »etwas Schreckliches geschehen würde«, wenn die Symptome so immer weiter wachsen würden – als ob ein Mensch explodieren oder platzen könnte. Der Schluß liegt nahe, daß die Symptome sich immer weiter verschlimmert hätten, wenn nichts dagegen getan worden wäre, wenn der betroffene Mensch sich nicht gesetzt hätte oder nicht weggerannt wäre. Aber das stimmt nicht. Die Symptome erreichen eine bestimmte Stärke und beginnen dann von selbst wieder abzuklingen. Die Angstreaktion dient dazu, den Körper auf Aktion einzustellen und ihn im Notfall zu schützen, sie will nicht in genau dem falschen Moment eine Sicherung durchbrennen.

Die Gefahrenreaktion auslösen

Der Rahmen. Es ist auf den ersten Blick seltsam, daß eine extreme Angstreaktion oder Panik in Abwesenheit von Gefahr ausgelöst werden kann, aber wie auch bei anderen Alarmanlagen ist der auslösende Moment variabel. Wenn der Auslöser zu minimal ist, kann er Sie durch falschen Alarm erschrecken, wenn er zu spät anspricht, kann er Sie in der Stunde der Not im Stich lassen. Natürlich kann es sein, daß manche Menschen von Natur aus sensibler sind als andere oder schneller reagieren, und sie in Streßzeiten, wenn das Spannungsniveau bereits sehr hoch ist, leichter den Auslöser betätigen als sonst. Bei jedem Menschen gibt es allerdings eine bestimmte Stufe, auf der die Alarmanlage anspricht, wie früh das geschieht, ist variabel. Je mehr Sie zum Beispiel befürchten, angegriffen zu werden, desto ängstlicher werden Sie und

Anzeichen für Panik

Empfindungen
– Zittern: Herzklopfen
– Die Empfindung, erdrückt oder erstickt zu werden
– Sich schwach, schwindlig oder wacklig fühlen
– Schweißausbrüche oder Hitzewallungen
– Taubheit oder Kribbeln – in Händen oder Füßen
– Atemlosigkeit; Atemnot; nach Luft schnappen
– Zittern oder beben
– Übelkeit
– Gefühl der Unwirklichkeit, als seien nahe Dinge weit entfernt
– Beklemmung oder Schmerzen in der Brust

Taten
– Um Hilfe rufen
– Sich an Möbelstücken oder Personen festklammern
– Weglaufen; aus der Situation fliehen
– Sich hinsetzen oder -legen
– Aktivitäten abbrechen
– Nach Schutz suchen

Gefühle
– Dunkle Ahnungen
– Bedrohung
– Angst
– Entsetzen
– Panik

Gedanken
– Es geschieht etwas Entsetzliches.
– Ich werde zusammenbrechen.
– Das ist ein Herzanfall.
– Ich kriege keine Luft.
– Ich sterbe.
– Ich könnte die Kontrolle verlieren.
– Ich werde verrückt.
– Ich sitze in der Falle; ich komme nicht raus.

desto wahrscheinlicher ist es, daß ein Alarm ausgelöst wird. Wenn Sie erst mehr über Panikreaktionen wissen und lernen, die damit einhergehenden Prozesse zu kontrollieren, wird es immer leichter, das System neu, auf ein angenehmeres Niveau, einzustellen.

Die Auslöser. Es hat den Anschein, als würden Gedanken, vor allem Fehlinterpretationen normaler Vorgänge, beim Auslösen eines falschen Alarms eine entscheidende Rolle spielen. Das erste, was Liz bemerkte, als sie aufstand, um das Fenster zu öffnen, waren ihr Schwindel und ihre Benommenheit. Die Panikreaktion folgte diesen Empfindungen auf dem Fuß, was Liz verständlicherweise angst machte. Als sie später darüber sprach, sagte sie, daß die Geschwindigkeit ihrer Reaktionen (die Effizienz ihrer Alarmanlage) es ihr erschwerte, herauszufinden, was als erstes geschah. Mit fremder Hilfe konnte sie die Gedanken und Gefühle dann doch entwirren und die einzelnen Glieder einer Kettenreaktion identifizieren: zuerst war ihr schwindlig, und sie dachte, sie würde ohnmächtig werden. Dann hatte sie Angst, fühlte sich wackliger (klammerte sich am Stuhl fest) und dachte, daß es etwas Ernstes sein müsse. Dieser Gedanke entsetzte sie, ihr Herz begann zu hämmern. Woraus sie endgültig schloß, daß irgend etwas nicht in Ordnung war. Noch alarmierter, rang sie nach Atem, die Finger zitterten, die Papiere vor ihr auf dem Tisch wichen zurück, und sie war jetzt davon überzeugt, daß etwas Schreckliches mit ihr geschah. In jedem Stadium interpretierte sie die Veränderungen ihrer Gefühle und Empfindungen als »Warnsignale«. Jedesmal, wenn sie eine solche Interpretation machte, gab sie der Angstreaktion Auftrieb, so daß der nächste Gang eingelegt wurde, bis sie schließlich in voller Panik war. Obwohl sie ihre Gedanken zu diesem Zeitpunkt nicht in Worte fassen konnte, sagte Liz später, daß es folgende Dinge waren, die ihr durch den Kopf gingen: »Ich könnte ohnmächtig werden«; »Das muß etwas Ernstes sein«; »Irgend etwas ist auf jeden Fall nicht in Ordnung«; und »Mit mir wird jetzt gleich etwas Entsetzliches passieren«.

Genauso sieht das Standardmuster einer Panik aus. Auslöser ist in der Regel ein harmloser oder normaler Vorfall, der die Alarmanlage angehen läßt, weil er als gefährlich eingestuft wird. Im Fall von Liz handelte es sich um einen innerlichen Auslöser: ihr war schwindlig. Möglicherweise war sie besonders anfällig für Schwindel, weil ihr heiß war, sie Kaffee getrunken hatte und abrupt aufstand, nachdem sie zuvor eine Zeitlang am Schreibtisch gesessen hatte. Oder es lag daran, in welcher Phase ihr Menstruationszyklus gerade war. Aber sie ignorierte diese »harmlosen« Erklärungen des Schwindels und dachte statt dessen, daß irgend etwas nicht in Ordnung sei. Je alarmierter sie in Gedanken war, desto schlechter ging es ihr; und je schlechter es ihr ging, desto mehr war sie davon überzeugt, daß sie ernsthaft in Gefahr war – welcher Art, das konnte sie nicht wissen.

Die Skala der Auslöser. Die Skala möglicher Auslöser für Angstreaktionen ist sehr umfassend. Immer wenn etwas als Gefahrenzeichen interpretiert wird, kann die Angst sich bis zur Panik steigern. Die Hauptauslöser für Panik sind Fehlinterpretationen harmloser Ereignisse als Katastrophen, die Tatsache, daß sie sich nicht erklären lassen, macht sie noch unheimlicher. Stellen Sie sich vor, daß Sie spät nachts allein im Dunkeln nach Hause gehen und hinter sich plötzlich Schritte hören. Wenn Sie denken, daß sich da jemand an Sie heranschleicht, kann es sein, daß Ihre Alarmanlage »durchbrennt«. Das gleiche gilt, wenn Sie knapp einem Autounfall entgehen. Auch vor einem wichtigen, anspruchsvollen und fordernden Ereignis können Sie sehr ängstlich und »panisch« sein, dabei kann es sich zum Beispiel um ein Vorstellungsgespräch, eine Prüfung oder ein Golfturnier handeln. Die Schwelle zur Panik ist in vielen solcher Situationen viel niedriger als sonst. Der Unterschied zwischen diesen Beispielen und dem Erlebnis von Liz ist allerdings der, daß der Auslöser verständlich ist.

Wenn wir unsere Angst und die damit einhergehenden Empfindungen verstehen können, ist es einfacher, zu akzeptieren, was geschieht. Wenn ein Panikanfall allerdings »aus dem Nichts« kommt oder in einer Situation, die eigentlich nicht stressig oder gefährlich ist, dann bekommt die Angstreaktion eine andere Dimension: sie erscheint unvernünftig, unentschuldbar oder nicht akzeptabel. Panik zu bekommen ist eine zutiefst beunruhigende und verstörende Erfahrung, wenn die Angst nicht mit einer realen Bedrohung gekoppelt ist.

Auf der Suche nach einer Ursache oder einem Auslöser beißen sich Menschen, die Panikattacken haben, oft an inneren Ereignissen fest. Es kann sein, daß sie zu dem betreffenden Zeitpunkt wirklich davon überzeugt sind, daß sie einen Herzanfall haben, daß sie ersticken oder keine Luft mehr bekommen, zusammenbrechen oder sterben; oder daß sie die Kontrolle über sich verlieren und wahnsinnig werden. Den Beweis für diese Überzeugungen liefern ihre Gefühle: Panik vermittelt das Gefühl, *als ob* eines dieser Dinge passieren könnte. Zu den weitverbreiteten inneren Auslösern von Panik gehören Herzstockungen, veränderter Herzschlag oder veränderte Atmung, Wechsel der Körpertemperatur (vor allem Hitzewallungen), Hunger und ein niederer Blutzuckerspiegel, visuelle Anomalien wie zum Beispiel gelegentliches Verschwimmen, Spannungsgefühle oder Schmerzen in der Brust, die Auswirkungen eines Katers oder eines anstrengenden Sports. *Jede* physiologische Veränderung des körperlichen Zustands kann fehlinterpretiert werden. Diese falsche Interpretation, die Überzeugung, daß ein normales, harmloses Geschehen Gefahren in sich birgt, macht diese Ereignisse zu Panikauslösern.

Auch Veränderungen der geistigen Verfassung können fehlinterpretiert werden und daher Panikanfälle auslösen – zum Beispiel nicht mehr klar denken können; erschreckende Phantasien, Gedanken oder Erinnerungen haben; blitzschnelle Gedankengänge oder völliger, plötzlicher Ausfall. Vor allem Situationen wie Streit, Kritik oder Einsamkeit können Panikattacken auslösen, das liegt an der Angst, daß solche Vorkommnisse katastrophale persönliche oder gesellschaftliche Auswirkungen haben könnten. Auch hier ist es wieder die Interpretation – die Bedeutung des Vorkommnisses –, die den Alarm auslösen kann.

Nächtliche Panik. Es kann sehr furchterregend sein, plötzlich in einem Zustand von Panik aufzuwachen, es kommt aber häufig vor. Im Schlaf schaltet die Psyche nicht völlig ab – sie kann immer noch angstmachende Träume erzeugen –, und sie kann auch auf normale körperliche Veränderungen reagieren, zum Beispiel was Atem und Herzschlag angeht, die als Warnsignale fehlinterpretiert werden können. Es kann sein, daß Sie angsterfüllt aus einem Alptraum aufwachen oder daß Sie durch ungewöhnliche, aber harmlose körperliche Empfindungen erschreckt werden, zum Beispiel durch eine Phase langsamen Atmens oder durch einen stockenden Herzschlag, und daß Sie entsetzt oder nach Luft schnappend erwachen. Die Geschwindigkeit der Alarmreaktion und ihre Fähigkeit, auch dann zu funktionieren, wenn Sie schlafen, zeigt ihre Effizienz an und kein drohendes Desaster. Natürlich kann über Panikauslöser im Schlaf nur gerätselt werden, deshalb ist es wichtig, zu lernen, wie Sie sich beruhigen können und die Angst nicht noch durch beunruhigende Gedanken verstärken.

Die Alarmanlage neu einstellen

Arbeiten Sie an den Gedanken, die die Panik nähren
Eine Panikattacke ist wie eine Alarmanlage gegen Einbrecher, die losgeht, wenn der Wind die Fensterscheiben zum Klirren bringt. Die Voraussetzung, um Panik zu überwinden, ist deshalb, daß Sie Ihr Alarmsystem neu einstellen, damit es nicht losgeht, wenn gar keine reale Gefahr vorhanden ist. Um den Alarm neu einzustellen, müssen Sie sich auf vier Dinge konzentrieren: die Gedanken, die zur Panik führen; Ihre Atmung; Ihre Reaktionen auf den Anfall; und Ihr Angstniveau im allgemeinen. Allerdings kann sogar eine noch so gut eingestellte Alarmanlage im falschen Moment losgehen, daher müssen Sie außerdem einige Strategien erlernen, wie Sie mit dem Anfall an sich umgehen können.

Klären Sie Ihr Denken ab. Falls die Panik auf der Fehlinterpretation harmloser Vorkommnisse beruht, dann sind die Gedanken, die Fehlinterpretationen, das erste Ziel einer Veränderung. Ob das der Fall ist, bekommen Sie am besten dadurch heraus, daß Sie sich möglichst genau an einen Panikanfall in der letzten Zeit erinnern. Versuchen Sie, den Einstieg zu finden, indem Sie sich an das erinnern, was geschah, und daran, wie Sie sich fühlten, bevor die Panik ausbrach. Dann erzählen Sie jemandem alles, was Ihnen nacheinander zustieß, oder Sie schreiben es auf. Achten Sie besonders auf die Bedeutung der Vorkommnisse, auf Ihre Reaktionen auf das, was Ihnen zustieß, und auch auf die Empfindungen, die die Panik begleiteten. Versuchen Sie, ob Sie eine Kettenreaktion aus Gedanken und Gefühlen entwirren können, so, wie wir es bei Liz getan haben. Trennen Sie die Gedanken, inklusive Phantasien, Spekulationen, Annahmen und Vermutungen von allem übrigen. Versuchen Sie, die Gedanken, die Sie beunruhigten und erschreckten, in Worte zu fassen. Fragen Sie sich: *»Was hätte schlimmstenfalls passieren können?«*

Die größte Schwierigkeit, die Menschen haben, wenn sie versuchen, die Panikreaktion zu entwirren, ist, den Auslöser zu finden. Die Panik nimmt Ihre Aufmerksamkeit derart in Beschlag, wie es der harmlose Auslöser gar nicht schafft, und erst wenn Sie wissen und glauben, daß normale, harmlose Vorkommnisse Panik auslösen *können,* wissen Sie, wonach Sie suchen müssen. Denken Sie daran, daß einfache und völlig normale Empfindungen, zum Beispiel Hunger oder die Nachwirkungen von zuviel Kaffee, genügen können, damit es losgeht, und wenn die Panik erst einmal in Gang ist, nimmt ihr Tempo beängstigend schnell zu.

Stellen Sie die Fehlinterpretation exakt fest. Nachher wissen Sie, daß nichts Furchtbares geschehen ist. Vielleicht ist es peinlich oder erschreckend gewesen, aber Sie sind noch da und können davon erzählen, also wissen Sie, daß es falsch war, anzunehmen, daß es zu einer Katastrophe kommen würde. Lassen Sie sich nicht dazu verleiten, zu denken, daß Sie gerade noch einmal davongekommen seien – zu denken, daß wirklich ein Unheil geschehen wäre, wenn Sie sich nicht hingesetzt oder stillgehalten hätten oder völlig stumm geblieben wären. Bedenken Sie, daß die Panikreaktion ein Prozeß mit eigenen Grenzen ist. Um effizient zu sein, wenn Sie sie brauchen, muß die Panikreaktion einen schnellen Start haben, sie erreicht dann aber einen Höhepunkt, nach dem sie langsam abflaut.

Untersuchen Sie daher Ihr Verständnis dessen, was Ihnen zugestoßen ist, noch einmal neu. Versuchen Sie, auszumachen, was Sie beunruhigt oder erschreckt hat, und denken Sie noch einmal darüber nach. Betrachten Sie es von einer anderen Warte, und fragen Sie sich jetzt, ob Ihre Beunruhigung und Ihre Angst gerechtfertigt waren. Vielleicht würde sich die befürchtete Katastrophe (z. B. ein Herzanfall) ganz anders anfühlen als das, was die Panik auslöste. Die beste Frage, die Sie sich stellen können, lautet: *Ist das, was geschehen ist, eher eine wirkliche Katastrophe, oder ist es eher die Angst vor und die Besorgtheit wegen einer wirklichen Katastrophe?* In Kapitel 9, Dinge nüchtern und sachlich sehen: Hilfen aus der kognitiven Therapie, finden Sie weitere Strategien zur Beantwortung dieser Fragen und weitere hilfreiche Fragen, die Sie sich stellen können.

In der folgenden Liste stehen einige der Fehlinterpretationen, die am häufigsten vorkommen.

Empfindungen	Interpretationen
Herzklopfen oder -rasen	Das ist ein Herzanfall. Ich habe eine schwere Herzkrankheit. Ich verliere die Kontrolle.
Atemlosigkeit	Ich kann nicht atmen. Ich werde ersticken.
Schwindel	Ich werde zusammenbrechen oder sterben.
Verwirrung, mangelnde Konzentrationsfähigkeit	Ich werde verrückt. Ich bin von Sinnen.

Bei Panik steigt der Blutdruck. Wenn Sie ohnmächtig werden, sinkt der Blutdruck. Es ist daher höchst unwahrscheinlich, daß Sie während eines Anfalls von Panik ohnmächtig werden.

Die Atmung kontrollieren

Bei manchen Menschen trägt übermäßiges Atmen, auch Hyperventilation genannt, zu den Panikattacken bei. Bei Angst schneller und tiefer zu atmen ist natürlich, weil der Körper dadurch auf eine angemessene Handlung vorbereitet wird. Bei Hyperventilation wird aber mehr geatmet, als der Körper braucht, was etwas unangenehme Empfindungen hervorruft (in Verbindung mit einem herabgesetzten Kohlendioxydgehalt). Diese neuen Empfindungen verleiten natürlich zu Fehlinterpretationen und tragen so zu der Kettenreaktion bei. Eine der paradoxen Empfindungen bei Hyperventilation ist das Gefühl, keine Luft zu bekommen, wobei ja in Wirklichkeit *übermäßig* geatmet wird, und der

Mensch, der in Panik ist, will nach Luft schnappen oder um Atem ringen. Dadurch werden die Empfindungen nur noch verstärkt. Übermäßiges Atmen und seine Auswirkungen können dadurch, daß Sie ruhig zu atmen lernen, unter Kontrolle gebracht werden. Sie sollten das oft üben, wenn Sie keine Angst haben, bevor Sie es einsetzen, um Anzeichen von Panik zu beeinflussen. Sie werden vielleicht feststellen, daß es viel Übung erfordert und viele Anläufe braucht, um dann ruhig atmen zu können, wenn Panik aufkommt, deshalb wäre es vernünftig, mindestens eine Woche lang zweimal täglich zu üben, bevor Sie die Methode während einer tatsächlichen Attacke anwenden.

Ruhiges Atmen. Atmen Sie durch die Nase ein und durch den Mund aus. Legen Sie dabei eine Hand auf den Bauch und spüren Sie, ob sie sich auf und ab bewegt, wenn Sie atmen. Ihr Ziel ist die Zwerchfellatmung, bei der sich Ihr Bauch und nicht die Brust bewegt. Üben Sie weiter, selbst wenn es Ihnen schwerfällt, natürlich zu atmen, wenn Sie sich auf diesen Vorgang konzentrieren. Seien Sie einfach geduldig, und wiederholen Sie die Übungen so lange, bis sie Ihnen leichter fallen. Wenn Sie auf die richtige Art und Weise atmen, versuchen Sie, den Atem auf ein ruhiges Tempo zu verlangsamen. Manchmal hilft es, beim Atmen zu zählen (»einhundert, zweihundert, dreihundert«). Wie schnell Sie zählen müssen, finden Sie heraus, indem Sie es dann tun, wenn Sie wissen, daß Sie ruhig atmen, und daraus Ihren Rhythmus ableiten. Ausatmen dauert normalerweise etwas länger als Einatmen.

In eine Papiertüte atmen. Wenn Sie bei Panikanfällen Schwierigkeiten mit Hyperventilation haben und es Ihnen nicht gelungen ist, das durch kontrolliertes Atmen zu bewältigen, kann Ihnen vielleicht eine Papiertüte helfen. Die Vorstellung ist die, daß der Kohlendioxydgehalt erhöht werden muß, der wegen des übermäßigen Atmens abgesunken ist, und daß Sie das tun können, indem Sie die Luft, die Sie gerade ausgeatmet haben, wieder einatmen. Bei dieser Technik, die Sie bei einer Panikattacke anwenden sollten, halten Sie eine leere Papiertüte *(keine Plastiktüte benutzen)* mit beiden Händen fest vor Mund und Nase. Vergewissern Sie sich, daß die Tüte keine Löcher hat, und atmen Sie dann höchstens zehnmal ein und aus; die unangenehmen Empfindungen, die durch das übermäßige Atmen hervorgerufen werden, müßten dann schnell verschwinden.

Mit Ihren Reaktionen auf die Panikattacke umgehen

Eine Panik ist ein erschreckendes Erlebnis und ruft daher eine Anzahl verschiedener Reaktionen hervor, die die Schwierigkeit aufrechterhalten können und Sie noch anfälliger für weitere Attacken machen.

1. *Angst im voraus.* Wenn Sie erwarten, in Panik zu verfallen, wirkt diese Erwartung wie eine sich selbst bewahrheitende Voraussage (self-fulfilling-prophecy). Versuchen Sie, im Zweifelsfall zu Ihren Gunsten zu entscheiden. Machen Sie sich bewußt, wenn Sie Angst bekommen, daß es sich dabei um eine Angst handelt, die durch die Fehlinterpretation von etwas Harmlosem zustande kommt. Erinnern Sie sich, daß den Angstgefühlen keine körperliche Erkrankung zugrunde liegt und daß sie keine Zeichen für einen unmittelbar bevorstehenden Kollaps, für Wahnsinn oder ein anderes Desaster sind – sei es nun persönlicher, körperlicher oder gesellschaftlicher Art.

2. *Vermeidung.* Es ist leicht, es zu vermeiden, sich den Situationen zu stellen, die einen weiteren Anfall hervorrufen könnten. Aber das Problem ist, daß Sie, wenn Sie solche Situationen umgehen, Ihr Selbstvertrauen untergraben und nicht lernen, daß die Situationen, in denen es zur Panik kam, und die Empfindungen, die sie hervorriefen, eigentlich harmlos sind. Natürlich gibt es Herzanfälle, Flugzeugzusammenstöße, und Fahrstühle bleiben schon mal zwischen den Stockwerken stecken. Allerdings kommt das alles ziemlich selten vor und erscheint nur dann wahrscheinlicher – sogar sicher –, wenn ein Mensch Angst hat. Es ist unerläßlich, daß Sie sich den Situationen oder Empfindungen stellen, die mit Ihrer Panik zusammenhängen. Sie sollten weiterhin einkaufen gehen, alleine reisen, die Treppe hochrennen oder sich sonstwie Bewegung verschaffen, selbst wenn Ihnen das zunächst angst macht. Wenn Sie sich mit den Schwierigkeiten konfrontieren, gibt Ihnen das die Möglichkeit, Ihre Fehlinterpretationen zu erkennen und zu lernen, wie Sie noch einmal

ruhig an sie herangehen können. In den Kapiteln 6 und 17 beschäftigen wir uns damit genauer.

3. *Selbstbeobachtung und erhöhte Wachsamkeit.* Da Panikattacken so unangenehm sind, halten Sie ständig nach Symptomen und Empfindungen Ausschau, die »gefährlich« sein könnten. Zuviel Beobachtung ist destruktiv. Wenn Sie ganz still sitzen und fünf Minuten lang an nichts anderes als Ihr Herz denken, dann werden Sie überempfindlich für das, was es tut. Der normale Herzschlag wird sich wie Hämmern anfühlen, und Sie werden anfangen, die kleinen Unregelmäßigkeiten zu bemerken, also zum Beispiel ausgelassene Herzschläge und Veränderungen in Stärke und Tempo, die an sich ganz normal sind. Je mehr Sie sich auf Ihre Empfindungen konzentrieren, desto mehr Veränderungen werden Sie feststellen und desto mehr Gelegenheiten werden Sie haben, um sie falsch zu interpretieren und in Panik zu verfallen. Etwas Ähnliches geschieht, wenn Sie sich Sorgen machen, daß die Person, die neben Ihnen sitzt, Kopfläuse hat; Ihre Kopfhaut wird zu jucken anfangen, und Sie müssen sich unbedingt kratzen. Die Phantasie hat sehr viel Kraft.

4. *Angst vor der Angst.* Die Angst vor der Panikattacke – die Sorge, daß die Symptome an sich schädlich sein könnten – trägt dazu bei, die nächste Attacke auszulösen. Deswegen ist es wichtig, zu verstehen, daß eine Panikattacke nicht gefährlich ist, und sich selbst immer daran zu erinnern, wenn die Besorgnis beginnt.

Das Angstniveau generell herabsetzen

Panikattacken sind wie Berggipfel, die aus den Gebirgsausläufern aufsteigen. Die meisten Menschen, die unter Panikattacken leiden, sind generell ängstlicher. Die Aussicht, eine Panikattacke zu erleben, nimmt ab, wenn dieses Angstniveau generell herabgesetzt wird. Deswegen helfen die anderen Kapitel dieses Buches, in denen es allgemein um Angst geht, dabei, Panik zu überwinden. Folgende Kapitel sind dabei wahrscheinlich besonders hilfreich:

– *Kapitel 16:* Angst und Sorge in den Griff bekommen
– *Kapitel 11:* Entspannen lernen

Wenn Sie sich körperlich fit halten, indem Sie sich regelmäßig bewegen, vernünftig essen, genug schlafen, übermäßigen Genuß von Alkohol und Koffein vermeiden, dann trägt das dazu bei, die Wahrscheinlichkeit einer Panikattacke herabzusetzen.

Mit der eigentlichen Attacke umgehen

1. Versuchen Sie die Dinge besser zu verstehen, die dazu führen, daß Sie von Panik erfaßt werden. Es ist eine große Hilfe, wenn Sie die Panik frühzeitig abfangen, bevor die Kettenreaktion schon in vollem Gange ist und die Empfindungen und Ängste eskaliert sind.

2. Versuchen Sie, zu bleiben, wo Sie sind. Wenn Sie wegrennen, sich hinsetzen oder hinlegen oder andere Fluchtreaktionen durchführen, ist es schwerer zu lernen, daß jede Panik ihren Höhepunkt erreicht und dann von selbst abflaut. Sie brauchen nichts zu tun, um eine Katastrophe zu verhindern, weil es keine Katastrophe geben wird.

3. Wenn Sie die Interpretationen herausgefunden haben, die Sie erschrecken, dann schreiben Sie sich diese als Gedächtnisstütze auf, damit Sie sehen, daß sie falsch waren. Versuchen Sie, die Fehler, zu denen Sie neigen, auf den Punkt zu bringen und daran zu denken, daß Panikanfälle zwar unheimlich, aber eigentlich harmlos sind. Wenn Ihr Herz hämmert oder der Zug im Tunnel langsamer fährt, hat das wahrscheinlich einen ganz harmlosen Grund. Schreiben Sie die Fehler auf eine kleine Karte, die Sie immer bei sich haben und lesen, wenn Sie sich in Gefahr glauben.

4. Statt sich auf das zu konzentrieren, was mit Ihnen geschieht, oder auf das, was Ihnen angst macht, wenden Sie Ihre Aufmerksamkeit etwas anderem zu. Versuchen Sie, sich abzulenken. Beschäftigen Sie sich, bewegen Sie sich, sprechen Sie mit jemandem, oder denken Sie an etwas anderes. Stellen Sie sich ein mathematisches Problem, um sich dazu zu zwingen, sich auf etwas anderes zu konzentrieren. Versuchen Sie, etwas anderes als ängstliche Gedanken in Ihren Kopf zu

bekommen. Die Psyche hat nur eine begrenzte Kapazität. Wenn Sie sie mit etwas anderem beschäftigen, kann sie sich nicht übermäßig mit furchterregenden Möglichkeiten befassen.

Der Nutzen von Medikamenten

Es gibt eine Reihe verschiedener Medikamente, die eingesetzt werden, um Menschen, die unter Panikanfällen leiden, zu helfen. Bei manchen handelt es sich um Beruhigungsmittel, die kurzzeitig entspannen helfen, mit der Zeit aber weniger wirken und abhängig machen (S. 434). Bei anderen handelt es sich um Antidepressiva – sie können bei Panik helfen, auch wenn keine Depression besteht. Die Suchtgefahr ist bei Antidepressiva nicht so groß, nach Absetzen der Medikamente kehren allerdings die Paniksymptome zurück.

Gedächtnisstütze für den Notfall

Sie könnten die folgende Liste abschreiben oder fotokopieren und sie für den Notfall bei sich tragen.

Wenn Sie spüren, daß Sie in Panik geraten, denken Sie an folgendes:

1. Die körperlichen Empfindungen sind normal, weder schädlich noch gefährlich.
2. Es besteht keine reale Gefahr. Das ist nur ein Panikanfall.
3. Nicht weglaufen. Die Angst wird bald abflauen.
4. Setzen Sie das langsame Atmen ein.
5. Lenken Sie sich ab, und achten Sie auf etwas anderes.
6. Was war der Auslöser? Was haben Sie als erstes bemerkt?
7. Wozu hat das geführt?
8. Wenden Sie die Entspannungstechniken an.

Ergänzen Sie diese Liste mit allen Ideen, die Sie hilfreich fanden. Im Eifer des Gefechts werden leicht Dinge vergessen, die nachher offensichtlich erscheinen.

Zusammenfassung dieses Kapitels

Ein Panikanfall ist eine entsetzliche Erfahrung, bei der Sie das *Gefühl haben, als ob* Ihnen gleich etwas Schreckliches und wahrscheinlich Katastrophales zustoßen wird. Die mit Panik verbundenen Empfindungen sind normale Reaktionen auf Gefahr, die durch etwas Harmloses ausgelöst werden, zum Beispiel durch einen merkwürdigen Sinneseindruck oder einen veränderten Herzschlag. Daß Sie diese Eindrücke als gefährlich einstufen, löst Ihre Alarmanlage aus und kann weiteren falschen Alarm verursachen. Von zehn Personen hat mindestens eine schon einmal einen Panikanfall gehabt oder wird noch einen bekommen.

Sie können neues Selbstvertrauen entwickeln, indem Sie Ihre Alarmanlage neu einstellen. Dazu gibt es vier grundlegende Möglichkeiten:

1. Befassen Sie sich mit den Gedanken, die die Panik auslösen.
2. Lernen Sie, Ihre Atmung zu kontrollieren.
3. Halten Sie Ihre Reaktionen auf die Panik unter Kontrolle, damit diese das Problem nicht verschlimmern.
4. Senken Sie generell Ihr Angstniveau.

20. Depression –
der Schnupfen der Psyche

Der bedeutende Psychologe Martin Seligman bezeichnete die Depression als den »Schnupfen« der Psychiatrie. Etwa 12% der Bevölkerung machen irgendwann in ihrem Leben eine Depression durch, die so schwer ist, daß sie behandelt werden muß, allerdings klingen die meisten Depressionen auch ohne Behandlung nach drei bis sechs Monaten ab. Das heißt nicht, daß Sie nichts unternehmen müssen, wenn Sie sich deprimiert fühlen. Es gibt Dinge, die Sie tun können, um sich zu helfen, Dinge, die Freundinnen und Freunde oder die Familie beitragen können, und Methoden, mit denen Profis Ihnen helfen können. Wir werden Ihnen erläutern, wie Sie eine gedrückte Stimmung schneller überwinden können, wie Sie sie früher erkennen können, um sie schon im Keim zu ersticken, und vor allem wie Sie verhindern können, daß Sie von einer gedrückten Stimmung überfallen werden.

Niemand mag eine Depression, weder in sich selbst noch bei den Menschen seiner Umgebung. Das führt häufig dazu, daß wir wenig Unterstützung bekommen, wenn wir deprimiert sind. Es kann sein, daß Freundinnen, Freunde und Verwandte zu uns sagen, wir sollen uns zusammenreißen, wenn schon nicht direkt, dann aber auf subtile Art und Weise, oder sie ziehen sich von uns zurück, um dem eiskalten Hauch unserer Niedergeschlagenheit zu entgehen. Normalerweise führt das dazu, daß es uns noch schlechter geht: außer daß wir uns deprimiert fühlen, fühlen wir uns dann auch noch schuldig und schwach. Wenn eine Depression sich unserer bemächtigt hat, können wir sie selten mit der Leichtigkeit wieder loswerden, die unsere Umgebung sich von uns wünscht. Es gibt Möglichkeiten, sich nach und nach von einer Depression zu befreien, sie haben aber nichts damit zu tun, »sich zusammenzureißen«. Depression erfordert mehr Freundlichkeit, mehr Verständnis und in gewissem Sinn mehr Nachgiebigkeit.

Viele Teile dieses Buchs widmen sich dem Thema Depression. Zusammen mit der Angst ist sie die Hauptfeindin der »guten Laune«. Ein

Allheilmittel, um jeden Menschen von Depressionen zu befreien, gibt es nicht. Sie müssen sich aus den Anregungen dieses Teilkapitels und aus dem Rest des Buchs das aussuchen, was Ihnen wichtig und hilfreich erscheint. Hüten Sie sich vor Angeboten, die Wunderheilungen versprechen. Es gibt viele Möglichkeiten, wie Sie sich selbst helfen können, manche erfordern Zeit und Ausdauer: schnelle und bequeme Antworten gibt es keine.

Die Erfahrung einer Depression

Wir wissen alle, wie es ist, sich traurig und elend zu fühlen. Tägliche Stimmungsschwankungen sind normal, und die Abwärtsbewegung solcher Schwankungen ist normalerweise nicht stark genug, um depressiv zu machen. Wenn Sie Probleme erkennen können, bevor sie ernst werden, können Sie allerdings immer leichter und effektiver mit ihnen umgehen. Deshalb ist es wichtig, zu begreifen, was eine Depression ist und wie Sie erkennen können, wann Anwandlungen von Niedergeschlagenheit in eine Depression abzugleiten beginnen.

Viele Menschen kennzeichnen diesen Unterschied, indem sie die Bezeichnung »klinische Depression« für eine gedrückte Stimmungslage verwenden, die über das Normalmaß hinausgeht oder das Gefühl erweckt, sich in einer Sackgasse zu befinden, aus der es kein Entrinnen gibt. Diese Bezeichnung ist insofern nützlich, als sie Menschen dabei hilft, das Problem ernst zu nehmen, darüber nachzudenken, wie sie Hilfe bekommen könnten, und herauszufinden, was sie tun können, damit es ihnen wieder bessergeht. Die Verwendung dieses Begriffes hilft ihnen auch dabei, einzusehen, daß sie keine Schuld trifft, wenn sie deprimiert sind. Wenn Sie sich selbst Vorwürfe dafür machen, daß Sie deprimiert sind, machen Sie alles nur schlimmer. Der Begriff ist allerdings nicht absolut und klar definiert. Es gibt keine klare Grenzlinie zwischen Niedergeschlagenheit und »klinischer Depression«, da die beiden allmählich ineinander übergehen, so wie Abstufungen der Farbe Blau, wenn sie immer dunkler werden, schließlich zu Schwarz führen.

Es ist wichtig, mehr über die Auswirkungen von Depression zu erfahren und sich darüber Gedanken zu machen, an welchen Anzeichen Sie bei sich frühzeitig eine Depression erkennen können. Indem Sie sich selbst beobachten oder Menschen befragen, die Ihnen nahestehen, welche Anzeichen sie zuerst bemerken, können Sie lernen, welche Handlungsmöglichkeiten Sie haben, wenn Sie abzugleiten beginnen. Merken Sie sich Ihre frühen Anzeichen einer gedrückten Stimmungslage (es ist immer besser, sich etwas schriftlich, nicht nur gedanklich zu merken), und lesen Sie dieses und die folgenden Kapitel noch einmal durch, sobald Sie das Gefühl haben, depressiv zu werden.

Auswirkungen einer Depression auf Ihre Funktionsfähigkeit

Es wird Sie vielleicht überraschen, welche Auswirkungen eine Depression auf Ihre generelle Funktionsfähigkeit hat. Eine Depression kann Ihnen Ihre Energie rauben und Ihre Interessen verleiden. Sie können das Gefühl haben, Sie würden durch Morast waten: alles wird anstrengend. Was Ihnen sonst leichtgefallen ist, läßt sich plötzlich überhaupt nicht mehr bewältigen. Das sexuelle Interesse erlischt oft relativ früh, da die Psyche sich nach innen wendet und auf das Selbst konzentriert. Es ist mit Störungen sämtlicher alltäglicher Körperrhythmen zu rechnen: Appetit, Aktivität und Schlafgewohnheiten können sich ändern. Oft wird nicht mehr durchgeschlafen, und der Schlaf erfrischt nicht mehr.

Eine Depression verändert sich normalerweise im Lauf eines Tages bis zu einem gewissen Grad. Hängt die Depression eng mit Alltagsproblemen zusammen, so nimmt diese im Tagesverlauf häufig zu, und dann ist das Einschlafen besonders schwer, Sie werden von Sorgen geplagt und wälzen sich hin und her, während all Ihre Probleme über Sie hereinbrechen. Hat die Depression dagegen Ihre ganze Existenz erfaßt, so ist oft der frühe Morgen die schlimmste Zeit. Menschen, die unter Depressionen leiden, wachen dann viel früher als gewöhnlich auf und sind völlig verzweifelt. Im Lauf des Tages kann dieses Gefühl allmählich nachlassen. Diese Stimmungsschwankungen weisen nachdrücklich auf den episodenhaften Charakter einer Depression hin: Depressionen unterliegen meist

Einige der Anzeichen und Symptome einer Depression

Denken
- Unfähigkeit, sich zu konzentrieren
- Unfähigkeit, Entscheidungen zu treffen
- Kein Interesse für das, was in Ihrer Umgebung und bei anderen Menschen vorgeht
- Selbstkritik: »Ich habe alles verdorben«
- Selbstanklagen: »Es ist alles meine Schuld«
- Selbsthaß: »Ich bin völlig nutzlos«
- Aktivitäten erscheinen sinnlos
- Pessimismus: »Das wird sich nie ändern«, »Ich kann nichts tun«
- Beschäftigung mit Problemen, Fehlschlägen und negativen Gefühlen
- Davon überzeugt sein, daß Sie Strafe verdienen
- Darüber nachdenken, sich selbst etwas anzutun

Gefühle
- Traurigkeit, Elend, Unglücklichsein
- Gefühl, durch die täglichen Anforderungen überfordert zu sein, alles als Last empfinden
- Wenig Selbstvertrauen und geringes Selbstwertgefühl
- Unfähigkeit, sich zu freuen, zufrieden und vergnügt zu sein
- Apathie, Starre
- Das Gefühl, enttäuscht, entmutigt oder ohne Hoffnung zu sein
- Das Gefühl, unattraktiv oder häßlich zu sein
- Hilflosigkeit
- Gereiztheit, Anspannung, Angst und Besorgtheit
- Schuldgefühle

Verhalten
- Aktivitäten sind reduziert: Sie tun weniger als sonst
- Alles ist anstrengend
- Es fällt schwer, morgens aufzustehen
- Rückzug – von Menschen, Arbeit, Entspannungen oder Vergnügungen
- Anfälle von Ruhelosigkeit
- Seufzen, Stöhnen, Weinen

Körperliche Veränderungen
- Kein Appetit, oder gelegentlich auch gesteigerter Appetit
- Schlafstörungen, vor allem frühmorgens aufwachen
- Kein Interesse an Sex
- Müdigkeit, keine Energie, Erschöpfung
- Trägheit: Unfähigkeit, in Gang zu kommen, sich herumschleppen

eigenen Zyklen, die sehr verschieden sein können, und innerhalb einer depressiven Phase kann es wiederum zu erheblichen Stimmungsschwankungen kommen. Nur in den allerschlimmsten Zeiten kommt es einem unmöglich vor, daß das Dunkel sich jemals wieder lichten wird.

Die wichtigsten Anzeichen und Symptome einer Depression sind im Kasten auf der vorherigen Seite genannt. Sie verdeutlichen, daß eine Depression sich auf Denken, Fühlen, Verhalten und die Körperfunktionen auswirkt. Lesen Sie die Liste durch, und achten Sie auf Anzeichen, die Sie von sich selbst kennen, berücksichtigen Sie dabei aber, daß normale Niedergeschlagenheit allmählich in Depression übergeht; selbst wenn Sie also einige dieser Anzeichen und Symptome von sich kennen, muß das noch nicht heißen, daß Sie »klinisch« depressiv sind. Nicht alle depressiven Menschen haben all diese Symptome, bei manchen Menschen wird sich eine Depression anders äußern. Sinn und Zweck der Liste ist es, die mögliche Bandbreite der Auswirkungen einer Depression zu zeigen. Wenn Sie außer der gedrückten Stimmung noch andere Symptome haben, ist es wichtig, zu erkennen, daß das eventuell alles zusammengehört. Es heißt nicht, daß es viele Probleme gibt. Es gibt ein einziges Problem – und das besteht darin, deprimiert zu sein. Es hat genausowenig Sinn, sich selbst oder anderen für Müdigkeit, Gereiztheit und Anspannung im Verlauf einer Depression Vorwürfe zu machen, wie es einen Sinn hätte, sich Vorwürfe zu machen, wenn Sie sich bei Fieber schwach und teilnahmslos fühlen.

Depression begreifen

Die eine, einfache Theorie, die alle Aspekte der Depression beinhaltet und erklärt, gibt es nicht. Manche Expertinnen und Experten greifen zu Erklärungen, die biochemische Veränderungen im Gehirn verantwortlich machen, andere beziehen sich auf frühkindliche Erfahrungen, wenn Sie nach Erklärungen für Depression suchen. Daneben sind noch zahllose andere Theorien im Umlauf. Einige sind beim gegenwärtigen Kenntnisstand nur von akademischem Interesse. Manche Vorstellungen helfen Ihnen aber vielleicht dabei, Ihre Depression zu überwinden.

Depression als Verlust

Sigmund Freud sah die Depression als Reaktion auf einen *Verlust*. Die Vorstellung, daß Angst eine Reaktion auf *Bedrohung* und Depression eine Reaktion auf *Verlust* ist, hat sich im Lauf der Jahre als nützlich erwiesen. Freud fand seine These, Depression als Verlust zu begreifen, bestätigt, als er die Ähnlichkeiten zwischen Trauer – der normalen Reaktion auf den Verlust eines nahestehenden Menschen – und Depression beobachtete. Bei vielen Menschen liegt aber im Fall einer Depression kein offensichtlicher Trauerfall vor. Das veranlaßte Freud, andere, weniger offensichtliche Verluste in Erwägung zu ziehen, unter denen depressive Menschen möglicherweise leiden.

Diese Vorstellung ist deshalb nützlich, weil sie Ihnen dabei hilft, darüber nachzudenken, welche Verluste bei der Verursachung und Aufrechterhaltung Ihrer Depression eine Rolle spielen könnten. Bei den Verlusten muß es sich nicht um Trauerfälle handeln; es kann um den Verlust eines bestimmten Status, einer Hoffnung oder eines Selbstbildes gehen. Ken bekam Depressionen, nachdem er mit 52 Jahren einen kleinen Herzinfarkt hatte. Da er bis zu diesem Zeitpunkt immer so stolz auf seine Fitneß und Gesundheit gewesen war, lag seiner Depression die Trauer über den Verlust seines Selbstbildes zugrunde.

Simon ging als leitender Direktor eines chemischen Betriebs in Pension. Achtzehn Monate nach der Pensionierung kam er in die Klinik, weil er unter Depressionen litt. Er war nie zuvor ernstlich deprimiert gewesen. Seine Depression wurzelte in seinem Statusverlust. Sein gesamtes Selbstwertgefühl war eng an seinen hohen Status innerhalb der Firma gekoppelt gewesen, und ohne den Beruf verlor er seinen Selbstwert völlig aus den Augen.

Depression als gegen sich selbst gerichtete Aggression

Laura war eine sanftmütige Frau von 35 Jahren, die regelmäßig von Depressionen gepeinigt wurde. Sie haßte Auseinandersetzungen. Wenn ihr Mann die Kinder anschrie, wurde sie ganz still und ging aus dem Zimmer. Sie beschrieb sich selbst als Schnecke, die sich in die innere Sicherheit ihres Hauses zurückzieht. Wenn sie depressiv war, sagte sie, sie sei nutz- und wertlos, während alle anderen Menschen ihrer Umgebung ihr wundervoll zu sein schienen. In solchen Zeiten dachte sie nur daran, wie wertlos und schlecht sie sich vorkam, alles, was geschah, schien nur zu bestätigen, daß sie recht hatte. Es machte den Eindruck, als würde sie nie über jemanden etwas Negatives denken, außer über sich selbst. Im Freundeskreis galt sie als die Freundlichkeit und Sanftmütigkeit in Person, allerdings auch als Mensch, der auf sich herumtrampeln läßt.

Ihr Ehemann kümmerte sich nicht um die Kinder, er ging mit Freunden einen trinken, wenn seine Frau zu Hause Hilfe nötig hatte. Sie war doch bestimmt manchmal wütend auf ihren Mann? Die Antwort war ja; aber erst nachdem sie mehrere Monate lang regelmäßig in die Klinik gekommen war, konnte sie auch nur einen negativen Gedanken an ihn zulassen. Eines Tages war sie, als sie in die Klinik kam, deprimierter als sonst. Ihr Mann war drei Abende nacheinander mit seinen Freunden weg gewesen. Ihre Therapeutin kommentierte, daß ihr das unzumutbar vorkomme, und plötzlich brach der Damm. Laura erging sich in einer Schimpfrede gegen ihren Mann. Sowohl sie selbst als auch die Therapeutin waren von ihrer Wut überrascht, das war der Anfang ihres Weges aus der Depression. Die Depression hatte ihre Wut auf ihren Ehemann verdeckt, indem sie die negativen Gefühle nach innen, gegen Laura selbst gerichtet hatte.

Depression als dunkler Filter

Wenn Sie deprimiert sind, ist es, als sähen Sie alles durch ein dunkles Glas. Egal, ob Sie über sich selbst, die Welt oder die Zukunft nachdenken, alles erscheint im selben düsteren und deprimierenden Licht. »Nichts klappt«; »Ich bin so eine Niete«; »Ich kann sowieso nichts ändern, also brauche ich es gar nicht erst zu versuchen«. Menschen rufen »nur aus Pflichtgefühl« an. Wenn Sie einen Fehler machen oder Ihre Gedanken umherschweifen, liegt das daran, daß Sie »die Fähigkeit verloren haben, etwas richtig zu machen« – und sie scheint für immer und ewig verloren zu sein. Wenn Sie zurückdenken, fallen Ihnen nur Fehlschläge, Elend und Verluste ein, und das, was Sie früher einmal als Leistung oder Erfolg sahen, Ihre Erfahrungen von Zuneigung, Ihre Freundschaften scheinen überhaupt nicht zu zählen. Ihre Erinnerungen sind in der Farbe der Depression eingefärbt.

Wenn der dunkle Filter erst einmal da ist, können Sie nichts mehr in einem anderen Licht sehen. Negatives Denken und Depression gehören zusammen: die gedrückte Stimmung führt zu negativen Gedanken und Erinnerungen; die negativen Gedanken und Erinnerungen verstärken die Niedergeschlagenheit, und so weiter, es entsteht ein Zyklus anhaltender oder sich verschlimmernder Depression (vgl. Kapitel 9).

Depression als biochemische Veränderung im Gehirn

Es besteht die Gefahr, daß Sie sich selbst gegenüber zu streng sind, was Ihr Depressivwerden angeht. Da gilt es, das richtige Gleichgewicht zu finden. In gewissem Maß müssen Sie Verantwortung für Ihre Depression übernehmen. Es gibt viele Möglichkeiten, sie in den Griff zu bekommen, möglicherweise können Sie sogar einige der Ursachen unter Kontrolle halten. Auf jeden Fall können Sie sich verändern, und wenn Sie die Depression wirklich überwinden wollen, müssen Sie sich auch verändern. Das Ausmaß, in dem Menschen zu Depressionen neigen, ist allerdings verschieden. Jeder Mensch macht Stimmungsschwankungen durch, und es ist nicht unwahrscheinlich, daß das zum Teil daran liegt, daß die exakte biochemische Zusammensetzung unserer Gehirne verschieden ist. Wir können nicht alles, was damit zusammenhängt, mit unserem Willen beeinflussen. Manchmal hilft gerade das, daß Sie mit Ihrer Depression umgehen, als könnten Sie keinerlei Einfluß darauf nehmen; daß Sie sich verwöhnen, als hätten Sie einen Grippeanfall. Gehen Sie in diesem Sinne nett mit sich um, kann Ihnen das aus der Depression heraushelfen und verhindern, daß sie Sie überwältigt.

Die Wissenschaft hat sehr an dem Versuch gearbeitet, die biochemische Voraussetzung der Depression zu verstehen. Es gibt Anhaltspunkte dafür, daß manche Arten von Depression dadurch verursacht werden, daß zwei chemische Substanzen im Gehirn in ungewöhnlich geringer Menge vorhanden sind: dabei handelt es sich um Noradrenalin und Serotonin. Sie spielen bei der Übertragung von Nervenimpulsen innerhalb des Gehirns eine wichtige Rolle. Medikamente, die zur Bekämpfung einer Depression eingesetzt werden (»Antidepressiva«), beseitigen diesen Mangel durch eine gezielte Zufuhr dieser chemischen

Substanzen. Wie Insulin zur Behandlung einer durch Insulinmangel verursachten Zuckerkrankheit verwendet wird, so *können* Antidepressiva eingesetzt werden, um schwere Depressionen zu behandeln.

Jahreszeitlich bedingte Störung
Manche Menschen werden regelmäßig in den Wintermonaten depressiv. Es ist möglich, aber in keiner Weise bewiesen, daß biochemische Veränderungen, die durch die Sonneneinwirkung hervorgerufen werden, die Stimmungslage beeinflussen. Es wird vermutet, daß die Stimmungslage von Menschen, die unter jahreszeitlich bedingten Störungen leiden, gehoben werden kann, indem sie sich starker Lichteinwirkung oder bestimmten Arten von Strahlen aussetzen, dafür existieren aber noch keine eindeutigen Beweise.

Vielleicht hat Ihre Depression Vorteile

Es mag Ihnen unangebracht, vielleicht sogar sarkastisch erscheinen, wenn wir daran erinnern, daß Ihre Depression unter Umständen auch positive Auswirkungen haben kann. Aber eine Depression hat gewisse Vorteile, und wenn Sie diese nicht erkennen, geraten Sie vielleicht in eine Sackgasse, obwohl Sie sich doch in Wirklichkeit aus Ihrem Gefängnis befreien könnten. Eine fruchtbare Auswirkung Ihrer Depression könnte etwa in der Erkenntnis liegen, daß Sie selbst über genügend gute Gründe verfügen, nicht jeden Ratschlag anderer zu befolgen. Dorothy Rowe hat das in ihrem Buch *Ich entscheide mich fürs Leben. Der Weg aus der Depression* die »Ja, aber …«-Haltung genannt. Immer wenn jemand einen Vorschlag macht, was Sie Hilfreiches tun könnten, erwidern Sie »Ja, aber …«, und Ihre Zweifel verhindern, daß Sie es versuchen. Welche Vorteile könnte also eine Depression haben? Ein möglicher Vorteil ist, daß Sie dadurch vermeiden können, sich mit den Dingen zu konfrontieren, vor denen Sie Angst haben. Eine Depression kann ein Schutz vor Verantwortlichkeiten sein, die Sie erschrecken; sie kann Ihnen ersparen, Pflichten nachzukommen, die Sie als Streß empfinden; sie kann Ihr Bedürfnis nach wichtigen Veränderungen blockieren – zum Beispiel in einer Beziehung oder im Beruf. Ihre Depression liefert Ihnen den Grund, Dinge nicht tun zu müssen, die Sie aus irgendeinem Grund nicht tun wollen.

Obwohl es sein könnte, daß es sich dabei um Vorteile einer Depression handelt, ergeben sich auf lange Sicht mehr Probleme als gelöst werden. Wenn Sie sich den betreffenden Problemen und Verantwortlichkeiten nicht stellen, verschlimmert sich die Depression nach und nach, weil diese Probleme und Verantwortungen ungelöst weiterbestehen.

Ein Widerstand dagegen, sich aus einer Depression zu befreien, gründet wahrscheinlich in einer *Angst vor Veränderung*. Diese Wahrscheinlichkeit ist um so größer, je länger die Depression schon besteht und je mehr diese gedrückte Stimmung sowohl das diktiert, was Sie tun können, als auch das, was Sie nicht tun können – wenn sie tatsächlich Ihre zwischenmenschlichen Beziehungen bestimmt. In diesen Fällen halten Sie den Schlüssel, um sich aus dem Gefängnis Ihrer Depression zu befreien, möglicherweise schon in den eigenen Händen. Dieser Schlüssel könnte in der Erkenntnis liegen, inwiefern Ihre Depressivität Ihnen hilft, bestimmte Probleme zu umgehen und Veränderungen zu vermeiden. Vielleicht sind Sie eigentlich gar nicht so hilflos, und die Lage ist gar nicht so aussichtslos, wie es scheint, solange Sie unter dem Einfluß einer Depression stehen.

Kim war 27, und eine gedrückte Stimmung war bei ihr inzwischen eher die Regel als die Ausnahme. Sie war seit drei Jahren verheiratet, hatte aber bis jetzt noch keine Kinder. Nach der Eheschließung hatte Kim ihre Stelle als Chefsekretärin aufgegeben, weil sie und ihr Ehemann ein Baby haben wollten. Als es nach einem Jahr noch kein Anzeichen für eine Schwangerschaft gab, wurde sie depressiv. Sie beschlossen, daß sie erst wieder versuchen wollten, ein Baby zu bekommen, wenn es ihr besserging. Nachdem ein weiteres Jahr vergangen war, wollte ihr Ehemann Howard, daß sie noch einmal versuchten, ein Baby zu bekommen, aber Kim hatte das Gefühl, noch zu deprimiert zu sein. Es tauchte die Frage auf, ob sie zwischenzeitlich eine Stelle annehmen sollte, um bei der Abzahlung der Hypothek zu helfen. Howard meinte, daß es vielleicht auch gegen die Einsamkeit helfen würde, unter der Kim tagsüber litt. »Ja, aber …« das Problem war, daß die Leute, die sie über die Arbeit kennenlernen würde, ihrer Meinung nach nicht die Menschen waren, die ihr die nötige Unterstützung und Freundschaft bieten konnten.

Kim war seit drei Jahren nicht mehr berufstätig, und in Wirklichkeit fürchtete sie sich davor, inzwischen keine effiziente Sekretärin mehr zu sein. Und sie hatte Angst davor, erneut zu versuchen, schwanger zu werden, weil es im ersten Jahr ihrer Ehe jedesmal so stressig war, wenn das Einsetzen der Monatsblutung anzeigte, daß sie wieder nicht schwanger war. Sie fürchtete sich davor, das alles noch einmal durchmachen zu müssen. Sie hatte die vage, aber tiefsitzende Befürchtung, daß sie vielleicht überhaupt keine Kinder kriegen konnten, und es machte sie nervös, wenn sie daran dachte, was passieren würde, wenn sie und ihr Ehemann ärztliche Hilfe in Anspruch nehmen würden.

Deshalb war es am einfachsten, weiter depressiv zu sein und sich weder mit den beruflichen Sorgen zu konfrontieren noch mit denen, die mit dem Kinderkriegen verbunden waren. Um das Gefängnis ihrer Depression zu verlassen, mußte sie sich mindestens einer dieser Ängste stellen (vgl. Kapitel 6).

Der zeitliche Verlauf einer Depression

Wenn Sie deprimiert sind, ist es wichtig, daran zu denken, daß Stimmungsschwankungen aus psychologischen und biologischen Gründen Auf- und Abwärtsbewegungen unterliegen. Das wird leicht aus den Augen verloren, wenn die Wände des Gefängnisses auf Ihnen lasten oder es Ihnen vorkommt, als gebe es kein Licht am Ende des Tunnels. Die Geschwindigkeit, mit der ein Aufschwung beginnt, ist so variabel, daß Sie kaum zwei Menschen finden werden, bei denen sie gleich ist, und auch ein und derselbe Mensch kann zu unterschiedlichen Zeiten unterschiedliche Muster erleben.

Bevor es John gelang, im Baugewerbe Fuß zu fassen, hatte er zehn Jahre lang immer wieder den Beruf gewechselt und war jedesmal über die getroffene Wahl desillusioniert worden. Jedes Frühjahr überfiel ihn erneut die Hoffnungslosigkeit, und er hatte das Gefühl, daß sich nie etwas zum Guten verändern würde. Es war, als würden sich die verpaßten Gelegenheiten summieren, und die Möglichkeit zum Neuanfang hinter ihm liegen, und er begann, den Frühling in Erwartung der Abwärtsbewegung zu fürchten. Diese Erwartung wurde fast selbsterfüllend, was sich aber völlig änderte, als seine Karriere ins Rollen kam. Er hatte zwar immer noch Zeiten, in denen er niedergeschlagen war, sie traten aber nicht mehr so regelmäßig auf und waren auch nicht mehr im Frühling am schlimmsten.

Helens Muster war ganz anders. Sie hatte kaum um die Bedeutung des Wortes Depression gewußt, zumindest nicht aus eigener Erfahrung, bis sie 47 Jahre alt war und alle Kinder aus dem Haus waren. Dann schien ihr Leben plötzlich nutzlos und leer zu sein. Alle Tätigkeiten, denen sie sich normalerweise gewidmet hatte, kamen ihr jetzt sinnlos vor. Das Leben war immer grau, und die seltenen Sonnenstrahlen waren so schnell wieder weg und so unvorhersehbar, daß sie manchmal alle Hoffnung aufgab, je zu ihrem alten Selbst zurückzufinden. In ihrem Fall war die erste Depression die schlimmste, sie glich einem dunklen, fremden Untier, und Helen hatte keine Ahnung, wie sie es zügeln oder zähmen konnte. Allmählich hob sich ihre Stimmung wieder dank der Hilfe ihrer Familie und auch ihres Arztes, und die dunklen Zeiten wurden kürzer, die hellen wieder länger.

Gehen Sie also nicht davon aus, daß, wenn die Achterbahn Sie wieder bergab fahren läßt, es dieses Mal sein wird wie das letzte Mal.

Eine zweiteilige Veränderungsstrategie

Ganz gleich, wie Ihr Muster aussieht, es gibt zwei Arten von Schritten, die Sie unternehmen können, um eine Depression zu überwinden: *Langzeitstrategien* (S. 345ff.) und *Kurzzeitstrategien* (S. 318ff.).

Zu den Langzeitstrategien gehört, daß Sie darüber nachdenken, wie Sie eine Reihe von Aspekten in Ihrem Leben verändern können, damit die Wahrscheinlichkeit, daß Sie depressiv werden, abnimmt. Sie etablieren Strukturen in Ihrem Leben, die Ihnen helfen, wenn Sie depressiv sind. Die Kurzzeitstrategien helfen Ihnen dabei, eine tiefe Verzweiflung zu überwinden.

Wenn Sie momentan in einer Phase tiefer Depression stecken, können Sie nicht an den Langzeitstrategien arbeiten. Sie müssen sich erst ein bißchen hocharbeiten, bevor Sie auf lange Sicht klarkommen können. Wenn Sie im Moment nicht sehr depressiv sind, ist das ein guter Zeitpunkt, um an den Langzeitaspekten zu arbeiten.

Lesen Sie sowohl die folgenden Kapitel als auch noch einmal die ersten Abschnitte dieses Buchs (Teile I und II). Picken Sie sich die Anregungen heraus, die Ihnen am hilfreichsten erscheinen. Wir haben die Erfahrung gemacht, daß unterschiedlichen Menschen unterschiedliche Dinge helfen.

Zusammenfassung dieses Kapitels

Stimmungsschwankungen sind normal, und die meisten Menschen machen von Zeit zu Zeit relativ schwere Phasen einer Depression durch. Sie müssen sich angesichts einer Depression nicht hilflos vorkommen. Es gibt viel, was Sie tun können, um ein Stimmungstief zu überwinden. Die eine Theorie, die alles über Depression erklärt, gibt es nicht. Es sind hauptsächlich vier Ideen, die eine Hilfe darstellen können:

1. Depression ist eine Reaktion auf Verlust.
2. Depression resultiert aus nach innen gewendeter Aggression.
3. Depression heißt, alles durch einen dunklen Filter zu sehen.
4. Depression hängt mit biochemischen Veränderungen im Gehirn zusammen.

Manchmal hat eine Depression Vorteile, und ihre Überwindung kann bedeuten, daß Sie sich mit Ängsten oder Schwierigkeiten auseinandersetzen müssen. Es gibt Methoden, wie Sie das schrittweise tun können. Depressive Zyklen haben viele verschiedene Muster, selbst bei ein und derselben Person.

Kurzzeitige Veränderungsstrategien helfen Ihnen aus der Depression. Langzeitstrategien verringern die Wahrscheinlichkeit weiterer Depressionen.

21. Sich aus einer Depression selbst herausarbeiten

»Wenn deine ganze Welt schwarz ist, ist es schwierig, sich nicht unterkriegen zu lassen.«
Paint It Black, The Rolling Stones

Wenn Sie eine Depression haben, kann es Ihnen vorkommen, als würden Sie für immer und ewig in diesem dunklen Tunnel feststecken. Pessimismus ist an der Tagesordnung, und er überschattet Ihre Versuche, die Schwierigkeit zu überwinden, genauso wie alles andere. Allerdings handelt es sich dabei um eine Illusion, die durch die Linse hervorgerufen wird, durch die Sie die Welt sehen, wenn Sie depressiv sind. Wir wissen, daß Stimmungen sowohl nach oben als auch nach unten ausschlagen, selbst wenn wir diese Tatsache dann aus den Augen verlieren, wenn es uns ganz schlechtgeht, und Sie können viel tun, um die Depression in ihrem Verlauf zu beschleunigen. Sie können außerdem einiges tun, um die Wahrscheinlichkeit zu verringern, daß die Depression wiederkehren wird, um Sie heimzusuchen. Deshalb haben wir die Möglichkeiten, eine Depression in den Griff zu bekommen, in zwei Reihen von Strategien eingeteilt: Dinge, die sofort getan werden können (sie werden in diesem Kapitel beschrieben), und solche, die eher eine Hilfe auf lange Sicht bieten (sie werden im nächsten Kapitel erläutert). Wahrscheinlich werden viele dieser Vorschläge für Sie eine Hilfe sein, aber durchaus nicht alle. In gewissem Maß ist die Depression jedes Menschen individuell, wählen Sie also unter den Vorschlägen aus und setzen Sie die in die Tat um, die Ihnen am meisten helfen. Vorschläge speziell für Menschen, die sich sehr deprimiert fühlen, finden Sie auf den Seiten 339 bis 341. Blättern Sie direkt zu diesen Seiten weiter, falls Sie denken, daß Sie zu den Betroffenen gehören, und lesen Sie erst dann das übrige Kapitel.

Kurzzeitstrategien:
Mit depressiven Phasen zurechtkommen

Drei Bereiche sind es, an denen Sie arbeiten müssen, um sich selbst aus dem Sumpf zu ziehen: an Ihren *Handlungen,* Ihrem *Denken* und an den *Systemen,* die für Sie *Stützfunktion* haben. Die Depression wird versuchen, Ihre Selbsthilfe zu behindern, davor müssen Sie sich in acht nehmen. Sobald Sie planen, etwas Hilfreiches zu unternehmen, wird das depressive Denken Ihnen Steine in den Weg, der zur Veränderung führt, legen und Sie mit düsteren Gedanken überschwemmen: »Es hat keinen Sinn, das zu versuchen«; »Dadurch ändert sich doch nichts«; »Mir geht es einfach zu schlecht, um das zu probieren«. Solche Gedanken blockieren den Einsatz Ihrer eigenen Ressourcen und stehen einer Veränderung im Weg.

Die beste Methode, sich selbst aus einer Depression herauszuhelfen, ist, sich auf kleine Veränderungen zu konzentrieren, die in die richtige Richtung führen. Halten Sie nicht nach dem fernen Horizont Ausschau; kümmern Sie sich um die nächste Wegbiegung. Zielen Sie darauf ab, sich zu entlasten. Zielen Sie darauf ab, sich *besser* zu fühlen als momentan, denken Sie aber nicht, daß es Ihnen sofort wieder gutgehen wird. Wenn Sie sich darauf konzentrieren, kleine Veränderungen vorzunehmen, werden Sie feststellen, daß der Rest sich von selbst erledigt. Für den Anfang nehmen Sie sich jeweils nur eine Strategie vor, mit der Sie arbeiten. Arbeiten Sie an jeder Strategie etwa eine Woche, bevor Sie eine weitere dazunehmen, und entwickeln Sie Anwendungsmöglichkeiten, die zu Ihnen passen.

Arbeiten Sie an Ihren Handlungen

Depression macht träge und raubt Energie. Sie hat dieselbe Macht wie eine Grippe, uns zu Untätigkeit zu verleiten, und diese Untätigkeit kann dem Heilungsprozeß im Wege stehen. Die erste Methode, sich aus dem Abgrund der Verzweiflung zu befreien, ist, sich wieder den alltäglichen Verrichtungen zu widmen.

Stellen Sie sich einfache Aufgaben

Stellen Sie sich einfache Aufgaben, die Sie aufgrund Ihrer Depression nicht mehr erledigt haben. Lassen Sie sich nicht dadurch beunruhigen, daß diese Aufgaben unter normalen Umständen ganz simpel wären, zum Beispiel Briefe schreiben oder telefonieren, einkaufen oder bügeln, die Kinder von der Schule abholen oder sich mit Kolleginnen und Kollegen treffen. Die Tatsache, daß Sie sie schwierig finden, bedeutet, daß sie für Sie momentan schwierig sind, genau wie für einen Menschen, der eine Grippe hat, Dinge schwierig sein können, die normalerweise ganz einfach wären. Gehen Sie nett und realistisch mit sich um; erkennen Sie an, daß Sie deprimiert sind und daß das einen Unterschied macht.

Menschen, die mit Depressionen keine besonderen Schwierigkeiten haben, können eine Einstellung haben, die ziemlich wenig hilft: »Reiß dich zusammen. Hör auf zu jammern und zu klagen, und setz dich in Bewegung.« Solche Aussagen enthalten einen Funken Wahrheit, die Grundhaltung ist allerdings völlig falsch. Es ist richtig, daß es aus einer Depression heraushilft, wenn Sie sich dazu bringen, etwas von den Dingen zu tun, die Sie fürchten oder die zu tun Sie eigentlich zu erschöpft sind. Es ist jedoch falsch, die Vorstellung zu erwecken, daß das einfach zu bewerkstelligen sei oder daß es sich um Willensschwäche handle, wenn es nicht gelingt. Die hilfreichste Einstellung ist die, zu akzeptieren, daß Sie unter einer Depression leiden, etwa so, wie Sie akzeptieren, daß Sie unter einer schweren Erkältung leiden, aber dann zu versuchen, etwas mehr zu tun, als das im Moment der Fall ist.

Erwarten Sie nicht, daß Sie die Aktivitäten, die Sie versuchen, genießen können, selbst wenn dem wirklich so ist, wenn es Ihnen gutgeht. Vielleicht haben Sie zum Beispiel wegen Ihrer Depression aufgehört, sich mit Freundinnen und Freunden in der Mittagspause zu treffen, was Ihnen normalerweise immer Freude gemacht hat. Solange Sie deprimiert sind, kommt Ihnen das vielleicht irgendwie sinnlos vor, möglicherweise wollen Sie nicht, daß andere Sie niedergeschlagen erleben, und Sie sagen sich vielleicht, daß das Zusammensein mit Ihnen eher eine Belastung als ein Gewinn ist. Es ist wichtig, es trotzdem zu tun, weil das der erste Schritt ist, um Sie aus der Depression herauszuführen. Wenn Sie sich den Aktivitäten, die Sie aufgegeben haben, erneut widmen, wird sich der Griff, in dem die Depression Sie gefangenhält, lockern. Allerdings handelt es sich dabei um einen allmählichen Prozeß, und eine Depression verschwindet nicht über Nacht.

Tagebuch führen

Ein Tagebuch der täglichen Aktivitäten zu führen ist besonders nützlich, wenn Sie deprimiert sind, weil es dabei hilft, sich darauf zu konzentrieren, wie Sie Ihre Zeit verbringen. Es kann auf vielfältige Art dazu eingesetzt werden, der Trägheit und dem Energieverlust entgegenzuwirken, die eine Depression begleiten. Diese Methode wurde von Dr. Aaron Beck in den siebziger Jahren entwickelt, und ist von Tausenden erfolgreich angewendet worden. Beim Einsatz eines Tagebuchs der Aktivitäten eines Tages gibt es vier Hauptschritte.

– *1. Schritt:* Setzen Sie das Tagebuch ein, um herauszufinden, wie Sie Ihre Zeit verbringen. Teilen Sie das Tagebuch so ein, daß Sie für jede Stunde von früh bis spät einen Eintrag machen können, und notieren Sie ein paar Tage lang alles, was Sie tun. Das ist eine Möglichkeit, dem Sabotageeffekt des depressiven Denkens entgegenzuwirken, das Sie beim Rückblick auf den Tag dazu verleitet, zu denken, daß Sie überhaupt nicht viel getan haben. Auf der nächsten Seite finden Sie ein Beispiel für solch ein Tagebuch der Aktivitäten eines Tages.
– *2. Schritt:* Stufen Sie Ihre täglichen Aktivitäten danach ein, ob Sie etwas *gemeistert* haben oder ob es Sie *gefreut* hat. Gehen Sie das Tagebuch am Ende eines Tages immer noch einmal durch, und konzentrieren Sie sich dabei auf zwei Aspekte. Suchen Sie zunächst das heraus, was Ihnen besonders schwergefallen ist, zum Beispiel sich aus dem Bett zu quälen, um zur Arbeit zu gehen. Falls das schwer war und Sie es trotzdem geschafft haben, müssen Sie sich dafür Pluspunkte geben, selbst wenn Sie vielleicht später als sonst an Ihrem Arbeitsplatz waren. Geben Sie sich einen *Meisterungs*-Pluspunkt, wobei die Skala von 0 bis 10 reicht, um anzuerkennen, daß Sie die Schwierigkeit überwunden haben. Die Wertung sollte sich danach richten, wie schwierig diese Sache für Sie *momentan* ist, nicht da-

Aktivitäten eines Tages. Hier handelt es sich um ein Beispiel für ein Tätigkeitsverzeichnis, das noch nicht ganz vollständig ist.
Womit verbringen Sie Ihre Zeit?

	Freitag, 3. Okt.	Samstag, 4. Okt.	Sonntag, 5. Okt.
7–8	Wach im Bett liegen	Tee gemacht	
8–9	Spät aufstehen – ohne Frühstück	Wieder ins Bett	
9–10	Mit Bus zur Arbeit	Waschen, Frühstück	
10–11	Kurze Konferenz	Frühstück	
11–12	Briefe und Anrufe	Einkaufen	
12–13	Briefe und Anrufe	Einkaufen	
13–14	Mittagessen in Kantine	Einkaufen	
14–15	Monatsbericht angefangen, Protokoll der Konferenz	Belegtes Brot zum Mittagessen	
15–16	Schreibtisch aufgeräumt		
16–17	Früher Feierabend gemacht		
17–18	Nachrichten im Fernsehen angeschaut, etwas getrunken		
18–19	Bruder rief an, Abendessen angefangen		
19–20	Abendessen		
20–21	Video angeschaut, eine Tasse Kaffee getrunken		
21–22	Video		
22–23	Wäsche in die Maschine getan, gespült, verschiedene Hausarbeit		
23–24	Krimi im Bett gelesen		

nach, wie schwierig sie wäre, wenn Sie keine Depression hätten. Acht bis zehn Punkte sind für sehr schwierige Dinge. Die Wertung vier bis sieben gilt für mäßig schwierige Dinge. Alles, was schwer war, muß bewertet werden, selbst wenn es nur ein bis drei Punkte bekommt. Alltägliche, normale Aktivitäten sind in Zeiten einer Depression *viel* schwerer. Daran haben Sie keine Schuld. Das ist bei einer Depression einfach der Fall.

Nachdem Sie das getan haben, gehen Sie das Tagebuch nochmals durch und suchen die Aktivitäten oder Zeiten heraus, die Ihnen relativ viel Vergnügen oder Freude gemacht haben, diesen geben Sie eine Wertung für *Freude*. Verwenden Sie wieder eine Skala von 0 bis 10. Auch kleine Freudenmomente sollten eine Wertung bekommen. Sie könnten zum Beispiel F = 4 daneben schreiben, wenn Sie etwas Fesselndes im Fernsehen gesehen haben, oder F = 6 für die Zeit, der Sie sich Ihrer Familie entzogen haben, um in der Badewanne zu liegen. Aus der Perspektive einer Depression passiert es leicht, daß es Ihnen beim Rückblick so vorkommt, als sei überhaupt nichts auch nur annähernd Erfreuliches geschehen.

Zermartern Sie sich nicht den Kopf, wie Sie *Meisterung* und *Freude* exakt werten sollen. Nehmen Sie einfach die Punktzahl, die Ihnen am ehesten zuzutreffen scheint.

- *3. Schritt:* Störungssuche. Denken Sie darüber nach, wie sich die gemeisterten und erfreulichen Dinge in Ihrem Tagesverlauf steigern lassen. Was schwierig ist und was erfreulich, ist individuell völlig verschieden. Versuchen Sie, mit Hilfe der Fragen im Kasten rechts oben herauszufinden, wie Sie mehr solcher Dinge für sich selbst verwirklichen können.

- *4. Schritt:* Planen. Benutzen Sie das Tagebuch der Aktivitäten eines Tages als Hilfe, um im voraus zu planen. Jetzt, wo Sie die Fakten vor Augen haben, können Sie nicht durch die Phantasien irregeleitet werden, die die Depression Ihnen eingibt. Verwenden Sie die Fakten als Richtlinie für Ihre zukünftigen Aktivitäten. Hier folgen fünf Anregungen dazu:

  1. Planen Sie mehr angenehme Unternehmungen ein: große Sachen, wie zum Beispiel einen Ausflug mit einer Freundin oder einem

Fragen an sich selbst, in denen es um Meisterung geht
– Wie fühle ich mich, wenn ich nicht versuche, das zu tun, was schwierig ist?
– Wie fühle ich mich, wenn ich es tue und mir dafür Pluspunkte gebe?
– Welche Hauptstörungen gibt es in meinem Tagesablauf?
– Was könnte ich tun, um diese schwierigen Phasen besser meistern zu können?

Fragen an sich selbst, in denen es um Freude geht
– Was macht mir momentan am meisten Freude?
– Wie könnte ich mehr davon tun?
– Was könnte ich tun, damit ich mich jeden Tag mehr freue als momentan?
– Was hat mir sonst Freude gemacht?
– Habe ich aufgehört, etwas zu tun, was mir früher Spaß gemacht hat?

Schreiben Sie sich diese Fragen ab, und bewahren Sie sie an einem Platz auf, an dem Sie sie im Bedarfsfall finden.

Freund, und kleine Sachen, wie zum Beispiel ein entspannendes Bad. Wenn Ihnen das schwerfällt, schauen Sie sich noch einmal Kapitel 7 an. Menschen, die unter einer Depression leiden, denken manchmal, daß sie es nicht verdienen, Spaß zu haben, oder sie haben Schuldgefühle, wenn sie etwas tun, was ihnen Freude macht, besonders nach einem Tag, an dem es ihnen schwergefallen ist, ihr gewohntes Pensum zu erfüllen. Setzen Sie Ihr Tagebuch dafür ein, der Schuldfalle zu entrinnen.

2. Planen Sie Aktivitäten ein, die Ihnen mehr Energie geben, gehen Sie zum Beispiel zu Fuß einkaufen, mähen Sie das Gras oder führen Sie den Hund aus. Das Müdigkeitsgefühl, mit dem Depressionen einhergehen, kann sich verstärken, je weniger Sie tun und je mehr Sie sich zurückziehen. Die Durchführung alltäglicher Aktivitäten kann dazu beitragen, Ihnen Antrieb zu geben, gleiches gilt für regelmäßigen Ausgleichssport.

3. Halten Sie nach Aktivitäten Ausschau, die Sie relativ fesselnd finden. Bei einer Depression kann es sehr erleichternd sein, wenn Sie

sich in etwas vertiefen können. Es lohnt sich, dem allen nachzugehen und daran zu arbeiten, selbst wenn es zunächst nur zeitweise Erleichterung verschafft. Wenn es Ihnen schwerfällt, sich zu konzentrieren, ist Lesen eventuell nicht fesselnd genug, vielleicht können Sie aber Zeitschriften oder Videos anschauen.

4. Schauen Sie sich Ihr Tagebuch an, und überlegen Sie, wie Sie Ihre Zeit verbringen. Es gibt Menschen, die während einer Depression ihr Ziel aus den Augen verlieren, so daß ihre Aktivitäten zunehmend richtungsloser werden. Wenn Sie zu diesen Menschen gehören, könnte es eine Hilfe sein, einen routinemäßigen Tagesablauf einzurichten. Dann gibt es auch Menschen, die depressiv werden, wenn sie das Gefühl haben, sich in eingefahrenen Gleisen zu bewegen, solchen Menschen hilft es, die Routine etwas aufzubrechen, selbst wenn sich das zunächst etwas furchteinflößend anhört.

5. Denken Sie darüber nach, wie Pflichten und Freuden in Ihrem täglichen Leben verteilt sind. Eine gute Stimmung verflüchtigt sich fast selbstverständlich, wenn Ihr Leben nur aus Pflicht ohne Freude besteht. Das ist destruktiv, weil eine Depression Ihre Fähigkeit, Pflichten nachzukommen, beeinträchtigt, wenn es Ihnen bessergeht, fällt es Ihnen leichter, sie zu erfüllen.

Arbeiten Sie an Ihren Gedanken

Valerie war eine 20jährige Studentin. Wie den meisten Studierenden fielen ihr gewisse Aufgaben ihres Studiums leichter als andere. Sie suchte die Klinik auf, weil sie Depressionen hatte. In den vergangenen zwei Jahren hatte sie mehrere Anfälle von Niedergeschlagenheit erlebt, die jetzt immer länger und schwerer wurden. Wenn sie niedergeschlagen war, hatte sie dafür immer gute Gründe. Sie sagte dann zum Beispiel, daß sie im Studium schlecht vorankam, und führte als Beweis eine schlechte Note an, die sie bekommen hatte. Auch in den Semesterferien ging es ihr schlecht: Als sie sich mit einer Freundin vor dem Kino noch zum Essen verabredet hatte, war die Freundin so spät gekommen, daß keine Zeit mehr zum Essen gewesen war; und der Film war sowieso langweilig gewesen. Die Beispiele, die sie brachte, waren in sich stimmig, allerdings sehr selektiv. Tatsache war, daß sie auch Arbeiten abgeliefert hatte, die gut benotet worden waren, und daß sie vor kurzem in den Ferien gewandert war und dabei eine neue Freundschaft geschlossen hatte.

Valeries Geschichte zeigt etwas, was Sie vielleicht von sich selbst auch kennen und was die Forschung immer wieder bestätigt hat: daß Deprimiertsein beeinflußt, was wir erinnern. Und zwar beeinflußt es das Gedächtnis so, daß die depressive Stimmung aufrechterhalten wird. Während einer Depression neigen wir dazu, das zu erinnern, was an Schlechtem geschehen ist, und solche Erinnerungen bestärken unsere Depression.

Und nicht nur das Gedächtnis wird auf diese Weise beeinflußt. Auch unsere Urteilsfähigkeit wird durch unsere Stimmung getrübt. Wir machen uns über die Maßen Vorwürfe für Dinge, die wir falsch gemacht haben: Eine depressive Patientin fand, sie sei ein schlechter Mensch, weil sie vergessen hatte, ihrem Sohn sein wöchentliches Taschengeld auszuzahlen.

Diese psychologischen Fakten haben zu dem sogenannten *kognitiven Modell der Depression* geführt, das 1985 von Aaron Beck entwickelt wurde. Es besagt, daß zwischen Gefühlen und Gedanken ein sehr enger Zusammenhang besteht. Wenn wir in gedrückter Stimmung sind, sind unsere Gedanken und Erinnerungen vorwiegend negativ. Dadurch wird unsere Stimmung noch finsterer. Unsere Gedanken werden negativer, und unsere Stimmung wird entsprechend schlechter, unsere Depression verschlimmert sich also in einer kontinuierlichen Abwärtsbewegung.

Dieses kognitive Modell führt zu einer bestimmten Form der Behandlung, sie heißt *kognitive Therapie.* Diese Therapie konzentriert sich im wesentlichen darauf, Menschen zu helfen, ihre Gedanken zu erkennen und zu erforschen, um so ihre negative, depressive Einfärbung loszuwerden. Die Abwärtsbewegung wird umgekehrt, indem daran gearbeitet wird, die negativen Denkmuster zu verändern. Wenn das Denken positiver wird, hebt sich die gedrückte Stimmung nach und nach und produziert positivere Gedanken und Gefühle, bis sich die Abwärtsbewegung schließlich in eine Aufwärtsbewegung verwandelt.

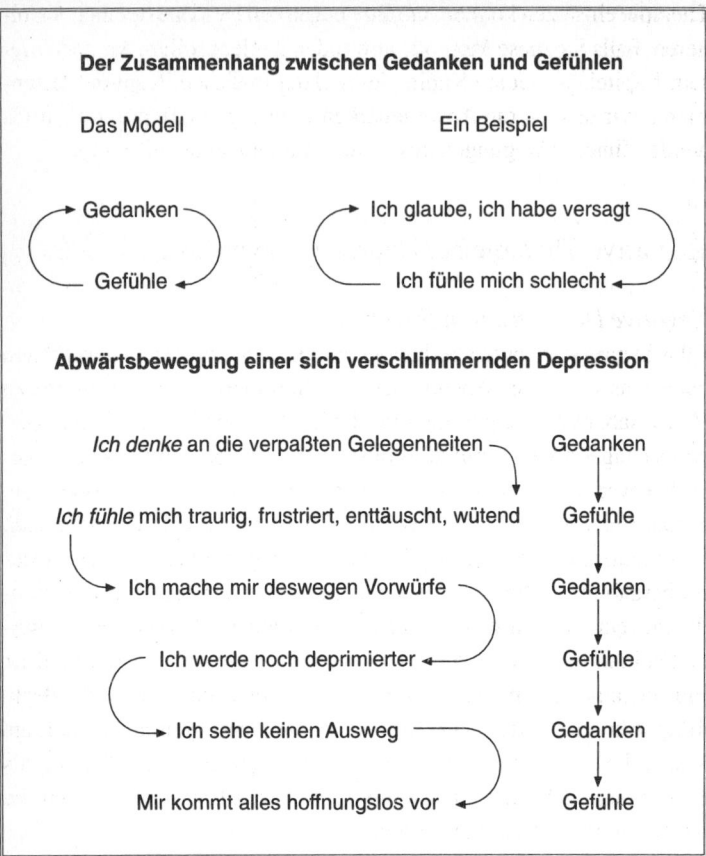

Der Zusammenhang zwischen Gedanken und Gefühlen

Das Modell   Ein Beispiel

Gedanken   Ich glaube, ich habe versagt

Gefühle   Ich fühle mich schlecht

Abwärtsbewegung einer sich verschlimmernden Depression

Ich denke an die verpaßten Gelegenheiten   Gedanken

Ich fühle mich traurig, frustriert, enttäuscht, wütend   Gefühle

Ich mache mir deswegen Vorwürfe   Gedanken

Ich werde noch deprimierter   Gefühle

Ich sehe keinen Ausweg   Gedanken

Mir kommt alles hoffnungslos vor   Gefühle

Einer der wertvollsten Aspekte der kognitiven Therapie ist, daß Sie lernen können, sie selbst anzuwenden. Die Techniken der kognitiven Therapie sind immer dann von Nutzen, wenn es darum geht, eine positive Stimmungslage zu erreichen, sei es, daß Sie sich aus einer Depression herausarbeiten, Angst zu überwinden versuchen oder mit einer Mischung verschiedener Gefühle fertig werden müssen. Sie vermitteln einige der wertvollsten Kompetenzen überhaupt, wenn es darum geht, eine gute Stimmungslage aufzubauen und aufrechtzuerhalten. Im neunten Kapitel erläutern wir, wie Sie die Methode der kognitiven

Therapie einsetzen können, um Ihre negativen Denkmuster zu kontrollieren. Falls Sie diese Methode anwenden wollen, sollten Sie nach diesem Kapitel das neunte Kapitel lesen. Hier in diesem Kapitel konzentrieren wir uns auf die Anwendbarkeit in bezug auf Depression, doch werden Ihnen Anregungen aus beiden Kapiteln eine Hilfe sein.

Kognitive Therapie bei Depression anwenden

Negative Denkmuster aufbrechen

Ellas Depression hatte überhandgenommen. Sie war stets den Tränen nahe, was sich gegen Abend noch verschlimmerte, wenn sie alleine zu Hause saß, über ihre gescheiterte Beziehung nachdachte und darüber, was sie tagsüber im Beruf alles falsch gemacht hatte und was schiefgelaufen war. Außerdem war sie zu müde gewesen, um einzukaufen, deshalb hatte sie kaum etwas zu essen im Haus, und wenn sie sich umschaute, konnte sie überall Anzeichen dafür erkennen, daß es mit ihr bergab ging. Die ganze Wohnung schien ein einziges Durcheinander zu sein – genau wie ihr Leben. Die schrecklichen Gedanken wirbelten in ihrem Kopf herum und ließen ihr keine Ruhe. Ella war einer Flut negativen Denkens ausgeliefert. Je länger das andauerte, desto schlechter ging es ihr. Obwohl sie fand, daß sie »eigentlich in der Lage sein sollte, alles gründlich zu durchdenken«, hatte sie das Gefühl, als liefe in ihrem Kopf immerzu und auf schmerzliche Weise dieselbe Platte ab, die völlig folgenlos blieb.

Ablenkung ist die beste Verteidigung. Ella brauchte eine Pause von ihrem negativen Denken. Es war notwendig, daß sie einen kleinen Teil ihrer Psyche von Belastungen befreite. So etwas läßt sich am leichtesten und schnellsten durch Ablenkung bewerkstelligen. Geben Sie der Psyche etwas anderes zu tun, und gönnen Sie sich eine Pause von den schwermütigen Gedanken. Auf diese Weise lassen die grüblerischen Muster etwas nach, und Ihre Stimmung hebt sich gerade so weit, daß Sie statt dessen mit dem Problemlösen beginnen können.

Ella schaltete den Fernseher ein. Sie zwang sich dazu, eine Sendung kurze Zeit anzusehen, und merkte dann, daß sie Durst hatte. Sie machte sich einen Tee und setzte sich hin, um ihn zu trinken. Sie schaute sich die Papiere an, die im Zimmer verstreut waren, und wunderte sich, wie viele es waren: Zeitungen, Karten, alte Briefumschläge, ein Einkaufszettel, Zeitschriften und so weiter. Plötzlich fiel ihr auf, daß sie gar nicht mehr auf das Fernsehprogramm achtete oder auf die Gedanken über das, was sie so sehr deprimierte, sondern daß sie statt dessen überlegte, ob es etwas gäbe, wo sie den ganzen Müll hineinstopfen könnte. Es gibt viele Möglichkeiten, sich abzulenken. Hier sind fünf Möglichkeiten, die anderen Menschen schon geholfen haben:

1. *Versuchen Sie es mit sensorischen Aufmerksamkeitsübungen.* Was sehen, hören oder spüren Sie im Moment? Achten Sie der Reihe nach auf jede einzelne Sinneswahrnehmung.

2. *Beschreiben Sie einen Gegenstand.* Das ist eine der Möglichkeiten, Ihre Aufmerksamkeit zu zwingen, sich auf die äußere Welt zu konzentrieren. Suchen Sie sich einen Gegenstand aus, der in Ihrem Blickfeld liegt, also zum Beispiel ein Fenster oder einen Tisch. Stellen Sie sich vor, Ihr Leben hinge davon ab, diesen Gegenstand jemandem exakt zu beschreiben, jedes einzelne Detail. Versuchen Sie sich auf so vielfältige Weise wie irgend möglich (fertigen Sie eine Zeichnung an, schreiben Sie auf, wiederholen Sie in Gedanken und so weiter).

3. *Widmen Sie sich einer Tätigkeit.* Suchen Sie sich etwas aus, was keine großen Anforderungen stellt, aber so fesselnd wie nur möglich ist. Wenn Sie sehr deprimiert sind, kann es sein, daß es zu schwer ist, die Konzentration fürs Lesen aufzubringen, dann fällt es Ihnen vielleicht leichter, sich körperlich zu betätigen, zum Beispiel aufzuräumen, zu stricken oder im Garten zu arbeiten. Halten Sie jetzt einen Moment inne und überlegen Sie, welche Aktivitäten für Sie die richtigen sein könnten.

4. *Sagen Sie ein Gedicht auf, oder singen Sie ein Lied.* Es kann sich um Kinderreime handeln, um Gedichte, die Sie in der Schule gelernt haben, um Jingles aus der Werbung oder um Weihnachtslieder. Erinnern Sie sich an Lieder, die Sie gern im Freundeskreis gesungen

haben, oder an Songs aus einer Aufführung, die Sie gesehen haben. Konzentrieren Sie sich darauf, sich an den Text zu erinnern.

5. *Spielen Sie Zahlenspiele.* Zählen Sie Dinge, die Sie sehen können, zählen Sie rückwärts, sagen Sie die Siebenerreihe auf, sagen Sie Multiplikationstabellen auf, oder erinnern Sie sich an Telefonnummern.

Das, was Ella passierte, als sie zunächst versuchte, sich durch Fernsehen abzulenken, stellt ein gängiges Muster dar. Zuerst versuchte sie zuzuhören, konnte sich aber schlecht konzentrieren. Trotzdem durchbrach das Fernsehen ihre Denkmuster so weit, daß ihre Aufmerksamkeit auf andere Dinge gelenkt wurde: sie merkte, daß sie Durst hatte. Das trug dazu bei, daß sie aktiver wurde: sie machte sich Tee. Als sie sich dann mit ihrem Tee hinsetzte, immer noch auf nichts Besonderes konzentriert, begann sie darüber nachzudenken, wie sie das Durcheinander aufräumen könnte. Sie begann, Probleme zu lösen. Als Ella bewußt wurde, wie dieser Prozeß funktioniert, konnte sie ihn öfter und effektiver in Gang setzen.

Negatives Denken ausschalten

Automatisierte negative Gedanken schwirren dann, wenn Sie niedergeschlagen sind, in Ihrem Kopf herum: »Das hat keinen Sinn«; »Ich bin zu nichts nütze«; »Was soll's?«. Die Stiche, die Ihnen solche Gedanken versetzen, können Ihre Stimmung noch mehr drücken. Es ist wichtig, solche automatisierten negativen Gedanken auszuschalten, Strategien, wie Sie diese in den Griff bekommen können, werden auf den Seiten 99 bis 117 ausführlicher erläutert. An dieser Stelle geben wir Ihnen nun ein Beispiel, wie diese Strategien eingesetzt werden können, wenn Sie sich deprimiert fühlen.

– *1. Schritt: Problematische Gedanken erkennen.* Diese Übung fiel Ella nicht leicht. Sie war so in ihr Elend versunken, daß sie nicht klarsehen konnte. Außerdem kam ihr alles so eindeutig schlecht vor, daß sie keinen Sinn darin sehen konnte, nach anderen Sichtweisen zu suchen. Trotzdem stellte sie sich die *Schlüsselfragen* von Seite 104:

– Was ging mir zu dem Zeitpunkt durch den Kopf?
– Wie sehe ich die Sache jetzt?
– Was ist mir daran wichtig?
– Was bedeutet diese Situation für mich?
– Oder was bedeutet sie in bezug auf mich?

Das schrieb sie in ihr Gedankenprotokoll:
– *Situation:* Nach einem Arbeitstag in die Wohnung kommen
– *Gefühle:* Hoffnungslosigkeit und Traurigkeit
– *Gedanken:* Das ist alles meine Schuld. Ich kann nichts daran
ändern. Mein ganzes Leben ist ein einziges Durcheinander.

– *2. Schritt: Nach anderen Sichtweisen suchen.* Ella entschied sich zu
dem Versuch, ein »Alternatives Tagebuch« zu führen (S. 108), und
schrieb jeden einzelnen Gedanken auf. Dann fragte sie sich: »Könnte
das auch anders gesehen werden?« Sie bearbeitete zuerst den letzten
Gedanken, weil er ihr der zentrale zu sein schien. Das schrieb sie auf:
Automatisierter Gedanke: Mein ganzes Leben ist ein einziges Durcheinander.
Alternative Sichtweisen: Ich habe immer noch eine Stelle. Ich denke
erst so, seit die Beziehung auseinandergegangen ist, vorher muß ich
also dazu fähig gewesen sein, die Dinge in die Hand zu nehmen. Es
ist vielleicht kein Wunder, daß ich jetzt traurig bin, aber das heißt
nicht, daß sich dieses Gefühl nie ändern kann. Die Wohnung ist wirklich durcheinander, ich arbeite gerade nicht gut, und ich habe den
Menschen verloren, den ich mochte (das sind die Fakten), aber ich
habe noch meinen Freundeskreis und meine Musik. Das ist jetzt eine
Durststrecke, klar, aber jeder Mensch hat ab und zu solche Durst-
strecken. Wenn ich wirklich mein *ganzes* Leben betrachte, dann sehe
ich, daß ich wahrscheinlich übertreibe, wie schlimm es damit steht.
Als Ella diese Übung machte, hatte sie viele Zweifel und Fragen. Vor
allem stellte sie fest, daß sie für jede neue Denkweise auch einen
Grund finden konnte, sie wieder abzulehnen: der verräterische Satz
»Ja, aber …« schoß ihr immer wieder durch den Kopf. »Ja, aber das
ist eigentlich alles gar nicht wichtig. Wichtig ist, wie ich mich jetzt,

im Moment fühle.« Wenn dieser Fall eintritt, ist es wichtig, sich nicht ablenken zu lassen. Schreiben Sie die Bedenken, das »Ja, aber« auf, und kommen Sie später auf genau dieselbe Weise darauf zurück. Schließlich handelt es sich dabei ja nur um einen weiteren automatisierten negativen Gedanken, der mit derselben Strategie erneut überprüft werden kann.

Wenn Sie deprimiert sind, ist es schwer, zu lernen, *automatisierte negative Gedanken* nochmals zu überprüfen. Wir empfehlen Ihnen, diese Fertigkeiten anhand der anderen beiden Gedanken zu üben, die Ella erkannte: »Das ist alles meine Schuld« und »Ich kann nichts daran ändern«. Es ist oft leichter, die Fehler anderer Menschen herauszufinden, als die eigenen Fehler und blinden Flecke zu erkennen, deswegen ist diese Übung dann besonders nützlich, wenn es Ihnen schlechtgeht. Die *Schlüsselfragen,* die Sie sich stellen können, stehen im folgenden Kasten.

Schlüsselfragen

Fragen zum Denken
Welche anderen Sichtweisen gibt es? Was würde jemand anderes davon halten? Wie könnte ich noch darüber denken? Was würde ich davon halten, wenn es mir besserginge?

Fragen zur Realität
Was sind in diesem Fall die Fakten? Wie kann ich herausfinden, welches Denken am ehesten den Tatsachen entspricht? Welche Beweise gibt es?

Fragen zum verqueren Denken
Könnte es sein, daß ich einen Denkfehler mache? Denke ich geradlinig? Denke ich in einer der dreizehn Arten verqueren Denkens (S. 105 bis 107)? Setze ich mich unter Druck? Oder verfalle ich in extremistischen Sprachgebrauch?

Fragen zum Zurechtkommen
Was ist das Schlimmste, was passieren könnte? Wie schlimm wird das werden? Was kann ich tun, wenn dieser schlimmste Fall eintritt? Wie kann ich Hilfe bekommen?

Seien Sie exakt. Deprimierte Menschen neigen dazu, ziemlich vage und generell zu denken, als würde ihre getrübte, deprimierte Weltsicht ihnen den Blick fürs Detail versperren. Deswegen ist es eine besonders große Hilfe, sich auf die exakten Fakten des Falls zu konzentrieren, wenn nach alternativen Sichtweisen gesucht wird. Statt zu sagen »Ich habe noch meinen Freundeskreis«, zählen Sie zum Beispiel besser die Menschen namentlich auf, mit denen Sie befreundet sind, und denken an spezielle gemeinsame Unternehmungen in besseren Zeiten oder an genaue Pläne, die Sie mit ihnen für die Zukunft machen können.

Wenn Sie die Schlüsselfragen, mit denen Sie problematische Gedanken erkennen (S. 104) und automatisierte negative Gedanken erneut überprüfen (S. 109), auf die Vorder- und Rückseite einer kleinen Karteikarte schreiben (oder die Seiten 117–118 des 9. Kapitels kopieren), haben Sie sie für den Fall der Fälle immer parat. Die Antworten auf die Schlüsselfragen tragen dazu bei, daß Sie die Fakten im Auge behalten und helfen, verzerrte Perspektiven zu vermeiden, die mit depressivem Denken gekoppelt sind (vgl. S. 105–117). Der Fehler, den depressive Menschen am häufigsten machen, ist, daß sie Gefühle mit Fakten verwechseln: sie gehen davon aus, daß, weil sie sich so schlecht fühlen, die Gesamtsituation wirklich so schlecht ist. Fangen Sie an, Stück für Stück alle Informationen zusammenzutragen, um sie unter einem neuen Blickwinkel betrachten zu können.

Überzeugungen und Anschauungen betrachten – das Spiegelkabinett

Unsere Anschauung von uns selbst tendiert dazu, verzerrt zu sein, wobei diese Verzerrung nicht ausschließlich in eine Richtung geht. Als die sechsjährige Brittany auf den Jahrmarkt ging, besuchte sie auch das Spiegelkabinett und war fasziniert davon, wie vielfältig ihr Körper verzerrt wurde. In einem Spiegel sah sie groß und dünn aus, in einem anderen klein und dick. Wieder andere Spiegel verzerrten bestimmte Teile des Körpers auf die eine Weise, andere auf eine andere. Ihr Kopf wurde groß und dünn, ihr Brustkorb breit und flach, die Beine schrumpften zusammen, bis die Füße fast direkt aus den Hüften zu kommen schienen.

Mit den verzerrten Anschauungen, die wir von uns selbst haben, kann es sehr ähnlich beschaffen sein. Die meisten von uns verhalten sich (mindestens) auf zwei verschiedene Arten: wir sind uns gegenüber überkritisch, oder wir sind entschieden zu nachgiebig. Es kann auch sein, daß wir uns zuerst so und dann anders verhalten, obwohl sich das zu widersprechen scheint. Es kann sein, daß wir unsere Interessen über die anderer Menschen stellen, dabei aber für uns selbst einen geringeren Wert ansetzen als für andere. Womöglich ist es sogar so, daß sich eine verzerrte Anschauung aus der anderen ergibt. Aufgrund der tiefsitzenden Furcht, minderwertig zu sein, versuchen wir vielleicht, unser Selbstwertgefühl durch Angeberei aufzublähen und andere Menschen zu übervorteilen.

Einer Depression liegt normalerweise eine verzerrte Sicht von sich selbst zugrunde. Es kann Ihnen helfen, sich klarer zu sehen, wenn Sie darüber nachdenken, was Sie über sich selbst sagen würden, wenn Sie sich von außen sähen: als seien Sie eine andere Person und könnten sich ganz objektiv betrachten. Als Ella das tat, entdeckte sie eine der Annahmen, von denen sie stillschweigend ausging: »Ich kann alleine nicht glücklich sein – ich brauche eine enge Beziehung.«

Hier sind einige andere Überzeugungen, die weit verbreitet sind: »Ich muß in allem, was ich anpacke, gut sein«; »Wenn ich nichts Nützliches tue, ist mein ganzes Leben wertlos«; »Ich bin nur dann etwas wert, wenn andere Menschen mich mögen«; »Wenn jemand mich ablehnt, liegt das daran, daß ich nicht gut genug bin«. Solche Überzeugungen können in Frage gestellt und neu überprüft werden. Das kann mit Hilfe der Methoden geschehen, die auch für die Überprüfung automatisierter Gedanken eingesetzt werden (S. 108–117).

Es ist zwar schwierig, aber wichtig, daß Sie versuchen, sich selbst mitfühlend und objektiv zu sehen. Wir neigen vor allem dann, wenn wir depressiv sind, dazu, viel zu hart zu uns zu sein. Wir geißeln uns selbst, indem wir immer wieder sagen, wie nutzlos und wertlos wir sind. Seien Sie sich selbst gegenüber so *mitfühlend,* wie Sie es auch einem anderen Menschen gegenüber wären, Sie werden feststellen, daß es dann leichter ist, wirkliches Selbstvertrauen zu entwickeln.

Der schwarze Hund: Das Untier dadurch zähmen,
indem Sie ihm einen Namen geben

Winston Churchill litt unter immer wiederkehrenden, kurzzeitigen Depressionen. Er gab ihnen einen Namen: *der schwarze Hund (the black dog),* ein Name, den vor ihm schon Samuel Johnson verwendet hatte und der seither von vielen anderen Menschen verwendet worden ist. Daß er die Depression mit einem Namen versah, half ihm, mit ihr fertig zu werden und sie zu akzeptieren, denn er wußte, daß sie nach einer gewissen Zeit wieder verschwinden würde. Solche Etikettierungen tragen dazu bei, die Depression zu domestizieren, sie wird dadurch zwar nicht zur Freundin, aber zumindest zu einer Widersacherin, die Sie kennen und für die Sie vielleicht sogar eine gewisse Zuneigung empfinden.

Wenn Sie von relativ kurzlebigen, wiederkehrenden Depressionen heimgesucht werden, ist es vielleicht am besten, sie einzumauern – sie zu begrenzen oder einzuschließen. Dann nehmen sie den kürzestmöglichen Verlauf. Sagen Sie sich: »Aha, da ist ja meine Depression wieder. Sie wird, wie immer, bald wieder verschwinden; ich muß nur weitermachen.« Das ist besonders für solche Menschen eine Hilfe, die dazu neigen, deprimiert zu sein, weil sie deprimiert sind, was ein sehr weitverbreitetes Problem ist, bei dem zum Verletztsein auch noch Beschimpfung kommt.

Die buddhistische Methode der ungegenständlichen Meditation bedient sich einer ähnlichen Technik. Sie fördert die beständige bewußte Wahrnehmung des Augenblicks. Ihre Stimmungen und Gefühle werden erkannt, zugegeben und angenommen. Bei dieser Form der Meditation würden Ihre von der Depression geprägten Gefühle ruhig angenommen werden. Es wäre, als würden Sie ihnen flüchtig zunicken, die Depression, die Reue über Vergangenes oder die Hoffnungslosigkeit hinsichtlich der Zukunft würden aber nicht Ihr ganzes Sein erfassen. Das Ziel ist, sich nicht völlig von der Depression beherrschen zu lassen, sondern sich ihrer bewußt zu sein, allerdings aus einer Haltung heraus, die einen gewissen Abstand ermöglicht und dazu beiträgt, die momentanen Gefühle nüchtern und sachlich zu sehen.

Nutzen Sie die Systeme, die für Sie Stützfunktion haben

George Brown und Tirrel Harris[2] führten eine wichtige Untersuchung zur Ursache von Depression bei Frauen durch. Sie untersuchten an die 1000 Frauen und sahen sich genau deren Stimmungslage und die Faktoren an, die diese möglicherweise beeinflussen könnten. Das wichtigste Ergebnis war, daß eine enge, vertrauensvolle Beziehung den einzigen wirklich wirkungsvollen Schutz vor Depression darstellte. Dieses zentrale Ergebnis trifft wahrscheinlich für Männer genauso zu wie für Frauen.

Wenn es jemanden gibt, mit dem Sie darüber sprechen können, wie es Ihnen geht, dann scheuen Sie sich nicht davor, das zu tun. Es gibt viele Gründe dafür, daß es schwierig ist, jemand anderem zu sagen, daß Sie deprimiert sind – es kann Ihnen zum Beispiel peinlich sein, oder Sie wollen niemandem zur Last fallen; oder Sie haben Schuldgefühle, als sei es Ihre Schuld, daß Sie deprimiert sind; und Sie leben schließlich in einer Welt, in der so getan wird, als sei es ein Tabu, über sich selbst und ganz besonders über die eigenen Gefühle zu sprechen. Trotzdem gilt, daß sich wirkliche Freundinnen und Freunde in der Not bewähren müssen, und wenn Sie in einer depressiven Phase sind, dann sind Sie in Not. Es gibt viele Möglichkeiten, wie Ihnen eine Freundin oder ein Freund helfen kann, eine Depression zu überwinden. Zunächst einmal ist es einfach eine große Hilfe, Unterstützung zu haben: zu wissen, daß es einen Menschen gibt, der begreift, wie Sie sich fühlen, und der sich kümmert. In einem Gespräch mit einer Freundin oder einem Freund haben Sie die Möglichkeit, zu überlegen, warum Sie deprimiert sind, und Sie können darüber nachdenken, welche Schwierigkeiten in Ihrem Leben Sie so sehr niederdrücken konnten. Eine Freundin oder ein Freund kann Ihnen dabei helfen, diese Schwierigkeiten anzugehen. Außerdem kann sie oder er Ihnen eine andere und vielleicht zu diesem Zeitpunkt weniger verzerrte Sicht der Dinge vorstellen, und das sowohl hinsichtlich Ihrer Probleme als auch im Hinblick auf Ihre Selbsteinschätzung. Eine Freundin oder ein Freund kann Sie dazu ermutigen, die Aktivitäten durchzuführen, die Sie sich vorgenommen haben.

Wenn wir in der therapeutischen Arbeit depressiven Menschen helfen, dann wenden wir nicht irgendeine obskure Kompetenz an, sondern versuchen im Grunde genommen als Freundin oder Freund dazusein – wenn auch auf beruflicher, und eben nicht privater Ebene. Wir tun zwei Dinge, die besonders wichtig und hilfreich sind: wir sind ein Resonanzboden – der verschiedene Sichtweisen aufnimmt und reflektiert –, und wir ermöglichen unseren Klientinnen und Klienten, »Rückmeldungen zu machen«. Eine solche Möglichkeit zur Rückmeldung darf nicht unterschätzt werden. Wenn eine Patientin zum Beispiel beschließt, sich wieder mit Freundinnen zum Mittagessen zu treffen, was sie seit Beginn ihrer Depression nicht mehr getan hat, dann ist die Wahrscheinlichkeit, daß sie das auch ausführt, wesentlich größer, wenn sie weiß, daß sie ihrer Therapeutin Bericht erstatten wird, wie sie damit zurechtgekommen ist.

Freundinnen und Freunde können diese Rolle übernehmen, wenn sie wissen, daß Sie diese Art von Hilfe von ihnen wünschen. Suchen Sie ein oder zwei Freundinnen oder Freunde aus, von denen Sie annehmen, daß sie Ihnen am besten helfen könnten. Ihre Lebensgefährtin oder Ihr Lebensgefährte kann dazugehören, falls es eine solche Person gibt, allerdings kann sie oder er manchmal zu nah an den Problemen dran sein, vielleicht sogar Teil der Probleme sein, dann ist sie oder er nicht ideal dafür, Ihnen aus der Depression herauszuhelfen. Wenn Sie entschieden haben, wer Ihnen am besten helfen kann, lassen Sie diese Menschen wissen, daß Sie unter einer Depression leiden, und sprechen mit ihnen so offen, wie es Ihnen nur irgend möglich ist, darüber, wie Sie sich fühlen und wie Sie die Dinge sehen. Vielleicht wäre es eine gute Sache, sie zu bitten, dieses Kapitel einschließlich des ab Seite 341 folgenden Abschnitts (*»Einen befreundeten Menschen, der eine Depression hat, unterstützen«*) zu lesen. Aber bitte respektieren Sie die Haltung Ihrer Freundin oder Ihres Freundes. Eine gute Freundin, ein guter Freund wird zwar helfen wollen, aber Ihre Depression kann eine Belastung darstellen, und der Mensch, von dem Sie gern unterstützt würden, ist vielleicht nicht in der Lage, das in dem Maß zu tun, wie Sie es sich wünschen. Wenn Ihre Freundinnen und Freunde deutlich machen, daß das der Fall ist, dann müssen Sie die Einschränkungen und Grenzen akzeptieren, die mit ihrer Unterstützung verbunden sind.

Gedanken daran, sich etwas anzutun

Wenn Sie deprimiert sind, können Sie auf die Idee kommen, sich etwas anzutun. Das kommt ziemlich häufig vor. Es heißt nicht, daß Sie »verrückt werden«; allerdings müssen Sie solche Gedanken ernst nehmen. *Erzählen Sie einem anderen Menschen von diesen Gedanken:* einer Freundin, einem Freund, Ihrer Hausärztin oder Ihrem Hausarzt. Haben Sie *keine* Angst davor, solche Gedanken mit jemand anderem durchzusprechen. Viele Menschen erwähnen diese Gedanken nur ungern, aus Angst, daß andere sie mißbilligen werden oder nicht nachvollziehen können, oder weil sie befürchten, daß sie leichter in die Tat umgesetzt werden, wenn sie erst einmal ausgesprochen sind. In Wirklichkeit wird es Ihnen normalerweise eine gewisse Erleichterung verschaffen, über Gedanken, sich etwas anzutun, zu sprechen.

Falls Sie das Gefühl haben, solche Gedanken in die Tat umsetzen zu wollen, oder falls Sie entsprechende Pläne schmieden, dann suchen Sie sofort bei jemand Hilfe, nehmen Sie sich außerdem das Versprechen ab, immer, wenn Sie tatsächlich das Gefühl haben, daß die Gefahr besteht, daß Sie sich etwas antun, sofort mit jemandem darüber zu sprechen, wie es Ihnen geht.

Sind die Gedanken eher vage – es besteht eher das Gefühl, daß das Leben mit seinen Schwierigkeiten im Moment zu viel für Sie ist –, dann versuchen Sie, sie klarer zu bekommen. Die drei folgenden Fragen können Ihnen dabei helfen:

– Was würde mich davon abhalten, irgendwelche Pläne in die Tat umzusetzen?
– Was würde ich gerne tun, falls die Depression weggeht?
– Welche von den Problemen, die ich habe, sind so gewaltig, daß es dafür ewig keine Lösung geben wird?

Es kann sein, daß es Ihnen hilft, mit jemandem über diese Fragen zu sprechen. Behalten Sie während solcher Tiefs die Tatsache im Auge, daß sich momentan nur Ihre Depression artikuliert und daß Ihre Depression schließlich einmal verschwinden wird.

Wann ärztlicher Rat einzuholen ist

Scheuen Sie sich nicht davor, mit Menschen, denen Sie vertrauen, über Ihre Gefühle zu sprechen, Sie werden außerdem feststellen, daß es manchmal auch hilft, mit Ihrer Ärztin oder Ihrem Arzt über diese Gefühle zu reden. Wenn Sie das Gefühl haben, sehr deprimiert zu sein, oder wenn Sie regelmäßig unter Depressionen leiden und gern mit Ihrer Ärztin oder Ihrem Arzt über Ihr Befinden sprechen würden, dann tun Sie das auch: Sie haben nichts zu verlieren, aber vielleicht viel zu gewinnen. In gewissem Maß hängt es davon ab, wie es Ihnen geht, wer Sie sonst noch unterstützt und welches Verhältnis Sie zu Ihrer Ärztin, Ihrem Arzt haben. Es gibt Zeiten, in denen es klug ist, ärztlichen Rat einzuholen, selbst wenn Sie zunächst dazu tendieren, es nicht zu tun. Professionelle Hilfe und medikamentöse Behandlung können manchmal von großem Nutzen sein.

Hier sind einige Orientierungshilfen für Ihre Entscheidung, wann es an der Zeit ist, ärztlichen Rat einzuholen:

1. Wenn die Depression so schwer ist, daß sie Ihnen im Beruf oder im Privatleben ernsthaft zu schaffen macht.
2. Wenn Menschen, die Ihnen nahestehen, meinen, daß Sie ärztlichen Rat einholen sollten. Es ist bezeichnend für eine Depression, daß Sie nicht mehr objektiv beurteilen können, wie es Ihnen geht. Wenn die Menschen Ihrer Umgebung so besorgt sind, daß sie denken, Sie bräuchten professionelle Hilfe, dann haben sie zu dem Zeitpunkt wahrscheinlich eher recht als Sie selbst.
3. Wenn Sie dauernd über eine Stunde früher aufwachen als sonst und sich dann besonders elend fühlen. Störungen der körperlichen Funktionen (z. B. Schlaf und Appetit) sind Anzeichen dafür, daß eine medikamentöse Behandlung helfen könnte.
4. Suchen Sie eine Ärztin, einen Arzt auf, wenn Sie irgendwelche seltsamen Sinneswahrnehmungen haben, wenn Sie zum Beispiel Stimmen hören, obwohl niemand in der Nähe ist.
5. Wenn Sie ernsthaft darüber nachdenken, sich etwas anzutun oder sich umzubringen, müssen Sie sofort eine Ärztin, einen Arzt aufsuchen.

6. Wenn Sie starken Stimmungsschwankungen ausgesetzt sind, so daß Sie, außer sehr deprimiert zu sein, manchmal auch sehr »high« sind und Dinge tun, die andere Menschen überaus extravagant finden und die auch Ihnen selbst in normaler Verfassung übertrieben vorkommen, ist es wichtig, eine Ärztin oder einen Arzt aufzusuchen. In der Fachsprache wird das »manisch-depressive« Psychose oder »bipolare Störung« genannt, weil es zwei Pole gibt: einen depressiven, zu wenig aktiven Pol und einen manischen, hyperaktiven Pol. Medikamente können wesentlich dazu beitragen, sowohl die schwere Depression als auch die übertriebenen Höhenflüge zu verhindern.

Es kann sein, daß Ihnen Ihre Ärztin, Ihr Arzt Antidepressiva verschreibt, was Ihnen höchstwahrscheinlich Erleichterung verschaffen wird. Nützlich ist auch, wenn Sie sich selbst vorstellen, daß Sie das Problem von zwei Seiten angehen: der biochemischen, die in medikamentöser Behandlung besteht, und der psychologischen, die so aussieht, daß Sie an Ihren Handlungen, Gedanken und den Systemen mit unterstützender Funktion arbeiten. Diese beiden Ansätze ergänzen sich gut. Sie sollten nicht davon ausgehen, daß, da Sie das Problem nun einmal auf die eine Art angegangen haben, die andere Art keinen Wert hat. Kombinierte Behandlungsmethoden können bei einer Depression sehr wirkungsvoll sein.

Schwere Depression

Wenn Sie immer wieder unter schweren Depressionen leiden, kann es sein, daß Sie nicht alle hier beschriebenen Techniken anwenden können. Sie können für Sie im Moment zu komplex sein. Der Zweck dieses Teilabschnittes ist, Ihnen dabei zu helfen, sich auf die wesentlichen Dinge zu konzentrieren. Wenn es Ihnen dann wieder bessergeht, können Sie das ganze Kapitel lesen beziehungsweise noch einmal lesen und die komplexeren Techniken anwenden. Es gehört zu einer Depression, daß Ihnen die Zukunft hoffnungslos erscheint. Das heißt, Menschen mit schweren Depressionen haben das Gefühl, daß es ihnen nie mehr bessergehen wird.

Falls Sie im Moment dieses Gefühl haben, *halten Sie sich an die Tatsache, daß Ihre Depression schließlich verschwinden wird.* Wenn Sie ein Tief haben, werden Sie auch wieder herauskommen. Wir wollen damit die Depression in keiner Weise verharmlosen, und wir unterschätzen keinesfalls die völlige Verzweiflung, die Sie empfinden. Schneller Trost ist banal; aber die Zeit heilt Wunden.

Wenn Sie immer wieder schweren Depressionen ausgesetzt sind, können Sie mehrere Dinge tun, um sich selbst zu helfen.

– *Nehmen Sie professionelle Hilfe in Anspruch.* Es kann sein, daß Sie sich bei dem Versuch, die Depression selbst in den Griff zu bekommen, übernehmen. Medikamentöse Behandlung und professionelle Hilfe können von großem Wert sein.

– *Tun Sie einfache Dinge und erkennen Sie sie an.* In Zeiten, in denen Sie sehr deprimiert sind, macht Ihnen nichts Freude, was Sie tun. Es kann sein, daß Ihnen fast alles, was Sie tun, anstrengend vorkommt. Selbst die einfachsten, alltäglichen Verrichtungen – Essen kochen, sich waschen und anziehen, morgens aufstehen – können Ihnen wie Schwerarbeit vorkommen. Das ist bei einer Depression so. Machen Sie sich wegen dieser Gefühle keine Vorwürfe. *Stellen Sie sich statt dessen einfache Aufgaben, und werten Sie es positiv, wenn Sie sie schaffen.* Das wäre dann der rechte Zeitpunkt, um ein Tagebuch der Aktivitäten eines Tages anzulegen (S. 320).

– *Reduzieren Sie Anforderungen auf ein machbares Maß.* Wenn Sie an das, was Sie sich vorgenommen haben, die gleichen Anforderungen stellen, wie wenn es Ihnen gutgeht, laufen Sie Gefahr, diesen Anforderungen nicht entsprechen zu können und sich dann Vorwürfe zu machen, weil Sie nicht so funktionieren wie sonst. Würden Sie denn jemandem, der eine Bronchitis hat, Vorwürfe machen, weil er nicht singen kann? Bei schweren Depressionen kann es Ihnen vorkommen, als würden Sie alle Last der Welt tragen. Alles ist mühsam. Alles braucht mehr Zeit und viel, viel mehr Energie, als vorhanden zu sein scheint. Es ist kein Wunder, daß Sie denken: »Ich schaffe das nicht«, und in Versuchung geraten aufzugeben. Stellen Sie sich statt dessen viel einfachere Aufgaben. Es kommt nur darauf an, daß Sie, statt nichts zu tun, *irgend etwas* tun. Schrauben Sie Ihre Anforderungen so weit herunter, daß Sie Ihnen mit Sicherheit genügen können.

– *Versuchen Sie nicht, zu viel zu tun.* Bis zu einem gewissen Grad müssen Sie sich nun einmal von der Depression treiben lassen, bis die Untiefen überstanden sind. Wenn Sie sich zu sehr anstrengen, sie zu überwinden, werden Sie außer sich geraten und sich Vorwürfe machen, weil Sie einen Mißerfolg dann als persönliches Versagen auffassen. Dadurch fühlen Sie sich nur noch schlechter, und die Depression verschlimmert sich. Schwere Depressionen sind wie Treibsand: wenn Sie sich zu sehr anstrengen, geraten Sie nur noch tiefer hinein.

Einen befreundeten Menschen, der eine Depression hat, unterstützen

Wenn eine enge Freundin oder ein enger Freund unter einer Depression leidet, kann Ihre Unterstützung, wenn sie auf die richtige Art und Weise erfolgt, eine große Hilfe sein. Wenn es sich um einen Menschen handelt, der Ihnen sehr nahesteht, zum Beispiel um Ihre Lebensgefährtin oder Ihren Lebensgefährten, kann es Ihnen unter Umständen besonders schwerfallen. Das enge Zusammenleben mit einem depressiven Menschen weckt zwiespältige und komplexe Gefühle. Ein Teil von Ihnen empfindet Mitgefühl und verspürt den Wunsch zu helfen; ein anderer Teil von Ihnen ist wahrscheinlich frustriert und irritiert. Es kann sein, daß Sie Vorschläge machen, die aus Gründen abgelehnt werden, die völlig unangebracht zu sein scheinen, und es kann sein, daß Ihnen dafür, daß Sie versuchen wollen zu helfen, fast der Kopf abgerissen wird. Trotz alledem merken Sie, daß Ihre Freundin oder Ihr Freund sehr unglücklich ist und Hilfe und Unterstützung braucht.

Wenn Sie einem anderen Menschen helfen, kann es sein, daß Sie selbst Unterstützung nötig haben: daß Sie jemanden brauchen, mit dem Sie reden können. Stellen Sie sicher, daß Sie dabei keinen Vertrauensbruch begehen. Depressive Menschen, die sich anderen öffnen, müssen wissen, daß sie über Dinge sprechen können, von denen niemand sonst etwas wissen soll.

Zu den schwierigen Aspekten dieser Hilfe gehört, daß es leicht passieren kann, daß Sie nach und nach Ihr Mitgefühl verlieren. Depressive Freundinnen, Freunde und Verwandte können Ihnen abwechselnd pathetisch und übertrieben gereizt vorkommen. Es kann ziemlich schwerfallen, mit ihnen zusammenzusein, sie sind anders als sonst und können sogar ziemlich wenig liebenswert sein. Deswegen ist es von entscheidender Bedeutung, daß Sie die Auswirkungen einer Depression kennen und wissen, welche Persönlichkeitsveränderungen damit einhergehen. Behalten Sie die Tatsache im Auge, daß Menschen, die Sie kennen und mögen, hinter der Maske der Depression immer noch dieselben sind wie vorher. Früher oder später wird die depressive Phase vorüber sein, und ihr früheres Selbst wird wieder zum Vorschein kommen. Vielleicht haben Sie schon einmal versucht zu helfen, mußten aber feststellen, daß Ihre Hilfe scheinbar zurückgewiesen wurde. Vielleicht fragen Sie sich jetzt, was Unterstützung überhaupt soll. In diesem Falle ist es von besonderer Bedeutung, daß Sie verstehen, wie wichtig einfach die Tatsache ist, daß Sie da sind, daß Sie trotz der offensichtlichen Zurückweisung all Ihrer Versuche emotional nicht weggelaufen sind. Vielleicht sieht es im Moment nicht so aus, aber auf lange Sicht ist die Unterstützung, die Sie dadurch gewähren, daß Sie einen Menschen in seiner depressiven Phase einfach tolerieren, der Rahmen, in dem eine Gesundung stattfinden kann. Versuchen Sie, die Schnelligkeit des Genesungsprozesses nicht zu überschätzen, selbst wenn Sie ganz eindeutig erkennen können, daß dieser Prozeß in Gang gekommen ist. Die Wolkendecke bricht zwischendurch immer einmal wieder auf, und dann gibt es wieder Zeiten, in denen der Himmel ganz schwarz verhangen ist, bevor es dann wieder aufklart.

Ermuntern Sie die befreundete Person dazu, dieses und die vorhergehenden Kapitel zu lesen, falls das nicht schon geschehen ist, vielleicht auch die Lektüreempfehlungen am Ende dieses Buches. Das wird Ihnen beiden helfen, Ihre Rollen zu klären, und die befreundete Person wird eine Vorstellung dafür entwickeln können, welche Schritte zu unternehmen sind. Neben der Tatsache, daß Sie einfach da sind, gibt es zwei grundlegende Arten, wie Sie helfen können: ein Resonanzboden zu sein, und für Rückmeldungen zur Verfügung zu stehen.

Sie können von sich selbst als Ratgeberin oder Ratgeber nicht erwarten, Expertin oder Experte zu sein, aber Sie können einige bekannte Beratungsgrundsätze anwenden. Wir haben den Begriff »Resonanzboden« eingeführt, um einen wichtigen Punkt zu betonen: Ihre Aufgabe besteht nicht darin, die Probleme anderer Menschen für diese zu lösen; ebensowenig darin, Ratschläge zu erteilen. Ihre Aufgabe ist, zuzuhören und ehrlich zu sagen, was Sie verstanden haben. Sie besteht darin, Gesagtes klären zu helfen, um so dazu beizutragen, daß die verschiedenen Optionen erkennbar werden. Versuchen Sie, depressiven Menschen bei der Entscheidung zu helfen, welche speziellen Aktivitäten sie sich vornehmen wollen, und seien Sie dann der Mensch, dem sie von Fortschritten berichten können. Ermutigen Sie dazu, diese Aktivitäten auszuführen. Ihre Aufgabe besteht nicht darin, jemanden zu etwas zu überreden. Bei dem Versuch, einem depressiven Menschen zu helfen, entsteht oft ein Gefühl der Hilflosigkeit, weil die Probleme nicht für diesen Menschen gelöst werden können. Jeder Mensch ist *selbst* dafür verantwortlich, seine Probleme zu lösen. Ihre Aufgabe ist es, mitzuschwingen. Halten Sie es nicht für Versagen, wenn Sie keine Probleme lösen. Wenn Sie Ihre Lösungen aufzwingen würden, würde das auf lange Sicht ja gar nicht funktionieren.

Versuchen Sie nicht, Menschen dazu zu zwingen, mit Ihnen zu reden. Jeder Mensch hat das Recht auf seine Privatsphäre, und jeder Mensch hat das Recht, nichts zu erzählen, genauso, wie Sie das Recht haben, keine unterstützende Funktion zu übernehmen. Wenn Sie feststellen, daß der Versuch zu unterstützen zu schmerzlich für Sie ist, oder wenn Sie aus irgendwelchen Gründen keine Unterstützung leisten können, haben Sie das Recht, das zu äußern.

Verwandte Kapitel in diesem Buch

geholfen werden, daß sie lernen, Selbstvertrauen und Selbstachtung zu entwickeln.

– *Kapitel 16: Angst und Sorge in den Griff bekommen.* Manchmal treten Angst und Depression zusammen auf, und manchmal stellt sich, wenn eine Depression abklingt, ein Gefühl von Besorgnis ein, wie denn nun die Zügel wieder in die Hand genommen werden können. Insofern kann auch dieses Kapitel eine Hilfe sein.

Zusammenfassung dieses Kapitels

Behalten Sie, wenn Sie deprimiert sind, die Tatsache im Auge, daß Stimmungsschwankungen sowohl einer Aufwärts- als auch einer Abwärtsbewegung unterliegen, und konzentrieren Sie sich auf die Kurzzeitstrategien, die dazu führen können, daß es Ihnen wieder bessergeht.

1. *Arbeiten Sie an Ihren Handlungen.* Es hilft, aktiv zu bleiben, selbst wenn das in depressiven Phasen schwerer durchzuhalten ist.
2. *Arbeiten Sie an Ihren Gedanken.* Depressives Denken ist eine Sackgasse. Wenn Sie lernen, Dinge aus verschiedenen Blickwinkeln zu sehen, trägt das dazu bei, daß Sie sich aus der Sackgasse herausbewegen.
3. *Arbeiten Sie an den Systemen, die für Sie Stützfunktion haben.* Versuchen Sie, den Widerstand dagegen abzubauen, andere Menschen um Hilfe und Unterstützung zu bitten. Depressionen sind so weit verbreitet, daß viele verstehen werden, worum es geht.

Wenn Sie das Gefühl haben, schwer depressiv zu sein, beginnen Sie damit, an Ihren Handlungen zu arbeiten. Dieses Kapitel gibt außerdem wichtige Hinweise zu folgenden Themen:

1. Gedanken daran, sich etwas anzutun
2. Wann ärztlicher Rat einzuholen ist
3. Schwere Depression
4. Einen befreundeten Menschen, der eine Depression hat, unterstützen

22. Wie Sie weniger anfällig für Depression werden

Die fundamentale Bedeutung von Langzeitstrategien

Es ist normal und natürlich, Menschen zu vermissen, wenn sie nicht da sind, oder gelegentlich melancholisch oder traurig zu sein. Im Leben die gesamte Bandbreite an Emotionen zu erfahren ist normal. Der Begriff »Depression« wird oft verwendet, um solche Traurigkeitsphasen zu beschreiben, schwere Depression, wie wir sie in Kapitel 20 verstehen, ist etwas anderes. Sie drückt Sie nieder und trennt Sie vom großen Strom des Lebens. Ziel dieses Kapitels ist es, Ihnen dabei zu helfen, weniger tief in eine Depression hineinzugeraten, und dazu beizutragen, Sie vor schwerer Depression zu schützen. Sollten Sie gerade eine schwer depressive Phase haben, müssen Sie sich darauf konzentrieren, wieder zu Ihrem Normalzustand zurückzufinden (Kapitel 21). Aber es ist unklug, wenn Sie Ihre Depression in guten Zeiten ignorieren, denn genau dann können Sie am effektivsten an den Dingen arbeiten, die Sie für weitere Depressionen anfällig machen.

Niedergeschlagenheit hat sowohl *physische* als auch *psychische* Ursachen, bei den meisten Menschen gibt es mehrere Ursachen beiderlei Art. Das kann sich summieren, versuchen Sie daher, die in den Griff zu bekommen, die beeinflußbar sind, auch wenn es sich dabei um Ursachen handelt, denen Sie keine allzu große Bedeutung beimessen. Genau wie bei Streß kann es der Tropfen sein, der das Faß zum Überlaufen bringt. Es gibt *fünf Strategien* zur Vermeidung weiterer Depressionen.

1. Strategie: Achten Sie auf grundlegende Bedürfnisse wie Schlaf, Ernährung und Bewegung

Ignorieren Sie die fundamentalen physischen Faktoren nicht, die zu einer gedrückten Stimmung beitragen können. Wenn Sie schlecht schlafen, sich nicht richtig ernähren und nicht auf Ihre körperliche Verfassung achten, werden Sie anfälliger für Stimmungstiefs, weil die alltäglichen Verrichtungen an Ihren Kräften zehren und Sie schneller auslaugen. Schlechter *Schlaf* ist häufig eine Folge von Niedergeschlagenheit, kann aber auch dazu führen, daß Sie verletzbarer werden. In depressiven Phasen können Sie unter Umständen wenig an den Schlafstörungen direkt ändern: es kann notwendig sein, sich statt dessen darauf zu konzentrieren, die Depression zu überwinden. Achten Sie aber in Zeiten, in denen es Ihnen relativ gutgeht, unbedingt auf vernünftige Schlafgewohnheiten. In Kapitel 24 stellen wir viele Möglichkeiten vor, wie Sie besser schlafen können.

Seien Sie auch vorsichtig im Umgang mit *Alkohol*. Menschen, die depressionsanfällig sind, können speziell damit Probleme haben. Kurzzeitig kann Alkohol dazu beitragen, Schwierigkeiten und Sorgen zu verdrängen. Die durch Alkohol bewirkte Entspannung und das dadurch hervorgerufene Selbstvertrauen sind jedoch trügerisch. Die Schwierigkeiten lauern unter der Oberfläche, wachsen und gedeihen im verborgenen. Irgendwann brechen sie durch und führen zu einer Depression, die dann tiefer und hartnäckiger ist, als es sonst der Fall wäre. Falls Alkohol für Sie zum Problem werden könnte, dann lesen Sie Kapitel 26.

Exzessive Beschäftigung mit Fragen der *Ernährung* kann Sie gereizt, deprimiert, müde und schwach machen. In unserer Kultur ist es üblich, daß Frauen sich besser fühlen, wenn sie mit ihrem Gewicht und ihrer Figur zufrieden und fähig sind, ihre Eßgewohnheiten zu kontrollieren. Bei manchen Menschen ist das Selbstwertgefühl jedoch zu stark vom Aussehen und von den Ernährungsgewohnheiten abhängig. Sollte das für Sie zutreffen, dann lesen Sie Kapitel 25.

Bewegung schützt vor depressiven Phasen und kann dazu beitragen, körperliches Durchhaltevermögen und physische Energie zu entwickkeln. Sie kann Ihre Stimmung für kurze Zeit heben und so eine kurze Verschnaufpause von der Depression bewirken.

2. Strategie: Klären Sie Ihre Werte und Ziele

Wenn Sie zu Depressionen neigen, müssen Sie Ihre Ziele und Werte sowie die Art und Weise überprüfen, wie Sie Ihre Zeit verbringen. Einer der Hauptgründe für wiederholte Depressionen ist ein Mißverhältnis zwischen dem, was Sie wirklich wertschätzen, und dem, was Sie tun. Statt daß dieses Mißverhältnis offenkundig wird, manifestiert es sich als allgemeine Depression.

Derek war anscheinend sehr erfolgreich. Er hatte einen guten Universitätsabschluß und war danach Anlagenberater geworden, er arbeitete in London. Er verdiente sehr gut, litt aber trotzdem immer wieder unter Depressionen. Er beschloß, professionelle Hilfe in Anspruch zu nehmen. Im Verlauf der Therapie wurde klar, daß ihm die Art von Erfolg, die er erreicht hatte, nichts wert war. Er warf sich vor, selbstsüchtig zu sein, und wollte das Gefühl haben, daß seine Arbeit für andere Menschen von direkterem Nutzen sei. Das war es, was er wertschätzte. Er begann sich nach anderen Stellen umzusehen. Er las ein Stellenangebot, in dem jemand mit seinen finanziellen Kenntnissen von einer Wohnungsbaugesellschaft gesucht wurde. Obwohl das Gehalt viel niedriger war als das, was er im Banken- und Börsenviertel von London verdiente, bewarb er sich um die Stelle, weil er davon überzeugt war, daß er nur dann in seinem Beruf glücklich werden konnte, wenn er seine Arbeit wertschätzen konnte. Er bekam die Stelle. Zwei Jahre später hatte er zwar immer noch Stimmungsschwankungen, verfiel aber nie in eine so tiefe Depression, wie das vorher häufig der Fall gewesen war.

Vielleicht denken Sie, daß Derek eben Glück gehabt hat und daß er viele Vorteile auf seiner Seite hatte, die andere nicht haben, was natürlich stimmt. Aber es ist kein bloßer Luxus, über Ihre Werte nachzudenken, wenn Sie in einer Sackgasse stecken und deprimiert sind. Janet war Putzfrau in einem Büro und befand sich in einer ähnlichen Situation. Ihr lag daran, in ihrem Beruf mit Menschen zusammenzukommen und mit ihnen zu sprechen, aber da ihre Arbeit dann anfing, wenn die anderen aufhörten, kam sie sich sowohl in ihrem jetzigen Beruf als auch zu Hause nur wie ein Arbeitstier vor. Sie fand eine neue Anstellung in einer Bäckerei, die ihr viel eher entsprach, und mit dem Abklingen ihrer Depression wuchsen ihr Selbstvertrauen und ihre Selbstachtung.

Falls Sie Ihre persönlichen Werte und Ziele noch nicht aufgeschrieben haben (Näheres im 5. Kapitel), empfehlen wir, es jetzt zu tun. Es hilft Ihnen dabei, einzuschätzen, ob das, was Sie beruflich und privat tun, mit

Ihren Werten übereinstimmt. Wenn das nicht der Fall sein sollte, können Sie damit herausfinden, welche Veränderungen Ihnen dabei helfen würden, die Depression hinter sich zu lassen.

3. Strategie: Machen Sie Ihr Leben freudvoller

Depressionen gehen mit geringem Selbstwertgefühl einher, ja sogar mit Abscheu vor sich selbst. Menschen, die depressionsanfällig sind, sind oft freundlich, rücksichtsvoll und altruistisch, halten aber trotzdem nicht viel von sich selbst und behandeln sich selbst oft schlecht, indem sie sich nichts gönnen. Selbst bei normaler Stimmungslage haben sie oft das Gefühl, daß sie es nicht verdienen, angenehme Dinge zu tun. Sie sind es nicht wert, und die Bedürfnisse anderer Menschen gehen immer vor.

Manche Eltern sind so. Sie stellen die Bedürfnisse ihrer Kinder so sehr über ihre eigenen, daß sie sich überhaupt keine Zeit und keinen Freiraum mehr für sich selbst zubilligen. Es hatte Ron und Miriam immer Spaß gemacht, einmal in der Woche tanzen zu gehen oder sich mit Freundinnen und Freunden in einer Kneipe zu treffen. Dann bekamen sie ein Baby. Drei Jahre lang gingen sie überhaupt nicht mehr abends zusammen aus. Sie hätten es zumindest ab und zu so einrichten können, daß jemand die Kleine hütete. Ron arbeitete außer Haus, hatte also einen Platz für sich, außerhalb der Familie. Miriam dagegen hatte das Gefühl, es sei falsch, wegzugehen und sich zu vergnügen, denn ihr Töchterchen könnte ja in der Zeit aufwachen und sie »brauchen«. Es ging ihr zunehmend schlechter, sie wurde immer gereizter, und die Beziehung zu Ron begann darunter zu leiden. Zu diesem Zeitpunkt suchte Miriam ihren Hausarzt auf. Er nahm sich die Zeit, mit ihnen beiden zu sprechen und die Lage zu beleuchten. Es wurde allen rasch klar, daß Ron und Miriam die Zeit fehlte, die sie vor der Geburt ihrer Tochter allein zusammen verbracht und sehr genossen hatten. Sie beschlossen, einmal im Monat zusammen auszugehen, und dieser Freiraum hob Miriams Stimmung und wirkte sich positiv auf ihre Beziehung aus. Diese kleine Abwandlung im Familienalltag hatte großen Einfluß auf die gesamte Familie.

Selbst wenn Sie momentan denken, daß Sie kein Vergnügen verdienen, sollten Sie trotzdem darauf achten, daß Sie Dinge tun, die Ihnen

Freude machen. Unabhängig davon, wieviel Sie zu tun haben, Sie müssen auch Zeit finden, sich zu verwöhnen: was Sie gern tun, tut Ihnen gut. Die Freude des Augenblicks schützt Sie vor der Depression der Zukunft. Sich selbst eine Freude zu bereiten ist eine der grundlegenden Strategien, um guter Stimmung zu sein (Kapitel 7).

4. Strategie: Setzen Sie nicht alles auf eine Karte

Es kann nicht immer alles gutgehen. Jeder Mensch macht die Erfahrung, daß es im Beruf oder in Teilbereichen des Berufs nicht gut läuft – daß enge Beziehungen schwierig werden, daß ein Hobby nicht mehr die Erfüllung bringt oder daß das Leben voller Probleme zu sein scheint. Wenn unsere gesamte Selbstachtung daher von einem einzigen Aspekt unseres Lebens abhängt, werden wir zeitweise sehr verletzlich werden. Überlegen Sie, wie das mit Ihrer eigenen Depression ist. Hängt sie eng damit zusammen, wie es in einem bestimmten Bereich Ihres Lebens läuft? Werden Sie zum Beispiel niedergeschlagen, wenn es Ihnen beruflich schlechtzugehen scheint? Wenn das Muster Ihrer Depression den Anschein erweckt, eng mit einem bestimmten Aspekt Ihres Lebens gekoppelt zu sein, ist es wahrscheinlich so, daß Sie zu viel auf eine Karte setzen. Um sich selbst vor einer solchen Abhängigkeit zu schützen, ist es ratsam, Ihr Leben vielseitig zu gestalten: Freundeskreis, Familie, Beruf, Hobbys und Interessen, häusliche und andere Aktivitäten, Geselligkeit und Alleinsein. Jeder Aspekt erhöht Ihre Selbstachtung. In Zeiten, in denen ein bestimmter Aspekt Ihres Lebens nicht gut zu laufen scheint, können die anderen Aspekte Sie trösten und stützen.

5. Strategie: Bauen Sie stützende Beziehungen auf

Der wichtigste Schutz davor, depressiv zu werden, wenn etwas Schlimmes passiert, ist, daß Sie sich jemandem anvertrauen können – dabei kann es sich um Verwandte, Ihre Lebensgefährtin oder Ihren Lebensgefährten, um Freundinnen oder Freunde handeln. Wenn Sie keine nahe, stützende Beziehung haben oder wenn es in Ihrem Freundeskreis niemanden gibt, der diese Art von emotionaler Unterstützung leisten kann, die Sie vor Depressionen schützt hilft, dann ist es sinnvoll, zu überlegen, wie Sie damit anfangen könnten, solche Stützen aufzubauen.

Hilfreiche Beziehungen aufzubauen braucht Zeit und ist anstrengend. So etwas passiert nicht über Nacht, und wenn es Ihnen schwierig erscheint, denken Sie daran, daß Sie es in jedem beliebigen Lebensabschnitt versuchen können und daß auf diesem Weg immer viele Schritte zu gehen sind. Es folgen nun ein paar Beispiele dafür, wie Sie anfangen können.

– *1. Schritt: Neue Leute kennenlernen.* Suchen Sie Orte auf, an denen Sie Menschen mit ähnlichen Interessen oder Hobbys treffen. Suchen Sie in der Nachbarschaft Kontakt. Engagieren Sie sich in der Lokalpolitik oder in einer ehrenamtlichen Tätigkeit. Treten Sie einem Verein bei.
– *2. Schritt: Freundschaft schließen.* Freundschaften leben von gemeinsamen Erfahrungen, vor allem von gemeinsamen Aktivitäten und geteilten Freuden. Überlegen Sie sich, was Sie mit neuen Freundinnen und Freunden gemeinsam unternehmen können.
– *3. Schritt: Eine Freundschaft festigen.* Halten Sie Kontakt. Regelmäßiger Kontakt ist gut, genauso gut ist, wenn Sie die Sorgen und Anliegen anderer Menschen im Auge behalten und lernen, sowohl gut zuzuhören, als auch interessant zu erzählen (vgl. Kapitel 13).
– *4. Schritt: Eine Freundschaft in Gang halten.* Überlegen Sie sich Mittel und Wege, Ihr Interesse zu zeigen – in guten wie in schlechten Tagen. Tun Sie, was Sie können, wenn andere in Schwierigkeiten sind. Haben Sie Verständnis für momentane schlechte Laune oder das Bedürfnis nach Stille und Schweigen.
– *5. Schritt: Freundschaften als Stütze einsetzen.* Wenn Sie eine Depression haben, dürfen Sie nicht vor Menschen davonlaufen. Versuchen Sie, den Kontakt zu halten, auch wenn Sie weniger kontaktfreudig zu sein scheinen als sonst oder wenn Sie Angst haben, sich aufzudrängen. Momente von Niedergeschlagenheit sind so weit verbreitet, daß viele Menschen begreifen werden, wie es Ihnen geht. Es gibt viele Arten von Beziehungen, die helfen können, es müssen keine engen sein.

Eine helfende, unterstützende Beziehung darf nicht erdrückend sein. Wir brauchen unseren Freiraum, unsere Unabhängigkeit und Autonomie genauso wie Unterstützung. Denken Sie über Ihre wichtigsten Beziehungen nach. Sind solche dabei, die Ihnen »zu viel abnehmen« und Ihnen zu wenig Zeit für sich selbst lassen? Sollte das der Fall sein, müssen Sie eine Veränderung aushandeln (Kapitel 15), um das beste Gleichgewicht zwischen Unterstützung und Unabhängigkeit zu finden. Fehlende Selbständigkeit kann ein spezielles Problem älterer Menschen sein, vor allem dann, wenn es ihnen gesundheitlich nicht gutgeht, und sie auf fremde Hilfe angewiesen sind. Unter solchen Umständen kann der beste Schutz vor weiteren Depressionen darin bestehen, soviel Selbständigkeit und Autonomie wie möglich wiederzuerlangen. Sollten Sie versuchen, einem nahestehenden Menschen in dieser Situation zu helfen, müssen Sie vorsichtig sein, nicht zu viel zu tun und nicht die Leitung zu übernehmen. Hören Sie zu und versuchen Sie zu verstehen, nähren Sie aber weiterhin ein Gefühl für Autonomie und unabhängige Handlungsfähigkeit. Arbeiten Sie an diesen fünf Strategien, damit schützen Sie sich vor zukünftigen Depressionen.

Zusammenfassung dieses Kapitels

Wenn Sie sich *zwischen den Anfällen von Niedergeschlagenheit* um einige der Ursachen Ihrer Depressionen kümmern, können Sie viel tun, um weitere Depressionen verhindern zu helfen.

1. Achten Sie auf die Grundlagen wie Schlaf, Ernährung und Bewegung. Nur weil Sie psychische Probleme haben, dürfen Sie noch lange nicht Ihren Körper vernachlässigen. Psyche und Körper sind untrennbar miteinander verbunden.
2. Klären Sie Ihre Werte und Ziele ab. Denken Sie darüber nach, welche Richtung Ihr Leben momentan generell zu nehmen beginnt.
3. Gestalten Sie Ihr Leben freudvoller. Jeder Mensch hat ein Recht auf Freude – es ist sogar so, daß ohne sie niemand gut funktionieren kann.
4. Setzen Sie nicht alles auf eine Karte. Sie werden dadurch verletzlich, wenn (was unvermeidlich ist) etwas schiefläuft.
5. Bauen Sie stützende Beziehungen auf. Sie gewähren sowohl Schutz als auch Hilfe.

V. Psyche und Körper

Wie Psyche und Körper zusammenwirken, ist eine Frage, auf die noch niemand eine vollständige Antwort gefunden hat, eines ist aber klar: die Psyche beeinflußt den Körper, und der Körper beeinflußt die Psyche. Um psychisch fit zu bleiben, müssen Sie also auf Ihre körperliche Verfassung achten. Sinn und Zweck dieses Abschnitts ist es, Ihnen bei der Überwindung von Problemen zu helfen, die sich auf Ihren Körper auswirken, wie zum Beispiel Schlaf- und Eßstörungen, Probleme mit Alkohol und mit dem Rauchen oder Abhängigkeit von Beruhigungsmitteln. Viele dieser Probleme haben mit schlechten Gewohnheiten zu tun, daher ist das erste Kapitel, in dem es darum geht, sich schlechte Angewohnheiten abzugewöhnen, die Voraussetzung für die anderen. Hier sind die Hauptthemen, um die es in diesem Kapitel immer wieder gehen wird:

1. *Beschließen Sie definitiv, sich zu ändern.*
2. *Gehen Sie systematisch vor.*
3. *Beschäftigen Sie sich auch mit anderen Problemen.* Wenn Ihre schlechten Angewohnheiten dazu führen, daß Sie sich (vorübergehend) besser fühlen, verlieren Sie leicht aus den Augen, wie kurzlebig solche Gefühle sind. Es gibt längerfristige Lösungen für Probleme wie Sorgenmachen, Schüchternheit, Einsamkeit und Traurigkeit.

Die Grundstrategie

Lesen Sie zunächst das Kapitel über das Abgewöhnen, und suchen Sie sich danach aus, welches der anderen Kapitel Sie bearbeiten wollen. Lesen Sie das betreffende Kapitel zunächst einmal ganz, fangen Sie dann noch einmal von vorne an und beginnen Sie, Schritte zu unternehmen (STEPs).

S: Suchen Sie sich eine Anregung aus, und finden Sie heraus, wie sie sich auf Ihre Situation anwenden läßt.

T: Testen Sie diese Anregung.

E: Versuchen Sie, einzuschätzen, wie es funktioniert (machen Sie sich täglich Notizen).

P: Probieren Sie beharrlich weiter, bis es Ihnen bessergeht.

Finden Sie Ihr eigenes Tempo, hetzen Sie sich nicht. Richtig ist das Tempo, das für Sie stimmig ist und funktioniert. Kaufen Sie sich ein Notizbuch, um den Überblick zu behalten.

Sollten Sie Teil II dieses Buchs *(Die sieben Grundfertigkeiten)* noch nicht gelesen haben, dann tun Sie es jetzt. Einige dieser Fertigkeiten werden Ihnen beim Umgang mit physischen Schwierigkeiten helfen – vorausgesetzt, Sie vermeiden es, an zu vielen Dingen gleichzeitig zu arbeiten.

23. Mit Gewohnheiten brechen und sich das Rauchen abgewöhnen

Unter Gewohnheiten (»habits«) sind automatische, routinemäßige Verhaltenstendenzen zu verstehen, die regelmäßig, ohne darüber nachzudenken, wiederholt werden und meistens sehr nützlich sind. Ohne sie wären unsere Handlungen weitaus weniger effizient. Wenn Sie jede einzelne Handlung jedesmal bewußt dirigieren und kontrollieren müßten, wenn Sie sich zum Beispiel morgens anziehen oder Auto fahren, dann wäre das immer so anstrengend wie damals, als Sie diese Tätigkeiten erstmals auszuführen lernten. Für die meisten komplexen Fertigkeiten – zum Beispiel Schreiben oder ein Instrument spielen – müssen gut ausgebildete gewohnheitsmäßige Reaktionen entwickelt werden. Wenn Sie sich erst einmal darauf verlassen können, daß Ihre Finger die Melodie spielen, können Sie Ihre Aufmerksamkeit wichtigeren Dingen zuwenden, zum Beispiel den Anweisungen des Dirigenten und den Tönen, die vom übrigen Orchester kommen. Je mehr Sie automatisch tun können, desto mehr Aufmerksamkeit haben Sie für wichtigere und interessantere Dinge zur Verfügung. Gewohnheiten sind also von großem Nutzen für Sie. Die meisten von uns entwickeln aber auch *schlechte* Angewohnheiten – Gewohnheiten, die schädlich oder unangenehm sein können, wie zum Beispiel Kratzen oder Nägelkauen; Gewohnheiten, die andere Menschen verärgern, zum Beispiel Kritisieren oder Herumnörgeln, oder Gewohnheiten, die Dinge vereiteln, die wir eigentlich tun wollen, zum Beispiel dadurch, daß wir Dinge verlieren. Sinn und Zweck dieses Kapitels ist es, zu erläutern, wie Sie mit Gewohnheiten brechen können, die Sie loswerden wollen.

Verschiedene Gewohnheiten

Es gibt viele verschiedene Arten von Gewohnheiten, die Sie sich vielleicht abgewöhnen oder die Sie ändern wollen.

Sogenannte »schlechte« Angewohnheiten

Dazu gehören schlechte Angewohnheiten im Bereich des Körperlichen, wie Nägelkauen, Daumenlutschen, Haare ausreißen oder ausziehen, kratzen und so weiter, die dem Menschen, der sie hat, Schaden zufügen können. Ebenfalls dazu zählen schlechte Angewohnheiten im zwischenmenschlichen Umgang, im sozialen und emotionalen Bereich: unterbrechen; essen, um sich zu »trösten«; die Schuhe ausziehen und liegenlassen, so daß andere darüber stolpern; die Wünsche von Kindern ablehnen, ohne darüber nachzudenken; bei Kritik weinen; zuerst angreifen, um nicht angegriffen zu werden. Solche gewohnheitsmäßigen Verhaltensweisen können Ihre zwischenmenschlichen Beziehungen zerstören.

Routinemäßiges Verhalten im Alltag

Legen Sie Ihre Kleider auf einen Stuhl, wenn Sie sie ausziehen? Oder landen sie auf dem Fußboden und bleiben da liegen? Auf welche Weise stellen Sie sicher, daß Sie Ihre Schlüssel nicht verlieren? Jeder Mensch verrichtet alltägliche Routineangelegenheiten auf eine bestimmte Art und Weise, wobei es aber nicht immer so ist, daß dieses routinemäßige Verhalten gut funktioniert. Vielleicht möchten Sie ja einige solcher routinemäßigen Verhaltensweisen durch andere, hilfreichere oder weniger ärgerliche ersetzen.

Charakteristika

Viele Aspekte dessen, was wir für wesensmäßige Charakteristika eines Menschen halten, sind routinemäßige Verhaltensweisen oder Angewohnheiten – Unordentlichkeit zum Beispiel oder der Griff nach der Keksdose, wenn Sie verletzt oder verärgert sind. Andere Menschen greifen statt dessen möglicherweise zum Telefonhörer oder zu einer Packung Tempos. »Charakteristische Gewohnheiten« können Sie sich genau auf die gleiche Art und Weise abgewöhnen wie andere Gewohnheiten.

Rollenverteilung

Menschen, die eng zusammenleben, teilen normalerweise Verantwortlichkeiten so untereinander auf, wie es für sie angenehm ist – und dann entwickeln sie Gewohnheiten, die diesen Verantwortlichkeiten entsprechen. Solche Gewohnheiten können allerdings zur Verärgerung Anlaß geben. Wenn zum Beispiel eine Person die alleinige Verantwortung für das Sauberhalten der Küche übernimmt, kann es passieren, daß die anderen sich angewöhnen, in der Küche sehr unordentlich zu sein. Oder Gewohnheiten können sich in die Quere kommen. Eine Person benutzt vielleicht den Notizblock neben dem Telefon, um Einkaufszettel zu schreiben, während eine andere die Einkaufsliste vollkritzelt und unleserlich macht. Wenn sich Gewohnheiten so überkreuzen, ist das trivial, sogar witzig, mit der Zeit kann es sich aber verheerend auf eine Beziehung auswirken.

Sucht

Manche Gewohnheiten machen süchtig – zum Beispiel das Rauchen (vgl. dieses Kapitel), übermäßiger Alkoholkonsum (vgl. Kapitel 26) und das Abhängigwerden von Beruhigungsmitteln (Kapitel 27) oder gefährlichen Drogen. Die Anregungen im ersten Teil dieses Kapitels sind auch dann von Nutzen, wenn Sie versuchen, sich von einer Sucht zu befreien.

Wie Sie sich etwas abgewöhnen können

Wir erlernen unsere Gewohnheiten, also können wir sie auch wieder verlernen. Das Entscheidende an Gewohnheiten ist, daß wir sie so gut gelernt haben, daß wir tatkräftig vorgehen müssen, um mit ihnen zu brechen. Genau wie ein Fluß sich immer tiefer in den Fels gräbt, so führt die wiederholte Ausführung unserer Gewohnheiten dazu, daß sie sich immer mehr festsetzen. Wenn ein Fluß vorübergehend umgeleitet wird in einen flachen Kanal, dann kehrt er bereitwillig wieder in sein altes Bett zurück. Wenn er aber immer wieder umgeleitet wird, findet er einen neuen Lauf und fließt mit der Zeit ganz von selbst so. Mit Gewohnheiten ist es genauso. Jedesmal, wenn Sie in eine alte Gewohnheit verfallen, wird sie verstärkt; jedesmal, wenn Sie die alte Gewohnheit zugunsten einer neuen Verhaltensweise aufgeben, wird die alte Gewohnheit geschwächt und die neue Verhaltensweise gestärkt. Sie können sich dadurch etwas abgewöhnen, daß Sie die gewohnten Verhaltensweisen durch die erwünschten ersetzen. Wenn Sie das wiederholt tun, schaffen Sie neue Kanäle für Ihr Verhalten, und irgendwann handeln Sie automatisch auf die neue Art und Weise.

Lassen Sie sich nicht dazu verführen, zu denken, daß es leicht sei, mit einer Gewohnheit zu brechen. Sie können es schaffen, aber dazu müssen Sie es sorgfältig strukturiert, Schritt für Schritt angehen, und Sie müssen ausdauernd sein. Wenn Sie mit dem Zug von London nach Oxford reisen, müssen Sie über Didcot und Reading fahren. Um mit Ihren Gewohnheiten zu brechen, müssen Sie jeden der nachfolgenden Schritte gehen; wenn Sie Schritte auslassen, kann es sein, daß Sie Ihr Ziel nicht erreichen.

Warum wollen Sie mit dieser Gewohnheit brechen?

Sie werden sich nur dann etwas abgewöhnen können, wenn Sie wirklich motiviert sind, das heißt, Sie müssen sich darüber völlig im klaren sein, ob Sie sich wirklich verändern wollen. Sie brauchen die Motivation nicht nur dafür, mit der Gewohnheit zu brechen, sondern auch um durchzuhalten. Denken Sie sorgfältig über die nachfolgenden Fragen nach, und entscheiden Sie sich: Wollen Sie wirklich die Anstrengung auf sich nehmen, die damit verbunden ist, sich etwas abzugewöhnen? Was haben Sie zu gewinnen?

1. Schadet mir die Gewohnheit? Ist es wahrscheinlich, daß ich mich verletze, wenn ich so weitermache – zum Beispiel, indem ich mich blutig kratze oder meine Nägel bis aufs Fleisch abkaue?

2. Ist die Gewohnheit für mich oder für andere gefährlich? Vergesse ich zum Beispiel, das Bügeleisen herauszuziehen oder den Herd auszuschalten, rauche ich im Bett, oder benutze ich beim Autofahren den Rückspiegel nicht?

3. Ist die Gewohnheit mir peinlich, ärgert sie mich oder regt sie mich auf? Schniefe ich zum Beispiel, oder sauge ich an den Zähnen; reiße

ich mir Haar büschelweise aus; weine ich leicht, oder bin ich aufbrausend; rede ich mit vollem Mund?

4. Ist die Gewohnheit mein Problem oder das Problem von jemand anderem? Ist sie ein Problem hinsichtlich meines Zusammenlebens mit anderen Menschen, privat oder beruflich? Falls einer dieser Punkte zutrifft, ist es vielleicht eine Hilfe, mehr über Verhandlungsstrategien zu erfahren (vgl. Kapitel 15).

5. Was sind die schlimmstmöglichen Konsequenzen, wenn ich diese Gewohnheit beibehalte?

6. Was sind die wichtigsten Vorteile, wenn ich mit der Gewohnheit breche?

Sechs Schritte, um sich etwas abzugewöhnen

1. Schritt:	Beschließen, daß Sie sich ändern wollen.
2. Schritt:	Aufmerksamkeitstraining machen.
3. Schritt:	Strategien ausdenken, die helfen, mit der Gewohnheit zu brechen.
4. Schritt:	Die Gewohnheit durch ein alternatives Verhalten ersetzen.
5. Schritt:	Ausdauer zeigen, indem Sie konsequent bleiben und den Fortschritt im Auge behalten.
6. Schritt:	Lernen, mit Fehltritten umzugehen.

---

1. Schritt: Beschließen, daß Sie sich ändern wollen

Der häufigste Grund dafür, daß es nicht gelingt, sich etwas abzugewöhnen, ist, daß die Sache halbherzig angegangen wird. Sie müssen sicher sein, daß Sie sich ändern wollen. *Denken Sie, um Ihren Entschluß zu festigen, über die Nachteile der Gewohnheit nach,* und überlegen Sie sich, welche Vorteile es hat, sie sich abzugewöhnen.

Führen Sie sich die Gewohnheit ganz klar vor Augen, und fragen Sie sich dann: »Was ist daran schlecht?« Was sind die Nachteile, sowohl die, die sofort auftreten (der Schmerz, daß die Finger bluten), als auch die, die sich erst auf einen längeren Zeitraum gesehen auswirken (daß Sie zum Beispiel Ihre Stelle als Friseur/Friseurin verlieren). Oder stellen Sie sich vor, jemand anderes täte das, was Sie tun (klagen; kichern), und überlegen Sie sich, welche Nachteile das für diese Person haben könnte. Hat es für Sie dieselben Nachteile? Was kann es schlimmstenfalls für Folgen haben, wenn Sie die Gewohnheit nicht aufgeben? Malen Sie sich diese Folgen detailliert aus und sehen Sie ihnen fest ins Auge. Und schließlich fragen Sie sich noch: »Warum sollte ich mir vornehmen, damit Schluß zu machen?« *Listen Sie alle Gründe auf, warum Sie diese Gewohnheit aufgeben sollten,* und plazieren Sie diese Liste so, daß Sie sie oft lesen können (verwenden Sie sie als Buchzeichen, stecken Sie sie in Ihre Brieftasche oder in die Handtasche). Vielleicht ist es gut, ein Foto zu machen (falls die Auswirkungen der Gewohnheit sichtbar sind), um sich selbst die Gründe vor Augen zu führen, warum Sie mit dieser Gewohnheit brechen wollen.

Wir haben uns sehr ausführlich damit beschäftigt, daß es wichtig ist, sich darüber klarzuwerden, warum Sie sich etwas abgewöhnen wollen, weil das *der entscheidende Schritt* ist. Ohne ihn werden Sie scheitern. Schon dieser Schritt allein kann ausreichen, um sich das abzugewöhnen, was Sie sich abgewöhnen wollen. Gary suchte die Klinik auf, weil er in die Gewohnheit verfallen war, alles, was er tat, zu überprüfen. Kaum hatte er morgens das Haus verlassen, ging er wieder zurück, um zu überprüfen, ob er den Herd ausgeschaltet hatte. Kaum war er an seiner Arbeitsstelle angekommen, ging er noch einmal zum Auto zurück, um zu schauen, ob er es abgeschlossen hatte. Er begann, Obsessionen zu entwickeln, und sein Hausarzt überwies ihn sofort an einen Spezialisten. Wir baten ihn, die sechs Fragen zu beantworten, die wir oben gestellt haben, und eine klare Entscheidung zu treffen. Weitere Hilfe war für ihn nicht nötig. Es genügte ihm, sich darüber klarzuwerden, daß er sich nicht zum Sklaven der dauernden Überprüferei machen wollte. Er erstickte seine schlechte Angewohnheit also bereits im Keim.

2. Schritt: Aufmerksamkeitstraining machen

Da die Gewohnheit automatisiert ist, merken Sie vielleicht nicht, wann Sie entsprechend handeln oder was Sie überhaupt genau tun, Sie müssen sich also zuerst dessen bewußt werden, um damit aufhören zu können. Sollte das bei Ihnen der Fall sein, müssen Sie als nächsten Schritt die Gewohnheit untersuchen. Dazu müssen Sie zweierlei tun: sie zuerst *beschreiben;* und sie dann *überwachen.*

Die Gewohnheit beschreiben. Sie müssen die Einzelheiten kennen, von der ersten Bewegung bis zur letzten. Sollten Sie Nägel kauen, dann finden Sie heraus, ob alle Nägel davon betroffen sind und ob Sie auch auf den Fingern herumkauen. Warum bewegen Sie die Hände zum Mund? Welche Zähne benutzen Sie? Was passiert mit dem, was Sie abkauen? Auf welcher Seite des Nagels fangen Sie an? In diesem Stadium kann es gut sein, jemanden um Hilfe zu bitten.

Die Gewohnheit überwachen. Die einzige effektive Methode, eine Gewohnheit zu überwachen, ist, Buch zu führen. Auf der folgenden Seite finden Sie ein Beispiel für einen Selbstüberwachungsbogen. Die genaue Form der Protokollführung hängt von Ihnen und Ihrer Gewohnheit ab. Beantworten Sie auf Ihrem Überwachungsbogen *drei* Fragen:

1. *Wie oft* manifestiert sich die Gewohnheit in einem bestimmten Zeitraum, zum Beispiel in einer Woche, einem Tag oder einer Stunde? Wenn Sie Ihren Überwachungsbogen nicht immer dabeihaben können, dann verwenden Sie zum Zählen eine Tabelle, wie es sie fürs Stricken oder Golfspielen gibt, oder stecken Sie kleine Gegenstände (zum Beispiel Büroklammern) von einer (Jacken-)Tasche in die andere.
2. *Wann* manifestiert sich die Gewohnheit? Notieren Sie die Tageszeit auf Ihrem Protokollzettel.
3. *Was* passiert gerade, wenn Sie damit anfangen, und *wo* sind Sie zu dem Zeitpunkt? Reißen Sie sich zum Beispiel geistesabwesend Haare aus, während Sie telefonieren, oder tun Sie es nur an Ihrem Arbeitsplatz? Kritisieren Sie andere Menschen, wenn Sie sich angegriffen fühlen? Oder weinen Sie, sobald Sie sich unterschätzt vorkommen? Die Situationen, in denen Sie dazu neigen, in eine Gewohnheit zu verfallen, werden Rahmenbedingungen (»setting conditions«) genannt.

Untersuchen Sie das Protokoll Ihrer Gewohnheiten. Selbstüberwachung, beziehungsweise das Führen eines Gewohnheitsprotokolls, hilft Ihnen dabei, relevante Muster und Einflüsse aufzuspüren. Schau-

Protokoll zum Nägelkauen			
Wann?	*Wie oft?*	*Situation*	*Gefühle*
12. August			
7.30 Uhr	3	Warten, daß Wasser kocht	Keine – müde?
8.45 Uhr	1	Verkehrsstau	Besorgt, zu spät dran, auch wütend auf mich selbst
10.30 Uhr	2	Kaffeepause, allein	Langeweile
14.15 Uhr	5 oder 6	Auf Chefin warten	Angst, daß sie Zuspätkommen bemerkt hat
16.25 Uhr	1	Neue Aufgabe gezeigt bekommen	Interessiert; sehr konzentrieren müssen
18.00 Uhr	5	Fernsehen	Kaum welche
21.00 bis 23.00 Uhr	12	Kneipe; Jeff getroffen	Verlegen; mir fiel nichts zu sagen ein
Anmerkung: Vielleicht öfter. Habe es vielleicht nicht jedesmal gemerkt.			

en Sie sich Ihr Protokoll daher nach etwa einer Woche genau an, und stellen Sie fest, wie oft Sie in die Gewohnheit verfallen sind, zu welchem Zeitpunkt und in welchen Situationen. Wann ist die Gefahr am größten? Wodurch wird die Gewohnheit ausgelöst? Vielleicht stellen Sie fest, daß es nach dem Essen passiert oder wenn Sie gelangweilt sind, verlegen oder aufgeregt. Möglicherweise ist es bei Ihnen ein Zeichen für Streß (vgl. Kapitel 11) oder Erschöpfung.

Eine Warnung. Durch Selbstüberwachung verändert sich oft die Gewohnheit, die Sie zu protokollieren versuchen. Das liegt vor allem daran, daß Sie sich einer Sache zunehmend bewußt werden, die Sie vorher unbewußt getan haben, wodurch Sie die Chance bekommen, innezuhalten, bevor sie in Gang kommt. Ist das der Fall, dann müssen Sie berücksichtigen, daß Ihr Protokoll verschleiern wird, wie ausgeprägt die Gewohnheit tatsächlich ist. Lassen Sie sich nicht dazu verführen, dann aufzuhören: wenn Sie das tun, vergessen Sie nämlich sofort wieder alles, was mit der Gewohnheit zu tun hat, und sie wird sich wieder einstellen, weil sie eben automatisiert ist.

Beispiel für ein Selbstüberwachungsprotokoll zum Nägelkauen. Die Person mit dieser Angewohnheit verwendete die Form einer knappen Tagebuchaufzeichnung, um sich alles ins Gedächtnis zu rufen, was ihrer Meinung nach relevant sein könnte. Sie protokollierte nicht, wie lange sie jedesmal Nägel kaute, weil sie entweder sofort aufhörte, wenn sie es merkte, oder nicht wußte, wann sie damit angefangen hatte, also nur hätte raten können.

3. Schritt: Strategien ausdenken, um mit der Gewohnheit zu brechen

Jetzt sind Sie so weit, daß Sie den 1. und 2. Schritt anwenden können, um mit der Gewohnheit zu brechen.

Bereiten Sie sich vor. Um das zu leisten, was Sie sich vorgenommen haben, werden Sie sich immer wieder daran erinnern müssen, warum Sie mit der Gewohnheit brechen wollen (1. Schritt). Schreiben Sie die Gründe auf, so daß Sie sie jeden Tag mindestens einmal durchlesen können – notfalls öfter.

Entwickeln Sie ein Frühwarnsystem. Lernen Sie, dann auf der Hut zu sein, wenn es am wahrscheinlichsten ist, daß Sie in die Gewohnheit verfallen, um sie noch vor der Ausführung unterbinden zu können. Sie können sich in diesen Situationen dann besonders Mühe geben. Die »Warnlichter« sollten angehen, sobald Sie sich in Situationen befinden, in denen die Gewohnheit normalerweise auftritt (wenn die *Rahmenbedingungen* gegeben sind); wenn Sie sich dabei erwischen, daß Sie den Anfang eines gewohnheitsmäßigen Verhaltens ausführen, dann denken Sie darüber nach, was Sie im Begriff sind, zu tun. Nehmen wir einmal an, Sie neigen dazu, sich Haare mit der linken Hand auszureißen, während Sie telefonieren. Ihre Alarmglocken sollten sowohl dann läuten, wenn Sie telefonieren, als auch, wenn Sie die linke Hand zum Kopf führen. Falls Sie immer laut werden und zu schreien anfangen, wenn Ihre Vorstellungen in Frage gestellt werden, sollten Sie auf der Hut sein, sobald Sie es mit einer potentiellen Zweiflerin, einem potentiellen Zweifler zu tun haben.

Entwickeln Sie eine STOP-Strategie. Wenn Sie sich dabei ertappen, daß Sie in die Gewohnheit verfallen sind, ist es immer noch nicht zu spät, etwas zu unternehmen. Hören Sie sofort damit auf. Sie können »STOP« zu sich sagen, zuerst laut, später können Sie es vor sich hin murmeln. Oder schreiben Sie »STOP« in farbigen Großbuchstaben auf eine Karte, die Sie sich anschauen können, oder stellen Sie sich vor, daß vor Ihnen eine Schranke herunterginge, auf der »STOP« steht. Für manche Menschen ist eine »Stop-Routine« hilfreich. Dazu kann gehören: daß Sie sich die Liste mit Gründen für das Abgewöhnen ansehen; oder daß Sie das gewohnheitsmäßige Verhalten durch einen Schreck unterbrechen, indem Sie immer ein Gummiband *locker* ums Handgelenk tragen und es fest schnalzen lassen, sobald Sie sich ertappen, wie Sie in die Gewohnheit verfallen.

Bitten Sie um Unterstützung. Wenn Sie versuchen, sich etwas abzugewöhnen, können andere Menschen eine große Hilfe sein. Sie können Ihnen helfen, zu merken, wann das automatisierte Verhalten sich wieder einstellt, und sie können Ihnen Mut machen, wenn es Sie hart ankommt. Es kann Ihnen helfen, durchzuhalten, wenn Sie den Überwachungsbogen jemandem zeigen können. Natürlich ist es keine Hilfe, wenn jemand an Ihnen herumnörgelt, daher sollten Sie den Menschen, deren Unterstützung Sie wünschen, genau sagen, was sie sinnvollerweise tun können, Sie können sie auch bitten, dieses Kapitel zu lesen.

Überwachen Sie. Füllen Sie weiterhin Ihren Überwachungsbogen aus, um Protokoll darüber zu führen, wie oft sich das automatisierte Verhalten manifestiert.

Belohnen Sie sich bei Erfolg. Setzen Sie sich Ziele für die Reduzierung des gewohnheitsmäßigen Verhaltens, und belohnen Sie sich, wenn Sie diese Ziele erreichen. Wenn Sie es jedesmal mit einem anderen Menschen feiern, sobald Sie einen Zielpunkt erreicht haben, so kann das ein besonders guter Ansporn sein (vgl. Kapitel 7).

Eine zweite Warnung. Manchmal scheint es mit einer Gewohnheit, die Sie sich abzugewöhnen versuchen, zuerst schlimmer zu werden, bevor sie dann zurückgeht. Das kann daran liegen, daß Sie dadurch, daß Sie sich einer sonst automatisierten Verhaltensweise bewußt zu werden versuchen, immer an sie erinnert werden. Oder es kann sein, daß Sie wegen der Anstrengung, die damit verbunden ist, sich etwas abzugewöhnen, angespannt sind, und die Gewohnheit gerade durch Anspannung ausgelöst wird. Dieses Stadium geht normalerweise schnell vorbei, lassen Sie sich daher nicht entmutigen, und geben Sie nicht auf.

4. Schritt: Die Gewohnheit
durch alternatives Verhalten ersetzen

Die meisten Menschen verspüren einen Drang, wenn Sie versuchen, sich etwas abzugewöhnen, dem schwer zu widerstehen ist, wenn Sie keine Ersatzhandlung finden, die möglichst dieselben Körperteile beschäftigen sollte – sogar dieselben Muskeln. Falls die Gewohnheit mit Ihren Händen zu tun hat, Sie sich also zum Beispiel Haare ausreißen, versuchen Sie, die Hände anders zu beschäftigen. Vielleicht ist es am besten, mit irgendeinem Gegenstand herumzuspielen, Knetmasse kann dafür auch in Frage kommen. Oder Sie könnten einige Minuten die Fäuste ballen. Menschen, die sich Haare ausreißen, könnten statt dessen zum Kamm greifen oder Handschuhe anziehen. Die Angewohnheit, sich zu kratzen, kann dadurch ersetzt werden, daß Sie eine Creme auftragen oder leicht mit der Handfläche klopfen. Statt Nägel zu kauen, können Sie eine Handcreme auftragen oder sich die Nägel maniküren.

Einer 35jährigen Frau, die die Angewohnheit hatte, sich die Augen so lange mit dem Handballen zu reiben, bis sie wund und oft auch entzündet waren, half es, Make-up aufzutragen, wenn sie in Versuchung war, zu reiben.

Wird die Gewohnheit durch unangenehme Gefühle ausgelöst, also zum Beispiel durch Anspannung, Besorgnis oder Langeweile, ist es eventuell notwendig, diese Gefühle anzugehen. Warum fühlen Sie sich angespannt, besorgt oder gelangweilt? Was könnten Sie unternehmen, damit es Ihnen wieder bessergeht? (Vgl. Kapitel 16.)

Unordentlichkeit rücken Sie am besten dadurch zu Leibe, daß Sie damit beginnen, sich »Ordnung anzugewöhnen«. Relativ simple Maßnahmen, zum Beispiel der Kauf von Kleiderbügeln, um Ihre Hemden aufzuhängen, oder das Anlegen eines Ordners für Ihre Kontoauszüge, können den ganzen Ärger, den es macht, wenn Sie diese Dinge nie finden, erheblich verringern. So eine alternative Verhaltensweise steht dann im Zentrum Ihrer Selbstüberwachung, das heißt, Sie achten darauf, daß Sie sie regelmäßig ausführen.

Sie können dadurch, daß Sie die Fähigkeit zuzuhören besser ausbilden, damit aufhören, andere Menschen zu unterbrechen. Viele der Angewohnheiten, die zwischenmenschliche Beziehungen betreffen (streiten, Ausflüchte machen, schwindeln), können dadurch geändert werden, daß Sie lernen, sich selbst und anderen gegenüber fair zu sein (Kapitel 13), und daß Sie Verhandlungsstrategien entwickeln.

5. Schritt: Ausdauer zeigen, indem Sie konsequent bleiben und den Fortschritt im Auge behalten

Wenn Sie daran arbeiten, sich etwas abzugewöhnen, ist Konsequenz sehr wichtig. Strengen Sie sich eine Woche sehr an und gönnen Sie sich dafür nächste Woche eine Pause, so ändert sich überhaupt nichts, ein solches Verhalten könnte destruktiv sein. Sie könnten zum Beispiel an einem Nagel kauen und sich danach sofort besser fühlen, da der Drang nachgelassen hat. Wenn Sie daraus schließen würden, daß es ja nicht schlimm ist, nur ein Mal kurz an den Nägeln zu kauen, wäre das der »Anfang vom Ende«. Ein Mal zieht das zweite Mal nach sich, und bevor Sie es recht mitbekommen haben, ist die Gewohnheit wieder in alter Frische gegenwärtig.

Um konsequent zu sein, müssen Sie Ausdauer beweisen. Es ist nicht leicht, sich etwas abzugewöhnen. Es wird Zeiten geben, in denen Sie es ganz aufstecken wollen, und Zeiten, in denen Sie entmutigt sind, obwohl Sie sich gerade sehr anstrengen. Sie können es auch satt bekommen, es zu versuchen. Sie haben sich enorm angestrengt, ordentlicher zu sein, aber es sieht bei Ihnen immer noch unordentlich aus, und Sie verlieren immer noch alles mögliche. Dann ist es an der Zeit, darüber nachzudenken, welche *Vorteile es hat, wenn Sie mit dieser Gewohnheit aufhören* (im Gegensatz dazu, welche Nachteile es hat, wenn Sie so weitermachen). Führen Sie die Liste, die Sie vorher angefertigt haben, immer mit sich, und lesen Sie sie regelmäßig durch. Überlegen Sie, was Sie bis jetzt erreicht haben, selbst wenn es Ihnen lächerlich wenig zu sein scheint.

Stellen Sie in diesem Stadium sicher, daß Sie sich für Ihre Mühen belohnen. Belohnungen sind eine bessere Hilfe als Strafen. Zuckerbrot ist besser als die Peitsche, und Sie verdienen es, für Ihre Fortschritte bei der Aufgabe dieser Gewohnheiten (vgl. Kapitel 7) belohnt zu werden.

Und außerdem müssen Sie unbedingt weiter über Ihre Gewohnheit Protokoll führen. Notieren Sie es jedesmal so rasch wie möglich, wenn Sie sich »auf frischer Tat« ertappen. Wenn die Gewohnheit erst einmal am Nachlassen ist, kann es hilfreich sein, darüber Protokoll zu führen, wann Sie den Drang verspüren, wieder in sie zu verfallen, und die Stärke dieses Drangs zu kennzeichnen. Finden Sie eine einfache Form für Ihr Protokoll, und füllen Sie es täglich zur selben Zeit aus. Blicken Sie am Ende einer Woche auf die sieben Tage zurück, und stellen Sie fest, wie Sie sich ändern.

6. Schritt: Lernen, mit Fehltritten umzugehen

Das Problem an Gewohnheiten ist, daß sie automatisch ablaufen, was beinhaltet, daß sie leicht wiederkommen können, wenn Sie noch nicht vollständig mit ihnen gebrochen haben. Es kann entmutigend sein, Fortschritte beim Abgewöhnen gemacht zu haben, und dann feststellen zu müssen, daß die Gewohnheit wieder da ist, womöglich so massiv wie eh und je. Sie werden dann leicht meinen, Sie seien wieder da, wo Sie angefangen haben, selbst wenn das gar nicht der Fall ist. Wenn Sie einmal Fortschritte gemacht haben, können Sie wieder Fortschritte machen, und das zweite Mal ist es leichter, weil Sie den Weg schon einmal beschritten haben. Es hilft, zu überlegen, warum es zu dem Rückfall gekommen ist, dann können Sie nämlich daraus lernen; am allerwichtigsten ist aber, daß Sie die Schritte wiederholen, die vorher schon einmal dazu beigetragen haben, das gewohnheitsmäßige Verhalten abzubauen. Der Schlüssel zum Erfolg besteht darin, den gegenwärtigen Rückschlag als einen *Fehltritt,* nicht als einen *Rückfall* zu begreifen. Der Fehltritt ist so, wie wenn Sie vom Fahrrad fallen: wenn Sie wieder aufstehen und sich den Staub abklopfen, können Sie gleich wieder weiterfahren.

Wie Sie sich das Rauchen abgewöhnen können

Rauchen ist sowohl eine Gewohnheit als auch eine Sucht, die Gewohnheit ist es, der schwerer beizukommen ist. Die Methoden, um sich das Rauchen abzugewöhnen, entsprechen denen, um sich andere Gewohnheiten abzugewöhnen; und die Voraussetzung für das Abgewöhnen ist Motivation. *Wenn Sie wirklich aufhören wollen, dann können Sie es auch.* Die meisten Menschen, bei denen Lungenkrebs diagnostiziert wird, hören sofort mit dem Rauchen auf, ganz egal, wie stark sie vorher geraucht haben. Sie hören einfach deswegen auf, weil sie hochmotiviert sind. Es ist sehr schade, daß sie nicht schon früher so hochmotiviert waren.

Die wichtigsten Fakten zum Thema Rauchen

Warum mit dem Rauchen aufhören?
Die Gründe dafür, sich das Rauchen abzugewöhnen, sind, in zwei Worten, *Gesundheit* und *Finanzen.* Es besteht eine engere Verbindung zwischen Rauchen und ernsthafter Erkrankung als zwischen allen anderen umweltbedingten Ursachen und Erkrankungen, und Lungenkrebs ist nicht die Haupttodesursache. Wenn Sie 20 oder mehr Zigaretten am Tag rauchen, ist die Wahrscheinlichkeit, daß Sie einen Schlaganfall haben werden, fünfmal größer, als wenn Sie nicht rauchen, und die, daß Sie einen Herzinfarkt bekommen, ist dreimal größer. Das kommt daher, daß Rauchen das Auftreten von Arteriosklerose begünstigt – die Verengung der Arterien. Diese Verengung führt zu Durchblutungsstörungen. Durchblutungsstörungen im Gehirn können zu einem Schlaganfall führen;

Durchblutungsstörungen im Herzmuskel können zu Herzinfarkt führen. Schauen Sie sich die Liste der schweren Erkrankungen im folgenden Kasten an, die eng mit dem Rauchen in Zusammenhang gebracht werden.

**Schwere gesundheitliche Probleme,
die durch Rauchen verursacht werden**

– Schlaganfall
– Herzinfarkt
– Schwere chronische Bronchitis
– Kreislaufstörungen, die zu Beinamputation führen
– Lungenkrebs
– Magenkrebs
– Gebärmutterhalskrebs
– Fehlgeburten
– Untergewicht bei Neugeborenen
– Nebenwirkungen des Rauchens auf Ihre Kinder:
   Zunahme von Atemproblemen – zum Beispiel in Form von Asthma, Pneumonie, Bronchitis – und Zunahme der Kindersterblichkeit.

Bei Menschen, die häufig Pfeife oder viele Zigaretten rauchen, ist die Wahrscheinlichkeit, daß sie in mittleren Jahren sterben, doppelt so groß wie bei Nichtraucherinnen und -rauchern. Grob gesagt ist die Wahrscheinlichkeit zu sterben bei einer starken Raucherin, einem starken Raucher genauso groß wie bei einem zehn Jahre älteren nicht rauchenden Menschen.

All diese Gefahren und Risiken des Rauchens stehen im Verhältnis dazu, wie stark Sie rauchen. Je mehr, desto schlimmer, wobei jedoch gilt, daß Rauchen immer schädlich ist, unabhängig davon, wieviel Sie rauchen, und daß auch sogenannte leichte Zigaretten mit niedrigem Teergehalt gesundheitsschädlich sind – es gibt keine Zigaretten, die gesund sind. Diese Probleme nehmen alle ab, wenn Sie erst einmal mit dem Rauchen aufgehört haben, und zwar dramatisch. Das Risiko eines Herzinfarkts ist zum Beispiel ein Jahr, nachdem Sie mit dem Rauchen aufgehört haben, nur noch halb so groß, nach fünf Jahren ist es fast so, als wenn Sie nie geraucht hätten.

Welche Vorteile es hat, sich das Rauchen abzugewöhnen

Es ist eine Hilfe, die Frage umzudrehen und sich nicht nur darauf zu konzentrieren, welche Gefahren das Weiterrauchen hat, sondern darauf, welche Vorteile es mit sich bringt, wenn Sie mit dem Rauchen aufhören. Die Hauptvorteile sind im nachfolgenden Kasten aufgezählt. Denken Sie darüber nach, wie diese Vorteile Ihr Leben in speziellen Bereichen beeinflussen werden. Wenn Sie das Rauchen aufgeben, leben Sie gesünder, und zwar nicht nur in dem Sinn, daß Sie Ihre Lebenserwartung vergrößern und das Risiko einer ernsten Erkrankung sich verringert, sondern Sie steigern damit auch Ihr alltägliches Wohlergehen und Ihre Fitneß: Sie haben mehr Energie und können effizienter arbeiten. Rechnen Sie einmal aus, wieviel Geld Sie pro Jahr sparen würden, wenn Sie mit dem Rauchen aufhörten. Was könnten Sie mit dem Geld machen?

Vorteile davon, mit dem Rauchen aufzuhören

– Längeres Leben
– Bessere körperliche Fitneß
– Bessere Haut (weniger Falten)
– Besseres Aussehen (keine Nikotinflecken)
– Besserer Geruch für andere
– Besserer Geschmackssinn
– Mehr Geld

Hat es Nachteile, sich das Rauchen abzugewöhnen?

Nicht wirklich, außer daß es unmittelbar nach dem Aufhören unangenehm ist. Manche Menschen machen sich Sorgen, daß sie zunehmen könnten, wenn sie aufhören, weil es ihnen früher schon einmal so ergangen ist, als sie das Rauchen aufgeben wollten. Die häufigste Ursache für eine Gewichtszunahme ist, daß Sie die Zigaretten durch Nahrungsmittel mit viel Kalorien ersetzen, also zum Beispiel durch Kleinigkeiten zwischendurch, Kartoffelchips und Süßigkeiten. Ganz egal, welche Gründe die Gewichtszunahme hat, es läßt sich leicht damit fertig werden: zunächst einmal dadurch, daß Sie sich vernünftig ernähren und mehr Obst und Gemüse zu sich nehmen; und zweitens dadurch, daß Sie sich mehr bewegen (vgl. Kapitel 25). Es gibt Menschen, vor allem solche mit chronischer Bronchitis, die feststellen, daß sich ihr Brustkorb unmittelbar nach dem Aufhören »enger« anfühlt, sie schließen daraus, daß Rauchen gut für sie ist, weil es Ihnen dabei hilft, den Schleim abzuhusten. Diese Schlußfolgerung ist sehr gefährlich und falsch. Das Rauchen hat die Probleme mit den Bronchien verursacht und verursacht sie immer noch, und wenn Sie weiterrauchen, werden sich diese Probleme langsam, aber sicher weiter verschlimmern. Direkt nach dem Aufhören kann es kurzzeitig zu einer Veränderung der Art und Weise kommen, wie die Sekrete aus den Bronchien abgesondert werden; wichtig ist aber die Tatsache, daß es Ihren Bronchien *besser*gehen wird, wenn Sie das Rauchen aufgeben, und daß es Ihnen *schlechter*gehen wird, wenn Sie weiterrauchen.

Wie Sie sich das Rauchen abgewöhnen können

Acht Schritte, um sich das Rauchen abzugewöhnen
1. *Seien Sie sich darüber im klaren, warum Sie aufhören wollen.* Motivation: sie ist die unerläßliche Voraussetzung, vergewissern Sie sich daher, daß Sie sich darüber im klaren sind, warum Sie das Rauchen aufgeben wollen und welche Vorteile das haben wird. Schreiben Sie diese Vorteile auf und haben Sie diese Liste immer griffbereit.
2. *Schätzen Sie Ihr Rauchen ein (studieren Sie Ihre Gewohnheit).* Wie bei allem, was Sie sich abgewöhnen, ist es auch hier sehr hilfreich, wenn Sie eine klare Vorstellung davon haben, was genau Sie eigentlich tun. Ein »Rauchprotokoll« zeigt Ihnen nicht nur, wieviel Sie rauchen, sondern auch unter welchen Umständen, wann und mit wem. Solche Informationen sind von unschätzbarem Wert, wenn Sie versuchen, sich das Aufhören soweit wie möglich zu erleichtern. Schätzen Sie auch ein, warum Sie rauchen. Im Kasten auf der nächsten Seite werden die sieben wichtigsten Gründe dafür genannt, daß jemand raucht. Welche Gründe haben Sie? Wenn Sie erkennen, welche Gründe für Sie ausschlaggebend sind – und es kann sehr wohl mehr als einen Grund dafür geben, daß Sie rauchen –, ist es leichter für Sie, zu planen, wie Sie beim Abgewöhnen vorgehen können.

371

Einige Gründe fürs Rauchen

– Es hilft Ihnen, zu entspannen.
– Es ist ein gutes Gefühl, Zigaretten in der Hand zu haben.
– Es schmeckt gut.
– Sie bekommen dadurch Selbstvertrauen, vor allem in Gesellschaft.
– Sie denken, es erhöht Ihre Konzentrationsfähigkeit und gibt Ihnen
  Energie.
– Sie zünden sich einfach automatisch eine an.
– Sie sind süchtig und haben ohne Zigarette das Gefühl, krank zu sein.

3. *Entwickeln Sie Ihre eigene Strategie.* Sie können sofort völlig aufhören, oder Sie können reduzieren und innerhalb von etwa fünf Tagen aufhören. Es kommt nicht so sehr darauf an, welche Möglichkeit
Sie wählen, solange Sie die folgenden beiden Dinge beachten: Legen Sie exakt fest, an welchem Tag Sie aufhören werden (oder mit
dem Reduzieren anfangen werden); und halten Sie Ihren Plan ganz
genau ein. Wenn Sie sich vornehmen, innerhalb mehrerer Tage aufzuhören, ist es am besten, sich vorzunehmen, jeden Tag ein paar
Zigaretten weniger zu rauchen. Wenn Sie zum Beispiel normalerweise 20 Zigaretten am Tag rauchen, dann nehmen Sie sich vor, jeden
Tag vier weniger zu rauchen, so daß Sie am fünften Tag mit dem
Rauchen aufhören. Am leichtesten fällt Ihnen das vielleicht dann,
wenn Sie die erste Zigarette des Tages immer etwas später rauchen.

4. *Finden Sie eine Ersatzhandlung.* Schauen Sie sich Ihr Rauchprotokoll
noch einmal an und überlegen Sie, welche Situationen für Sie gefährlich sind. Wie wollen Sie die Versuchung zu rauchen in den Griff
bekommen? Wie können Sie sich das Aufhören erleichtern? Eine
wichtige Methode ist, sicherzustellen, daß keine Zigaretten in Reichweite sind. Aber es gibt noch andere Methoden. Vielleicht neigen Sie
zum Beispiel dazu, im Auto zu rauchen, in diesem Fall sollten Sie in
einer solchen Situation besonders darauf achten, daß keine Zigaretten
da sind, und Sie sollten sich eine Ersatzhandlung ausdenken (Kaugummi kauen oder Musik hören). Oder Sie neigen vielleicht dazu,
nach dem Essen zu rauchen, besonders wenn Sie auch Kaffee trinken,
in diesem Fall sollten Sie in Erwägung ziehen, auch den Kaffee weg-

zulassen, und Sie sollten sich zu diesem Zeitpunkt mit etwas anderem beschäftigen. Das Bedürfnis nach der Zigarette vergeht, wenn die Situation, in der Sie normalerweise dazu gegriffen haben, erst einmal vorbei ist und wenn Sie erst einmal die Zeit überstanden haben, in der Sie gewohnheitsmäßig eine angezündet haben.

Überlegen Sie auch, aus welchen Gründen Sie rauchen, und verwenden Sie diese Einsicht als Hilfe. Wenn Sie das Gefühl mögen, eine Zigarette im Mund zu haben, was könnten Sie statt dessen in den Mund nehmen? Am Arbeitsplatz vielleicht einen Bleistift? Eine Karotte beim Kochen oder wenn Sie auf das Essen warten? Oder eine leere Pfeife, falls Sie Pfeife rauchen? Falls Sie rauchen, um besser zu entspannen, sollten Sie sich weniger schädliche Möglichkeiten der Entspannung suchen (vgl. Kapitel 11). Falls Sie rauchen, um Selbstvertrauen zu bekommen, dann lesen Sie die Kapitel 10 und 13. Falls Rauchen Ihnen Angst nimmt, lesen Sie Kapitel 16.

5. *Bitten Sie um Hilfe.* Vergewissern Sie sich, um die Sache am Laufen zu halten, der Unterstützung von Freundinnen, Freunden und der Familie. Andere Menschen können helfen, und wenn sie nicht wissen, daß Sie mit dem Rauchen aufgehört haben, bieten sie Ihnen vielleicht Zigaretten an und führen Sie in Versuchung. Lassen Sie also wichtige Menschen wissen, daß Sie das Rauchen aufgegeben haben, und sprechen Sie über Mittel und Wege, wie sie Ihnen helfen können. Sollten Sie andere Menschen kennen, die ebenfalls mit dem Rauchen aufhören wollen, kann es für alle eine Hilfe sein, eine Gruppe zu bilden, um sich gegenseitig dabei zu helfen. Planen Sie gemeinsam und nutzen Sie die Gruppe als Möglichkeit der Rückmeldung. Manche Gruppen planen Belohnungen ein, um Erfolge zu feiern, es kann auch »Strafen« geben oder es können »Pfänder« verlangt werden, wenn weitergeraucht wird. Jedes Mitglied einer erfolgreichen Gruppe zahlt etwas in eine gemeinsame Kasse. Raucht jemand, wird die Einlage als Strafe an eine gemeinnützige Organisation überwiesen, die die betreffende Person *am wenigsten* ausstehen kann (zum Beispiel an eine politische Partei, die ihr verhaßt ist).

6. *Legen Sie ein »Glimmstengel-Sparschwein« an.* Wenn Sie mit dem Rauchen aufhören, haben Sie mehr Geld. Es passiert leicht, daß die-

ses Geld in Ihren alltäglichen Ausgaben »untergeht«. Stecken Sie das Geld, das Sie sonst für Zigaretten ausgegeben hätten, in ein »Glimmstengel-Sparschwein«, damit Sie sehen, wieviel Sie sparen. Dann können Sie dieses Geld für etwas Besonderes benutzen.

7. *Machen Sie sich frisch.* Bitten Sie Ihre Zahnärztin, Ihren Zahnarzt, alle Verfärbungen von Ihren Zähnen zu entfernen, und lüften Sie Ihre Kleider und das ganze Haus. Werfen Sie alle Aschenbecher weg. Bald werden Sie den Geruch von abgestandenem Rauch nicht mehr mögen, und diese Abneigung wird Ihnen dabei helfen, die Hände von Zigaretten zu lassen. Es hilft auch, Ausgleichssport zu treiben, weil Sie die Fitneß spüren und genießen werden, die das Rauchen Ihnen genommen hatte.

8. *Behaupten Sie sich.* Sie werden Zigaretten angeboten bekommen, vor allem von denen, die Sie rauchend kennen und nicht wissen, daß Sie aufgehört haben. Sagen Sie einfach: *»Nein, danke, ich rauche nicht.«* Wenn die anderen sagen, daß Sie aber geraucht haben, erwidern Sie: *»Ich habe geraucht, aber jetzt rauche ich nicht mehr.«* Üben Sie, diese Sätze zu sagen, bis es in Ordnung für Sie ist. Sie müssen keine weiteren Erklärungen abgeben (vgl. Kapitel 13).

Wenn Sie das starke Bedürfnis verspüren zu rauchen

Das Gefühl des starken Verlangens geht schnell vorbei. Wenn es Sie also überkommt, dann erinnern Sie sich daran, daß es vorübergeht. Machen Sie ein paar langsame, tiefe Atemzüge; tun Sie etwas, um sich abzulenken; und trinken Sie einen Schluck Wasser, um sowohl sich selbst als auch Ihren Mund zu beschäftigen.

Falls Abhängigkeit ein Problem ist

Wenn Sie lange Zeit stark geraucht haben, sind Sie wahrscheinlich abhängig. Die Abhängigkeit zeigt sich in einem starken Verlangen nach einer Zigarette und in bestimmten Entzugserscheinungen, wenn Sie mehrere Stunden nicht geraucht haben. Wenn Sie andererseits regelmäßig zwölf Stunden ohne Zigarette auskommen, leiden Sie wahrscheinlich unter keiner nennenswerten körperlichen Abhängigkeit. Der folgende Kasten nennt typische Entzugserscheinungen, die auf Abhängigkeit hindeuten.

Häufige Entzugserscheinungen

– Gereizt und bissig werden
– Nach einem Zug gieren
– Sich nervös und klamm fühlen
– Schwindel
– Kribbeln
– Kopfschmerzen
– Übelkeit

Diese Entzugserscheinungen sind in den ersten Tagen, nachdem Sie zu rauchen aufgehört haben, am schlimmsten und können, falls Sie sehr viel geraucht haben, ein paar Wochen andauern. Sie können zwar unangenehm sein, sind aber nicht gefährlich oder überwältigend. Sie haben viel zu gewinnen, dadurch daß Sie durchhalten und mit der Gewohnheit Schluß machen, und dies ist die härteste Phase.

Nikotinhaltiges Kaugummi oder Nikotinpflaster
Sie können die Probleme, die mit körperlicher Abhängigkeit zusammenhängen, von denen trennen, die mit dem Abgewöhnen zu tun haben, indem Sie das Nikotin ersetzen. Das geht in Form von Pflästerchen, die Sie auf die Haut kleben und aus denen das Nikotin langsam absorbiert wird, oder mit Hilfe von Kaugummi, der Nikotin enthält. Wenn Sie das Nikotin so ersetzen, bekommen Sie keine Entzugserscheinungen, müssen sich also nicht gleichzeitig damit und mit den Schwierigkeiten des Abgewöhnens plagen. Zwei oder drei Monate nachdem Sie mit der Gewohnheit gebrochen haben, können Sie ein niedriger dosiertes Pflaster verwenden oder weniger Kaugummi kauen (lassen Sie sich in Ihrer Apotheke beraten). *Sie dürfen an dem Tag, an dem Sie Nikotin in anderer Form zu sich nehmen, nicht rauchen,* falls Sie sich einer dieser Methoden bedienen. Falls Sie das tun würden, würden Sie damit eine *Überdosis Nikotin* zu sich nehmen, was zu schweren Magenschmerzen führen kann.

Hilfe bekommen

Unterstützung zu bekommen hilft. Falls Sie keine Selbsthilfegruppe gründen können und es Ihnen schwerfällt, sich das Rauchen allein abzugewöhnen, fragen Sie doch Ihre Ärztin, Ihren Arzt, und stellen Sie fest, ob das Krankenhaus Ihres Ortes eine Lungenabteilung hat, an der Selbsthilfegruppen gebildet werden.

Darüber hinaus geben Ihnen die Verbände der Freien Wohlfahrtspflege, die örtlichen Gesundheitsämter und die Telefonseelsorge gerne Hinweise auf Beratungsstellen in Ihrer Nähe. Sie sind nicht alleine, und wenn Sie wirklich aufhören wollen, dann ergreifen Sie alle Maßnahmen, die notwendig sind.

Zusammenfassung dieses Kapitels

Gewohnheiten sind schwer zu ändern, weil sie automatisiert sind. Trotzdem können sie geändert werden, wenn Sie diese sechs Schritte durchführen:

1. Entscheiden Sie sich definitiv für eine Veränderung; seien Sie dabei nicht halbherzig.
2. Studieren Sie die Gewohnheit, bis Sie sich genau dessen bewußt sind, was Sie tun.
3. Entwickeln Sie Ihre persönliche Strategie, um aufzuhören.
4. Finden Sie eine Ersatzhandlung.
5. Wenn Sie erst einmal angefangen haben, dann halten Sie die Sache in Schwung.
6. »Wenn Sie nicht gleich beim ersten Mal Erfolg haben, dann versuchen Sie es immer wieder.«

Mit diesen Schritten läßt sich jede Gewohnheit ablegen – vom Rauchen bis zum Nägelkauen.

24. Schlafstörungen überwinden

Warum wir Schlaf brauchen, ist immer noch ein Geheimnis. Aber jeder fünfte Mensch denkt, daß er unter Schlafstörungen leidet, und wenn Sie schlecht schlafen, können Sie sich elend und gereizt fühlen und unfähig, zurechtzukommen. Es gibt hauptsächlich drei Formen von Störungen: Einschlafschwierigkeiten, Schlaflosigkeit in der Nacht und zu frühes Aufwachen. Jedesmal scheint es sich um eine Verkürzung der Schlafdauer zu handeln: Allerdings ist bekannt, wie schwierig es ist, einzuschätzen, wie lange Sie wirklich geschlafen haben. Bei vielen Menschen liegt das Problem darin, daß sie nicht zu wenig schlafen, sondern daß sie *denken,* sie würden nicht genug schlafen. Wenn sie anfangen, sich deswegen Sorgen zu machen, verschlimmert sich die Störung meistens. Sorgen beeinträchtigen den Schlaf und führen dazu, daß Sie sich am nächsten Tag erschöpft fühlen. Zwei Schlüsselfragen können Ihnen dabei helfen, festzustellen, ob Sie unter einer Schlafstörung leiden:

1. *Haben Sie regelmäßig tagsüber das Gefühl, müde zu sein?*
2. *Beeinträchtigt Schläfrigkeit Ihre Tagesaktivitäten?*

Wenn Sie eine Frage oder beide Fragen mit *Ja* beantworten, haben Sie möglicherweise eine Schlafstörung. Glücklicherweise läßt sich die Störung bei neun von zehn Menschen leicht beheben.

Die Schlafstörung beheben

Es ist immer eine Hilfe, den Feind zu kennen. Der erste Schritt besteht darin, ein paar Fakten über den Schlaf zu lernen, um Ihre Sorgen zu entkräften, daß Sie nicht genug bekämen. Der nächste Schritt besteht darin, vier einfache, aber wirkungsvolle Lösungsmöglichkeiten zu lernen:

1. *Bekommen Sie körperliche Probleme in den Griff.*
2. *Entwickeln Sie Routineprogramme.*
3. *Kontrollieren Sie Ihre Gedanken.*
4. *Verfeinern Sie das Schafezählen.*

Wir empfehlen, zuerst das ganze Kapitel zu lesen und anschließend die Lösungsmöglichkeiten nacheinander durchzuarbeiten, da die meisten unter Ihnen wahrscheinlich nur die ersten beiden brauchen werden. Allerdings lohnt es sich auch, zu experimentieren, auf eigene Art auf diesen Methoden aufzubauen und herauszufinden, ob auch die anderen eine Hilfe sein können.

Einige Fakten zum Thema Schlaf

1. Erwachsene schlafen durchschnittlich siebeneinhalb Stunden pro Nacht. Zwei Drittel der Bevölkerung schlafen zwischen sechseinhalb und achteinhalb Stunden. Manchen Menschen genügen vier Stunden pro Nacht, und manche brauchen sogar zehn Stunden.
2. Wieviel Schlaf ein Mensch braucht, kann vererbt und genau wie die Körpergröße vorherbestimmt sein. Sie sind also nicht faul, wenn Sie, wie Albert Einstein, mehr als der Durchschnitt brauchen, und auch nicht besonders tugendhaft, wenn Sie, wie Winston Churchill, weniger als der Durchschnitt brauchen.
3. Wenn Sie älter werden, brauchen Sie weniger Schlaf.
4. Wie tief Sie schlafen, ändert sich im Verlauf einer Nacht, tiefe und leichte Schlafphasen wiederholen sich immer wieder wellenförmig. Es ist normal, gelegentlich am »Höhepunkt« einer solchen Phase aufzuwachen, wenn Sie in der leichtesten Schlafphase sind, und sobald die Phase weitergeht, in tieferen Schlaf zu verfallen.
5. Beim Einschlafen oder Aufwachen kann es zu einer Reihe von »seltsamen« Erlebnissen kommen. Die Muskeln können zum Beispiel zucken, Sie können das Gefühl haben, zu fallen oder gelähmt und bewegungsunfähig zu sein. Es kann Ihnen auch vorkommen, als würden Sie Stimmen hören, zum Beispiel Menschen, die Ihren Namen rufen. All diese Erlebnisse sind normal.
6. Eine Stunde Schlaf vor Mitternacht zählt genau wie eine Stunde Schlaf – weder mehr noch weniger. Vielleicht wurde dieses Ammenmärchen erfunden, um Menschen dazu zu bringen, früher ins Bett zu gehen!

7. Experimente zum Schlafentzug beweisen, daß Sie sich zwar am nächsten Tag müde fühlen, wenn Sie schlecht geschlafen haben, daß sich das aber kaum auf Ihre Leistung auswirkt. Zwei Stunden Schlaf, solange sie nicht zur Regel werden, scheinen zu genügen, um keine nennenswerten Einschränkungen des Denkvermögens hervorzurufen. Es ist also kein Grund zur Sorge, wenn Sie in der Nacht vor einer Prüfung schlecht schlafen. Allerdings können Sie Ihren Schlaf nicht regelmäßig drastisch einschränken (z. B. von acht auf zwei Stunden pro Nacht), ohne schlimme Auswirkungen befürchten zu müssen. Eine Herabsetzung um eine Stunde schadet in der Regel nicht, aber eine weitere Herabsetzung kann sich negativ auf Ihre Stimmung, die Konzentration, das Gedächtnis und die kreativeren Aspekte Ihres Denkens auswirken. Experimente beweisen auch, daß jeder Mensch träumt, aber manche Menschen erinnern sich nicht an ihre Träume. Wenn Sie jemandem die Traumphase entziehen, wird sie automatisch nachgeholt. Es ist sehr schwer, Menschen vom Träumen abzuhalten.

8. Der Schlaf wird durch viele Faktoren beeinflußt: Bewegung, Ernährung, Medikamente, Alkohol, Krankheit, Stimmung, Streß, Sorgen und anderes mehr. Es kann sein, daß Sie Ihre Schlafstörungen loswerden, wenn Sie einen dieser Faktoren verändern.

9. Schlafmuster verändern sich eher langsam. Normalerweise dauert es einige Wochen, ein neues Schlafmuster zu entwickeln.

Einige Fakten über Schlaftabletten

Schlaftabletten machen süchtig und können außerdem dazu führen, daß Sie sich tagsüber benommen fühlen. Wenn Sie bis jetzt noch keine nehmen, dann gewöhnen Sie es sich auch nicht an. Wenn Sie gelegentlich auf ärztlichen Rat hin eine Schlaftablette nehmen, kann das kurzzeitig helfen, Sie sollten aber nicht regelmäßig und häufig welche nehmen, und Sie sollten nicht zulassen, daß Sie sich auf Schlaftabletten verlassen.

Falls Sie regelmäßig Schlaftabletten nehmen, dann lesen Sie die Seiten 430 bis 441, und sprechen Sie mit Ihrer Ärztin, Ihrem Arzt über Alternativen.

Vier Wege, um Schlafstörungen zu vermeiden

1. Bekommen Sie körperliche Probleme in den Griff
Schmerzen. Sorgen Sie dafür, daß körperliche Probleme, zum Beispiel Arthritis, richtig behandelt werden. Sagen Sie es Ihrer Ärztin, Ihrem Arzt, wenn Schmerzen Ihren Schlaf stören – normalerweise gibt es dafür eine medizinische Lösung, und Ihre Ärztin, Ihr Arzt hat vielleicht noch gar nicht bemerkt, daß Sie dieses Problem haben.

Atemnot. Falls Sie regelmäßig aufwachen, weil Sie keine Luft bekommen – so daß Sie sich aufsetzen oder sogar aufstehen müssen –, sollten Sie ärztlichen Rat einholen. Die Ursache dafür könnte sein, daß sich Flüssigkeit in den Lungen angesammelt hat oder daß die Luftwege verengt sind (Asthma). In beiden Fällen würde eine medikamentöse Behandlung helfen.

Aufwachen, weil Sie Wasser lassen müssen. Harndrang führt oft zu Schlafstörungen, vor allem bei älteren Männern und Schwangeren. Falls Sie dem abhelfen wollen, können Ihnen die Vorschläge zur Änderung Ihrer Trinkgewohnheiten im folgenden Kasten vielleicht helfen. Wir empfehlen nicht, generell weniger Flüssigkeit aufzunehmen, sondern die Zeiten, zu denen Sie trinken, neu einzuteilen. Sollten Sie zuckerkrank sein und Schwierigkeiten damit haben, daß Sie wegen Harndrangs aufwachen, dann suchen Sie Ihre Ärztin, Ihren Arzt auf. Da Dehydration (Austrocknung) bei Diabetes gefährlich ist, ist es wichtig, daß Sie bei Ihrem Versuch, die Schlafstörung in den Griff zu bekommen, nicht zu wenig Flüssigkeit aufnehmen.

Alkohol. Alkoholische Getränke stören den Schlaf in zweierlei Hinsicht. Zunächst einmal sind sie harntreibend (siehe Kasten auf der nächsten Seite). Wenn Sie abends Alkohol trinken, wachen Sie eventuell mehrmals in der Nacht auf, weil Sie Wasser lassen müssen oder weil Sie Durst haben. Zweitens sind alkoholische Getränke sedativ. Zuerst können Sie gut einschlafen, wachen dann aber meist auf, sobald dieser Effekt nachläßt. Bei Menschen, die regelmäßig mehr Alkohol

---
So wachen Sie seltener wegen Harndrangs auf

1. Trinken Sie zu anderen Zeiten. Trinken Sie generell zwischen 2 und 3 Liter pro Tag, und schränken Sie sich nach 16 Uhr auf einen Viertelliter ein. Trinken Sie die restliche Menge bereits vorher. Es ist gut, nachzurechnen, wieviel Sie durchschnittlich pro Tag trinken, bevor Sie Veränderungen angehen.
2. Trinken Sie zwei Stunden vor dem Zubettgehen gar nichts mehr.
3. Lassen Sie unmittelbar vor dem Zubettgehen Wasser.
4. Falls Sie normalerweise harntreibende Mittel einnehmen (»Wassertabletten«):
   – Lassen Sie von Ihrer Ärztin, Ihrem Arzt überprüfen, ob Sie diese noch brauchen.
   – Nehmen Sie diese nicht abends – sprechen Sie mit Ihrer Ärztin, Ihrem Arzt darüber, wann sie einzunehmen sind.
5. Trinken Sie drei Stunden vor dem Zubettgehen keinen Alkohol oder Kaffee mehr. Beide sind harntreibend – das heißt, sie führen dazu, daß Sie mehr Wasser lassen müssen, als Sie tatsächlich an Flüssigkeit zu sich genommen haben.

---

trinken, als gesund ist, kann es der Normalfall sein, daß sie schlecht schlafen, oft äußert sich darin ein Teufelskreis. Weil Sie schlecht schlafen, kommen Sie schlecht zurecht und suchen deshalb häufiger Trost im Alkoholkonsum. Aber Alkohol verschlimmert die Schlafstörungen. In so einem Fall sollten Sie sich damit auseinandersetzen, warum Sie Ihr Heil im Alkohol suchen (vgl. Kapitel 26).

Ihr Bett. Ist Ihre Matratze wellig oder hängt sie durch? Falls sie unbequem ist, sollten Sie in Erwägung ziehen, eine neue zu kaufen. Sie verbringen so viel Zeit in Ihrem Bett, daß es sich lohnt, das Beste zu kaufen, was Sie sich leisten können, und es ist wichtig, eine Matratze auszusuchen, die Ihnen angenehm ist, und sich nicht übermäßig durch Werbung oder Markennamen beeinflussen zu lassen. Nur daß eine Matratze »orthopädisch« genannt wird oder daß die Vorteile von Wasserbetten gepriesen werden, heißt noch lange nicht, daß solche Matratzen für Sie die richtigen sind oder daß sie sowohl für Sie als auch für Ihre

Lebensgefährtin, Ihren Lebensgefährten bequem sind, vor allem dann nicht, wenn Sie sehr unterschiedlich groß oder schwer sind oder wenn der eine unruhiger ist und irritierbarer als der andere.

Bitten Sie darum, probeliegen zu dürfen, bevor Sie kaufen, und lassen Sie sich nicht hetzen. Nehmen Sie Ihre Lebensgefährtin, Ihren Lebensgefährten möglichst mit. Denken Sie daran, daß, wenn Sie beide flach auf dem Rücken liegen und zur Decke starren, Sie ganz bestimmt nicht einschätzen können, was passiert, wenn sich einer von beiden streckt oder abrupt umdreht.

Überlegen Sie außerdem, ob Sie es im Bett zu warm haben. Es ist erstaunlich, wie viele Menschen sich darüber beschweren, daß sie nachts aufwachen, weil es ihnen zu heiß ist und sie schwitzen, ohne daran zu denken, daß es an zu dickem Bettzeug liegen könnte. Vielleicht hilft es ja auch, das Fenster aufzumachen oder die Heizung herunterzudrehen.

Verzichten Sie auf anregende Mittel. Kaffee, Tee und Tabak sind die Hauptschuldigen, obwohl auch Schokolade, Kakao und colahaltige Getränke Koffein enthalten. Menschen werden unterschiedlich davon beeinflußt, vielleicht müssen Sie also experimentieren, um herauszufinden, wie Sie jeweils reagieren, und um Alternativen zu finden, zum Beispiel Kräutertee, Kamillentee oder Zichorienkaffee. Wenn Sie schlecht schlafen, dann sollten Sie alle koffeinhaltigen Getränke als mögliche Ursache dafür so lange meiden, bis das Gegenteil bewiesen ist. Menschen unterscheiden sich darin, wie kurz vor dem Schlafengehen sie noch Koffein zu sich nehmen können. Bei manchen Menschen führt schon eine Tasse Kaffee nach dem Mittagessen zu Schlafstörungen.

Viele anregende Mittel sind schwer wegzulassen, weil sie süchtig machen. Sollten Sie abhängig sein, dann kann es passieren, daß es Ihnen eine Zeitlang schlechter geht, nachdem Sie sie abgesetzt haben, bevor es Ihnen dann bessergeht. Wenn Sie diese »Entzugs«-Phase erst überstanden haben, müßten Sie besser schlafen.

Wenn Ihre Partnerin/Ihr Partner schnarcht. Schnarchen ist häufig eine Ursache für Schlaflosigkeit, und zwar nicht bei den Schnarchenden, sondern ihren Partnerinnen, Partnern. Das Geräusch des Schnarchens kann extrem irritierend sein, und es ist schwer, sich nicht aufzuregen oder ärgerlich zu werden, wenn Sie wiederholt gerade dann gestört werden, wenn Sie am Einschlafen sind. Schnarchen wird normalerweise durch Vibration des weichen Gaumens verursacht – des oberen, hinteren Teils des Mundes – und tritt dann am häufigsten auf, wenn Menschen durch den Mund atmen oder einen ungewöhnlich schlaffen weichen Gaumen haben.

Manche Menschen schnarchen, wenn ihre Nase verstopft ist. Das kann durch Erkältungen oder Allergien verursacht werden – zum Beispiel gegen Hausstaubmilben. Solche Milben kommen in jedem Haus vor, oft in Kissen und Matratzen, da sie es warm mögen. Allergische Reaktionen auf Staubmilben sind daher oft in der Nacht am heftigsten und treten das ganze Jahr über auf. Ihre Ärztin, Ihr Arzt kann Ihnen raten, was Sie gegen die Allergie tun können.

Andere schnarchen nur in bestimmten Schlafstellungen. Unter Umständen hilft es, den Oberkörper beim Schlafen höher zu legen, wobei Kissen nicht immer das richtige sind, da sie leicht weggeschoben werden können. Besser ist eine Nackenrolle, oder Sie könnten überlegen, ob Sie das Oberteil Ihres Betts hochstellen. Sollte Ihre Partnerin, Ihr Partner nur auf dem Rücken liegend schnarchen, dann hilft es vielleicht, sie oder ihn auf nette Weise dazu zu überreden, auf der Seite zu schlafen, oder einen Pingpongball in den Schlafanzugsrücken zu nähen oder sie, ihn dazu zu veranlassen, sich von sich aus umzudrehen, sobald die Rückenlage eingenommen wurde.

Manche Menschen schnarchen nur in bestimmten Schlafphasen – also sie schnarchen zum Beispiel eine Weile beim Einschlafen, hören aber damit auf, sobald sie tiefer schlafen. Falls Sie die nötige Geduld aufbringen, hört das Schnarchen also eventuell auf, wenn Sie die betreffende Person allerdings aufwecken, sobald sie anfängt zu schnarchen, müssen Sie den ganzen Prozeß noch einmal durchmachen.

Beruhigungsmittel (inklusive Schlaftabletten) führen leicht dazu, daß der weiche Gaumen noch mehr erschlafft, und erhöhen die Wahrscheinlichkeit, daß jemand schnarcht, Alkohol ist dabei als Beruhigungsmittel an erster Stelle zu nennen. Versuchen Sie, ganz auf Alkohol zu verzichten, sowohl tagsüber als auch am Abend, und zwar für *mindestens eine Woche,* um festzustellen, ob das die Ursache des Problems ist. Ein Tag ist nicht genug.

Aus Gründen, die nicht bekannt sind, wird Fettleibigkeit mit Schnarchen in Zusammenhang gebracht, in diesem Fall lohnt es sich also vielleicht, abzunehmen – ohne sich damit zu hetzen oder zu ambitioniert zu sein (vgl. Kapitel 25). Auch eine Schwangerschaft kann Schnarchen verursachen, das dann nach Ablauf der Schwangerschaft normalerweise wieder verschwindet.

Wenn das Schnarchen sich nicht abstellen läßt, lohnt es sich vielleicht, Ohropax zu kaufen oder darüber zu sprechen, in getrennten Räumen zu schlafen (falls Sie so viel Platz haben) – gelegentlich, für einen Teil der Nacht oder regelmäßig. Es kann besser für die Partnerschaft sein, gut zu schlafen, als zusammen zu schlafen. Die Entscheidung, in getrennten Räumen zu schlafen, weil jemand schnarcht, muß sich auf eine Beziehung nicht tiefgreifend auswirken, wenn beide Beteiligten begreifen, was sie warum tun.

Wenn alles nichts hilft und Schnarchen ein wirkliches Problem darstellt, dann sprechen Sie mit Ihrer Ärztin, Ihrem Arzt. Manche Menschen haben einen besonders schlaffen weichen Gaumen oder Nasenpolypen, in beiden Fällen hilft eine Operation.

2. Entwickeln Sie Routineprogramme

Wenn Sie sich mit den körperlichen Schwierigkeiten befaßt haben und immer noch schlecht schlafen, dann sollten Sie versuchen, routinemäßiges Verhalten zu entwickeln.

Ein Routineprogramm für den Abend. Ein entspannendes Routineprogramm vor dem Schlafengehen gibt Ihrer Psyche Zeit, sich auf die Nacht einzustellen, und hilft Ihnen dabei, all die Sorgen und Aufregungen des Tages hinter sich zu lassen. Die letzte Mahlzeit des Tages sollte weder zu üppig sein noch zu spät eingenommen werden, und wir empfehlen, die Abend-Routine eineinhalb Stunden vor der von Ihnen anvisierten Schlafenszeit zu beginnen. Sie können sie später verkürzen, wenn Sie wollen. Hier ist ein Beispiel: Tun Sie von 21.30 bis 22.15 etwas Ruhiges und Angenehmes, zum Beispiel stricken, fernsehen, mit dem Computer spielen oder lesen. Baden Sie um 22.15, und machen Sie sich bettfertig. Machen Sie sich ein warmes Getränk, das Sie mit ins Bett nehmen (warme Milchgetränke verringern die Wahrscheinlichkeit, daß Sie nach dem Einschlafen noch einmal aufwachen, oder Sie probieren es mit einem Kräutertee), und lesen Sie eine Viertelstunde, bevor Sie sich um 23 Uhr zum Schlafen zurechtkuscheln.

Falls Sie abends noch Hausarbeit erledigen müssen, dann tun Sie das vor der Routine (oder machen Sie sie zum ersten Stadium der Routine), also zum Beispiel Essen zum Mitnehmen für die Mittagspause vorbereiten oder Wäsche sortieren. Sind solche Sachen nicht erledigt, dann machen Sie sich nur Sorgen. Das routinemäßige Verhalten sollte eine Möglichkeit sein, den alten Tag zu beschließen, keine Möglichkeit, den neuen gut vorzubereiten.

Ihre Routine sollte absolute Priorität haben, selbst wenn es nicht immer möglich sein wird, sich an sie zu halten. Erklären Sie anderen, was Sie tun, damit sie es verstehen und respektieren, und denken Sie daran, wie viel besser es Ihnen gehen wird, wenn Sie die Gereiztheit, Müdigkeit und andere mit Ihrer Schlaflosigkeit zusammenhängende Probleme überwinden können. Vielleicht ist es nötig, das Telefon abzustellen oder darum zu bitten, nicht nach 21.30 Uhr angerufen zu werden.

Ein Routineprogramm für den Morgen. Manchmal bleibt eine Schlafstörung auch dann bestehen, wenn Sie ein Routineprogramm für abends gefunden haben. Dann ist es an der Zeit, darüber nachzudenken, was Sie morgens tun. Keine noch so große Willensanstrengung kann Sie rechtzeitig einschlafen lassen, aber Sie können sich dazu zwingen, morgens aufzustehen. Wir schlagen vor, eine *Radikalkur* zu machen, um zu gewährleisten, daß Sie abends müde sind, und um mehr darüber herauszufinden, wieviel Schlaf Sie tatsächlich brauchen.

Hier ist ein Beispiel dafür. Wenn Sie Ihren Tag normalerweise gegen halb acht beginnen, dann stellen Sie Ihren Wecker eine Woche lang vor – zum Beispiel auf sieben Uhr. Stehen Sie sofort auf. Warten Sie nicht einmal bis fünf nach sieben. Organisieren Sie das Aufstehen so routiniert, daß Sie alles, ohne nachzudenken, tun können – waschen, Tee kochen, anziehen –, und denken Sie erst dann über den vor Ihnen liegenden Tag nach, wenn das Routineprogramm abgehakt ist. Machen Sie tagsüber *kein* Nickerchen, auch abends vor dem Fernseher nicht, und erlauben Sie es sich in dieser Phase nicht, am Wochenende länger zu schlafen.

Nach einer Woche (oder vielleicht auch nach zwei Wochen) sollten Sie abends spüren, daß Sie müde werden, und leichter einschlafen. Wenn Sie gegen 23 Uhr müde werden und um sieben Uhr aufstehen, brauchen Sie etwa acht Stunden Schlaf. Vielleicht wollen Sie jetzt wieder zur gleichen Zeit wie früher aufstehen, dann müssen Sie daran denken, Ihre Schlafenszeit entsprechend zu verschieben.

3. Kontrollieren Sie Ihre Gedanken

Wenn Sie sich angemessen um körperliche Schwierigkeiten gekümmert und Routineprogramme aufgestellt haben, aber trotzdem noch wach liegen und sich Sorgen machen, dann müssen Sie die beiden Hauptfeinde guter Stimmung ins Visier nehmen: *Angst* und *Depression* (vgl. Teil IV dieses Buches).

Wach liegen und sich Sorgen machen: Schafe im Wolfspelz. Halten Ihre Sorgen Sie wach? Oder füllen sie einfach nur die Zeit aus, die Sie wach liegen? Wach zu liegen und sich Sorgen zu machen, kann eine schlechte Angewohnheit sein, die Sie sich abgewöhnen können, indem Sie sich eine feste Regel geben. Sobald Sie sich beim Sorgenmachen erwischen, sagen Sie zu sich: *jetzt nicht.* Wenn Sie sich erst einmal zum Schlafen hingelegt haben, ist es auch Zeit zu schlafen, nicht um über Probleme nachzudenken. Vielleicht ist Ihnen schon aufgefallen, daß um drei Uhr morgens Probleme eine große Rolle spielen und Sorgen schnell von einem Punkt zum nächsten springen. Die Probleme scheinen überwältigend oder unlösbar zu sein und wachsen erschreckend über alle Maßen an. Sie kümmern sich viel besser tagsüber um sie als dann, wenn Sie eigentlich schlafen sollten. Sagen Sie sich also *jetzt nicht,* und denken Sie sie später richtig durch. Sie könnten die Techniken des Problemlösens anwenden (S. 82–94) oder die Technik des Sorgen-Entscheidungs-Baums erlernen, um Sorgen anzugehen (S. 233ff.).

Vielleicht machen Sie sich Sorgen, daß Sie bis zum Morgen etwas Wichtiges vergessen haben könnten. Zwei einfache Methoden können helfen.

Erstens: verwenden Sie vor dem Hinlegen fünf Minuten darauf, sich das aufzuschreiben, von dem Sie annehmen, daß Sie sich deswegen sorgen könnten. Bringen Sie es aus dem Kopf auf das Papier, so daß Sie es zu einem späteren Zeitpunkt angehen können. Zweitens: legen Sie einen Notizblock ans Bett, und notieren Sie alles, was Ihnen wichtig erscheint, sobald es Ihnen in den Sinn kommt. Wenn Sie dann anfangen, sich zu sorgen, statt zu schlafen, können Sie *jetzt nicht* sagen und haben das beruhigende Gefühl, daß diese Dinge nicht vergessen sind.

Manche Paare machen es sich zur Gewohnheit, wichtige Dinge vor dem Einschlafen durchzusprechen, zum Beispiel berufliche Themen, Dinge, die die Kinder betreffen, oder Schwierigkeiten miteinander – kein Wunder, daß sie schlecht schlafen. Solche Diskussionen sollten tabu sein. *Jetzt nicht* sollte als Einspruch einer der beteiligten Personen genügen, um die Diskussion abzubrechen. Vereinbaren Sie eine Zeit, zu der Sie ausführlich über das Thema sprechen können – und zwar nicht erst eineinhalb Stunden vor dem Schlafengehen!

Bei Depressionen früh aufwachen. Wenn Sie *mindestens* eine Stunde vor Ihrer üblichen Zeit wach werden und nicht wieder einschlafen können und sich dabei sehr schlecht fühlen – schlechter als sonst –, kann das ein Zeichen für eine schwere Depression sein. Falls Sie sich angesprochen fühlen, lesen Sie die Kapitel 20 bis 22 über Depression, und überlegen Sie, ob es an der Zeit ist, ärztlichen Rat einzuholen.

4. Verfeinern Sie das Schafezählen
Die vierte Lösungsmöglichkeit kombiniert Entspannungstechniken mit Zahlen»spielen«. Diese Möglichkeit sollten Sie als letzte versuchen. Sie kann die anderen nicht ersetzen, sondern lediglich ergänzen.

Entspannung. Lernen Sie zu entspannen, dann können Sie diese Methode zum Einschlafen nutzen. Anleitungen werden in Kapitel 11 gegeben. Wenn Sie im Bett liegen, ist es vielleicht am einfachsten, die reine Entspannungsmethode anzuwenden, ohne die Muskeln vor dem Loslassen anzuspannen, versuchen Sie aber alles, von dem Sie sich vorstellen können, daß es hilft.

Sie könnten zuerst entspannen und dann mit den Zahlenspielen anfangen. Wenn Sie so entspannt wie möglich sind, konzentrieren Sie sich auf Ihre Atmung. Konzentrieren Sie sich völlig auf die Gegenwart, denken Sie ausschließlich daran, was für ein Gefühl es ist, ein- und auszuatmen.

Zahlenspiele. Wir beschreiben hier drei Spiele, und Sie können sich vielleicht selbst noch welche ausdenken. Sie könnten sogar versuchen, die sprichwörtlichen Schafe zu zählen. Falls Sie es versuchen, ist es eine große Hilfe, sich vorzustellen, daß sie durch ein Gatter gehen oder hintereinander einen Weg entlang. Mit anderen Worten: konzentrieren Sie Ihre gesamte Aufmerksamkeit auf einen Punkt, und stellen Sie sich die Schafe bildlich vor, wie sie in endloser Reihe an diesem Punkt vorbeiziehen. Zählen hilft, weil es monoton und nicht anstrengend ist. Genau wie ein langweiliges Fernsehprogramm beschäftigt es Sie so weit, daß Sie an nichts anderes denken können. Während Sie allmählich müder werden, beginnt Ihre Aufmerksamkeit natürlich nachzulassen; Sie verwirren sich beim Zählen und fangen dann vielleicht wieder an, sich zu sorgen. Sollte das passieren, dann wenden Sie sich einfach ruhig wieder Ihrem Zahlenspiel zu, beginnen an einem beliebigen Punkt und versuchen, sich auf nichts anderes zu konzentrieren.

Rückwärts zählen. Zählen Sie von einer hohen Zahl wie 400 oder 232 aus gleichmäßig zurück. Zählen Sie langsam, und liegen Sie dabei bequem, möglichst mit geschlossenen Augen. Zählen Sie etwa so, daß Sie bei jedem vollständigen Atemzug eine Zahl rückwärts zählen. Probieren Sie, wie weit Sie kommen. Fangen Sie in aller Ruhe neu an, wenn Sie durcheinandergekommen sind, oder beginnen Sie an jedem beliebigen Punkt von neuem. Es kommt auf die Monotonie des Zählens an, nicht auf die tatsächlichen Zahlen.

Atemzüge zählen. Zählen Sie jeden vollen Atemzug. Atmen Sie ein, zählen Sie eins. Atmen Sie gleichmäßig aus. Atmen Sie ein, zählen Sie zwei. Machen Sie bis sechs so weiter, halten Sie den Atem an, und zählen Sie sechs Herzschläge, atmen Sie danach aus. Lassen Sie sich tief und natürlich einatmen, und entspannen Sie sich beim Ausatmen möglichst noch mehr. Atmen Sie einige Minuten ganz natürlich.

Der Countdown. Dafür müssen Sie sich vorstellen, daß Sie an einem Ort von »erhabener Stille« sind oder irgendwo, wo Sie sich gut entspannen können, daß Sie zum Beispiel in Ihrem Lieblingssessel sitzen, in der Sonne liegen oder an einem Flußufer sitzen. Stellen Sie sich einen Ort vor, an dem Sie schon einmal gewesen sind, und versuchen Sie, sich diesen Ort ganz klar vor Augen zu führen. Sie werden diesen Ort aufsuchen, indem Sie eine weiche Treppe mit zehn Stufen hinabgehen. Mit jedem Rückwärtszählen machen Sie einen Schritt und versinken ein bißchen in der Weichheit der Treppe. Zählen Sie etwa jede Sekunde einen Schritt rückwärts, und stellen Sie sich, wenn Sie »null« sagen, vor, daß Sie an Ihrem ruhigen und friedlichen Platz ankommen. Spüren Sie alle Empfindungen, die damit einhergehen. Bleiben Sie dort, und genießen Sie es. Sorgen Sie sich nicht darum, ob es vorbeigehen wird, und versuchen Sie nicht, sich zum Schlafen zu zwingen. Bleiben Sie einfach dort, an Ihrem Platz.

Eine Warnung. Wenn Sie sich tagsüber bewegen oder Ausgleichssport betreiben, kann Sie das genügend ermüden, um nachts schlafen zu können, Bewegung am Abend kann Sie allerdings auch wach halten, weil sie geistig anregend ist, selbst wenn sie Sie körperlich erschöpft.

Mitten in der Nacht aufwachen. Wenn Sie mitten in der Nacht aufwachen und sich unruhig hin- und herwälzen, dann sollten Sie sich wieder genauso zur Ruhe bringen, wie Sie es beim Zubettgehen getan haben:

1. Versuchen Sie, sich keine Sorgen zu machen. Etwas weniger zu schlafen, schadet nicht.
2. *Jetzt ist nicht die richtige Zeit, sich Sorgen zu machen.*
3. Denken Sie an Ihre körperliche Verfassung. Haben Sie Durst? Oder ist Ihnen zu heiß? Oder zu kalt? Ist es stickig im Zimmer?
4. Tun Sie etwas, um sich nicht weiter in etwas hineinzusteigern, sondern statt dessen damit die nächste Schlafphase einzuleiten. Sie könnten ein bißchen lesen oder ins Bad gehen und einen Schluck Wasser trinken und sich danach wieder so zur Ruhe begeben, wie wenn es das erste Mal wäre.
5. Entspannen Sie sich, und machen Sie Zahlenspiele.

6. Falls das alles nichts nützt, dann stehen Sie auf, und tun Sie etwas Einfaches und Anspruchsloses. Das ist meistens ein besseres Gefühl, als sich die ganze Nacht sorgenvoll und frustriert im Bett herumzuwälzen.

Alpträume und Träume

Alpträume kommen bei Kindern häufiger vor als bei Erwachsenen und sind außerdem bei Menschen verbreiteter, die aufgeregt, besorgt oder verzweifelt sind. Sie können nach schwerem Streß oder nach traumatischen Ereignissen, zum Beispiel einem Autounfall oder einem Überfall, besonders erschreckend oder besorgniserregend sein. Sie verschwinden oft von selbst wieder, als hätte die Psyche die natürliche Verarbeitung der alltäglichen Ereignisse abgeschlossen, das Geschehene eingeordnet und wäre nun fähig, das Ganze ruhen zu lassen. Falls sie nicht aufhören, kann es helfen, mit einem Menschen, der verständnisvoll zuhören kann, über die Alpträume zu sprechen und vor allem auch über die Gefühle, die sie bei Ihnen hervorrufen. Bei manchen Menschen werden Alpträume dadurch erheblich weniger, daß sie es sich zur Gewohnheit machen, am frühen Abend zu überlegen, was sie tagsüber verwirrt oder aufgeregt hat, und daß sie dann versuchen, das Problem zu bewältigen oder ruhig darüber zu sprechen, bevor sie das abendliche Routineprogramm starten.

Manche der Bilder, die in Alpträumen und schlimmen Träumen vorkommen, haben sehr wohl symbolische Bedeutung. Wenn Sie in Ihrem Leben an einem Punkt angekommen sind, an dem Sie eine Entscheidung treffen müssen, kann es zum Beispiel sein, daß Sie träumen, daß Sie einen Fluß überqueren oder eine wichtige Person oder Sache zurücklassen. Ihre Empfindung, jemandem, den Sie lieben, nicht helfen zu können, kann sich in einem Alptraum so äußern, daß Sie die betreffende Person in Treibsand versinken sehen. Wenn Sie träumen, Sie würden gejagt und könnten nicht weglaufen, kann das das Gefühl reflektieren, irgendwie eingesperrt oder bedroht zu sein.

Symbolische Elemente in Alpträumen und Träumen können allerdings auch in Kombination mit völlig willkürlichen und beziehungslosen Elementen vorkommen, als ob (wie einige Psychologinnen und Psychologen annehmen) die Gehirnzellen ein Feuerwerk abschießen müßten, nur um gut in Form zu bleiben, und unterschiedliche Zellen tun das zu unterschiedlichen Zeiten. Bilder, die mit jüngsten Vorgängen und deren Bedeutung zu tun haben, können ebenfalls im Schlaf aufgearbeitet werden, nur wenige davon werden bewußt und erzeugen bizarre und unverständliche Assoziationen, die wir dann nach dem Aufwachen zu verstehen versuchen.

Erschreckende Träume oder Alpträume, die sich wiederholen, können an Häufigkeit zunehmen, wenn Sie beim Zubettgehen Angst davor haben, daß Sie sie haben werden. In diesem Fall ist es genau wie bei der Überwindung einer Phobie (vgl. Kapitel 17) hilfreich, der Angst ins Auge zu sehen: den Traum zu erzählen oder aufzuschreiben, mehrmals, all seine erschreckenden und verwirrenden Aspekte zu beschreiben und sich immer wieder daran zu erinnern, daß es »nur ein Traum« ist, der keinen wirklichen Schaden anrichtet.

Zusammenfassung dieses Kapitels

Fast jeder Mensch, der Schlafstörungen hat, kann diese mit Hilfe einfacher Maßnahmen überwinden. Es gibt vier einfache, aber wirkungsvolle Lösungsmöglichkeiten.

1. Kümmern Sie sich zuerst um körperliche Probleme. Stellen Sie sicher, daß Sie es sich bequem machen können; meiden Sie harntreibende Mittel und zu viel Alkohol am Abend; und reduzieren Sie anregende Mittel wie Kaffee, Tee, heiße Schokolade und Tabak.
2. Entwickeln Sie Routineprogramme für abends und eventuell auch für morgens.
3. Kontrollieren Sie Ihre Gedanken. Jetzt ist nicht die Zeit, um über Probleme nachzudenken.
4. Entspannen Sie sich, und machen Sie Zahlenspiele, um abschalten zu können.

25. Gute Eßgewohnheiten

Gewohnheiten, die Sie ein Leben lang behalten

Essen sollte ein Quell der Gesundheit und des Genusses sein, leider ist es für viele Menschen keines von beidem. Eine schlechte Ernährung kann Herzkrankheiten, Fettleibigkeit, Zahnverfall, Magengeschwüre und andere Störungen des Verdauungssystems verursachen, und die übertriebene Beschäftigung mit Figur und Gewicht, die in der modernen Gesellschaft üblich geworden ist, kann Essen zur Plage statt zum Genuß machen. Sich an eine bestimmte Diät zu halten gehört inzwischen zum Lebensstil vieler Menschen, vor allem Frauen; im Gefolge davon kommt es zu Bulimie und Anorexie.

Gute Eßgewohnheiten, die Sie ein Leben lang begleiten können, basieren auf zwei Elementen: *was* Sie essen und *wie* Sie essen.

Was Sie essen:
Die fünf Grundlagen einer gesunden Ernährung
In den letzten zwanzig Jahren wurden viele wissenschaftliche Untersuchungen über den Zusammenhang zwischen Ernährung und Krankheit durchgeführt. Nationale Ausschüsse wurden ins Leben gerufen, um diese Forschungsergebnisse auszuwerten und die sich daraus ergebenden praktischen Konsequenzen auf den Punkt zu bringen. Einer dieser Ausschüsse, das *Committee on medical aspects of food policy* (Ausschuß für die medizinischen Aspekte der Ernährungspolitik) aus Großbritannien, veröffentlichte seinen Bericht im Jahr 1991. Die praktischen Konsequenzen lassen sich in Form von *fünf* Grundlagen zusammenfassen.

1. *Es gibt kein gutes oder schlechtes Essen, nur gute oder schlechte Ernährungsweisen.* Es gibt kein bestimmtes Essen, das an sich »schlecht« ist. Eine Crème brûlée enthält sehr viel Fett und außerdem Cholesterin. Aber eine Crème brûlée ab und zu ist nicht schädlich. Es kommt darauf an, wieviel Fett Ihr Essen insgesamt enthält,

nicht auf einzelne Speisen. Die erste Grundlage ist daher, immer die gesamte Ernährungsweise im Blick zu haben. Egal, was Ihre Lieblingsspeisen sind, Sie können sie essen, zumindest ab und zu.

2. *Reduzieren Sie Fette.* Im Westen essen wir zuviel Fett, vor allem zu viele gesättigte Fettsäuren. Wie Sie die Aufnahme gesättigter Fettsäuren in der Praxis herabsetzen können, ist in der folgenden Tabelle zusammengefaßt.

Möglichkeiten, die Aufnahme gesättigter Fettsäuren zu reduzieren

– Grillen statt braten.
– Mageres Fleisch verwenden – überschüssiges Fett wegschneiden.
– Fisch, Bohnen, Hülsenfrüchte oder Nüsse essen.
– Käse mit geringem Fettgehalt kaufen.
– Zum Kochen ungesättigte Öle verwenden: Oliven-, Raps- oder Sonnenblumenöle.
– Meiden Sie große Mengen stark fetthaltiger Speisen: z. B. Gebäck, Kuchen, Kekse, Chips, Schokolade.
– Essen Sie nicht mehr als vier Eier die Woche.
– Essen Sie in Öl eingelegten Fisch: z. B. Makrele, Hering, Lachs und Thunfisch.

---

3. *Reduzieren Sie die Gesamtmenge an Zucker.* Verwenden Sie eher Obst statt Zucker, um Süße zu bekommen. Entscheiden Sie sich für Getränke mit geringem Zuckergehalt, und vermeiden Sie es, Getränke und Müsliprodukte nachzusüßen.

4. *Nehmen Sie mehr Ballaststoffe zu sich.* Der Begriff »Ballaststoffe« kommt immer mehr aus der Mode und wird durch *Nicht-stärkehaltige Polysaccharide (NSP)* ersetzt, womit dasselbe gemeint ist. Eine gute Ernährung enthält viele Ballaststoffe, die vor allem in frischem Obst vorkommen, vorzugsweise, wenn es mit Schale gegessen wird, in schonend gedünstetem Gemüse, Vollkornbrot, Kartoffeln (mit Schale), Nudeln, Reis, Haferflocken sowie in ballaststoffreichen Müsliprodukten fürs Frühstück.

5. *Reduzieren Sie Salz.* Verwenden Sie Gewürze (und Kräuter), um abwechslungsreich zu kochen.

Wie Sie essen

Das größte Problem bei der Ernährung ist, wie wir essen, und am allerschlimmsten sind die extremen Anschauungen, die in unserer Gesellschaft verbreitet werden, was Figur und Gewicht, vor allem bei Frauen, angeht. Solche Anschauungen können extreme Vorstellungen über Ernährung fördern, die dann entweder zu Freßsucht gefolgt von Hungern führen (Bulimie) oder zu starken Gewichtsverlusten (Anorexie).

Wenn es für Sie ein Problem ist, wie Sie essen oder in welchem Ausmaß Sie sich mit der »richtigen Figur« beschäftigen, dann sollten Sie dieses Kapitel ganz lesen.

Körper und Psyche

Jüngste Forschungsergebnisse haben gezeigt, daß circa 80% aller Amerikanerinnen und fast 50% aller Amerikaner schon einmal in ihrem Leben versucht haben, Diät zu halten. Und das trotz der Tatsache, daß weniger als 20% der Bevölkerung übergewichtig sind – im Sinne eines Übergewichts, das ein Gesundheitsrisiko bedeutet. Wenn Sie sich einmal eine Gruppe aktiver Sportlerinnen und Sportler genauer anschauen, zum Beispiel Menschen, die Tennis oder Fußball spielen, so haben diese ganz unterschiedliche Figuren und sind unterschiedlich dick oder dünn, viele entsprechen nicht der Norm, die gerade modern ist.

Eine Diät zu machen scheint eher so etwas wie eine Gesellschaftskrankheit zu sein, oder sogar eine Epidemie. Die Mode diktiert, was zu tun ist, und im Moment ist eben Schlanksein modern – sowohl Männer als auch Frauen sind davon betroffen, Frauen allerdings in höherem Maß. Um gut auszusehen, ist es unerläßlich, schlank zu sein, und wenn Sie nicht schlank sind, werden Sie von den Medien, der Nahrungsmittelindustrie und den Menschen Ihrer Umgebung dazu gedrängt, etwas dagegen zu unternehmen. Es kommt nicht darauf an, ob Sie von Natur aus so gebaut sind, ob die Kurven und Muskeln bei Ihnen so angelegt sind, es wird auf jeden Fall schwer sein, den zahlreichen Beeinflussungen zu widerstehen, die Sie zum Abspecken bewegen wollen.

Auswirkungen auf Selbstachtung und Selbstvertrauen

Die Botschaft, die uns in westlichen Gesellschaften vermittelt wird, ist, daß wir schlank zu sein haben; und daß wir, wenn wir das Richtige tun, auch schlank sein werden. Das hat wenig mit Gesundheit zu tun und viel mit kommerziellen Interessen. Wird diese gesellschaftliche Maxime umstandslos akzeptiert, so hat dies weitreichende Auswirkungen auf das Selbstgefühl, vor allem auf Selbstachtung und Selbstvertrauen. Menschen, die eine Diät machen, wissen sehr genau, daß eine Gewichtsabnahme allgemein als Möglichkeit gilt, sich wohler in seiner Haut zu fühlen. So, als könnten durch Abnehmen alle Lebensprobleme mit einem Schlag gelöst werden. In einem solchen gesellschaftlichen Klima kann es verheerend sein, »keine gute Figur« zu haben.

Sechs Faktoren, die Gewicht und Figur bestimmen

An dieser gesellschaftlichen Botschaft ist zweierlei falsch. Erstens ist Schlankheit im anvisierten Ausmaß *nicht* besonders gesund. Zweitens ist es, ganz im Gegensatz zu dem Eindruck, der erweckt wird, nicht leicht abzunehmen. Das liegt daran, daß Gewicht und Figur nicht allein durch unsere Ernährung bestimmt werden: viele andere Faktoren haben daran ebenfalls einen Anteil.

1. *Vererbung.* Figur, Körpergröße und Gewicht unterliegen starken genetischen Einflüssen. In einer interessanten Studie, die in Dänemark durchgeführt wurde, wurde eine große Anzahl von Erwachsenen, die als Kleinkinder adoptiert worden waren, gewogen. Ihr Gewicht wurde sowohl mit dem ihrer leiblichen (biologischen) Eltern verglichen als auch mit dem ihrer Adoptiveltern. Es stellte sich heraus, daß das Gewicht dem der leiblichen Eltern ähnlich war, nicht dem der Adoptiveltern. Es scheint, als ob unsere Erbanlagen unsere Figur und unser Gewicht ganz entscheidend prägen: die Wahrscheinlichkeit ist groß, daß wir unseren Eltern und Großeltern ähnlich sehen.

2. *Der Fixpunkt und der Stoffwechsel.* Der Körper verhält sich, möglicherweise aufgrund von Vererbung, aber auch aufgrund Ihres Alters

und Aktivitätsniveaus, so, als suche er ein ganz bestimmtes Gewicht zu halten. Jeder Mensch scheint einen bestimmten »Gewichts-Fixpunkt«, eine Art individuelles Idealgewicht, zu besitzen, der wie der Thermostat eines Hauses funktioniert. Wenn wir versuchen würden, so viel abzunehmen, daß dieser Fixpunkt unterschritten wird, dann würden körperliche Mechanismen in Gang gesetzt werden, die sich bemühen, einen weiteren Gewichtsverlust zu verhindern. Der Körper verwertet dann die ihm zugeführte Nahrung besser. Das heißt, daß die Nahrungsverwertung nicht starr festgelegt ist. Sie ändert sich je nachdem, wie wir damit umgehen, und neigt dazu, den Körper vor den Auswirkungen einer Diät zu schützen.

3. *Alter.* Junge Erwachsene, Männer wie Frauen, verändern sich in Gewicht und Figur noch oder müssen, nachdem sie ausgewachsen sind, erst noch »etwas zulegen«. Ältere Menschen sind normalerweise schwerer als in ihrer Jugend, und viele Frauen nehmen um die Zeit der Menopause herum plötzlich zu. Wenn sich ihr Leben dem Ende zuneigt, können alte Menschen abnehmen und kleiner werden.

4. *Bewegung, Fitneß und Haltung.* Bestimmte Sportarten führen zur Stärkung bestimmter Muskelpartien. Menschen, die schwimmen, bekommen breite, kräftige Schultern, Menschen, die laufen, entwickeln ihre Waden- und Oberschenkelmuskulatur. Wenn sie fit sind, können Menschen anders aussehen, da sich ihre Haltung verändert und sie beweglicher sind. Gleichzeitig verbraucht Sport Energie. Obwohl regelmäßiges Sporttreiben den Appetit vergrößert, führt es im Endeffekt meistens doch eher zu einem Gewichtsverlust.

5. *Trinkgewohnheiten.* Da Alkohol viele Kalorien hat, macht er nicht nur dick, sondern führt auch zu einem Völlegefühl, ohne Sie mit den nötigen Nährstoffen zu versorgen.

6. *Eßmuster und -gewohnheiten.* Wenn Sie fetthaltige Nahrungsmittel in großen Mengen zu sich nehmen, wird das ungeachtet der oben beschriebenen genetischen und physiologischen Faktoren dazu führen, daß Sie zunehmen. Nehmen Sie auch dann zu, wenn Sie geringe Mengen fetthaltiger Nahrung zu sich nehmen, kann es sein, daß Sie versuchen, Ihr Gewicht unter dem Ihnen genetisch vorbestimmten zu halten und unter Ihrem »Fixpunkt«.

Die Gefahren von Diäten

Eine Diät zu machen bedeutet Entzug. Es heißt, ohne etwas auszukommen. Der Körper ist ein gut angepaßter Mechanismus, der dazu bestimmt ist, Ihr Überleben zu sichern, und er widersetzt sich strengen Diätversuchen mit physiologischen Mitteln. Je öfter Sie schon versucht haben, eine Diät zu machen, desto effizienter sind diese Mittel inzwischen geworden und desto weniger aussichtsreich ist Ihre Diät. Ihr Körper wird Wege finden, um die ihm zuteil werdende Behandlung zu kompensieren, das Gewicht, das Sie durch eine Diät verlieren, wird niemals dem damit einhergehenden Energieverlust entsprechen. Sie werden einen Kampf führen, der niemals endet. Diätkuren bergen außerdem einige ernsthafte Gefahren.

- *Zyklisches Hungern und Überessen.* Je mehr Nahrung Sie sich entziehen, desto mehr werden Sie sich danach sehnen. Je stärker das Bedürfnis wird, desto wahrscheinlicher ist es, daß Sie nachgeben. Wenn Sie erst einmal nachgegeben haben, kommt es leicht dazu, daß Sie sich überessen: »Jetzt habe ich es platzen lassen; da kann ich es auch ganz aufgeben und morgen wieder anfangen.« Weil Sie aufgegeben haben, versuchen Sie danach, härter zu sein, und der Zyklus beginnt von vorn. Viele Menschen, die gerade eine Diät machen, pendeln zwischen den beiden Extremen, sich zu stark einzuschränken und sich zu überessen, hin und her. Im Endeffekt führt das nicht zu Gewichtsverlust, sondern zu dem Gefühl, daß alles außer Kontrolle geraten ist.
- *Verwirrung des Hungergefühls.* Häufige Diätkuren können das natürliche Empfinden für Hunger und Sattheit beeinträchtigen. Der Hunger wird nie gestillt und geht daher nie weg, Sie gewöhnen sich dadurch daran und bemerken ihn nicht mehr. Wenn Sie mit der Diät aufhören, funktioniert dieses Kontrollsystem, das den Appetit regelt, nicht mehr richtig: es wird schwer, zu erkennen, ob Sie »wirklich« Hunger haben, selbst wenn Sie satt sind. Das natürliche Kontrollsystem kann dadurch wieder in Ordnung gebracht werden, daß Sie ein paar Wochen lang regelmäßig und normal essen.
- *Konzentration aufs Essen.* Die natürliche Reaktion auf Entzug, auf

eine strenge Diät, ist, mehr über Essen nachzudenken. Essen kann zur ständigen Sorge werden, das Nachgrübeln darüber kann anfangen, andere Aktivitäten zu stören. Diese Konzentration ist destruktiv, da die Diät sich dann schwerer durchhalten läßt und Freßgelage wahrscheinlicher werden.

– *Scheinerfolg.* Eine erfolgreiche Diätkur kann leicht mit anderen Arten von Erfolg verwechselt werden. Es kann ein gutes Gefühl sein, eine Diät zu machen, weil dadurch ein sozial erwünschtes Ziel erreicht werden kann. Es ist anstrengend, beweist also eine gewisse Stärke. Solche Erfolge erhöhen das Selbstwertgefühl, als ob Sie dadurch zu einem besseren Menschen würden, weil Sie ein bißchen schmaler geworden sind. Es wird leicht übersehen, daß Sie immer noch derselbe Mensch sind, mit denselben Stärken und Schwächen, unabhängig davon, wie Sie nun einmal gebaut sind.

– *Stimmungsschwankungen.* Eine erfolgreich durchgeführte Diät kann glücklich machen, eine nicht erfolgreiche unglücklich. Ihre Selbstachtung kann größer sein, solange es Ihnen gelingt, sich beim Essen einzuschränken, und geringer (manchmal extrem gering), sobald Sie sich überessen. Das Gefühl stellt sich ein, daß die Stimmungsschwankungen außer Kontrolle geraten, es kann so weit kommen, daß Menschen, die Diät halten, ihre Stimmung über das Essen beeinflussen lernen. Essen hebt die Stimmung, aber nur vorübergehend. Es befreit von Hunger und von der ständigen Sorge ums Essen und nach dem Essen, während die Nahrung verdaut wird, sind andere schlechte Gefühle gedämpft. Auf Essen folgt oft eine Phase relativer Ruhe. Auf lange Sicht hat das zwei unerwünschte Konsequenzen: die Nahrungsaufnahme wird von der Stimmung, nicht von körperlichen Bedürfnissen bestimmt; und sowohl Stimmung als auch Eßverhalten unterliegen heftigen Schwankungen. Es wird immer schwerer, eine Diät durchzuhalten, und immer leichter, sich selbst dafür Vorwürfe zu machen. Das Ergebnis ist, daß Sie unglücklicher sind als vorher, nicht glücklicher.

– *Erschöpfung, Streß und Anspannung.* Das sind die direkten Folgen des Entzugs und der Entbehrung, und das Ganze wird durch die emotionale Berg-und-Tal-Fahrt, die Diätkuren so mit sich bringen, noch verschlimmert.

Eßstörungen, die mit Diätkuren
in Verbindung gebracht werden

Die beiden Problembereiche, die mit Diätkuren und exzessiver Beschäftigung mit Gewicht und Figur in Zusammenhang gebracht werden, sind Anorexia und Bulimia nervosa (Magersucht und Heißhunger). Beides sind potentiell ernste und gefährliche Zustände, die normalerweise in der Pubertät erstmals auftreten und viel häufiger Frauen als Männer betreffen. In der überwiegenden Mehrzahl der Fälle beginnen die Probleme nach dem Versuch, eine Diätkur zu machen, um abzunehmen. Bei beiden Zuständen ist professionelle Hilfe vonnöten, selbst wenn sie erst in der Anfangsphase sind.

Anorexia nervosa (Magersucht)

Zur Magersucht gehört eine exzessive Diät und ein so extremer Gewichtsverlust, daß er lebensgefährlich werden kann. Magersüchtige unternehmen enorme Anstrengungen, um abzunehmen, oft essen sie heimlich winzige Mahlzeiten, deren Kalorien genauestens bemessen sind, und treiben übermäßig viel Sport. Manche nehmen nach dem Essen große Mengen an Abführmitteln in der irrigen Annahme, daß sie dann nicht zunehmen. Es kann sein, daß sie ihr Körpergewicht auch dann noch überschätzen, wenn sie bereits sehr abgemagert sind, und immer noch davon überzeugt sind, sie seien zu dick. Magersüchtige assoziieren »dick« sein mit schlecht sein, zuzunehmen ist entsetzlich. Die meisten Magersüchtigen haben keine Menstruation mehr, sind erschöpft und frieren leicht. Sie verlieren den Kontakt zu ihren Mitmenschen und leiden unter einem geringen Selbstwertgefühl und mangelndem Selbstvertrauen.

Bulimia nervosa (Heißhunger)

Auch Bulimie hat mit Angst vor dem Zunehmen zu tun, mit der Angst, die Kontrolle zu verlieren, und mit geringem Selbstwertgefühl. Allerdings haben Menschen, die unter Bulimie leiden, meist Normalgewicht. Ihre Eßgewohnheiten unterliegen extremen Schwankungen, unbarmherzige Hungerkuren wechseln mit großen Freßgelagen ab, die normalerweise geheimgehalten werden. Um die Gewichtszunahme nach solchen

Freßgelagen zu kontrollieren, übergeben sie sich absichtlich oder nehmen Abführmittel. Sie haben oft das Gefühl, ihr Eßverhalten nicht kontrollieren zu können. Menschen mit Bulimie essen beispielsweise zwischen ihren Freßgelagen ausgewogen und kalorienreduziert und stürzen sich dann plötzlich auf »verbotene« Nahrungsmittel wie Schokolade, Kuchen, Pasteten, Brot und Soft Drinks. Sie sind häufig wegen dieses plötzlichen Heißhungers besorgt und geraten darüber aus der Fassung, wohingegen es ihnen bessergeht, wenn es ihnen gelingt, einen strengen Ernährungsplan einzuhalten. Bulimie kann, genau wie Magersucht, zu Menstruationsstörungen führen.

Gefährliches Verhalten

Manche Verhaltensweisen von Menschen, die an Magersucht oder Bulimie leiden, sind gefährlich und können ernste Folgen haben. Sie sind im folgenden Kasten aufgeführt.

Die Gefahren von Magersucht und Bulimie

Die Gefahren von Untergewicht
– Biochemische Anormalitäten im Blut (vor allem zu wenig Kalium), die zu gefährlichen Herzrhythmusstörungen und zu Schlaganfällen führen
– Zu wenig Blutzucker, was zu Bewußtlosigkeit und Tod führt
– Herzversagen
– Gefährlich niederer Blutdruck
– Weiche Knochen, daher Knochenbrüche
– Austrocknung

Gefahren von Abführmitteln
Abführmittel helfen nicht gegen die dickmachende Wirkung von Nahrungsmitteln. Gewichtsverlust nach Einnahme von Abführmitteln liegt an Flüssigkeitsverlust. Das ist gefährlich. Es führt zu biochemischen Anormalitäten im Blut – unter anderem zu wenig Kalium –, gefährliche Herzrhythmusstörungen können die Folge sein.

Die Gefahren von selbst ausgelöstem Erbrechen
– Zahnverfall und Karies
– Biochemische Veränderungen im Blut (unter anderem zu wenig Kalium), dadurch gefährliche Herzrhythmusstörungen

---

Vernünftige Gewichtskontrolle

Wegen der mit Magersucht und Bulimie verbundenen Gefahren ist es wichtig, daß Sie nur solche Diätkuren machen, die vernünftig und sicher sind. Natürlich ist es möglich, Fastenkuren zu machen, die mit Gewohnheiten einhergehen, die Sie bedenkenlos ein Leben lang beibehalten können, und das ist die beste Möglichkeit überhaupt, vorausgesetzt, Sie sind sich absolut sicher, daß Sie wirklich abnehmen wollen und müssen.

Zunächst einmal müssen Sie Ihr Ziel weit und nicht eng fassen. Denken Sie daran, welche Faktoren für das Körpergewicht ausschlaggebend sind, sie wurden bereits besprochen, und überlegen Sie, welches Gewicht für Sie gesund und natürlich sein könnte, berücksichtigen Sie dabei auch Ihr Alter. Sie sollten also zunächst versuchen, Ihren momentanen »Gewichts-Fixpunkt« festzulegen – wahrscheinlich werden Sie da nur raten können. Bestimmen Sie dann Ihr Zielgewicht, wobei Sie einen Spielraum von vier bis sechs Pfund lassen (zwei oder drei Pfund nach beiden Seiten eines exakten Zielpunkts). Der Grund dafür ist, daß das Gewicht immer geringfügigen Schwankungen unterworfen ist, je nachdem wie Sie zum Beispiel Wasser speichern, so daß Sie sich also nie ganz genau auf ein bestimmtes Gewicht festlegen können.

Als nächstes entwickeln Sie ein Routineprogramm, das Ihnen dabei helfen kann, Gewohnheiten zu entwickeln, die Sie ein Leben lang beibehalten können. Die traditionellen drei Mahlzeiten pro Tag sind ganz praktisch, allerdings nicht für jeden Menschen. Wichtig ist auf jeden Fall, daß Sie nicht versuchen, tagsüber lange Zeit ohne Essen auszukommen – falls Sie das tun, laufen Sie Gefahr, sich in einen Freßgelage-Hungerkur-Zyklus zu manövrieren. Kleine Zwischenmahlzeiten und ein kleiner Imbiß direkt vor dem Zubettgehen helfen, Freßgelage aufgrund von Hungergefühl zu verhindern. Nachdem Sie regelmäßige Essenszeiten gefunden haben, ist die nächste Frage, was und wieviel Sie essen. Die Voraussetzung für eine bekömmliche Diät ist eine ausgewogene Ernährung, die mengenmäßig etwas unter dem Normalmaß liegt, und da das Ziel ist, Eßgewohnheiten zu entwickeln, die ein Leben lang beibehalten werden können, müssen Sie sich nicht beeilen. Halten Sie sich daher in diesem Stadium, nachdem Sie sich für bestimmte

Essenszeiten entschieden haben, einfach an diese Zeiten, und ernähren Sie sich ausgewogen. Verbieten Sie sich keine Nahrungsmittel (das könnte destruktiv sein, da Sie dann eventuell einen Heißhunger darauf entwickeln), und schränken Sie auch die Mengen nicht ein (andernfalls könnte das dazu verleiten, immer ans Essen zu denken). Sie versuchen in diesem Stadium herauszufinden, wieviel Sie essen können, wenn Sie Ihr Gewicht halten wollen: wenn Sie weder zu- noch abnehmen wollen, sondern Ihr Gewicht innerhalb des erwähnten Spielraums stabil bleiben soll. Sie vergewissern sich außerdem, daß Ihre Appetitkontrolle funktioniert: daß Sie Appetit haben, wenn Sie hungrig sind, zwischen den Mahlzeiten aber Ihre Ruhe haben. Diese Phase sollte etwa drei Wochen in Anspruch nehmen (einen Monat, falls Sie das schaffen). Wenn Sie mindestens drei Wochen so gegessen haben und Ihr Zielgewicht überschritten wird, dann nehmen Sie eine *geringfügige* Reduktion der Gesamtnahrungsmenge vor, behalten aber die ausgewogene Ernährung und die regelmäßigen Essenszeiten bei. Am besten ist es, die Nahrungsmenge bei jeder Mahlzeit etwas zu reduzieren. Fettes Essen hat mehr Kalorien als anderes, es ist daher besonders effektiv, die Fettmenge zu reduzieren. Es ist unerläßlich, daß Sie nur kleine Veränderungen vornehmen. Ihr Körper reagiert auf dramatische Veränderungen auch dramatisch und ist dann physiologischen Veränderungen unterworfen, die einer Gewichtsabnahme im Weg stehen. Alkohol hat viele Kalorien. Eine gute Möglichkeit, die Nahrungsaufnahme im allgemeinen herabzusetzen, ist, weniger Alkohol zu trinken.

Ein »Trick«, um die Nahrungsaufnahme zu reduzieren, ist, langsam zu essen. Ein Sättigungsgefühl stellt sich teilweise aufgrund des Blutzuckergehalts ein, dieser steigt kurz nach einer normalen Mahlzeit an. Wenn Sie langsam essen, wird es unwahrscheinlicher, daß Sie weiteressen, nachdem Sie satt sind.

Sie können nicht sowohl schnell als auch risikolos abnehmen. Abnehmen ist mit wirklichen Gefahren verbunden, und es ist viel gesünder für Sie, wenn Sie vernünftige Gewohnheiten auf lange Sicht entwickeln, indem Sie kleine Veränderungen vornehmen, die dazu führen, daß Sie langsam, aber sicher abnehmen.

Wiegen Sie sich nicht zu oft, sonst verlieren Sie vielleicht den Mut und lassen sich durch die normalen Schwankungen von einem Tag auf den anderen irritieren, oder Sie beschäftigen sich zu viel mit Ihrem Gewicht. Wir empfehlen, sich nur ein Mal pro Woche zu wiegen. Ihre Größe, Ihr Gewicht und Ihre Figur spiegeln nur einen relativ unwichtigen Teil Ihres Selbst. Um dies nicht zu vergessen, sollten Sie sich stets auch die anderen Aspekte Ihrer Persönlichkeit bewußtmachen: Ihren Beruf und das, womit Sie sich jeden Tag so beschäftigen, Ihre Familie und Ihre Beziehungen, Vergnügungen und Entspannungen, Fertigkeiten und Talente sowie die unterschiedlichen Aktivitäten, an denen Sie – egal, ob körperlich, sozial oder politisch – teilnehmen. Sie sind nicht Ihr Gewicht.

Gute Eßgewohnheiten entwickeln

Versuche mit Goldhamstern ergaben, daß diese Tiere von Natur aus bestimmen können, welche Art von Nahrungsmitteln sie zu sich nehmen müssen. Wie sie das genau machen, blieb ein Rätsel, allerdings ernährten sie sich auf diese Weise ausgewogen, und ihre Nahrung enthielt alle notwendigen Bestandteile. Wurde ihnen eine Zeitlang ein bestimmtes Nahrungsmittel entzogen, schienen sie zwar nicht darunter zu leiden, aßen es aber bevorzugt, sobald es wieder angeboten wurde. Kinder sind natürlich nicht wie Goldhamster. Aber vielleicht ist das Prinzip auch für sie wichtig. Wird einem Kind eine vielfältige, vollwertige, gesunde Ernährung angeboten, braucht sich niemand zu sorgen, welche der angebotenen Lebensmittel tatsächlich gegessen werden. Zu viel von einem bestimmten Lebensmittel macht irgendwann einem anderen Platz. Viel wichtiger ist es, daß nach dem Säuglingsalter regelmäßige Essenszeiten eingeführt werden. Kinder werden Vorlieben und Abneigungen haben, und Eltern bekommen leicht das Gefühl, sie müßten Kinder dazu ermuntern, auch mal etwas Neues zu probieren, dabei kann das Kind höchstwahrscheinlich selbst am besten beurteilen, wieviel es wovon essen möchte. Falls Sie Wert darauf legen, daß ein Kind seinen Teller leer ißt, dann geben Sie ihm zunächst nur eine sehr kleine Portion, und wenn das Kind älter wird, lassen Sie es sich selbst schöpfen, unter der Voraussetzung, daß es das, was es sich genommen hat, auch aufißt. Das abschätzen zu können dauert ziemlich lange, je eher Sie also damit anfangen, desto besser. Niemand kann lernen, etwas richtig zu machen, ohne vorher im wahrsten Sinn des Wortes Hunderte von Fehlern begangen zu haben. Kleinkinder können jedenfalls sehr gut bestimmen, was sie essen, und sie können das um so sicherer, wenn ihr Appetit sich auf regelmäßige Essenszeiten einstellen kann, wenn sie eine ausgewogene Vielfalt an Nahrungsmitteln angeboten bekommen und wenn sie selbst aussuchen dürfen. Dann wird Essen zum Vergnügen, nicht zur lästigen Pflicht.

Daß es schwierig ist, gute, langzeittaugliche Eßgewohnheiten in einer Familie zu entwickeln, liegt auch daran, daß die Nahrungsmittel jederzeit verfügbar sind. Sie gehen in die Küche, Sie machen den Kühlschrank auf, und da sind sie. Eine weitere nützliche Strategie sowohl für Familien als auch für Menschen, die langsam und auf vernünftige Weise abnehmen wollen, ist daher die »Reizkontrolle«.

Reizkontrolle

Von einem Reiz beherrscht zu werden bedeutet, daß Sie immer, wenn er ausgelöst wird, darauf reagieren. Immer, wenn Sie etwas zum Essen sehen, essen Sie. Falls Sie damit Schwierigkeiten haben, daß Sie dazu neigen, an Essen, das herumliegt, zu knabbern oder sich darauf zu stürzen, dann liegt die Lösung dieses Problems darin, daß Sie lernen, den Reiz unter Kontrolle zu bekommen. Dazu sind drei Schritte nötig. Zunächst vergewissern Sie sich, daß keine Nahrungsmittel in Sichtweite sind, außer während der Mahlzeiten. Dann gewöhnen Sie sich an, nur dann zu essen, wenn Sie sich zu einer Mahlzeit an den Tisch setzen. Und drittens konzentrieren Sie sich aufs Essen und genießen es. Das heißt, daß Sie es nicht beim Zeitunglesen hinunterschlingen oder beim Fernsehen automatisch in sich hineinlöffeln. Kurzum, Sie verbieten sich die beiläufige Nahrungsaufnahme. Sie können die Methode der Reizkontrolle auch anderweitig einsetzen. Vermeiden Sie es zum Beispiel, gerade dann an der Bäckerei vorbeizugehen, wenn es frisches Brot gibt. Machen Sie sich einen Einkaufszettel, an den Sie sich auch halten, und kaufen Sie nicht dann ein, wenn Sie sehr hungrig sind. Kaufen Sie Lebensmittel, die noch zubereitet werden müssen, damit Sie nicht jederzeit daran herumknabbern können, wenn Ihnen danach ist. Legen Sie zu Hause keine großen Vorräte an. Trinken Sie Wasser oder essen Sie Karotten, statt vom Kuchenteig zu naschen, wenn Sie kochen und schon sehr hungrig sind.

Schließlich ist es deshalb so verführerisch, zu viel und zur falschen Zeit zu essen, weil Essen gut ist und Spaß macht. Wenn es kein Genuß wäre, zu essen, hätten unsere Vorfahren sich vielleicht nicht darum gekümmert, nach Eßbarem zu suchen, und hätten nicht überlebt. Dieses »Such«-Verhalten ist schwer abzulegen. Uns werden immer wieder neue, verführerische Lebensmittel und Rezepte vorgesetzt. Wenn wir uns unserer Langzeitgewohnheiten erst einmal sicher sein können, haben wir nichts mehr zu verlieren, wenn wir es genießen, auf die verschiedensten Arten essen, auch im Freundeskreis, in Restaurants und bei gelegentlichen Festen.

Essen als Ersatzhandlung

Da Essen so viel Freude machen kann, wird es leicht als Ersatz für etwas anderes benutzt. Es kann zu schlechten Angewohnheiten führen, wenn Essen zum Liebesersatz wird: Sie essen dann zum Beispiel als Trost oder wenn Sie traurig sind; um Stimmungen zu beeinflussen; und um Langeweile oder Einsamkeit zu ertragen. Essen ist keine Möglichkeit, andere Probleme zu lösen. Falls Sie es so einsetzen, kann das Essen leicht selbst zum Problem werden, was zu Übergewicht, Bulimie oder Magersucht führt.

Menschen mit Magersucht oder Bulimie leiden an der Extremform eines Problems, das auch Diäthaltende kennen: es geht ihnen gut, solange es ihnen gelingt, die Nahrungszufuhr zu drosseln, sobald das scheitert, geht es ihnen schlecht. In vielen Fällen hängt das Selbstwertgefühl völlig von der eigenen Meinung zu Figur und Gewicht ab. Sollten Sie unter Magersucht oder Bulimie leiden, dann empfehlen wir, eines der Bücher zu lesen, die in den Lektüreempfehlungen (S. 528 bis 537) aufgelistet sind, und sich um medizinische oder psychologische Hilfe zu kümmern. Falls es bei einer Schlankheitskur passiert, daß Sie Ihr Eßverhalten nicht mehr beeinflussen können – wenn Sie also manchmal Heißhunger bekommen, Abführmittel nehmen wollen oder Erbrechen herbeiführen –, dann lesen Sie dieses Kapitel sorgfältig durch (außerdem auch Kapitel 10), und beginnen Sie damit, sich auf regelmäßige Mahlzeiten und Zwischenmahlzeiten zu konzentrieren: Frühstück, Zwischenmahlzeit, Mittagessen, Zwischenmahlzeit, Abendessen, Betthupferl. Die Zwischenmahlzeiten können eventuell nur aus einem kleinen Apfel bestehen. Die Mahlzeiten müssen nicht üppig, sollten aber ausgewogen sein. Wenn Sie jeden Tag diese drei Mahlzeiten und drei Zwischenmahlzeiten sorgfältig planen, wird es Ihnen wieder leichterfallen, Ihr Eßverhalten zu steuern.

Einem Menschen mit Eßstörungen helfen

Wenn jemand, der Ihnen nahesteht, an Magersucht oder Bulimie leidet, kann das sehr schwierig sein. Menschen mit solchen Problemen lehnen Hilfe oft ab. Sie können verschlossen, leicht irritiert und verärgert sein und geben anderen gegenüber oft nicht ehrlich zu, was sie tun. Das kann daran liegen, daß sie sich sowohl wegen ihres Verhaltens schlecht fühlen (wozu auch Lügen und Stehlen gehören kann) als auch deswegen, weil sie andere verletzen könnten, die sie lieben. Oder sie haben entsetzliche Angst davor, etwas zu verändern, weil sie das Gefühl haben, die Gewichtszunahme nicht beeinflussen zu können. Bei manchen Menschen hängt das Selbstwertgefühl ausschließlich davon ab, daß sie ihr Eßverhalten und ihr Gewicht erfolgreich kontrollieren können. Für sie ist es besonders furchterregend, wenn sie zu einer Veränderung ermuntert werden. Es kann ihnen so vorkommen, als würde dadurch all das bedroht, was für sie zur unerläßlichen Lebensstütze geworden ist. Sie können ärgerlich werden, wenn andere Menschen zu helfen versuchen.

Für diejenigen, die Menschen mit Eßstörungen nahestehen, ist es mit am schwierigsten, Mittel und Wege zu finden, Anteilnahme zu zeigen, ohne einerseits überängstlich zu werden und sich zu sehr einzumischen oder andererseits wütend und zu distanziert zu werden. Der Mittelweg ist am besten, allerdings schwer beizubehalten. Es hilft, wenn enge Freundinnen oder Freunde offen zugeben, daß es ein Problem gibt. Allerdings ist es normalerweise immer fruchtbarer, Betroffenen dabei zu helfen, ihre Unabhängigkeit zu bewahren, statt die Eßstörung für sie lösen zu wollen. Freundeskreis und Familie sollten es sich zum Ziel machen, emotional verfügbar zu sein – dazusein, wenn sie gebraucht werden –, ohne sich aufzudrängen. Die genannten Eßstörungen treten vor allem bei weiblichen Teenagern und bei jungen Frauen auf. Dann, wenn die Beziehungen innerhalb der Familie sich wandeln. Meistens sind solche Zeiten turbulent und schwierig. Die beste Hilfe besteht manchmal darin, der sichere Punkt in einer unsicher gewordenen Welt zu sein.

Zusammenfassung dieses Kapitels

Gute Eßgewohnheiten gewährleisten, daß Essen gesund und genußvoll bleibt. Sie beinhalten, daß dickmachende oder ungesunde Nahrungsmittel eher eingeschränkt als verboten werden und daß auf gleichbleibende Muster geachtet wird: es ist sowohl wichtig, *was* Sie essen, als auch, *wie* Sie essen.

Der gesellschaftliche Druck, Diät zu halten, führt eher dazu, den Genuß zu verderben und das Selbstwertgefühl zu untergraben, statt dazu, daß Sie mit sich zufrieden sind, denn Ihr Gewicht und Ihre Figur hängen nicht nur davon ab, wieviel Sie essen.

Diätkuren können zu ernsten Problemen führen:

– Abwechselndem Hungern und Überessen
– Verwirrung des Hungergefühls
– Dauernder Beschäftigung mit Essen
– Scheinerfolg
– Stimmungsschwankungen
– Erschöpfung, Streß und Anspannung

Zwei Störungen, die mit Diätkuren in Verbindung gebracht werden – Magersucht und Bulimie –, haben ernste Konsequenzen.

Es ist möglich, Ihr Gewicht sowohl risikolos als auch vernünftig zu kontrollieren, indem Sie regelmäßige Essenszeiten einführen und zyklisches Hungern oder Überessen vermeiden. Es ist eine Hilfe, Nahrungsmittel aus dem Blickfeld (und den Gedanken) zu verbannen, wenn gerade keine Mahlzeit ansteht – Reizkontrolle –, und es ist wichtig, Essen nicht als (wirkungslose) Möglichkeit zu begreifen, andere Probleme zu lösen, zum Beispiel Einsamkeit oder Langeweile.

26. Alkoholprobleme vermeiden

Alkohol kann viel Freude machen. Wir trinken ihn bei festlichen Anlässen wie Hochzeiten und Geburtstagen und anderen bedeutsamen Ereignissen, zum Beispiel Abschieds- und Wiedersehensfeiern oder Beerdigungen. Alkohol ist bei den meisten gesellschaftlichen Ereignissen dabei, und es wäre eine Verleugnung der Tatsachen, nicht zuzugeben, daß es Vorteile haben kann, etwas zu trinken. Die Kommunikation kann dadurch erleichtert werden, Ängste und Sorgen können gedämpft werden. Das gilt aber nur dann, wenn Alkohol kontrolliert und in Maßen genossen wird, denn Alkohol ist eine gefährliche, süchtig machende und dämpfende Droge. In großen Mengen oder bei unkontrolliertem Umgang kann er Ihr Leben ruinieren. Der Übergang vom Genuß zur Zerstörung ist so tückisch, daß ein Mensch jahrelang alkoholabhängig sein kann, ohne überhaupt zu bemerken, daß es ein Problem gibt. Sinn und Zweck dieses Kapitels ist es, Ihnen dabei zu helfen, Alkohol ohne Risiko genießen zu können, und Ihnen einige Hinweise zu geben, an die Sie sich halten können, falls Alkohol für Sie bereits zum Problem geworden ist. Im ersten Teil dieses Kapitels wird erklärt, wie Sie Ihr Trinkverhalten einschätzen können, und im zweiten Teil wird erläutert, wie Sie Ihr Trinkverhalten steuern können.

1. Teil: Ihr Trinkverhalten einschätzen

Das Baumdiagramm zur Einschätzung

Sie müssen sich drei Fragen stellen, wie sie im Baumdiagramm auf der gegenüberliegenden Seite dargestellt sind.

1. *Sind Sie von Alkohol abhängig?* Falls das zutrifft, muß die Abhängigkeit angegangen werden, sei es physisch oder psychisch. Falls Sie nicht abhängig sind,
2. *Trinken Sie zu viel Alkohol?* Selbst wenn Sie nicht abhängig sind, könnten Sie so viel trinken, daß es in der Zukunft zu ernsthaften

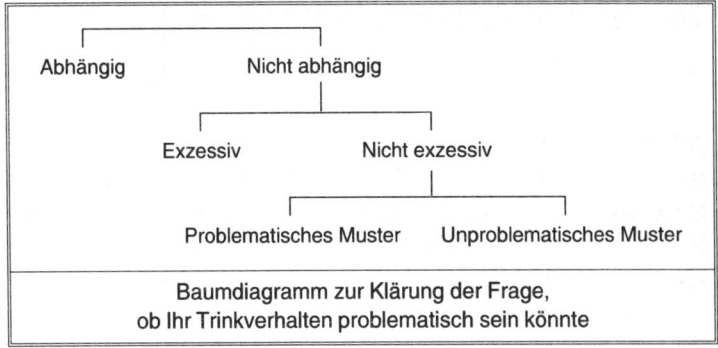

Baumdiagramm zur Klärung der Frage,
ob Ihr Trinkverhalten problematisch sein könnte

gesundheitlichen Problemen kommen könnte. Falls Sie nicht übermäßig viel trinken, dann

3. *Birgt Ihr Trinkverhalten irgendwelche möglichen Gefahren?* Bei manchen Verhaltensmustern ist es wahrscheinlich, daß sie zu Alkoholproblemen führen werden, selbst wenn Sie weder abhängig sind noch übermäßig viel trinken.

1. *Frage:* Sind Sie alkoholabhängig?

Ein Mensch, der von Alkohol abhängig ist, hat unter Umständen auch Schwierigkeiten damit, sich selbst gegenüber ehrlich in bezug auf seine Trinkgewohnheiten zu sein. Vielleicht haben Sie, wenn Sie darüber nachdenken, ab einem gewissen Punkt das Gefühl, daß Ihr Trinkverhalten nicht ganz so problemlos ist, weigern sich aber, sich damit auseinanderzusetzen, worum es bei diesem unbehaglichen Gefühl genau geht. Sollten Sie sich in dieser Beschreibung erkennen, dann kann Ihnen Ehrlichkeit sich selbst gegenüber viel bringen. Möglicherweise wollen Sie niemand anderem gegenüber aufrichtig sein, aber wenn Sie sich selbst etwas vormachen, dann befinden Sie sich auf jeden Fall auf einem gefährlichen Weg.

Beantworten Sie die Fragen im Kasten auf der folgenden Seite, um einschätzen zu können, ob Sie alkoholabhängig sind. Überlegen Sie bei jeder Frage genau, und geben Sie eine ehrliche Antwort. Sollten Sie sich selbst gegenüber nicht ehrlich sein können, dann sagt das schon genug, um zu wissen, daß Alkohol für Sie ein Problem darstellt.

Wenn Sie vier oder mehr dieser Fragen mit *Ja* beantwortet haben, sind Sie möglicherweise alkoholabhängig. Auch ein einziges *Ja* sollte schon genügen, um Sie sorgfältig darüber nachdenken zu lassen, wieviel Kontrolle Sie beim Trinken haben und welche möglichen Risiken für Sie dabei entstehen.

Der Fragebogen zum Thema Abhängigkeit

Beantworten Sie jede der folgenden Fragen mit Ja oder Nein
– Genügt ein Glas Ihnen meistens nicht?
– Trinken Sie fast lieber allein?
– Trinken Sie gerne etwas vor dem Zubettgehen, um besser zu schlafen?
– Neigen Sie dazu, sich beim Trinken so zu verhalten, daß andere nicht merken, wieviel Sie trinken?
– Wenn Sie darauf eingestellt sind, zu trinken, würden Sie dann auch mit etwas vorliebnehmen, was Sie eigentlich nicht mögen, falls nichts anderes da ist?
– Wäre es seltsam, ein halbvolles Glas stehenzulassen?
– Haben Sie eine feste Regel, daß Sie vor einer bestimmten Uhrzeit nichts trinken dürfen?
– Trinken Sie oft wesentlich mehr, als Sie vorhatten?
– Haben Sie sich schon des öfteren strafbar gemacht, weil Sie betrunken Auto gefahren sind?
– Haben Sie schon einmal eine Stelle verloren, weil Sie getrunken hatten?
– War schon einmal eine andere Person wegen Ihres Trinkverhaltens beunruhigt?
– Machen Sie sich wegen Ihres Alkoholkonsums Sorgen?

Quelle: Nach B. Colclough, *Tomorrow Will Be Different* (London: Viking, 1993).

Die Gefahren einer Alkoholabhängigkeit

Alkoholabhängigkeit hat zwei Aspekte: physische Abhängigkeit und psychische Abhängigkeit.

Der springende Punkt an *physischer Abhängigkeit* ist, daß Sie, wenn Sie mit dem Trinken aufhören, *körperliche Entzugserscheinungen* haben können. Dabei handelt es sich um einen potentiell gefährlichen Zustand, der normalerweise wenige Stunden oder auch erst einige Tage nach dem letzten Glas einsetzt. Erstes Anzeichen des Entzugs ist »das Zittern«, darauf folgt ein starkes Angst- und Unruhegefühl. Im weiteren Verlauf des Entzugs kann es zu Desorientiertheit kommen (Sie wissen nicht, welcher Tag es ist oder wo Sie gerade sind); zu Halluzinationen (Dinge sehen oder Stimmen hören, die nicht real da sind); und zu Delirium tremens, wobei die betroffene Person mit großem Entsetzen starke Halluzinationen und Schüttelanfälle hat. Diese Entzugserscheinungen können, wenn sie nicht richtig ärztlich überwacht werden, gelegentlich zu Schlaganfällen, Koma und zum Tod führen. Es läßt sich nicht mit Sicherheit vorhersagen, wer unter Entzugserscheinungen leiden wird, im allgemeinen geschieht dies nach mehreren Jahren exzessiven Alkoholkonsums – mit fünfzig Einheiten (vgl. S. 415) pro Woche oder mehr. Wenn Sie morgens »das Zittern« überfällt, so daß Sie etwas trinken müssen, um ruhig zu werden, dann sind Sie körperlich abhängig – diese Schüttelanfälle sind erste Entzugserscheinungen. Wenn das passiert, *sollten Sie ärztliche Hilfe in Anspruch nehmen.* Ihr Trinken führt dann wahrscheinlich zu ernsten Gesundheitsschäden, außerdem ist es gefährlich, *ohne ärztliche Aufsicht mit dem Trinken aufzuhören,* weil das schwere Entzugserscheinungen auslösen könnte.

Der springende Punkt an *psychischer Abhängigkeit* ist, daß Alkohol in emotionaler Hinsicht zu etwas Wesentlichem wird: Sie brauchen ihn, Sie verlassen sich auf ihn, und Sie fühlen sich schlecht ohne Alkohol, selbst wenn Sie nicht unter körperlichen Entzugserscheinungen leiden. Viele psychisch Abhängige trinken, um Probleme zu bewältigen und weil sie unter Umständen keine effektiveren Möglichkeiten finden oder kennen, diese Probleme anzugehen. Es steht außer Zweifel, daß Alkohol, der eine *dämpfende* Droge ist, sowohl psychischen als auch körperlichen Schmerz betäuben kann.

Psychische Abhängigkeit von Alkohol kann zwar in jedem Lebensstadium einsetzen, besonders anfällig sind Menschen allerdings in stressigen und schwierigen Phasen – zum Beispiel, wenn sie ein Baby haben, das nachts viel schreit; wenn sie sich an einem neuen Ort ängstlich oder einsam fühlen; wenn sie gestreßt oder überarbeitet sind; wenn die

Kinder alle aus dem Haus sind oder wenn das Leben ihnen leer erscheint; wenn Sie mit vermeintlich unlösbaren Wohnungs-, Finanz- oder beruflichen Problemen konfrontiert sind. Menschen, die viel Zeit mit anderen verbringen, die viel trinken und deren Ausgelassenheit an ihren Alkoholpegel geknüpft ist, sind ebenfalls besonders anfällig.

Menschen, die miterleben, daß Alkohol in ihrer Familie, im Freundeskreis oder am Arbeitsplatz konsumiert wird, um Probleme zu »bewältigen«, sind unter Umständen auch mehr als andere gefährdet, psychisch abhängig zu werden. Sie erleben hautnah, daß dies eine akzeptierte Möglichkeit ist, *kurzfristig* zu handeln, und haben möglicherweise nur wenige andere Problemlösungsstrategien erlernt, die – *auf lange Sicht* – wirksamer und weniger gefährlich sein könnten.

Sowohl körperliche als auch psychische Abhängigkeit sind gefährlich und werden höchstwahrscheinlich ernste Probleme eher verursachen als lösen. Bei Menschen, die viel trinken, ist die Wahrscheinlichkeit, daß sie bei einem Autounfall ums Leben kommen, dreimal höher als bei anderen Menschen und die Selbstmordwahrscheinlichkeit sechsmal so hoch. Die Zahl der familiären Auseinandersetzungen und Streitigkeiten im Freundeskreis steigt enorm. Sie bekommen oft so große Probleme am Arbeitsplatz, daß es ihre Karriere zerstört, und sie haben oft unter unglücklichen Beziehungen zu leiden.

2. *Frage:* Trinken Sie zu viel Alkohol?

Selbst wenn Sie nicht alkoholabhängig sind, kann es sein, daß Sie übermäßig viel trinken: das heißt so viel, daß es in Zukunft zu Problemen führen könnte, wenn es so weitergeht. Auf lange Sicht kann es zu ernsten gesundheitlichen Schwierigkeiten führen, und die Wahrscheinlichkeit, alkoholabhängig zu werden (physisch oder psychisch), nimmt zu.

Mit Alkohol verbundene Gesundheitsrisiken
In der medizinischen Ausbildung wird immer darauf verwiesen, daß viele gesundheitliche Probleme von Patientinnen und Patienten durch Alkohol verursacht werden. Das liegt daran, daß Alkohol die unterschiedlich-

sten Probleme verursachen kann. Im folgenden Kasten werden die aus ärztlicher Sicht am häufigsten vorkommenden zusammengefaßt.

Einige der Gesundheitsrisiken von Alkohol

- Reizung des Magens, die zu Blutungen und Magengeschwüren führt
- Leberschäden, die zu Ausfall der Leber oder gefährlichen inneren Blutungen führen
- Schädigung des Gehirns, dadurch sehr schlechtes Gedächtnis
- Herzversagen
- Hoher Blutdruck
- Impotenz
- Schlafstörungen
- Periphere Nervenschäden
- Bauchspeicheldrüsenentzündung
- Diabetes
- Blutarmut
- Verletzungen durch Stürze oder schlechtes Autofahren

Außerdem verursacht Alkohol häufig auch im Alltag Probleme, da er Psyche, Gefühlsleben, Handeln und körperliche Funktionen beeinflußt; mehr dazu finden Sie im folgenden Kasten. Fragen Sie sich beim Lesen dieses Kastens, ob irgendwelche dieser Schwierigkeiten bei Ihnen schon einmal aufgrund von Alkohol aufgetreten sind. Falls Sie schon andere Probleme hatten, so ergänzen Sie entsprechend.

Wieviel Alkohol ist in Ordnung?

Auf diese Frage gibt es keine eindeutige Antwort, denn Menschen unterscheiden sich sehr darin, wieviel Alkohol nötig ist, um ihre Gesundheit zu zerstören, und es ist sehr schwierig, die Forschungsergebnisse daraufhin auszuwerten, welche konkrete Menge Alkohol denn nun zu welcher Art von Beeinträchtigung führt. Die einfache, allerdings nicht besonders hilfreiche Antwort lautet, daß jedes Quantum Alkohol zum Problem werden *kann*. Ein Glas kann dazu führen, daß jemand stürzt oder einen Autounfall baut, und ein einziges Alkoholgelage kann zu gefährlichen Magenblutungen führen. Die meisten von uns trinken allerdings ganz gern

Häufig in Verbindung mit Alkohol auftretende Probleme
Auswirkungen auf das Gedächtnis – Konzentrationsschwäche – Vergeßlichkeit – Dauernde, schwere Schädigung des Gedächtnisses nach Trink-   gelagen – Lange Reaktionszeit – Konfuses Denken
Auswirkungen auf die Gefühlswelt – Unglücklichsein – Depression – Frustration – Gereiztheit – Feindseligkeit – Hoffnungslosigkeit – Verzweiflung
Auswirkungen aufs Handeln – Streits und Auseinandersetzungen – Schwierigkeiten beim Arbeiten, zu Hause oder außer Haus – Achtlosigkeit, daher mehr Unfälle oder Fehler – Es fällt schwer, aufzustehen und zur Arbeit zu gehen – Geheimnistuerei und Mißtrauen – Lügen, sowohl sich selbst als auch anderen Menschen gegenüber

Auswirkungen auf den Körper
– Appetitlosigkeit
– Danach einige Stunden lang Durstgefühl
– Schlafstörungen im weiteren Verlauf der Nacht, nachdem anfangs
  gut geschlafen wurde
– Kein Interesse mehr an Sex und Unfähigkeit, sexuell erregt zu wer-
  den (das ist ein Problem, das Männer und Frauen gleichermaßen
  betrifft)
– Kopfschmerzen
– Übelkeit (und Erbrechen)
– Motorische Koordinationsfähigkeit ist reduziert; Ungeschicklichkeit
– Dinge verschwommen sehen
– Schwindel
– Sich zittrig fühlen, wacklig auf den Beinen sein

mal ein Glas und leugnen entweder, daß überhaupt ein Risiko vorhanden ist, oder finden, daß die Sache ein so kleines Risiko wert ist.

Diese Unklarheit spiegelt sich in den einander widersprechenden Ratschlägen, die in den letzten Jahren von verschiedenen Autoritäten auf diesem Gebiet gegeben wurden. Natürlich hilft eine Richtschnur, deshalb empfehlen wir die der Royal Colleges of Psychiatrists, Physicians, and General Practitioners und des Health Education Council. Sie besagt, daß *Männer* pro Woche *höchstens 21 Einheiten trinken sollten, und Frauen höchstens 14.* Diese unterschiedlichen Empfehlungen kommen aufgrund von Unterschieden im Stoffwechsel zustande. Wenn Sie weniger als diese empfohlenen Mengen trinken, besteht kaum Gefahr, daß Sie sich körperlich schädigen oder psychisch abhängig werden. Viele Menschen können wahrscheinlich mehr als diese Mengen trinken, ohne daß es für sie ein Risiko bedeutet, aber die Gefahren einer Schädigung nehmen zu, wenn sie das tun.

Wieviel trinken Sie?

Wieviel Sie trinken, wird üblicherweise in *Einheiten* (oder *»Drinks«*) *pro Woche* gemessen. Eine Einheit steht für 8 bis 10 Gramm reinen Alkohol. Der folgende Kasten zeigt, wie viele Einheiten verschiedene Getränke haben.

Zahl der Alkoholeinheiten verschiedener Getränke	
– Ein halber Liter Bier	2 Einheiten
(viele Flaschenbiere sind wesentlich stärker)	
– Ein kleines Glas Wein	1 Einheit
– Eine Flasche Tafelwein	8 Einheiten
– Eine Flasche Sherry	12 Einheiten
– Ein Drink eines Branntweins (Whisky, Gin, Wodka)	1 Einheit
– Ein doppelter Drink	2 Einheiten
– Eine Flasche Branntwein	30 Einheiten
Anmerkung: Zu Hause eingeschenkte Drinks überschreiten in der Regel das Normalmaß erheblich.	

Ein Trinkprotokoll

Ein Trinkprotokoll ist die beste Möglichkeit, um herauszufinden, wieviel Alkohol Sie konsumieren. Benutzen Sie dazu einen Terminkalender, Karteikarten oder ein kleines Notizbuch, also etwas, was Sie die ganze Woche über immer bei sich haben können. Um Ihren Konsum zu berechnen, müssen Sie jeden einzelnen Drink aufschreiben (auch das »Nachschenken«), und zwar nach Art und Menge. Mit Hilfe der im Kasten gegebenen Informationen bestimmen Sie die Zahl der Einheiten. Es ist wichtig, daß Sie so bald wie möglich einen Eintrag machen, nachdem Sie etwas getrunken haben, und wenn Sie an einem Abend mehrere Gläser trinken, sollten Sie jedes einzelne aufschreiben. Wenn Sie erst spät nachts oder am folgenden Morgen zu schätzen versuchen, wieviel Sie getrunken haben, wird das wahrscheinlich nicht besonders exakt ausfallen. Falls Sie das Protokoll geheimhalten wollen, können Sie vielleicht die Toilette aufsuchen, um es auszufüllen, oder Sie können eine andere Form der Buchführung erfinden – indem Sie zum Beispiel für jede Einheit eine Münze, ein Streichholz oder ein Stück Papier in irgendeine Ihrer Taschen stecken, die gerade leer ist.

Sie können ein Trinkprotokoll auch benutzen, um etwas über andere Faktoren herauszubekommen, die Ihr Trinkverhalten beeinflussen, wo Sie zum Beispiel waren, wer dabei war und was Sie zu dem Zeitpunkt sonst noch getan haben. So etwas ist eine große Hilfe, wenn Sie weniger trinken wollen. Für ein *ausführliches Trinkprotokoll* schreiben Sie die Fragen auf, die im nachfolgenden Beispiel aufgeführt sind, und führen immer direkt dann Protokoll, wenn Sie trinken, andernfalls wird es in jedem Fall ungenau.

Jetzt sind Sie auch in der Lage, die Frage zu beantworten, ob Sie zu viel trinken. Die empfohlene Richtschnur für Männer (21 Einheiten pro Woche) läuft auf *durchschnittlich* drei Einheiten pro Tag hinaus, das entspricht in etwa einem dreiviertel Liter Bier oder drei Gläsern Wein: in einer Woche beliefe sich das auf $5^1/_4$ Liter Bier oder $2^1/_2$ Flaschen Wein. Die empfohlene Höchstmenge für Frauen (14 Einheiten pro Woche) entspricht zwei Gläsern Wein oder eineinhalb Gläsern Sherry pro Tag. Das bedeutet, *daß Sie, sofern Sie fast jeden Tag Alkohol trinken, gar keine übermäßigen Mengen konsumieren müssen, um die empfohlene Höchstmenge zu überschreiten.* Wenn Sie mehr trinken, als diese Richtlinien angeben, sollten Sie ernsthaft überlegen, ob Sie nicht reduzieren wollen. Langfristig könnte Ihre Gesundheit auf dem Spiel stehen.

Beispiel für ein Trinkprotokoll		
Fragen	*Antworten*	
	18.00 Uhr	20.30 Uhr
Wo?	Zu Hause	Zu Hause
Mit wem?	Allein	Mit Ben
Was?	Sherry nach der Arbeit	Wein
Wieviel?	2 große Gläser	2 Gläser
Einheiten?	3	2
Dazu gegessen?	Nein	Ja
Warum?	Müde und angespannt	Ist immer so

3. *Frage:* Birgt Ihr Trinkverhalten irgendwelche möglichen Gefahren?

Selbst wenn Sie momentan weniger als die empfohlene Höchstmenge trinken, kann Ihr Trinkverhalten möglicherweise gefährlich sein, weil es in Zukunft zu ernsten Problemen führen kann. Sie müssen auf zwei Alarmzeichen achten. Das erste ist, daß Sie bei Streß zu Alkohol greifen, weil Sie das Gefühl haben, Sie *müssen* jetzt Alkohol haben. Es besteht die Gefahr, daß Sie um so mehr trinken, je mehr Streß Sie haben, und dadurch immer abhängiger werden. Versuchen Sie, sich das abzugewöhnen, bevor Sie noch weiter hineinschlittern, indem Sie sich statt dessen um die Streßbewältigung kümmern. Lesen Sie Kapitel 18. Das zweite Alarmzeichen liegt vor, wenn Sie sich angewöhnen, ohne noch weiter darüber nachzudenken, regelmäßig zu trinken. Wenn ein Mensch mit 20 Jahren jeden Abend, wenn er von der Arbeit nach Hause kommt, einen Wodka trinkt, dann besteht durchaus die Gefahr, daß sich das auf zwei Wodkas steigert; sobald Alkohol zur Gewohnheit wird, vertragen ihn die meisten Menschen auch leichter und müssen entsprechend mehr trinken, um die erwünschte Wirkung zu erzielen. Das nimmt dann immer mehr zu, bis es zunehmender wahrscheinlich wird, daß die konsumierte Menge langfristig zu Gesundheitsschäden führt. Natürlich trinken die meisten Menschen ein Leben lang gern ein oder zwei Gläser am Tag. Es *muß* nicht sein, daß Sie in den gefährlichen Bereich abrutschen, aber es ist unerläßlich, immer auf der Hut zu sein: um Alkoholkonsum genießen zu können, müssen Sie wissen, daß immer eine potentielle Gefahr besteht, und in der Lage sein, zu berechnen, wie gefährlich der eigene Alkoholkonsum tatsächlich ist.

2. *Teil:* Das eigene Trinken beeinflussen

Trinkgewohnheiten ändern
Wenn Sie sich Sorgen machen, daß Ihre Trinkgewohnheiten für Sie riskant sein könnten, sollten Sie vier Punkte beachten.

1. Brechen Sie mit allen regelmäßig auftretenden Gewohnheiten, also zum Beispiel damit, jeden Tag nach der Arbeit Alkohol zu trinken. Finden Sie heraus, wie es ist, mindestens einen alkoholfreien Tag pro Woche zu haben.
2. Bleiben Sie unter der empfohlenen Höchstmenge, führen Sie Protokoll, um genau einschätzen zu können, wieviel Sie tatsächlich trinken. Es kann gar nicht genug betont werden, wie leicht es ist, zu unterschätzen, wieviel Sie trinken, vor allem wenn Sie zu Hause trinken.
3. Vergewissern Sie sich, daß Sie sich nicht an Alkohol klammern, wenn Sie eigentlich andere Probleme haben, sich also zum Beispiel deprimiert, gestreßt, einsam oder ängstlich fühlen. Für diese Probleme gibt es andere Lösungen. Trinken kann Ihre Gefühle ihnen gegenüber kurzzeitig dämpfen, auf lange Sicht gesehen verschlimmert es sie nur.
4. Lernen Sie, *nein* zu sagen, wenn Ihnen etwas zu trinken angeboten wird. Der Alkoholkonsum kann rasch zur Gewohnheit werden,

wenn Sie oft zu gesellschaftlichen Veranstaltungen gehen, bei denen Alkohol nicht nur frei verfügbar ist, sondern Ihnen fast schon aufgedrängt wird. Glücklicherweise ist die gesellschaftliche Akzeptanz dafür, Alkohol abzulehnen, inzwischen gestiegen. Das hängt zum großen Teil damit zusammen, daß Menschen sich bewußter geworden sind, welche Gefahren Alkohol am Steuer hat. Aber ganz gleich, ob es gesellschaftlich akzeptiert ist oder nicht, wir alle haben das Recht, *nein* zu sagen, wann immer wir wollen (vgl. S. 185–186). Sollte es Ihnen noch schwerfallen, Alkohol abzulehnen, dann üben Sie es so lange, bis Sie sich so entscheiden können, wie es Ihren Wünschen entspricht.

Den Alkoholkonsum reduzieren

Die Gesundheitsschäden, die Alkohol verursachen kann, hängen von der Menge ab, die Sie trinken, nicht davon, ob Sie abhängig sind. Je mehr Sie das empfohlene Höchstmaß überschreiten, desto wahrscheinlicher wird es, daß es zu den durch Alkohol verursachten Gesundheitsschäden kommen wird. Falls Sie nicht abhängig sind, wird es nicht weiter schwierig sein, weniger zu trinken. Sie werden damit umgehen können, wie mit jeder anderen Gewohnheit, die Sie sich abgewöhnen wollen (vgl. Kapitel 23). Wir erläutern in diesem Kapitel, wie Sie die sechs Schritte, die in Kapitel 23 beschrieben wurden, anwenden können, um Ihren Alkoholkonsum zu reduzieren.

– *1. Schritt: Vorbereitung. Beschließen Sie definitiv, sich zu ändern.* Wie bei jedem Bruch mit Gewohnheiten ist der erste Schritt der wichtigste: Sie müssen sich darüber klarwerden, daß Sie sich ändern wollen. Wenn Sie Ihren Alkoholkonsum nicht wirklich einschränken wollen, wird Ihnen das auch nicht gelingen. Überlegen Sie sich zuerst, was am Trinken gut für Sie ist. *Was haben Sie davon?* Nehmen Sie sich Zeit, darüber nachzudenken, und fragen Sie sich, ob Sie das, was Sie sich erhoffen (zum Beispiel innere Ruhe, einen tiefen Schlaf, das Gefühl von Freundschaft, bessere Kommunikation), auch tatsächlich bekommen. Falls ja, dann überlegen Sie sich, bevor Sie Ihren Alkoholkonsum einschränken, wie Sie all das auf einem anderen

Weg erreichen können. Fragen Sie sich, wie andere Menschen damit umgehen. Lesen Sie die Kapitel dieses Buchs, die sich mit den für Sie relevanten Dingen beschäftigen.

Überlegen Sie dann, warum Sie weniger trinken wollen. *Welche Probleme verursacht das Trinken bei Ihnen? Oder bei den Menschen Ihrer Umgebung?* Denken Sie an viele verschiedene Probleme, zum Beispiel Gewichtszunahme, Schlafstörungen, sexuelle Schwierigkeiten, Kater, Auseinandersetzungen, Konzentrationsschwäche, Sorgenmachen, Verlust von Vertrauen oder Selbstachtung, die Kosten und so weiter. Denken Sie sowohl an *mögliche* Probleme als auch an *bereits bestehende*. Seien Sie vor allen erdenklichen Problemen auf der Hut.

Ihre nächste Aufgabe besteht darin, anhand Ihres Protokolls und der Einheitenliste Ihren Alkoholkonsum abzuwägen und zu entscheiden, ob Sie wirklich weniger trinken wollen. In diesem Stadium kann es eine große Hilfe sein, mit jemandem darüber zu sprechen, da viele der Vorteile des Alkoholkonsums sofort auftreten und leicht zu bemerken sind, während die Nachteile erst mit einer Verzögerung auftreten und nicht so leicht im Gedächtnis haften bleiben. Sollten Sie sich definitiv entscheiden, weniger zu trinken, so fassen Sie Ihre Gründe schriftlich zusammen. Bewahren Sie diese Zusammenfassung auf, und lesen Sie sie regelmäßig, während Sie Ihre Trinkgewohnheiten ändern.

– *2. Schritt: Verfolgen Sie genau, wieviel Sie trinken.* Schätzen Sie Ihren momentanen Alkoholkonsum sorgfältig ein, bevor Sie Veränderungen vornehmen. Führen Sie mindestens eine Woche lang ein ausführliches Trinkprotokoll (besser noch zwei Wochen lang), selbst wenn Ihre Trinkgewohnheiten ganz regelmäßig sind. Denken Sie daran, daß die zu Hause eingeschenkten (größeren) Gläser mehr zählen, und vergessen Sie auch das Nachschenken nicht. Überprüfen Sie Ihr Protokoll daraufhin, ob es irgendwelche Zeiten oder Situationen gibt, in denen Sie dazu tendieren, mehr zu trinken, als Sie eigentlich wollen – oder Situationen, in denen Sie angespannt sind. Für solche Gelegenheiten müssen Sie sich gesondert vorbereiten, um gut gewappnet und auf der Hut zu sein. Führen Sie auch, während Sie versuchen, Ihre Trinkgewohnheiten zu ändern, weiterhin genau Protokoll, und überprüfen Sie jeweils am Ende der Woche, wie gut Sie es geschafft haben.

– *3. Schritt: Denken Sie sich eine persönliche Strategie aus.* Planen Sie Ihre Woche genau voraus, um die empfohlene Zahl an Einheiten einzuhalten. Nehmen Sie sich genau vor, wieviel Sie trinken werden und wann. Wenn Sie sich noch nicht sicher sind, was Sie vorhaben, dann nehmen sie sich einfach vor, beispielsweise nur an drei Tagen zu trinken und jeweils nicht mehr als vier Einheiten pro Tag. Falls Sie zu Hause trinken, kann es hilfreich sein, den Alkohol zu entfernen oder außer Sichtweise aufzubewahren und anderen mitzuteilen, was Sie sich vorgenommen haben. Falls Sie donnerstags mit Freundinnen und Freunden ausgehen und dabei so viel trinken, daß Sie nicht mehr wissen, wieviel es war, dann überlegen Sie sich eine Strategie, die Ihnen dabei hilft, sich zu mäßigen. Sie könnten nur ein alkoholisches Getränk zu sich nehmen und danach auf alkoholfreie Getränke umsteigen, oder Sie könnten zwischen alkoholhaltigen und alkoholfreien Getränken abwechseln. Und Sie könnten langsam trinken. Wenn es Ihnen schwerfällt, Alkohol abzulehnen, dann lesen Sie Kapitel 13 zum Thema Selbstbehauptung. Wenn Sie nicht einfach *nein* sagen können, haben Sie entweder Schwierigkeiten, sich selbst zu behaupten, oder Sie haben Probleme mit Alkoholabhängigkeit, die Sie in den Griff bekommen sollten, falls Sie Ihre Gesundheit nicht ruinieren wollen.

– *4. Schritt: Überlegen Sie, was Sie statt dessen tun könnten.* Wenn Sie das Trinken durch eine andere Aktivität ersetzen, wird es viel leichter für Sie – vor allem, wenn es eine Leere hinterläßt, nichts zu trinken. Es kann bereits eine Hilfe sein, das Trinken mit einer anderen Aktivität zu *koppeln,* also zum Beispiel mit Essen, einem Gespräch im Freundeskreis oder damit, zum Kegeln zu gehen. Die anderen Aktivitäten lenken die Aufmerksamkeit vom Trinken ab und helfen Ihnen dadurch, weniger zu trinken. Falls Ihnen Alkohol inzwischen dazu dient, nicht über Probleme nachdenken zu müssen – sie unter den Teppich zu kehren –, kann es gut sein, daß diese Probleme in bedrängender Weise wieder auftauchen, wenn Sie keinen Alkohol trinken.

Probleme verschwinden selten dadurch, daß Sie wegschauen. Nützlicher wäre es, sich ihnen statt dessen zu stellen (vgl. Kapitel 6) und Ihre Fähigkeiten des Problemlösens aufzufrischen (Kapitel 8).

– *5. Schritt: Ausdauer zeigen und den Fortschritt im Auge behalten.* Überprüfen Sie mit Hilfe Ihres Protokolls regelmäßig, vielleicht am besten wöchentlich, ob das, was Sie tatsächlich getan haben, sich mit Ihrem Plan deckt. Es gibt zwei Möglichkeiten: entweder haben Sie es gut geschafft, oder Sie haben mehr getrunken, als Sie vorhatten. Wenn Sie es gut geschafft haben, dann sollten Sie sich eine Belohnung gönnen, bevor Sie die nächste Woche planen. Sie versuchen, sich etwas abzugewöhnen, dazu ist immer Ausdauer nötig. Wenn Sie mehr getrunken haben als geplant, müssen Sie sorgfältig untersuchen, warum, bevor Sie die folgende Woche planen. Falls es nicht nach Plan verlaufen ist, dann denken Sie daran: Zuckerbrot statt Peitsche. Überlegen Sie noch einmal, was Sie sich davon versprechen, wenn Sie weniger trinken. Denken Sie an all die Vorteile, die Sie bis jetzt schon davon haben, sie können noch so minimal sein. Wenn Sie weiter daran arbeiten, werden Sie die Veränderungen vornehmen können, die Sie sich wünschen.

– *6. Schritt: Mit Ausrutschern umgehen.* Seien Sie nicht hart zu sich, wenn Sie Ihre Vorgaben nicht einhalten und es einen Ausrutscher gibt – versuchen Sie einfach, daß aus dem einen Ausrutscher nicht mehrere werden. Wenn Sie einen Mißerfolg haben, kann das zeigen, daß Sie mehr von Alkohol abhängig sind, physisch oder psychisch, als Ihnen bewußt war, und das zu wissen ist sehr nützlich. Es heißt nicht, daß Sie mit dem Problem nicht fertig werden können, sondern es zeigt Ihnen, daß es ein wirkliches Problem gibt, das Sie lösen müssen. Zumindest haben Sie das Ausmaß der Schwierigkeit erkannt und hatten den Mut, ihr ins Gesicht zu sehen; im nächsten Abschnitt werden Strategien beschrieben, die Sie einsetzen können, um sich dabei zu helfen, das Problem der körperlichen Alkoholabhängigkeit zu lösen.

Alkoholabhängigkeit überwinden

Viele Menschen, für die Alkoholabhängigkeit ein Problem ist, geben das nicht zu, sogar sich selbst gegenüber nicht, und können deshalb auch nicht daran arbeiten, dieses Problem zu bewältigen. Falls Sie Probleme mit Abhängigkeit haben und das sich selbst gegenüber zugeben, haben Sie sie schon halbwegs überwunden.

Es ist leicht, sich selbst anzuklagen oder sogar zu verachten. Alkoholabhängigkeit kann dazu führen, daß Sie Dinge tun, die Sie im Grunde selbst nicht billigen, daß Sie zum Beispiel Versprechen nicht halten oder Menschen, die Sie lieben, verletzen oder ihnen Schmerz zufügen. Es kann sein, daß andere Menschen darunter leiden, daß Sie oft außer Haus sind, um zu trinken; daß Sie gereizt sind und keine Zuneigung zeigen können, wenn Sie sie verspüren; daß Sie gewalttätig sind; daß Ihre ausgeprägten Stimmungsschwankungen es den Menschen Ihrer Umgebung schwer machen, zu wissen, woran sie sind; oder daß kein Verlaß auf Sie ist. Da Alkohol teuer ist, kann auch das Geld, das Sie dafür ausgeben, für Sie und andere zum Problem werden. Alkoholabhängigkeit kann zu beruflichen Problemen führen, allerdings gelingt es manchen Menschen, die alkoholabhängig sind, auch weiterhin in ihrem Beruf effizient zu sein, so daß niemand vermutet, daß es ein Problem gibt. Es kann deshalb sein, daß eher Ihre Familie als Ihr Berufsleben darunter leidet.

Deshalb ist es wichtig, Ihr »wahres« Ich ganz klar davon zu unterscheiden, wie Sie sich unter Alkoholeinfluß verhalten und benehmen. Sie tun dann vielleicht Dinge, die Sie eigentlich gar nicht gut finden. Statt sich dafür selbst zu bestrafen, sollten Sie daraus lernen, daß Ihr »wahres« Ich Normen und Ideale hat. Nur deshalb können Sie nämlich erkennen, daß Sie sich nicht so verhalten, wie Sie das gerne täten. Sie müssen dieses innere Selbst, das Sie respektieren, erkennen, denn ohne innere Selbstachtung ist die Abhängigkeit sehr viel schwerer zu überwinden. Um die Abhängigkeit zu überwinden, müssen Sie sich selbst achten (Kapitel 3), denn erst dann können Sie sehen, daß es für Sie ein Leben nach der Alkoholabhängigkeit geben wird.

Wann brauchen Sie ärztliche Hilfe?

Falls Sie alkoholabhängig sind, empfehlen wir Ihnen, mit Ihrer Hausärztin, Ihrem Hausarzt über die bestehenden Schwierigkeiten zu reden. Ihre Ärztin, Ihr Arzt weiß, welche Hilfen und Unterstützungsmöglichkeiten es gibt, und es ist zweifelsohne so, daß Sie Ihr Problem viel leichter lösen können, wenn Sie unterstützt werden. Außerdem ist ärztliche Hilfe unbedingt nötig, wenn es um Fragen des Entzugs geht. Wenn Sie lange Zeit ziemlich viel getrunken haben, bekommen Sie, wenn Sie damit aufhören, unter Umständen Entzugserscheinungen. Diese können gefährlich sein. Es kann sein, daß Sie in der Entzugsphase ärztliche Hilfe brauchen, vielleicht müssen Sie dazu sogar in ein Krankenhaus oder eine Spezialklinik.

Wollen Sie Ihre Abhängigkeit wirklich loswerden?

Ohne den sicheren Entschluß, mit dem Trinken aufzuhören, wird es Ihnen auch nicht gelingen. Der erste Schritt entspricht dem, der auf Seite 419 beschrieben wurde: Bedenken Sie, welche Vor- und Nachteile es hat, wenn Sie sich aus Ihrer Abhängigkeit befreien. Sind Sie zufrieden damit, wie alles im Moment ist – mit Ihrer Familie oder anderen nahen Beziehungen? Mit Ihrer beruflichen Situation? Sind Sie nicht zufrieden, so überlegen Sie, welche Vorteile es für Sie hätte, Ihre Abhängigkeit zu überwinden. Der Verzicht auf Alkohol belohnt Sie vor allem in zweierlei Hinsicht: mit mehr Zeit und mehr Geld; und all die anderen positiven Charakterzüge, die von Ihnen geschätzten Teile Ihrer Persönlichkeit, wird es weiterhin geben. Alkoholabhängige glauben häufig, sie würden ohne Alkoholkonsum nicht mehr so witzig oder amüsant sein – oder sie würden dann nicht mehr so gut zurechtkommen. Dabei ist genau das Gegenteil der Fall. Wenn Sie sich́entschlossen haben, Ihre Abhängigkeit zu überwinden, dann notieren Sie sich alle positiven Aspekte, die dies mit sich bringt, und bewahren Sie diese Liste so auf, daß Sie sie immer wieder durchlesen können.

Weniger Trinken oder Abstinenz?

Bei Alkoholproblemen stellt sich die Frage, ob Sie weniger trinken oder ganz damit aufhören sollten? Früher war die traditionelle Antwort, daß Abstinenz Ihr Ziel sein sollte, und nicht einfach nur eine

Reduzierung der Alkoholmenge. Manche Berichte aus den sechziger und siebziger Jahren erweckten dann jedoch den Eindruck, daß ehemalige Alkoholabhängige ebensogut zu einem »geselligen Trinkverhalten« zurückkehren könnten. Neuere Erkenntnisse weisen allerdings darauf hin, daß die Mehrzahl derjenigen, die zu einem geselligen Trinkverhalten zurückkehren, rückfällig werden und bald wieder anfangen, zu viel zu trinken. Da die Rückfallquote, beim Versuch die alte Alkoholabhängigkeit in ein geselliges Trinkverhalten umzuwandeln, derartig hoch zu sein scheint, kann nur dazu geraten werden, *abstinent zu werden*. Wenn Sie lediglich eine Reduktion Ihres Alkoholkonsums erreichen wollen, wird das wohl kaum funktionieren.

Sich selbst dabei helfen, abstinent zu sein

Wenn Sie wirklich vom Alkohol loskommen wollen, dann können Sie das auch; da dies jedoch ein schwieriges Unterfangen ist, müssen Sie sich jede erdenkliche Hilfe verschaffen. Vergegenwärtigen Sie sich möglichst täglich, wie Sie dadurch auf Ihrem Weg in ein besseres Leben einen großen Schritt vorankommen. So wie es in den Worten Beauchamp Colcloughs anklingt, die sowohl seine eigene persönliche Betroffenheit als auch seine umfangreichen Erfahrungen bei der Hilfe von anderen Menschen widerspiegeln: »Selbst der schlimmste Tag in der Zeit des Entzugs ist nicht so schlimm wie die Zeit, in der Sie noch getrunken haben.«

Wer hilft mir? Wenn Ihnen Menschen helfen, die Verständnis für Ihre Situation haben, wird alles leichter. Es gibt verschiedene Einrichtungen, die ihre Hilfe anbieten und die Sie alle in Betracht ziehen sollten. Als erstes sind die *Anonymen Alkoholiker* oder »AA« zu nennen. Sie haben Zweigstellen in beinahe jedem Ort, Telefonnummer und Adresse finden Sie im Telefonbuch oder erfahren Sie über Ihre Bibliothek bzw. Ihre Hausärztin oder Ihren Hausarzt. Die Anonymen Alkoholiker bieten »Selbsthilfe«gruppen an, in denen Sie Menschen treffen werden, die sich in der gleichen Situation wie Sie befinden. Ihre Arbeit hat zwar einen entschieden religiösen Touch, den manche nicht mögen, der Schwerpunkt ihrer Arbeit besteht jedoch darin, sich gegenseitig dabei zu unterstützen, weiterhin Alkohol zu meiden. Daneben gibt es inzwischen viele medizinische Dienste, die sich mit Drogenmißbrauch beschäftigen. Ihre Ärztin oder Ihr Arzt können Ihnen sicher spezielle kommunale Stellen oder klinische Einrichtungen nennen, die Ihnen dabei helfen, vom Alkohol loszukommen. Diese Einrichtungen haben den Vorteil, daß Menschen, die über Ihre Situation Bescheid wissen, Ihnen auch in den allerschwersten Zeiten Hilfe und Unterstützung gewähren können.

Bewegung. Wenn Sie weniger Zeit aufs Trinken verwenden, haben Sie mehr Zeit für andere Dinge. Nutzen Sie einen Teil dieser Zeit dafür, körperlich fitter zu werden. Das hilft Ihnen dabei, sich körperlich wohl zu fühlen, und macht es leichter, abstinent zu sein.

Achten Sie auf Ihr Äußeres. Sollten Sie Ihr Äußeres vernachlässigt haben und haben jetzt Geld übrig, da Sie es nicht für Alkohol ausgeben, könnten Sie sich etwas Neues zum Anziehen kaufen. Genau wie Bewegung trägt das dazu bei, daß Sie sich wohl fühlen. Je wohler Sie sich fühlen, desto einfacher ist es, ohne Alkohol auszukommen.

Der heutige Tag zählt. Blicken Sie nicht weit voraus, sondern konzentrieren Sie sich darauf, heute abstinent zu bleiben. Diese Anweisung hat zwei Aspekte. Zuerst einmal sollten Sie nicht zu ehrgeizig sein, indem Sie zu sich selbst sagen: »Ich trinke nie mehr.« Konzentrieren Sie sich statt dessen nur auf heute. Zweitens müssen Sie Ihren Entschluß, keinen Alkohol zu trinken, dauernd, täglich neu fassen. Wenn Sie einmal alkoholabhängig waren, besteht immer die Gefahr, daß Sie wieder exzessiv trinken. Sogar wenn Sie zehn Jahre abstinent waren, können Sie nicht selbstverständlich davon ausgehen, daß Sie nie mehr zu viel trinken werden. Sie sollten Ihr Gelübde, keinen Alkohol zu trinken, jeden Tag erneut ablegen.

Erkennen Sie die Stimme der Versuchung. Es wird Zeiten geben, zunächst oft, dann seltener, in denen es Sie reizt, zum Alkohol zu greifen, ganz verschwinden wird diese Versuchung nie. Ihre innere Stimme wird sehr plausibel und verführerisch klingen: »Ein Glas schadet nicht.« Tut es aber doch – es führt direkt zum maßlosen Alkoholkonsum zurück. »Jeder Mensch trinkt ab und zu einen über den Durst; sei doch nicht blöd.« Doch nicht für jeden Menschen ist Alkoholabhängigkeit ein Problem – und das macht einen gewaltigen Unterschied; zumal viele von denen, die ab und zu einen über den Durst trinken, viel mehr trinken, als gut für sie ist, und sich dadurch ganz erheblich schaden. »Es weiß doch keiner.« Wieso ist das relevant? Sie kehren damit zu dem Leben zurück, das Sie hinter sich lassen wollen. »Glaub doch diesem dummen Buch nicht, das du da liest – mal ehrlich, wie soll ein Glas schaden können?« Lassen Sie sich nicht von dieser Stimme einwickeln. Ihr Durst nach Alkohol ist unstillbar.

Dieses Mal ist es anders. Möglicherweise haben Sie schon einmal versucht, mit dem Trinken aufzuhören, es aber nicht geschafft und fragen sich vielleicht jetzt, warum das diesmal anders sein sollte. Die Antwort ist, daß es dieses Mal anders sein kann, wenn Sie besser vorbereitet sind, mehr Vorsichtsmaßnahmen getroffen haben, es gründlicher durchdacht haben und sich um mehr Hilfe gekümmert haben.

Seien Sie nicht hart zu sich. Sie brauchen jede positive Ermunterung, die Sie bekommen können, und zwar ganz besonders von sich selbst. Sie können es sich nicht leisten, sich selbst zu demoralisieren. Seien Sie bereit dazu, sich all das zu verzeihen, was Sie aufgrund Ihrer Alkoholabhängigkeit getan haben. Achten Sie sich, und haben Sie eine positive Einstellung zu sich selbst.

Meiden Sie Zechkumpane. Schauen Sie sich Ihr Trinkprotokoll noch einmal an. In welchen Situationen haben Sie getrunken? Denken Sie gründlich darüber nach, und tun Sie dann alles, um solche Situationen, die besonders gefährlich waren, zu meiden, oder versuchen Sie, diese zu ändern. Für viele Menschen ist es am gefährlichsten, mit anderen zusammenzusein, die trinken. Die Stimmen Ihrer Kumpane verstärken Ihre eigene innere Stimme: »Ach komm, trink doch was.« Das ist nicht der rechte Zeitpunkt, um auf die Probe zu stellen, wie gut Ihre Selbstbehauptung funktioniert. Vermeiden Sie lieber diese Situationen. Falls Sie sich mit diesen Freundinnen und Freunden nur treffen können, wenn sie trinken, dann ist es besser, sich gar nicht mehr mit ihnen zu treffen. Gute Freundinnen und Freunde werden sich selbstverständlich auch bei anderen Gelegenheiten mit Ihnen treffen wollen. Umgeben Sie sich soweit wie möglich mit Menschen, die Ihre Abstinenz unterstützen, anstatt mit solchen, die Ihren Entschluß untergraben.

Verstehen Sie, daß Menschen, die Ihnen nahestehen, unter Umständen skeptisch sind. Menschen, die Ihnen nahestehen, Ihre Familie etwa, werden möglicherweise skeptisch sein, ob Sie es diesmal schaffen werden, abstinent zu bleiben. Vielleicht läßt sich ihre Haltung mit den Worten umreißen: »Ich glaube, was ich sehe«. Angesichts vergangener Erfahrungen kann diese Haltung durchaus berechtigt sein. Woher sollen sie wissen, daß es dieses Mal anders sein wird? Seien Sie nicht wütend auf sie. Es braucht Zeit, ihr Vertrauen zurückzugewinnen. Akzeptieren Sie diese Tatsache, dann vergeuden Sie Ihre Energie nicht damit, gegen deren Überzeugungen anzukämpfen.

Wenn Sie rückfällig werden. Machen Sie eine Bestandsaufnahme. Warum ist das passiert? Gehen Sie die Schritte, die Sie unternommen haben, sorgfältig durch. Haben Sie Möglichkeiten zur Selbsthilfe außer acht gelassen? Haben Sie sich gründlich vorbereitet? Haben Sie versucht, es ganz alleine zu schaffen, ohne Hilfe oder Unterstützung? Bereiten Sie sich noch einmal vor, dieses Mal aber gründlicher, und wenn Sie denken, daß es in Ihrem Leben andere Probleme gibt, die Sie zum Trinken verleiten, zum Beispiel soziale Ängste, Langeweile, Einsamkeit, Depression oder Mangel an Selbstvertrauen, dann überlegen Sie, wie Sie diese Probleme ebenfalls angehen können. In diesem Buch finden Sie dazu viele Anregungen, und Ihre Ärztin oder Ihr Arzt werden Ihnen auch sagen können, woher Sie weitere Hilfe bekommen können.

Zusammenfassung dieses Kapitels

Alkohol ist eine Quelle des Lebensgenusses, kann aber gefährlich sein. Schätzen Sie Ihr Trinkverhalten mit Hilfe des Baumdiagramms ein:

– Sind Sie von Alkohol abhängig?
– Trinken Sie zu viel?
– Sind Ihre Trinkgewohnheiten möglicherweise gefährlich?

Ein Trinkprotokoll hilft Ihnen dabei, festzustellen, wieviel Alkohol Sie konsumieren.
Sie können Ihre Trinkgewohnheiten in sechs Schritten verändern.

1. Entscheiden Sie sich definitiv für eine Veränderung.
2. Verfolgen Sie genau, wieviel Sie trinken.
3. Denken Sie sich eine persönliche Strategie aus.
4. Überlegen Sie, was Sie statt dessen tun können.
5. Seien Sie ausdauernd.
6. Lernen Sie, mit Ausrutschern umzugehen.

Seien Sie sich selbst gegenüber ehrlich, was Ihr Trinken angeht: Sie können Probleme bewältigen, auch wenn Sie dazu Hilfe brauchen.

27. Beruhigungsmittel und wie Sie aufhören können, sie zu nehmen

Beruhigungsmittel werden benutzt, um die Symptome von Angst, Streß und Spannung abzumildern oder aufzuheben und um »gute Laune« zu machen. Nach ihrer Einführung galten sie als völlig harmlose, problemlose Mittel, deren Einnahme beliebig lange, selbst über Jahre ohne Unterbrechung möglich ist. Noch bis vor kurzem hätte Ihnen Ihre Hausärztin, Ihr Hausarzt wahrscheinlich ein Beruhigungsmittel verschrieben, wenn Sie wegen wirklich drängender Probleme gekommen wären. Unabhängig davon, ob Kummer durch beruflichen Streß, eine körperliche Krankheit, durch schlechte Wohnbedingungen, Eheprobleme, einen jüngst eingetretenen Trauerfall, durch finanzielle Sorgen, Schlafstörungen, Spannungskopfschmerzen oder durch fast jede beliebige andere Sache verursacht war, stets wurden Beruhigungsmittel verabreicht, weil Menschen sich damit wohler fühlten.
Heute wird diese Verwendung von Beruhigungsmitteln kritisch gesehen. Obwohl niemand leugnet, daß die Einnahme eines Beruhigungsmittels rasch den gewünschten Effekt hat, wird nicht mehr empfohlen, sie regelmäßig, über einen längeren Zeitraum zu nehmen. Dieses Kapitel informiert Sie über Beruhigungsmittel und erläutert, wie Sie damit aufhören können, welche zu nehmen.

Ein paar Fakten und Zahlen

Beruhigungsmittel (Tranquilizer) sind Medikamente, die eine beruhigende oder schlaffördernde Wirkung haben. Sie werden oft auch »Psychosedativa« genannt, um sie von den »Neuroleptika« zu unterscheiden, die bei ernsteren Störungen zum Einsatz kommen. Die meisten der »Psychosedativa«, die im allgemeinen verschreibungspflichtig sind, gehören zur Familie der Benzodiazepine (siehe Kasten auf der gegenüberliegenden Seite). Sowohl »Neuroleptika« als auch Antidepressiva

Einige Tranquilizer und Schlaftabletten

Benzodiazepine

Mit Langzeitwirkung	*Mit Kurzzeitwirkung*
Diazepam (Valium)	Temazepam (Neodorm SP)
Nitrazepam (Mogadon)	Oxazepam (Adumbran)
Chlordiazepoxid (Librium)	Lorazepam (Tavor)
Flunitrazepam (Rohypnol)	Lormetazepam (Noctamid)
Flurazepam (Dalman)	Loprazolam
Alprazolam (Tafil)	
Bromazepam (Lexotan)	
Clobazam (Frisium)	
Chlorazepat (Tranxilium)	
Medazepam (Rudotel)	

Psychosedativa, die keine Benzodiazepine sind

Chlorhydrat	Chlormezanon (Trancopal)
Triclofos	Amobarbital
Chlormethiazol	Pentobarbital
Promethazin (Prothazin)	Butabarbital
Zopiclon (Ximovan)	Secobarbital
Buspiron	Meprobamat (Miltaun)

Antidepressiva, die als Tranquilizer verschrieben werden können

Amitriptylin (Saroten)	Desipramin
Imipramin (Tofranil)	Lofepramin
Clomipramin (Anafranil)	Dothiepin
Nortriptylin	Trimipramin (Herphonal)
Mianserin	Trazodon (Thombran)

Neuroleptika, die zur leichten Sedierung eingesetzt werden können

Clorpromazin (Propaphenin)	Thioridazin (Melleril)

Beta-Blocker

Propranolol (Inderal)	Atenolol (Tenormin)
Labetalol	Metoprolol (Lopressor; Beloc)

Anmerkung: Zuerst wird die Gattungsbezeichnung genannt, in Klammern dann einige Markennamen.

besitzen ebenfalls eine beruhigende Wirkung und werden von manchen Ärztinnen und Ärzten in niedriger Dosierung verschrieben, um Angstgefühle zu behandeln. Daneben gibt es noch eine weitere, ganz andere Gruppe von Psychopharmaka, die manchmal gegen Angstzustände verschrieben werden, die sogenannten »Beta-Blocker«. Ihr Hauptanwendungsgebiet ist die Behandlung von Bluthochdruck und bestimmten Herzrhythmusstörungen. Außerdem schwächen sie körperliche Angstsymptome ab, zum Beispiel Zittern (Tremor) und beschleunigten Herzschlag. Es gibt zum Beispiel Musikerinnen und Musiker, die sie unmittelbar vor einem Konzert nehmen. In diesem Kapitel geht es um die Psychosedativa.

Die Einnahme dieser Beruhigungsmittel nahm in den sechziger und siebziger Jahren auf dramatische Weise zu. Vor etwa 10 Jahren wurde berechnet, daß jeder fünfzigste Erwachsene das ganze Jahr über jeden Tag und jede Nacht Beruhigungsmittel nimmt. Die stärkste Benutzergruppe bilden seit dieser Zeit Frauen im mittleren Alter und ältere Menschen über 75. Im allgemeinen werden Frauen doppelt so oft Beruhigungsmittel verschrieben als Männern, weil Frauen in der Regel häufiger mit ihren Hausärztinnen oder -ärzten über ihre Ängste und Sorgen sprechen.

Beruhigungsmittel werden nicht nur dazu benutzt, Streß und Anspannung zu behandeln. Sie wirken muskelentspannend und können daher auch nach Verletzungen eingesetzt werden; sie werden oft vor Vollnarkosen verabreicht und als Antikonvulsiva, da sie die Wahrscheinlichkeit von Krampfanfällen herabsetzen. Sie können jedoch auch unerwünschte »Nebenwirkungen« haben. Dazu gehören unter anderem Schwindel, Benommenheit, Gedächtnis- und Konzentrationsschwäche, Sehstörungen, Kopfschmerzen und Übelkeit. Ältere Menschen leiden häufiger an solchen Nebenwirkungen, selbst geringe Dosen können bei ihnen zu erheblicher Verwirrung führen. Der Verlust der Wahrnehmungsschärfe ist so verbreitet, daß dadurch oft die Effizienz im Berufsleben beeinträchtigt wird, und es kann ratsam sein, keine Maschinen zu fahren oder zu bedienen, solange diese Medikamente eingenommen werden. Es kann gefährlich sein, Beruhigungsmittel und Alkohol zu kombinieren, da die beiden Substanzen interagieren, wodurch sie sich in ihrer Wirkung gegenseitig verstärken.

Vier Probleme bei langfristiger Verwendung
von Beruhigungsmitteln

Es gibt vier Gründe, warum Beruhigungsmittel in der Regel nicht länger als einige Wochen genommen werden sollten.

1. *Beruhigungsmittel können verhindern, daß Sie längerfristige Lösungen für Ihre Probleme finden.* Wenn Sie vornehmlich unter beruflichem Streß leiden und daher schlecht schlafen, dann kann ein Beruhigungsmittel Sie zwar zum Schlafen bringen und dazu führen, daß Sie sich wieder ruhiger in den Kampf stürzen, doch haben Sie damit noch nicht gelernt, wie Sie Ihre beruflichen Anforderungen und die Belastung durch Streß effektiver steuern können. Viele Frauen haben den Eindruck, daß sie nicht nur für sich selbst, sondern auch noch für andere Familienmitglieder sorgen müssen. Wenn sie das tun, ohne angemessene emotionale Unterstützung zu bekommen, bitten sie vielleicht um ärztliche Hilfe und bekommen dann ein Rezept für ein Beruhigungsmittel in die Hand gedrückt. Dadurch bekommen sie nicht die Unterstützung, die sie brauchen. Beruhigungsmittel können zwar bewirken, daß es Ihnen kurzzeitig bessergeht, in Wirklichkeit können sie aber dazu beitragen, daß eine Schwierigkeit immer weiter besteht. Sie können entweder in den *Beruhigungmittel-Kreislauf* geraten oder in die *Beruhigungsmittel-Abhängigkeit*.

– *Der Beruhigungsmittel-Kreislauf:*
  Zu viel zu tun haben
  Gestreßt und überfordert sein
  Ein Beruhigungsmittel nehmen
  Ruhig werden
  Ein paar Tage besser zurechtkommen
  Der Druck wächst wieder
  Zu einer weiteren Tablette greifen

– *Abhängigkeit von Beruhigungsmitteln:*
  Etwas erschüttert Ihr Selbstvertrauen
  Sie machen sich Sorgen und sind ängstlich
  Sie gehen schwierigen Situationen aus dem Weg

Sie nehmen ein Beruhigungsmittel
Sie kommen wieder mit der Welt zurecht
Sie lernen: »Ich kann nicht ohne Beruhigungsmittel sein.«

2. *Beruhigungsmittel können abstumpfen.* Tranquilizer dämpfen Gefühle – die guten und die schlechten –, bis, um einen unserer Patienten zu zitieren, »es so ist, als ob zwischen dir und deinen natürlichen Reaktionen noch etwas zwischengeschaltet wäre«. Barnie hatte vier Jahre lang dreimal täglich Valium genommen, als seine Tochter ihm sagte, sie sei schwanger, und sein erstes Enkelkind werde in sechs Monaten auf die Welt kommen. Irgendwie stimmte ihn das froh; er wußte, daß er sich für sie und die ganze Familie wirklich freute. Aber innerlich fühlte er sich wie sonst auch, was ihn sowohl besorgt als auch traurig stimmte. Er befürchtete, dies sei ein Zeichen dafür, daß er nun außer ängstlich auch noch depressiv würde. Da Beruhigungsmittel Ihre Spontaneität beeinflussen, indem sie Höhen und Tiefen ausbügeln, könnte es so weit kommen, daß Sie sogar eine Wende zum Besseren gar nicht bemerken. Normalerweise kommen und gehen Probleme und mit ihnen Angst, Streß und Anspannung. Wenn Sie regelmäßig Tranquilizer nehmen, verwischen diese Veränderungen. Dazu kommt, daß manche Schwierigkeiten nur in den Griff zu kriegen sind, wenn Sie die mit ihnen zusammenhängenden Gefühle »durchstehen« – zum Beispiel Trauer, wenn eine Beziehung auseinandergeht. *Langfristig* Tabletten zu nehmen hilft Ihnen nicht über diese Traurigkeit hinweg.

3. *Sie können von Beruhigungsmitteln psychisch abhängig werden.* Tranquilizer können bei regelmäßiger Einnahme jenes Bedürfnis schaffen, das sie befriedigen. Es ist leicht, von ihnen psychisch abhängig zu werden und sie zum Beispiel immer »für alle Fälle« bei sich zu haben oder darauf zu achten, daß sie nie ausgehen. Das Problem an dieser Art von Abhängigkeit ist, daß sie nach und nach jedes Selbstvertrauen zunichte macht. Sie bekommen vielleicht das Gefühl, daß etwas mit *Ihnen* nicht stimmt, statt damit, *was in Ihrem Leben geschieht.* Paula hatte vor drei Jahren ihre Stelle verloren, und da sie außerstande war, die Hypothek auf ihrem Haus weiter abzu-

zahlen, war sie mit ihren Kindern in eine kleine Wohnung gezogen. Zur selben Zeit erkrankte ihre Mutter und starb, und ihr ältestes Kind hatte wichtige Prüfungen. Sie stand enorm unter Streß und begann, Beruhigungsmittel zu nehmen. Mit ihnen begann sie wieder besser zu schlafen und sich weniger Sorgen zu machen, doch immer wenn sie versuchte, eine Nacht ohne sie auszukommen, ging es ihr sofort wieder schlechter. Jede Anforderung, die sie an sich stellte, verursachte ein so schlechtes Gefühl, daß sie weiterhin zu den Tabletten griff. Schließlich war sie davon überzeugt, nicht mehr ohne sie in die Stadt gehen zu können, und der Gedanke an ein Vorstellungsgespräch führte nur dazu, daß sie dachte, wie inkompetent sie doch jetzt im Vergleich zu früher war.

Wer in so einem Kreislauf gefangen ist, der beginnt schnell, an sich selbst zu zweifeln und sich neu auftauchenden Problemen gegenüber hilflos zu fühlen. Die Versuchung ist groß, das Problem weiterhin durch die Einnahme von Tabletten lösen zu wollen anstatt dadurch, daß Sie neue Fähigkeiten entwickeln, damit umzugehen. Wenn Sie eigene Mittel und Wege finden, damit zurechtzukommen, ist die Wahrscheinlichkeit, daß Sie Ihr Selbstvertrauen wiederfinden, viel größer.

4. *Sie können nach Beruhigungsmitteln körperlich süchtig werden.* Im Gegensatz zu früheren Annahmen ist jetzt bekannt, daß Tranquilizer süchtig machen. Das bedeutet, daß Sie, aufgrund des Gewöhnungseffektes Ihres Körpers, unter Umständen höhere Dosen einnehmen müssen, um die gleiche Wirkung zu erzielen, und daß Sie bei plötzlicher Absetzung der regelmäßigen Einnahme Entzugserscheinungen haben können.

Entzugserscheinungen

Wenn Sie plötzlich aufhören, Beruhigungsmittel zu nehmen, dann kann dies, vor allem wenn Sie sie schon lange nehmen, zu unangenehmen Gefühlen führen, die »Entzugserscheinungen« genannt werden. Vielleicht haben Sie es aufgrund dieser Entzugserscheinungen bis jetzt noch nicht fertiggebracht, auf Tranquilizer zu verzichten. Entzugserscheinungen sind zwar unangenehm, schlimmer jedoch ist, daß sie verwirrend sind. Obgleich sie von Mensch zu Mensch sehr verschieden sind, ähneln sich doch viele der weiter verbreiteten Angstsymptome sehr. Sie beinhalten zum Beispiel Schweißausbrüche, Zittern, Panikgefühle, Gewahrwerden von Herzklopfen oder -rasen, Schlafstörungen, Kribbeln und Konzentrationsschwierigkeiten. Das Problem dabei ist, daß Sie solche Entzugserscheinungen eventuell für Angst halten und meinen, daß Sie die Beruhigungsmittel gerade deswegen brauchen. Eine Entzugserscheinung, die normalerweise nicht mit dem ursprünglichen Problem in Zusammenhang gebracht wird, ist eine gesteigerte Sinneswahrnehmung: Licht kann besonders hell erscheinen, Geräusche unerwartet laut und so weiter. Wenn Sie mit den Tabletten wieder anfangen, sobald das passiert, verschwinden die Symptome schnell. Aber das könnte ebensogut ein Beleg dafür sein, daß es sich dabei um Entzugserscheinungen und nicht um Angstsymptome handelt.

Wie lange können Sie Tranquilizer nehmen, ohne daß es gefährlich wird?

Beruhigungsmittel sollten nur gelegentlich genommen werden – beispielsweise dann, wenn Ihnen etwas, das Sie tun müssen und nicht vermeiden können, starke Angst einflößt oder wenn jemand dringend einmal durchschlafen muß und das nicht kann. Bei akuten Angst- oder Verzweiflungszuständen sollte die intensive Behandlung mit Medikamenten auf etwa vier Wochen beschränkt bleiben und mit zusätzlicher Unterstützung, Selbsthilfe, Therapie oder Beratung einhergehen.

Eine langfristige Einnahme von Beruhigungsmitteln sollte normalerweise vermieden werden. Allerdings kann eine langfristige Behandlung mit Medikamenten trotzdem für manche ältere Menschen oder für Menschen mit schweren und dauernden Angstzuständen die beste Therapieform sein; dafür bieten sich vor allem die neueren Medikamente an, die inzwischen auf dem Markt sind.

> Beachten Sie: Alle Medikamente gegen Angstzustände unterdrücken Symptome, ohne unbedingt die Ursache des Problems zu beseitigen.

Von Tranquilizern loskommen

Etwa 50% aller Menschen, die länger als einige Wochen Beruhigungsmittel genommen haben – also auch diejenigen, die sie bereits jahrelang einnehmen –, können sie ohne Schwierigkeiten absetzen. Die meisten anderen haben *gewisse* Entzugserscheinungen, *sehr wenige haben tatsächlich* ernsthafte Schwierigkeiten.

Wir empfehlen, das Problem von zwei Seiten her anzugehen:

1. Reduzieren Sie die Tabletten allmählich, bis Sie sie schließlich ganz absetzen können.
2. Lernen Sie, wie Sie das Problem auf andere Art in den Griff bekommen können.

Sie sollten an beiden Seiten gleichzeitig arbeiten, zuerst müssen Sie sich aber dafür entscheiden, aufzuhören.

Beschließen, aufzuhören

Beantworten Sie zunächst einmal folgende Fragen:

1. Sind Sie von den Tabletten abhängig? Greifen Sie ganz automatisch jeden Tag zur selben Zeit nach ihnen? Achten Sie darauf, wieviel Zeit zwischen zwei Tabletten vergeht? Machen Sie sich Sorgen, was passieren würde, wenn Sie *keine* nehmen würden?
2. Helfen sie noch? Oder haben Sie manchmal schon vergessen, eine zu nehmen, und es erst später gemerkt? Benutzen Sie sie eher als eine Art Stütze?
3. Was könnte es Ihnen bringen, wenn Sie aufhören? Schreiben Sie auf, welche Vorteile das Aufhören hat. Schreiben Sie anschließend auch die Nachteile auf. Meist zeigen sich die Vorteile erst auf lange Sicht und scheinen völlig außer Reichweite zu sein (mehr Selbstvertrauen haben), während die Nachteile kurzfristig auftreten und unmittelbar zu sein scheinen (Sie machen sich Sorgen, also schlafen Sie schlecht). Schauen Sie sich Ihre Listen daraufhin an, ob das für Sie zutrifft. Versuchen Sie dann, die eine gegen die andere abzuwägen. Sind Sie sicher, daß Sie aufhören wollen? Sie müssen ganz klar vor

Augen haben, was Sie sich davon versprechen, denn wenn Sie die Sache halbherzig angehen oder im unklaren sind, bedeutet das auf jeden Fall eine Erschwerung für Sie.

4. Wer könnte Ihnen helfen? Es ist hilfreich, mit anderen zu sprechen, außerdem können andere Menschen die Gründe fürs Aufhören im Blick behalten, wenn sich bei Ihnen selbst Zweifel einstellen. *Wenn Sie beschließen, daß Sie aufhören wollen, dann besprechen Sie diese Entscheidung zunächst mit Ihrer Ärztin, Ihrem Arzt.*

Zum einen können diese Ihnen ortsansässige Selbsthilfegruppen für die Absetzung von Beruhigungsmitteln nennen, die für Sie hilfreich sein könnten, und zum andern kennt natürlich nur Ihre Ärztin, Ihr Arzt sowohl Sie selbst und Ihre Beschwerden als auch die speziellen Tranquilizer, die Sie nehmen.

Falls Sie ein Medikament mit Kurzzeitwirkung nehmen, ist es wahrscheinlich am besten, auf die gleiche Dosis eines Medikaments mit Langzeitwirkung umzusteigen und diese Dosis dann allmählich zu reduzieren (vgl. Kasten S. 431). Der Grund dafür ist, daß es den meisten Menschen leichter fällt, ein Medikament mit Langzeitwirkung abzusetzen, als eines mit Kurzzeitwirkung.

Wie Sie Schritt für Schritt Tranquilizer absetzen können

– *1. Schritt:* Halten Sie die Dosis konstant, indem Sie die Tabletten täglich zur (etwa) gleichen Zeit einnehmen.

– *2. Schritt:* Nehmen Sie sich vor, die Zahl der Tabletten allmählich zu reduzieren. Überlegen Sie sich dazu einen Weg, der Ihnen am geeignetsten erscheint, und vergleichen Sie sich dabei nicht mit anderen. Menschen sind verschieden, und Ihr Programm sollte für Sie gemacht sein. Hier sind einige Fragen, die Sie bedenken sollten:

– Wie groß sollte die erste Reduzierung sein? Antwort: So klein, wie Sie wünschen.

– Welche Tablette sollte ich zuerst absetzen? Antwort: Die, die Sie am wenigsten brauchen.

– Wann soll ich anfangen? Antwort: Nicht dann, wenn Sie »eine Krise« haben. Suchen Sie sich, wenn möglich, eine relativ stabile Phase aus.

Wenn Sie denken, daß es hilfreich sein könnte, in einem gewissen Stadium eine schwächere Dosierung zu nehmen (z. B. 2 Milligramm statt 5), dann sprechen Sie mit Ihrer Ärztin, Ihrem Arzt darüber.

– *3. Schritt:* Nehmen Sie die erste Reduzierung vor. Das erfordert Mut, und möglicherweise werden Sie sich unsicher, zögerlich und ängstlich fühlen. Versuchen Sie, die ganz natürlichen Ängste, ob Sie ohne Psychopharmaka zurechtkommen werden, nicht zu verwechseln mit einem Wiederauftauchen des ursprünglichen Problems. Nach der ersten Reduzierung stellte Paula fest, daß sie schon bei den geringsten Anforderungen zweifelte, ob sie ihnen gewachsen sein würde. Sie lernte jedoch allmählich, daß sie ganz gut mit ihnen zurechtkam, sofern sie diese Schritt für Schritt anging. Sie begriff, daß es ein Unterschied ist, tatsächlich zu viel zu tun zu haben und sich nur Sorgen zu machen, zu viel zu tun zu haben.

Machen Sie eine einmal vorgenommene Reduzierung nicht mehr rückgängig. Wenn Sie die Dosis immer wieder herabsetzen und dann erneut erhöhen, wird der Entzug wahrscheinlich schwieriger werden, als wenn Sie gleichmäßig und langsam reduzieren.

– *4. Schritt:* Gewöhnen Sie sich an die neue Dosis. Behalten Sie eine neue Dosis mindestens drei Tage bei, bis Sie das Gefühl haben, daß Sie weiter absetzen können. Wie schnell Sie reduzieren, hängt von vielen Faktoren ab: der Art des Tranquilizers, wie lange Sie ihn schon nehmen, Ihren Problemen, dem Umfang an Unterstützung, die Ihnen zuteil wird, Ihrer Fähigkeit, mit Schwierigkeiten zurechtzukommen, Ihrer Fähigkeit, Entzugserscheinungen zu verstehen, zu erkennen und auch anzunehmen, sowie Ihrer Fähigkeit, neue Möglichkeiten des Problemlösens zu erlernen. Wahrscheinlich spielen dabei noch andere Faktoren eine Rolle, von denen einige nur für Sie zutreffen werden, und dies ist ein weiterer Grund dafür, warum Sie Ihre Entzugspläne selbst in die Hand nehmen sollten. Die meisten Menschen brauchen Zeit, um sich psychisch umzustellen und Alternativen zu ihrem bisherigen Verhalten bei Problemen aufzubauen.

– *5. Schritt:* Wiederholen Sie den dritten und vierten Schritt so lange, bis Sie die Tranquilizer abgesetzt haben. Viele Menschen wollen »es gern schnell hinter sich bringen«, wenn Sie es aber zu sehr forcieren, können

Sie Entzugserscheinungen auslösen. Sie sollten versuchen, weder etwas hinauszuzögern noch rennen zu wollen, bevor Sie gehen können. Als allgemeine Richtschnur kann gelten, daß die Absetzung von Beruhigungsmitteln zwischen drei Wochen und drei Monaten in Anspruch nehmen sollte. In der Schlußphase kann es eine Hilfe sein, die Tabletten mit einem scharfen Messer zu halbieren oder sogar zu vierteln. Falls das Medikament in flüssiger Form vorliegt, können Sie es verdünnen, bei Kapseln können Sie in Ihrer Apotheke um einige Leerkapseln bitten und aus einer Dosis zwei machen. Sie werden feststellen, daß die letzte Dosis am schwersten abzusetzen ist. Das ist völlig normal, hüten Sie sich aber davor, die Qual dadurch zu verlängern, daß Sie diese letzte Phase zu sehr ausdehnen. Wenn Sie bereits mit nur einer halben Tablette auskommen, dann kommen Sie auch völlig ohne Tabletten aus.

Sich auf den Alleinflug einstellen

Den meisten Menschen geht es manchmal schlecht, wenn sie Beruhigungsmittel absetzen. Schlechte Zeiten sind aber normal. Jeder Mensch hat sie, so wie jeder gute und schlechte Tage hat, und möglicherweise empfinden Sie diese Schwankungen jetzt stärker, wenn Ihre Reaktionen vorher durch Psychopharmaka gedämpft waren. Ihre Psyche und Ihr Körper müssen sich erst umstellen, wenn Sie keine Beruhigungsmittel mehr nehmen. Diese Umstellung kann nur einige Tage, aber auch mehrere Monate dauern, deshalb sollten Sie von Anfang an daran arbeiten, neue Strategien zu entwickeln, um mit Problemen zurechtzukommen.

Strategien, um zurechtzukommen

Die Strategien, die Sie entwickeln müssen, hängen von den Problemen ab, die Sie anzugehen haben. Wir schlagen folgendes vor:

1. Schreiben Sie das Hauptproblem auf, das Sie mit Hilfe von Beruhigungsmitteln lösen wollten oder das sich für Sie stellen wird, wenn Sie die Tranquilizer abgesetzt haben.
2. Lesen Sie die nachfolgende Aufzählung von Alternativen zu Tranquilizern.
3. Suchen Sie sich *eine* aus, mit der Sie anfangen wollen.

4. Lesen Sie nach, was es mit dieser Strategie auf sich hat, üben Sie dann, sie regelmäßig anzuwenden, selbst wenn sie für Sie zunächst nicht funktioniert, bevor Sie dann eine zweite anwenden.

Sie können so viele Strategien verwenden, wie Sie wollen, doch sollten Sie darauf achten, sich stets auf jeweils nur eine zu konzentrieren.

Zusammenfassung dieses Kapitels

Beruhigungsmittel (Tranquilizer) helfen, weil sie Sie beruhigen, doch beseitigen sie nicht die Ursachen von Problemen. Eine regelmäßige Einnahme über einen längeren Zeitraum ist nicht hilfreich, weil Sie dadurch den Mut verlieren können, nach langfristigen Lösungen zu suchen, weil sie sowohl Ihre positiven als auch negativen Gefühle dämpfen, weil Sie sich allzuleicht nur noch auf sie verlassen und weil sie süchtig machen.

Alternativen zu Tranquilizern	
Entspannen lernen	Kapitel 11
Streß und Anspannung bewältigen	Kapitel 18
Angst und Sorge bewältigen	Kapitel 16
Aufbau von Selbstvertrauen und Selbstachtung	Kapitel 10
Selbstbehauptung lernen	Kapitel 13
Mit sich selbst und seiner Zeit richtig umgehen	Kapitel 5
Berufliche und familiäre Anforderungen einschränken	Kapitel 13
Sich mit Dingen konfrontieren, die Sie ängstigen	Kapitel 6 und 17
Schlafstörungen überwinden	Kapitel 24
Schwierigkeiten in Beziehungen	Teil III, alle vier Kapitel
Nüchtern und sachlich bleiben	Kapitel 9

Von Beruhigungsmitteln loszukommen ist leichter, als es sich anhört. Beschließen Sie zunächst definitiv, etwas zu ändern. Reduzieren Sie dann allmählich Ihre Dosis, und lernen Sie, wie Sie Schwierigkeiten anders angehen können.

VI. Die Psyche arbeitet

In diesem letzten Teil des Buches geht es um Ihre Psyche als Denk-werkzeug. Genau wie ein gewisses Maß an körperlicher Fitneß die Freude an körperlicher Betätigung erhöht, so ermöglicht Ihnen ein ge-wisses Maß an »seelisch-geistiger Fitneß«, Freude an der Benutzung Ihrer geistigen Fähigkeiten zu haben.

Die ersten beiden Kapitel dieses Teils über das Lernen sind nicht nur für Schülerinnen, Schüler und Studierende gedacht. Sie wenden sich an alle, die lernen oder ein Hobby oder Interessengebiet aufbauen möchten.

Unser Gedächtnis läßt uns oft im Stich. Wir zeigen Ihnen in zwei Ka-piteln ausführlich, wie Sie sicherstellen können, daß Ihr Gedächtnis auf Ihrer Seite ist.

Die letzten beiden Kapitel darüber, Entscheidungen zu fällen und ge-radlinig zu denken, vereinigen in sich viele Themen dieses Buchs und führen sie noch einen Schritt weiter.

Ihre Psyche ist ein kraftvolles Werkzeug. »Die Psyche arbeitet« zeigt, wie Sie es einsetzen können, um Ihr Leben voll und ganz genießen zu können.

28. Die Grundlagen effektiven Lernens

Lernen als Bereicherung

Lernen ist nicht nur etwas für Schülerinnen, Schüler und Studierende: gute Lernmethoden nützen uns allen. Regelmäßiges Lernen entspricht regelmäßiger Bewegung: es festigt Gewohnheiten und Sie entwickeln dadurch Fähigkeiten, die Sie ein Leben lang brauchen können. Die Prinzipien, die in diesem Kapitel erläutert werden, lassen sich in vielen verschiedenen Situationen anwenden: in der Schule oder an der Universität, wo Lernen im Mittelpunkt steht; von Menschen, die nebenher lernen, sei es in Abendkursen oder im Selbststudium; von Menschen, die ihre beruflichen Qualifikationen verbessern wollen; und von Menschen, die einem Hobby nachgehen oder beispielsweise Spanisch lernen wollen. Dieses Kapitel ist immer relevant, ob Sie sich nun mit einem bestimmten Thema auseinandersetzen wollen, ein Instrument lernen möchten oder planen, einen Roman zu schreiben, weil seine Anregungen auf all jene Aufgaben angewendet werden können, die erfordern, daß Sie Ihre geistigen Kapazitäten systematisch nutzen.

Regelmäßiges Lernen kann zu den Dingen gehören, die Ihr Leben bereichern; das Erlernte summiert sich, und es macht Ihnen Spaß, mehr über Dinge zu erfahren, die Sie interessieren. Solches Wissen kommt zudem Ihrem Selbstvertrauen zugute und macht Sie stolz auf das, was Sie geleistet haben. Wenn Sie studieren oder zur Schule gehen, dann verschafft Ihnen effizientes Lernen Vorteile in Form von mehr Freizeit und besseren Noten. Gute Lerntechniken sind nicht schwer zu beherrschen, und es ist verwunderlich, wie wenige sie anwenden. Lassen Sie sich nicht durch ihre offensichtliche Einfachheit abschrecken; gerade die einfachen und klaren Methoden sind oft am wirkungsvollsten.

Die Masse macht's

Fürs Lernen gilt ein zentrales Gesetz: das Gesetz von der Massenwirkung. Es besagt, daß eine enge Wechselwirkung besteht zwischen der Menge an erledigter Arbeit (wieviel Sie lernen; wieviel Sie schreiben; usw.) und der darauf verwendeten Zeitspanne. Sicherlich arbeiten viele sehr ineffizient, so daß in vielen Stunden harter Arbeit erheblich weniger erreicht wird, als eigentlich der Fall sein könnte. Aber es ist wichtig, nicht an das Märchen zu glauben, daß Sie allein durch ungeheuer effizientes Lernen oder Arbeiten viel erreichen können, ohne tatsächlich viel dafür tun zu müssen. Wahr ist, daß es sinnvoll ist, Arbeitsphasen mit angemessenen Pausen zu kombinieren. Jedes Lernen, das sich lohnen soll, erfordert einen gewissen Zeitaufwand. Der Hauptgrund dafür, warum viele Lernende oft ihre gesteckten Ziele nicht erreichen, ist, daß sie nicht genug Zeit dafür veranschlagen. Wenn Sie etwas lernen wollen, müssen Sie sich auch die Zeit dafür nehmen. Also, warum machen Sie sich den Anfang nicht leicht und haben noch Spaß dabei?

Sich den Anfang leichtmachen

Den meisten Menschen fällt es schwer, sich an die Arbeit zu machen. Es kann sein, daß Sie sich fest vornehmen, sich abends um acht Uhr hinzusetzen und eine Stunde lang zu schreiben. Um acht Uhr denken Sie, daß eine Tasse Tee jetzt ganz nett wäre. Um Viertel nach acht telefonieren Sie mal eben kurz. Um halb neun kommt etwas Interessantes im Radio oder Fernsehen. Um neun hören Sie Nachrichten. Um zwanzig nach neun ruft eine Freundin an. Um halb zehn …
So etwas kommt oft vor, und es gibt wahrscheinlich nur wenige Menschen, die ihre Zeit nicht so vergeuden. Der wesentliche Unterschied besteht darin, wie leicht jemand dazu in der Lage ist, mit dem Arbeiten zu beginnen.
Die Schwierigkeit, nur schwer mit der Arbeit in Gang zu kommen, hat zwei Aspekte: erstens führt sie dazu, daß zu wenig Arbeit erledigt wird; und zweitens führt sie dazu, daß Sie Ihre Zeit nicht zufriedenstellend

nutzen, solange Sie versuchen, sich zum Arbeiten zu bewegen, denn viel von der Zeit, die Sie nicht arbeiten, verbringen Sie in einer Art Niemandsland, in dem Sie weder arbeiten noch Pause machen, sondern kurz davor sind, zu arbeiten, oder sich wegen der Arbeit Sorgen machen. Sie entspannen sich nicht, und Sie arbeiten auch nicht.

Sie müssen es sich so leicht wie irgend möglich machen, mit der Arbeit anzufangen. Genau wie eine Maschine Zeit braucht, bis sie nach dem Kaltstart gleichmäßig läuft, brauchen wir das auch. Manchmal brauchen wir einen Kickstarter, um in Gang zu kommen; aber wenn wir erst einmal in Schwung sind, läuft alles normalerweise viel leichter und kann sogar richtig Spaß machen.

Vier Möglichkeiten, die Ihnen dabei helfen, sich an die Arbeit zu machen

1. *Schaffen Sie sich eine gute Arbeitsatmosphäre.* Nichts ist entmutigender, als wenn Sie sich Ihren Arbeitsplatz anschauen und feststellen, daß er Sie trübsinnig macht. Versuchen Sie, einen bestimmten Ort, ein Zimmer oder einen Teil eines Zimmers für die Arbeit zu reservieren. Gestalten Sie diesen Platz anziehend, ganz so, wie es Ihnen persönlich entspricht. Schmücken Sie ihn mit Bildern, Blumen oder was Ihnen sonst Freude macht. Gestalten Sie die Arbeitsfläche einladend, indem Sie zum Beispiel allen unnötigen Kram wegräumen.

2. *Legen Sie vorher Ihr Pensum fest.* Wir neigen dazu, jede mögliche Ausflucht zu benutzen, um die Arbeit nicht in Angriff nehmen zu müssen, eine davon ist, daß wir unsicher sind, womit wir anfangen sollen: »Soll ich dies oder das tun?« Und die Unsicherheit wird zum Vorwand, etwas anderes zu tun. Planen Sie im voraus, woran Sie arbeiten wollen. Das einfache Hilfsmittel, sich eine Liste der zu erledigenden Dinge zu schreiben und die Reihenfolge festzulegen, in der Sie sie erledigen wollen, kann viele Stunden vergeudeter Zeit sparen. Seien Sie nicht zu ehrgeizig: Setzen Sie sich konkrete Ziele, die Sie in der zur Verfügung stehenden Zeit auch sicher erfüllen können, und erledigen Sie eine Zusatzaufgabe, falls noch Zeit übrig ist.

3. *Machen Sie sich die Vorteile des Lernens ganz klar bewußt.* Ganz gleich, wie leicht Sie es sich machen, die Arbeit in Angriff zu neh-

men, es wird immer eine gewisse Hürde zu überwinden sein. Sie müssen sich die Vorteile vor Augen halten, die es für Sie hat, wenn Sie die Arbeit erledigen. Das ist besonders bei umfassenden Aufgaben wichtig; sonst kann ein anfänglicher Enthusiasmus sich leicht verflüchtigen, und Sie bringen nie die Energie auf, anzufangen. Schreiben Sie alles auf, was Ihnen diese Arbeit bringen könnte, und lesen Sie diese Liste durch, wenn es an der Zeit ist, anzufangen, um sich Auftrieb zu geben. Das ist besonders in Phasen nützlich, in denen Sie frustriert sind oder den Mut verloren haben.

4. *Hinterlassen Sie Ihren Arbeitsplatz einladend für das nächste Mal.* Die meisten Menschen räumen auf, bevor sie anfangen zu arbeiten, und suchen auch dann erst die nötigen Utensilien zusammen. Wenn sie aufhören, hinterlassen sie ein Riesendurcheinander. Das ist deshalb problematisch, weil das Durcheinander zur Hemmschwelle für die nächste Arbeitsphase wird. Die Lösung ist denkbar einfach. Nutzen Sie die letzten Minuten der Arbeitszeit, um aufzuräumen und alles für das nächste Mal vorzubereiten, damit der Anfang leichtgemacht wird. Darüber hinaus eignet sich dieser Zeitraum ganz hervorragend, um vorausplanen, was Sie das nächste Mal in Angriff nehmen wollen.

Die Arbeit zum Vergnügen machen

Nutzen Sie Ihre beste Zeit
Vielleicht können Sie es sich nicht aussuchen, wann Sie lernen, oder es ist in Ihrem Fall sowieso egal. Manche Menschen arbeiten aber zu bestimmten Tageszeiten besser oder leichter als zu anderen. Manche arbeiten morgens besser, andere abends. Falls Sie Vorlieben haben, so versuchen Sie auch, ihnen Rechnung zu tragen.

Die einzelnen Lernphasen sollten kurz sein
Viele Menschen können nicht gut lernen, weil sie davon überzeugt sind, daß sie, wenn sie sich erst einmal an die Arbeit gemacht haben, stundenlang fortfahren müssen. Das ist so entmutigend, daß sie dann gar nichts

mehr tun. Viel besser ist es, bescheidene Ziele zu haben, die dann auch tatsächlich erfüllt werden. Wir empfehlen, in ziemlich kurzen, »häppchenweisen« Abschnitten zu arbeiten. Wie groß der Happen ist, hängt zum Teil von Ihnen und zum Teil vom Thema ab. Wenn Sie abends, nach der Arbeit, lernen, empfehlen wir kurze Abschnitte; sonst ist es sehr wahrscheinlich, daß Sie, statt zu lernen, den Fernseher einschalten.

Abwechslung – die Pralinenschachtel-Methode

Eine riesige Tafel Schokolade ließe sich nur schwer auf einmal essen, in einer Schachtel Pralinen ist das einzelne Stück Schokolade dagegen klein, und jedes ist anders. Was auch immer Sie lernen wollen, teilen Sie Ihre Studien in kurze Abschnitte ein, machen Sie oft Pausen, und gönnen Sie sich Abwechslung. Wenn Sie das tun, fällt es Ihnen nämlich viel leichter, sich durch die Schachtel »durchzufuttern«, und Sie werden feststellen, daß Sie viel geschafft haben.

Ein Student bat uns um Hilfe, weil es ihm sehr schwerfiel, sein Studium weiterzumachen. Jeden Morgen standen ihm die Stunden bevor, in denen er in der Bibliothek saß, »lernte« und sich gelangweilt und müde fühlte. Wir baten ihn, uns von seinem Lernverhalten zu erzählen. »Es ist eigentlich jeden Tag das gleiche. Ich gehe in die Bibliothek und lese.« »Schreiben Sie nie mal etwas auf?« »Doch, klar, ich muß Referate schreiben.« Wir fragten weiter genau nach, was er tue. Dabei stellte sich heraus, daß das, was er als die eine Aufgabe des »Studierens« oder »Lernens« sah, in Wirklichkeit unendlich viele verschiedene Aufgaben waren. Er bestellte Bücher in der Bibliothek; manche dieser Bücher benutzte er als Nachschlagewerke, suchte darin nach Material und machte sich Notizen. Manchmal gehörte es auch zu seinem Studium, ganze Romane zu lesen. Bevor er ein Referat schrieb, ging er seine Notizen noch einmal durch und faßte sie zusammen. Er plante seine Referate und hatte dabei verschiedene Vorstellungen im Kopf, die er durchspielte. Danach schrieb er und arbeitete das Geschriebene dann noch einmal durch. In jeder dieser Phasen konnte es sein, daß er mit anderen Studierenden darüber sprach oder ein Thema mit einer Dozentin, einem Dozenten noch einmal abklärte.

Tatsache war also, daß er gar nicht die ganze Zeit an ein und derselben

Aufgabe arbeitete, sondern an vielen verschiedenen. Wir schlugen ihm vor, sein nächstes morgendliches Pensum so zu planen, daß er die unterschiedlichen Aufgaben feststellte und dann für jede einzelne Aufgabe nur relativ wenig Zeit veranschlagen durfte – beispielsweise immer 45 Minuten. Außerdem baten wir ihn darum, Pausen einzuplanen. Sein Arbeitsplan für den nächsten Morgen glich einer Schachtel Pralinen. Er bestand aus vielen verschiedenen, kleinen, mehr oder minder appetitlichen Stückchen. Eine Woche später war dieser Student wie umgewandelt: begeistert bei der Arbeit und zufrieden damit, daß er besser lernte als zuvor.

Diese Verwandlung war einfach dadurch zustande gekommen, daß eine Studienphase in viele verschiedene Aufgaben unterteilt worden war und daß ihm klargemacht worden war, daß das, was er für eine einzige langweilige Sache gehalten hatte, in Wirklichkeit aus vielen verschiedenen Betätigungen bestand, von denen jede natürlich langweilig werden konnte, wenn sie zu lange am Stück ausgeführt wurde. Wenn Studien langweilig werden und sich dauernd wiederholen, wie eine Arbeit am Fließband, geht ihr Abwechslungsreichtum verloren, und damit verlieren sie auch ihre Attraktivität.

Planen und Organisieren

Beim Lernen das Ziel nicht aus den Augen verlieren

Warum wollen Sie etwas lernen? Ganz egal, was die Gründe sein mögen, verlieren Sie sie nicht aus den Augen. Behalten Sie sie im Gedächtnis, um zu entscheiden, welche Informationen Sie brauchen, um Ihre Prioritäten zu bestimmen und um zu beschließen, was mit der Information zu tun ist, die Sie sammeln. Sie müssen keinen besonders gelehrten oder hochgeistigen Zweck verfolgen; Sie könnten ja auch einfach neugierig sein.

Angenommen, Sie wollen Portugiesisch lernen, damit Sie sich im Urlaub in Portugal ein bißchen verständlich machen können. Die Vokabeln und Sätze, die Sie lernen – die Kassetten und Bücher, die Sie zum Lernen benutzen –, sollten alle unter dem Gesichtspunkt ausgesucht werden, daß Sie die Sprache im Urlaub anwenden wollen. Würden Sie aus geschäftlichen Gründen Portugiesisch lernen, bräuchten Sie einen anderen Wortschatz. Ihr Ziel hilft Ihnen bei der Entscheidung, was und wie Sie lernen wollen. Vielleicht möchten Sie Portugiesisch lernen, um Geschäftsberichte lesen zu können, es ist für Sie aber nicht nötig, die Sprache zu sprechen. Also hilft Ihnen das Ziel auch, zu entscheiden, was Sie zu üben haben. Wenn Sie die Sprache lernen wollen, um sie hauptsächlich lesen zu können, dann üben Sie das Lesen. Wollen Sie sie vor allem lernen, um zu sprechen, dann üben Sie das Sprechen. Wollen Sie verstehen können, dann versuchen Sie, sich einzuhören. Das Ziel hilft Ihnen dabei, zu entscheiden, wieviel Sie tun müssen. Möglicherweise besteht Ihr Ziel beim Portugiesischlernen darin, ein Essen bestellen und nach dem Weg fragen zu können. Vielleicht müssen Sie gar nicht fließend sprechen können.

Die meisten Menschen lesen Bücher von vorn bis hinten komplett durch, obwohl das für die meisten Lernziele gar nicht das beste Verfahren ist. Es entbehrt der konzentrierten Ausrichtung und ist Zeitvergeudung. Bei Ihren Studien sollten Sie an die vielfältigen Möglichkeiten denken, Zeitung zu lesen: Sie können sie überfliegen, selektiv lesen, manche Artikel ganz lesen, andere nur anlesen und wieder andere völlig außer acht lassen. Wählen Sie aus, was und wieviel Sie lesen. Verlieren Sie bei der Auswahl Ihr Ziel nicht aus den Augen. Was wollen Sie in dieser Lesephase, dieser Lernphase erreichen?

Das gleiche gilt, wenn Sie Notizen machen. Behalten Sie den Zweck im Auge. Sollen die Notizen dazu dienen, daß Sie das Buch nicht noch einmal lesen müssen? Oder wollen Sie sich mit ihrer Hilfe den Inhalt des Buchs wieder ins Gedächtnis rufen können und wo Sie was finden? Wollen Sie detailliert an den Inhalt erinnert werden, oder genügen Ihnen einige Grundzüge? Ist das Material so beschaffen, daß Sie sich an den Rest erinnern können, wenn die Hauptideen klar sind, oder erfordert es, daß Sie sehr viele spezielle Informationen behalten? Sie müssen nicht nur das Endziel (eine Mahlzeit auf Portugiesisch bestellen) im Auge behalten, sondern auch die naheliegenderen Ziele. Die Gründe dafür, sich Notizen zu machen, können von der Verbesserung der Konzentrationsfähigkeit bis zu dem Gefühl, produktiv gewesen zu sein, reichen; Notizen können Gedächtnisstütze sein oder ein Erfolgserlebnis vermitteln. Welche Form Ihre Notizen im Endeffekt haben werden, hängt davon ab, welchen Zweck Sie damit verfolgen.

Salami – große Projekte in kleine Stücke schneiden

Große Projekte haben oft so ihre eigenen Schwierigkeiten. Sie können anfangs entmutigend sein, da sie so umfassend sind. Und sie können auf halbem Weg bange machen, wenn der anfängliche Enthusiasmus verflogen und noch kein Ende in Sicht ist.

Es gibt keine zu großen Projekte, sonst würden die großen Projekte nie erledigt werden, allerdings müssen sie systematisch angegangen werden – zum Beispiel unter Zuhilfenahme des *Salami*-Prinzips: schneiden Sie große Projekte in Scheiben. Wenn Sie die Scheiben nacheinander »zu sich nehmen«, haben Sie am Ende doch die ganze »Salami« verspeist. Mit anderen Worten, stellen Sie sich kleine, machbare Aufgaben, die, wenn Sie sie eine nach der anderen erledigen, dazu führen, daß die große Aufgabe erfüllt wird. Die meisten Menschen verschätzen sich total damit, wieviel Zeit sie für etwas brauchen, was sie sich vorgenommen haben, sie brauchen oft doppelt so lange. Wenn Sie sich auf die Erfordernisse jeder einzelnen »Salamischeibe« konzentrieren, werden solche Schätzungen viel genauer und außerdem jede einzelne Scheibe appetitlicher.

Projekte zu Ende bringen: Eine Grundhaltung

Das *Salami*-Verfahren kann sie dazu befähigen, große Projekte zu organisieren und in Angriff zu nehmen, vielleicht gibt es daneben aber noch andere Projekte, die Sie gerne machen wollen, und genau das kann gefährlich werden. Es kann verführerisch sein, ein gerade laufendes Projekt fallenzulassen und statt dessen ein neues, aufregenderes anzufangen. Mit den Jahren kommen so mehrere halb fertige Projekte zusammen. Wenn Sie sie zu Ende bringen wollen, müssen Sie sich eine Grundhaltung zu eigen machen, die sicherstellt, daß alte Projekte nicht unfertig liegenbleiben, sobald Sie neue anfangen. Stellen Sie sich darauf ein, den Beginn eines neuen Projekts aufzuschieben. Lassen Sie sie so lange in der Planungsphase, bis die alten zu Ende gebracht sind.

Eine Studienphase abschließen

Erleichtern Sie sich den Zugang zu Ihrer Arbeit
durch Katalogisierung

Ordnen und katalogisieren Sie Ihre Materialien am Ende einer Studienphase. »Ich weiß, daß ich mir dazu irgendwo Notizen gemacht habe ...« Die allerbesten Notizen der Welt nützen nichts, wenn Sie sie zur gegebenen Zeit nicht finden können. Beim Lernen sollten Sie Ihre Zeit nicht dafür verschwenden müssen, nach Informationen zu suchen, nach Notizen, die Sie irgendwohin gelegt haben, oder nach dem richtigen Ordner. Sie brauchen ein einfaches und effektives System, um Ihre Notizen und Materialien abzulegen. Ein solches System muß nicht kompliziert sein. Sie können alte Schuhkartons benutzen oder eine der bewährten Methoden, die effizient arbeitende Büros anwenden: Sichthüllen, Aktenordner, Karteikästen, Aktenschränke oder eine Reihe von Notizheften oder -büchern. Wenn Sie nicht wissen, wie Sie Ihre Notizen ablegen sollen, genügt es vielleicht, sie einfach in der Reihenfolge, in der Sie sie aufschreiben, abzuheften. Menschen haben im allgemeinen ein recht gutes Gedächtnis dafür, zu welchem Zeitpunkt Sie sich mit etwas beschäftigt haben und in welcher Reihenfolge. Wenn Sie lose Blätter verwenden und jedesmal, wenn Sie lernen, ein neues Blatt anfangen, können Sie diese später immer noch neu sortieren, sofern Sie das wollen.

Die andere Voraussetzung dafür, keine Zeit mit Suchen zu verschwenden, ist, die Notizen an einem bestimmten Platz aufzubewahren. Stellen Sie eine bestimmte Arbeit, nachdem Sie sie beendet haben, immer wieder an ihren Platz. Lassen Sie sie nicht herumliegen, sonst gerät sie vielleicht mit anderen Dingen durcheinander oder verschwindet zwischen einem Stapel Zeitungen oder wird von Ihren Kindern zum Spielen benutzt.

Belohnen Sie sich nach jeder Studienphase

Menschen, die Tiere dressieren, wissen, wie wichtig Belohnungen sind. Im Prinzip ist es denkbar einfach: alles macht mehr Spaß, wenn Sie dafür belohnt werden, und damit wird auch die Wahrscheinlichkeit größer, daß Sie es noch einmal tun wollen. Um Ihre Lernwilligkeit zu steigern, können Sie zusätzliche und unmittelbare Belohnungen einführen. Sie könnten zum Beispiel beschließen, daß Sie ins Kino gehen dürfen, wenn Sie am Samstagnachmittag drei Stunden lernen. Bei kleineren Einheiten ist es vielleicht besser, mit Gutscheinen zu arbeiten. Sie können sich zum Beispiel für jede Stunde, die Sie lernen, einen Gutschein geben. Diese Gutscheine können Sie dann für irgend etwas »benutzen«, was Sie als »Luxus« empfinden – für etwas, was Sie sich ohne diese Gutscheine nicht gönnen oder kaufen würden, das Sie aber sehr genießen (sich Pfannkuchen machen; in der Badewanne liegen; eine Pflanze oder einen neuen Schreibstift kaufen). So werden mit dem Lernen angenehme Dinge assoziiert, an die Sie denken können, wenn es Ihnen schwerfällt, sich an die Arbeit zu machen. Das Erfolgsrezept liegt darin, diese Belohnungen einfach zu halten und möglichst unmittelbar auf die Arbeit folgen zu lassen. Wenn Sie sich auf etwas freuen können, wird die Arbeit leichter, während sie schwerer wird, wenn die Belohnung vorher gewährt wird.

Zusammenfassung dieses Kapitels

1. Regelmäßiges Lernen kann Spaß machen und sich lohnen.
2. Die Voraussetzungen für effektive Studien sind einfach, werden aber oft selbst von Menschen, die viel Erfahrung mit Lernen haben, außer acht gelassen.
3. Dem *Gesetz von der Massenwirkung* kommt eine zentrale Rolle zu: selbst wenn Sie sehr effizient lernen, will die nötige Zeit aufgebracht werden.
4. *Vier Möglichkeiten, sich den Anfang zu erleichtern:*
   – Gestalten Sie Ihren Arbeitsplatz einladend.
   – Schreiben Sie sich die anstehenden Aufgaben vorher auf.
   – Halten Sie sich ganz klar vor Augen, was Ihnen diese Studien bringen werden.
   – Hinterlassen Sie einen einladenden Arbeitsplatz für das nächste Mal.

5. *Machen Sie das Lernen zum Vergnügen:*
   – Nutzen Sie Ihre beste Zeit.
   – Arbeiten Sie nach der *Pralinenschachtel-Methode,* das heißt, machen Sie die einzelnen Studienphasen nicht größer als Appetithappen, und gönnen Sie sich Abwechslung.
6. *Halten Sie sich beim Lernen Ihr Hauptziel vor Augen.*
7. Verwenden Sie die *Salami*-Methode: regelmäßiges, scheibchenweises Lernen führt zu großem Erfolg.
8. Bringen Sie Ihre Projekte zu Ende.
9. Sie sollten nach jeder Studienphase das *Material ordnen* und *aufräumen.*
10. *Belohnen Sie sich* nach jeder Studienphase.

29. Grundlegende Arbeitsmethoden: Lesen, Notizen machen und das Material auswerten und nutzen

Lesen

Zu den wichtigsten Fähigkeiten, die Lernende beherrschen müssen, zählt, durch Lesen zu lernen. Die meisten Menschen gehen dabei so vor, ein Buch von vorne bis hinten zu lesen – das ist die Methode, die die Mehrheit von uns als Kinder gelernt haben. Für bestimmte Zwecke eignet sich diese Methode ausgezeichnet – wenn Sie zum Beispiel einen Roman oder eine Biographie lesen oder wenn Sie den Gedankengang einer Schriftstellerin, eines Schriftstellers in einem interessanten oder komplexen Bereich nachvollziehen wollen. Mag diese Art des Lesens zwar unter Umständen Ihre Neugier stillen und entspannend sein, so ist dies aber nicht die einzig mögliche Art und Weise und für manche Zwecke auch gar nicht die beste. Sie würden niemals die Sonntagszeitung auf diese Weise lesen (oder Sie wären den ganzen Sonntag mit nichts anderem beschäftigt), und genausowenig ist diese Methode geeignet, um das Lesen für Studienzwecke bestmöglichst zu nutzen. Das folgende Vier-Punkte-Programm stellt Ihnen eine andere Möglichkeit vor.

Der erste Punkt: Vorbereitung
Lesen Sie, um Ihr Wissen zu erweitern, nicht um zu lernen. Der Funken Wahrheit, den dieser Satz enthält, ist, daß wir besser lernen, wenn wir das, was wir lesen, zu etwas in Beziehung setzen können, das wir schon kennen, und wenn es in Kategorien paßt, die für uns bedeutungsvoll sind. Eine Vorbereitungsphase ermöglicht Ihnen, den Kopf für das neue Wissen freizubekommen. Denken Sie zunächst drei Minuten darüber nach, was Sie zu diesem Thema schon wissen. Überfliegen Sie dann das Buch oder das Kapitel. Dieses *Überfliegen* ist eine Fähigkeit, die viele Menschen zwar beherrschen, die ihnen aber oft durch ein in

der Schulzeit erworbenes Leseverhalten ausgetrieben wurde. Wenn Sie in eine Buchhandlung gehen und etwas zum Lesen suchen, zum Beispiel einen Führer für Ihr nächstes Urlaubsziel oder einen Roman, überfliegen Sie wahrscheinlich einige Bücher, um sich entscheiden zu können, welches Sie nehmen wollen. Dieses Überfliegen ist keine minderwertige Form des Lesens, sondern eine sehr wichtige Technik, die nicht nur beim Lesen in Buchhandlungen und Bibliotheken von großem Nutzen ist. Es ist eine ausgezeichnete Vorbereitung auf alle ernsthaften Studien. Es verschafft Ihnen einen Überblick über das vorhandene Material und fördert so die Aufnahmefähigkeit Ihres Geistes, da sich so bereits auf unbewußte Weise jene Strukturen festsetzen, die später den Erwerb von Wissen erleichtern.

Wenn Sie ein Buch überfliegen, darf Ihre Aufmerksamkeit durch alles gefesselt werden, was sie eben gerade anzieht: denken Sie daran, wie Sie eine Zeitung oder eine Zeitschrift durchblättern. Lesen Sie nicht zu viel zusammenhängenden Text. Sie können das Buch oder das Kapitel rückwärts, vorwärts oder quer lesen. Ein Buch zu überfliegen sollte Ihnen eher wie ein Spiel vorkommen als wie harte Arbeit. Es bringt Ihr Unterbewußtsein zum Arbeiten. Sie lernen dabei, wie der Text aufgebaut ist; Sie nehmen auf, wie Diagramme, Fußnoten und Überschriften verwendet werden. Sie merken, welche Themen behandelt werden, und registrieren, welcher Stil verwendet wird. Außerdem setzen Sie die neue Information bereits zu dem in Beziehung, was Sie schon wissen.

Der zweite Punkt: Überblick

Nachdem Sie das Buch oder Kapitel rasch überflogen haben, konzentrieren Sie sich als nächstes darauf, einen Überblick zu bekommen. Lesen Sie existierende Zusammenfassungen. Gehen Sie die Überschriften und das Inhaltsverzeichnis durch. Lesen Sie das Schlußwort. Gehen Sie das Material noch einmal durch, und schauen Sie sich zu jedem größeren Abschnitt die Diagramme oder Tabellen an, falls welche vorhanden sind. Überfliegen Sie die Abschnitte noch einmal auf der Suche nach den Hauptaussagen: sie werden oft am Anfang oder am Ende eines Abschnitts gemacht.

Nach diesem Überblick wissen Sie, worum es in diesem Buch oder

Kapitel geht, und Sie haben seine zentrale Botschaft bereits aufgenommen. Für viele Zwecke werden Sie gar nicht mehr lesen müssen. Falls Sie das Material detailliert durchgehen müssen, sollten Sie eventuell noch genauer lesen. Erproben Sie die beschriebene Methode an den anderen Kapiteln dieses Buchs.

Der dritte Punkt: Das genauere Lesen

Selbst bei diesem genaueren Lesen sollten Sie normalerweise nicht das ganze Kapitel oder Buch Wort für Wort von vorne bis hinten ganz durchlesen; Sie sollten auch die Teile, die Sie bereits gelesen haben, nicht noch einmal lesen. Nach dem Überblick sind Sie in der Lage, zu entscheiden, welche Teile Sie schon kennen und nicht weiter durcharbeiten müssen, welche Teile für Sie nicht wichtig sind und welche Sie noch nicht kennen und daher studieren wollen. Nur Teile der dritten Art sollten Sie detailliert durchgehen.

Schwierige Passagen verstehen. Jeder Mensch stößt beim Lesen auf Abschnitte, die zunächst unverständlich bleiben. Das kann daran liegen, daß das Material an sich schwierig ist oder daß es zu unklar formuliert und aufbereitet wurde. Sie sollten nicht stundenlang versuchen, eine schwierige Passage zu verstehen, bevor Sie endlich weiterlesen können, und zwar aus zwei Gründen nicht: erstens arbeitet Ihr Unterbewußtsein weiter an einer Sache, die Sie beiseite lassen; und zweitens hilft Ihnen der nachfolgende Text vielleicht dabei, die schwierige Passage zu verstehen.

Der vierte Punkt: Rückblick

Der rechtzeitige Rückblick auf das, was Sie gelesen und gelernt haben, ist ein wichtiger Schritt sowohl für die Gliederung des Materials als auch für seine Speicherung im Langzeitgedächtnis. Dieser rechtzeitige, frühe Rückblick ist Bestandteil der Lerneinheit von 35 Minuten.

Sie brauchen für dieses Vier-Punkte-Programm viel weniger Zeit als für die übliche Methode, ein Buch von vorne bis hinten ganz zu lesen, außerdem hilft es Ihnen dabei, das Gelesene aufzunehmen und zu erinnern. Es nimmt weniger Zeit in Anspruch, weil Sie meistens nur einen Teil des Geschriebenen lesen müssen. Es ist Zeitverschwendung, alle Teile eines Kapitels zu lesen, ohne zu berücksichtigen, ob Sie das Material schon kennen und ob Sie es kennen wollen, außerdem kann es langweilig und entmutigend sein.

Notizen machen

Die meisten Menschen versuchen, mit Notizen zu arbeiten. Notizen zu machen ist keine passive Betätigung, statt dessen sind Notizen eine gute Möglichkeit, um Informationen festzuhalten. Es erfordert eine aktive Einteilung des Materials und muß eine ganz individuelle Prägung haben. Die einzig richtige Methode gibt es in diesem Fall nicht: alles hängt von Ihren Präferenzen, dem Zweck des Aufschreibens und vom Material ab. Wenn Sie Notizen machen, so tun Sie das für sich selbst. Solange Sie diese Notizen beim nochmaligen Lesen verstehen können, haben Sie ihren Zweck erfüllt.

Notizen können ganz verschieden aussehen. Sie können Notizen noch einmal neu schreiben und straffen (siehe unten), jede neue Niederschrift hilft Ihrem Gedächtnis beim Erinnern und Verarbeiten. Notizen können sowohl aus Bildern als auch aus Worten bestehen.

Warum machen Sie sich Notizen?

Wenn Sie überlegen, ob und wie Sie sich Notizen machen, müssen Sie zunächst einmal bedenken, wie Sie sie nutzen wollen. Wenn Sie zum Beispiel aus einem Buch herausschreiben, bezwecken Sie dann damit, das Buch nie mehr anschauen zu müssen? In diesem Fall müßten Ihre Notizen recht genau sein. Oder sollen Sie nur eine Zusammenfassung sein oder als Gedächtnisstütze dienen?

Welchen Zweck verfolgen Sie mit Ihren Studien? Ganz egal, welcher es sein mag, stimmen Sie Ihre Notizen auf ihn ab! Verbringen Sie nicht unnötig viel Zeit damit, detailliert zu exzerpieren, wenn das gar nicht angemessen ist – wenn Sie zum Beispiel im Fall von Detailfragen immer wieder zum Buch greifen können.

In verschiedenen Phasen können Ihre Studien unterschiedliche Formen von Notizen notwendig machen. Notizen können das Verständnis fördern; sie können als äußeres Gedächtnis fungieren; oder sie können helfen, ein Referat oder eine andere schriftliche Arbeit vorzubereiten. Außerdem kann es die Konzentration erhöhen, wenn Sie sich beim Lesen (oder Zuhören) Notizen machen.

Notizen machen: Ein aktives Verfahren

Wenn Sie mit dem arbeiten, was Sie lesen, statt es nur aufzunehmen, erinnern Sie es leichter. Es bekommt dadurch eine eigene, ganz individuelle Prägung. Ihre Notizen sollten daher Ihren Ordnungsprinzipien folgen und nicht einfach eine kurze Kopie des Gelesenen sein. Versuchen Sie, das auszuwählen, was Sie für die Hauptpunkte halten, und ordnen Sie das Material so, wie es Ihnen entspricht. Ihre Einteilung kann der Struktur des Gelesenen folgen, muß es aber nicht. Beim Exzerpieren wählen Sie das aus, was Sie persönlich bei Ihrem Verständnis des Materials für wichtig halten, was Ihren Interessen entspricht, Ihren Zwecken und Ihrem Kenntnisstand. Es ist immer leichter, sich an Material zu erinnern, mit dem Sie gearbeitet haben, als an solches, das Sie einfach nur auf sich haben wirken lassen.

Verschiedene Formen von Notizen

Wenn Ihnen das Buch gehört, das Sie lesen, könnten Sie unterstreichen oder hervorheben, was wichtig ist, Sie können Kommentare an den Rand schreiben und Passagen mit einem Fragezeichen versehen, die Sie unverständlich finden oder mit denen Sie nicht übereinstimmen. Wenn Sie mit dem Bleistift in der Hand lesen und dabei dem Text gegenüber nicht zu ehrfürchtig sind, dann lesen Sie aktiv – Sie verarbeiten die Information beim Lesen. Das, was Sie mit dem Bleistift hervorheben, kann zur Grundlage Ihrer Notizen werden.

Lineare und nach einer Rangfolge geordnete Notizen sind am üblichsten. Die Rangfolge kommt durch Kapitelüberschriften und Untertitel zustande. Die Zusammenfassung am Ende dieses Kapitels ist ein Beispiel für eine solche Strukturierung. Als Untertitel sollten Sie nur so viel aufschreiben, daß es Ihnen ermöglicht, sich an die für Sie relevanten Punkte zu erinnern, wenn Sie die Notizen später einmal benutzen.

Netzdiagramme. Netzdiagramme sind eine weitere Form, Notizen zu machen, Abbildung 29.1 zeigt ein Beispiel dafür. Die hierarchische Struktur ist klar zu erkennen. Ein Vorteil einer solchen Skizze gegenüber einem linearen Exzerpt ist, daß Beziehungen zwischen Elementen, die keiner Rangfolge entsprechen, leichter angezeigt werden können, indem Verbindungslinien zwischen den Elementen gezogen werden. Ein weiterer Vorteil besteht darin, daß es einfacher ist, weitere Elemente hinzuzufügen.

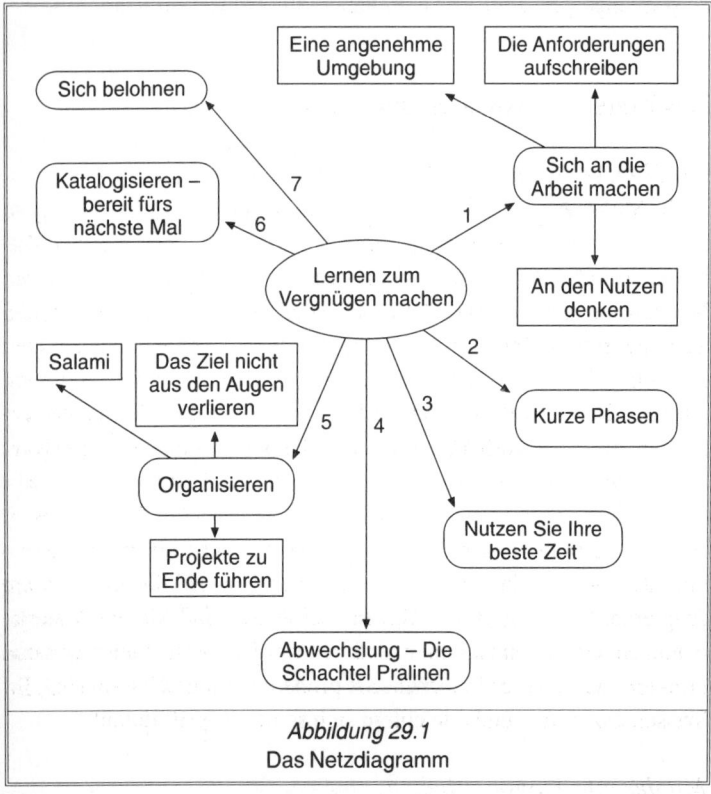

Abbildung 29.1
Das Netzdiagramm

Netzdiagramme sind vor allem in zwei Fällen wertvoll. Zum einen beim Verdichten von Notizen. Wenn die Notizen sehr detailliert sind, kann eine normale, lineare Reihenfolge zunächst am besten sein – dagegen kann es beispielsweise unmittelbar vor einer Prüfung eine große Hilfe sein, alle relevanten Punkte in einem Netzdiagramm zusammenzufassen, das auf ein einziges Blatt Papier gezeichnet wird. Die visuelle Erinnerung an dieses Blatt kann als Auslöser für die Erinnerung weiterer Details fungieren und dabei helfen, Antworten auf Fragen zu strukturieren. Der andere wesentliche Wert solcher Diagramme besteht darin, daß sie das Notizenmachen dem Schreiben voranstellen. Tony Buzan schwärmt für Netzdiagramme; er nennt sie »Landkarten für den Verstand«, weitere Ausführungen dazu finden Sie in seinem Buch *Use your head.*

Das Material auswerten und nutzen

Die Notizen kürzen

Viele Menschen haben bei der Vorbereitung auf eine Prüfung gute Erfahrungen gemacht mit der Methode, Notizen weiter zu kürzen. Das ist, wie wenn Sie einen immer stärkeren Schnaps brennen würden: die Notizen werden so lange überarbeitet, bis nur noch der wesentliche Teil, die Essenz, übrig ist. Bei jeder Durchsicht werden neue Notizen gemacht – Notizen von Notizen. Dabei werden Sie auch neu ordnen oder gliedern – weil Sie jetzt Verbindungen zwischen Elementen erkennen, die Ihnen vorher unzusammenhängend erschienen. Beim Kürzen der Notizen setzen Sie Ihr fortgeschrittenes Verständnis ein – wofür Sie ursprünglich noch ausführliche Notizen brauchten, um es in Erinnerung zu rufen, daran erinnern Sie sich jetzt bereits mit Hilfe von ein oder zwei Schlüsselwörtern, die als Stichworte für alles weitere fungieren. Der *Prozeß* des Kürzens beinhaltet, daß Sie das Material benutzen und mit ihm arbeiten, dadurch werden Sie sich leichter daran erinnern, wenn Sie es brauchen. Sie proben damit gewissermaßen, Ihr Wissen abzurufen, und erleichtern sich so den Zugriff darauf.

Mit der Information arbeiten

Es hat keinen Sinn, Information zu speichern, die nicht benutzt wird. Je mehr wir auf verschiedene Art über etwas Neues nachdenken und je vielfältiger wir neue Information einsetzen, desto besser verarbeiten wir und desto besser können wir sie anwenden. Pauken Sie also Informationen nicht nur ein; arbeiten und spielen Sie damit. Sie könnten zum Beispiel für manche Informationen ein Schaubild zeichnen. Oder Sie könnten jemandem von Ihrer Lektüre erzählen und versuchen, zu erklären, was Sie daran am meisten interessiert hat. Und Sie könnten versuchen, das Gelernte auf etwas anderes anzuwenden – altes Wissen unter neuem Licht sehen.

Die Multimediatechnik

Je vielfältiger die Arbeitsformen sind, die Sie für Ihre Studien verwenden, desto besser werden Sie sich erinnern und desto kreativer wird Ihre Arbeit sein. Schreiben, lesen und sprechen Sie über Ihr Thema. Hören Sie, was andere dazu zu sagen haben. Verschiedenfarbige Stifte, Bilder und Zeichnungen können beim Notizenmachen gute Dienste leisten. Sie können dem Gedächtnis auf die Sprünge helfen; sie können Sie dazu zwingen, Beziehungen zwischen einzelnen Elementen abzuklären, und sie können helfen, Information zu verarbeiten und zu handhaben. Eine spielerische Haltung beim Notizenmachen fördert die Kreativität. Wenn Ihre Notizen Sie langweilen, dann langweilt Sie auch das Material an sich, und Sie können nicht schöpferisch damit umgehen. Überlegen Sie sich, wie das Lernen *Spaß* machen könnte. Gibt es Kassetten oder Videoaufnahmen zum Thema? Sie könnten Ihre Notizen auf Kassette sprechen und dann im Auto abhören oder abends, wenn Sie zu Hause sind. Auf diese Art und Weise bedienen Sie sich nicht nur unterschiedlicher *Arbeitsweisen,* sondern nutzen darüber hinaus auch noch Zeit für Ihre Studien, die sonst nicht dafür verwendet würde.

Verstärkung

In Kapitel 31 betonen wir den Nutzen von »wenig, aber oft«. Wenn Ihre Studien beinhalten, daß Sie sich viel einprägen müssen, wird es von Vorteil sein, das neuerlernte Wissen immer wieder in kurzen Einheiten zu rekapitulieren. Sie könnten zum Beispiel ein Notizbuch bei sich führen, in das Sie ab und zu hineinschauen – wenn Sie auf jemanden warten, mit dem Sie verabredet sind, oder wenn Sie Bus fahren. Tragbare und Auto-Kassettenrecorder können beim Lernen ebenfalls gute Dienste leisten. Sie können die Fakten, die Sie sich einprägen müssen, auf Kassette aufnehmen und beim Autofahren abspielen. Sie können auch zwischendurch einmal in Gedanken durchgehen, was Sie bisher gelernt haben.

Eine Wiederholungsstrategie für Prüfungen

Wenn Sie für Prüfungen lernen, planen Sie die Wiederholung am besten schon lange im voraus (vgl. S. 484–489). Geraten Sie aber nicht in Panik, falls Ihre Prüfung schon bedrohlich nahe gerückt ist und Sie dieses Buch gerade erst in die Hand bekommen haben. Es gibt immer noch einiges, was Sie tun können.

Zuerst befassen wir uns mit dem Fall, daß die Prüfung noch in weiter Ferne liegt und Sie eine Wiederholungsstrategie planen können. Eine solche Strategie setzt sich folgendermaßen zusammen:

1. Verschaffen Sie sich einen Überblick: Was sind Ihre starken Seiten? Wo haben Sie Wissenslücken? Worauf sollten Sie Ihre Energie konzentrieren? Kein Mensch kann alles wissen. Überlegen Sie, wie sich das einsetzen läßt, was Sie bereits wissen, anstatt wie Sie möglichst viel Neues lernen können.
2. Verwenden Sie beim Lernen die Wiederholungsmethode, die auf Seite 484 erläutert wird.
3. Machen Sie sich für Ihre Wiederholung einen Zeitplan. Seien Sie nicht zu ehrgeizig. Veranschlagen Sie nur soviel Zeit für die Wiederholungen, wie realistisch gesehen machbar ist, und erwarten Sie nicht von sich, zu viel auf einmal wiederholen zu können.
4. Planen Sie eine Wiederholung der Wiederholung. Mit anderen Worten, planen Sie, Ihr Material einmal komplett zu wiederholen und dann noch einmal in einem Viertel der Zeit, die Sie für das erste Mal gebraucht haben. Sie können auch noch ein drittes Mal wiederholen – in noch kürzerer Zeit.
5. Sie werden in einer bestimmten Zeit immer weniger schaffen, als Sie ursprünglich gedacht haben. Achten Sie darauf, daß Ihr Zeitplan

Spielraum hat. Seien Sie mit dem Wiederholen kurze Zeit vor der Prüfung fertig (möglichst zwei Wochen vorher), damit Sie noch zurechtkommen, falls Sie Ihr Pensum nicht ganz geschafft haben (das passiert immer). Wenn ein bestimmter Teil der Wiederholungsphase viel länger dauert, als Sie gedacht hatten, dann halten Sie Ihren Zeitverlust so gering wie möglich und machen sich an das nächste Thema. Nutzen Sie den »Spielraum« Ihres Zeitplans, um sich zum Schluß noch einmal dem problematischen Teil zu widmen.

6. Straffen Sie Ihre Notizen bei jeder Wiederholung, so daß Sie zum Schluß knappe Aufzeichnungen haben, die Sie unmittelbar vor der Prüfung noch einmal durchsehen können.

7. Üben Sie, wenn möglich, auf Prüfungsfragen zu antworten, und versuchen Sie dabei, die Prüfungssituation soweit als möglich zu simulieren. Üben Sie im Fall eines Multiple-Choice-Verfahrens die Beantwortung entsprechender Multiple-Choice-Fragen. Für Prüfungen, in denen Sie einen fortlaufenden Text schreiben müssen, üben Sie zu formulieren und geben sich dazu genau soviel Zeit, wie Sie in der Prüfung haben werden.

Jede Prüfung ist bis zu einem gewissen Grad ein Spiel, und Sie verbessern sich, wenn Sie üben, dieses Spiel zu spielen. Wenn Sie erst einmal über das grundlegende Wissen zu dem betreffenden Thema verfügen, hängt Ihr Abschneiden in der Prüfung eher von Ihrer Prüfungstechnik ab als von zusätzlichem Wissen. Zu viel Wissen kann sogar zu ganz eigenen Problemen führen, da Sie dadurch eine Vielschichtigkeit des Themas erkennen, auf die es den Prüfenden möglicherweise nicht ankommt. Wenn Sie im Rahmen Ihres Unterrichts keine Möglichkeit bekommen, die Prüfungssituation zu simulieren, dann sollten Sie alleine üben oder mit anderen, die mit Ihnen lernen, eine Arbeitsgruppe bilden. Sie können einige Fragen unter Prüfungsbedingungen beantworten und dann die Antworten mit anderen durchsprechen, falls Sie in der Gruppe arbeiten. Damit trainieren Sie einerseits Prüfungsverhalten, lernen andererseits noch zusätzlich und wiederholen Ihr Wissen. Wenn die Prüfung nahe bevorsteht und Sie noch keine Wiederholungsstrategie geplant haben, ist es ausschlaggebend, die noch verbleibende

Zeit zum Wiederholen gut zu nutzen. Es besteht die Gefahr, daß Sie so viel Angst vor der Prüfung haben, daß Sie die Zeit vergeuden, die Sie eigentlich noch hätten. Stellen Sie fest, wie viele Stunden Sie noch zum Wiederholen haben. Wie lassen sie sich am sinnvollsten nutzen? Wäre es am besten, die Zeit zu nutzen, um die Beantwortung von Prüfungsfragen zu üben oder um Ihre Notizen noch einmal durchzugehen? Haben Sie noch die Zeit, Ihre Notizen zu überfliegen? Oder um wichtige Passagen hervorzuheben? Könnten Sie die Notizen noch einmal kürzen, vielleicht unter Verwendung von Netzdiagrammen? Vergessen Sie auch nicht die Grundlagen für effektives Lernen (vgl. Kapitel 28), zum Beispiel, wie Sie sich an die Arbeit machen und motivieren können, und gönnen Sie sich nach der Prüfung auf jeden Fall eine Belohnung, ganz egal, wie sie gelaufen ist.

Prüfungsangst

Sich vor einer Prüfung Sorgen zu machen ist ganz normal – die Schwierigkeit besteht darin, diese Angst so zu steuern, daß sie für statt gegen Sie arbeitet; daß sie dazu beiträgt, sich zu konzentrieren, statt im Geiste alle möglichen Katastrophen Revue passieren zu lassen; daß Sie hart arbeiten, statt endlos abzuschweifen; daß Sie rasch und kohärent denken, statt wirr und chaotisch zu werden. Angst kann, selbst wenn sie sehr groß ist, äußerst nützlich sein, und zwar sowohl bei der Vorbereitung der Prüfung als auch in der Prüfungssituation selbst, deshalb ist Angst an sich noch kein Grund, sich Sorgen zu machen. Wenn Sie sie als »anregend« begreifen, läßt Angst sich leichter verstehen und annehmen. Und es kann gute Dienste leisten, wenn Sie lernen, wie Sie sie so in Schranken halten können, daß sie »effektiv« bleibt (vgl. Kapitel 18). Das ist etwas, was Sie lernen können und worin Sie mit zunehmender Übung immer besser werden.

Zunächst einmal ist es eine Hilfe, zu wissen, was auf Sie zukommt. Es kann sein, daß Sie vor lauter Angst schlecht schlafen und dauernd darüber nachdenken, was alles schiefgehen könnte (keines der gelernten Themen kommt dran; Sie haben einen Blackout; Sie beantworten die

Einige Strategien, um Prüfungsangst einzudämmen

Gesamtstrategie: Auf lange Sicht
Beantworten Sie die folgenden Fragen:
– Welche Themen kennen Sie?
– Was ist zwingend, was wahlfrei?
– Wo haben Sie Wissenslücken?
Machen Sie einen genauen Plan, was wann zu tun ist. Schreiben Sie ihn auf.

Technik für jeden Tag: Kurzfristig
Denken Sie nicht auf lange Sicht, sondern:
– Behandeln Sie jeweils ein Thema.
– Wenn die dafür festgesetzte Zeit um ist, behandeln Sie das nächste.
– Machen Sie häufig kurze Pausen (z. B. alle anderthalb Stunden).
– Bleiben Sie nicht die ganze Nacht wach, trinken Sie nicht zuviel Kaffee.
– Essen, schlafen und bewegen Sie sich regelmäßig.
– Überarbeiten Sie Ihren Plan nicht täglich, sondern wöchentlich.
– Machen Sie jede Woche einen ganzen Tag frei.
– Proben Sie unter Prüfungsbedingungen (z. B. auf Zeit schreiben).
– Fassen Sie Ihre Notizen und Ideen nach jeder Phase zusammen.

Am Tag der Prüfung
Treffen Sie Vorbereitungen im vorhinein: was ziehen Sie an, wie kommen Sie hin, etc.
– Schauen Sie sich Ihre gekürzten Notizen an, kein neues Material.
– Seien Sie rechtzeitig da.
– Lassen Sie sich nicht von anderen bange machen.
– Lassen Sie sich Zeit.
– Lesen Sie zuerst die Arbeitsanweisungen.
– Lesen Sie die Fragen genau durch.
– Machen Sie einen Zeitplan, schreiben Sie ihn auf.
– Schneiden Sie das, was Sie wissen, auf die Fragen zu, wenn sie Ihnen schwer vorkommen.
– Wenn Sie nicht weiterkommen, fangen Sie an, sich Notizen zu machen. Sie werden merken, daß eines zum anderen führt und daß Sie Ihrem Gedächtnis so auf die Sprünge helfen können. Sie haben nicht wirklich »vergessen«, Sie hatten nur keinen Zugang gefunden.

- – Versuchen Sie nicht, alles aufzuschreiben, was Sie wissen. Es genügt, die Frage zu beantworten.
- – Versuchen Sie nicht, genial zu sein, beantworten Sie einfach die Fragen.

Anmerkung: Innerhalb der kurzen Zeit werden Sie vielleicht nur oberflächliche Antworten geben können. Sie können trotzdem gut und richtig aufgebaut sein.

falschen Fragen; Sie mißverstehen, worauf die Prüfenden hinauswollen; Sie vergessen einfach alles, was Sie jemals gewußt haben). Wenn Sie so etwas denken, heißt das nicht, daß es wahr werden muß – es reflektiert einfach Ihren selbstauferlegten Druck, gut sein zu müssen; lassen Sie sich also nicht dazu verleiten, zu glauben, daß all diese Dinge tatsächlich eintreten werden, da sie in Ihren Gedanken existieren. Wenn Sie denken, Sie seien dumm, macht das Sie nicht dumm – es macht Sie traurig oder wütend. Wenn Sie mehr darüber wissen wollen, wie Sie mit verwirrenden Gedanken oder Katastrophendenken umgehen können, lesen Sie bitte in Kapitel 9 nach.

Prüfungsangst erhöht die Wahrscheinlichkeit, unrealistische Vorhersagen zu machen: daß Sie mit Pauken und Trompeten durchfallen werden, daß Sie Ihre Karriere ruinieren werden, daß Ihre Familie Ihnen das nie verzeihen wird. Untersuchungen haben gezeigt, daß solche unrealistischen Vorhersagen zunehmen, je näher die Prüfung rückt, und daß Sie nach der Prüfung rapide abnehmen. Unmittelbar vor einer Prüfung wird üblicherweise nicht nur prophezeit, daß die Prüfung nicht bestanden wird, sondern auch, daß alles andere im Leben ebenfalls auf eine Katastrophe zusteuert: Beziehungen, finanzielle Lage, Gesundheit und sogar äußere Umstände – die Wahrscheinlichkeit von Flugzeugabstürzen scheint zuzunehmen, von Erdbeben und so weiter. Ein Grund dafür ist, daß das durch die bevorstehende Prüfung gesteigerte Angstgefühl andere Informationen »verstärkt«, die Ihre Psyche gespeichert hat und die Dinge betreffen, die schiefgehen könnten; es ist, als seien sie alle in einer Schachtel gewesen, deren Deckel nun vor der Prüfung abgenommen wird. Die wichtigste Botschaft an sich selbst ist in diesem

Fall: diese Vorhersagen sind übertrieben und unrealistisch. Sie zeigen, daß Sie Angst haben, und Sie brauchen ihnen nicht zu glauben, sondern sollten sie besser ignorieren. Oft polarisiert Prüfungsangst das Verhältnis zwischen Prüflingen und Prüfenden derart, daß es scheint, als finde ein Kampf zwischen diesen beiden Parteien statt – als seien *sie,* die Prüfenden, gegen *uns,* die Prüflinge. Lehrende, die eine Prüfung abnehmen, sollen plötzlich nur auf Fehler und Irrtümer warten, sollen darauf aus sein, jemanden hereinzulegen, nur auf Schwächen und nicht auf Stärken achten. Dabei handelt es sich um eine weitere Variante des »verzerrten« Denkens, die bei großer Angst häufig auftritt und die die wichtige Tatsache außer acht läßt, daß Lehrende und Prüfende im Grunde froh und stolz sind, wenn ihre Studentinnen und Studenten gut abschneiden. Schließlich wirft es ein besseres Licht auf ihre Lehrmethoden, wenn die Prüfungen gut ausfallen. Sie sind in Wirklichkeit die ganze Zeit auf seiten der Geprüften und können sich wahrscheinlich noch ganz gut daran erinnern, wie es war, als sie selbst geprüft wurden, und wie leicht es passiert, daß eine derartige Beurteilung als Wertung der *Person* mißverstanden wird. Dabei handelt es sich ja nur darum, wieviel jemand in einer Prüfung zu einem bestimmten Thema weiß.
Im Kasten auf S. 466 und 467 sind einige Strategien aufgeführt, um mit Prüfungsangst umzugehen.

Das Tief nach der Prüfung. Es gibt Menschen, die unmittelbar nach einer Prüfung absolut froh und erleichtert sind, andere fühlen sich ausgepumpt und orientierungslos. Eine Prüfung ist wie eine Hürde, über die Sie nicht darübersehen können, als würde das Leben an dieser Stelle zu Ende sein, was natürlich Unsinn ist. Daß es sinnvoll ist, sich auf eine Prüfung vorzubereiten, kann ein gutes Gefühl sein. Wenn das vorbei ist, kann Ihnen alles sinnlos und leer vorkommen. Außerdem kennen Sie das Prüfungsergebnis noch nicht, befinden sich also in einer Art Schwebezustand, sind im ungewissen. Je mehr Ihr Leben vor der Prüfung ausschließlich um die Prüfung kreiste, desto schlimmer wird das Tief nach der Prüfung wahrscheinlich werden. Eine Möglichkeit ist, vorher darauf zu achten, daß Sie das weiterhin tun, was Ihnen normalerweise Spaß macht: mit Freundinnen und Freunden sprechen, ins

Kino gehen, Musik hören und so weiter. Diese Vergnügen gibt es nachher weiterhin für Sie. Sollten sie Ihnen unattraktiv vorkommen, dann geben Sie sie trotzdem nicht auf, sondern begreifen Sie, daß Sie vielleicht müde – oder sogar erschöpft – sind und daß sie erst nach einer gewissen Erholungs- und Ruhephase wieder so vergnüglich sein werden wie sonst. Mehr Anregungen dazu, wie Sie mit Ungewißheit umgehen können, finden Sie in Kapitel 16.

Und zum Schluß: Was ist, wenn Sie die Prüfung nicht bestehen? Dann hilft die 100-Jahre-Regel (S. 228). Wer denkt in 100 Jahren noch daran? Oder schon in zwei Jahren? Was tun andere Menschen, die durchfallen? Was macht Ihnen sonst noch Spaß, und worin sind Sie erfolgreich? Daß Sie die Prüfung als eine Hürde sehen, heißt nicht, daß Sie an einem Rennen teilnehmen, bei dem alle, die keinen Preis bekommen, nachher rausfliegen. Sind Menschen, die Prüfungen immer bestehen, glücklicher als Menschen, die das nicht tun? Solche Fragen müssen Sie sich stellen, um das Durchfallen als das zu sehen, was es ist: ein momentaner Rückschlag, aber kein Urteil über Sie als Person.

Zusammenfassung dieses Kapitels

1. Lesen ist eine grundlegende Arbeitsmethode. Gehen Sie nach einem Vier-Punkte-Programm vor:
   - Vorbereitung (Überfliegen)
   - Überblick
   - Genaueres Lesen
   - Wiederholung
2. Machen Sie sich Notizen. Sie sind individuell verschieden und sollten so kurz sein, wie Sie es für Ihre Zwecke brauchen.
   - Warum machen Sie sich Notizen?
   - Notizenmachen ist ein aktiver Prozeß
   - Es gibt verschiedene Formen von Notizen:
     Textstellen unterstreichen oder hervorheben
     Lineare und hierarchische Listen (wie diese Zusammenfassung)
     Netzdiagramme

3. Vielen Menschen hilft es, Notizen beim wiederholten Überarbeiten zu kürzen.
4. Arbeiten Sie mit der Information.
   - Trainieren Sie Ihre neuerworbenen Fertigkeiten (wie zeichnen, rechnen, eine Fremdsprache sprechen).
   - Zeichnen Sie ein Schaubild, das die Information enthält.
   - Erklären Sie jemand anderem etwas zu Ihrem Thema.
   - Beziehen Sie das Gelernte auf andere Dinge, die Sie wissen.
5. Die Multimediatechnik: Verwenden Sie mehrere Arbeitsformen.
   - Schreiben.
   - Sprechen.
   - Kassetten besprechen.
   - Kassetten oder Radio hören.
   - Videos anschauen oder fernsehen.
   - Die Schaubilder farbig gestalten.
6. Verstärken Sie das Gelernte: ein wenig, aber oft.
   - Führen Sie ein Notizbuch mit sich, in dem Sie ab und zu lesen.
   - Hören Sie im Auto eine Kassette.
7. Wenden Sie eine Wiederholungsstrategie an, wenn Sie für eine Prüfung lernen:
   - Probe
   - Zeitplan
     Inklusive einer Wiederholung der Wiederholung
     Spielraum lassen
   - Übung
   - Belohnen Sie sich nach der Prüfung
8. Prüfungsangst ist normal.
   - Lernen Sie, damit umzugehen.
   - Seien Sie auf alles vorbereitet, was kommen kann.

30. Der Weg zu einem besseren Gedächtnis
Teil 1: Die blasseste Tinte und andere äußere Gedächtnisstützen

Schon in der Antike war die Menschheit vom Gedächtnis fasziniert. Ein gutes Gedächtnis war für vieles unerläßlich, solange Schreibmaterialien, die überallhin mitgenommen werden konnten, noch keine Selbstverständlichkeit waren. Ein Politiker im alten Athen konnte sich nicht auf Textprojektionen verlassen, wie sie heutzutage für Nachrichtensprecherinnen und -sprecher im Fernsehen und für den US-Präsidenten gang und gäbe sind. Früher mußten Reden sorgfältig vorbereitet und dann auswendig gelernt werden. Die Methoden, die entwickelt wurden, um sich in solchen Situationen etwas besser einprägen zu können, sind Ausgangspunkt moderner Techniken, die im Entertainment zur Anwendung kommen und in vielen Büchern zum Thema Gedächtnis nachzulesen sind. Wenn es um ein besseres Erinnerungsvermögen geht, spielen solche Methoden allerdings nur eine relativ unbedeutende Rolle. Papier und Bleistift sind schließlich nicht umsonst erfunden worden, sondern gehören immer noch zu den wichtigsten äußeren Gedächtnishilfen.

Um Ihre Erinnerungsfähigkeit zu verbessern, nützen Sie am besten sowohl Gedächtnishilfen von innen als auch von außen. Bei den inneren Hilfen handelt es sich um Strategien, mit deren Hilfe Sie das gewünschte Material besser behalten können. Sie werden im folgenden Kapitel erläutert. Mit äußeren Hilfen sind Techniken gemeint, die Sie davon befreien, sich erinnern zu müssen. Um sie geht es in diesem Kapitel.

Sie sind kein Computer

Der Computer, in den dieser Satz eingegeben wird, hat eine sagenhafte Speicherkapazität, ist aber nicht besonders helle. Sie brauchen einen Satz nur ein einziges Mal einzugeben, schon wird er auf ewige Zeiten, Wort für Wort perfekt gespeichert. Sie könnten allerdings auch einen sinnlosen Buchstabensalat eingeben – wlklkk geio gui –, auch diesen würde der Computer genauestens speichern.

Die Annahme, unser Gedächtnis würde wie ein Computer funktionieren, ist falsch. Wie oft haben Sie schon gedacht: »Das muß ich mir unbedingt merken«, und hatten es schon am nächsten Tag wieder vergessen? Es passiert selten, daß wir uns etwas nur ein einziges Mal einprägen müssen, wenn wir es für immer behalten wollen.

Um an Ihrer Erinnerungsfähigkeit zu arbeiten, brauchen Sie geeignete Strategien

Es gibt Techniken, die Ihr Gedächtnis enorm verbessern können, sie machen aus ihm aber immer noch keinen Computer. Veränderungen ergeben sich dadurch, daß Sie lernen, *Strategien* anzuwenden, mit deren Hilfe Sie Ihr Gedächtnis, so wie es ist, optimal nutzen können. Wahrscheinlich ist es sogar gut, daß wir nicht alles speichern, was wir erleben. Der argentinische Schriftsteller Jorge Luis Borges erzählt die fiktive Geschichte eines Mannes, der sich bis in kleinste Details an fast alles in seinem Leben erinnerte.[1] Allerdings war diese Fähigkeit kein Segen. Er konnte kaum noch denken, weil sein Kopf mit unzusammenhängenden Erinnerungen vollgestopft war. Zwanzig Jahre nachdem Borges diese Geschichte geschrieben hatte, berichtete der russische Psychologe Luria von einem real existierenden Mann mit einem außergewöhnlichen Gedächtnis, und auch in diesem Fall wurde das Denken beeinträchtigt.[2] Im Gegensatz dazu verbessern die hier beschriebenen Techniken und Strategien sowohl die *Denkfähigkeit* als auch das Erinnerungsvermögen.

Acht mögliche Gründe, warum Sie Ihr Gedächtnis verbessern wollen

Um dieses und die folgenden Kapitel bestmöglich zu nutzen, sollten Sie sich darüber klarwerden, warum Sie Ihre Erinnerungsfähigkeit verbessern wollen. Unter welchen Umständen läßt Ihr Gedächtnis Sie im

Stich? Lesen Sie beide Kapitel, und konzentrieren Sie sich dann darauf, die Strategien zu erlernen, die Ihnen in Ihrem speziellen Fall am geeignetsten erscheinen.

Hier sind acht mögliche Gründe dafür, warum Sie an Ihrer Erinnerungsfähigkeit arbeiten wollen:

1. Um sich an Zukünftiges zu erinnern: an Termine, Verabredungen mit Freundinnen oder Freunden, Einladungen etc.
2. Weil Sie immer wieder Dinge verlieren – zum Beispiel Ihre Brille.
3. Um sich an die Geheimzahl Ihres Kontos zu erinnern oder an wichtige Telefonnummern.
4. Weil Sie immer wieder vergessen, Dinge zu erledigen.
5. Um sich an Namen von Menschen zu erinnern.
6. Um in der Schule oder in Abendkursen ein neues Thema effizienter lernen zu können.
7. Um einem Hobby gründlicher nachgehen zu können.
8. Um sich an etwas erinnern zu können, was Sie nur gelegentlich tun, zum Beispiel den Dachgepäckträger aufs Auto montieren; oder die Staubsaugerbeutel wechseln; oder die »mail-merge«-Funktion Ihres Computers benutzen.

Die blasseste Tinte ist immer noch verläßlicher als das allerbeste Gedächtnis

Wozu brauchen Sie ein gutes Gedächtnis? Um zur rechten Zeit zur richtigen Information Zugang zu haben. In der Regel läßt sich dies einfacher dadurch bewerkstelligen, indem Sie die betreffende Information an der richtigen Stelle aufschreiben, statt in Ihrem Gedächtnis danach zu suchen. Ein Taschenkalender ist ein gutes Beispiel für eine Gedächtnishilfe in Schriftform. Ein Adreßbuch ist eine weitere gern benutzte Erinnerungshilfe, die weit verbreitet ist, da effektiv. Gelegentlich versagen jedoch solche Hilfsmittel, weil sie im richtigen Moment nicht verfügbar sind (oder weil Sie vergessen, sie zu benutzen, oder sich nicht an den Aufbewahrungsort erinnern). Die Voraussetzung für eine effektive Nutzung schriftlicher Information ist, nur an einigen wenigen Stellen Notizen zu machen; und diese wiederum nur an bestimmten Plätzen aufzubewahren.

Drei Regeln für einen effektiven Terminkalender

In den Ruf, ein schlechtes Gedächtnis zu haben, kommen oft Menschen, die Termine oder Dinge, die sie versprochen haben, vergessen. In solchen Fällen ist ein effektiver Terminkalender die Lösung. Es gibt drei »Regeln«, die zu beachten sind, wenn ein Terminkalender effektiv sein soll:

- *1. Regel:* Tragen Sie in Zukunft *alle* Verpflichtungen in den Terminkalender ein.
- *2. Regel:* Schauen Sie regelmäßig, mindestens einmal am Tag, in Ihren Terminkalender.
- *3. Regel:* Führen Sie nur einen Haupt-Terminkalender

Alle drei Regeln sind leicht zu befolgen, wenn der Haupt-Terminkalender jederzeit verfügbar ist. Ein kleiner Terminkalender, den Sie in die Tasche stecken können, ist am besten. Machen Sie nie einen Termin fest, ohne vorher in Ihrem Haupt-Terminkalender nachzusehen oder ohne ihn einzutragen. Wenn Sie sich an diese Richtlinien halten, wird Ihr Haupt-Terminkalender zu einer verläßlichen Dokumentation all Ihrer Pläne und Verpflichtungen. Die erste Regel ist alleine noch nicht ausreichend, weil Sie einen Termin vergessen können, wenn Sie es versäumen, in Ihren Terminkalender zu schauen. Um dem vorzubeugen, gehen Sie zu Beginn eines Tages die Termine des betreffenden Tages durch und am Ende des Tages die für den nächsten. Ratsam ist auch, einmal am Tag den Terminplan der folgenden Woche durchzulesen, um sicherzugehen, daß Sie sich auf jeden Termin ausreichend vorbereiten. Die erste und zweite Regel zu beachten genügt noch nicht, falls Sie mehr als einen Terminkalender führen, weil es dann nämlich passieren kann, daß Sie im falschen nachsehen und sich zwei Termine überschneiden.

Den Terminkalender für die Vorausplanung einsetzen

Ein Terminkalender ist nicht nur für Termine, sondern auch für die Vorausplanung eine gute Sache. Nehmen wir einmal an, daß Sie im Juli in Urlaub fahren. Vielleicht müssen Sie drei Wochen vorher Reiseschecks bestellen; und in der Woche vorher sollten Sie die Zeitung abbestellen oder dafür sorgen, daß sich jemand um die Katze kümmert. So etwas wird leicht vergessen oder zu lange hinausgeschoben. Sie können den Terminkalender dafür benutzen, sich zu einem angemessenen Zeitpunkt selbst entsprechende Anweisungen zu geben.

Alarmsignale

Bei manchen Gedächtnisproblemen können einfache Alarmsignale helfen. Angenommen, Sie müssen daran denken, die Kasserolle um halb elf in den Backofen zu stellen oder um elf einen Freund anzurufen. So etwas wird leicht vergessen. Eine einfache Lösungsmöglichkeit ist, die Weckvorrichtung einer elektronischen Armbanduhr auf die betreffende Zeit einzustellen oder eine Küchenuhr zu verwenden.

Ein handliches Notizbuch

Unser Gedächtnis läßt uns oft im Stich, weil wir uns nicht im rechten Moment eine Notiz machen. Entweder haben wir kein Notizbuch und keinen Stift bei der Hand, wenn es darauf ankommt, oder wir belügen uns selbst auf die gewohnte Art und Weise: »Das vergesse ich bestimmt nicht.« Kaufen Sie sich ein handliches Notizbuch, das Sie immer bei sich haben können. Dann können Sie jede Information, die Ihnen über den Weg läuft und an die Sie sich wieder erinnern wollen, entweder sofort oder so bald wie möglich aufschreiben. Gehen Sie am Ende der Woche Ihr Notizbuch durch; übertragen Sie Notizen, die an einen sichereren Ort gehören; und vernichten Sie die übrigen, damit das Notizbuch nicht überläuft.

Ein kleines Notizbuch ist auch eine gute Möglichkeit, um einem schlechten Namensgedächtnis, einem sehr weitverbreiteten Problem, abzuhelfen, wobei es sich in diesem Fall allerdings besonders bewährt hat, äußere und innere Gedächtnishilfen zu kombinieren. Letztere werden im folgenden Kapitel ausführlich beschrieben. Nehmen wir an, daß Sie auf einer Party mehrere Menschen treffen, deren Namen Sie sich merken wollen. Achten Sie zunächst darauf, die betreffenden Namen auch wirklich mitzubekommen. Benutzen Sie diese dann ganz selbstverständlich im Gespräch; beim Verabschieden verwenden Sie sie noch einmal: »Bis nächste Woche, Barry«. Sobald es Ihnen nach dieser ersten Begegnung möglich ist, schreiben Sie sich die Namen auf und fügen eine Gedächtnishilfe hinzu, beispielsweise einen Satz zu jedem Namen. Wenn Sie wieder zu Hause sind, könnten Sie die Menschen, die Sie neu kennengelernt haben, jemandem beschreiben oder Ihre Notizen irgendwohin übertragen, wo sie nicht verlorengehen; so können Sie die betreffenden Namen noch einmal durchgehen, bevor Sie eine Veranstaltung besuchen, wo Sie die betreffenden Personen wahrscheinlich wiedersehen werden. Wenn Sie in der Lage sein wollen, sich auf Anhieb an diese Namen zu erinnern, dann ist es eine Hilfe, auffällige Kennzeichen zu notieren und mit dem Namen zu assoziieren (Barry war der mit dem roten Brillengestell). Außerdem müssen Sie Ihre Notizen öfters durchgehen, wobei Sie die Wiederholungsstrategien der Seiten 484–489 anwenden können.

Sich an wichtige Informationen erinnern, zum Beispiel an die persönliche Geheimzahl

Da selbst die blasseste Tinte noch verläßlich ist, schreiben Sie wirklich wichtige Dinge am besten auf. Dabei ergeben sich zwei Probleme: vielleicht haben Sie die betreffende Information nicht zur Hand, wenn Sie sie brauchen; andere Menschen können Ihre Geheiminformationen ebenfalls lesen. Die beste Lösung für das erste Problem ist, immer etwas dabei zu haben, worin Sie solche Informationen aufbewahren können, zum Beispiel eine Brieftasche oder einen Geldbeutel. Wenn Sie keines von beidem verwenden, dann lohnt es sich eventuell, ein sehr kleines Notizbuch zu kaufen und bei sich zu haben. Das Problem mit den Geheiminformationen läßt sich nicht so leicht lösen. Eine Möglichkeit, um sicherzugehen, daß Unbefugte solche Informationen nicht lesen oder verwerten können, ist, sie zu »verstecken«. Ihre persönliche Geheimzahl (PIN) können Sie zum Beispiel als Phantasienummer zwischen anderen Telefonnummern verstecken. Wie Sie »innere« Gedächtnishilfen anwenden können, um sich an lange und selten verwendete Zahlenreihen zu erinnern, wird auf Seite 491 erklärt. Letztere haben den Vorteil der Geheimhaltung, und Sie haben die Zahlen in Ihrem Kopf immer dabei. Der Nachteil ist, daß Sie solche Hilfsmittel einüben und regelmäßig anwenden müssen, um sich auf sie verlassen zu können.

So bringen Sie Ihren Dachgepäckträger an

Auch einfache Handgriffe sind schwer zu behalten, wenn sie nur gelegentlich ausgeführt werden. Es passiert leicht, daß Sie eine bestimmte Aufgabe immer wieder hinausschieben, weil Sie wissen, daß Sie viel Zeit damit vergeuden werden, die nötigen Handgriffe neu zu lernen. Die Wurzel allen Übels ist wieder mal das alte Märchen: wenn Sie die betreffende Sache das erste Mal lernen, denken Sie: »Ich werde nie vergessen, wie das geht«. Die Lösung ist einfach: schreiben Sie sich beim erstmaligen Erlernen eine Anleitung auf, die Sie dann an einem geeigneten Ort aufbewahren. Der beste Ort ist vielleicht das betreffende Objekt – die Anleitung, wie der Dachgepäckträger anzubringen ist, könnten Sie zum Beispiel in einen Umschlag stecken und mit Klebeband an den Gepäckträger heften. Oder Sie könnten solche Anweisungen alle zusammen in einem Ordner aufbewahren.

Der Knoten im Taschentuch

Der sprichwörtliche Knoten im Taschentuch erinnert Sie daran, daß es etwas gibt, an das Sie denken sollten, und er ist eine gute Sache, vorausgesetzt, Sie können sich erinnern, an was Sie denken sollten. Eine einfache Methode, die meisten der irritierenden Dinge zu bewältigen, die wir gerne vergessen, ist, einen Gegenstand oder eine Mitteilung an sich selbst an der richtigen Stelle zu plazieren. Nehmen wir einmal an, Sie haben einen Brief geschrieben und wollen ihn am nächsten Morgen zur Post bringen. Legen Sie ihn so hin, daß Sie ihn sehen, bevor Sie aus dem Haus gehen. Vielleicht müssen Sie den Reifendruck kontrollieren, bevor Sie zur Arbeit fahren. Befestigen Sie eine entsprechende Notiz am Lenkrad, damit Sie sie nicht übersehen können. Die beiden Erfolgsrezepte lauten: überlegen Sie sich gut, wo der beste Platz für die Gedächtnishilfe ist; und sorgen Sie dafür, daß die Notiz *jetzt sofort* dort hinkommt – das heißt, sobald Sie über die betreffende Sache nachdenken. Es ist auch gut, einen festen Platz für solche Notizen oder Mitteilungen zu haben – das kann zum Beispiel beim Telefon oder auf dem Küchentisch sein –, wo auch immer Papier und Bleistift bereitliegen. Dann fällt Ihre Aufmerksamkeit ganz von selbst auf all das, an das Sie denken müssen – Kaffee einkaufen, zur Bank gehen, den ausgeliehenen Gartenschlauch zurückgeben, jemandem eine Nachricht zukommen lassen. Denken Sie daran, veraltete Zettel wegzuwerfen.

Wo habe ich meine Schlüssel hingelegt?

Gibt es Dinge, die Sie oft verlegen – Ihre Schlüssel oder die Brille zum Beispiel? Wenn ja, dann lautet die Lösung des Problems, sich etwas anzugewöhnen. Autoschlüssel sind ein gutes Beispiel. Wenn es keinen bestimmten Platz gibt, an dem sie sind, lassen Sie sie auf jeder gerade passenden ebenen Oberfläche liegen: auf dem Kühlschrank oder beim Telefon, und später haben Sie keine Ahnung, wo sie sein könnten. Dieses Problem läßt sich durch einen Stammplatz lösen, zum Beispiel einen Haken an der Wand neben der Haustür, und dann gewöhnen Sie sich an, sie sofort beim Nachhausekommen an diesen Haken zu hängen. Je mehr automatische Routinehandgriffe Sie sich ausdenken, zum Beispiel den Flaschenöffner automatisch in die linke Schublade zu legen, desto weniger Zeit verschwenden Sie damit, nach verlorenen Dingen zu fahnden.

Hüten Sie sich vor »sicheren« Aufbewahrungsorten

Eine Möglichkeit, um zu vermeiden, Dinge zu verlegen, ist, einen »Platz für alles mögliche« zu haben. Natürlich müssen Sie behalten, wo dieser Platz ist. Und noch eine letzte Warnung, bevor wir uns vom Thema der äußeren Gedächtnishilfen abwenden: sobald Sie sich bei dem Gedanken ertappen: »Das ist wichtig; das kommt jetzt an einen sicheren Platz«, überlegen Sie bitte noch einmal. Das Problematische an sicheren Plätzen ist, daß sie oft außer Sichtweite sind und auch außerhalb des Erinnerungsbereiches. Wenn Sie vergessen, wo der »sichere Ort« ist, finden Sie einen Gegenstand wahrscheinlich erst Monate später wieder, wenn Sie ihn längst nicht mehr brauchen. Wo auch immer Sie wichtige Dinge hintun, erzählen Sie jemandem davon, damit, wenn Sie selbst es vergessen, zumindest eine andere Person sich vielleicht daran erinnert.

Zusammenfassung dieses Kapitels

1. Ihr Gedächtnis ist kein Computer: Dinge, die Sie nur ein einziges Mal lernen, werden Sie wahrscheinlich wieder vergessen.
2. Einem schlechten Erinnerungsvermögen kann man oft ganz einfach dadurch abhelfen, daß Papier und Bleistift sinnvoll eingesetzt werden.
3. Gewöhnen Sie sich Verhaltensweisen an, die für Sie vorteilhaft sind.

31. Der Weg zu einem besseren Gedächtnis
Teil 2: Innere Gedächtnisstützen

Der Schwerpunkt des letzten Kapitels lag auf Gedächtnishilfen von außen, weil diese sich für viele Zwecke einfach und effektiv einsetzen lassen und in vielen Büchern zum Thema Gedächtnis nicht berücksichtigt werden. Aber sie sind nur die eine Seite der Medaille. Andererseits können Sie auch Ihre mentalen Fähigkeiten effizient einsetzen, indem Sie innere Gedächtnishilfen verwenden.

Genau wie beim Lernen gilt auch beim Erinnern: *Die Menge macht's.* Das heißt, wieviel Sie sich merken können, ist davon abhängig, wieviel Zeit Sie aufs Lernen verwenden. Genau wie Sie für den eigentlichen Lernvorgang Zeit aufwenden müssen, so müssen Sie auch Zeit investieren, um sich Kenntnisse anzueignen und dann auch zu behalten. Wenn Sie effiziente Strategien anwenden, nutzen Sie diese Zeiten intensiver und haben auch mehr Spaß dabei.

Wieviel Sie behalten, ist außerdem von Ihrer Stimmung abhängig und vor allem davon, wieviel Angst Sie haben. Ist der Kopf voller Sorgen, lernt es sich schlecht. Um wirklich effizient lernen zu können, müssen Sie in der Lage sein, sich zu konzentrieren, und zwar angstfrei: *Aufmerksamkeit ohne Anspannung,* das ist es, was Sie brauchen.

Organisation

Es gibt vier Möglichkeiten der Organisation und Gestaltung, um sich etwas besser merken zu können: Sie können *zusammenfassen, Anhaltspunkte finden, Beziehungen herstellen* und *Sinn stiften.*

Zusammenfassen
Um möglichst viel Information zu speichern, verleiben Sie sie sich am besten in Form gedächtnisfreundlicher Häppchen ein, für die Sie sie in etwa *sieben Gruppen* zusammenfassen. Möglicherweise praktizieren

Sie dieses Prinzip bereits bei Ihrem wöchentlichen Großeinkauf. Angenommen, Sie müssen 50 Dinge einkaufen. Fünfzig verschiedene Dinge zuverlässig zu behalten wäre sehr schwer, aber je nach Laden oder Abteilung des Supermarkts, wo Sie sie bekommen, werden die betreffenden Objekte automatisch zu Kleingruppen zusammengefaßt: Obst, Gemüse, Fleisch, Fisch, Molkereiprodukte, Haushaltswaren, Getränke, Drogerieartikel etc. Diese Gruppenbildung, die sowohl die Supermärkte als auch die Kunden vornehmen, läßt sich auch in vielen anderen Situationen anwenden, zum Beispiel bei der Vorbereitung auf das neue Schuljahr oder bei der Neuordnung der Buchführung.

Anhaltspunkte finden

Am wöchentlichen Großeinkauf läßt sich auch gut zeigen, wie wichtig Anhaltspunkte sind. Wir sehen uns im Laden um, zum Beispiel in der Obstabteilung, und dabei fällt uns wieder ein, was wir kaufen wollen. Wir können uns auch selbst, innerlich, Anhaltspunkte geben. Wenn wir wissen, daß wir fünf Dinge für das Mittagessen brauchen, das wir uns mitnehmen, und wir haben erst vier gekauft, müssen wir noch nach dem fünften suchen. Anhaltspunkt ist in diesem Fall, daß wir uns die Zahl *fünf* gemerkt haben.

Beziehungen herstellen

Beziehen Sie neue Information auf andere, die Sie bereits kennen, oder in einzelnen Teilen aufeinander. Das ist eine Möglichkeit, den Lernstoff so zu strukturieren, daß Sie sich später leichter erinnern. Sie könnten sich zum Beispiel merken, daß das spanische Wort für Käse dem englischen gleicht, aber nicht dem französischen; oder daß romanische Bögen so sind wie die des Aachener Münsters; oder daß Patricia diejenige ist, die mit Tom zur Party kam. Sie können das, was Sie bereits wissen, als Basis oder Struktur benutzen, auf der Sie aufbauen. Je mehr Sie wissen, desto mehr Bausteine stehen Ihnen zur Verfügung, auf denen Sie neues Wissen aufbauen können, und desto schneller lernen Sie. Beim Zusammenfügen des Gelernten schaffen Sie sich selbst eine spannende Lernspirale, die sich immer rascher in die Höhe schraubt.

Sinn stiften

Es ist viel leichter etwas zu lernen und zu erinnern, womit Sie eine Bedeutung verbinden, als etwas, was für Sie gar keinen Sinn macht. Es gibt viele Möglichkeiten, Bedeutung zu vermitteln: Sie können den Lernstoff zum Beispiel auf bereits gemachte Erfahrungen oder auf Vorkenntnisse beziehen – »Die Schaltung funktioniert genauso, nur daß der Rückwärtsgang vorne und nicht hinten liegt«; »Bei Verwendung des Timers wird der Schalter zum An- und Ausschalten außer Kraft gesetzt« – und versuchen zu verstehen, welche Beziehungen es zwischen den einzelnen Elementen des Lernstoffes gibt – »Das Ventil muß geöffnet werden, bevor das Gas eingeschaltet wird«; »Wenn du das, was du erarbeitet hast, in der alten Datei speicherst, bekommst du eine neue Fassung, die alte geht verloren«.

Italienische Weine – ein Organisationsbeispiel

Wir wollen nun einmal sehen, wie sich diese Organisationsverfahren in der Praxis anwenden lassen. Angenommen, Sie möchten etwas über *italienische Weine* lernen und haben sich ein entsprechendes Fachbuch gekauft. Im Abschnitt über das *Notizenmachen* (S. 459) geht es darum, welchen Wert es hat, über das Thema nachzudenken, bevor Sie mit dem Lesen anfangen, um den Organisationsprozeß in Gang zu setzen. Diese Ausgangsgedanken könnten in Form eines *Netzdiagramms* (S. 460) aufgezeichnet werden. Abbildung 31.1 (folgende Seite) zeigt, wie ein solches Diagramm aussehen könnte.

Jetzt sind Sie soweit, daß Sie das Weinbuch schnell einmal durchgehen können, um sich einen *Überblick* (S. 456) über das Thema zu verschaffen. Mit Hilfe dieses Überblicks können Sie dann Ihre anfängliche Einteilung verbessern. Nachdem Sie das Buch überflogen haben, könnten Sie zum Beispiel die Einteilung der Weinsorten neu strukturieren, schauen Sie sich dazu den Kasten rechts an.

Durch diese Umstrukturierung werden mehrere charakteristische Elemente deutlich, die Ihnen das Lernen erleichtern. Zunächst einmal wird in nur drei Hauptkategorien (Farbe, Zuckergehalt, Perleigenschaften) unterteilt, die leicht zu merken sind, da sie sich unmittelbar auf die Erfahrung des Weintrinkens beziehen. Diese Kategorien sind somit einsichtig.

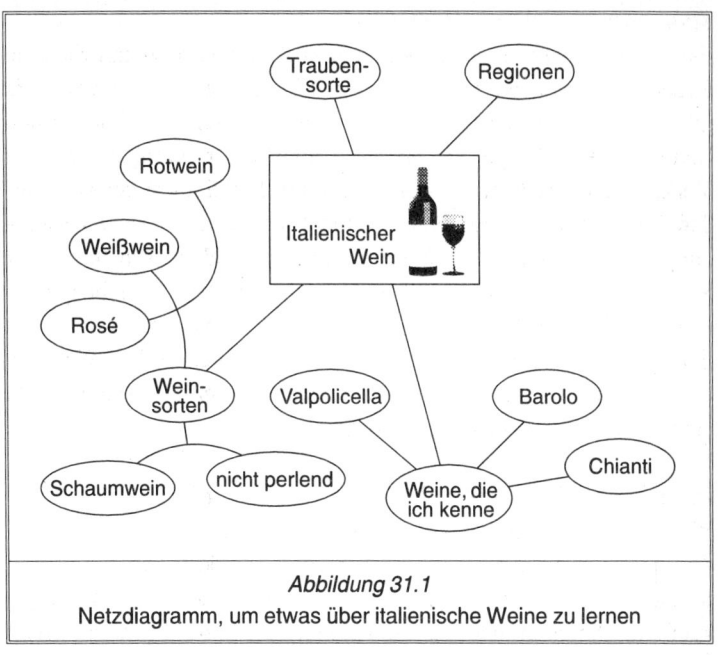

Abbildung 31.1
Netzdiagramm, um etwas über italienische Weine zu lernen

Italienische Weinsorten		
Farbe	*Zuckergehalt*	*Perlen*
rot	lieblich	Schaumwein (Sekt)
weiß	halbtrocken	*frizzante* (leicht
rosé	trocken	perlend)
bernsteinfarben		nicht perlend

Zweitens stellt die hierarchische Anordnung der Kategorien verschiedene Punkte, die gelernt werden sollen, in *Beziehung* zueinander. Wenn Sie wissen, daß es um Farbe geht, und Sie den *Anhaltspunkt* haben, daß es vier davon gibt, können Sie sich die vier möglichen Färbungen der Weine leicht merken. Die anderen Kategorien funktionieren ähnlich. Drittens wurde das Prinzip der Zusammenfassung befolgt: es ergibt sich ganz von selbst aus den Über- und Unterordnungsverhältnissen. Der Kasten enthält zehn Einteilungskriterien für Weinsorten, sie alle einzeln zu lernen wäre ein ganz schöner Brocken. Durch die Zuordnung zu den drei Kategorien hat jede *Gruppe* nur drei bis vier Informationsbestandteile.

Eine Wiederholungsstrategie

Im Gegensatz zu einem Computer können wir Dinge, die wir nur ein einziges Mal gelernt haben, nur in den seltensten Fällen behalten. Wir neigen dazu, gerade Gelerntes zu vergessen (wie im Schaubild der Abbildung 31.2 dargestellt), wenn wir den betreffenden Stoff nicht einüben und anwenden oder den Lernprozeß wiederholen. Sich eine effiziente Wiederholungsstrategie zurechtzulegen ist eine der besten Methoden, dem Gedächtnis auf die Sprünge zu helfen. Die Wiederholung unmittelbar vor einer Prüfung wird auf Seite 463 erläutert.

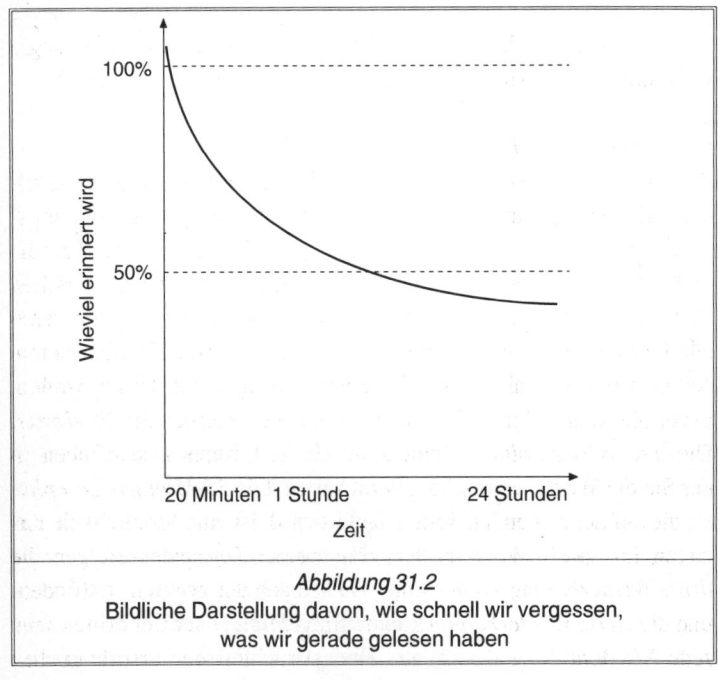

Abbildung 31.2
Bildliche Darstellung davon, wie schnell wir vergessen,
was wir gerade gelesen haben

Wie sieht eine effiziente Wiederholungsstrategie aus?

Inzwischen hat sich herausgestellt, daß es am wirkungsvollsten ist, *kurz nach dem erstmaligen Lernen zu wiederholen und weitere Wiederholungen dann in immer größeren Abständen durchzuführen.* Das gilt sowohl für schulisches Lernen als auch dann, wenn Sie sich die Busverbindungen in einer neuen Stadt einprägen wollen, ein kompliziertes Rezept behalten möchten oder die Bedienung eines Videorecorders erlernen. Kurz gesagt können Sie sich etwas besser merken, wenn Sie es möglichst bald nach dem Erlernen für sich selbst hersagen oder vor Ihrem geistigen Auge Revue passieren lassen, und je öfter Sie etwas einüben, desto wahrscheinlicher wird es die Zeit überdauern. Ihre Wiederholungsübungen können dann in immer größeren Abständen durchgeführt werden. Eine effiziente Wiederholungsstrategie für alle muß so beschaffen sein, daß bei möglichst geringem Zeitaufwand für Lernen möglichst viel im Gedächtnis haften bleibt. Die theoretischen Grundlagen einer guten Wiederholungsstrategie sind zwar etwas kompliziert, die praktische Umsetzung ist aber einfach und läßt sich mit Hilfe der *Tag-Woche-Monat*-Strategie verdeutlichen, die hauptsächlich für schulisches Lernen relevant ist.

Die Tag-Woche-Monat(TWM)-Wiederholungsstrategie

Das *TWM*-System ist denkbar einfach. Wir werden es etwas ausführlicher erläutern, damit Sie merken, wie eine effiziente Wiederholungsstrategie beschaffen sein muß. Nehmen Sie sich aber auf jeden Fall die Freiheit, eigene Strategien zu entwickeln, die ganz Ihren spezifischen Bedürfnissen entsprechen. Eine gewisse Flexibilität muß sein, denn nur die wenigsten von uns können sich an einen starren Zeitplan halten. Nehmen wir einmal an, daß Sie etwas Portugiesisch lernen wollen, bevor Sie an die Algarve in Urlaub fahren. Heute lernen Sie 20 Wörter. Die *erste Wiederholung* könnte am Ende der Lernphase stattfinden, in der Sie die Wörter erstmalig gelernt haben. Die *35-Minuten-Lernphase,* die auf der folgenden Seite erläutert wird, ist eine Möglichkeit, das zu tun. Ihre *zweite Wiederholung* könnte einen *Tag* später erfolgen; die *dritte Wiederholung* könnte eine *Woche* nach der zweiten stattfinden; und die *vierte Wiederholung* könnte einen *Monat* nach der dritten sein. Jede Wiederholung dauert nur einen Bruchteil der ursprünglichen

Lernzeit. Haben Sie beim ersten Mal 20 Minuten fürs Lernen gebraucht, so dauert eine Wiederholung jeweils nur noch etwa zwei Minuten.

Das TWM-System variieren

Das *TWM*-System ist einfach und effektiv. Wie für die meisten anderen in diesem Buch vorgestellten Strategien gilt auch hier, daß Sie das System so verändern sollten, wie es Ihren Bedürfnissen entspricht. Es gibt eine Reihe von Voraussetzungen, die Sie bei Ihren Adaptionen berücksichtigen sollten.

1. Wenn Sie nicht wiederholen, verschwinden Ihre Erinnerungen wie eine in den Sand gezeichnete Linie.
2. Die effektivste Zeit für eine Wiederholung ist dann, wenn Sie im Begriff sind, zu vergessen, sich aber gerade eben noch erinnern können. Wiederholen Sie, wenn die Linie im Sand schwach zu werden beginnt, aber noch sichtbar ist.
3. Nach jeder Wiederholung vergessen Sie langsamer (und behalten länger). Deshalb können die Abstände zwischen den Wiederholungen immer größer werden.
4. Es gibt zwei Umstände, die darauf hinweisen, daß Sie Ihre Wiederholungsstrategie ändern müssen:
   – Wenn Sie beim Wiederholen merken, daß Sie das meiste von dem, was Sie gelernt haben, schon wieder vergessen haben. In diesem Fall müssen Sie früher wiederholen, als Sie es tun.
   – Wenn Sie beim Wiederholen feststellen, daß Sie alles noch genau wissen. In diesem Fall wiederholen Sie früher als nötig und vergeuden damit vielleicht Zeit.

Lassen Sie uns noch einmal auf das Beispiel des Portugiesischlernens zurückkommen. Angenommen, Sie lernen 20 neue Wörter. Wenn Sie bei der Wiederholung am nächsten Tag nur noch 10 davon wissen und Ihnen sogar das Mühe macht, müssen Sie frühzeitiger wiederholen. Können Sie andererseits ohne große Schwierigkeit 19 Wörter erinnern, ist es wahrscheinlich ausreichend, erst nach zwei Tagen erstmals zu wiederholen.

Microwiederholung

Eine der Voraussetzungen für ein gutes Gedächtnis ist *Wiederholung*. Ein strukturierter Wiederholungsprozeß gewährleistet, daß Sie *effektiv* und *effizient* lernen. Diesem Zweck dient die TWM-Methode. Strukturierte Wiederholung läßt sich sinnvoll durch unstrukturiertes Wiederholen ergänzen und verstärken. Selbst kurze Wiederholungsphasen können sich auf das Gedächtnis sehr positiv auswirken. Gehen Sie Ihren Lernstoff ein paar Minuten durch, wann immer Sie die Möglichkeit dazu haben. *Wenig, aber häufig,* und schon erstrahlt Ihr Gedächtnis in neuem Glanz. Denken Sie daran, daß Wiederholen nicht einfach nur bedeutet, etwas aufzusagen, sondern daß Sie eine Möglichkeit finden müssen, sich den Stoff wirklich anzueignen. Sie müssen mit ihm arbeiten, ihn variieren und beim Wiederholen so vielfältig anwenden, wie Sie sich nur denken können.

Es ist eine große Hilfe, etwas in Gedanken durchzugehen. Sie erkennen dadurch leichter, was Sie bereits behalten haben und wo noch Lücken sind. Diese Lücken gilt es dann, beim nächsten Mal mit aller Kraft zu schließen. Wenn Sie außerdem noch Ihr Notizbuch einsetzen, können Sie wirklich alle Möglichkeiten für Microwiederholungen optimal nutzen.

Die 35-Minuten-Phase – so wird Lernen effizient

Eine Lernphase von 35 Minuten am Tag ist effizient, wenn Sie etwas Neues lernen wollen. Diese Strategie ist immer dann ideal, wenn Sie für Ihre Studien oder Ihr Lernen nur sehr wenig Zeit pro Tag zur Verfügung haben und zum Beispiel eine neue Fremdsprache lernen oder einen neuen Themenbereich erforschen wollen, beispielsweise Geschichte oder Botanik. Die 35-Minuten-Phase ist vor allem dann geeignet, wenn es darum geht, sich etwas einzuprägen – sich Wissen oder Information anzueignen. Sie berücksichtigt die drei Grundprinzipien, auf denen Lernfähigkeit und Erinnerungsvermögen beruhen:

1. Die Zeitspanne, in der wir ein Höchstmaß an Konzentration aufrechterhalten können
2. Die optimale Wiederholungsstrategie
3. Wenig, aber oft.

Der große Vorteil der 35-Minuten-Phase liegt darin, daß sie eine äußerst effiziente Arbeitsweise darstellt und, darauf können Sie sich verlassen, eine effektive Form der Wiederholung bietet, so daß sich das Gelernte akkumuliert. Die Lernschwierigkeiten der meisten Menschen liegen daran, daß sie erst in letzter Minute ans Wiederholen denken; wenn Sie aber nicht immer wieder zwischendurch wiederholen, vergessen Sie das meiste von dem, was Sie gelernt haben, einfach wieder. Die 35-Minuten-Lernphase stellt eine flexible Lerneinheit dar. Sie können sie einmal täglich anwenden oder auch seltener; wenn Sie zur Schule gehen oder studieren, können Sie die Zeit, die Sie täglich aufs Lernen verwenden, auch in mehrere Blöcke zu je 35 Minuten einteilen. Sie stellen sich diese Lernphase am besten als eine Art Baustein vor.

Warum ausgerechnet 35 Minuten? Die meisten Menschen können sich für diese Zeitdauer gut konzentrieren. Wenn Sie ohne Pause eine ganze Stunde lang lernen, werden die letzten 20 bis 30 Minuten wahrscheinlich weniger bringen, Ihre Konzentration ist dann schlechter als in den ersten 35 Minuten. Außerdem fällt es viel leichter, sich an die Arbeit zu machen, wenn Sie wissen, daß es nur für 35 Minuten ist und Sie nicht gleich eine ganze Stunde oder noch mehr opfern müssen.

Das Grundprinzip der Lernphase ist, etwa 60% der Zeit auf neuen Lernstoff zu verwenden. Die restliche Zeit ist fürs Wiederholen bestimmt – Sie wiederholen Dinge, die Sie vor kurzem gelernt haben, und solche, die schon einen Monat zurückliegen. Abbildung 31.3 zeigt eine effiziente Möglichkeit, mit der 35-Minuten-Phase zu arbeiten. Sie können das als Richtlinie für Ihre eigenen Studien verwenden.

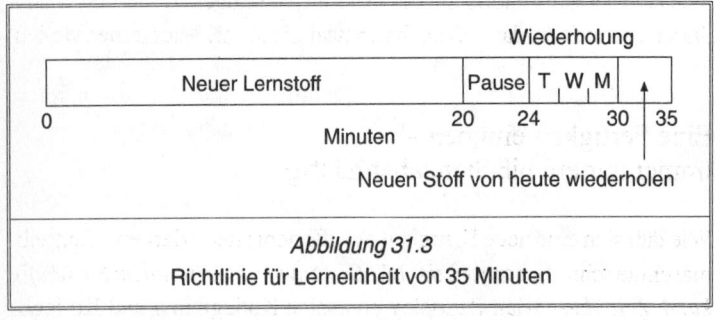

Abbildung 31.3
Richtlinie für Lerneinheit von 35 Minuten

In den ersten 20 Minuten wird neuer Stoff gelernt. Eine kurze Pause ermöglicht Ihrem Unterbewußtsein, den neuen Stoff absetzen zu lassen. Danach können Sie einige Minuten darauf verwenden, zu wiederholen, was Sie *gestern* in den 35 Minuten Neues gelernt haben; ein paar Minuten darauf, sich zu vergegenwärtigen, was Sie *vor einer Woche* Neues gelernt haben; und schließlich einige Minuten wiederholen, was Sie in der Lernphase *vor einem Monat* neu lernten.

In den letzten fünf Minuten wiederholen Sie das, was Sie in den ersten 20 Minuten dieser Lernphase gelernt haben. Dadurch wird etwa 10 Minuten nach Abschluß der Lernphase zum ersten Mal wiederholt. Das ist *nicht* zu früh für eine Wiederholung. Im Gegenteil, auf diese Weise wird das erste schnelle Vergessen verhindert.

Wir möchten betonen, daß nur 60% der Lernzeit Neues gelernt wird. Die restliche Zeit dient der strukturierten Wiederholung – wobei in dieser Zeit auch eine den Lernstoff festigende Ruhephase enthalten ist. Die meisten Menschen geraten leicht in Versuchung, die ganze Zeit auf neuen Lernstoff zu verwenden. Es kann tatsächlich seltsam sein, mit dem neuen Stoff aufzuhören, nachdem Sie gerade erst damit angefangen haben. Aber diese Methode ist eben einfach ineffektiv. Zunächst scheint sie gut zu funktionieren, dann stellt sich aber allmählich heraus, daß Sie das meiste von dem, was Sie vorher gelernt haben, bereits wieder vergessen haben, und Sie geraten immer mehr in Schwierigkeiten. Nach einem Jahr müssen Sie dann feststellen, daß Sie einen Großteil Ihrer Lernzeit vergeudet haben. Häufige, kurze Wiederholungsphasen sind dagegen effektiv, weil sie einerseits das Erinnerungsvermögen steigern und andererseits zu einer Konsolidierung des Gelernten beitragen. Dadurch bereiten Sie sich darauf vor, das aufzunehmen, was Sie als nächstes lernen wollen.

Eine Fertigkeit einüben – immer nur ein bißchen, aber häufig

Wie läßt sich eine neue Fertigkeit am effizientesten erlernen – Schreibmaschine schreiben zum Beispiel? *Die Anwort lautet: indem Sie häufig kurze Zeit üben.* Alan Baddeley und seine Kolleginnen und Kollegen haben das sehr elegant bewiesen. Sie fanden heraus, daß es, um einen bestimmten Standard im Schreibmaschineschreiben zu erreichen, durchschnittlich 80 Stunden dauert, wenn 4 Stunden pro Tag geübt wird, und nur 55 Stunden, wenn eine Stunde täglich geübt wird. Noch dazu behielten die Menschen, die eine Stunde am Tag geübt hatten, ihre Fertigkeiten besser als diejenigen, die vier Stunden pro Tag geübt hatten. Wenn Sie so schnell wie möglich maschineschreiben lernen wollen, ist es natürlich besser, viele Stunden pro Tag darauf zu verwenden. Diejenigen, die vier Stunden pro Tag geübt hatten, brauchten 20 Tage, um den Standard zu erreichen, den diejenigen, die eine Stunde übten, in 55 Tagen erreichten. Im Hinblick auf die Gesamtzahl an Stunden, die dafür aufgewendet wird, um maschineschreiben zu lernen, ist diese konzentrierte Form des Erlernens allerdings ineffizient.

Sich erinnern – der Sherlock-Holmes-Ansatz

Eine Erfahrung, die wir alle schon einmal gemacht haben, ist, daß wir die Uhr, unsere Schlüssel oder einen Brief verlegen. Vorgestern war der betreffende Gegenstand noch da, jetzt ist er nirgends mehr zu finden. Sie haben schon überall nachgesehen. Die Versuchung ist groß, einfach immer weiterzusuchen. Die Lösung ist, *nachzudenken* – der Sherlock-Holmes-Ansatz. Wenn Sherlock Holmes an einem wirklichen Problem arbeitete, setzte er sich in seinen Sessel. Ein extrem schwieriges Problem war ein »drei-Pfeifen-Problem«. In vier von fünf Fällen werden Sie den Gegenstand durch Nachdenken finden, wenn Sie sich wirklich anstrengen und am Ball bleiben. Wann haben Sie ihn zum letzten Mal gesehen? Was hatten Sie zu diesem Zeitpunkt an? Was hatten Sie dabei? Wer begleitete Sie? Was taten Sie? Gehen Sie die Zeit, seit Sie den Gegenstand zum letzten Mal gesehen haben, so genau wie irgend möglich durch. Wenn Sie Glück haben, fällt Ihnen plötzlich ein, wo er sein muß. Wenn Sie weniger Glück haben, konnten Sie zumindest die Möglichkeiten eingrenzen: es gibt nur zwei oder drei Orte, wo Sie ihn verloren haben könnten. Natürlich kann es passieren, daß Ihnen einfällt, daß Sie ihn möglicherweise im Zug liegengelassen haben und er unrettbar verloren ist. Die Methode des Erinnerns kann Ihnen nicht wie durch Zauberhand alle verlorengegangenen Dinge zurückbringen, normalerweise führt sie aber dazu, daß Sie alles wiederfinden, was noch gefunden werden kann, oder daß Sie zumindest merken, was passiert sein muß, ohne weiter Ihre Zeit zu vergeuden.

Diese Methode der genauen Rückbesinnung kann auch anderweitig von Nutzen sein. Es kann sein, daß Sie jemandem vorgestellt wurden und sich jetzt nicht mehr an den Namen erinnern, oder Sie wissen, daß jemand Sie gebeten hat, etwas zu tun, aber Sie haben keine Ahnung mehr, was es war. Rufen Sie sich die Situation wieder ins Gedächtnis, in der Sie den Namen gehört haben, oder den Zeitpunkt, zu dem Sie um den Gefallen gebeten wurden. Erinnern Sie sich an Gesprächsdetails. Wer war sonst noch anwesend? Was sagten diejenigen? Wenn das Gespräch noch nicht zu lange zurückliegt, erinnern Sie sich vielleicht an ein bestimmtes Vorkommnis oder an einen Gesprächsfetzen, der die gesuchte Erinnerung auslöst, oder Sie könnten auch einfach an die Person denken, die Sie um etwas gebeten hat, und Ihre Gedanken um Wesenszüge dieser Person und mit ihr zusammenhängende Dinge kreisen lassen. Worum hat sie Sie früher schon mal gebeten? Wird es mit dem Beruf zusammenhängen oder mit etwas anderem? War es dringend? Oder nicht besonders wichtig? Geben Sie Ihrer Psyche die Chance, die Sache von allen Seiten zu betrachten, indem Sie alle betreffenden Schubladen für sie öffnen, in denen die verlorengegangene Information stecken könnte.

Eselsbrücken

»Roy of York gained battles in vain« ist eine Eselsbrücke, die viele britische Kinder lernen, um sich die Anordnung der Farben im Regenbogen merken zu können *(Rot, Orange, yellow – Gelb, Grün, Blau, Indigo, Violett)*. Ähnliche Eselsbrücken, von denen manche zu grob sind, um sie aufschreiben zu können, werden im Medizinstudium verwendet, um sich Einzelheiten der menschlichen Anatomie einprägen zu können. Sie sind zwar kein Ersatz für Wiederholung und Organisation, können aber besonders dann eine Hilfe sein, wenn Listen oder eine Reihe aufeinanderfolgender Dinge auswendig gelernt werden müssen. Die Methode, zwei visuelle Vorstellungen zu verbinden, kann beim Erlernen von Fremdsprachen helfen. Ihre Verwendung kann auch amüsant sein, mit etwas Ausdauer ließe sich eine Technik entwickeln, um die Reihenfolge der Karten in einem Stapel auswendig lernen zu können, was allerdings zu sonst nichts weiter nütze wäre.

Eselsbrücken sind meistens einfache Reime, wie zum Beispiel »thirty days hath September ...«, und Sätze wie der oben erwähnte »Roy of York ...«. Wir wissen außerdem, daß es viel einfacher ist, sich etwas zu merken, was eigentlich nicht zusammenpaßt, wenn wir die Regeln anwenden, die wir schon kennen. Es ist viel leichter, sich zu merken, wie »supercalifragilisticexpialigetis« ausgesprochen wird (aus dem Kinderbuch *Mary Poppins* von P. L. Travers) – vor allem, wenn Sie es als Lied gehört haben und es dadurch Melodie und Rhythmus bekommen hat –, als Tante Susans Adresse zu behalten, wenn sie in Llanfairrynghornwy lebt. Die meisten von uns kennen die Aussprachregeln des Walisischen nicht, außerdem können wir das Wort nicht in einzelne, verständliche Bestandteile zerlegen. Unsinn können wir behalten, wenn er eine Form hat, die wir mit Bedeutung füllen können.

Mit Hilfe dieser Regel können wir unserem Gedächtnis auf die Sprünge helfen. Müssen Sie sich etwas einprägen, was unsinnig oder unzusammenhängend zu sein scheint, zum Beispiel eine Auflistung von Fakten, Namen oder Zahlen, dann versuchen Sie am besten, diesem Stoff einen Sinn zu unterlegen, egal wie: singen Sie ihn, reimen Sie, wenden Sie Grammatikregeln an, stellen Sie ihn sich bildlich vor, oder machen Sie eine Geschichte daraus. Sie werden ihn sofort besser behalten können.

Mit vereinter Kraft

Wir sind immer auf unsere Erinnerungsfähigkeit angewiesen, das hängt nicht davon ab, ob wir noch zur Schule oder Universität gehen oder ob nicht, und unser Gedächtnis kann uns im Stich lassen, wenn wir müde, gestreßt oder niedergeschlagen sind. In einem solchen Zustand passiert es leicht, daß wir ohne die Schlüssel aus dem Haus hetzen, in ein anderes

Zimmer gehen und dort nicht mehr wissen, was wir dort wollten, oder die Tiefkühlerbsen in den Brotkasten legen und das Brot in die Tiefkühltruhe. Unser Gedächtnis ist sowohl robust als auch verletzlich. Es ist robust, insofern es die meisten Informationen, die wir wichtig finden, speichert. Es ist verletzlich, insofern diese Informationen manchmal schwer zu aktivieren oder zu erinnern sind. Marthe, deren Muttersprache Französisch war, hatte, seit sie 18 Jahre war, nur noch englisch gesprochen. Als sie 82 war (zu diesem Zeitpunkt lebte sie immer noch in England), begann sie wieder französisch zu sprechen, obwohl sie vorher immer nach französischen Worten suchen mußte, wenn sie sie einmal gebraucht hatte. Wir müssen also so viele Strategien wie möglich entwickeln, um einerseits die Weichen für die Zukunft zu stellen und andererseits im richtigen Moment aus den Tiefen schöpfen zu können.

Vier Hauptstrategien, um die Weichen zu stellen

1. *Wichtiges ist leichter zu merken als Unwichtiges.* Alles, was irgendwie herausragend ist (der erste Kuß; wann Sie auf einen Seeigel traten oder etwas wirklich Peinliches gesagt haben), bleibt im Gedächtnis haften. Unwichtige Dinge lassen sich leichter behalten, wenn wir sie mit »Anzeichen« von Wichtigkeit versehen – zum Beispiel indem wir sie *anschaulicher* machen oder ihnen eine persönliche *Bedeutung* beimessen. Den leuchtendgelben Hefter vergessen Sie wahrscheinlich nicht so leicht wie einen beigen, und wenn Sie Ihren Namen darauf schreiben, erregt er eher Ihre Aufmerksamkeit, als wenn da etwas steht, was für Sie keine persönliche Bedeutung hat – zum Beispiel »Notizen« oder »Protokolle«.

2. *Es ist genauso wichtig, Dinge zu vergessen wie zu behalten.* Obwohl die Aufnahmekapazität unseres Gedächtnisses fast unbegrenzt zu sein scheint, gibt es beim Einspeichern selbst eine Art Engpaß. Dinge können beim Transport verlorengehen. Wenn Sie in einer verwirrenden Situation sind (viele neue Menschen treffen, eine neue Stelle antreten, sich an einem neuen Ort zurechtfinden müssen), *müssen Sie sich selbst anweisen, was Sie zu vergessen haben.* Die Dinge, denen Sie Ihre Aufmerksamkeit widmen, werden Sie am besten behalten; wenn Ihre Aufmerksamkeit aber von allem gefangengenom-

men wird, überladen Sie Ihr Gedächtnis. Sie können die Last dadurch verringern, daß Sie sich auf das konzentrieren, was für Sie am allerwichtigsten ist (die Sache, die Ihr Boß zuerst erledigt haben will, wie Sie wieder nach Hause finden), und versuchen, sich nicht durch zuviel anderes ablenken zu lassen.

3. *Sie brauchen Zeit, um zu verdauen.* Die dauerhaften Spuren im Gedächtnis werden nicht alle gleichzeitig hinterlassen. Wenn Sie also zu viel hineinzwängen oder versuchen, zu viele portugiesische Vokabeln zu lernen, ohne sich die Zeit fürs Wiederholen zu nehmen, haben Sie das Gefühl, Ihr Kopf wäre voll. Achten Sie darauf, wann es soweit ist, daß es nichts mehr bringt, weiterzumachen – wann es Ihnen so vorkommt, als könnten Sie nichts mehr aufnehmen, was sowohl dann der Fall sein kann, wenn Sie lernen, einen neuen Computer zu bedienen, als auch, wenn Sie sich eine Ausstellung ansehen. Im Idealfall sollten Sie aufhören, bevor Sie an diesen Punkt kommen. Wenn Sie weitermachen, werden dabei keine brauchbaren Spuren zurückbleiben, während es sein kann, daß Sie durch das rechtzeitige Aufhören ein recht sonderbares Phänomen beobachten können. Wenn Sie unter dieser Form geistiger Verdauungsstörung leiden, werden Sie sich zunächst verwirrt oder durcheinander fühlen. Nach einer Ruhepause können Sie dann allerdings *mehr,* nicht *weniger* verstehen und sich an einen Teil des Stoffs besser erinnern. Das wird dann am deutlichsten, wenn Sie eine physische Fertigkeit erlernen oder eine, bei der es darauf ankommt, Körper und Geist zu koordinieren, wie zum Beispiel beim Maschineschreiben oder bei einem neuem Computerspiel. Wenn Sie es beim ersten Mal zu weit treiben, machen Sie nach einer anfänglich guten Phase Fehler und werden immer schlechter. Wenn Sie zu diesem Zeitpunkt aufhören, statt sich zum Weitermachen zu zwingen, um das Problem zu lösen, werden Sie feststellen, daß Ihre Leistung von selbst wieder besser wird – was Sie merken, wenn Sie nach einer Pause wieder einen neuen Versuch wagen. Ihr Geist scheint, selbst nachdem Sie aufgehört haben, weiter an der vorgegebenen Bahn zu arbeiten.

4. *Ideen sind manchmal nützlicher als Fakten.* Fakten können unzusammenhängend und dadurch schwer zu behalten sein. Ideen und Bedeu-

tungen können dabei helfen, einen Zusammenhang zwischen Fakten herzustellen, oder Ihnen Kategorien zur Verfügung stellen, denen Sie die Fakten zuordnen können. Manchmal lohnt es sich, sich selbst als eine Art Ablagesystem zu begreifen, um dann feststellen zu können, wie die einzelnen Fächer und Kategorien zu kennzeichnen sind, damit Sie wissen, was Sie darin finden können – sowohl in persönlicher als auch in anderer Hinsicht. Verwenden Sie zum Beispiel Kennzeichnungen wie »Dinge, die ich mit Marion zusammen gemacht habe« und »Mich so fühlen wie in meiner ersten Stelle« genauso wie »Post, die erledigt werden muß« und »Mitteilungen an Soundso«.

Vier Hauptstrategien, um das Gedächtnis zu verbessern

1. *Je häufiger eine Information angewendet wird, desto leichter ist sie verfügbar.* Wenn es Ihnen schwerfällt, sich an etwas zu erinnern, was Sie sich normalerweise gut merken können, dann sollten Sie an Dinge denken, die Sie damit assoziieren könnten, oder die Kategorien »startklar machen«, die damit zu tun haben. Angenommen, Sie haben an Ihrem Arbeitsplatz tausenderlei zu tun und versuchen nebenher noch, ein Gespräch für den nächsten Tag vorzubereiten. Wenn Sie sich frühzeitig selbst die Hauptthemen dieses Gesprächs vorgeben, machen Sie damit die richtigen Gedächtniskategorien startklar, die dann fast buchstäblich von alleine weiterarbeiten und die Maschinerie warmlaufen lassen in den Teilen, die Sie brauchen; wenn Sie dann tatsächlich die Zeit haben, über das Gespräch nachzudenken, werden Ihnen die Aspekte, die Sie brauchen, leichter einfallen. Das Ganze funktioniert noch besser, wenn Sie das Thema des Gesprächs aufschreiben und sich in einer Art Brainstorming alle Ideen, die Ihnen dazu kommen, so rasch wie möglich notieren.

2. *Lassen Sie Ihrem Verstand Platz zum Arbeiten.* Ein ähnliches Phänomen gibt es, wenn Sie sich auf ein größeres Projekt konzentrieren, sei es, wie Sie die Küche streichen und trotzdem weiter nutzen können oder wie sich eine ganz neue Verkaufsstrategie entwickeln läßt. Stürzen Sie sich zuerst voll und ganz in das betreffende Projekt, damit sich Ihr Verstand auf die neue Arbeit einstellen kann, und konzentrieren Sie sich dann auf bestimmte Aspekte des Projekts, wobei Sie aber

immer im Auge behalten, daß die Sicht aufs Ganze desto schwerer wird, je mehr Sie in die Details gehen. In einer solchen Situation kann es passieren, daß Ihr Verstand sie mit vollkommen neuen Lösungsmöglichkeiten überrascht: Sie haben hart an einem bestimmten Aspekt eines Projekts gearbeitet und lassen das jetzt ruhen, um etwas anderes zu tun, oder Sie klappen vor Müdigkeit zusammen und plötzlich, in einem völlig unerwarteten Moment – wenn Sie zum Beispiel im Bett liegen, einkaufen oder am nächsten Morgen duschen – kommt Ihnen eine ganz neue Idee. Es ist, als könnten Sie die Informationen erst dann neu zusammensetzen, nachdem Sie sich von der vordersten Front zurückgezogen haben. Um alles aus Ihrem Gedächtnis herauszuholen, müssen Sie Ihren geistigen Kapazitäten Platz zum Arbeiten lassen – sich einerseits voll und ganz auf ein Projekt konzentrieren und sich dann auch wieder Abstand davon gönnen.

3. *Es ist leichter, etwas zu erkennen, als sich daran zu erinnern.* Selbst wenn Sie jemandem den Weg zu Tante Susans Haus nicht beschreiben können, können Sie es unter Umständen ganz leicht finden, falls Sie schon einmal dort waren. Wenn Ihnen nicht mehr einfällt, welche Sorte Nudeln gut war, genügt es vielleicht, einen Blick in das betreffende Regal im Supermarkt zu werfen. Wenn Sie sich nicht erinnern können, worum es in dem Schriftstück, über das gerade gesprochen wird, ging, sagt Ihnen ein kurzer Blick darauf, ob Sie es gelesen haben, und das kann Sie auf die richtige Spur bringen, bis Sie die damit verbundene Information in Ihrem Gedächtnis schließlich aufspüren.

4. *Assoziation wirkt Wunder.* Es geht nicht nur darum, daß eins zum andern führt, so daß Sie ein gesuchtes Wort finden können, indem Sie an andere denken, die damit zu tun haben, sondern es ist auch so, daß die Umstände eines bestimmten Ereignisses viele wertvolle Informationen enthalten, die Sie als Anhaltspunkte verwenden können, um Ihrem Gedächtnis auf die Sprünge zu helfen. Taucher können sich an Dinge, die sie auf dem Meeresboden gelernt haben, besser bei ihrem nächsten Tauchgang erinnern, als wenn sie auf dem Festland sind. Was (teilweise) erklärt, warum so viele Menschen vergessen, Dinge zu tun, die mit ihrem häuslichen Leben zu tun haben, sobald sie im Büro sind, und sich erst wieder an sie erinnern, wenn sie nach Hause

kommen. Im Urlaub wegzufahren hat auch den Vorteil, daß Sie da-durch häusliche Sorgen vergessen können. Sie müssen nicht befürch-ten, daß sie den Faden verlieren, denn die durchs Nachhausekommen ausgelösten Assoziationen genügen, um die Erinnerungen wieder wachzurufen – außerdem kann die neue Perspektive, die Sie durch die Reise gewonnen haben, unnötige Sorgen aus der Welt schaffen.

Zusammenfassend läßt sich sagen, daß Ihr Gedächtnis dann gut funk-tionieren wird, wenn Sie gleichermaßen gut vergessen wie auch erin-nern können. Die Kunst des Erinnerns besteht vor allem darin, *auszu-wählen,* an was Sie sich für Ihre Zwecke erinnern müssen, und dann zu *entscheiden,* was Sie »im Kopf« haben müssen und was besser »außer-halb« aufgehoben ist, zum Beispiel in einem Terminkalender.

Zusammenfassung dieses Kapitels

Ihr Erinnerungsvermögen können Sie am besten dadurch verbessern, daß Sie gute Strategien entwickeln, anstatt mentales Muskeltraining zu betreiben.
Die Masse macht's: Wieviel Sie behalten, hängt eng damit zusammen, wieviel Zeit Sie mit Lernen verbringen.
Am effizientesten lernen Sie, wenn Sie sich ohne Angst konzentrieren: *Aufmerksamkeit ohne Anspannung.*
Verwenden Sie vier Methoden, um Ihr Denken zu organisieren:

– *Zusammenfassen,* Informationen in Gruppen von höchstens sieben Kriterien einteilen
– *Anhaltspunkte finden,* damit Sie sich erinnern, was Sie sich merken wollten
– neue Informationen auf das *beziehen,* was Sie schon wissen
– neue Informationen mit einer *Bedeutung* verbinden

Setzen Sie eine effiziente *Wiederholungsstrategie* ein. Wiederholen Sie kurz nach dem erstmaligen Lernen, und lassen Sie zwischen den folgenden Wiederholungsphasen zunehmend mehr Zeit vergehen.

32. Entscheidungen treffen

Sowohl privat als auch beruflich müssen wir Entscheidungen treffen, und um gute Entscheidungen zu treffen, müssen wir klar denken und effektiv abwägen können. Auf lange Sicht beeinflussen unsere Entscheidungen unser Leben sehr stark, deshalb ist es wichtig, sich so oft wie möglich gut zu entscheiden. In diesem Kapitel geht es vor allem um die Schwierigkeiten beim Entscheiden und um Strategien, die dazu beitragen, daß Sie Entscheidungen treffen, die Sie als richtig empfinden.

Falsche Vorstellungen vom Entscheiden

Entscheidungen zu treffen ist mit vielen falschen Vorstellungen verbunden. Eine davon ist, daß alles von der richtigen Entscheidung abhängt. Wenn Sie die richtige Tür aufmachen, gelangen Sie in einen Paradiesgarten, machen Sie die falsche auf, stürzen Sie in ein Verlies, aus dem es kein Entkommen gibt. Ein weiterer Irrglaube ist der, daß Menschen entweder entschlossen oder unentschlossen seien. Der entschlußfreudige Prinz ist angesichts einer ungewissen Situation entschieden und resolut, weiß auf den ersten Blick, was richtig ist, und sein gutes Urteilsvermögen wird mit ewigem Frieden und Wohlstand (und möglicherweise auch noch mit einer Prinzessin) belohnt. Der zögerliche Dummkopf schwankt und überlegt, holt sich Rat, den er dann nicht beachtet oder glatt vergißt, wählt nicht schlüssige Lösungen für irrelevante Probleme und leidet offensichtlich immerzu unter der Qual seiner Unentschlossenheit. Wer zögert, ist verloren.

Die meisten Menschen liegen irgendwo zwischen diesen beiden Extremen, können sich manchmal ganz leicht entscheiden und sind dann wieder wie gelähmt. Wir scheinen sowohl die Rolle des Prinzen als auch die des Dummkopfs spielen zu können, meistens erreichen wir dabei aber kein mythisches Ausmaß an Perfektion oder Leid, wissen aber auch nicht, wie wir diesen Prozeß steuern könnten.

Diese Mythen haben interessante Parallelen in der Gegenwart. Erfolgreiche und hart arbeitende Menschen aus vielen Schichten und Berufen scheinen mit einer Geschwindigkeit komplexe, rasche, wohlbegründete und präzise Entscheidungen zu treffen, daß Unerfahrenere sich völlig überrumpelt vorkommen. Erst wenn etwas schiefgeht, hören wir, daß die Last, unaufhörlich Entscheidungen treffen zu müssen und Verantwortung zu tragen, zu Erschöpfung, Magengeschwüren, Meinungsverschiedenheiten und zum Verlust des Urteilsvermögens führt.

Der allgemeine Gesundheitszustand und das Wohlbefinden älterer Menschen, die von anderen versorgt werden, verbessert sich deutlich, wenn sie dazu ermutigt werden, weiterhin auch Kleinigkeiten selbst zu entscheiden, zum Beispiel was sie anziehen wollen und wann sie Tee trinken möchten. Menschen, die von Berufs wegen mit Notsituationen zu tun haben, und solche, die sich mit den Folgen aller möglichen traurigen Ereignisse auseinandersetzen müssen, leiden weniger unter Spätfolgen, wenn sie zu dem betreffenden Zeitpunkt daran beteiligt waren, Entscheidungen zu treffen (indem sie zum Beispiel den Verkehr nach einem Unfall umleiteten oder verzweifelte Menschen trösteten). Die Möglichkeit, Entscheidungen zu treffen, sei es im Alltag oder in ungewöhnlichen, schwierigen Situationen, scheint Menschen davor zu bewahren, zu leiden. Entscheidungen zu treffen scheint gutzutun.

Die Anforderungen können allerdings auch zu hoch sein. Die Verantwortung für zu viele, zu schwierige Entscheidungen kann schnell sehr viel Streß verursachen (vgl. Kapitel 18). Sie kann die Funktionsfähigkeit eines Menschen ganz untypisch verändern und zu Kränklichkeit, Magengeschwüren, Gereiztheit, verstärktem Alkohol- oder Koffeinkonsum und schließlich zum »Burnout« führen. Wenn die Entscheidungsfindungsprozesse eine zu große Last werden oder in irgendeiner Form beeinträchtigt sind, was zum Beispiel durch Müdigkeit, Krankheit, Sorgen oder andere Formen von Niedergeschlagenheit der Fall sein kann, dann werden sie ineffizient.

Den Beweis dafür lieferte eine Versuchssimulation im Rahmen von Bemühungen, sichere und verläßliche Systeme für Fluglotsen zu entwickeln. Fluglotsen benutzten (damals) viele verschiedene Kommunikationsformen. Sie beobachteten Bewegungen auf einem Videobildschirm, hörten und lieferten Informationen über Kopfhörer, empfingen und schickten Botschaften über Computer und mit Hilfe eines Notizblocks und saßen in einem Raum, in dem sie von anderen lauten Menschen umgeben waren, die das gleiche taten. Die von ihnen angewendeten Methoden funktionierten effizient und waren sicher – wenn eine Form nicht mehr zuverlässig war, gab es immer eine andere, die an ihre Stelle treten konnte –, vorausgesetzt, das Flugaufkommen bewegte sich in vernünftigen Grenzen, und alle Beteiligten arbeiteten einwandfrei. Wurden diese Grenzen aus irgendwelchen Gründen überschritten, verlangsamten sich Kommunikation und Entscheidungsfindung zunächst und brachen dann zusammen, wenn die störenden Umstände andauerten. Seltsame Dinge geschahen. Fluglotsen riefen sich Botschaften zu und trommelten auf dem Tisch herum. Sie standen auf, gestikulierten und zeigten mit dem Finger, um sich mit Piloten zu verständigen, die Tausende von Metern über ihnen in der Luft waren. Sie konnten unter diesen Umständen zwar immer noch verstehen, wo das Problem lag, aber keine effektiven Entscheidungen mehr treffen. Wenn die Notwendigkeit besteht, unaufhörlich Entscheidungen zu treffen, können Menschen an ihre Grenzen gelangen.

Sechs Strategien, die Ihnen helfen, Entscheidungen zu treffen

Es ist kaum möglich, eine »perfekte Entscheidung« zu treffen. Jedes Vorgehen führt zu neuen Wahlmöglichkeiten und wirft unerwartete Schwierigkeiten auf. Die folgenden Strategien sollen Ihnen bei schwierigen Entscheidungen helfen; wenn Sie allerdings zu besorgt darum sind, eine perfekte Entscheidung zu treffen, werden Sie wahrscheinlich schrecklich unentschlossen werden.

1. Die Abrechnung
Setzen Sie eine Abrechnung als Form des »Problemlösens« (Kapitel 8) ein, um die Vor- und Nachteile verschiedener Alternativen gegeneinander abzuwägen. Teilen Sie ein großes Blatt Papier in der Mitte, die

eine Seite ist für die Vorteile, die andere für die Nachteile. Schreiben Sie die speziellen Fragen, um die es Ihnen geht, oben auf das Blatt: Soll ich das Geschäft jetzt erweitern? Soll ich einen Sommerurlaub buchen? Soll ich nächstes Semester den Computerkurs belegen? Füllen Sie dann die Spalten aus, wobei Sie die Entscheidung unter allen möglichen Aspekten beleuchten: welche Auswirkungen sie auf Sie und andere hat, welche Bedeutung und welche Konsequenzen. Berücksichtigen Sie sowohl Faktoren, die auf lange Sicht wichtig sind, als auch solche, die sich kurzfristig auswirken. Diese Übung machen Sie am besten schriftlich, da es schwierig ist, alle Ideen auf einmal im Kopf zu behalten. Zum Schluß gehen Sie die Liste noch einmal durch und ziehen Bilanz. Manche Punkte zählen mehr als andere. Es kann eine Hilfe sein, jedem Vor- und Nachteil bis zu 100 Punkte zu geben, je nachdem, wie wichtig er ist, und die Spalten dann einzeln zusammenzuzählen: 67 »dafür« und 38 »dagegen«. Wenn es viele Vor- und Nachteile gibt, kann es auch gut sein, sich die zwei wichtigsten jeder Spalte herauszusuchen und gegeneinander abzuwägen, ohne sich durch relativ unwichtige Überlegungen ablenken zu lassen.

2. Probeläufe und Zeitsprünge

Wenn es Ihnen schwerfällt, Ihre Wahl zu treffen – ob Sie zum Beispiel umziehen sollen oder nicht –, dann tun Sie so, als hätten Sie eine Entscheidung getroffen (umzuziehen) und stellen sich dann so genau wie möglich vor, wie es wäre, mit dieser Entscheidung zu leben. Ist es ein gutes Gefühl? Bei wichtigen Entscheidungen, die nicht dringend sind, »leben« Sie diese Entscheidung ein paar Tage lang in Ihrer Phantasie und verfahren mit der anderen Möglichkeit dann genauso. Diese Übung ermöglicht Ihnen einen Probelauf, und Sie können Ihre Reaktion »im Bauch« spüren. Vielleicht wissen Sie danach, was zu tun ist, falls nicht, können Sie zu Ihrer Abrechnung zurückkehren und überlegen, ob Sie irgendwelche Punkte hinzufügen müssen.

Eine weitere Möglichkeit ist, einen »Zeitsprung« zu machen. Dabei handelt es sich um eine einfache Strategie, bei der Sie sich vorstellen müssen, irgendwann in der Zukunft zu sein, sechs Monate, fünf oder zehn Jahre später als heute (vgl. Kapitel 9), und die Entscheidung getroffen zu haben, die jetzt so schwer für Sie ist. Blicken Sie aus dieser neuen Position auf die Gegenwart zurück und auf die Entscheidung, um die es geht. Möglicherweise fällt es Ihnen dann sofort leichter, sich eine Meinung zu bilden, oder Sie wollen mehrere Möglichkeiten in Ihrer Phantasie durchspielen, bis Sie die finden, die Ihnen am meisten zusagt.

Sie könnten Ihre Reaktionen auch dadurch austesten, daß Sie eine Münze werfen oder sich überlegen, was passieren würde, wenn Sie gar keine Entscheidung treffen würden.

3. Resonanz

Es kann gut sein, bei anderen Menschen Resonanz zu finden, sie können Ihre Probleme und Neigungen aus ihrer Sicht reflektieren. Allerdings kann es falsch sein, zu viele Leute um Rat zu fragen, weil Sie dann am Ende zu viele verschiedene Meinungen haben. »Fragen Sie drei Menschen, denen Sie vertrauen, und entscheiden Sie sich dann«, ist eine gute Richtschnur, um endloses Grübeln zu verhindern. Die Versuchung ist groß, nur die Menschen zu Rate zu ziehen, von denen Sie erwarten, daß sie Ihrer Meinung sind, dadurch haben Sie aber weniger Möglichkeiten. Wenn Sie nach einem völlig neuen Denkansatz suchen, ist es vielleicht vernünftiger, Menschen auszusuchen, die eher eine andere oder objektivere Meinung haben, zum Beispiel eher jemanden aus der Buchhaltung als einen Salesmanager oder eher den Lehrer, der um Ihre Talente und Stärken weiß, als Ihre Eltern, die unbedingt wollen, daß Sie Medizin studieren. Wenn entschieden werden muß, ob Sie das Haus umbauen, um die Schwiegereltern aufzunehmen, werden Sie wahrscheinlich mit Ihrer Partnerin, Ihrem Partner und anderen betroffenen Familienmitgliedern darüber sprechen. Vernünftig wäre auch, jemanden zu konsultieren, der auf die Pflege älterer Menschen spezialisiert ist, oder in der Bibliothek nach weiterer relevanter Information zu suchen.

4. Information sammeln und verwerten

Information ist für viele Entscheidungen ausschlaggebend. Wenn Sie ein Auto kaufen wollen und viel Wert auf Sicherheit legen, brauchen Sie Informationen zur Sicherheitsausstattung verschiedener Modelle.

Bei solchen Entscheidungen ist es wichtig, die Faktoren zu klären, die für Sie entscheidend sind, zu denen Ihnen aber noch Informationen fehlen. Kennen Sie diese Faktoren erst einmal, können Sie sich (in aller Ruhe) überlegen, wie Sie an die nötige Information kommen.

Außerdem hilft es, wenn Sie lernen, die Genauigkeit und Verläßlichkeit der Information einzuschätzen, die Ihnen zur Verfügung steht. Untersuchungen haben gezeigt, daß Entscheidungsfähigkeit mit zunehmender Übung besser wird. Es handelt sich dabei um eine Kompetenz, die durch Erfahrung erlangt werden kann, und Menschen, die mehr Erfahrung mit Entscheidungen haben, werden wichtige Faktoren nicht so leicht übersehen und vieldeutige Information nicht so leicht falsch interpretieren wie unerfahrene Menschen. Unerfahrene Menschen müssen, um in bestimmten Branchen effektive Entscheidungen treffen zu können, sowohl lernen, die in Frage kommenden Informationssysteme zu nutzen, als auch trainieren, Entscheidungen zu fällen. Ansonsten nimmt die Wahrscheinlichkeit zu, daß sie Fehler machen.

5. Mit Kettenreaktionen umgehen

Entscheidungen hängen oft zusammen. Larry wollte eine neue Stelle, seine Frau Emily war dagegen mit ihrer ganz zufrieden. Zunächst sprachen sie über verschiedene Möglichkeiten. Dann beschlossen sie, daß Larry versuchen sollte, eine neue Stelle in der Nähe zu finden, und wenn das nicht klappen würde, würde Emily ebenfalls in Erwägung ziehen, sich zu verändern. Es ergab sich schließlich, daß sich Larry eine interessante neue Möglichkeit auftat, allerdings mit einer vierstündigen Anfahrt verbunden – zum Pendeln war das zu weit. Eine Art Kettenreaktion an Entscheidungen wurde dadurch in Gang gesetzt. Es galt, viele wichtige Beschlüsse schnell zu fassen. Sie konzentrierten sich darauf, diese Beschlüsse in der Reihenfolge zu treffen, die für sie am vernünftigsten war. Zuerst besprachen sie, ob sie an verschiedenen Orten arbeiten wollten, und beschlossen, daß sie weiterhin zusammen leben wollten. Dann beschloß Emily, sich nach einer neuen Stelle umzusehen. Sie war sich unsicher, wie sie vorgehen sollte, deshalb fragte sie eine Kollegin um Rat, auf deren Empfehlung hin sie dann mit ihrem Boß sprach, bevor sie sich auf die Suche nach einer neuen Stelle machte. Sie fand mehrere Angebote. Eine Stelle, die für sie nicht so interessant war, hätte sie sofort antreten müssen, eine andere erst in sechs Monaten. Larry und sie mußten sich nun auf einen Zeitpunkt für den Verkauf des Hauses einigen und darauf, wann und wo sie sich nach einem neuen umsehen wollten. Alle Optionen waren mit erheblichen finanziellen Belastungen verbunden (vorübergehend an einem oder zwei Orten etwas mieten, den Hausrat und die Möbel irgendwo lagern etc.), und jede Entscheidung schien von großer Tragweite zu sein. Für jeden Aspekt des Problems, den sie spezifizieren konnten, wägten sie die Vor- und Nachteile gegeneinander ab. Danach trafen sie die jeweils bestmögliche Entscheidung. Nachdem Sie sich zunächst auf die großen Entscheidungen in ihrem Leben konzentriert hatten, konnten sie danach die vielen kleinen angehen, die sich daraus ergaben – ob sie das alte Sofa verkaufen sollten, wie sie den Umzug organisieren sollten und so weiter.

6. Auf Energiereserven achten

Theoretisch sollten Sie mehr Zeit und Energie auf große Entscheidungen verwenden als auf kleine. Sich darüber den Kopf zu zerbrechen, ob Sie die braunen oder die grünen Socken anziehen, die Riesenpackung Waschpulver kaufen oder in welche Autoschlange Sie sich einreihen, macht wenig Sinn. Allerdings ist das leichter gesagt als getan. Zunächst einmal kann Müdigkeit einem einen Strich durch die Rechnung machen. Wenn Sie müde und erschöpft sind, können selbst die einfachsten Entscheidungen zur Qual werden.

Der zweite Störfaktor ist, zu stark mit einer bestimmten Sache beschäftigt zu sein. Menschen, deren Energien zwangsläufig auf wichtige und schwierige Dinge konzentriert sind, ob sie zum Beispiel ihr Geschäft aufgeben sollen oder nicht, ob sie eine größere Operation machen lassen oder sich scheiden lassen sollen, finden die kleineren Entscheidungen oft besonders schwer und bedrängend, als seien ihre Reserven schon erschöpft, und sie können kaum noch auf etwas anderes achten. In so einem Fall hilft es, sich zu fragen: »Wie wichtig ist das tatsächlich?« Außerdem sollten Sie so viele kleine Entscheidungen wie möglich zur Routine werden lassen und die unwichtigeren für später aufsparen oder anderen überlassen.

Üble Diktatoren und beunruhigende Fehlerteufel

Bei Entscheidungen können Sie in viele Fallen tappen, deshalb ist es wichtig, zu wissen, wie diese erkannt werden können und wie Sie sich vor üblen Diktatoren und beunruhigenden Fehlerteufeln hüten können, die Sie aus dem Gleichgewicht bringen können.

1. *Voreingenommenheit* (mehr dazu in Kapitel 33). Die Meinung der Person, mit der Sie zuletzt gesprochen haben, scheint oft am überzeugendsten zu sein. Und je größer die Autorität ist, die hinter einer Aussage steht, die Ihre Entscheidung betrifft, desto wahrscheinlicher wird sie Sie beeinflussen. Unsere Entscheidungen werden oft durch unwichtige oder irrelevante Faktoren beeinflußt, zum Beispiel dadurch, daß die Person, die zum Vorstellungsgespräch kommt, völlig durchnäßt ist, weil sie in ein Unwetter geraten ist.

2. *Kategorisches Denken.* Dem liegt der Irrtum zugrunde, daß es nur eine richtige Entscheidung gibt. Absolut »richtige« oder wirklich total »falsche« Entscheidungen gibt es äußerst selten. Vielleicht könnte sogar so weit gegangen werden, zu sagen, daß so etwas wie eine richtige Entscheidung gar nicht existiert. Aus diesem Grund ist es wichtiger, daß Sie sich überlegen, wie Sie mit der betreffenden Entscheidung leben könnten, welche Umstellungen dadurch nötig würden, ob es sich um eine unabänderliche Entscheidung handelt oder ob sie revidiert werden könnte, falls sich die Dinge anders als erwartet entwickeln würden, als sich darüber Gedanken zu machen, ob es die richtige Entscheidung war. Wie sollen Sie das jemals wissen können?

3. *Nicht weiter als bis zu der Entscheidung denken.* Es ist falsch, davon auszugehen, daß Ihre Entscheidung die Dinge für alle Zeiten regeln wird, als würde der Wandlungsprozeß mit der Entscheidungsfindung zu Ende sein. Der Wandlungsprozeß hört niemals auf und verlangt von uns immer wieder neue Anpassungen. Es ist illusorisch, zu denken, daß eine Entscheidung einen bestimmten Zustand herbeiführen wird, der von da an unverändert so bestehen wird.

4. *Konservatismus.* Wir neigen zu der Auffassung, daß das, was letztes Mal passiert ist, das nächste Mal wieder passieren wird. Es ist leich-

ter, zu beschließen, alles genauso wie letztes Mal zu machen, allerdings bringen Sie sich auf diese Art und Weise um Neuentdeckungen. Bleiben Sie offen für neue Wahlmöglichkeiten.

5. *Problemlösen mit Sorgenmachen verwechseln.* Es gibt Menschen, vor allem unter denen, die regelmäßig viele Entscheidungen treffen müssen, die von sich selbst erwarten, daß sie schnell entscheiden können. Sie finden es besorgniserregend, wenn eine Entscheidung länger als sonst braucht. Vielleicht werfen sie sich dann vor, daß sie sich zu große Sorgen machen, und begreifen nicht, daß der Prozeß des Problemlösens schwierig sein kann und Zeit braucht. Begreifen Sie, daß manche Entscheidungen schwieriger zu treffen sind als andere, und gönnen Sie sich dafür mehr Zeit.

6. *Informationswirrwarr.* Zu den irreführendsten Fehlerteufeln gehört es, Informationen zu vergessen oder falsch zu interpretieren. Schieben Sie dem einen Riegel vor, indem Sie ein Notizbuch verwenden, Informationsquellen effizient einsetzen und andere darum bitten, Sie auf dem laufenden zu halten. Die meisten Entscheidungen können warten, bis Sie die nötigen Informationen beisammen haben.

7. *Erwarten, daß zuerst das Gefühl kommt und sich daraus die Entscheidung ergibt.* Wenn Sie darauf warten, daß Sie sich »richtig« oder »stark genug« fühlen, um eine wichtige Entscheidung zu treffen, warten Sie vielleicht ewig. Je wichtiger die Entscheidung ist, desto verführerischer und störender kann ein solches Verhalten sein. Vielleicht müssen Sie entscheiden, ob Sie jemandem kündigen oder wie Sie die Abfindung zuweisen oder einem Angestellten unmißverständlich klarmachen, daß seine ständige Nörgelei sich auf die ganze Abteilung destruktiv auswirkt. In all diesen Fällen wird es Ihnen wahrscheinlich *nach* der Entscheidung (und der damit verbundenen Tat) bessergehen als *vorher.*

8. *Ängste und Sorgen.* Ängste und Sorgen aller Art können den Entscheidungsfindungsprozeß stören. Die Entscheidung kann Sie in eine Situation bringen, die Ihnen angst macht (eine Beförderung annehmen, die mit sich bringt, daß Sie vor vielen Menschen sprechen müssen) oder die für andere Menschen schmerzlich ist (eine Beziehung abbrechen, Verwandten sagen, daß Sie homosexuell sind).

Denken Sie daran, daß, je schwerer die Entscheidung ist, desto wahrscheinlicher ist, daß vier Augen mehr sehen als zwei. Versuchen Sie jemanden zu finden, der das Problem mit Ihnen gemeinsam angeht und die Konsequenzen Ihrer Entscheidung mit durchdenkt.

9. *Andere »schlechte« Gefühle.* Die Fähigkeit, Entscheidungen zu treffen, wird durch fast jede Form von gedrückter Stimmung beeinträchtigt, dazu gehören Erschöpfung, Streß, Depression, Krankheit und Beziehungsprobleme. Eine Definition von Entscheidungsfindung lautet, daß dabei »eine bestimmte Art von Verhalten sich offen äußert, während andere Möglichkeiten zeitweise unterdrückt werden«. In der Sprache der Wörterbücher hört sich das nach reiner Fachterminologie an. Anders ausgedrückt heißt es, daß die Entscheidungsfindung einen Großteil Ihrer Aufmerksamkeit in Anspruch nimmt, so daß andere Dinge in dieser Zeit ignoriert oder »auf die lange Bank geschoben« werden müssen. Selbst Menschen, die viel Erfahrung mit Entscheidungen haben und schnell darin sind, müssen über die Entscheidungen, die sie treffen, nachdenken, obwohl sie das selbst vielleicht kaum noch merken. Wenn Sie sehr beschäftigt sind oder Ihre Aufmerksamkeit von anderen Dingen in Anspruch genommen wird, zu denen auch Gefühle von Niedergeschlagenheit gehören, dann fällt das viel schwerer. Dann wird es unerwartet mühsam, sich zu entscheiden. Es gibt viele Lösungsmöglichkeiten. Sie könnten sich länger Zeit lassen und langsamer entscheiden. Sie könnten sich zuerst um die Niedergeschlagenheit kümmern und erst dann wieder die Entscheidungen angehen. Wenn die Entscheidungen drängen, könnten Sie auf den »Konservatismus« zurückgreifen (das ist zwar nicht so abenteuerlich, aber auch nicht so riskant), delegieren oder andere darum bitten, dieses Mal einen Teil der Verantwortung zu übernehmen. Oder Sie könnten einen angemessenen Urlaub einplanen und sich eine Pause gönnen.

Einige unterschiedliche Entscheidungsstile

Die Art und Weise und die Geschwindigkeit, mit der Menschen Entscheidungen treffen, ist verschieden. Aber unsere Entscheidungsmuster sind nicht starr: sie ähneln eher Tendenzen, die mehr oder minder einflußreich sein können, je nachdem, wie sie angewendet werden. Jeder Entscheidungsstil hat seine Vor- und Nachteile, und unterschiedliche Stile sind für unterschiedliche Situationen geeignet.

Risikofreudige Menschen können ein hohes Maß an Ungewißheit gelassen hinnehmen oder es genießen, wenn es aufregend und gefährlich wird. Ihre Entscheidungen können die vorsichtigeren Menschen ihres Freundeskreises ernsthaft beunruhigen, wenn dabei viel auf dem Spiel steht, sie können aber auch Respekt abverlangen. Es kann sein, daß sie lernen müssen, genauestens darauf zu achten, was ihre Fehler sie kosten. Sie brauchen starke Nerven.

Impulsive Menschen neigen dazu, von einer Entscheidung zur nächsten zu springen, ohne sich wirklich Gedanken zu machen. Ihre Entscheidungen können intuitiv richtig sein (wenn sie zum Beispiel im genau richtigen Moment ein Kompliment machen) oder auch schlecht durchdacht und somit später Anlaß zur Reue sein. Wenn sie sich darauf konzentrieren, Entscheidungen hinauszuzögern und die Vor- und Nachteile gegeneinander abzuwägen, werden sie mit den von ihnen getroffenen Entscheidungen vielleicht glücklicher werden.

Vorsichtige Menschen können für risikofreudige ein nützliches Hemmnis sein, sie arbeiten oft gerne in einem Umfeld, in dem es wichtig ist, an die Sicherheit zu denken. Übervorsichtige Menschen zögern manchmal, bevor sie über die Straße gehen, eine Versicherungspolice unterschreiben oder im Beruf bereit sind, eine zusätzliche Aufgabe zu übernehmen. Für sie kann es gut sein, wenn sie üben, kleine Entscheidungen schnell zu treffen, darauf zu hören, was mit ihren höchsten Zielen und Werten übereinstimmt, und das Grübeln einzuschränken.

Wenn Stile nicht zusammenpassen. Brendan entschied sich immer schnell, und war die Entscheidung erst einmal getroffen, sagte er: »So, das ist erledigt«, schlug sich alle Zweifel und anderen Überlegungen aus dem Kopf und ging die nächste Sache an. Seine Frau Claire wollte alles gründlich durchsprechen und dabei dem nachspüren, wie es sich für sie anfühlte, sich so oder anders zu entscheiden. Diese Disharmonie kann leicht zu Streit führen, allerdings gibt es dabei eine Sache, um die zu streiten sinnlos ist, nämlich welcher Entscheidungsstil denn nun der bessere sei. Menschen machen, bevor sie sich einer Entscheidung sicher sind, verschiedene Prozesse durch. Statt sich gegenseitig zu beschuldigen, voreilig zu sein oder immer wieder auf ein und demselben herumzureiten, wäre es besser, zu begreifen, daß es sich um unterschiedliche Stile handelt, und miteinander zu verhandeln (vgl. S. 212 bis 218), um die Schwierigkeit aus der Welt zu schaffen.

Altersunterschiede bei Entscheidungsstilen. Entscheidungsstile ändern sich im allgemeinen im Lauf des Lebens. Wenn Sie mit den Entscheidungen anderer Menschen zu tun haben oder um Rat gefragt werden, kann es hilfreich sein, an diese Unterschiede zu denken und sich entsprechend zu verhalten. Jüngere Menschen werden mehr durch spontane und kurzzeitige Überlegungen beeinflußt, langfristige Konsequenzen sind für sie von untergeordneter Bedeutung, und Fehler beunruhigen sie relativ wenig. Älteren Menschen fällt es schwerer, mit Veränderungen umzugehen, jedesmal ist es beunruhigender als das Mal zuvor. Sie benötigen unter Umständen mehr Zeit für Entscheidungen, und wichtige Entscheidungen fallen ihnen zunehmend schwerer.

Eine Entscheidungspause. Das Schöne am Urlaub ist für viele Menschen unter anderem die Tatsache, daß sie nichts Wichtigeres zu entscheiden haben, als was sie essen oder wo sie schwimmen gehen wollen. Wie bei allen anderen anstrengenden Dingen gilt auch beim Entscheiden, daß es guttut, gelegentlich einmal zu pausieren. Manchmal ist das sogar zwingend notwendig – etwa wenn jemand krank ist. Dann kann es eine große Erleichterung sein, jemanden sagen zu hören: »Überlaß das mir. Ich kümmere mich darum, bis es dir wieder bessergeht.« Die Genesung kann sich hinauszögern, wenn jemand nicht fähig ist, bei einer Krankheit zeitweise die Zügel abzugeben.
Und um all diejenigen zu trösten, die unentschlossen sind, wollen wir noch Coleridge zitieren, der 1837 an einen Freund schrieb: »Unentschlossenheit … hat fast immer mit Gutmütigkeit zu tun.«

Verwandte Kapitel in diesem Buch

Zusammenfassung dieses Kapitels

Entscheidungen zu treffen ist eine Kompetenz, die durch Übung zunimmt.

Sechs Strategien, die beim Entscheiden helfen:
- Die Abrechnung
- Probeläufe und Zeitsprünge
- Resonanz
- Informationen sammeln und verwerten
- Mit Kettenreaktionen umgehen
- Auf Energiereserven achten

Neun Fallen, die es zu vermeiden gilt:
- Voreingenommenheit
- Kategorisches Denken
- Nicht über die Entscheidung hinaus denken
- Konservatismus
- Problemlösen mit Sorgenmachen verwechseln
- Informationswirrwarr
- Erwarten, daß zuerst das Gefühl kommt und sich daraus die Entscheidung ergibt
- Ängste und Sorgen
- Andere »schlechte« Gefühle

So etwas wie eine »richtige« Entscheidung gibt es vielleicht gar nicht, und es existiert ganz bestimmt kein Entscheidungsstil, der für alle Menschen unter allen Umständen angemessen wäre.

510

33. Klar denken

Dieses Buch ist von dem Leitmotiv durchzogen, daß Psychologie nützlich ist. Wenn Sie die psychologischen Aspekte des alltäglichen Lebens verstehen, können Sie besser mit Problemen umgehen, gut zu sich selbst sein, Dinge nüchtern und sachlich sehen und selbstbewußt werden (Teil II). Die hilft Ihnen, wenn es um Schwierigkeiten in Beziehungen geht und wenn Sie mit Angst und Depression zu tun haben (Teile III und IV). Ein wenig von Psychologie zu verstehen kann auch dann entscheidend sein, wenn es um Schlaf- und Eßstörungen geht und um Probleme mit Alkohol (Teil V). Darüber hinaus wird es Ihnen helfen, Ihre Lern-, Erinnerungs- und Entscheidungsfähigkeit zu verbessern, wenn Sie wissen, wie die Psyche arbeitet (Teil VI).

In Kapitel 1 schrieben wir von den beiden »Bücherregalen«, dem einen für Psychologie und dem anderen für die Techniken des Managements. Diese falsche Dichotomie zwischen den beruflichen Fähigkeiten einerseits und privaten, sozialen Kompetenzen andererseits, ist in unserer Kultur tief verwurzelt. Dabei sind in beiden Bereichen oft die gleichen Kompetenzen gefragt: die drei Voraussetzungen für gute zwischenmenschliche Beziehungen sind zum Beispiel im Management ebenso wichtig wie für die Kindererziehung, und Zeitmanagement ist eine Fertigkeit im Bereich der Organisation, die bei der Haushaltsführung genauso eine Rolle spielt wie bei der Betriebsführung. In diesem Buch geht es um die organisatorischen und psychologischen Fertigkeiten, die Sie in die Lage versetzen, Ihr Leben zu verändern – in allen Bereichen – und sowohl für sich selbst als auch für die Menschen Ihrer Umgebung Verbesserungen zu bewirken. In diesem Schlußkapitel verknüpfen wir einige Aspekte dieses Buchs, indem wir uns dem klaren Denken widmen.

Es ist nicht immer leicht, klar zu denken: logisch zu denken, ohne sich durch unlogische Abwege in die Irre führen zu lassen, ist schwerer, als Sie vielleicht vermuten. Auch diejenigen unter uns, die sich ihrer rationalen Lebensauffassung rühmen, urteilen immer mal wieder aufgrund unzureichender Information – zum Beispiel wenn sie voreilige Schlüsse ziehen und denken: »Aus diesem Schlamassel komme ich nie mehr heraus«, oder wenn sie versuchen, Gedanken zu lesen, und folgern: »Die denken, daß ich dumm bin«. Viel öfter, als wir merken, benutzen wir Denkstrategien, die nur vage auf Fakten beruhen, oder wir begehen einen der Standardfehler, die von der Psychologie erforscht und analysiert worden sind. In Kapitel 9 haben wir erläutert, wie Gedanken und Gefühle zusammenhängen und inwiefern es hilft, wenn Sie sich, wenn es Ihnen schlechtgeht, um eine andere Sicht der Dinge bemühen. Dieses Kapitel beschreibt einige der Standardfehler, die unser Denken einseitig färben, und erklärt, wie wir versuchen können, sie zu vermeiden, damit wir unsere seelisch-geistigen Kapazitäten besser für die Lösung von Problemen einsetzen können und dafür, mit den Hindernissen umzugehen, die wir vor uns sehen.

Vier häufig gemachte Denkfehler

1. Sich von Theorien, Ansichten und Annahmen irreführen lassen

Theorien aller Art sind notwendig. Sie befähigen uns, in einer sich ständig wandelnden Welt effizient zu operieren, und definieren die Dinge für uns, die wir als selbstverständlich ansehen können: zum Beispiel daß Aspirin Kopfschmerzen lindert, daß Freundinnen und Freunde zuhören, wenn wir mit ihnen reden, und daß Sonnenöl unschädlich ist. Allerdings sind einmal gefaßte Meinungen bemerkenswert resistent gegen Veränderung, selbst wenn die Beweise gegen sie sprechen. Oder wie Francis Bacon einmal sagte: »Wenn der menschliche Verstand einmal eine bestimmte Meinung angenommen hat, zieht er alles andere dazu heran, diese zu bestärken und mit ihr in Einklang zu bringen.«[1]

Aus Meinungen und Anschauungen können leicht Vorurteile werden. Vorurteile, zum Beispiel Ansichten über ethnische Charakteristika oder über die Unterschiede zwischen den Geschlechtern, sind gute Beispiele für Theorien, die unsere Urteile einseitig färben und schwer zu revidieren sein können; doch wenn wir uns sie genauer ansehen, können wir etwas davon aufdecken, wie Überzeugungen trotz gegenteiliger Beweise aufrechterhalten werden. Nehmen wir einmal an, es besteht die Überzeugung, daß Kinder, die lange brauchen, um lesen zu lernen, weniger intelligent sind als andere. Daß diese Überzeugung schwer aus der Welt zu schaffen ist, liegt an einer Reihe von Prozessen, die zusammenwirken. Lassen Sie uns das daran zeigen, was passiert, wenn Sie mit etwas konfrontiert werden, das nicht ins Bild paßt, also zum Beispiel mitbekommen, daß Ihr außergewöhnlich kluger Freund Max lange gebraucht hat, um lesen zu lernen.

Zunächst werden Informationen, die nicht passen, *unberücksichtigt gelassen.* Sie beschließen, daß Ihr kluger Freund, der nur langsam lesen lernte, die »Ausnahme ist, die die Regel bestätigt«. Eine kluge Person, die lange zum Lesenlernen brauchte, zählt einfach nicht. Die Beweise im Fall von Max wirken sich in keiner Weise auf Ihre Meinung aus: sie sind nicht der Rede wert.

Zweitens werden nicht passende Informationen *entstellt.* Sie argumentieren zum Beispiel so, daß Sie sagen, Max würde sich nicht richtig daran erinnern, wie lange er zum Lesenlernen gebraucht hat. Daß es ihm schwer vorkam, weil alles andere ihm so leicht zufiel oder weil in seiner Klasse nur lauter außergewöhnlich begabte Kinder waren und er zu den langsameren gehörte. Oder Sie argumentieren etwa folgendermaßen: wer lange zum Lesenlernen braucht, ist nicht sonderlich intelligent; Max ist intelligent; also kann er nicht lange gebraucht haben, um lesen zu lernen. Mit anderen Worten, wir suchen Fakten danach aus, ob sie zu unseren Ansichten, Theorien und Vermutungen passen, und vergessen oder vernachlässigen den Rest. Außerdem verwechseln wir Präferenzen mit Fakten: wir ziehen vielleicht vor, zu denken, daß die Kritik, die wir von anderen bekommen, ungerechtfertigt ist oder nur in deren Unbeherrschtheit begründet liegt, statt zu akzeptieren, daß sie gerechtfertigt oder verdient ist. Es scheint leichter zu sein, das Nichterreichen eines bestimmten Arbeitsziels, zum Beispiel einer Umsatzsteigerung oder größerer Zufriedenheit der Kunden, dem allgemeinen wirtschaftlichen Klima oder dem Verhalten der Konkurrenz zuzuschreiben als eigenen Fehlern und Schwächen.

Drittens wird um nicht passende Informationen *ein Bogen gemacht.* Sie bemerken, daß Ihre Überzeugung anfechtbar ist, achten aber nicht weiter darauf und vergessen die betreffende Information, so daß sie gar nicht gespeichert wird. Es ist, als hätten Sie kein »Schubfach« dafür frei, um die abweichende Information über kluge Menschen, die lange zum Lesenlernen brauchten, »abzulegen«. Wollen Sie sich später an eine solche Information erinnern, fällt Ihnen nichts ein, weil Sie nichts gespeichert haben. Es kann sein, daß Sie sich erinnern, daß Max einer der klügsten Menschen ist, den Sie kennen, und daß Sie annehmen, seine Klugheit müsse sich von Anfang an gezeigt haben, ganz gleich, was er jetzt erzählt. Was wir sehen, bemerken, beachten und erinnern wird in vielerlei Hinsicht von unseren bereits vorhandenen Ansichten, grundlegenden Strukturen und Theorien bestimmt, wohingegen das Umgekehrte selten der Fall ist. Es passiert nur äußerst selten, daß das, was wir tagtäglich beobachten, unsere vorgefaßten Meinungen verändert. Das ist deshalb wichtig, weil bedauerliche Ansichten – wie »Ich bin nicht so gut wie andere« oder »Alle anderen kommen besser zurecht als ich« oder »Die Welt ist ein gefährlicher Ort« – sich einer Veränderung ebenso widersetzen, und die Wahrscheinlichkeit, daß sie unzutreffend sind, genauso groß ist wie bei allen anderen Ansichten auch. Sie sind Vorurteile gegen Sie selbst, gegen andere Menschen oder die ganze Welt. Einer der Gründe dafür, warum diese »Vorurteile« schwer zu ändern sind, ist, daß wir Informationen, die nicht zu ihnen passen, wiederum *unberücksichtigt lassen, entstellen* oder *einen Bogen darum machen* (vgl. Kapitel 10).

So können Sie sich gegen diese Voreingenommenheit absichern
1. Suchen Sie eher nach Beweisen, die Ihre Ansicht entkräften könnten, als nach solchen, die sie bestätigen. Wenn Sie davon überzeugt sind, daß alle Schwäne weiß sind, dann kann sich Ihre Ansicht nur dadurch verändern und mit der Realität übereinstimmen, wenn Sie nach Schwänen Ausschau halten, die nicht weiß sind. Wenn Sie mehr weiße Schwäne finden, wird die Ansicht, die Sie sowieso schon haben, nur bekräftigt, ohne daß Sie sie verifizieren können. Wenn Sie nach nicht-weißen Schwänen Ausschau halten (oder nach klugen Menschen, die langsam statt schnell lesen lernten), merken Sie, wann eine alte Ansicht geändert werden muß.

2. Wenn Sie auf etwas stoßen, was nicht zu Ihren vorgefaßten Meinungen paßt, dann achten Sie darauf, daß Sie darüber nachdenken, sich daran erinnern und sich fragen, ob Ihre alten Anschauungen modifiziert werden müssen (lassen Sie Ihre Erfolge oder Lob, das Ihnen zuteil wird, nicht unberücksichtigt, und machen Sie keinen Bogen darum).

3. Lassen Sie Ihre Präferenzen und Neigungen aus dem Spiel. Das heißt sowohl, daß Sie sie kennen, als auch, daß Sie sich bewußtwerden, wie sie Ihr logisches Denken einseitig beeinflussen können. Wenn Sie wissen, was Sie »denken möchten«, ist es leichter, zu überprüfen, ob die Fakten in dem betreffenden Fall wirklich so und nicht anders sind oder ob Sie sie nur zurechtbiegen.

4. Es macht nichts, wenn Sie Ihre Ansichten nach und nach ändern. Es kann ein beunruhigendes Gefühl sein, seine Meinung ändern zu müssen – wenn es zum Beispiel um das Wohlwollen einer bestimmten Lehrkraft an der Schule Ihres Kindes geht oder um die Überzeugung, daß harte Arbeit letzten Endes belohnt und anerkannt werden wird. Ansichten, Theorien und Annahmen können sich allmählich im Lauf der Zeit verschieben, oder sie können sich plötzlich ändern. In beiden Fällen ist es wahrscheinlicher, daß Sie weiterhin rational und klar denken können, wenn Sie die Fähigkeit haben, sich an die Umstände anzupassen, sich mit ihnen zu verändern, als wenn Sie an sicheren, aber unbegründeten Ansichten festhalten.

2. Sich von dem irreführen lassen, was einem zuerst einfällt

Die Information, die einem am ehesten einfällt, wirkt sich unverhältnismäßig stark auf Ansichten und das Denken überhaupt aus. Solomon Asch zeigte dies 1946 in einem Versuch, in dessen Verlauf mehrere Personen gebeten wurden, sich eine Meinung über einen Menschen zu bilden, der als »intelligent-fleißig-impulsiv-kritisch-stur-neidisch« beschrieben wurde. Wurden die Adjektive in dieser Reihenfolge genannt, fiel die Meinung positiver aus als bei umgekehrter Anordnung (»neidisch-stur-kritisch-…«). Die ersten Adjektive hinterließen einen günstigen oder ungünstigen Eindruck, was sich dann auf das Gesamturteil auswirkte. Wir alle neigen dazu, das überzubewerten, was uns zuerst auffällt oder einfällt. Schwierig wird es dann, wenn das, was einem in einem bestimmten Moment einfällt, durch unwesentliche Faktoren geprägt wird, zum Beispiel durch die Reihenfolge, in der Dinge bei einer beruflichen Beurteilung genannt wurden, oder dadurch, ob wir damals ängstlich oder deprimiert waren.

Diese spezielle Form der Voreingenommenheit kann viele Ursachen haben. Je kürzer ein Ereignis zurückliegt, desto wahrscheinlicher wird es Ihr Urteil beeinflussen. Haben Sie beim Autofahren um Haaresbreite einen anderen Wagen verfehlt, so werden Sie um so vorsichtiger sein, je weniger Zeit seitdem vergangen ist. Unglücklicherweise läßt dieser Effekt in so einem Fall rasch nach, so daß Sie bald wieder wie vorher fahren, das heißt: weniger umsichtig. Wenn Sie sich mit einem geliebten Menschen gestritten haben und dadurch ein negatives Bild von ihm bekommen haben, läßt sich das nicht unbedingt so leicht wieder rückgängig machen. In diesem Fall kann es schwer sein, wieder Frieden zu schließen. Auch besondere oder emotional hervorstechende Ereignisse können unser Denken zu stark beeinflussen. Die Werbung macht sich diese Tatsache zunutze, und auch unser alltägliches Leben bleibt davon nicht unbeeinflußt. Wenn Sie etwas gern getan haben, denken Sie, daß Sie es wieder tun wollen; hat es ein schlechtes Gefühl hinterlassen, wollen Sie nichts mehr damit zu tun haben. Zusammenfassend läßt sich sagen, daß Sie sich eher an etwas erinnern, was wichtig für Sie ist, starke Gefühle hervorruft, noch nicht lange zurückliegt oder Ihre Aufmerksamkeit auf ungewöhnliche Art und Weise erregt hat (weil es zum Beispiel neu oder selten ist), und daß es dann auch wahrscheinlicher ist, daß Ihr Urteil davon beeinflußt und einseitig gefärbt wird.

So können Sie sich gegen diese Voreingenommenheit absichern

1. Nehmen Sie sich Zeit, etwas zu überdenken. Vorschnelle Urteile bergen die Gefahr in sich, daß sie stärker durch Belanglosigkeiten beeinflußt werden als gut durchdachte.

2. Versuchen Sie, Abstand zu nehmen. Wenn Sie gefühlsmäßig stark beteiligt sind, kann Ihr Denken sich mit Ihren Gefühlen ändern. Es hilft, wenn Sie Ihre Gefühle benennen, die mit ihnen einhergehen-

den Gedanken identifizieren und überprüfen, ob diese sinnvoll sind und mit der Realität übereinstimmen (vgl. Kapitel 9).
3. Überprüfen Sie Ihre Gedanken an anderen Menschen. Finden Sie heraus, wie diese reagieren. Da jeder Mensch andere Erfahrungen und Interessen hat, können Sie diese Form der Voreingenommenheit gut dadurch reduzieren, daß Sie zwei Köpfe statt einen arbeiten lassen.

3. Sich durch andere Menschen beeinflussen lassen

Klar zu denken ist oft dann leichter und hat die Tendenz, logischer und hilfreicher zu sein, wenn Sie auf die Resonanz anderer Menschen zählen können. Aber es hat auch seine Tücken, sich anderer Leute Meinung anzuhören.

Der Heiligenschein-Effekt. Wir neigen dazu, Menschen, die wir bewundern, zu glauben. Selbst dann, wenn ihre Ansichten nicht gerade auf fundierten Kenntnissen beruhen. Sportler und Popstars sollen Waschpulver gutheißen oder sich zu Fragen der Weltpolitik äußern, wobei es keine Rolle spielt, wieviel Sachkenntnis sie auf dem betreffenden Gebiet haben, da allein ihr Ruhm genügt, um unsere Meinung zu beeinflussen. Falls Sie die Französische Küche lieben, wird Ihnen wahrscheinlich auch alles andere, was französisch ist, eher wundervoll vorkommen.

Menschen, die sich durch Autorität beeinflussen lassen, laufen Gefahr, Opfer des »Heiligenschein-Effekts« zu werden. Sie hören sich an, was ihr Arzt oder ihre Ärztin zu Karriereplänen und ihre Anwältinnen und Anwälte zu persönlichen Beziehungen zu sagen haben. Oder sie verleihen einer eigenen Aussage dadurch Gewicht, daß sie sich auf eine anerkannte Autorität berufen: »Herr Stein, ein führender Forscher und Universitätsprofessor, sagt, er habe eine neue Methode der Gewichtskontrolle entdeckt, die wirklich funktioniert.« Oder sie zitieren Zeitungs- und Zeitschriftenartikel, als ob Worte dadurch unbedingt an Glaubwürdigkeit gewinnen würden, daß sie gedruckt sind.

Der Präsentations-Effekt. Wenn eine Verkäuferin oder ein Verkäufer Ihr Interesse durch gutes Sprechen, Witze und treffende Erläuterungen fesseln kann, ist die Wahrscheinlichkeit, daß Sie ihr oder ihm glauben werden, größer. Das funktioniert im Berufsleben, zu Hause und in sozialen Zusammenhängen genauso. Je langweiliger etwas vorgebracht wird, desto weniger Einfluß hat es, die eigentliche Aussage spielt dabei gar keine Rolle. Wenn Sie lernen, sich selbstbewußt zu äußern (Kapitel 13), wird Ihnen eher zugehört.

Wissenschaftlichkeit. Wir leben in einer Zeit, in der der Objektivität und »Realität« wissenschaftlicher Beobachtungen großer Wert beigemessen wird. Es stimmt, daß sie für einen großen Teil des Fortschritts, von dem wir Tag für Tag profitieren, verantwortlich sind. Die andere Seite der Medaille ist, daß durch Berufung auf wissenschaftliche Beweise, die nicht unbedingt stimmen müssen, unzulässig manipulativ argumentiert werden kann. Da die meisten unter uns keine Expertinnen und Experten sind, können wir leicht hinters Licht geführt werden. Es kann sein, daß wir neuentwickelte Autoreifen kaufen oder keine cholesterinreichen Nahrungsmittel mehr, ohne wirklich zu wissen, ob das vernünftig ist. Am besten können wir uns vielleicht dadurch schützen, daß wir die Augen offen halten, mehr über die Auswertung der angebotenen Informationen lernen und uns vor falschen Prophezeiungen hüten.

Die meisten Wissenschaftszweige entwickeln eine eigene Fachsprache, einen Fachjargon. Fachjargon oder Obskurantismus täuscht leicht, vor allem wenn er verwendet wird, um Eindruck zu machen oder einer bestimmten Sichtweise Gewicht zu verleihen. Davor können Sie sich sehr gut schützen, indem Sie darum bitten, den Sachverhalt in einer Sprache erklärt zu bekommen, die Sie verstehen. Solche Erklärungen können schwer zu geben sein, und es kann sein, daß Sie einige neue Fachbegriffe lernen müssen, um sie zu verstehen (heute wissen viel mehr Menschen, was der Begriff »Software« bedeutet, als vor 15 Jahren), aber sie sind fast immer möglich; wenn Sie keine solche Erklärung bekommen können, ist es Ihr gutes Recht, die Entscheidung erst einmal aufzuschieben. Das soll nicht heißen, daß Sie verstehen müssen, wie das Faxgerät funktioniert, um es benutzen zu können, sondern nur, daß Sie das Recht haben, um eine klare und verständliche Aussage zu bitten, welche Vorteile denn nun das neue Modell hat, wenn Sie Ihr altes eventuell ersetzen wollen. Für psychologischen Rat, den Sie bekommen, gilt genau das Gleiche.

Der Irrtum, daß ein Mensch so und nicht anders sei. Dick ist Sozialarbeiter. Der Umgang mit den Menschen, die er betreut, macht ihm großen Spaß, und er ist ein engagiertes und hart arbeitendes Mitglied des ortsansässigen Teams für Kinderbetreuung. Seine Kolleginnen und Kollegen halten ihn für verläßlich, kommunikativ, überlegt, ruhig und verantwortungsvoll. Dick ist 29 Jahre alt und mit Clara verheiratet, die halbtags in einem Wohnheim für ältere Menschen arbeitet. Sie haben zwei kleine Kinder. Wenn Dick von der Arbeit nach Hause kommt, ist er erschöpft, seine Ehe leidet darunter. Clara beschreibt ihn einem Freund gegenüber als schweigsam, der Familie gegenüber distanziert, vergeßlich (wenn es um die Hausarbeit geht); reizbar und verantwortungslos insofern, als er die Kindererziehung weitestgehend ihr überläßt. Die beiden Beschreibungen von Dick sind fast diametral entgegengesetzt, und beide erwecken den Eindruck, als würden sie ein Bild seiner Persönlichkeit ergeben: mit Hilfe unveränderlicher und grundlegender Charakteristika, die alles überdauern werden. Dem liegt der Irrtum zugrunde, daß ein Mensch so und nicht anders sei: das Verhalten von Menschen wird ihren angeblich unveränderlichen Eigenschaften zugeschrieben und nicht bestimmten Situationen, Umständen und Ereignissen, in denen sie sich befinden.

In Wirklichkeit sind Menschen in verschiedenen Situationen sehr unterschiedlich. Sie passen sich den jeweiligen Anforderungen an und verändern sich den sich verändernden Umständen (und Zeiten) entsprechend. Wir sollten uns deshalb hüten, uns ein Bildnis von anderen oder von uns selbst zu machen, so zu tun, als seien unsere Reaktionen und Verhaltensweisen ein für allemal festgeschrieben. Das Veränderungspotential kann dadurch gesteigert werden, daß die Umstände verändert werden, nicht dadurch, daß versucht wird, die Menschen zu ändern. »Der Mensch lebt nicht vom Brot allein« trifft eher zu als »was Hänschen nicht lernt, lernt Hans nimmermehr«. Mit anderen Worten, wenn Sie etwas an den Umständen ändern, werden sich höchstwahrscheinlich auch die Menschen ändern. Aus einem unzufriedenen, faulen Arbeitnehmer kann ein motivierter und energischer Mitarbeiter werden, wenn sich die Umstände ändern.

4. Sich von Assoziationen irreführen lassen

Jim ist stark erkältet und hat dabei auch Kopfschmerzen. Er trifft jemanden, der ebenfalls über Kopfschmerzen klagt, und sie sprechen über ihre Erkältung, wie deren schlimmste Auswirkungen verhindert werden können und wie sehr sie die Denkfähigkeit beeinträchtigt. Dabei machen sie einen grundlegenden Denkfehler, der damit zusammenhängt, daß sie sich durch Ähnlichkeiten täuschen lassen. Da sie ähnliche Probleme haben – sie leiden beide unter Kopfschmerzen –, gehen sie davon aus, daß diese Probleme auch die gleiche Ursache haben. Dabei kann es sein, daß der Freund ein ganz anderes Leiden hat – eine Allergie, einen Stirnhöhlenkatarrh, eine Infektion ganz anderen Ursprungs und so weiter. Das gleiche würde zutreffen, wenn sie gestreßt oder ängstlich gewesen wären oder gern mal einen über den Durst trinken würden.

Im Fernsehen sehen Sie ein Interview mit einem Politiker. Er ist überrascht worden, sein Hemd ist zerknittert, und er ist nicht gekämmt. Er sieht eher wie ein zerstreuter Professor als wie ein seriöser Politiker aus, und das, was Sie von ihm halten, trägt dem Rechnung. Sie werden ihn wahrscheinlich für vergeßlich halten, für einen Theoretiker, der nicht mit beiden Beinen auf dem Boden der Tatsachen steht, sondern nur Hirngespinste im Kopf hat. Kein Wunder, daß Politikerinnen und Politiker so großen Wert auf ihr Äußeres legen – darauf, rechtzeitig zum Frisör zu gehen.

Ein gepflegter Herr mittleren Alters, der einen Anzug trägt und eine Aktentasche dabei hat, klingelt bei Ihnen und überreicht seine Visitenkarte. Er sagt, er würde einen Antiquitätenladen in der Nähe eröffnen und sei daran interessiert, Antiquitäten aus der Gegend aufzukaufen, außerdem biete er interessierten Personen an, ihre Antiquitäten kostenlos zu schätzen. Er ist äußerst höflich, entschuldigt sich für den Fall, daß Sie gerade beschäftigt sind, und bietet an, ein anderes Mal wiederzukommen, wenn es Ihnen besser paßt, falls Sie das wünschen. Sie bitten ihn herein, machen Kaffee und holen das Bild Ihrer Großmutter, um ihn zu fragen, was er davon hält. Als er weg ist, merken Sie, daß auch Ihr Geldbeutel weg ist. Sein Verhalten entsprach dem eines respektablen Menschen, er hat sich die allgemeine Tendenz zunutze gemacht, oberflächliche Ähnlichkeiten mit grundlegenden zu verwechseln.

So können Sie sich gegen diese Voreingenommenheit absichern

1. Fragen Sie sich auch, sobald Sie merken, daß zwei Dinge sich ähneln, inwiefern sie sich unterscheiden. Versuchen Sie herauszufinden, ob sie unterschiedliche Ursachen haben. Meine Depression oder Eßstörung kann die gleiche Ursache haben wie Ihre, sie kann aber auch eine andere haben.

2. Überprüfen Sie Ihre Erwartungen. Fragen Sie sich, worauf sie sich gründen und ob das vernünftig ist. Weist die äußere Erscheinung auf Tatsachen hin? Normalerweise schon, deshalb können Menschen sie auch zu ihren Gunsten ausnützen, sie kann aber auch täuschen. Sie können sich dadurch, daß Sie sie immer für bare Münze nehmen, auch in die Irre führen lassen. Das gilt besonders dann, wenn die Begleitumstände ungewöhnlich sind.

Vier Regeln aus der Statistik

Statistik, die Wissenschaft von den numerischen Fakten und Daten, ist komplex und formal, als denkender Durchschnittsmensch müssen Sie aber nicht Statistikerin oder Statistiker sein, um rational zu denken. Sie können einige der häufigsten Denkfehler dadurch reduzieren, daß Sie einige grundlegende Regeln der Statistik beachten.

1. Das Gesetz der großen Zahl

Je größer die Stichprobe, desto höher die Wahrscheinlichkeit, daß es die charakteristischen Eigenschaften der betreffenden Population trifft: Vielleicht erzählt Ihnen ein Freund, daß das Auto, das Sie eventuell kaufen wollen, wunderbar ist – absolut zuverlässig, leicht einzuparken und bequem. Bei einer Probefahrt könnten Sie selbst überprüfen, ob es bequem ist und sich gut einparken läßt. Allerdings läßt sich aus der Erfahrung mit diesem einen Wagen noch kaum auf die Zuverlässigkeit des Modells an sich schließen. Um beurteilen zu können, ob dieser Autotyp zuverlässig ist, brauchen Sie Informationen über viele Wagen. Es ist oft nicht stichhaltig, sich auf die Erfahrung anderer oder auf die eigene zu berufen. Ihr Urteil ist besser begründet, je größer die

Anzahl ist, auf die sich Ihre Information bezieht, und je zufälliger die betreffenden Stichproben sind. In manchen Aspekten werden die Probleme oder Schwierigkeiten, die Sie haben, denen anderer Menschen entsprechen, in anderen Fällen werden sie nur auf Sie zutreffen. Das gleiche gilt für die Lösungen, die Sie finden. Daß Sie die Anregungen dieses Buchs, die schon anderen geholfen haben, als Ausgangsbasis verwenden, sollte Sie nicht davon abhalten, auch nach eigenen Lösungsmöglichkeiten zu suchen.

2. Vergleichs- oder Kontrollgruppen

Es ist leicht, sich von Statistiken beeindrucken zu lassen, wie zum Beispiel davon, wie viele Menschen bei Unfällen im Straßenverkehr ums Leben kommen oder wie prozentual niedrig die Kindersterblichkeit im ersten Lebensjahr ist. Ohne Vergleichsmaßstab und ohne die betroffene Gesamtpopulation zu kennen (die Gesamtzahl der Autofahrenden oder Neugeborenen), sind die meisten dieser Zahlen nur von begrenztem Wert. Sie können uns zwar schockieren, sind aber nicht die geeignete Ausgangsbasis für Werturteile und Entscheidungen, es sei denn, sie werden im Vergleich gesehen. Haben sich die Zahlen gegenüber den letzten Jahren verbessert? Wie schneiden sie gegenüber vergleichbaren Ländern ab? Wie groß ist die Änderungsrate? Die meisten Statistiken müssen im Kontext von Vergleichs- oder Kontrollgruppen gesehen werden, um sinnvoll interpretiert werden zu können.

3. Prognosen stellen

Es ist behauptet worden, Jungen seien besser in Mathematik als Mädchen. Tatsächlich haben mehrere Studien, die unterschiedliche Entwicklungsphasen abdeckten, ergeben, daß Jungen und Mädchen in ihren mathematischen Fähigkeiten differieren. Daraus lassen sich aber noch keine Prognosen ableiten, wie leicht ein bestimmter Junge oder ein bestimmtes Mädchen mathematisches Wissen erwerben wird. Das hat zwei Gründe. Erstens sagt das Gruppenverhalten gar nichts darüber aus, wie sich ein bestimmtes Individuum tatsächlich verhalten wird. Zweitens kann die Überschneidung zwischen den beiden Gruppen viel größer sein als die Unterschiedlichkeit. Im Fall der mathematischen

Fähigkeiten gilt, daß sowohl Jungen als auch Mädchen sehr viele Fähigkeiten haben. Die Ähnlichkeiten zwischen Jungen und Mädchen hinsichtlich ihrer mathematischen Fähigkeiten sind viel größer als die Unterschiede – genau wie es viel mehr Ähnlichkeiten gibt zwischen Menschen, die in ihrem Leben Probleme und Schwierigkeiten haben, als Unterschiede, da die allermeisten Menschen schwierige Lebensphasen durchmachen.

4. Korrelation und Ursache

Oft wird fälschlicherweise angenommen, daß, nur weil zwei Dinge zusammen auftreten, das eine die Ursache des anderen ist. Menschen mit roten Haaren haben häufig auch einen hellen Teint, wobei das eine aber nicht das andere verursacht. Ein anderes Beispiel ist Matthew, der immer selbstbewußter und geschickter wurde, je mehr er sich an seine neue Stelle gewöhnte. In diesem Zeitraum traf sich sein Abteilungsleiter jede Woche kurz mit ihm, um zu sehen, wie er vorankam. Die beiden Vorgänge stehen insofern in Beziehung zueinander, als sie den gleichen Zeitraum betreffen. Es ist allerdings eher wahrscheinlich, daß sich etwas unabhängig von bestimmten, periodisch auftretenden Ereignissen allmählich verändert, als daß es durch sie verursacht wird. Wenn Sie bei Grippe ein oder zwei Aspirin nehmen, geht es Ihnen zwar unter Umständen zeitweise besser, aber es ist höchst unwahrscheinlich, daß Sie dadurch schneller genesen.

Im sozialen Bereich ist es schwerer, sich über Ursachen klarzuwerden, als im wissenschaftlichen. Wir wissen ziemlich sicher, daß ein eisiger Frühlingswind den Narzissen schadet. Aber wir sind uns nicht so sicher, ob zerrüttete Familienverhältnisse dazu führen, daß Jugendliche straffällig werden. Wir neigen dazu, anzunehmen, daß die eine Variable, die wir erkannt haben (in diesem Fall die zerrütteten Familienverhältnisse) die einzig relevante sei. Dabei ignorieren wir, daß es Menschen gibt, die aus zerrütteten Familienverhältnissen kommen und niemals straffällig werden. Diese Menschen werden häufig außer acht gelassen und in den wenigsten Gesellschaften liegen gesicherte Zahlen über diese vor, weil meist nur die Unruhestifterinnen und -stifter erfaßt werden. Das ist in etwa so, als wenn Sie alles, was in Ihrem Leben gut gelaufen ist oder was Sie gut gemacht haben, dann ignorieren, sobald Probleme auftauchen oder mal etwas nicht so gut läuft. Dann passiert es leicht, daß Sie vermuten, das, was Sie falsch gemacht haben, sei die Ursache der Probleme – was überhaupt nicht der Fall sein muß.

Überredung, Manipulation und Gruppenzwang

Der Druck, sich einer Gruppe anzupassen, ist erstaunlich hoch. Wenn niemand sich um Belästigung am Arbeitsplatz (rassistische oder sexuelle) kümmert, dann werden die, die darunter leiden, kaum Unterstützung finden. Sobald die meisten Beschäftigten es aber zu ihrem Anliegen machen, wächst der von der Gruppe ausgehende Druck, sich anzupassen und am Arbeitsplatz entsprechend korrekt zu verhalten. Gruppen können die Entscheidungsfindung und das Denken des Individuums in vielerlei Hinsicht beeinflussen, sie können aber genausogut recht wie unrecht haben. Es kann Bestimmtheit und psychische Stärke erfordern, bei der eigenen Meinung zu bleiben, wenn alle anderen nicht damit übereinstimmen.

Schlußwort

Der wichtigste Schritt auf dem Weg zu einem klareren Denken ist, sich der Ursachen von Denkfehlern bewußt zu werden. Je klarer wir denken, desto besser können wir entscheiden, Probleme lösen und etwas nüchtern und sachlich sehen (auf S. 105–107 finden Sie weitere Beispiele für verqueres Denken).

Verwandte Kapitel in diesem Buch

– *Kapitel 16:* Das Angehen von Problemen
– *Kapitel 9:* Dinge nüchtern und sachlich sehen: Hilfen aus der kognitiven Therapie
– *Kapitel 32:* Entscheidungen treffen

Zusammenfassung dieses Kapitels

Die in diesem Buch beschriebenen Fertigkeiten, ganz gleich, ob es sich dabei um welche aus dem Bereich des Managements oder der Psychologie handelt, sind sowohl für Ihr Berufsleben als auch im Privatleben von Bedeutung. Sie werden Ihnen in allen Bereichen Ihres Lebens dabei helfen, die Veränderungen vorzunehmen, die Sie vornehmen wollen.

Bei vielen dieser Fertigkeiten handelt es sich um verschiedene Formen klaren Denkens.

Es gibt *vier häufig gemachte Denkfehler:*

- Sich von falschen Annahmen irreführen lassen
- Sich von dem irreführen lassen, was einem zuerst einfällt
- Sich von anderen Menschen beeinflussen lassen
- Sich durch falsche Assoziationen irreführen lassen

Viele weitverbreitete Denkfehler lassen sich dadurch vermeiden, daß vier Regeln aus der Statistik beachtet werden:

- Das Gesetz der großen Zahl besagt, daß Anekdoten unzuverlässig sind.
- Sie brauchen Vergleiche, um neue Information in einem Kontext auswerten zu können.
- Aus Gruppengeneralisationen lassen sich nicht unbedingt individuelle Prognosen ableiten.
- Zwei Dinge können zusammen auftreten, ohne daß das eine das andere verursacht.

Der Druck, sich einer Gruppe anzupassen, ist erstaunlich hoch. Setzen Sie, falls es Ihnen notwendig erscheint, alle Ihnen zur Verfügung stehenden Techniken und Strategien ein, um sich diesem zu widersetzen. Solange Sie klar denken, können Sie nüchterner und sachlicher urteilen, leichter entscheiden und auftauchende Probleme besser bewältigen.

Anmerkungen

1. Was Sie von diesem Ratgeber erwarten können

1 L. P. Hartley im Vorwort zu: *The Go-Between* (Harmondsworth, England, 1990).

6. Das Angehen von Problemen

1 Konrad Lorenz, *So kam der Mensch auf den Hund* (München, 1993).

9. Dinge nüchtern und sachlich sehen

1 Von Aaron Beck sind mehrere Bücher erschienen und teilweise noch im Handel (vgl. »Lektüreempfehlungen«).
2 Viktor E. Frankl, *Der Mensch vor der Frage nach dem Sinn,* 7. Aufl. (München, 1995), Erstausgabe 1946.
3 D. M. Clark, J. D. Teasdale, »Constraints on the Effects of Mood on Memory«, in: *Journal of Personality and Social Psychology,* 48, (1985), S. 1595–1608.
4 D. M. Clark, P. M. Salkovskis, M. Gelder, C. Koehler, M. Martin, P. Anastasiades, A. Hackmann, H. Middleton und A. Jeavons, »Tests of a Cognitive Theory of Panic«, in: I. Hand, H.-U. Wittchen (Hrsg.), *Panic and Phobias 2* (Berlin, 1988).

10. Aufbau von Selbstvertrauen und Selbstachtung

1 Alice Walker, *The Color Purple* (New York, 1983); dt.: *Die Farbe Lila* (Reinbek b. Hamburg, 1985).

14. Die zweite Voraussetzung für gute zwischenmenschliche Beziehungen

1 Amy und Thomas Harris, *Staying OK* (London, 1986); dt.: *Einmal o. k. – immer o. k. Transaktionsanalyse für den Alltag* (Reinbek b. Hamburg, 1990).

16. Angst und Sorge in den Griff bekommen

1 A. A. Milne, *The House at Pooh Corner* (London, 1928), Kapitel 8; dt.: *Pu baut ein Haus* (Zürich, 1986).
2 Philip Wakeham, »Living Target«, in: R. Hope (Hrsg.), *Seamen and the Sea* (London, 1965).
3 Brief an Madame de Grignan, 26. April 1671. In: *Madame de Sévigné, Selected Letters,* übersetzt von Leonard Tancock (Harmondsworth, England, 1982).

21. Sich aus einer Depression selbst herausarbeiten

1 A. T. Beck, A. J. Rush, B. F. Shaw und G. Emery, *Cognitive Therapy of Depression* (New York, 1985); dt.: Martin Hautzinger (Hrsg.), *Kognitive Therapie der Depression* (München, 1981).
2 G. W. Brown und T. W. Harris, *Social Origins of Depression: A Study of Psychiatric Disorder in Women* (London, 1978).

30. Der Weg zu einem besseren Gedächtnis

1 J. L. Borges, »Das unerbittliche Gedächtnis«, in: J. L. Borges, *Fiktionen* (München, 1994).
2 A. R. Luria, *The Mind of the Mnemonist* (Cambridge, Mass., 1987).

33. Klar denken

1 Francis Bacon, *The New Organon and Related Writings* (New York, 1960). Erstausgabe 1620; dt.: *Neues Organon* (Hamburg, 1990).

Lektüreempfehlungen

In diesem Abschnitt haben wir Bücher zusammengestellt, die für Sie eine zusätzliche Hilfe sein könnten. Wir haben die Bücher inhaltlich den einzelnen Teilen dieses Buchs zugeordnet.

Einleitung

R. Atkinson, R. Atkinson, E. Smith und D. Bern, *Introduction to Psychology,* 11. Aufl. (Orlando, 1993).

I. Zwei grundlegende Prinzipien geistiger Fitneß

Viktor E. Frankl, *Der Mensch vor der Frage nach dem Sinn,* 7. Aufl. (München, 1995).
Dr. Frankl fand mit Hilfe seiner Erfahrungen in vier verschiedenen Konzentrationslagern Möglichkeiten, seelisch-geistige Erkrankungen zu heilen. »Wer weiß, warum er lebt, kann mit fast jedem wie zurechtkommen.«

Anne Morrow Lindbergh, *Gift from the Sea* (New York, 1978); dt.: *Muscheln in meiner Hand,* Neuausgabe (München, 1995).
Hier berichtet eine Frau kurz, eloquent und nachdenklich über ihre Rollen im Leben und ihre Bemühungen, Arbeit und Beziehungen miteinander in Einklang zu bringen.

David G. Meyers, *The Pursuit of Happiness* (New York, 1992).
In diesem Buch geht es um vier Charakteristika glücklicher Menschen: Selbstwertgefühl, Optimismus, Extrovertiertheit und persönliche Kontrolle. Es untersucht, welchen Einfluß Überzeugungen und Wahrnehmungsweisen auf unser Glücklichsein haben, und seine Schlußfolgerungen beruhen eher auf Forschungsergebnissen als auf klinischer Beobachtung.

Carol S. Pearson, *The Hero Within,* neu bearb. Aufl. (San Francisco, 1989); dt.: *Die Geburt des Helden in uns. Transformation durch die 12 Archetypen* (München, 1993).
Ein interessantes und nützliches Buch darüber, wie die psychische Entwicklung verlaufen kann, die einzelnen Stufen werden durch die Archetypen dargestellt, die die meisten von uns kennen.

II. Die sieben Grundfertigkeiten

Auf Seite 530 finden Sie eine separate Auflistung von Büchern zum Thema kognitive Therapie. Diese Bücher helfen in vielen verschiedenen Situationen. Sie sind besonders dann relevant, wenn es darum geht, Dinge nüchtern und sachlich zu sehen, Selbstvertrauen und Selbstachtung aufzubauen, mit Angst und Depression sowie mit Beziehungsproblemen umgehen zu lernen.

Herbert Benson, *The Relaxation Response* (New York, 1975); dt.: *Gesund im Streß: eine Anleitung zur Entspannungsreaktion* (Berlin, 1978).

In diesem Buch lernen die Leserinnen und Leser, wie sie zu entspannten Reaktionen kommen können, um die negativen Auswirkungen von Streß zu bewältigen.

Herbert Benson, *Beyond the Relaxation Response* (New York, 1984).

Benson verbindet Aspekte von Spiritualität und Glauben mit der Entspannungsreaktion und untersucht, inwiefern unsere Überzeugungen und die von uns eingesetzten mentalen Strategien zu unserer psychischen Gesundheit beitragen können.

Stephen R. Covey, *The Seven Habits of Highly Effective People* (New York, 1989); dt.: *Die sieben Wege zur Effektivität* (München, 1996).

Eine der besten Darstellungen der Prinzipien des Zeitmanagements. Ein sehr gut strukturiertes Buch, das sich primär an die Welt des Managements wendet, aber auch zahlreiche Anregungen bietet, die für uns alle von Bedeutung sind.

Mihaly Csikszentmihalyi, *Flow: The Psychology of Optimal Experience* (New York, 1990); dt.: *Das Geheimnis des Glücks* (Stuttgart, 1993).

Darüber, wie wir aktiv werden können, um unserem Leben einen Sinn zu geben, indem wir uns selbst fordern und etwas meistern, was der Mühe wert ist.

Martha Davis, Elizabeth Robbins Eshelman und Matthew McKay, *The Relaxation and Stress Workbook*, 4. Aufl. (Oakland, 1995).

Dieses Buch ist voller guter Ratschläge und Strategien zur Streßbewältigung und konzentriert sich auf Entspannungstechniken, Gymnastik, Ernährung, Zeitmanagement, Meditation, Visualisierung, Gedankenstop, Bewältigung von beruflichem Streß und weitere Schwerpunkte.

Wayne Dyer, *Your Erroneous Zones* (London, 1977); dt.: *Der wunde Punkt. Die Kunst, nicht unglücklich zu sein. Zwölf Schritte zur Überwindung der seelischen Problemzonen* (Reinbek b. Hamburg, 1980).

Viele Möglichkeiten, das sinnlose Verhalten zu erkennen und zu überwinden, das dazu führt, daß Gelegenheiten, etwas zu verändern, nicht wahrgenommen werden. Verständlich und locker geschrieben.

Albert Ellis und Robert Harper, *A New Guide to Rational Living* (Englewood Cliffs, 1975).

Ein ausgezeichneter Zugang zu den Vorstellungen und Anregungen der rational-emotiven Therapie.

Sheila Ernst und Lucy Goodison, *In Our Own Hands: A Book of Self-Help Therapy* (London, 1988); dt.: *Selbsthilfe Therapie. Ein Handbuch für Frauen* (München, 1982).

Es werden viele verschiedene Therapieformen beschrieben und 140 Übungen und Selbsthilfestrategien einfühlsam und verständlich beschrieben.

Harold Kushner, *When All You Ever Wanted Isn't Enough* (New York, 1986); dt.: *Wenn Erfolg allein nicht glücklich macht* (Frankfurt/Main, 1990).

Harold Kushner, ein Rabbiner, nimmt zu den vielen Fragen Stellung, die wir zum Sinn unseres Lebens haben, und dazu, wie wir sie mit Hilfe von Lebensinhalt, Liebe und Integrität beantworten können.

Joanna McGrath und Allister McGrath, *The Dilemma of Self-Esteem* (Wheaton, 1992).

Eine klinische Psychologin und ein christlicher Theologe schreiben darüber, wie geringes Selbstwertgefühl verhindert, daß Menschen ihr Potential ausschöpfen, und wie es Beziehungen und die Karriere sabotiert. Ihre Anregungen helfen, ein Gefühl für Selbstwert und Akzeptanz zu entwickeln.

Matthew McKay und Patrick Fanning, *Self-Esteem*, 2. Aufl. (Oakland, 1993).
Der Schwerpunkt liegt auf dem Umgang mit Selbstkritik, wofür die Techniken der kognitiven Therapie eingesetzt werden.

Penelope Russianoff, *When Am I Going to Be Happy?* (New York, 1988, London, 1989); dt.: *Warum nicht einfach glücklich sein. Wege aus Schuldgefühlen, Depression und Angst*, 2. Aufl. (München, 1990).
Dieses Buch bringt kluge Strategien, die Ihnen dabei helfen wollen, schlechte Angewohnheiten emotionaler Art zu erkennen und mit ihnen Schluß zu machen.

Bücher mit dem Schwerpunkt kognitive Therapie

Aaron T. Beck, *Cognitive Therapy and the Emotional Disorder* (New York, 1987); dt.: *Kognitive Therapie der Persönlichkeitsstörungen*, 2. Aufl. (Weinheim, 1994).
Dieses Buch wendet sich primär an Menschen, die sich beruflich mit der Psyche beschäftigen, ist aber klar und verständlich geschrieben.

Aaron T. Beck, Gary Emery und Ruth Greenberg, *Anxiety Disorders and Phobias* (New York, 1985); dt.: *Kognitive Verhaltenstherapie bei Angst und Phobien: eine Anleitung für Therapeuten* (Tübingen, 1981), Mitteilungen der Deutschen Gesellschaft für Verhaltenstherapie. Sonderheft.
Ausgezeichnete Darstellung der kognitiven Sicht von Angst; klar und gut lesbar, allerdings kein Selbsthilfe-Buch.

Aaron T. Beck, *Love Is Never Enough* (London und New York, 1989); dt.: *Liebe ist nie genug. Mißverständnisse überwinden, Konflikte lösen, Beziehungsprobleme entschärfen*. (München, 1994).
Konkrete Hilfen und Ratschläge zur Lösung von Problemen, die Beziehungen zerstören können, von einem führenden Vertreter der kognitiven Therapie.

David Burns, *Feeling Good. The New Mood Therapy* (New York, 1980); dt.: *Fühl Dich gut. Angstfrei mit Depressionen umgehen*, 6. Aufl. (Trier, 1992).
Die Grundzüge der kognitiven Therapie für Depressionen werden verständlich, in Form eines praxisorientierten Ratgebers dargestellt.

David Burns, *The Feeling Good Handbook: Using the New Mood Therapy in Everyday Life* (New York, 1989).
Dieses ausführlichere Selbsthilfebuch auf der Grundlage der kognitiven Therapie gibt Anregungen für Menschen, die Schwierigkeiten mit ihrem Selbstwertgefühl haben, unter Ängsten oder Depressionen leiden, unbedingt perfekt sein wollen oder denen es einfach schlechtgeht, ohne daß sie wissen, warum.

Dennis Greenberger und Christine Padesky, *Mind over Mood: A Cognitive Therapy Treatment Manual for Clients* (New York, 1995).
In diesem Buch werden Schritt für Schritt die Techniken der kognitiven Therapie erläutert, die sich als hilfreich erwiesen haben, um Menschen aus Depressionen, Angstzuständen und Beziehungsstörungen herauszuhelfen. Es enthält viele spezielle Übungen und Arbeitsbögen zur Feststellung und Veränderung von Denk- und Verhaltensmustern.

Martin Seligmann, *Learned Optimism: The Skill to Conquer Life's Obstacles, Large and Small* (New York, 1990); dt.: *Pessimisten küßt man nicht. Optimismus kann man lernen* (München, 1993).

Darüber, daß unsere Sicht der Welt nicht von Geburt an festgelegt ist. Menschen können lernen, eine optimistischere Sichtweise zu entwickeln. Seligmann beweist, daß diese psychisch und physisch gesünder macht.

Shelley Taylor, *Positive Illusions: Creative Self-Discipline and the Healthy Mind* (New York, 1989); dt.: *Positive Illusionen. Produktive Selbsttäuschung und seelische Gesundheit* (Reinbek b. Hamburg, 1993).

Manchmal recht akademisch, enthält aber eine Fülle von Belegen zu den positiven Selbsttäuschungen, die mit psychischer und physischer Gesundheit zusammenhängen.

III. Wie Sie zwischenmenschliche Beziehungen zufriedenstellender gestalten können

Robert Alberti und Michael Emmons, *Your Perfect Right: A Guide to Assertive Living* (New York, 1981).

Über die Bedeutung von Selbstbehauptung und inwiefern sie sich von fremdbestimmtem und aggressivem Verhalten unterscheidet. Zeigt, wie Sie auf den Nutzen aller achten können und darauf, daß Sie nicht ausgenutzt werden.

Robert Bolton, *People Skills* (New York, 1979).

Eine gute, umfassende Einführung in viele verschiedene Kommunikationstechniken in den unterschiedlichsten Situationen. Der Schwerpunkt dieses Buchs liegt auf fünf wichtigen Fähigkeiten: Zuhören, Selbstbehauptung, Konfliktlösen, gemeinsames Problemlösen und Auswahl der Techniken.

Sharon Bower und Gordon H. Bower, *Asserting Yourself: A Practical Guide for Positive Change* (Reading, 1976).

Hilft, ein persönliches Programm zu entwickeln, um sicherer zu werden und Freundschaften zu schließen; beschreibt eine bewährte Technik, mit der Sie die meisten Beziehungsstörungen angehen können.

Michael Broder, *The Art of Living Single* (New York, 1988).

Viele praktische Ratschläge für alleinlebende Erwachsene. Sie finden etwas zu Kontaktfreudigkeit, Einsamkeit, romantischen Strategien, zur Pflege von Beziehungen, zu sexuellen Beziehungen und Überlebensstrategien.

David Burns, *Intimate Connections: The New Clinically Tested Program for Overcomig Loneliness* (New York, 1985).

Lernen, sich selbst zu mögen, Kontakte zu knüpfen und das Sexualleben zufriedenstellender zu gestalten. Komplette Arbeitsbögen, Checklisten und Stimmungsprotokolle etc.

H. Cornelius und F. Shoshana, *Everyone Can Win: How to Resolve Conflict* (East Roseville, 1989).

Eine klare Darstellung, wie Verhandlungstechniken, die dem Prinzip gewinnen–gewinnen folgen, in Privatbeziehungen angewendet werden können.

Anne Dickson, *A Woman in Your Own Right* (London, 1982); dt.: *Frau sein: Selbstfindung, Selbstvertrauen, Selbstbewußtsein* (München, 1985).

Untersucht Unglücklichsein und Frustration bei Einhaltung der traditionellen Frauenrolle und gibt praktische Ratschläge, wie Verhaltensmuster geändert und die gewünschten Wandlungen erreicht werden können. Auch für Männer hilfreich.

Roger Fisher und William Ury, *Getting to Yes: Negotiating Agreement Without Giving*

Up (New York, 1981); dt.: *Das Harvard-Konzept: sachgerecht verhandeln – erfolgreich verhandeln,* 11. aktual. und erw. Neuausg. (Frankfurt/Main, 1993).

Deckt viele verschiedene Konfliktsituationen ab, zwischenmenschliche und internationale, hilft dabei, auf beidseitigen Nutzen zu achten und sich nicht unter Druck setzen zu lassen.

Amy Harris und Thomas Harris, *Staying OK* (London, 1985); dt.: *Einmal o. k. – immer o. k. Transaktionsanalyse für den Alltag* (Reinbek b. Hamburg, 1990).

Der Folgeband von *Ich bin o. k. – du bist o. k.*, einem Buch desselben Teams aus dem Jahr 1973, bietet eine gute Zusammenfassung der Transaktionsanalyse und zusätzliche Anwendungen ihrer Techniken.

Harriet Goldhor-Lerner, *The Dance of Anger* (New York, 1990; London, 1992); dt.: *Wohin mit meiner Wut? Neue Beziehungsmuster für Frauen,* 10. Aufl. (Frankfurt/Main, 1995).

Der Schwerpunkt dieses Buches liegt auf der Familie. Die Leserinnen und Leser können mit seiner Hilfe verstehen, wie sie damit aufhören können, in vorhersehbare Verhaltensweisen zu verfallen, und die dazu notwendigen Kompetenzen werden ebenfalls erläutert; weiß Rat für Menschen, die ihre familiären Zusammenhänge konstruktiv verändern wollen.

Harriet Goldhor-Lerner, *The Dance of Intimacy* (New York, 1989); dt.: *Zärtliches Tempo. Wie Frauen ihre Beziehungen verändern, ohne sie zu zerstören,* 3. Aufl. (Frankfurt/Main, 1994).

Die Autorin zeigt, was Sie tun müssen, um gute Beziehungen zu stärken und schwierige zu verbessern. Dieses und das vorhergehende Buch sind in erster Linie für Frauen geschrieben, die Anregungen sind aber auch für Männer nützlich.

Gael Lindenfield, *Assert Yourself: How to Reprogramme Your Mind for Positive Action* (Wellingborough, 1987).

Wie Sie damit aufhören können, sich Vorwürfe wegen eines geringen Selbstwertgefühls zu machen. Ein Selbsthilfeprogramm bei Schuld- und Minderwertigkeitsgefühlen.

Matthew McKay, Martha Davis und Patrick Fanning, *Messages: The Communication Skills Workbook* (Oakland, 1983).

Bringt viele verschiedene Techniken und Vorgehensweisen, dazu gehören: Zuhören, Selbstoffenbarung, Selbstausdruck, Körpersprache, Selbstbehauptung, Verhandeln, Kontakt zu Fremden herstellen, sexuelle Kommunikation, Effektivität als Elternteil und Verhalten bei Anpassungsdruck in Kleingruppen.

Matthew McKay, Peter D. Rogers und Judith McKay, *When Anger Hurts* (Oakland, 1989).

Ein praxisnahes, nüchternes Buch voller leicht anwendbarer Techniken, dazu noch freundlich und konstruktiv geschrieben.

Manuel J. Smith, *When I Say No I Feel Guilty* (New York, 1975); dt.: *Sage Nein ohne Skrupel. Die neue Methode zur Steigerung von Selbstsicherheit und Selbstbehauptung,* 5. Aufl. (Landsberg, 1995).

Dieses Buch hilft Ihnen, beim Neinsagen keine Schuldgefühle zu bekommen und zu erreichen, was Sie wollen, ohne andere Menschen zu beleidigen oder zu verletzen.

Anthony Storr, *Solitude* (London, 1994); dt.: *Die schöpferische Einsamkeit. Das Geheimnis der Genies* (Rastatt, 1990).

Der Psychotherapeut Storr unterscheidet zwischen schöpferischer Einsamkeit und Einsamkeit und ist der Meinung, daß erstere viele positive Auswirkungen hat. Besonders interessieren ihn die Zusammenhänge zwischen schöpferischer Einsamkeit und Kreativität.

Deborah Tannen, *You Just Don't Understand: Women and Men in Conversation* (New York, 1990); dt.: *Du kannst mich einfach nicht verstehen. Warum Männer und Frauen aneinander vorbeireden* (München, 1994).

Dieses Buch erklärt, wie wir besser zurechtkommen können, wenn wir die Konversationsstile des anderen Geschlechts besser durchschauen. Statt die Schuld anderen zuzuschieben, wenn es Mißverständnisse gibt, sollten wir lernen, inwiefern sich die Kommunikationsstile von Männern und Frauen unterscheiden.

Carol Tavris, *Anger: The Misunderstood Emotion* (New York, 1989); dt.: *Wut. Das mißverstandene Gefühl* (Hamburg, 1992).

Mit Hilfe von Forschungsergebnissen wendet sich dieses Buch gegen falsche Vorstellungen über Wut und geht dieses brisante Thema ruhig und vernünftig an.

Judith Viorst, *Necessary Losses* (New York, 1986); dt.: *Mut zur Trennung: menschliche Verluste, die das Leben sinnvoll machen* (München, 1989).

Ein positiver Grundton herrscht in diesem Buch, in dem es darum geht, wie wir dadurch weiser und reifer werden, daß wir unvermeidliche Verluste durchmachen, wozu auch Trennungen und das Aufgeben persönlicher Macht gehören.

Jeffrey E. Young und Janet S. Klosko, *Reinventing Your Life* (New York, 1994).

Wie Sie sich von destruktiven Mustern oder aus schon lange bestehenden »Lebensfallen« befreien können, die immer wieder zu Schwierigkeiten, vor allem in Beziehungen, führen.

Philip Zimbardo, *Shyness* (Reading, 1987); dt.: *Nicht so schüchtern! So helfen Sie sich aus Ihrer Verlegenheit,* 8. Aufl. (Landsberg, 1994).

Untersucht werden verschiedene Faktoren, die zu Schüchternheit führen, zum Beispiel negative Beurteilungen, geringes Selbstwertgefühl, schlechte Kontaktfähigkeit, und es werden spezifische Möglichkeiten dargestellt, diese zu überwinden.

IV. Die beiden Feinde guter Stimmung

Angst

Edmund J. Bourne, *The Anxiety and Phobia Workbook* (Oakland, 1990).

Dieses Selbsthilfebuch bietet ein Schritt-für-Schritt-Programm zur Überwindung von Panik und anderen Schwierigkeiten aufgrund von Angst. Es behandelt Atem- und Entspannungstechniken, Bewältigungsstrategien, unbewußte Grundsätze, den Einsatz von Medikamenten, Bewegung, Ernährung, das Ausdrücken von Gefühlen, Selbstwertgefühl und Perspektiven aus dem Bereich der existential-spirituellen Psychologie.

E. A. Charlesworth und A. G. Nathan, *Stress Management: A Comprehensive Guide to Your Wellbeing* (London, 1984).

Ein nützliches und praxisorientiertes Buch, das viele gute Anregungen bringt. Lektüre, die Mut macht.

David Fontana, *Managing Stress* (London, 1989); dt.: *Mit dem Streß leben* (Bern 1991).

Wenn Sie genau wissen, was Sie streßt, sowohl an äußeren Umständen wie auch innerlich, können Sie sich besser darauf konzentrieren, Ihre Streßresistenz zu erhöhen und Ihre Effizienz zu steigern.

Ros und Jeremy Holmes, *The Good Morning Guide* (London, 1993).

Dieses Buch macht Selbsthilfe bei vielen verschiedenen Stimmungslagen möglich (und zwar bei Scham, Langeweile und Frustration genauso wie bei Depressionen und Angst) und bedient sich dabei sowohl psychotherapeutischer als auch meditativer Techniken.

C. Ingham, *Panic Attacks: What They Are, Why They Happen, and What You Can Do about Them* (London, 1993).

Ein praktischer Ratgeber zur Überwindung von Panikattacken.

Isaac M. Marks, *Living With Fear: Understanding and Coping with Anxiety* (New York, 1978); dt.: *Ängste. Verstehen und bewältigen* (Berlin, 1995).

Eines der ersten Selbsthilfebücher zu diesem Thema, aus behavioristischer Sicht und immer noch hilfreich.

Dorothy Rowe, *Beyond Fear* (London, 1987); dt.: *Jenseits der Angst: die Überwindung destruktiver Gefühle* (München, 1989).

Wenn Sie lernen, Angst einzugestehen, fangen Sie an, sie zu überwinden.

Gail Steketee und Kerrin White, *When Once Is Not Enough: Help for Obsessive Compulsions* (Oakland, 1990).

Ein ausgezeichnetes Selbsthilfebuch mit behavioristischem Ansatz, beschäftigt sich unter anderem damit, Ängste zu erkennen und sich mit ihnen zu konfrontieren, bringt Übungen zur Reaktionsprävention, Bewältigungsstrategien und etwas über den Umgang mit Rückschlägen.

Depression

R. Abrams, *When Parents Die* (London, 1993).

Ein einfühlsam geschriebenes Selbsthilfebuch, das auf der persönlichen Erfahrung des Autors basiert; wendet sich an junge Menschen, deren Eltern gestorben sind.

Melba Colgrove, Harold Bloomfield und Peter McWilliams, *How to Survive the Loss of Love*, 2. Aufl. (Los Angeles, 1991); dt. : *Liebeskummer ist so schön. Gedanken zum Trost* (Frankfurt/Main, 1993).

Dieses Buch beschäftigt sich mit vielen verschiedenen Formen von Verlust, hilft Verluste zu begreifen, zu überleben, damit verbundene Schmerzen zu heilen und daran zu wachsen.

K. Hill, *The Long Sleep: Young People and Suicide* (London, 1995).

Dieses Buch wendet sich speziell an Menschen, die jemanden durch Selbstmord verloren haben.

Therese Random, *How to Go On Living When Someone You Love Dies* (New York, 1991).

Beschäftigt sich mit den vielen unterschiedlichen Formen von Trauer und den besten Strategien, sich damit auseinanderzusetzen. Praxisorientiert und leicht verständlich.

Dorothy Rowe, *Depression: The Way Out of Your Prison* (London, 1983); dt.: *Ich entscheide mich für das Leben. Der Weg aus der Depression* (München, 1986).

In diesem preisgekrönten Buch geht es darum, sich von Depressionen zu befreien und die mit ihnen einhergehende Isolation zu überwinden.

Averil Stedeford, *Facing Death: Parents, Family and Professionals* (London, 1984).
Zeigt, wie psychologische Kenntnisse zu einem einfühlsamen Umgang mit Sterbenden beitragen können und wie Sie sich entlasten können.

William Styron, *Darkness Visible* (London, 1993); dt.: *Sturz in die Nacht. Die Geschichte einer Depression* (Köln, 1991).
Der sensible Bericht eines bekannten Schriftstellers über das Erleben einer Depression. Ein sehr persönliches Buch.

B. Ward, *Healing Grief: A Guide to Loss and Recovery* (London, 1993).
Hier finden Trauernde Unterstützung und Trost.

V. Psyche und Körper

Schlaf

Jacob Empson, *Sleep and Dreaming* (London, 1989).
Ein klares und unterhaltsames Buch über die Ergebnisse der Schlafforschung.

Michael van Straten, *Don't Just Lie There* (London, 1990); dt.: *Schlaf gut. Leicht einschlafen – erholt aufwachen* (München, 1993).
Ein gut geschriebener und kluger Ratgeber, der Ihnen sagt, wie Sie gut schlafen.

Ernährung

P. J. Cooper, *Bulimia Nervosa: A Guide to Recovery* (London, 1993).
Ein praktisches und ausführliches Selbsthilfe-Handbuch speziell für Menschen, die unter Bulimie leiden.

Christopher Fairburn, *Overcoming Binge Eating* (New York, 1995).
Dieses Buch bietet sowohl eine Darstellung der Fakten als auch ein Selbsthilfeprogramm bei Anfällen von Heißhunger.

J. Moorey, *Living with Anorexia and Bulimia* (Manchester, 1992).
Ein nützliches Buch für Eltern, Freundinnen, Freunde und Verwandte von Menschen, die unter solchen Eßstörungen leiden.

Geneen Roth, *When Food Is Love* (London, 1992).
Geneen Roth stützt sich auf eigene Erfahrungen und die anderer Menschen, um zu einem Verständnis und zur Überwindung von obsessivem Heißhunger und Fasten beizutragen.
Ein anderes Buch von G. Roth, *Breaking Free From Compulsive Eating,* ist in dt. Übers. erschienen: *Essen als Ersatz. Wie man den Teufelskreis durchbricht* (Reinbek, 1990).

Terence J. Sandbek, *The Deadly Diet* (Oakland, 1993).
Spezielle Hilfsmittel und Techniken aus der kognitiven Verhaltenstherapie zur Überwindung von Eßstörungen.

Roberta Trattner Sherman und Ron A. Thompson, *Bulimia: A Guide for Family and Friends* (Lexington, Toronto, 1990).
Dieses Buch ist von einer Psychologin und einem Psychologen geschrieben und behandelt Entwicklung und Behandlung der Bulimie.

Ulrike Schmidt und Janet Treasure, *Getting Better Bit(e) by Bit(e): A Survival Kit for Sufferers of Bulimia Nervosa and Binge Eating Disorder* (Hove, 1993).

Ein Buch, das sich auf die grundsätzlichen Verhaltensänderungen konzentriert, die nötig sind, um glücklicher zu leben und die Nahrungsaufnahme besser kontrollieren zu können.

Alkohol

Beauchamp Colclough, *Tomorrow I'll Be Different: The Effective Way to Stop Drinking* (London, 1993); dt.: *Ab morgen wird alles anders* (Bergisch-Gladbach, 1996).
Ein gutes Selbsthilfebuch von jemandem, der seit 10 Jahren abstinent ist.

Albert Ellis und Emmett Velton, *When AA Doesn't Work for You* (Fort Lee, 1992).
Eine Alternative zur Sicht der Abhängigkeit als Krankheit, das kein spirituelles Engagement erfordert. Legt besonderen Wert auf Selbstdisziplin und persönliche Verantwortlichkeit und nennt spezielle Selbsthilfe-Strategien.

Neil Kessel und Henry Walton: *Alcoholism: A Reappraisal – Its Causes, Problems and Treatment,* 2. Aufl. (London, 1989).
Weniger ein Selbsthilfebuch, als vielmehr eine gute, kluge Informationsquelle und eine Darstellung davon, auf welchen Forschungsergebnissen Behandlungsmethoden basieren.

Beruhigungsmittel

C. Haddon, *Women and Tranquilizers* (London, 1984).
Informiert über Beruhigungsmittel und die Gefahren bei längerer Einnahme, außerdem darüber, wie der Entzugsplan aussehen sollte.

Peter Tyrer, *How to Stop Taking Tranquilizers* (London, 1986).
Wie Sie Abhängigkeit von Beruhigungsmitteln erkennen und davon loskommen. Klar und leicht zu lesen.

S. Trickett, *Coming Off Tranquilizers* (Wellingborough, New York, 1986).
Ein Schritt-für-Schritt-Programm, um sich das Einnehmen von Beruhigungsmitteln abzugewöhnen.

Vermischtes

Ellen Bass und Laura Davis, *The Courage to Heal,* rev. ed. (New York, 1992); dt.: *Trotz allem: Wege zur Selbstheilung für sexuell mißbrauchte Frauen,* 5. Aufl. (Berlin, 1992).
Dieses Buch wendet sich speziell an Frauen, die in ihrer Kindheit sexuell mißbraucht wurden, zeigt auf, welche Phasen bis zur Heilung durchlaufen werden, und nimmt die Leserin und den Leser mit auf einen solchen Heilungsweg, Schritt für Schritt.

Herbert Benson und Eileen Stuart, *The Wellness Book* (New York, 1992).
Voll spezifischen, fundierten Rats über vorbeugende Maßnahmen zum Gesundbleiben und gesünder werden; enthält hilfreiche Übungen.

Annabel Broome und Helen Jellicoe, *A Self-Help Guide to Managing Pain* (London, 1987); dt.: *Mit dem Schmerz leben. Anleitung zur Selbsthilfe,* Nachdruck (Bern, 1993).
Hilft, verschiedene Arten von Schmerz zu verstehen, und nennt entspannende und streßmindernde Techniken, um die Stärke des Schmerzes zu senken.

Eliana Gil, *Outgrowing the Pain* (New York, 1983).

Eine kurze, klare und einfache Einführung in den Heilungsprozeß nach sexuellem Mißbrauch. Kurz und anschaulich.

Ein anderes Buch von E. Gil, *The Healing Power of Play* (New York, 1991) ist in dt. Übers. erschienen: *Die heilende Kraft des Spiels: Spieltherapie mit mißbrauchten Kindern* (Mainz, 1993).

Leonore Walker, *The Battered Woman* (New York, 1979); dt.: *Warum schlägst du mich? Frauen werden mißhandelt und wehren sich. Eine Psychologin berichtet* (München, 1994).

Eine große Hilfe, um den Kreislauf der Mißhandlung zu begreifen, den geschlagene Frauen durchmachen. Mit nützlichen Selbsthilfe-Strategien.

VI. Die Psyche arbeitet

Alan Baddeley, *Your Memory: A User's Guide* (Harmondsworth, 1963); dt.: *Die Psychologie des Gedächtnisses* (Stuttgart, 1979).

Anschauliche und unterhaltsame Lektüre über wissenschaftlichen Background und praktische Aspekte zum Thema Gedächtnis.

Tony Buzan, *Use Your Head* (London, 1974); dt.: *Kopftraining: Anleitung zum kreativen Denken; Tests und Übungen,* Neuaufl. (München, 1993).

Ein verständlicher Ratgeber zum Thema Lernen und Erinnern, besonders gut in den folgenden Bereichen: Lesen, Einsetzen von »Landkarten fürs Gedächtnis« (Netzdiagrammen) beim Notizenmachen und Schreiben, Wiederholen. Ein gutes, praxisorientiertes Buch über Lernmethoden, mit wertvollen Hinweisen zur Erinnerungsfähigkeit.

Andrew Northedge, *The Good Study Guide* (Walton Hall, 1990).

Wendet sich an Menschen, die ein Fernstudium machen, und ist daher für alle interessant, die zu Hause lernen. Gut sind die Kapitel über Aufsatzschreiben, die Arbeit mit Zahlen, das Lernen via Radio und Fernsehen und über Techniken bei Prüfungsvorbereitung und in der Prüfung selbst.

Richard Paul, *Critical Thinking,* 3. Aufl. (Santa Rosa, 1993).

Dieses Buch zeigt, wie Sie mit der heutigen Informations- und Propagandaflut so umgehen können, daß Sie die Welt verstehen und intellektuell fit werden.

R. H. Thouless, *Straight and Crooked Thinking: Thirty-Eight Dishonest Tricks of Debate* (London, 1974).

Hier werden viele häufig gemachte Denkfehler aufgedeckt, so daß Sie sie leichter bei sich selbst und anderen erkennen können.

Register

Körper und Seele

(84082)

Melvyn Kinder
Machen Sie das Beste aus Ihren Stimmungen
NEUE WEGE, NEUE CHANCEN

WINFRIED NOË
Sternzeit
CHARAKTER UND SCHICKSAL IM HOROSKOP
MIT ASZENDENTENTABELLE

(77252)

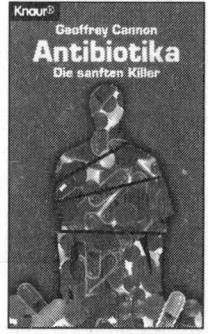

Geoffrey Cannon
Antibiotika
Die sanften Killer

(82080)

Edward Abramson
Essen aus Frust und Liebe
Wie man Ernährungsprobleme in den Griff bekommt

(84079)

BELINDA HOLLYER
MIGRÄNE
Das komplette Programm zur Selbsthilfe

(82081)

Josef Kirschner
DAS LEBENS-TRAINING
Was jeder selbst tun kann, um frei und glücklich zu sein

(82101)